2009

番禺年鉴

广州市番禺区地方志编纂委员会

方志出版社

图书在版编目（CIP）数据

番禺年鉴.2009/广州市番禺区地方志编纂委员会办公室编.—北京：方志出版社，2009.11

1SBN 978-7-80238-669-3

Ⅰ.番… Ⅱ.广… Ⅲ.区（城市）—广州市—2009—年鉴Ⅳ.Z526.51

中国版本图书馆 CIP 数据核字（2009）第 204057 号

番禺年鉴（2009）

编　　辑：广州市番禺区地方志编纂委员会办公室

责任编辑：周全

出版者：方志出版社

（北京市建国门内大街 5 号中国社会科学院科研大楼 12 层）

邮编 100732

网址 http：//www.fzph.org

发　　行：方志出版社出版发行部

（010）85195814　85196281

经　　销：新华书店总店北京发行部

法律顾问：北京市大禹律师事务所

设计排版：广州市侨友广告设计有限公司

印　　刷：广州市银裕彩印有限公司

开本：787×1092　1/16

印张：34.75

字数：670 千

版次：2009 年 11 月第 1 版　2009 年 11 月第 1 次印刷

印数：0001-3000 册

ISBN 978-7-80238-669-3/K·341　定价：100.00 元

编辑说明
Compilatory Explanation

1.《番禺年鉴》是中共广州市番禺区委、番禺区人民政府主办，番禺区各有关部门共同参与编纂的大型资料性工具书，创办于1995年，每年出版，国内外公开发行。其宗旨是以经济建设为中心，全面、系统、翔实地载录番禺地区经济、社会的基本面貌和发展情况，为各界人士了解和研究番禺提供基本资料。

2.《番禺年鉴（2009)》着重反映2008年番禺区政治、经济、社会的发展状况，以及社会经济统计资料、重要文献与大事记专载等，共设19个篇目，110个类目，647个条目。全书约67万字。

3.《番禺年鉴（2009)》主要数据均由撰稿单位提供或源自统计公告（快报)；个别与《番禺统计年鉴——2009》不符数据以及未收入的数据，以《番禺统计年鉴——2009》为准；数据对比除特别说明外均为与2007年对比；全书前有目录，后有索引，具有比较完善的检索系统；条目标题统一用黑体加【】表示，个别包含多个方面资料的条目则在段落间加插楷体标题提示，以便查阅。

4. 为使本书文字描述简洁，书中省去了大部分前冠“番禺”及“2008年”，凡书中未注明之“区”均指番禺区，未注明之时间均为“2008年”。

5. 为延继传统表述方式，书中保留了部分“亩”及“亩产”的单位表述方式。

《番禺年鉴》编辑部

2009年11月

目　录

区人大常委会

区人民政府

区政协

纪检工作

组织工作

区工商联

区贸促会

区厂商会

政法 武装

政法工作

司法工作

检察工作

审判工作

公安工作

地方武装

财政 税务

财政

国有资产管理

国家税务

地方税务

工　业

工业发展

电力

农村 农业

农村工作

农业综述

社会事务

统计工作

审计工作

民政工作

人口和计划生育

城市建设

城市管理综合执法

市政园林管理

气象工作

环境质量与环境保护

科教文卫体

科学技术

教育

幼儿教育

高等教育

文化

档案　地方志

广播 电视

番禺日报

卫生

镇（街）概况

钟村镇

大石街

洛浦街

石碁镇

南村镇

新造镇

小谷围街

石楼镇

化龙镇

榄核镇

东涌镇

大岗镇

国民经济和社会发展统计公报（快报）

大事记

文献 文摘

番禺新八景与非物质文化遗产简介

主题索引

工 作 剪 影

番禺年鉴·2009

工作剪影

1月14日，区召开文化工作暨文明社区文明示范村命名会议。

1月22日，区组团慰问广东省军区和广州警备区部队官兵。

1月25日，谭应华书记到港华煤气公司调研。

1月31日，区在南村镇召开番禺区农村工作会议。

春节前夕，区直属机关干部职工向雪灾地区捐款。

2月3日，谭应华书记等到榄核镇、大岗镇调研农村教育均衡发展工作。

2月5日中午，谭应华书记与旧水坑村2000多名留在番禺过年的外来务工人员食团年饭。

2月13日，骆蔚峰区长在城市管理区长专线接听群众来电。

2月22日，市领导张广宁、苏泽群等到番禺区检查创卫工作。

2月29日，区召开严厉打击扰乱社会公共秩序行为巡回处理宣判大会。

3月5日，区召开组织人事工作会议。

3月11日，区领导谭应华、楼旭逵等到榄核镇调研经济社会发展情况。

3月19日，区政协常委会召开第十二届九次常委会议，并视察区信息化建设情况。

3月20日，中央纪委副书记黄树贤到沙湾镇考察党风廉政建设情况。

3月21日，区政府先后前往香港、澳门举行新春团拜联谊活动。

3月25日，区召开海鸥岛社会主义新农村建设工作会议。

3月25日，广州市政协到番禺区开展解放思想学习讨论活动。

3月26日，区领导到沙头街、桥南街和石碁镇开展“腾笼换鸟”工作专题调研。

4月16日，张广宁市长到番禺区调研数字家庭与数字电视产业情况。

4月16日，谭应华书记到沙头街开展“实施‘腾笼换鸟’，优化产业结构”专题调研。

4月18日，广州医药集团有限公司领导一行先后到广州国家生物医药基地番禺园区、莲花山保税加工区港口园区参观视察。

4月23日，区化工行业安全生产协会挂牌。

4月24日，市委常委、宣传部部长王晓玲到大学城数字家庭孵化基地，出席AVS高清电视实验频道开播仪式。

5月9日，区召开科技工作会议，区领导为获奖企业颁奖。

5月16日，区领导班子成员到广州军区某兵种训练基地过“军事日”。

5月22日，区召开创建全国文明城市迎检动员大会。

5月23日，区召开党外人士座谈会。

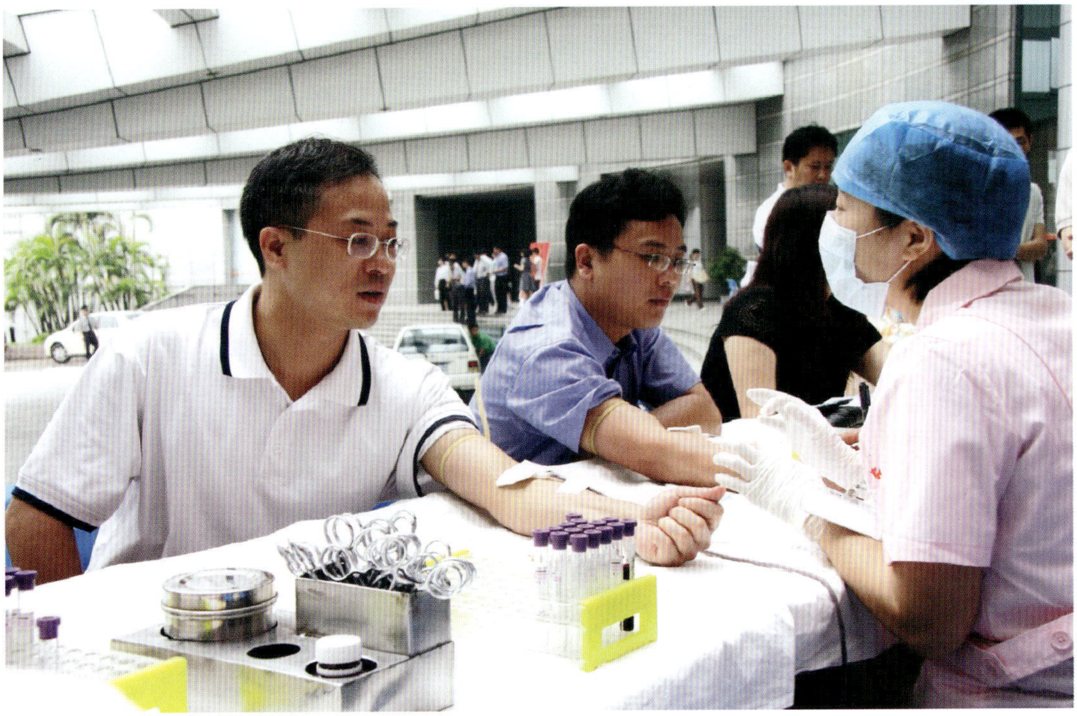

5·12汶川地震后，区领导干部踊跃为灾区伤员献血。

6月5日，区召开解放思想学习讨论活动专题调研成果交流会。

6月6日，省市渔业资源增殖放流暨休渔放生节暨番禺现场放流放生活动在沙湾水道开展。

6月10日，区“三创”联席会议在区行政会议中心召开。

6月11～12日，区领导谭应华、骆蔚峰率区百人考察团赴五华县开展对口帮扶活动。

6月16日，市领导张广宁、苏泽群一行到榄核镇磨碟头水闸视察汛情。

“七一”前夕，谭应华书记看望新中国成立前入党的老党员。

6月30日，区召开纪念中国共产党成立87周年大会。

7月22日，团中央书记处第一书记陆昊率调研团到区东涌镇调研农村团建工作。

7月25日，区组团慰问省军区和广州警备区官兵。

7月29日，谭应华书记接待群众来访。

7月，区组团考察华东地区城市规划建设情况。

7月31日，张广宁市长调研广州大学城建设与管理，以及亚运城建设情况。

8月7日，甘新副市长到区调研民营企业情况。

8月9日，在获悉番禺选手陈燮霞夺取第29届奥运会中国代表团首面金牌后，市委副书记、政法委书记张桂芳、副市长徐志彪，区委书记、区人大常委会主任谭应华前往榄核镇大坳村陈燮霞的家中道贺。

8月26日，省、市委政研室到番禺区调研“腾笼换鸟”情况。

8月，区组团考察上海张江高科技园产学研开发模式。

9月2日，区政府与佛山市南海区政府签订《合作建设海怡大桥项目协议》。

9月3日，区召开《番禺区促进城乡一体化格局总体方案》起草工作会议。

9月7日，番禺大桥建成通车十周年庆典上，霍震霆先生等向市、区领导赠送画册——《梦圆中国》。

9月，区组团考察华东地区建设社会主义新农村的新经验。

9月10日，区召开2010年亚运城市行动计划推进动员会议。

9月16日，区领导与参加北京奥运会的番禺籍运动员合照。

9月23～24日，区领导谭应华、骆蔚峰、陈德俊、戴永昌等率领区有关部门分赴各镇街，检查防台风措施落实情况。

10月1日，第六届番禺旅游文化美食节在番禺广场举行。

10月13日，区召开第九次卫片土地执法检查工作动员会。

10月14日，中国国际工程咨询公司考察团到番禺区考察大型装备配套产业规划建设情况。

10月16日，区领导谭应华、梁伟棠等到爱喜软件有限公司调研网络产业发展情况。

11月3日，市委常委、宣传部部长王晓玲到番禺区星海青少年宫调研公共文化服务体系建设情况。

11月5日，市委常委、市委秘书长凌伟宪到番禺区调研学习实践科学发展观活动取得的成果和经验。

11月6日，区举行广州国家生物产业基地番禺园区授牌暨广药集团落户广州国家生物产业基地番禺园区签约仪式。

11月11日，谭应华书记到石碁镇为党员干部作开展深入学习实践科学发展观专题报告。

11月19日，龚红副区长调研市桥街工疗站。

12月3日，区召开第一批深入学习实践科学发展观活动转入分析检查阶段工作会议。

12月4日，首届广州番禺星海国际合唱节隆重开幕。

12月8日，南番顺旅游联盟成立一周年年会暨岭南风情精品线路推介会。

12月9日，2008年新兵入伍欢送大会在区会议中心举行。

12月12日，“迎接亚运会，创造新生活”公众教育系列活动暨广州亚运会倒计时700天活动启动仪式在石楼镇举行。

12月16日，省、市领导朱小丹、佟星、张广宁、凌伟宪、甘新等出席黄埔大桥通车仪式。

12月19日，广州大学城管理委员会挂牌。

12月20日，资源部部长徐绍史一行视察番禺区违法违规用地查处整治工作。

12月22日，区委常委、区公安分局局长李杰才迎接凯旋归来的援川民警。

12月24日，区人大代表专题视察市桥城区河涌综合整治情况。

12月26日，区信访局挂牌。

12月28日，区举行第二届支持番禺经济建设外来工代表大会暨“金雁颂”文艺汇演晚会。

12月29日，区改革开放三十年图片展览揭幕暨《番禺区改革开放三十年大事记》首发仪式在区档案馆举行。

12月29日，区举行前锋净水厂二期工程暨大石、钟村、东涌、榄核、南村、化龙等6个污水处理厂动工仪式。

番禺概貌

番禺年鉴·2009

基本情况

【地理位置】 番禺区地处广东省中南部，位于北纬22°45′~23°05′、东经113°14′~113°34′之间的珠江三角洲腹地，穗港澳“小三角”的中心位置。东面是珠江，与东莞市隔江相望；西及西南面以陈村水道和洪奇沥为界，与佛山市南海区、顺德区及中山市相邻；北面是广州市荔湾区、海珠区、黄埔区；南面是广州市南沙区。

【地形地貌】 番禺全境位于珠江三角洲中部河网地带，境内地势平坦，由北、西北向东南倾斜，北部主要是海拔50米以下的台地，南部是连片的冲积平原。市桥至莲花山公路以北为市桥台地，以南为冲积平原。台地久经侵蚀，风化层厚，以低丘岗地为主，最高峰大夫山海拔226.6米。冲积平原河网密布，主要河道有西江、北江的干支流沙湾水道、市桥水道等17条河流，在境内及境边总长近260千米。

【气候特点】 番禺地处亚热带，春季(2~4月)气温回升，冷暖交替，雨水逐增，前期常有低温阴雨；月平均气温14.6℃~22.0℃，雨量300毫米左右。夏季(5~7月)初夏温暖，盛夏炎热，高温强光，雨量集中，间有台风；5~6月平均气温25.5℃~27.1℃，7月平均气温28.5℃；雨量730.7毫米，占全年降雨量45%。秋季(8~10月)早秋炎热，晚秋凉爽；常有台风；气温8月平均28.1℃，9~10月，气温从26.8℃下降到23.6℃，秋高气爽，日夜温差较大；全季雨量504.3毫米，占年雨量的31%。冬季(11月~次年1月)气温较低，雨量稀少，寒潮南下，低温霜冻；平均气温逐月下降，1月为13.5℃，有记录极端最低温为-0.4℃；全季雨量97.4毫米，占年雨量6%。

【2008年气候概况】 2008年番禺区年平均气温正常，年总降雨量偏多，极端天气气候事件频发。

2008年平均气温22.4℃，比常年平均值偏高0.2℃，年内共出现≤5℃低温2天，2月3日年极端最低气温4.3℃；≥35℃高温天气20天，7月28日出现年极端最高气温38.3℃。

1月和2月平均气温显著偏低，1月份偏低0.9℃，2月份偏低3.1℃，2月上旬偏低达5.4℃。年初出现长低温阴雨天气过程，日平均气温≤12.0℃连续天数达到23天。受持续低温阴雨天气影响，出现较强的寒害。3月、9月和10月平均气温分别偏高1.7℃、1.6℃和2.1℃，9月份平均气温更是创下历史同期最高纪录。

年总降雨量2199.8毫米，比常年平均偏多3成多。年内共出现暴雨及以上量级降水10次。6月出现暴雨5次、大暴雨2次，月降雨量高达854.1毫米，较常年偏多2.2倍，创下月降雨量和月暴雨次数的历史新记录。

年内受热带气旋影响较常年偏多，4月至10月分别有热带气旋“浣熊”、“风神”、“北冕”、“鹦鹉”、“黑格比”和“海高斯”影响，平了年影响区内热带气旋次数的最多历史记录。6月25日，热带“风神”造成区内大暴雨局部特大暴雨；“海高斯”10月5日晚重新加强成热带低压，造成区内狂风暴雨。

全年总日照时数为1218.8小时，较常年偏少3成多。除3月外，其余各月均偏少，其中4~6月偏少5成以上。

年内灰霾日数119天，比2007年减少35天，其中1月7日区内出现了能见度低于3公里的严重灰霾天气。

全年雷暴日数为82天，与气候值持

平。初雷3月18日，终雷11月8日，都较常年平均日期偏迟。其中6月雷暴日数达20天，与气候最大值出现在8月份有明显差异，并且9月份仍高达16天，6月和9月雷暴日数较常年明显偏多。年内强降水、强雷电和雷雨大风等强对流天气频发。

【建置沿革】古时已有番禺。秦始皇三十三年（公元前214年）设南海郡，番禺为南海郡属下首县，并为南海郡治所在地，历史上大都为一、二、三级政权所在地，是广东政治、经济、文化中心，列为全国九大都会之一。原县境广阔，从汉代至清朝，先后直接或间接划出今珠江三角洲主要县市和香港、澳门地区。清代至民国前期，番禺和南海分东西两半管治广州。1921年2月15日广州市政厅正式成立，番禺县署于1933年从广州城内迁至禺南新造，1945年迁至市桥。1958年1月，划禺东、禺北为广州市郊区。同年12月，番禺与顺德合并为番顺县。半年后，恢复两县建置，并将中山县属的大岗镇、大岗公社、万顷沙公社和珠江农场划属番禺。1992年5月20日，经国务院批准撤销番禺县设立番禺市(省辖县级市，广州市代管)。2000年5月21日，国务院同意广东省撤销番禺市设立广州市番禺区。2005年4月28日，国务院批准原番禺区南沙街、万顷沙镇、横沥镇、黄阁镇，灵山镇的庙南村、七一村和庙青村的部分区域，东涌镇庆盛村、沙公堡村、石牌村的各一部分区域划出，设立广州市南沙区。

【行政区划】全区总面积786.15平方公里，下辖17个镇（街），有247个村民委员会、86个居民委员会。17个镇（街）为市桥街、沙头街、东环街、桥南街、小谷围街、大石街、洛浦街、沙湾镇、钟村镇、石碁镇、南村镇、新造镇、化龙镇、石楼镇、榄核镇、大岗镇、东涌镇。区人民政府设在市桥街清河东路。

【人口】2008年末全区户籍人口98.92万人，比上年末增加1.40万人，增长1.4%。据第五次全国人口普查资料，居住番禺区的有42个民族，其中汉族人口最多，占总人口的99.8%以上。

【交通】番禺区水陆交通便利，客货运输发达。有京珠高速、南沙港快速、105国道、华南快速、新光快速等高速快速公路，可便捷地通往白云国际机场、南沙港和周边地区；搭乘广州地铁3号、4号线可方便到达其他广州市辖区；通过陆路、水路可快速到达港澳地区；计划2010年完工的国家重点工程武广铁路客运的终点站“广州新客站”设在番禺石壁街；2010年广州亚运会亚运村设在番禺石楼镇。

【景点】番禺区是广州“南拓”重点区域，是广州重要的工业强区和重要的工业出口基地之一。旅游和房地产业发展迅速，有国家AAAAA级旅游景区长隆旅游度假区，国家AAAA级旅游景区莲花山、宝墨园等。

【组织机构及负责人】

·中共广州市番禺区委员会·

书　记：谭应华
副书记：骆蔚峰　严宗活
常　委：楼旭逵　李杰才（10月任）
刘苑珊　李鹏程
彭　群　陈德俊　简锡波
陈永球（10月离任）蒋君武

办公室主任：陈德俊
副主任：杨师敦（3月离任）
雷艳霞（3月离任）
李丽梅
邹昌勇（2月任）
曾小原（5月任）

组织部部长：刘苑珊
副部长：徐伟光　梁艳燕
莫智聪　黄浩霖

宣传部部长：李鹏程
副部长：丘育定　董天海（2月离任）
郭洪杰

精神文明办公室主任：丘育定

统一战线工作部部长：郑葆红
副部长：莫浩军　曾瑞芳
邓树千

台湾工作办公室主任：莫浩军
副主任：杜　波

台湾事务办公室主任：莫浩军
副主任：杜　波

政法委员会书记：简锡波
副书记：陈永球（10月离任）
戴永昌　陈树桐
何志权
陈景林（7月任）
李杰才（10月任）

综治办主任：陈树桐
副主任：梁铁麟

维稳办主任：陈树桐
副主任：陈红梅

防邪办主任：何志权
副主任：李进荣

老干部局局长：李世松
副局长：郭柏昌

杨燕和（3月离任）
郑佳女（3月任）

机构编制委员会办公室主任：梁艳燕
副主任：周小叶

直属机关党工委书记：杨振球
副书记：梁淑英(3月离任)
雷艳霞（3月任）

信访局局长：叶炽添（10月任）
副局长：区建人（10月任）

·广州市番禺区人民代表大会常务委员会·

主　任：谭应华
副主任：欧康寿　陈容康
杨瑞泉　古瑞芬
邱学新　万志成

办公室主任：司徒雯
副主任：何小夏　廖红莉
张广平（9月任）

城建环资工委主任：邬志坚

华侨外事民族宗教工委主任：何兆鸿

教科文卫工委主任：李伟强

农村农业工委主任：黄巨流

财政经济工委主任：黄勇琪
副主任：邱伟明

选举联络人事任免工委主任：简健强

法制工委主任：黄锡洪（9月任）
副主任：张广平（9月离任）

·广州市番禺区人民政府·

区　长：骆蔚峰

常务副区长：楼旭逵

副区长：龚　红　戴永昌

黎伟棠　戴友华　张力仁

龚汉坤（7月任）

徐　柳（11月任）

办公室主任：陈健华

副主任：梁伟成　许　彪

叶硕榆　李迎春

法制、行政复议办公室主任：李迎春

打击走私办公室主任：冯泽伟

副主任：甘德彪（2月任）

发展和改革局局长：苏治邦（4月离任）

张亮华（4月任，11月离任）

卢永青（11月任）

副局长：陈裕伟

刘锦成（10月离任）

杨少辉

丘传智（5月任）

经济贸易局局长：张亮华（4月离任）

苏治邦（4月任）

副局长：苏志坚

林剑锋（7月离任）

卢永青（11月离任）

冯　锋（7月任）

李　茵（11月任）

教育局局长：蔡幸波（9月离任）

冯润胜（9月任）

副局长：杨木带（4月离任）

陈　剑　李　珈

吴岳冬（月任）

科学技术局局长：刘新宇

副局长：何丽冰

李伟贤（1月离任）

张靖鹰（5月离任）

董天海（3月任）

林剑锋（7月任）

监察局局长：夏绍国

副局长：麦鉴明　林浩伦

民族宗教局局长：邓树千

民政局局长：钟　平

副局长：简素雅　陈惠民

司法局局长：黄　清（7月离任）

黄启荣（7月任）

副局长：黎焯波　黄树坤　邝瑞龙

财政局局长：袁泽新

副局长：余　箐　张炽荣　周健民

人事局局长：徐伟光

副局长：陈小常　凌巧明

劳动和社会保障局局长：李伟明

副局长：袁妹仔　陈伟强

建设局局长：杜锐钊（7月离任）

王保森（7月任）

副局长：杨瑞勇　梁润滔　张业华

交通局局长：邹伟国

副局长：陈立丰（5月离任）

谢健良（1月辞退）

左　峰

黄桂珠（10月任）

水利局局长：潘志光
副局长：陈国桥　江健东

农业局局长：黎兆文（8月离任）
王伟雄（9月任）
副局长：陈玉华（8月离任）
余志明　郭炳棠

对外经济贸易局局长：崔　颖
副局长：黎志伟(6月离任)
李　勇
麦洁萍（7月任）

文化广播电视新闻出版局（版权局）
局　长：李玉东
副局长：何穗鸿（6月离任）
朱克明　杨木带（4月任）
曾　芸（6月任）

卫生局局长：王永达
副局长：黄锦坤（4月离任）
舒相成（5月离任）
梁翠明（5月离任）
田晓学（5月任）
赵子斌（7月任）

人口和计划生育局局长：黄锡洪（9月离任）
陈忠文(9月任)
副局长：彭　杰　顾　锋

审计局局长：陈志新
副局长：黎广尧　刘　逊

国有资产监督管理局
局　长：高泉有（7月离任）
张靖鹰（7月任）

副局长：李仲民（5月离任）
何志勇　罗健雄（6月任）

环境保护局局长：谢柳青
副局长：林培源　谢国樑
周建中

市政园林局局长：周剑辉
副局长：马其盛　叶　文

统计局局长：吴少珊
副局长：郭剑光　李健强（1月任）

物价局局长：罗志坚
副局长：李贺垣　郑卫东

安全生产监督管理局局长：周大福
副局长：罗文贤
黄辉泉（1月任）

侨务外事办公室主任：李炽和
副主任：林增强　黄　耀
蔡　颖

海洋与渔业局局长：王　岐
副局长：梁绍洪
谢朝阳（1月任）

市城市管理综合执法局番禺分局
局　长：蔡　彬
政　委：周　东
副政委：贺建文
副局长：邢志强　罗笑涓　何永昌

广州大学城管理委员会
主　　任：龚汉坤（7月任）
常务副主任：何穗鸿（6月任）
副　主　任：何　绚（6月任）

基本建设投资管理办公室主任：郑超雄
副主任：高锦波
邹惠欢

接受广州市业务主管部门和区政府双重领导的机构

广州市公安局番禺区分局
局　长：陈永球（10月离任）
李杰才（10月任）
政　委：杨云华
副局长：樊春荣　冯炳辉　麦绍雄
付　强　于广辉
纪委书记：刘少怡
政工办主任：陈健仪

广州市城市规划局番禺区分局
局　长：王保森（7月离任）
孙　玥（9月任）
副局长：许　文　孙　玥（9月离任）

广州市国土资源和房屋管理局番禺分局
局　长：徐林发（1月离任）
李伟贤（1月任）
副局长：麦国丰　邓少英　何汉杰

参照公务员法管理的单位

党校校长：严宗活
副校长：陈桂棠　吴锦荣
李健林（9月任）

党史研究室主任：何海宏
副主任：李洁琼

地方志办公室主任：何海宏
副主任：杨达超

档案局局长：何海宏
副局长：何自强　欧祺俊

体育局局长：江健河
副局长：谭小霞　栾立军

旅游局局长：黎德权（1月任）
副局长：黎德权（1月离任）
麦镇强　雷志强

畜牧兽医局局长：杨炳有
副局长：邓灼联　周坤胜

行政事务管理办公室主任：陈健华
副主任：冯泽伟
韩笑秋
许文新

审批事务管理办公室
主　任：许　彪（6月离任）
梁伟成（8月任）
副主任：卢树辉

信息化办公室主任：赵仲明
副主任：黄　刚

农业技术推广管理办公室
主　任：谢粤生（5月离任）
曾富华（5月任）
副主任：杨承凯　冯锡垣

农业机械管理办公室
主　任：黄叶明
副主任：王　胜（5月离任）
陈大标（5月任）

林果管理办公室
主　任：曾富华（5月离任）

陈立丰（5月任）
副主任：陈云华

征用土地办公室主任：蒋新娟
副主任：何健强

上级业务部门直接管理的机构

广州市食品药品监督管理局
局　长：黄锦坤（4月任）
副局长：蒋万银　韩学民

广州市番禺区质量技术监督局
局　长：季生明（12月任）
梁献民（12月离任）
副局长：樊哲雄　贺建华
郑俭影（12月离任）

广州市番禺区工商行政局
局　长：田宏社
副局长：钟耀辉　谭燕文　谢　文
郑裕田

广州市番禺区地方税务局
局　长：陈锦洪
副局长：骆志刚　苏向荣　秦沛强

广州市番禺区国家税务局
局　长：王　峰
副局长：黎浩坚（5月离任）　罗小林
龙　萍

广州市公路管理局南城分局
局　长：黄礼明
副局长：钟裕国

广州市番禺区气象局
副局长：张锦华　姚集建　钱湘红

番禺海事处处长：潘作强
副处长：刘清亮　陈广平

番禺海关缉私分局局长：广　战
政委：李　忠
副局长：吴　伟　吴永钿

番禺海关关长：李学谦
副关长：广　战　李载福
邱　林　黄东燕（6月离任）
杨兆锑　杨向东

番禺出入境检验检疫局局长：胡文海
副局长：缪志明
黄治军
刘权叨
肖　伟
陈　琦

番禺出入境边防检查站
站　长：陈昌永
政　委：李集银（7月任）
副站长：谭维安　曾祥发

·中国人民政治协商会议
广州市番禺区委员会·
主　席：徐金海
副主席：黄建强　郑葆红　林惠兰
冼桂华　周　志　林广明
秘书长：石玉娥

办公室副主任：莫炽垣　梁晓丽

提案文史委员会主任：麦添华
副主任：陈　全

经济委员会主任：陈泽林（7月任）
副主任：陈福添

科教文卫体委员会主任：方一兵

社会与法制委员会主任：高汝平

对外联络委员会主任：谭锡流（8月离任）
蔡幸波（9月任）
副主任：李学机

·中共广州市番禺区纪律检查委员会·
书　记：彭　群
副书记：夏绍国　郭轩宇
常　委：麦鉴明　凌焕棠　高　峰
杨晓红

办公室主任：杨晓红

广州市番禺区人民法院
院　长：莫家齐
副院长：叶炽添（10月离任）
吴志宏　黄杰文
何俊声　劳沛基（11月任）

广州市番禺区人民检察院
检 察 长：暨中党
副检察长：张文硕
陈景林（7月离任）
李道明　肖泽顺（9月任）

中国人民解放军番禺区人民武装部
部　长：蒋君武
政　委：阳　原
副部长：肖恒明（3月任）

群众团体

工商业联合会主席：林广明
驻会副主席：曾瑞芳　陈衣淼
黄立宇

总工会主席：邱学新
副主席：刘晓光（6月任常务副主席）
梁全仔（4月离任）
林应忠（4月离任）
王满娣（4月任）
温成军（4月任）

中国共产主义青年团广州市番禺区委员会
书　记：徐　柳（11月离任）
副书记：曾　芸（6月离任）
李志华

妇女联合会主席：何顺欢
副主席：范锦萍（8月离任）
周瑞芳
王洁怡（9月任）

文学艺术界联合会主席：丘育定
副王席：张志明

科学技术协会主席：李伟贤（2月离任）
董天海（3月任）
副主席：周　凯

归国华侨联合会主席：林增强
副主席：李育诚

残疾人联合会理事长：张小波
副理事长：梁伟棠

贸促会会长：黎志伟
副会长：林潮荣

各镇（街）

市桥街党工委书记：龚汉坤（7月离任）
曾远明（7月任）
副书记：曾远明（7月离任）

谭锦沛
郭锦津（5月离任）
金丹华（7月任）

市桥街道办事处主任：曾远明(7月离任)
金丹华（7月任）
副主任：罗圻辉
黄福林

沙头街党工委书记：刘景铭（1月离任）
许礼强（1月任）
副书记：谭　斌
金丹华（7月离任）
梁少峰（8月任）

沙头街道办事处主任：谭　斌
副主任：梁建华
梁少峰（8月离任）
何炳添（8月任）

东环街党工委书记：关志升
副书记：王伟雄（9月离任）
邓炽伟（8月任）
石志伟（8月任）

东环街道办事处主任：王伟雄（9月离任）
邓炽伟（8月任）
副主任：潘立强　黄海璋

桥南街党工委书记：邓耀棋
副书记：陈红英
何婉桢（8月离任）
范锦萍（8月任）

桥南街道办事处主任：陈红英
副主任：刘超苏　陈志辉

小谷围街党工委书记：黄志林（5月离任）
龚汉坤（7月任）
副书记：何　绚　霍育兴
何穗鸿（6月任）

小谷围街道办事处主任：何　绚
副主任：李家胜
霍贵胜
陈永毅

大石街党工委书记：黄柱程
副书记：黄　标　黄景良

大石街道办事处主任：黄　标
副主任：黄锦松　陈永坚

洛浦街党工委书记：黄启荣（7月离任）
杜锐钊（7月任）
副书记：杨应森　谢立新

洛浦街道办事处主任：杨应森
副主任：梁国英　张志荣

沙湾镇党委书记：梁桂明
副书记：黄伟刚　陈锦云

沙湾镇镇长：黄伟刚
副镇长：韩湛波　罗劲节　许兆玲
何维臻

石碁镇党委书记：沈志刚
副书记：许礼强（1月离任）
李志平
徐林发（1月任）

石碁镇镇长：许礼强（1月离任）
徐林发（1月任）
副镇长：陈炳荣　周锐海　林志炳

丘传智（5 月离任）
冯权威（6 月任）

钟村镇党委书记：黄锦文
副书记：吴惠垣　曹远明

钟村镇镇长：吴惠垣
副镇长：黄钜林
黎汉光（12 月撤职）
郭文伟　黄灿成

新造镇党委书记：黄志林
副书记：杨　光　陈建辉

新造镇镇长：杨　光
副镇长：何跃进
邓展鹏（8 月离任）
罗杰豪（9 月任）

南村镇党委书记：甘访华
副书记：卢炎安　何少萍

南村镇镇长：卢炎安
副镇长：朱瑞武　陈乃权　胡国锋

化龙镇党委书记：谭小利
副书记：何培添　陈棋雄

化龙镇镇长：何培添
副镇长：何伟良　何志明　李少波

石楼镇党委书记：古禺锋
副书记：曾富强
陈忠文（9 月离任）
邓展鹏（8 月任）

石楼镇镇长：曾富强
副镇长：李灼坚（4 月离任）
孔　针　吴善财　陈润超
杨燕和（4 月任）

东涌镇党委书记：陈炳根
副书记：陈敏坚　麦旺发

东涌镇镇长：陈敏坚
副镇长：冼少宁　陈炳华　陈松辉
陈锦明

榄核镇党委书记：吴小辉（1 月离任）
刘景铭（1 月任）
副书记：张冬梅
罗健雄（5 月离任）
方宝城（5 月任）

榄核镇镇长：张冬梅
副镇长：陈大标（5 月离任）
冯权威（5 月离任）
黄钊华　王　胜（5 月任）
陈启潮（5 月任）

大岗镇党委书记：陈明捷
副书记：黄海滨　梁景林

大岗镇镇长：黄海滨
副镇长：关焕生　黄锦添　何锦洪
郭少华

（张治平）

社会经济发展概况

2008 年，番禺区呈现经济实力持续提升、民生事业不断加强、城乡面貌日益改善、社会发展更加和谐的良好局面。

在全区开展的以“思想大解放、番禺大发展”为主题的解放思想学习讨论活动，引发发展理念的大转变：经济建设更加注重调整产业结构，转变发展方式，初步实现从分散向集聚、低端向高端、粗放向集约的转变；城乡发展更加注重统筹兼顾，加快一体化进程，解决均衡发展问题；改善民生更加注重以人为本，健全社会保障，增强人民幸福感；环境整治更加注重标本兼治，紧紧结合创卫、创文和土地执法等工作，建立健全长效机制。

【发展集聚工业大项目】引进总投资270亿元的大岗镇中船项目，第一期安置区动工建设，近期目标建设一个集船用低速和中速柴油机、曲轴等船舶配套产品生产基地，远期目标规划建成面积达45平方公里的广州（番禺）大型装备产业基地；总投资68亿元的广汽集团自主品牌项目中的发动机项目厂房建设基本完成，整车项目厂房建设全面动工，汽车研究院进入实质性建设阶段，零部件项目完成选址；广药集团首批10家企业进驻生物产业园；广日工业园基本建成。公有企业集团化优势和成效初步显现，国有资产质量进一步改善。现代农业加快发展，一镇一村一品工程不断推进，农业龙头企业不断壮大，市级以上龙头企业达到16家。

区与中山大学等10所高校签署产学研合作框架协议，形成“政府+院校+企业”的产学研共建模式，并签约一批产学研基地和科研项目，合作打造“大学城生物医药产学研孵化基地”和“华南（广东）声像灯光设计研究院”等科技创新平台；清华科技园广州创新基地首期启动区顺利推进，5大技术支持中心、19家研发中心和国内外42家知名企业进驻大学城数字家庭和数字电视产学研孵化基地；数字电视高清互动试点工作扎实推进，用户突破1万户。

锐丰、珠江、朗晴、立白、博粤、秀珀、东松三雄等多家企业为北京奥运会提供产品和服务，展示“番禺制造”的水准。

政府引导动漫企业向“绿色、健康、品牌”方向发展。星力动漫游戏产业园首期投入使用，引进国内外知名动漫企业50多家。

爱喜软件公司与全球最大的搜索引擎谷歌公司合作在番禺建立面向华南地区中小企业的营销服务基地；沃尔玛山姆会员店广州总部签约落户区内；五洲购物中心、新长隆酒店等商业项目顺利建成，广州国际商品展贸城、万博商业商务中心、罗家商业广场、广州五湖四海国际水产交易中心等商业项目扎实推进；“岭南文化、生态休闲、现代游乐、时尚购物”等成为番禺四大旅游品牌。

【打造宜业宜居新城区】为改善生态环境，开展一系列重点工程建设。“惠民一号”河涌综合整治工程，市桥河雁洲水（船）闸等6项惠民重点工程同步开工建设，基本完成城乡水利防灾减灾工程建设；6个污水处理厂和前锋净水厂二期工程正式动工；火烧岗垃圾填埋场扩容工程完工，生活垃圾焚烧发电厂完成选址工作。

为改善和稳定治安环境，政府加大投入。投入资金1.68亿元，建成治安视频监控点2.7万个，数量位居全市第二；全面推行小区封闭半封闭管理模式；“三创”出租屋专项考评成绩连续5次排名全市第一。深入开展“红棉”、“剑锋”、“飞剑”等专项行动，严厉打击违法犯罪，全年刑事立案8681宗，同比下降13.1%（其中“两抢两盗”发案下降22.3%），破案率达46.7%，群众安全感进一步增强。

【经济发展百姓受惠】坚持“富民优先、民生为重”，认真落实市“惠民66条”及“补充17条”和区“富裕和谐33条”等政策措施，确保改革发展成果人人共享。

加快义务教育规范化学校建设，现有规范化学校159所，数量为广州各区（市）之首；全区12万名学生享受免费义务教育。新型城乡合作医疗工作进展顺利，“二次报销”使普通患者自付费用进一步减低；新（改）建农村卫生站17个，建成社区卫生服务机构18个，平均每3.5万人拥有1所社区卫生服务机构。有效控制局部流感和手足口病疫情，切实做好“奶粉事件”婴幼儿筛查和诊治工作。

大力实施城乡居民充分就业和收入倍增计划，使城乡居民人均收入增长幅度不低于经济发展水平；2008年农村居民收入增幅首次超过城镇居民收入增幅。

逐步扩大“农转居”人员和被征地农民参加基本养老保险工作覆盖面，已有4.5万人参保，享受政府资助近3亿元；全面启动城镇居民医保，将未参加基本医疗保险的36万城镇居民纳入医保范围；不断建立健全区、镇街、村居三级劳动就业服务体系。

基本完成农村困难户的危破房改造任务，并安排市桥城区内人均住房面积小于10平方米的城镇特困户分期分批入住廉租房。在全省率先成立区级住房保障办；制定解决教师住房问题方案，并付诸实施。继续实施“双百共建文明村”和牵手打造试点村、牵手帮扶发展缓慢村“两个牵手工程”；海鸥岛生态农业观光旅游区建设稳步推进，“一村四岛”水利工程开工建设；城乡公交一体化进程加快实施，自然村通公路和危桥改造项目全面展开；大刀沙观龙岛路桥建设节点工程前期工作全部完成，德怡大桥全面动工；中心镇建设成效显著，大岗镇成为“联合国开发计划署试点城镇”和“国家发改委全国发展改革试点小城镇”。

主要数据

2008年，番禺区实现地区生产总值727.60亿元，增长13.1%；按户籍人口计算，人均生产总值为74083元，按常住人口计算，人均生产总值为48345元。其中，第一产业增加值38.77亿元，增长5.4%；第二产业增加值339.07亿元，增长12.8%；第三产业增加值349.76亿元，增长14.2%。三次产业比重为5.33∶46.60∶48.07。

全区用电量73.17亿千瓦时，增长10.1%；工业用电48.51亿千瓦时，增长4.5%；生活用电量12.09亿千瓦时，增长12.2%。

【农业】全区农业总产值64.89亿元，粮食种植面积6666.67公顷，产量3.50万吨；蔬菜种植面积19153.3公顷；花卉种植面积5686.67公顷。全年肉类总产量5.45万吨；水产品总产量19.93万吨。

【工业】全区工业总产值1420.08亿元，增长15.1%；工业产品销售率98.1%。规模以上工业总产值中，轻工业总产值667.73亿元，增长16.1%；重工业总产值553.81亿元，增长13.8%。全区工业总产值超100亿元的镇有5个。

建筑业完成安装工程量169.63亿元，增长17.9%。

【固定资产投资】全社会固定资产投资205.77亿元，增长14.0%。其中，基建投资66.32亿元，下降1.5%；更新改造投资34.39亿元，下降15.0%；房地产开发投资99.58亿元，增长50.6%；其他投资5.48亿元，下降16.1%。

在全社会固定资产投资中，制造业投资30.16亿元，下降21.1%；交通运输仓储邮政业投资22.17亿元，增长109.0%；房地产业109.02亿元，增长37.8%；教育投资5.18亿元，下降72.7%。

商品房销售面积150.90万平方米，合同金额129.59亿元。

【国内贸易】全区实现社会消费品零售总额415.47亿元，增长25.0%。其中，批发零售行业322.76亿元，增长23.5%；住宿和餐饮业92.72亿元，增长30.9%。实现商品销售总额627.74亿元，增长37.6%。

【对外贸易】全区进出口总额149.88亿美元，增长10.4%。其中：出口总额90.82亿美元，增长9.7%；进口总额59.07亿美元，增长11.6%。

新签三资企业项目138个，合同利用外资5.97亿美元，实际利用外资3.17亿美元。

【交通邮电】全区年末机动车拥有量38.73万辆，其中汽车15.48万辆；年末公路通车里程1033公里，全社会货运周转量9.89亿吨公里，客运周转量28.25亿人公里 。

年末电话机数61.15万部，增长4.8%；程控电话普及率61.82部/百人；互联网用户23.24万户。

【旅游】全区接待旅游总人数1208.57万人次，旅游总收入56.76亿元。

【财政金融】全区地方财政一般预算收入43.88亿元；可支配财力65.04亿元；地方财政支出60.75亿元。

年末各类金融机构人民币存款余额1218.02亿元；人民币贷款余额536.91亿元。

【科技】政府加大对科技投入，全年科技三项费用1.25亿元。

开发重点科技项目14项，其中投产应用3项。新认定高新技术企业36家，企业技术研究开发中心11家。全区受理专利申请1705个，批准专利授权1113个。年末全区有专业技术职称人数45051人，其中，高级职称1841人，中级职称12232人，初级职称30978人。

【教育】全年投入教育经费14.28亿元。共有幼儿园323所，在园幼儿5.79万人。普通小学176所，在校学生12.98万人。普通中学63所，在校学生8.89万人。共有省市一级中小学校79所。

【卫生 体育】全区共有各类卫生医疗机构522个；医疗病床5086张；卫生人员10901人，其中，执业医师（含助理）3042人，注册护士2956人。

番禺籍运动员参加国际比赛获金牌4块；参加全国比赛获金牌17块、银牌15块、铜牌10块。

【环境保护】全年环保总投资1219亿元。工业废水排放总量1745.73万吨，排放达标率99.25%；区域环境噪声平均55.6分贝，交通干线噪声平均68.3分贝。全年空气质量优良的天数达331天。

【人口】年末全区户籍人口98.92万人，比上年末增加1.40万人；出生人口10503人，人口自然增长率6.15‰。

【人民生活】全区职工年平均工资31820元，增长18.8%。调查资料显示，城镇居民年人均可支配收入为23108元，增长13.0%；人均住房建筑面积36.46平方米。

调查资料显示，农村居民年人均纯收入为11070元，增长14.2%；农村居民人均住房建筑面积48.15平方米。

年末城乡居民储蓄余额717.52亿元，比年初增长24.2%。

年末参加基本养老保险人数42.74万人，增长9.4%；城镇登记失业人数6738人，登记失业率为0.5%；有55.98万人参加基本医疗保险，增长32.2%；58.73万农村人口参加农村合作医疗，覆盖率99.96%。

精神文明建设

【全面推进创建全国文明城市】 2008年，按照广州市的统一部署，全区创建全国文明城市的工作按照“两级政府、三级管理、四级网络”的管理要求，通过明确职责范围、理顺管理关系，狠抓工作落实。创建全国文明城市冲刺工作大会和迎检动员大会，建立“三创”联席会议制度，成立迎检工作领导小组，设立“三创”协调办公室；建立健全领导分工包干制度、协调会议制度、工作汇报制度、检查督办制度、联合巡查执法制度、每周定期通报制度等一系列规章制度。创建期间，全区投入经费79.1亿多元，增加垃圾容器1.9万个，增加保洁人员1430余人，先后组织10次全民大清洁行动，出动30万人次，清理卫生死角7千多处，垃圾30多万吨；投入50多万元在26个居民小区完善除“四害”设施，开展大规模消杀行动86次，清理整治“五小”行业1940多家，整治“六乱”11万多宗，拆除窝棚4900家共44万平方米；规范农贸市场及临时摆卖点69个，升级改造农贸市场53个共19.37万平方米，疏浚河涌66条共4.09公里。

【现代公民宣传教育活动】 围绕创建全国文明城市的核心任务，在市民中广泛开展系列宣传教育活动和群众性创建活动，推进创文工作的开展。“迎亚运、讲文明、树新风、促和谐”全民行动暨文明交通宣传整治活动、“迎亚运，全民学英语”、“‘共创文明城’——区‘四进社区’群众文艺大汇演活动”、“文明交通 从我做起”和“做一个有道德的人”等系列主题实践活动，通过“三创”有奖知识问答、派发“创文”明信片和“创文友情提示卡”等形式，多层次、多角度宣传“三创”工作，使创建活动家喻户晓，深入人心，成为全区广大群众和社会各界的自觉行为。同时，把教育活动作为弘扬民族精神、时代精神，增强民族凝聚力，引导广大群众树立正确的世界观、人生观、价值观，通过积极引导广大群众积极参与，达到组织群众、教育群众与群众自我教育、自我提高相结合的目的，不断提高公民思想道德水平。

【未成年人思想道德建设综合测试】 为配合广州市迎接中央文明办对《全国未成年人思想道德建设工作测评体系》（以下简称《测评体系》）的综合测试，区制定开展全国未成年人思想道德建设综合测试工作方案，印发了《关于进一步加强社区（村）未成年人教育的意见》，进一步规范和全面推进全区的未成年人思想道德建设工作。在全区300多个社区（村）建立“少年儿童”之家，在农村社区开设未成年人剧场；在全区中小学开展编报大赛，举办“2008番禺区第四届学校艺术节声乐比赛”、“展缤纷英语课程，迎璀璨羊城亚运”等活动，着力解决学校放学后、家长下班前，以及节假日未成年人失管失教的问题，丰富未成年人能在放学后和节假日的时间段内的课余活动。全区240多所公办学校都建立法制副校长制度，定期开展法制宣传活动。区财政拨款为全区公办学校学生购买保险。包括公安分局、妇联、关工委、团委、卫生局、番禺电视台、番禺日报社等有关单位参加的未成年人思想道德建设座谈会，进一步完善工作机制、沟通信息、协调工作，加强未成年人思想道德建设工作的社会、家庭、社会“三结合”的教育网络建设，使全社会关心、支持和参与未成年人思想道德教育。

【扎实推进农村精神文明创建活动】 在农村继续推进“双百共建文明村”活动。加大农村的基础设施建设，使教育农民与服务农民相结合，提高农民素质与增加农民收入相结合，突出和谐文化内涵，不断注入“双百共建”活动的生机和活力。在1月召开的区文化工作暨文明社区文明示范村命名会议上，对24个“文明社区”、87个“文明示范村”、48个“‘双百共建文明村’工作先进单位”进行授牌。据统计，在全年“双百共建文明村”活动中，区财政投入3097万元用于村基础设施建设，其中建成和在建的垃圾中转站12个，无害化公厕16个，道路硬底化143条，卫生站4个，文化室和宣传栏47个，公园及绿化33个，全区呈现党委牵头，政府主导，村民自主，各方参与的良好工作局面。5月，区文明办与区妇联在全区开展“文明家庭”评选活动，评选出6万户“文明家庭”，并对“文明家庭”建设实施动态长效管理机制，夯实文明村镇和文明城市创建基础，促进农村和谐稳定。沙湾镇蝉联“全国文明村镇”称号，成为广州市唯一获此殊荣单位。

【“四进社区”群众文艺汇演活动】按照区委区政府大力加强社区（农村）的文化建设要求，以“万人同唱文明歌”、“千场展演进社区”、“百台精品展风采”等三大系列活动为主要内容，全区开展“共创文明城—广州市‘四进社区’群众文艺大汇演活动”。全年组织文艺汇演57场，参与群众达8万人次。通过群众喜闻乐见的文艺形式，组织群众文艺队伍深入社区、农村、企业、学校等，大力宣传创建全国文明城市工作，使社区文化呈现“周周有活动、月月有高潮、处处有亮点、镇（街）有特色。

【文教卫体工作成绩突出】全区文教卫体工作有力配合宣传思想文化事业工作大局，自身也获得新的发展、新的进步。文化体制改革不断深化。文化产业发达，文化市场健康有序，“五送”活动开展向农村送戏、送培训、送书、送电影、送科技等；建成272间“农家书屋”、266间“绿色网园”；基层图书馆网络不断完善，文物普查成效明显，博物馆作为国家第一批“展示与服务提升”工作顺利推进。基层文联组织纷纷成立，阵地设施不断改善，文艺创作和交流活跃，文艺精品和文化品牌突出。番禺《狮舞（广东醒狮）》被列为“国家级非物质文化遗产”项目。

“一报二台”以正确舆论为核心，以改革创新为动力，服务群众、关注民生。《番禺日报》成功改版、推出手机报；广播电视资源有效整合，强化监管、确保安全播出。

全面推进义务教育规范化学校建设，有规范化学校159所，数量为广州市各区（市）之首，有12万名学生享受免费义务教育；高考、中考成绩保持位居广州市前列；教师福利待遇逐步提高。职业教育立足市场需要，优化专业结构，为番禺建设提供有力人才保障。

新型城乡合作医疗工作推行“二次报销”，使普通患者自付费用进一步减低；新（改）建农村卫生站17个，建成社区卫生服务机构18个，平均每3.5万人拥有1所社区卫生服务机构；食品药品安全监管力度得到进一步加强，食品安全监督监测网络形成区、镇（街）分级管理、条块结合的食品安全监管新格局。

成功举办区第五届运动会；连续5年获得“广东省体育先进突出贡献奖”；8名番禺籍运动员参加北京奥运会取得佳绩，其中陈燮霞以打破奥运会纪录的优异成绩，勇夺中国代表团首枚金牌。

党政机关

番禺年鉴·2009

中共番禺区委

【概况】2008年，区委以科学发展观统领全区经济社会发展，围绕区委十一届四次全会提出的“做实做好七篇大文章”的目标任务开展工作。

全区呈现经济实力持续提升、民生事业不断加强、城乡面貌日益改善、社会发展更加和谐的良好局面。实现“省双拥模范区”和“市双拥标兵区”三连冠；成功创建全国计划生育优质服务先进单位、全国农村中医工作先进区和广东省首批村务公开民主管理示范区；荣获广州市创卫工作先进集体和广州市抗震救灾先进集体荣誉称号；获评中国旅游文化示范地及2008中国最佳旅游品牌目的地。

【思想引动，确立科学发展新理念】2008年上半年，区委在全区布置开展以“思想大解放、番禺大发展”为主题的解放思想学习讨论活动。各级党员干部提出破解科学发展难题的意见建议1000多条，完成调研报告129份；由区领导牵头的12项重大课题调研，其中《腾笼换鸟谋发展，转变模式增效益》一文获全市优秀调研成果一等奖。思想大解放带来发展理念的大转变：经济建设更加注重调整产业结构，城乡发展更加注重统筹兼顾，改善民生更加注重以人为本，环境整治更加注重标本兼治，党的建设更加注重固本强基。2008年10月起开展深入学习实践科学发展观活动，创新“一岗十佳百村千千万家”主题实践活动，在学习中深化认识、在分析中查找问题、在实践中推动工作。

【区委十一届四次全会】2008年1月4日，中共广州市番禺区委召开十一届四次全体会议。区委书记谭应华对2007年工作做总结：一是执政能力经受了“创卫”、禽流感疫情、产品质量和食品安全专项整治“三大考验”；二是经济建设夯实了产业集聚化格局、产业高端化基础、商旅规模化雏形、政策制度化体系“四大基础”；三是民生事业达到学有所教、老有所得、病有所医、劳有所养、住有所居的“五有”要求；四

1月4日，区委十一届四次全体会议在会议中心举行。

是城乡建设实现重大发展；五是政治建设与党的建设得到不断加强。并强调2008年的工作：必须做实做好发展经济、新农村建设、建管并重、改善民生、文化强区、依法治区、固本强基“七篇大文章”。

3月18日，区委召开中心组学习会，重点围绕“继续解放思想，坚持改革开放，努力争当实践科学发展观的排头兵”主题展开学习和讨论。

区委副书记、区长骆蔚峰就如何贯彻落实区委全会精神，进一步实现科学发展、提升城市形象以及构建和谐社会提出要求：一是肯定成绩，坚定信心，全面转入科学发展的新轨道；二是乘势而上，厚积薄发，促进生产力骨干项目建设投产；三是迎亚运，树新风，全面提升城乡形象与品位；四是以人为本，统筹兼顾，妥善解决关系群众利益的热点问题。

【区委十一届五次全会】2008年7月11日，中共广州市番禺区委召开十一届五次全体会议。会上区委副书记、区长骆蔚峰总结全区2008年上半年的工作成绩：一是深入开展解放思想学习讨论活动，进一步理清实现科学发展的工作思路；二是大力推进产业优化升级，现代产业体系布局初步显现；三是加快城乡规划建设，基础设施不断完善；四是加大惠民措施力度，社会建设取得喜人成绩；五是民主政治建设不断推进，党的建设不断增强。同时强调，下半年全区要着力做好八个方面的工作：一是着力谋划科学发展新格局，精心策划功能分区；二是着力优化增量经济与存量经济，促使发展方式实现根本转变；三是着力推进迎亚运各项工程，加快建设宜居城区；四是着力发挥新农村10项工程的带动作用，加快形成城乡一体化发展新格局；五是着力发展社会事业，不断提高群众生活质量；六是着力做好创建全国文明城市工作，不断提升城市文明水平；七是着力加强制度建设，不断提升依法治区水平；八是着力加强党建，为科学发展提供坚强组织保障。

区委书记谭应华围绕下半年工作强调九个方面的意见：一是抓思想解放，促成果转化运用；二是抓园区建设，促重大项目上马；三是抓“腾笼换鸟”，促产业结构优化；四是抓规划建设，促城市形象提升；五是抓“创文”工作，促文明番禺建设；六是抓民生工程，促群众安居乐业；七是抓违建查处，促土地合理利用；八是抓信访维稳，促和谐社会建设；九是抓干部作风，促执行能力提高。

【积极应对国际金融危机】2008年12月4日，区委书记谭应华带队深入到珠江灯光

10月23日，区委常委、区委办主任陈德俊率区委办学习实践科学发展观活动领导小组及办公室全体人员到化龙镇塘头村举行专题学习座谈会。

2月6日，区委、区政府在会议中心举行2008年新春座谈会。

8月15日，市委政研室在番禺区召开广州市统筹城乡发展专题座谈会。

音响实业有限公司和沙湾珠宝产业园进行调研，并在沙湾珠宝产业园召开现场办公会议，专题研究部署应对金融危机的各项工作。会议要求全区各级各部门和广大企业既要有危机感，避免盲目乐观，又要坚定信心，未雨绸缪，主动谋划对策，积极应对挑战，采取切实有力措施，促进经济社会又好又快发展。会议还研究决定建立协调机制、用足用好政策、建立重点企业联系制度、积极为企业排压减负、设立支持企业融资专项资金、加大对劳资纠纷隐患的排查调处力度、坚持正确的舆论导向等七个方面事项。

【探索统筹城乡经济社会发展一体化】 8月，为深入落实科学发展观，进一步解放思想，解决城乡发展不平衡的突出问题，区委十一届第46次常委会议决定，由区委农村办会同区委办、区政府办起草《关于统筹城乡经济社会发展一体化的实施意见》。通过统筹城乡发展，把“三农”问题放在构建更加富裕和谐新番禺的工作中统筹考虑，加快建立健全以工促农、以城带乡的长效机制，推进城乡基本公共服务均等化，实现城乡科学、协调发展，使广大农民分享经济社会发展成果。在充分调查研究的基础上，形成了对统筹城乡发展规划、现代都市型农业发展、城乡基础设施建设、城乡公共服务、新农村建设、城乡社会管理等方面的政策措施，力争用5到8年时间基本建立起城乡经济社会发展一体化的体制机制。

【政策研究】 2008年，区委办政研室组织完成《广州新一轮城市发展战略指引下番禺区产业发展的战略研究》，以及《番禺区2008年村（社区）“两委”换届选举工作的情况报告》、《番禺区城乡居民收入调研报告》等，与区水利局合作开展《番禺区河涌综合整治策略研究》，《广州新一轮城市发展战略指引下番禺区产业发展的战略研究》获区解放思想优秀调研成果一等奖。按照区委领导的指示要求，对全区职业教育和职业技术培训改革问题进行调研，配合省委政研室，组织《关于设立广东省“腾笼换鸟”试点区的情况汇报》材料，争取番禺区成为省“腾笼换鸟”的试点区。利用区委、区政府决策咨询顾问的科研力量，先后组织召开“推动思想大解放、促进番禺大发展”新春专家座谈会、“番禺区统筹城乡一体化发展专家研讨会”。印发《年度调研工作重点课题通知》，指导基层单位广泛深入开展调研，全年共收到各单位上报的调研及交流文章80多篇。起草和修改《关于统筹城乡经济社会发展一体化的实施意见》、《番禺区党务公开工作实施意见》等区委、区政府文件。

（卢传实　廖　健）

【保密工作】从8月上旬起到9月中旬，由区保密局牵头，联合区府办、区信息办组成保密联合检查组到区直属47个重点单位进行抽查，开展计算机系统专项保密检查活动。重点检查涉密计算机、非密计算机和涉密移动存储介质、非密移动存储介质的保密管理情况。区委办、区府办联合印发《关于在全区开展计算机及移动存储介质专项保密检查的通知》。针对检查出现的问题，区委保密委办公室在10月初发出《情况通报》和“整改意见表”，要求对检查中发现的问题限时进行整改，确保取得督查效果。

按照《关于加强2008年普通高等教育考试试卷保密管理的通知》的精神，成立“番禺区高考保密应急处置领导小组”，负责对区内考试试卷保密室进行检查验收，对检查验收合格的试卷保密室颁发“合格证”，并对参与高考工作的保密人员进行保密知识教育。

依据国务院颁布的《政府信息公开条例》规定，区保密局针对政府各行政部门，信息量多，时效性强，责任重大的实际情况，下发专项通知，要求各镇、街，区直局以上单位保密委员会（保密领导小组）成立政府信息公开审查小组，制定保密审查制度，切实落实好“谁公开、谁审查、谁负责”的原则，切实把政府信息公开保密审查责任落实好。

结合市保密局纪念《中华人民共和国保密法》颁布20周年系列活动，区内开展多项保密宣传活动。8月，组织全区党政领导干部、重点单位和保密要害部门参加《保密法律法规知识测试竞赛试题》的有奖答题活动；9月，向全区各镇街，区直局以上单位转发泄密事件的情况，播放《小心你的手机》等保密教育录像片，积极开展利用反面警示教育；利用《保密工作》、《保密之声》等刊物开展学刊用刊活动，全年共在中央、省、市刊物上发表文章8篇。

（黄　敏）

【督办工作】2008年，督办工作围绕区委、区政府重大决策和重要工作部署，开展工作。

·落实各级重要决策·　区委全会、区委常委会议和书记办公会议决定内容被分类整理出124项事项进行立项督办，定期跟踪，及时催办，确保落实。6月2日，中共广州市委召开常委会议对信访维稳工作进行部署后，督办科室根据区委常委会议的精神，及时立项督办，要求各级各部门把该项工作作为当前压倒一切的首要任务来抓。

·落实区委各时期中心工作·　根据区委区政府的中心工作，列出新的88项区委、区政府中心工作督办事项，作为督办工作的重点。在各不同时期调整工作着力点和侧重点，合理安排督查力量，狠抓主要矛盾，保障区委各时期中心工作的落实。

·落实各级领导批示精神·　2008年，抗击雨雪冰冻灾害、太石村换届选举、第八次卫片土地执法检查、第九次预卫片土地执法检查等期间，各级领导都做了相关批示。督办科从完善细节、提高效率入手，积极做好分办、转办、催办和跟踪督办工作，确保做到有批必办、有办必果、有果必报。

·建立高效督查机制·　建立“当日办件”制度，极大地压缩办件时间，提高办件效率；督办工作情况通报制度，向区领导和区直局以上单位通报督办事项的落实情况，向负责单位施加压力、激发动力；督办考核制度，逐步细化、量化考核办法，以督办事项完成情况为依据，对各单位进行年终考评，对未完成督办交办任务或工作质量差的部门视情况予以扣分，将督办工作考评情况纳入绩效考核制度中，强化督办考评的效力。

（李幼虹）

【党史工作】2008年，区委党史研究室根据粤委办[2007]56号文的有关要求，收集、整理、编写1949~1978年的地方党史大事记，为编纂中共地方史第二卷做好前期的准备工作。先后查证解放后30年的有关番禺县委、县政府历届全会纲领性的文件，查阅馆藏的各历史时期决策人的讲话，番禺历届领导人开展社会、经济、文化建设措施、方案。《抗战时期人口伤亡和财产损失课题调研》的全部资料已由上级部门全部接收，相关调研工作暂告结束。

为纪念改革开放三十周年，党史研究室协同区档案局、区地方志办公室共同编印出版《改革开放30年大事记图片（1978~2008年）》一书。

区人大常委会

【区十五届人大四次会议】2月25~28日举行。会议分别听取和审议区政府工作报告、区人大常委会工作报告、区法院工作报告和区检察院工作报告；审议和批准区2007年国民经济和社会发展计划执行情况与2008年计划安排草案的报告，以及区2007年预算执行情况和2008年预算草案的报告；审议通过《广州市番禺区人民代表大会议事规则》；补选黄巨流为区第十五届人大常委会委员。

【监督“一府两院”工作】全区河涌综合整治，“创文”工作，财政管理，增进民生福祉、促进社会和谐，司法公正和信访工作是区人大常委会监督的重要内容。全年常委会共举行11次会议，听取和审议专项工作报告17项，组织常委会组成人员进行视察活动6次，监督“一府两院”的工作。

2月25日，区第十五届人民代表大会第四次会议在会议中心举行。

12月5日，区人大常委会组成人员视察市桥街交通情况。

常委会共受理人民群众来信212件，办结194件，办复率91.5%。来访92批，共185人，大部分已办结。

【人事任免】全年区人大常委会依法任命和决定任命国家机关工作人员41人次，免去职务34人次，接受辞职5人。2008年7月30日区人大常委会第十六次会议、11月27日区人大常委会第二十次会议分别决定任命龚汉坤、徐柳为广州市番禺区人民政府副区长。区人大常委会重新修正《广州市番禺区人大常委会实施〈广东省各级人民代表大会常务委员会人事任免办法〉的若干规定》，配套制定《广州市番禺区人大常委会关于实施人事任命任前法律知识考试的办法》，做到党管干部和人大依法任免的统一，按照法律规定和法定程序任免干部。

【代表工作】全年区人大各代表小组共组织视察活动23次，撰写调研报告21份，共有58名区人大代表向原选区选民报告履职情况。区人大常委会有针对性地对代表进行法律和业务知识培训，邀请市人大常委会的专家作专题讲座，组织全体区人大代表学习《中华人民共和国各级人民代表大会常务委员会监督法》，举办以“怎样做好人大代表”为主题的学习培训班。

【代表议案及建议】区十五届人大四次会议及闭会期间，共收到代表建议、意见和批评130件（含已转为建议处理的58件议案）。经常委会审议，确定将《关于由政府牵头建立全民养老保险体系的建议》和《关于加快垃圾焚烧发电厂建设，尽快关闭火烧岗垃圾填埋场的建议》确定为重点建议案。至12月，全部建议已答复代表，代表对答复的满意率95%。

【机关建设】上半年开展“以思想大解放，促番禺大发展”为主题的解放思想学习讨论活动，下半年开展深入学习实践科学发展观活动。修正和完善《区人大常委会议事规则》、《区人大常委会主任会议议事规则》、《区人大常委会实施〈广东省各级人民代表大会常务委员会人事任免办法〉的若干规定》等工作制度。

（廖红莉）

区人民政府

【2008年区十五届政府常务会议】1月3日，第48次常务会议。审议区政府办提交的《关于处理原凤山水泥厂地块的情况汇报》和沙湾镇政府提交的《关于把原凤山水泥厂储货码头设施设备划给我镇防洪物资储运场使用的请示》；审议区建设局提交的《关于建安集团公司改制工作的意见》、区国资局提交的《关于整合全区自来水企业、组建水务集团股份有限公司工作方案的请示》、区民政局提交的《关于审定区社会福利院福利大楼建设方案的请示》、流管办提交的《关于提高出租屋管理员工资待遇的请示》、区法院提交的《关于追加解决人民陪审员生活补助费所需资金的请示》以及发改局提交的《关于上报〈2007年番禺区主要经济指标预计完成情况与2008年预期目标安排初步设想〉的请示》。

·1月10日，第49次常务会议· 审议并同意区人事局提交的《关于审议张小波等同志任职的请示》和《关于审议黄辉泉等同志职务任免的请示》；审议区规划分局提交的《关于送审繁华路商业步行街户外广告规划方案的请示》、《关于审议〈广州市番禺区南郊村改造规划〉的请示》和《关于上报广州市番禺区尖峰山森林公园规划设计成果的请示》。

·1月14日，第50次常务会议· 审议区国土房管分局提交的《关于〈审计署广州特派办关于广东省2004年至2006年土地出让金及土地开发整理资金专项审计调查情况的报告〉涉及我区问题的请示》；审议并原则通过区财政局提交的《广州市番禺区2008年度财政预算草案（草案）》；审议并同意区国土房管分局提交的《关于广州市安飞运输有限公司等六宗闲置土地处置问题的请示》和《关于上报广东新中国船厂有限公司等四宗闲置土地处置问题的请示》。

·1月28日，第51次常务会议· 审议区规划分局提交的《关于番禺区村（居）民住宅超高违法建设问题处理意见的请示》、区国资局提交的《转报区房地产集团公司关于参股广州国际商品展贸城股份有限公司有关问题的请示》和区教育局提交的《关于建设飞鹅岭小区配套幼儿园交给区直属机关幼儿园管理使用的请示》；审议并原则同意区政府办提交的《政府工作报告（修改稿）》以及区应急办提交的《番禺区突发公共事件总体应急预案》；审议并同意区国资局提交的《转报番禺番发集团公司、番禺旅游总公司关于加快审批莲花山高尔夫球度假俱乐部股权收购和经营方案的请示》。

·2月19日，第52次常务会议· 审议区市政园林局提交的《关于市政环卫保洁作业移交街道管理的实施方案的意见》、区卫生局提交的《关于审批下发广州市番禺区社区卫生服务实施方案的请示》和《关于加快中心医院建设工作若干问题的请示》；审议区卫生局、区财政局和区发改局联合提交的《关于审定印发番禺区进一步加强农村卫生机构建设实施方案的请示》以及区交通局提交的《关于审定〈合作兴建番中大桥项目框架协议书〉的请示》；审议并同意区监察局提交的《关于给予方伟刚行政开除处分的请示》和《关于给予曾柏祥行政开除处分的请示》、区人事局提交的《关于审议郭小龙等同志职务任免的请示》和《关于审议梁建云等同志任职的请示》；研究决定由区财政安排2000万元给宝墨园公司用于建设南粤苑（不包含道路建设费用）。

·2月28日，第53次常务会议· 审议石楼镇政府提交的《关于解决石楼镇林场农转居人员购买养老保险金和基础设施建设改造经费的请示》和区建设局提交的《转呈关于协调处理债权债务问题的请示》；审议并原则通过区政府办提交的《广东省珠江甘蔗试验场属地管理工作资料》共十二份；审议并同意番禺交通建设投资有限公司提交的《关于新光快速路与番禺区地方道路衔接工作的请示》；研究区迎亚运十项工程，要求区政府办根据会议意见调整有关分工后印发通知，抓紧推进各个项目的建设工作。

·3月3日，第54次常务会议· 审议区规划分局提交的《关于广州市番禺区体育公园选址方案的请示》、区粮食局提交的《转呈区珠江粮油总公司关于购买东方资产管理公司的粮食企业债权包的请示》、广州市钻汇珠宝采购博览有限公司提交的《关于百越广场第二期租赁押金的减免申请》、区环保局提交的《关于注销番禺区机动车服务公司及处置集体资产的请示》、区国资局提交的《转报番发集团公司关于驻港工作人员薪酬问题的请示》和《关于区五金交电公司向社会公开拍卖土地偿还银行借款利息的请示》；审议并同意区人事局提交的《关于审议董天海同志任职的请示》、《关于审议苏志明等同志职务任免的请示》和《关于审议杨炳有等同志职务改任的请示》。

·3月12日，第55次常务会议· 审议番禺交通建设投资有限公司提交的《关于建议尽快规范我司代建项目有关事项的请示》和《关于建议对金枫大道项目实行代建制的请示》、区计生局提交的《关于下发〈中共广州市番禺区委、广州市番禺区人民政府贯彻落实〈中共中央、国务院关于全面加强人口和计划生育工作统筹解决人口问题的决定〉的实施意见〉的请示》以及区建设局和区物价局共同提交的《关于进一步规范我区城市基础设施配套费收取工作的意见》；审议并同意区劳动和社会保障局提交的《关于核定社会申办人员一次性过渡性医疗保险金政府资助的处理意见的请示》；审议并原则同意行政执法评议考核领导小组办公室提交的《关于审定2007年度行政执法评议考核结果的请示》。

·3月17日，第56次常务会议· 审议区国资局提交的《关于要求延长区友谊中心房地产开发有限公司合作期限的请示》、《转报番禺番发集团公司、番禺旅游总公司关于番禺宾馆中旅大厦续建方案的请示》、《转报区自来水公司关于确定污水处理合资公司战略合作伙伴及合作经营意向的请示》、区民政局提交的《关于审定〈区救助管理站内部设置改造方案〉的请示》和区科技局提交的《转报关于广州番禺银达科技担保投资有限公司第一次增资扩股的请示》；审议并同意区人事局提交的《关于审议翟裕纯等同志职务任免的请示》以及区委政法委、区财政局共同提交的《关于审定〈广州市番禺区涉法涉诉信访救助专项资金使用管理办法〉的请示》。

·3月31日，第57次常务会议· 审议区信息办提交的《关于2008年区信息化专项经费安排的请示》、经贸局提交的《处理转制企业离退休干部待遇问题的调研报告》、区教育局提交的《关于番禺中学缩班及调整2009年我区普通高中学位安排方案的请示》、番禺交通建设投资有限公司提交的《关于我区开展BRT研究和实施工作有关事项的请示》和区国资局提交的《转报关于广东梅山糖业总公司变更设立为广东梅山热电有限公司的请示》；审议并同意区人事局提交的《关于审议苏治邦等同志职务任免的请示》和区财政局提交的《关于审批 2008 年区本级预算外资金收支预算方案的请示》。

·4 月 14 日，第 58 次常务会议· 会议传达 4 月 1 日市政府第二次廉政工作会议的有关精神，要求各级、各部门要认真贯彻落实市政府第二次廉政工作会议精神，努力把区廉政建设和反腐败工作推上一个新台阶；审议区经贸局提交的《关于加快我区供销合作社改革与发展实施方案的请示》、区国资局提交的《关于将珠江制鞋厂和珠江乳制品厂并入番禺粮食储备有限公司的请示》、《关于由区物业经营公司借款给区水产冷冻公司归还银行借款的请示》、区市政园林局提交的《关于将东涌工业污水处理站划归区自来水公司统一管理的请示》、区信息办和区国资局共同提交的《关于报送〈关于电视网络和管道公司重组的方案〉（修订稿）的请示》、区国资局提交的《转报物业公司关于注资广州市番禺通信管道建设投资有限公司有关问题的请示》；审议并同意区人事局提交的《关于审议杨木带同志职务任免的请示》、《关于审议李灼坚等同志职务任免的请示》和《关于审议陈咏诗等同志职务任免的请示》；审议并原则同意区政府办提交的《关于成立番禺区 2010 亚运城市行动协调领导组的通知（代拟稿）》。

·4 月 21 日，第 59 次常务会议· 审议区基建办提交的《关于实施区财政投资项目计取征地拆迁工作经费的请示》、区国资局提交的《转报区房地产集团公司关于番禺迎宾大道五星级酒店项目合作方案的请示》以及区教育局和区财政局共同提交的《关于审定农村教育均衡发展经费保障方案的请示》；审议并原则同意信息办、区国资局共同提交的《关于番禺通信管道建设投资有限公司重组的方案（修订稿）》和区国资局提交的《转报区自来水公司关于污水管网建设代建及相关问题的请示》。

·5 月 5 日，第 60 次常务会议· 审议区公安分局提交的《关于购买友谊公司位于市桥街东环路南侧土地作为区消防培训基

11月 10 日，区召开学校及周边治安综合治理工作会议。

地的请示》、区国资局提交的《关于解决区拆船公司欠番禺物业经营有限公司债务问题的请示》、区畜牧兽医局提交的《关于确定区动物疫病预防控制中心选址方案的请示》和区农村中心镇村规划建设领导小组办公室提交的《关于给予有关镇准中心镇政策扶持的请示》；审议并同意区人事局提交的《关于审议黄锦坤同志免职的请示》、《关于审议丘传智等同志职务任免的请示》和《关于建议丘育定同志2007年度考核结果评为优秀的请示》；审议并原则同意区规划分局提交的《关于上报〈广州国家生物产业基地番禺园区规划设计〉的报告》。

·5月12日，第61次常务会议· 审议区经贸局提交的《关于确定区乡镇企业联合公司关停转制职工经济补偿标准的请示》、区国资局提交的《关于确定区公有企业负责人2008年度经营业绩考核目标值的请示》和区市政园林局提交的《关于转报番发集团公司市桥灯光夜市项目实施方案的请示》；审议并同意区人事局提交的《关于审议曾富华等同志职务任免的请示》；研究区迎亚运十项工程的有关问题，要求各部门抓紧推进工程的规划建设；审议并原则同意建设局提交的《关于将区建安集团公司移交区房地产企业集团公司的意见》和区规划分局提交的《关于上报广州市番禺区农村村民住宅建设规划管理指引的请示》。

·5月21日，第62次常务会议· 审议区文广局提交的《关于对区电影公司实施整体转制工作的请示》、区政府办提交的《关于解决成片开发住宅小区遗留教育设施配套建设问题的意见》和区创新办提交的《关于广汽零配件项目选址问题的请示》；审议并同意区委组织部、区农业局、区人事局和区财政局共同提交的《关于报送2007年度镇街机关单位绩效奖考核结果的请示》；审议并原则同意区交通局提交的《关于审批〈海鸥岛新农村建设交通配套设施建设方案〉的请示》。

·5月28日，第63次常务会议· 审议交通局、番禺交通建设投资有限公司共同提交的《关于开展“东进”狮子洋大桥项目前期工作的请示》、番禺交通建设投资有限公司提交的《关于特许投资经营大岗客运站的请示》、国资局提交的《转呈番禺物业经营有限公司关于处置闲置土地的请示》、《转呈区房地产建设企业集团公司关于全额退出广州市慧嘉房地产开发有限公司股份的请示》和《关于调整李伟权等同志所担任职务意见的请示》；审议并同意人事局提交的《关于审议何穗鸿等同志职务任免的请示》和《关于审议张靖鹰等同志职务任免的请示》以及区国资局提交的《转呈广东梅山糖业总公司〈关于回购梅山糖厂破产资产——固定资产的请示〉》；通报区委办《关于番禺区招商工作领导小组组成人员的审议意见》。

·6月10日，第64次常务会议· 审议区政府办提交的《番禺区2010亚运城市行动计划纲要》（送审稿）、区规划分局提交的《关于番禺现代信息服务业总部基地建筑方案设计组织方式的请示》、区国土房管分局提交的《关于批准实施〈广州市番禺区农村危房改造工作方案〉的请示》、区卫生局提交的《关于调整区中心医院住院部装修标准的请示》和《关于调整区中心医院门诊医技楼装修标准的请示》；审议并原则同意区创新办提交的《广药合作意向书》。

·6月18日，第65次常务会议· 审议区教育局提交的《关于区教研室和区教仪站人员享受增加教师岗位津贴的请示》、番禺交通建设投资有限公司提交的《关于处理金山大道（纬线）代建项目遗留问题的请示》、区公安分局提交的《关于建设番禺区公安分局实战战训基地的请示》、区土地开发中心提交的《关于明确莲花山保税加工区实业总公司是否应退回土地补偿款的请示》、番禺汇强经贸发展有限公司提交的《关于请求解决区化建集团与我公司的合作项目所遗留的历史问题的请示》、《关于请求解决区物价局与我公司的合作项目所遗留的历史问题的请示》、《关于请求解决区农业局、蔬菜办等政府几个部门与我公司的合作项目所遗留的历史问题的请示》、番禺区世纪花园房地产公司、番禺区翠倚华庭房地产公司提交的《关于提高番禺星海文化广场商业项目星海汇开发地容积率的请示》；审议并同意区人事局提交的《关于申报番禺区出租屋流动人员管理办公室等事业单位列入参照公务员法管理范围的请示》。

·6 月 30 日，第 66 次常务会议· 审议区劳动和社会保障局提交的《关于贯彻落实广州市城镇居民基本医疗保险试行办法的请示》、区国资局提交的《转呈番禺交通建设投资有限公司〈关于平南公司 6%股权拍卖有关问题的紧急请示〉》和区经贸局提交的《关于再呈〈关于加快我区供销合作社改革与发展的实施方案〉（修改稿）的请示》；审议并同意区人事局提交的《关于审议赵子斌同志任职的请示》和《关于审议乔铁同志任职的请示》、区劳动和社会保障局提交的《关于番禺区机关事业单位辞职辞退人员连续工龄视同缴费年限审核工作问题的请示》和区财政局提交的《转呈关于调整桥南街财政管理体制的请示》；研究了区信访维稳工作，指出全区信访维稳形势基本稳定，要求各级、各部门必须高度重视，统一思想，按照中央、省、市的要求全力以赴做好各项信访维稳工作。

·7 月 7 日，第 67 次常务会议· 审议区交通局提交的《关于审定合作扩建 G105 国道框架协议的请示》、区国土房管分局提交的《关于审定〈番禺区解决城市低收入住房困难家庭住房问题的实施方案〉的请示》、新造镇政府提交的《关于解决新造镇广州大学城征地拆迁补偿安置工作办公室资金问题的请示》、大岗镇政府提交的《关于提请审查大岗镇船舶配套产业基地拆迁安置相关工作方案的请示》和区国资局提交的《转呈广东梅山糖业总公司〈关于请求免交 2007 年度上缴利润的请示〉》；审议并同意区人事局提交的《关于审议张靖鹰同志免职的请示》和科技局提交的《关于 2008 年区科技计划重点扶持项目立项及经费安排的请示》；审议并原则同意区国资局提交的《转报广东梅山糖业总公司关于设立广州番禺热电有限公司方案的请示》。

·7 月 21 日，第 68 次常务会议· 审议区国资局提交的《关于莲花山电力有限公司等三家电厂合作期满处置方案的报告》、《转报房地产集团公司关于合资建设万博五星级酒店的请示》、区科技局提交的《关于以番禺区中小企业服务中心为平台开展中小企业股权融资咨询服务的请示》和番禺交通建设投资有限公司、市政园林局、征地办、钟村镇政府共同提交的《关于审核并实施〈番禺区汉溪大道工程征地拆迁补偿安置方案〉的请示》；审议并同意区市政园林局提交的《关于广州市番禺区生活垃圾焚烧发电厂授权广州广日集团有限公司特许经营有关问题的请示》。

·7 月 28 日，第 69 次常务会议· 审议并同意区人事局提交的《关于审议黄启荣等同志职务任免的请示》、《关于审议金丹华等同志职务任免的请示》、区民政局、区财政局、区统计局和区物价局共同提交的《关于对我区城乡困难群众发放临时性综合补贴的请示》、区科技局提交的《关于以番禺区中小企业服务中心为平台开展中小企业股权融资咨询服务补充意见的请示》和区交通局提交的《关于通过评估置换地块解决市桥汽车站搬迁问题的请示》；审议并原则同意区食安办提交的《关于审定番禺区食品安全监督监测网络建设方案的请示》、区政府办提交的《关于推进“腾笼换鸟”的工作意见》（修改稿）和区规划分局提交的《关于“腾笼换鸟”工作的请示》；听取区委组织部《关于龚汉坤同志任职意见的通知》，同意龚汉坤同志任广州大学城管理委员会主任。

·8 月 4 日，政府第 70 次常务会议· 审议广州港华燃气有限公司提交的《关于建设番禺区液化天然气（LNG）应急气源站的请示》、区工商分局提交的《关于番禺区五大出入口广告、招牌整治方案的请示》和大岗镇提交的《关于报送〈番禺区大岗镇船舶配套产业基地房屋拆迁补偿安置工作方案（第七稿）〉的请示》；审议并同意区人事局提交的《关于审议陈小兵同志挂任职务的请示》和《关于审议孙玥同志任职的请示》；审议并原则同意区公安交警大队提交的《番禺区关于加强摩托车管理措施的意见（代拟稿）》和区规划分局提交的《关于番禺广场展览馆设计要点的请示》。

·8 月 12 日，第 71 次常务会议· 审议数字电视整体转换和数字家庭产业发展试点推进工作组办公室提交的《转报广东星海数字家庭产业技术研究院有限公司关于广州大学城数字家庭研发园建筑方案设计组织方式的请示》、区国土房管分局提交的《关于开展市桥城区危破房改造的意见》、区规划分局提交的《关于番禺市桥先锋巷周边地区保护改造研究的情况报告》、区国资局提交的《转报广东梅山糖业总公司关于请求对广州市梅山热电厂发电亏损给予补贴的请示》、《转报广东梅山糖业总公司关于请求借款的请示》和区经贸局提交的《关于追加财政对梅山热电厂 2008 年 6-12 月顶峰发电进行补贴的请示》；审议并同意区外经局提交的《关于外经集团公司转让山九物流有限公司股权的请示》；审议并原则同意区国土房管分局提交的《广州市番禺区开发补充耕地工作方案》。

·8 月 19 日，第 72 次常务会议· 审议区国资局提交的《转报区自来水公司关于广州市番禺自来水有限责任公司增资扩股的请示》、区旅游局提交的《关于申请设立番禺旅游发展专项资金的请示》、区市政园林局提交的《关于上报市政环卫保洁移交街道管理工作方案和推进实施的请示》和区交通局提交的《关于审定合作建设南海与番禺交通衔接道路项目协议书的请示》、区综合执法分局提交的《关于各街道城管中队公务员管理经费统一纳入街道办事处管理的请示》；审议并同意区人事局提交的《关于审议梁伟成等同志职务任免的请示》、《关于审议王伟雄等同志职务任免的请示》和区公安分局提交的《关于提请专项经费在电视台报社开设消防专栏专版的请示》；审议并原则同意区国土房管分局提交的《关于审批〈番禺区 2008 年度地质灾害防治方案〉的请示》，研究决定周剑辉同志任番禺区 2010 亚运城市行动协调领导组办公室常务副主任。

·8 月 25 日，第 73 次常务会议· 审议区征地办提交的《关于审定〈省市重点项目村民住宅房屋拆迁补偿安置方案〉的请示》、区土地开发中心提交的《关于沙墟一村盛泰花园安置区建设中相关问题的再次请示》、区规划分局提交的《关于番禺热电厂项目用地选址问题的请示》、区国资局提交的《转报区房地产集团公司关于调整合作建设万博五星级酒店方案的请示》、区国资局提交的《关于莲花山保税加工区实业总公司社会事务管理职能移交属地管理的请示》和《转报番发集团公司关于同意参与番禺交通建设投资有限公司股份制改造的请示》；审议并原则同意区规划分局提交的《关于上报〈广州市番禺区商业布点规划〉的请示》。

·9月2日，第74次常务会议· 审议区国资局提交的《转报关于番禺区自来水公司与同方创新投资公司组建番禺污水治理股份有限公司的请示》、区卫生局提交的《关于对市桥中心城区公立医疗机构布局进行调整的请示》、《关于请示重新审定区中心医院一期工程总投资概算方案的请示》、数字电视整体转换和数字家庭产业发展试点联合推进工作组办公室提交的《关于审定〈番禺区数字家庭应用示范试点（含数字电视整体平移）工程实施方案〉的请示》、区水利局提交的《关于报批〈广州市番禺区砂石材料装卸点规划报告〉的请示》、番禺交通建设投资有限公司提交的《关于申请投资建设和经营新的砂石材料装卸作业点的请示》和区经贸局提交的《关于增加亿隆公司注册资本金问题的请示》。

·9月8日，第75次常务会议· 审议区教育局提交的《关于审定2009年增加教师收入方案的请示》、《关于审定花样年华雅筑房地产小区配套12班规模小学所需基建费用的请示》和区信息办提交的《关于参与合作投资成立“广州一窝蜂文化传媒有限公司（暂定名）”的请示》；通报区国资局提交的《关于莲花山电力有限公司等三家电厂设备处置方案的请示》和区政府办草拟的《关于调整番禺区“城中村”和“旧城”改造工作领导小组的通知》。

·9月16日，第76次常务会议· 审议区信息办提交的《关于审定〈番禺区推进数字化城市管理建设工作方案〉的请示》和区财政局提交的《关于注资区房地产建设企业集团公司出资参与组建展贸城股份公司问题的请示》；审议并同意区国资局提交的《转呈区交通建设投资有限公司关于东新高速项目组建银团按股比提供担保的请示》；研究大学城建设成就展览馆的选址问题；通报并同意区国土房管分局提交的《关于向肇庆市广宁县购买补充耕地指标的请示》。

·9月23日，第77次常务会议·审议区政府办牵头草拟的《关于优化产业结构加快经济发展的若干措施》（番发〔2007〕14号）的13项实施细则和国资局提交的《转报房地产集团公司关于重新调整合作建设万博五星级酒店方案的请示》；审议并同意区国资局提交的《关于整合区资产管理小组的请示》；通报区开展调查三鹿牌婴幼儿奶粉事件的有关情况，要求区食药监、区卫生、区质监和区工商等部门要加强对有关奶制品生产企业和流通市场的检查和监管，按照上级的部署全面开展专项清查行动，及时做好对问题奶制品的处置工作，听取区安委会汇报区今年的区安全生产工作情况及下阶段工作安排。

·10月6日，第78次常务会议· 审议区国资局提交的《关于审定番禺区公有企业负责人2007年度绩效年薪的请示》和《转报番发集团公司关于广州市番禺美丽华大酒店有限公司承包经营期满续约经营的请示》；审议并同意区人事局提交的《关于审议黄桂珠等同志职务任免的请示》；审议并同意区财政局提交的《关于报送〈关于广州市番禺区2007年决算（草案）的报告〉的请示》，请求报区人大审议审议，同意区财政局提交的《关于审批〈关于广州市番禺区2008年1–8月预算执行情况和2008年预算调整方案的报告〉的请示》。

·10月13日，第79次常务会议· 审议区交通局提交的《关于审定〈广州市番禺区公共交通线网规划〉的请示》、区劳动和社会保障局提交的《关于审定〈广州市番禺区城镇居民基本医疗保险试行办法〉的请示》和教育局提交的《关于审定解决我区教师住房遗留问题方案的请示》；审议并同意区人事局、区财政局、区编办和区劳动和社会保障局提出的《关于我区撤销自给或企业化管理事业单位后人员待遇和管理等问题的意见》、区国资局提交的《关于调整广州市宏盛酒店有限公司高层管理人员的请示》和《关于调整苏志明等同志所担任职务意见的请示》；听取区计生局关于区计生工作“创国优”、“迎国检”的情况汇报；根据广州市有关提高教师收入的意见，研究进一步提高教师收入的问题。

·10 月 21 日，第 80 次常务会议· 审议大岗镇提交的《关于请求尽快组织实施桂阁大道项目工程建设的请示》；审议并同意区人事局提交的《关于审议李茵等同志职务任免的请示》和《关于审议卢永青等同志职务任免的请示》；审议并原则同意区发改局提交的《关于上报〈广州市番禺区国民经济和社会发展“十一五”规划中期评估报告〉的请示》、市桥河水系综合整治工程指挥部办公室提交的《关于广州市番禺区市桥河雁洲水（船）闸租用土地的请示》和区农业局、区畜牧兽医局、区海洋与渔业局、区水利局和区环保局共同提交的《关于联合印发〈广州市番禺区畜禽养殖管理实施办法〉的请示》；研究广州市交委《关于确定番禺海鸥岛至顺德北滘高速公路项目投资人的函》和番禺交通建设投资有限公司提交的《关于如何推进番顺高速公路项目的请示》。

·11 月 3 日，第 81 次常务会议· 审议区卫生局提交的《关于 2009 年番禺区新型农村合作医疗筹资方案的请示》，决定，2009 年区城乡合作医疗筹资标准提高到 220 元/人，对于符合参加城镇医保的新农合参保人员逐步向城镇医保过渡，过渡期为 3 年；审议并同意区国土房管分局提交的《申请使用廉租房保障专项资金的请示》和区国资局提交的《关于成立国有独资酒店管理有限公司的请示》。

·11 月 17 日，第 82 次常务会议· 听取区委组织部《关于徐柳同志任职意见的通知》，同意将徐柳同志为区人民政府副区长人选的事项按法律规定提交区人大常委会审议；审议并同意区监察局提交的《关于对冼锦培行政处理的请示》、《关于给予黎汉光行政撤职处分的请示》、区土地开发中心提交的《关于大岗新联工业基地及拆迁安置区四宗用地收回问题的请示》以及区外经局和区土地开发中心提交的《关于收回广州市嘉和制药有限公司三宗工业用地的请示》；审议区建设局提交的《关于我区工业项目城市基础设施配套费收取工作的意见》、区土地开发中心提交的《关于向金融机构贷款 5 亿元解决土地储备资金缺口的请示》和区国土房管分局提交的《关于上报惠兴信房地产开发建设有限公司等七宗闲置土地处置问题的请示》；审议并原则同意区财政局提交的《关于审批 2008 年区本级预算外资金收支预算调整方案的请示》；研究区维稳和综治工作，要求维稳和综治工作要以维护社会和谐稳定为目标，继续坚持“打防结合、预防为主”的方针，全面落实科学发展观，深入推进区维稳和综治各项工作开展，确保社会政治和治安大局持续稳定。

·11 月 24 日，第 83 次常务会议· 审议区科技局提交的《关于接受广州市番禺番山实业发展有限公司无偿赠与番山创业中心配套设施的请示》、区政府办和区信息办共同提交的《印发〈关于加快数字家庭研发园和万博中心现代信息服务业总部基地开发建设的若干办法〉的通知》、区教育局提交的《关于审定教师住房遗留问题解决方案的请示》、区招商办提交的《中船柴油机项目及配套基地吹填工程有关问题的备忘录》和《关于对大岗新联工业区吹填工程施工方案复核意见的说明》以及区委组织部、区农业局、区人事局和区财政局共同提交的《关于再次以区政府名义印发镇街机关单位绩效奖考核方案的请示》；审议并同意区监察局提交的《关于给予谢中庆行政开除处分的请示》和《关于给予梁一之行政开除处分的请示》；审议并原则同意区政府办提交的《关于筹建小额贷款公司的意见》。

·12 月 11 日，第 84 次常务会议· 审议区外经局和区卫生局共同提交的《关于对奥美德项目投资情况的建议》、珠江船务企业（集团）有限公司提交的《报送〈关于促进莲花山客货运港发展的建议〉的函》、区国资局提交的《转报关于解决莲花山保税加工区实业总公司原莲兴工业区土地补偿费及其土地出让金滞纳金资金渠道的请示》和《转报番禺自来水公司关于成立广州市番禺污水治理有限公司的请示》；审议并同意区国资局提交的《转呈番发集团公司关于番禺南沙港客运有限公司限期入资问题的请示》和《转报番发集团公司番禺旅游总公司关于莲花山高尔夫球度假俱乐部配套设施设计免招标的请示》。

·12 月 22 日，第 85 次常务会议· 审议区城管办提交的《关于申请审批〈番禺区广告、招牌整治和管理工作方案〉的请示》、区林果办提交的《关于十八罗汉山森林公园建设和管理的意见》、区卫生局提交的《关于确定区中心医院一期工程筹资方案的请示》、区土地开发中心提交的《关于审定〈广明高速、东二环辅道占用金山大道用地补偿方案〉的请示》和区国资局提交的《转报关于联动处理南沙大道土地和交投公司 2.6 亿借款问题的再次请示》；审议并同意区国资局提交的《关于转让祈福医院国有股权有关问题的请示》。

【区政府重要活动】1 月 31 日，区委、区政府在南村镇召开全区农村工作会议，区委书记谭应华、区长骆蔚峰分别在会上讲话。

2 月 27 日，区长骆蔚峰、副区长戴友华和张力仁等陪同国家爱卫办专家组在番禺进行创卫实地考核验收。

3 月 14 日，召开安全生产紧急会议，区领导谭应华、骆蔚峰发表讲话，并就加强区安全生产工作进行部署。

3 月 25 日，召开海鸥岛社会主义新农村建设工作会议，强调务必在 2010 年亚运会开幕前把海鸥岛打造成休闲旅游观光胜地。

4 月 1 日，召开解决经济发展缓慢村问题工作会议，要求各有关单位继续克服困难，加快经济发展缓慢村的发展。

4 月 16 日，区领导谭应华、骆蔚峰、楼旭逵、戴友华等陪同张广宁市长和市有关部门负责人到广州大学城调研旧村改造工作、数字家庭与数字电视产业发展情况。

4 月 30 日，区政府召开新闻发布会，副区长戴永昌介绍区农村信息化建设取得的成绩。

5 月 6 日，区长骆蔚峰、副区长黎伟棠率区有关职能部门负责人，到新造镇和小谷围街调研食品安全监督监测网络建设试点工作。

5 月 13 日，广汽集团乘用车项目发动机工厂标段厂房在化龙镇复苏村举行动工仪式。

5 月 28 日，召开社区工作会议，区长骆蔚峰强调，要以全面创建“六好”平安和谐社区为目标，切实把我区社区建设提

5月13日，广汽自主品牌乘用车发动机工厂举行开工仪式。

高到一个新水平。

6月17日，举行联合国开发计划署“政府促进农民工及其家庭社会融入能力建设”项目广州启动会议暨城镇授牌仪式，大岗镇被授予“联合国开发计划署试点城镇”和“全国发展改革试点小城镇”称号。

6月18日，区长骆蔚峰代表区政府与中山大学等10所院校签订共同促进产学研合作框架协议。

6月26日，区领导谭应华、陈德俊、戴永昌等陪同国家农业部部长孙政才到区农业机械化示范基地视察。

6月26日，副市长陈国到设在番禺广场的信访点开展三级大接访活动，副区长龚红以及市、区有关部门负责人参加接访活动。

6月26日，区长骆蔚峰率区公安分局等30多个职能部门在行政会议中心礼堂开展区长公开接访日活动，共接待市民180多人。

6月27日，区政府召开“番禺区实施城镇职工补充医疗保险办法”新闻发布会。

6月18日，区政府与广州十所高校签订产学研合作协议，联手打造“创新番禺”。

6月26日，在市长、区长、局长公开接访日活动上，骆蔚峰区长接访市民。

7月7日，召开加快推进“一村三岛”社会主义新农村建设工作会议。

7月14日，区长骆蔚峰率区城市建设管理考察团赴华东4市考察，借鉴杭州、上海、苏州、南京等地城市规划建设经验。

7月28日，区领导谭应华、骆蔚峰等陪同国家土地执法检查组在番禺督导第八次“卫片”土地执法检查工作情况。

7月31日，区领导谭应华、骆蔚峰等陪同市长张广宁调研广州大学城建设与管理和亚运城建设工作。

8月5日，召开市桥河水系综合整治工作会议，区长骆蔚峰强调，要进一步加快推进河涌综合整治工程的工作进度，让市桥河水系整治工程尽快见效，使市民尽快从市桥河整治工程中得到实惠。

8月8日，区领导骆蔚峰、严宗活率番禺助威团到北京，支持和鼓励陈燮霞等番禺籍运动员努力拼搏，为国争光。

9月2日，区政府与南海区政府举行合作建设海怡大桥项目签约仪式，区长骆蔚峰、南海区区长区邦敏签订《合作建设海怡大桥项目协议》。

9月8日，区长骆蔚峰、副区长张力仁到区培智学校、东涌镇鱼窝头中学、东涌中学进行调研。

9月10日，召开2010年亚运城市行动计划推进动员会议，区领导谭应华、骆蔚峰等参加了会议。

9月18日，召开食品安全工作会议，部署落实在全区开展三鹿牌奶粉的查处工作。

10月8日，区长骆蔚峰到东环街调研，强调要加强工业园区建设和管理，为入园的企业提供优质服务，帮助企业解决实际困难。

7月31日，张广宁市长调研广州大学城建设与管理工作。

10月29日，骆蔚峰区长到石楼镇开展深入学习实践科学发展观活动调研。

11月6日，广州国家生物产业基地番禺园区授牌暨广药集团落户签约仪式。

11月6日，广州国家生物产业基地番禺园区授牌暨广药集团落户广州国家生物产业基地番禺园区签约仪式举行。

11月14日，召开经济工作会议，区领导谭应华、骆蔚峰等发表讲话。

11月28日，市桥河傍西雁洲水（船）闸建设工程、磨碟头水闸重建工程、新砺江水闸工程、“一村三岛”堤路结合工程、西海咀泵站扩建工程、莲花山现代渔港经济区等6项区惠民重点工程正式开工。

12月19日，广州大学城管理委员会举行揭牌仪式。

12月23日，举行广州市地铁爆炸疏散演练暨番禺区应急拉动演练，副市长陈国和区领导谭应华、骆蔚峰、严宗活、李杰才、陈德俊、简锡波、蒋君武、戴永昌等现场指挥和参与了演练。

12月29日，举行前锋净水厂二期工程暨大石、钟村、东涌、榄核、南村、化龙等7个污水处理厂动工仪式，区领导谭应华、骆蔚峰、徐金海、严宗活等参加了动工仪式。

12月29日，解决教师住房问题资金发放现场会在南村镇举行，区领导谭应华、骆蔚峰、张力仁等参加了现场会。

【办文办会】2008年，区政府办收编号文件8025份，比上年增加5.81%；发出编号文件1482份，减少1.85%；发出电子公文1831份，转办领导批示文件1447份，转出有关部门办理文件1799件次；装订印发纸质文件11188份，整理档案资料1708份；取得办文质量和规范综合评估在全市12个区（县级市）排名第一的佳绩。

【督办工作】筹办区政府常务会议、区长办公会议和区政府工作会议等255次，拟发会议纪要242份。全年跟进区政府和区政府办公室领导参加的会议1659场次，通知参会单位及人员共计11066人次。督办领导批示和会议决定事项394件，增加7.06%；接办省、市、区人大建议和政协提案共246件。

【综合调研】区政府办全年撰写、修改综合调研类文稿297篇，成稿字数约80万字，配套制作20份大型表格和PPT演示文稿，起草领导讲话稿及会议发言、汇报材料40多份。开展“解放思想，破解难题”专题调研，起草并经区领导审定出台《关于推进“腾笼换鸟”工作的意见（试行）》（番发［2008］9号）；草拟《关于优化产业结构加快经济发展的若干措施》的13份配套实施细则；开展解决房地产小区教育配套设施遗留问题、新客站周边地区社会管理、春晖大厦周边综合整治、平安公园建设、珠江甘蔗场属地移交等专项工作的调研综

10月14日，中国国际工程咨询公司到大岗镇调研中船柴油机项目及配套基地。

合。开展关于区医疗卫生事业改革与发展的软课题研究，配合广州市有关部门开展简政放权和珠三角规划等专项调研。

【政务发布】全年组织召开区政府政务新闻发布会和集体采访活动18场次；完成省、市、区新闻媒体相关报道120余篇；编发《番府信息》刊物263期，上升22.9%；区政府门户网站共采编政务信息3950条，被市政府办公厅采用信息96条，上升35.2%。

【信访工作】2008年，成立信访工作督办组，实施区各级领导大接访，办理群众信访案件2561件，上升68.6%；来访1007批3196人次，分别上升134.7%和43.7%。发生群众到区集体上访104批1659人次，同比批数上升14.3%，人数下降1.7%；发生群众到省、市集体上访31批463人次，同比分别上升19.2%和26.8%。全年区领导接访信访案件561批1049人次，批办来信案件259件。10月份成立区信访局。

【信息化建设】在构建“一网式”协同办公平台的基础上，实现市、区两级电子公文交换系统对接，完成区政府常务会议室无纸化及视像会议系统建设。以数据中心为平台，启动“数字大城管”项目建设，实现流管、计生、民政、卫生、国土、公安等部门的资源数据整合和信息共享。超额完成全区2.7万个治安视频监控点建设任务。大力推进以数字家庭为标志的信息产业，形成聚集数字家庭国家标准的5大技术支持中心、24家企业研发中心、43家国内外知名企业、500多名高科技研发人员，拥有263项发明专利的数字家庭“标准聚集之区”。数字家庭研发园、商务园、制造园三大园区获工业和信息化部批准为“国家数字家庭应用示范产业基地”。

【行政审批】完成“一站式”网上行政许可服务系统的研发升级，19个局级单位实现“外网受理，内网审批”，使用一站式并联审批系统办理审批事项超过20万宗。推广“一表制”网上联合审批，变“点对点”式为“点对线”式审批，缩减审批时间

33%。对进驻审批服务中心的21个职能部门272项审批事项进行实时监控，推行“一事一评”机制，树立政府的“绿色阳光”服务之窗。全年登记受理并办结业务119288宗，按时办结率99.99%，平均提前办结率58%，全部进驻职能部门窗口“零投诉”，群众评价满意率为99.4%。

【城市管理】以“创卫”、“创文”及举办亚运会为契机，大力开展查控“两违”、亚运村场馆周边广告整治及市容环境整治等行动，查处违法建设类案件2126宗，其中清拆违法建设737宗、面积83.17万平方米，成功通过“创卫”国检，被评为广州市“创卫”先进集体。城管专线发挥为民服务的作用，全年受理各类投诉、建议等案件14073宗，已全部转办，办结率100%，平均满意度87.9分。

【无线电管理】加强无线电资源管理，积极推进基层无线电管理体制改革，建立行政绩效考核机制，组建联络员队伍，构建区、镇（街）二级无线电管理网络取得重大成果，依法行政，出色完成无线电通信安全保障任务，被评为2008年度广州市无线电管理先进集体。基本完成全区无线电台（站）的核查，核查无线电台（站）用户单位771个、无线电台（站）1.3万多台；完成4626个无线电频点的核查工作；核发和换发《电台执照》262个。

【打击走私】组织整顿规范冷冻品市场、打击利用非法拼装车走私、清查冷库及打击资源性物资走私出口等专项行动。全年立案调查违规案件39宗，涉案案值5749万元；组织检查大小冷库（仓）755间次，检查冷冻肉类26.9万吨，查获无合法单证冷冻品609.1吨，疫区冷冻品352吨；销毁过往查扣的疫区和变质冷冻品606吨，被授予“2004~2007年全市反走私先进集体”称号。

【行政接待】区行政、接待办公室全年完成各类大、中、小型会议732节，参会人数

3月28日，石楼镇安全主任协会挂牌成立。

17万人次，积极做好会务工作；接待来宾22442人次，801批，平均每天接待61人，上等级的接待15批，接待的规格高、任务重。受理133个单位办理小汽车定编手续，购车103辆，申请过户、报废（被盗）更新车辆53辆，出定编证82本，定编证年审514个。

【应急管理】全区应急管理工作机构不断健全，79个部门成立相应应急机构，形成分级负责、条块结合和属地管理为主的工作机制。编发《广州市番禺区突发公共事件总体应急预案》及22部专项预案、53部部门预案、165部镇级专项预案、13部重大危险源场外预案。组建自然灾害事故等10个专家组，组建专兼职应急救援队伍60余支约9945人。集信息化高科技、多功能于一身的应急指挥平台系统初步建立，走在全市的前列。成功举行广州最大规模的地铁爆炸疏散演练，取得抗击低温阴雨寒冷天气、台风“黑格比”等重大自然灾害的胜利，圆满完成石楼镇日本遗留化学武器挖掘回收、支援四川灾区抗震救灾协调等各项工作。

【招商工作】区招商办整合力量，高标准、高效率推进多个重点项目建设。清华科技园广州创新基地首期启动区已封顶；广汽集团汽车研发生产基地项目用地公开挂牌出让并签订出让合同，发动机厂房已完成建设，主厂房于12月动工建设；广州国家生物产业基地列入市“退二进三”产业园区；中船柴油机项目及配套基地成功落户，首期投资60亿元在大岗镇新联工业区建设全国最大的柴油机及船舶配套生产基地。启动“腾笼换鸟”工作，大力推进万博中心、番禺欧洲城、亚运岭南饮食文化城、繁华路商圈、雄峰商业中心等大型商贸项目及钻汇珠宝采购交易中心的招商工作，推进以“广州星力动漫产业园”为主的动漫产业健康发展，打造番禺特色商贸名片。

（黄朝晖 张 恒 钟焕心 何钜铭）

【规范性文件审查】2008年，区政府法制办公室按照新修改的《广州市行政规范性文件管理规定》，通过事前指导、事中审查、事后监督的方式，对区政府及各部门制发的规范性文件进行监督管理严把规范性文件制定权限和发布程序的关口。全年办理各类规范性文件80件，其中包括统筹城乡经济社会一体化、城镇居民基本医疗保险、畜禽养殖管理、社区工作人员管理、行政事业单位国有资产处置等规范性文件。在制定、审查、清理“三个环节”方面，规定所有规范性文件的有效期不得超过5年。通过对全区组织开展现行规范文件的清理工作，清理区政府规范性文件160件，审查各部门清理意见30件。

【行政复议与行政应诉】全年区政府法制办办理行政复议和行政应诉案316件，其中受理行政复议申请280件（比上年同期增长8%），代理区政府作为被申请人参加市政府行政复议案件9件，受区政府委托出庭应诉的行政诉讼26件，民事诉讼1件，接待来信来访800多人次。在办案中，区法制办改变坐等办案、被动纠错的方式，主动深入基层、提前介入，多次到市桥、石碁、沙湾、小谷围等行政复议案件较多的单位进行指导。

【法律服务】区法制办办理区领导批示件115件，出具各类法律意见185件，审查政府重大合同15份。参加包括珠江甘蔗试验场属地化管理、广汽建设工程施工项目、大岗镇船舶配套产业基地房屋拆迁补偿安置方案、区“腾笼换鸟”实施细则、转让祈福医院国有股权问题、区电影公司实施整体转制和建立酒店管理有限公司等区内重点项目协调会议120多次，提出有针对性的处理方案。与区政府办综合调研科，区教育局等部门积极处理房地产小区公共配套设施遗留问题，处理南国奥园、东晟明珠等多个小区的公办学校建设与移交问题；配合村居换届选举工作，整理村民委员会换届选举操作指南。

【完善行政执法制度】区法制办在对全区185个执法主体以及镇政府行政执法情况的梳理工作的基础上，制定本区行政执法评议考核办法及年度考核实施方案，年初对全区65个行政执法单位开展量化考核工作，进一步完善行政执法评议考核制度。

【完善政务公开制度】区法制办继续按照《中华人民共和国政府信息公开条例》的要求，以便民利民为着眼点，以电子政务建设为主渠道，配合区府办新闻信息科编制全区政府信息公开目录和指南，完善政府门户网站的政务公开目录、网上申请公开系统等内容，按省市政务公开的要求，向社会全面公开。

(李肇雄　黄洁莹)

区政协

【概况】2008年，区政协在区委的领导下，深入学习实践科学发展观，高举爱国主义和社会主义两面旗帜，组织和团结政协委员、各界人士，围绕区委、区政府的中心工作，履行政协的职能，为巩固和发展新时期爱国统一战线，推动番禺科学发展，促进番禺社会和谐建言献策。年内，举行全体会议1次，常委会议5次，主席会议11次。

【区政协十二届三次会议】2月24日至28日，召开区政协十二届三次会议。会议听取并审议政协第十二届广州市番禺区委员会常务委员会工作报告和提案工作情况报告；组织委员列席区十五届人大第四次会议，听取和讨论区政府工作报告及其他有关报告；增补何敬麟、高汝平为十二届区政协常委；听取区政协十二届三次会议提案审查情况的报告；通过区政协十二届三次会议决议。政协主席徐金海在会上作题为“解放思想，积极探索政协工作的新思路、新方法、新举措”的报告。

【常委会议和常委专题议政会】·十二届七次常委会议· 1月21日举行。会议听取一府两院工作情况和区政协建议案、提案办理情况通报，协商讨论《政府工作报告》(征求意见稿)和两院工作；审议通过关于召开区政协十二届三次会议的决定和有关事宜。

·十二届八次常委会议· 2月27日于十二届三次全会期间举行。审议通过十二届三次会议有关事项。

·十二届九次常委会议· 3月19日举行。会间，常委们视察南村镇坑头村信息化建设情况、大学城数字电视与数字家庭产学研孵化基地，为区信息化建设建言献策。与区政府联合举行提案交办仪式，103件提案涉及全区经济社会发展各方面。

·十二届十次常委会议（专题议政会）· 7月2日举行。围绕“推进区节能降耗工作”开展专题议政。听取区政府关于区节能降耗工作的基本情况通报；通过区政协常委会议建议案《关于加强我区节能降耗工作的建议》；各党派团体以及有关委员作发言；主席徐金海围绕推进市“首善之区”建设履行政协职能作讲话。会议通过有关人事安排：审议通过苏志明、劳宪、蒋君武、王满娣、杨木带、曾芸、罗健雄、陈善强、阮乐秋、梁淑英因工作变动等原因辞去委员职务；增补陈泽林、董天海、郭洪杰、肖恒明、陈咏诗、冯润胜、李志华、雷艳霞、李建樑、傅红卫、李仲民、贺文良为委员，增补李文俊、李子同为香港特

2月25日，区政协十二届三次会议在会议中心开幕。

邀委员；通过陈泽林任区政协经济委主任职务。

·十二届十一次常委会议· 9月23日举行。区政协常委视察亚运城和广州铁路新客站工程，围绕推进亚运城以及广州铁路新客站配套建设工作建言献策。通过蔡幸波同志任第十二届区政协委员、区政协对外联络委员会主任职务。

【协商议政】为促进区转变经济发展方式、实现科学发展，区政协通过全委会议、常委会议、主席会议、专题议政、协商座谈会等形式，先后就推进节能降耗工作、统筹城乡经济社会发展一体化、推进“腾笼换鸟”工作、土地置换审批、加快亚运城和广州新客运站管理和配套建设等重点问题，开展协商议政，积极建言献策。面对国际金融危机的影响，组织专家作世界经济形势报告会，深入工商界、港澳委员企业走访调研，协助市政协组织“金融危机对广州企业用工的影响及对策”座谈会，提出应对金融危机的建议和对策。与有关部门联合举办“庆奥运、迎亚运”的番禺

3月14日，区政协主席会议成员视察岐山医院。

3月19日，区政协常委会视察信息化建设情况。

论坛，为提升城市管理水平献计出力。

【民主监督】邀请区纪委、区法院和检察院向区政协常委会通报工作情况，使委员们更好地知情问政；对区文广局开展民主评议活动，充分发挥委员担任特约监督员和行风评议员的民主监督作用；组织委员参与区机关作风“三评议”活动，在推进机关作风建设中发挥了积极作用。

【调研视察】2008年，区政协组织委员开展调研视察20多次，向区委、区政府提交意见综合或调研报告50多篇。主席会议与各民主党派、工商联负责人联合开展调研视察，围绕地铁3号、4号线番禺站点周边配套设施建设、市桥河一河两岸的环境整治、精神病防治工作、畜牧养殖业和农产品安全进行调研和视察，形成意见综合，得到区主要领导批示办理，促进有关问题解决。各专委会、委员小组、地方组发挥优势，围绕农村幼儿教育发展、宗教活动场所管理、镇自来水厂的专营权、残疾人保障工作、文化旅游项目建设、城乡职教一体化发展等深入开展调查研究，提出意见建议。

【提案建议案】2008年，区政协委员和区政协各参加单位提交提案116件，经审查立案的103件提案全部办复完毕，委员对提案办理的满意率100%。常委会议建议案《关于加强我区节能降耗工作的建议》和主席会议建议案《扩建岐山医院 加强精神病防治工作》办理完毕，取得良好成效。不断完善社情民意报送工作程序、畅通信息汇集渠道，全年收集各类信息110余条，整理上报70多条，编发社情民意专刊10期。

【纪念改革开放30周年活动】区政协以多种形式纪念改革开放30周年，通过召开区各界人士纪念改革开放30周年专题座谈会、编辑出版《番禺改革开放三十周年》纪念专辑、组织以“改革开放与人民政协”为主题的理论研讨活动、参与举办纪念改革开放征文活动，多角度反映番禺30年发生的巨大变化，以进一步激发群众爱国爱乡热情、坚定改革开放信念。

【深入学习实践科学发展观】区政协认真开展深入学习实践科学发展观活动，找准政协工作中与科学发展观不相适应的存在问题，进一步增强贯彻落实科学发展观的自觉性和坚定性，形成推进政协工作创新发展的思路与措施。召开各种座谈会、专题生活会和民主生活会10余次，向委员和各界人士群发出《征求意见函（表）》和评议表300多份，征求意见建议20多条，制定整改措施23项。

【自身建设】加强政协机关工作的规范化、制度化建设，完善机关行政事务规定。认

5月7日，区政协主席会议成员等视察公交接驳建设情况。

7月29日，区政协主席会议成员重点督办提案，推进“一河两岸”整治。

真开展创建“共产党员示范岗”、“双百共建”等主题实践活动，与结对村开展座谈交流、考察学习，赠送书籍、电脑、捐资助学共建活动。发挥各界委员在经济社会发展中的作用。通过组织百越艺术研究会、专家学者联谊会、历届委员联谊会开展联谊交流活动，与有关单位举办网球赛、茶话会等联谊活动，加强与各界的交流合作。据不完全统计，2008 年，工商界委员为春季雪灾和汶川地震捐款 1100 多万元，其他公益捐款 600 多万元。编发《番禺政协》10 余期，省、市、区媒体上刊登宣传报道 100 余篇。

（钟　丽）

纪检工作

【纪检大事】2008 年 3 月 4 日，召开区纪委十一届三次全会，区领导班子成员、区纪委委员、区特邀监察员、区副局级以上领导干部 600 多人参加会议。区委常委、纪委书记彭群传达中央纪委和省、市纪委全会的主要精神，并作《以科学发展观统领纪检监察工作全局 扎实有效推进反腐倡廉建设》的工作报告。

3 月 14 日，中央纪委副书记黄树贤，在省纪委副书记、监察厅厅长林浩坤、广州市委常委、纪委书记苏志佳的陪同下，到番禺调研纪检监察干部工作。黄树贤一行到沙湾镇视察廉政文化建设，对区社会经济发展和反腐倡廉建设给予充分肯定。

4 月 25 日，首次召开全区行政效能建设工作会议；8 月 5 日，在行政会议中心举办反腐倡廉专题辅导报告会，由中央纪委宣教室副主任李本刚作反腐倡廉专题辅导报告，区领导班子成员、全区副处以上干部，以及区纪委、监察局全体干部 800 多人参加报告会；9 月 5 日，“广州市廉洁文化教育基地”在沙湾宝墨园挂牌；11 月 11 日，区纪委和区委党校共同打造的“番禺区廉政文化教研中心”在区委党校挂

3月 14 日，中纪委副书记黄树贤到番禺调研。

牌；12月31日，“广州市反腐倡廉警示教育基地”在番禺监狱挂牌。

【领导干部廉洁自律】2008年，区纪委制订《番禺区2008年党风廉政建设和反腐败工作任务分工部署的意见》，分解细化工作任务60项，并落实到26个牵头单位。认真做好全区局以上单位90人党政正职领导的廉政卷宗填报工作。会同区委组织部、区外事办进一步规范国家工作人员出国（境）的证照管理。全区20名党员领导干部上交“红包”共计人民币24.539万元、港币2.3万元。

【廉政文化建设】区纪委印发《番禺区进一步加强廉政文化建设的实施意见》，要求继续深化具有番禺特色的“一二三四五”廉洁文化品牌建设，促进各镇、街积极开展廉政文化创建活动。宝墨园和番禺监狱分别成为市廉洁文化教育基地和反腐倡廉警示教育基地。番禺宾馆、仲元中学、南村镇坑头村、桥南街华景社区等成为廉政文化“六进”示范点。在区委党校成立“番禺区廉政文化教研中心”，开展党风廉政教育培训和研究工作。

【查办违纪案件】全区纪检监察机关办理信访件800件，为25名党员干部澄清了问题；查处违纪违法案件36宗41人，涉及处级干部4人，科级干部7人；有党员干部28人受党纪政纪处分，19人被判刑，广州市亿隆物业有限公司董事长刘治文因受贿被查处。

【纠风专项治理】会同财政、审计、农业等部门对9个镇、街贯彻落实强农惠农政策的情况进行监督检查。开展教育收费检查，严肃查处乱收费行为。会同区环保部门对8家污染环境严重的企业进行环境保护挂牌督办，查处违纪违法案件2宗。协调工商、食品药品监督以及区整规办等部门，开展整规、打假、食品安全专项检查。在区文化广播电视局、区市政园林局两个系统开展行风评议活动，进一步促进两个系统的行风建设。

【党风廉政教育】加强反腐倡廉宣传教育，在中央、省、市、区各级刊物刊登宣传报道文章65篇次，联合广州和番禺电视台制作拍摄6个廉政教育专题片。建立开通“番禺纪检监察网”，扩大教育宣传的广度和深度。认真开展以“增强党性观念，推动科学发展”为主题，以“一台演出、一个展览、一场报告、一份课件、一次培训”为主要内容的“五个一”纪律教育学习月活动。对2007年以来新任的副处以上领导干部进行集体廉政谈话。对全区村（社区）新任“两委”干部的廉洁教育培训。协调区妇联举办全区处级以上党员领导干部配

12月31日，“广州市警示教育基地”在番禺监狱揭牌。

9月5日，“广州市廉洁文化教育基地”在沙湾宝墨园揭牌。

偶“廉内助”教育讲座。

【治本抓源】认真贯彻落实《建立健全惩治和预防腐败体系2008-2012年工作规划》。推进建设工程招标流程改革，健全选取招标代理服务机构制度，较好地遏制了围标串标行为，节约财政资金。进一步推进行政审批电子监察系统建设，全区20个单位245个审批事项纳入行政审批电子监察系统，开通群众满意度点击评分系统。拓展电子监察系统功能向农村基层延伸，对全区247个行政村重大事项的财务数据进行实时监控。会同组织、人事部门监督检查贯彻落实《党政领导干部选拔任用工作条例》的情况。对新形势下加强公有企业党风廉政建设进行专题调研。全区建设工程招标302宗，中标价42.1亿元，节约资金4.33亿元；政府采购金额5.7754亿元，节约5174万元。

【行政监察】对“第八次卫片”土地执法工作进行监察立项，严肃查处违法违规用地案件，对5名公职人员和7名农村党员干部给予党纪政纪处分。监督检查对广州亚运城、广州新客站、河涌整治等区重点工程和惠民工程。配合做好村（社区）“两委”换届的监督检查工作。对作风建设不扎实的单位和一些典型案件进行通报批评和行政问责。在审批中心、公安、国土等部门设立行政效能监察点。组织开展“党政机关效能建设”主题实践活动，营造廉洁高效政务环境。

（李刚毅）

组织工作

【党员队伍】2008年底，全区有党员42884名，比上年底（下同）增加2751名。正式党员40578名，预备党员2306名。全区发展新党员1694名，其中年龄35岁以下1360名，占80.28%；高中（中专）以上

3月4日，区召开第十一届纪律检查委员三次全体会议。

文化1527名，占90.14%；妇女733名，占43.27%。组织关系迁入党员2914名。

女党员12154名，占29.95%，增加2.97个百分点；少数民族党员213名，占0.5%；1949年入党的党员74名，占0.17%。

35岁及以下党员14774名，占34.45%；36~45岁9269名，占21.61%；46~54岁5527名，占12.89%；55~59岁3287名，占7.66%；60岁以上10027名，占23.38%。全区35岁及以下青年党员所占比例提高0.99个百分点。

党员文化结构：具有大专以上学历的17384名（其中研究生学历的706名，占1.65%），占40.54%；高中、中专的10308名，占24.04%；初中及以下的15192名，占35.43%。高中以上文化程度占64.57%，提高2.44个百分点。

【基层组织】2008年底，全区有基层党委29个（其中企业党委7个，事业单位党委2个，机关党委10个，镇党委10个），区委派出工委10个，党组12个，党总支73个（其中企业党总支16个，事业单位党总支19个，机关党总支28个，其他党总支10个）。建立党支部1507个（其中企业党支部568个，事业单位党支部307个，机关党支部238个，其他党支部394个）。

各镇、街道有基层党组织1179个，占全区基层党组织总数73.28%。其中，镇党委10个，二级党委1个，党总支40个(其中，建制村党总支1个)，党支部1128个（其中，街道社区党支部59个，建制镇社区党支部27个，建制村党支部246个）。

机关（含各镇、街）党组织276个，其中党委10个，党总支28个，党支部238个。

全区企业党组织有591个，其中党委7个（含二级党委5个），党总支16个，党支部568个。

全区企业法人单位中有7家建立党委（包括公有经济控制的企业法人单位6家，非公有经济控制的企业法人单位1家），13家建立党总支（包括公有经济控制的企业法人单位8家，非公有经济控制的企业法人单位5家），466家建立党支部（包括公有经济控制的企业法人单位104家，非公有经济控制的企业法人单位362家）。

全区的事业单位党组织共328个，其中党委2个、党总支19个、党支部307个。事业法人单位中有1家建立党委，18家建立党总支，243家建立党支部。

【村（社区）“两委”完成换届选举】5月15日，全区村（社区）“两委”换届选举工作全面完成，比省、市的要求提前一个多月。

全区247个村共产生新一届村“两委”成员1611人。其中：村党支部成员978人，平均年龄41岁；有761人连任，占77.8%；女性196人，占20%；大专及以上学历159人，高中（中专）及以上学历724人，占74%。村委会成员789人，平均年龄42.2岁；352人连任，占44.6%；女性91人，占11.5%；党员422人，占53.5%；大专及以上学历89人，高中（中专）及以上学历432人，占54.8%。村“两委”成员交叉任职的有156人，其中村党支部书记与村委会主任“一身兼”的有29人。224条村有女干部，占90.7%。

按照规定有70个社区党支部和74个社区居委会应进行换届，本次选举产生新一届社区“两委”成员550人。其中，社区党支部成员205人，平均年龄39.3岁；女性105人，占51.2%（担任社区党支部书记的27人）；大专及以上学历111人，占54.1%；120人连任，占58.5%。新一届社区居委会成员420人，平均年龄36.4

岁；女性251人，占59.8%（担任社区居委会主任的38人）；党员176人，占41.9%；大专及以上学历240人，占57.1%；连选连任的有273人，占65%。社区“两委”成员交叉任职的有75人，其中社区党支部书记与社区居委会主任“一身兼”的有35人。

在“两委”换届前，区委组织部会同区民政局开展一系列的宣传发动工作。制定有关换届选举工作指导资料、操作指南；组织全区选举工作人员开展培训，掌握选举工作的要求、方法和步骤，提高换届选举的工作水平；对全区排查出来的28个“难点村”有针对性地采取措施，化解突出矛盾。换届选举结束后，针对过去个别村“两委”不团结和本届有相当一部分村“两委”成员是新当选的情况，有关部门及时举办了村支书、村主任以及新当选村“两委”干部培训班。各镇街开展对其他委员、村务公开监督小组成员和民主理财小组成员的培训工作。

【学习实践科学发展观活动】 按照上级部署，从2008年9月开始，全区用一年时间分两批开展学习实践活动（第一批机关事业单位，第二批镇、街）。组织部下发开展学习实践活动的有关实施方案、实施意见等有关文件，成立区委学习实践活动领导小组及其办公室。抽调人员组成4个指导检查组，加强对学习实践活动的指导和督促检查。在认真抓好学习实践活动每个阶段每个环节的“规定动作”的基础上，围绕“致力广州建设‘首善之区’，构建更加富裕和谐新番禺”的主题，以“一岗十佳百村千干万家”工程为载体，创新“自选动作”贯穿于整个学习实践活动过程中。参加第一批学习实践活动的18个基层党委、党工委及其辖内的450多个党支部11500多名党员严格按照“党员干部受教育，科学发展上水平，人民群众得实惠”的总体目标要求扎实做好各项工作，有条

5月12日，第五期处级领导干部进修班开课。区委常委、组织部部长刘苑珊作开学动员。

不紊地推进学习实践科学发展观活动。

【基层党建工作】自2007年初全面实施的农村“三个培养”工程在换届选举工作中初见成效：新一届村党支部委员中，属于“三个培养”对象的908人，占92.8%；新一届村委会成员中，属于“三个培养”对象的486人，占61.6%。

2008年，全区继续在农村推进“三个培养”工程。利用专题培训、挂职锻炼、上岗实操、一对一帮助指导等多种形式，对“三个培养”对象进行重点培养。村“两委”换届选举结束后，全区17个镇、街调整补充“三个培养”对象，确定“三个培养”对象2800人（含现职村“两委”干部1648人），其中：拟培养成党员的656人，拟培养成党员能人的705人，拟培养成村干部的1439人。

组织开展城乡基层党组织互帮互助活动。在全区开展“十百千万”干部下基层驻农村和“双百共建文明村”工作的基础上，区内城镇党支部与167个村党支部结对开展互帮互助活动（其余80个村党支部将与市委组织部安排的80个市直单位党支部结对）。

“5·12汶川地震”发生后，各基层党委、党工委发动广大党员交纳“特殊党费”支援四川地震灾区，全区4万多名党员交纳“特殊党费”680万元。

为高标准建立农村党员干部现代远程教育网络，区财政下拨专款298万元用于区级教学前端播出平台、终端接收站点及教学资源库等方面的建设。同时有效整合电信、信息等部门已经建成的网络系统，利用现有的党员电化教育室、党员活动室等基础设施，实现共建共享；对所有终端接收站点，由区统一配置电脑、机顶盒、摄像头各1台，并为部分村（社区）免费更新一批不符合标准要求的电视机。全区356个农村、社区终端接收站点及党员学习视频点播系统建成开通使用。

【选拔干部工作】年内，有7名干部报名参加市辖区街、镇行政副职职位公开选拔；87人报名参加县级市街、镇行政副职职位公开选拔。区委组织部向市推荐4名年轻干部，作为交流担任市辖区街道党工委书记和县级市镇党委书记的初步人选；推荐1名优秀年轻女干部到市直机关挂职锻炼。为配合广东省、广州市联合公选100名领导干部工作，鼓励、动员符合资格的人员参加公选活动，协助市委组织部完成评委参评的组织工作，配合市委组织部考察组顺利完成提任人选的考察工作，其中团区委书记徐柳被选拔为广州市番禺区副区长。

全区任免正副处级干部538人次，其中：提拔正处级领导干部12名、副处级领导干部33名；提拔正处级非领导职务干部7名、副处级非领导职务干部5名；提拔40岁以下综合素质好，工作能力强，发展潜力大的年轻干部19名；提拔德才表现突出的女干部15名；提拔非中共党员干部1名；经试用期满考核合格按时办理副处级领导干部转正任职21名。

【干部监督工作】2008年1~10月，由区执纪执法部门直接查处的违法违纪干部共19人，其中处级干部4人、科级干部9人、一般干部3人、区属公有企业干部3人。完成市管干部和区管干部个人有关事项报告的收集、汇总工作；完成正职领导干部离任经济责任审计工作，进一步规范和完善各单位财政财务管理，有效地减少领导干部在职期间在本单位经济方面的违纪违法行为。年内共向审计部门发出委托审计12批次，共9人。

【干部培训工作】2008年，是根据上级要求实行公务员培训积分登记管理制度的第一年，全面落实培训积分制，进一步拓宽干部培训渠道。经过调查问卷，制定“既注重政治理论学习，又突出公共管理和个人综合素质的提高；既注重了解本区情况，充分挖掘本地培训资源，又合理安排异地培训，开拓视野，吸取经验；既注重集体课堂讲授，又鼓励个人根据兴趣自学”的“三个统一”方针。设置党校主体班次、视频点播、网络大学堂、番禺大学堂、“认识番禺、了解番禺”本地讲座和各单位自行组织的专业知识培训六大板块。根据积分制规定，公务员每半天学习登记学分3分，普通公务员每年不少于72学分，处级以上干部不少与76学分。经过主动完善管理方法，严格培训纪律，加强宣传，全区干部培训管理呈现良好的态势，培训效果进一步提高。全区开展各类“视频点播”课程111期，参加学习3100人次；举办区委党校主体班次3期，参加学习160人；举办本地讲座5期，参加学习1300多人次；举办“番禺大学堂”5期，参加学习2500多人次。

（杨文强）

【区直属机关工委】 2008年，区直属机关工作委员会(以下简称“直机工委”)属下党总支部21个，党支部111个，党员2637人。

直属机关工委在属下党支部深入开展以学习实践科学发展观活动为重点，以党的执政能力建设和先进性建设为主线，以“共产党员示范岗”创建活动为载体，以机关文化建设为主要内容的教育学习活动，按照思想建设、组织建设、作风建设、制度建设和反腐倡廉建设五位一体的整体布局，提高机关党组织和党员的创造力、凝聚力和战斗力。

·党员学习教育· 积极推进“学习型”机关建设，结合纪念改革开放30周年，组织区直各单位全体在职党员开展学习测试活动，推动机关党员干部学以致用、用以促学。举办“阅读进机关”书市和推荐好书活动，区直各单位干部职工购书2万多册，直机工委提供购书补贴6万多元。分别邀请市委讲师团团长麦步初、市委党校教授梁宏、省“防邪办”有关领导作辅导报告，增强机关党员干部对科学发展观、解放思想争当排头兵、建设“首善之区”以及防范和应对邪教组织等的认识和理解。组织区直各单位干部职工开展《禁毒法》知识竞赛活动；举办三期普法学习班，3000名区直科级以下干部学习“七法”。

·党员为灾区捐献· 5·12汶川地震发生后，区直机关全体党员在直属机关工委的组织下，先后4次组织向四川地震灾区募捐和捐建过渡安置房活动，收到捐款400多万元。有1000多名机关党员干部参加向四川地震灾区献血活动。年初的抗雪救灾期间，区委大院机关党员干部为南方雨雪灾区捐助善款11万多元。

·学习实践科学发展观活动· 按照中央、省、市委和区委的要求，直属机关工委组织所属党组织共52个单位的全体党员开展深入学习实践科学发展观活动，围绕争当实践科学发展观排头兵的主题，做好学习调研、分析评议、整改落实三个阶段14个环节的各项工作，把改进机关作风作为学习实践活动的重要任务。制订好“三评议”活动方案，精心组织了4000多名基层群众代表以及“两代表一委员”（番禺区党代表、人大代表、政协委员）开展评议参加第一批学习实践活动单位机关作风情况，查找干部作风、影响和制约本地区和区直各单位科学发展的思想、制度、政策以及群众反映强烈的突出问题，为区委区政府优化发展软环境以及为各单位查找自身问题提供决策依据。

·“共产党员示范岗”创建工作· 开展

直属机关工委组织深入开展学习实践科学发展观参观活动。

“共产党员示范岗”创建活动，命名区纪委（监察局）、区人大办、区政府办、区政协办、区委宣传部、区直属机关工委、区发展和改革局、区农业局、区市政园林局、区安全生产监督管理局、区海洋与渔业局、区统计局、区气象局、区农业机械管理办公室、区残联、区农科所等16个单位为“番禺区直属机关共产党员示范岗单位”（第二批）。组织对第一批“共产党员示范岗单位”的复评工作，取消1个单位的“共产党员示范岗单位”称号。按规定查处3名违纪党员，以实际行动保持和维护党的先进性。

·党员文体活动· 2008年，直属机关工委组织多项文体活动。4月份，举办区直机关“强身健体迎奥亚”太极拳比赛，组织区直25个单位参赛；在重大节假日组织安排电影晚会，放映《集结号》、《赤壁》等5部影片；团工委组织创建“青年文明号”、五四红旗团支部和志愿服务等活动，带动机关团员当好党的助手和后备军；妇工委结合机关妇女实际，举办“魅力女性形象塑造”专题讲座、妇女献爱心互助等活动。

（董保生）

【老干部工作】2008年底，全区有离休干部223人（含易地安置18人，代管单位26人），区副处级以上退休干部948人；副处级以上干部退休37人；企业离休干部55名，由老干部局的企业离休干部管理中心负责统一管理和服务；离退休干部党支部54个，党员1280多人。

·老干部思想政治工作· 4月上旬和10月中旬，举办区老干部学习全国“两会”精神辅导报告会和区老干部深入学习实践科学发展观活动辅导报告会，近900名离休干部和区副处级以上退休干部及离退休干部党支部正、副书记参加了报告会。6月，老干部局举办全区离退休干部党支部书记培训班。7月1日，区委召开慰问建国前入党老党员代表座谈会，区领导严宗活、楼旭逵、刘苑珊等与50多名老党员代表欢聚一堂。

·老干部生活待遇提高· 年初，经区委、区政府批准，调整离退休干部的慰问金标准，其中：春节慰问金离休干部由原来每人300元调整为350元，退休人员由原来每人250元调整为300元（番人［2008］6号）；中秋慰问金离休干部由原来每人200元调整为350元，退休人员由原来每人150元调整为200元（番老［2008］1号）。今年春节和中秋节通过老干部局发给全区副处级以上离退休干部的专项慰问金，合计51万多元。

·老干部活动中心· 9月，投入100多万元，对市级文物保护单位群园建筑进行整体修缮，更换17棵老龄石栗树。区老干部活动中心与大岗镇农科所联合建立“番禺区老干部农科活动基地”。化龙镇关工委建立科普教育示范基地，定期开展各种科普活动，举办科普文化节、科普知识长廊、科技夏令营。

区老年干部大学坚持正确的办学方向，积极办好老年教育工作。该学年开设14个专业课程、97个教学班，学员3200人次，结业学员584人次。

·关心下一代工作· 全区已建立关工组织455个，形成区、镇、街、机关单位、村居、学校三级关工组织网络，参与关心下一代工作的“五老”4360多人。区各级关工组织以2008年北京奥运会和“5·12汶川地震”抗震救灾为契机，积极配合有关部门对青少年进行思想道德教育活动。区关工委讲师团举行报告会7次，受教育的青少年3000多人。区关工委在“六·一”儿童节前分别慰问了区社会福利院的孤儿、区残疾人康复中心的病残儿童、培智学校的智障学生，到东环街龙美村小学慰问在校就读的15名四川籍学生。

（谭李明）

【党校工作】2008年，区委党校认真按照中央提出的大规模培训干部、大幅度提高干部素质的战略部署要求，围绕区委、区政府的中心工作，认真开展干部培训工作。

·干部培训· 2008年，举办各类干部培训班112期，参加培训干部学习21838人次，其中中青年干部培训班1期49人，处级领导干部进修班3期138人，新一届村“两委”干部培训班8期656人，公务员“视频点播”100期20995人次。这是党校历年来办班最多的一年。

协助区物价局、区自来水公司、区基建办、区妇联、建设银行、洛浦街等有关部门开展党员与建党对象培训；并对所在单位员工开展落实科学发展观、推动思想大解放宣传教育活动以及机关作风建设、党的建设等培训。

·灵活多样的培训模式· 公务员培训开设“网络大学堂”和“视频点播”，利用党校场地和设施，灵活安排时间开展视频点播，缓解工学矛盾；注重主体班培训内容的针对性和教学模式的创新，运用研究式、开放式教学和课堂点评等形式，让学员直观感受教学的效果，得到学员的好评；课堂教学与社会实践相结合，让学员接受典型教育，村“两委”干部培训班，在课堂讲授基本理论的同时，组织参观新农村建设典型，使学员亲身感受新农村建设的新面貌，增强建设社会主义新农村的信心。

·学习实践科学发展观· 按区委的统一部署，党校先后开办解放思想学习讨论活动和深入学习实践科学发展观活动。在学习活动中，与化龙镇复苏村开展“双百共建设文明村”活动，与洛浦街西三村开展“两手牵”建设新农村的活动。

（王小华）

宣传工作

【解放思想学习讨论】按照“学以致用、用以促学、推动工作”的要求，区委宣传部不断完善各级党委中心组学习制度，推动学习实践科学发展观活动，组织以“思想大解放、番禺大发展”为主题的解放思想学习讨论活动。全区完成学习宣传、讨论调研、决策部署三个阶段的工作，组织各类宣讲团48个，开展宣讲180多场次，听众达8万多人次，用中国特色社会主义理论体系武装全党、教育人民；召开领导班子专题座谈会583次、理论中心组学习会211次、专题组织生活会525次，开展“解放思想大家谈”共623次；举行各类理论研讨会、报告会、论坛共537次；各级提出破解科学发展难题的意见和建议1000多条，完成调研报告130多份。思想大解放带来发展理念的大转变，各级党组织执政水平全面提升。理论宣传阵地不断巩固。一报二台、星海故乡网、《番禺宣传》理论学习专题、专栏和专版以及“科学发展，民生为重”等为主题的番禺论坛，深入浅出地回答干部群众普遍关心的问题。

【宣传社会主义核心价值体系】围绕区委区政府中心工作，区内各级宣传部门按照导向正确、及时准确、公开透明、开放有序、有效管理的原则，创造性地组织重大宣传报道。关于学习宣传贯彻党中央精神，深入学习实践科学发展观活动、解放思想学习讨论活动、纪念改革开放30周年、创建全国文明城市、奥运首金、慈善文化、新农村建设、城乡一体化、河涌整治等系列重大专题的新闻宣传，充分展示全区人民昂扬向上的精神风貌。全年中央、省、市媒体关于番禺的报道有2000多篇。关于突发事件新闻应急处理预案制度不断完善。为扩大番禺的国际影响力，组织制作“盛世飘色”和“文化古邑、水乡新城”外宣片。

【推进群众性精神文明创建活动】全区各级党政宣传机构广泛发动、组织发动全区力量推进全国文明城市创建工作。区文明委每月召开全体会议暨创建文明城市联席会议，采取强有力措施抓保洁、治“六乱”、管交通、查工地，城市卫生状况大为改善，市民文明意识进一步提升。通过不断创新宣传方式，各街镇、各有关部门精心策划各类主题活动，全方位铺开“十万八进”宣传攻势，营造浓厚的创文氛围。在综合考评中，区各项指标均名列全市前三，市委朱小丹书记在《番禺区关于做好创文迎检工作的报告》上作出批示：番禺的工作很扎实。全年，区财政共再投入3097万元支持“双百共建文明村”活动，共建项目255项，农村道路更宽、环境更美、农民更富、干群关系更近，涌现出一大批全国、省市卫生文明镇（街）村（社区）、文明镇（街）村（社区）和家庭。沙湾镇蝉联“全国文明村镇”称号，成为广州市唯一获此殊荣单位。

【宣传番禺星海艺术、岭南民俗文化品牌】2008年，区成功举办中国民间艺术节、首届星海国际合唱节、广东省第二届民间歌会等高层次、高水平的大型文化活动；

12月25日，谭应华书记参观“春风卅年”番禺图片展。

"文明大舞台"一场又一场精彩纷呈的主题文艺活动深受群众欢迎。各级不断加大公共文化基础设施的投入，镇村两级文化设施建设全面推进，区、镇（街）、村（社区）三级公共文化设施日趋完善。区文化馆被评为国家一级馆，番禺博物馆通过国家二级博物馆评审。

区文联坚持"两为"方向和"双百"方针，认真履行"联络、服务、协调"职能，基层文联纷纷成立，阵地设施不断改善，成立区文艺家活动中心，文艺创作和交流活跃，文艺精品和文化品牌突出。有一大批镇村荣获全国和省"民间艺术之乡"、"飘色之乡"、"龙狮之乡"等称号。番禺《狮舞（广东醒狮）》被列为"国家级非物质文化遗产"项目。一大批文艺家和作品荣获全国、省市文艺"杰出传承人"、"新世纪之星"、优秀民间文艺家等称号。

文化产业文化体制改革不断深化。文化产业发达，文化市场健康有序，深入开展向农村送戏、送培训、送书、送电影、送科技等"五送"活动。建成272间"农家书屋"、266间"绿色网园"。基层图书馆网络不断完善，文物普查成效明显，博物馆作为国家第一批"展示与服务提升"工作顺利推进。

"一报二台"坚持以正确舆论为核心，以改革创新为动力，服务群众、关注民生，着力办好本地新闻和专题节目。番禺日报成功改版、推出手机报，广播电视资源有效整合，强化监管、确保安全播出。

（汤耀智）

人事工作

【机关事业单位人事管理】 2008年，区实施《广州市番禺区新录用公务员实习锻炼试行办法》，安排2007、2008年新录用的公务员到镇、街基层单位和区信访局参加实习锻炼。全年新录用公务员9名，事业单位新进人员全部公开招考；建立数据库，规范机关事业单位租赁岗位合同工的进出。按规定适当调整公务员年度考核和奖励的办法和形式，对897名公务员给予奖励，其中记三等功72人，嘉奖825人。开展干部选拔任用工作调研，重新核定区处级非领导职务职数，配置参照公务员管理事业单位和街道办事处科级非领导职务职数。实施公务员培训积分管理制度，向142名在职学习取得本科以上学历的公务员发放学费资助和奖学金，巩固公务员"大教育，大培训"工作格局；2名公务员获选派到香港相关政府部门实习交流40天。

【人才服务和开发】 全年调入现职人才63人，协助调动人员办理入户68人，接收非广州市区生源毕业生297人。完成《番禺区专业技术人员继续教育现状分析及对策研究》软课题的继续教育基础性理论研究工作；将农村人才纳入人才强区战略规划，开展农科专业技术人才的"继续教育"培训，铺开"新型农民技术培训"和"科技富民工程"等各类培训班；拓展"高研班"继续教育新形式，邀请专家举办《珠宝企业如何面对金融海啸》、《新商业经济与人才战略》等主题的研讨会，为区内中小企业提供智力支持。

（梁达伟）

统战工作

【促进多党合作】 2008年，区委通过各种方式，大力支持民主党派履行职能，促进多党合作。区委召开两次党外人士座谈会，区领导听取统一战线成员对继续解放思想、

4月29日，区举行纪念“五一口号”发布60周年座谈会。

7月30日，区召开“第二届优秀中国特色社会主义事业建设者”表彰大会。

推进科学发展以及12项专题调研的意见和建议；组织各民主党派、工商联负责人就制定《番禺区关于统筹城乡经济社会发展一体化的实施意见》提出意见和建议；组织各民主党派、工商联和有关人民团体负责人学习中共十七届三中全会会议精神，就如何搞好“三农”问题进行专题讨论；区委邀请各民主党派、工商联负责人参与全区重大调研活动5次；增加各民主党派活动经费，为5个没有设立区委机关的民主党派聘请专职工作人员。

统战部以纪念中国共产党“五一口号”发布60周年和改革开放30周年为契机，举行座谈会、专题讲座等方式，引导民主党派成员回顾60年多党合作的历程和改革开放30年的巨大变化，坚定接受中国共产党领导、走建设中国特色社会主义道路的决心与信心。加强培养党外干部，选派3名党外干部到省、市社会主义学院参加学习培训，新提拔、调任副处以上党外干部2人。组织民主党派围绕区委、区政府的中心开展调研，完成《打造番禺岭南水乡

10月23日，区统一战线举行学习中共十七届三中全会精神座谈会。

特色文化》和《探索创卫长效机制》两个专题调研。

【学习实践科学发展观】上半年，统战部根据区委的统一部署，结合统战工作召开座谈会、研讨会5次，深入查找制约区统战工作机制体制方面的难题，收集有价值的意见和建议22条。在下半年的学习实践科学发展观活动中，着眼于解决统一战线如何服务科学发展和统一战线自身科学发展这两大问题，继续深入调查研究、召开6次座谈会听取意见，组织统战干部到南海、顺德、上海、杭州、南京等地学习先进经验。

各镇、街和单位根据自身特点开展统战工作。钟村镇依托同乡会、各界知名人士联谊会等载体，经常性地开展统战工作，促进镇经济社会发展；南村镇充分发挥村两委作用，积极开展专项工作；石楼、大岗统战信息工作成绩突出；区卫生局注重党外干部选拔培养，提拔2名民主党派成员任医疗卫生单位副职领导，挂职的7名副院长中，有3名是民主党派成员。

下半年，为帮助民营企业积极应对世界金融危机的冲击，统战部下发《关于做好我区非公经济应对金融危机情况汇总的通知》，通过走访企业、召开座谈会等方式，收集各镇、街民营企业在危机中面临的困难和应对危机的有效思路、措施和方法，听取企业负责人的意见和建议。在充分调研的基础上，向区委和上级统战部门提交《当前我区民营企业面临困境和对政府的期望》调研报告。与区政协、区工商联联合邀请国际金融专家为区内统一战线成员作《金融风暴席卷全球世界经济难逃衰退》专题报告，提高广大统一战线成员对金融危机的认识，增强信心、抓住商机，“危中寻机”。

【培养新的统战力量】区委统战部积极引导新阶层人士做合格的中国特色社会主义事业建设者。为纪念改革开放30周年，联合区发改局、经贸局、工商局、人事局、工商联等部门，召开第二届优秀中国特色社会主义建设者表彰大会，表彰23名获得省、市、区优秀中国特色社会主义建设者荣誉称号的人士。通过表彰先进，加强引导，促进非公有制经济健康发展和非公有

9月1日，番禺海外联谊会在香港举行中秋联欢会晚会。

制经济人士健康成长。

帮助各级商会加强组织建设，区工商联增补6名副主席和7名常委，协助部分基层商会完成换届，一批年轻、有魄力、有活力的私营企业家充实到各级商会领导层。召开无党派知识分子联谊会大会，增补两位副会长，组织学习袁隆平先进事迹，参观企业，增进交流。

【民族宗教工作】2008年，民族宗教工作围绕“平安奥运”的中心任务，贯彻落实《国务院办公厅关于严格执行党和国家民族政策有关问题的通知》精神，做好各方面防范和维稳工作。奥运会开幕前，区民宗局会同有关镇、街和派出所领导，两次到区内7个宗教活动场所开展安全检查，布置安全防范和反恐工作，确保奥运期间民族宗教大局的稳定。协调解决莲花禅寺、基督教市桥堂等宗教活动场所存在的问题，及时向区政府和上级民宗部门反映情况。定期召开民族宗教工作协调领导小组全体成员会议，加强对民族宗教工作的协调领导，共同维护民族宗教领域的安全稳定。依法制止多起非法宗教聚会活动，有效遏制区内非法宗教活动。

【港澳及海外统战工作】全年接待港澳台及海外乡亲、社团和社会各界人士20多批、600多人次。以传统节日为契机，以海外联谊会为载体，分别在番禺、香港举办新春联欢晚会、“迎国庆、贺中秋”晚会、“海联杯”高尔夫球邀请赛，参与人数1000多人。

【统战宣传工作】全区健全基层统战信息网络，有统战信息员27人，并进行学习培训，建立信息员QQ交流群。各类统战信息在《番禺日报》刊发专版1次，系列专题报道9篇，制作电视专题片1张，电台专题节目1次。在《中国统一战线》、《广州统一战线》、《番禺日报》等新闻媒体和内部刊物发表信息、综合报道、经验介绍等40余篇。出版2期《番禺统战》及1期《情满禺山》。

【捐款赠物支援灾区】2008年初抗击雨雪灾害期间，区统一战线全力以赴参与和支持抗灾救灾工作。区委统战部、区台办、区工商联领导和全体机关干部出动，分3组深入全区17个镇、街，走访40多家重点民营、港资、台资企业，劝留外来务工人员24000多人在番禺过春节。统战干部和统一战线广大成员为抗灾捐款捐物1600多万元。“5·12汶川地震”发生后，统战系统各单位及民营企业家、民族宗教界、港澳台海外同胞等再次捐助地震灾区3500多万元。区工商联会长林广明等4人被市委统战部、市工商联授予“广州市民营企业抗灾救灾先进个人”称号。

（李文明）

涉台事务

【贯彻对台工作“六点意见”】2008年，根据中央新形势下对台工作部署，区委、区政府及相关领导对涉台事务更加关心重视。区领导专门听取区台办各个时期涉台事务情况汇报，签阅涉台工作月报。年内

3月6日，区领导刘苑珊、龚红等到台资企业保福体育用品研发有限公司调研。

3月20日，区台办组织台联全体理事、区民革总支委共40多人学习胡锦涛总书记的重要讲话，传达全国“两会”、区“两会”精神。

台资企业发生多起劳资纠纷，区领导亲自指挥协调解决；区主要领导和分管对台工作的领导到台资企业调研雨雪冰冻灾害、“5·12汶川地震”及“金融海啸”对台资企业的影响。

区台办促进两岸交流交往，接待台湾东森电视台、中天电视台记者到番禺采访，拍摄制作城市规划建设、生态环境和旅游等专辑，并先后在台湾岛内作宣传播报；接待台北县芦洲国小参访团、台北市能仁家商高级职业学校交流团、高雄县乡镇市长联谊会参访团和中国国民党中评会主席、台湾台北市“立法委员”、“议员”等中上层人士参访团、考察团9批近200人。

【服务台商】2008年，全区新增台资企业7家，投资总额181万美元，增资台资企业4家，增资金额246万美元；关停并转台资企业5家，撤资金额225万美元。至12月底，区内台资企业468家，投资总额5.95亿美元。

区台办全面贯彻落实科学发展观，针对雨雪冰冻灾害、“劳资纠纷”、“5·12汶川大地震”、企业“双转移”、“金融海啸”等情况，组织调研组深入30多家重点台资企业专题调研，了解企业生产经营的困难和问题，倾听台商的心声和建议。区台办先后组织《劳动合同法》讲座、贯彻执行《劳动合同法》座谈会、“‘金融海啸’对台资企业的影响”座谈会，组织台商代表参加市台协举办的《2008台商企业经营管理转型升级讲座》等，引导企业抓住机遇，迎接挑战。

区台办两次组织台商赴云浮市考察，为台商牵线搭桥，协助以解决企业招工难、和“金融海啸”的影响，实现“双转移”。

【抗击自然灾害工作】“5·12汶川地震”发生后，区台办迅速组织召开专题会议、台商分会理事会议、区台胞台属联谊会理事会议，研究发动台商台属捐款捐物支援灾区工作。据不完全统计，区内台商通过市台协和番禺慈善会向灾区捐款650万元，捐送帐篷100顶。

（何燕玲）

民主党派

【中国民主同盟广州市番禺区委员会】 2008年，民盟番禺区委员会发展9位具有中高级职称的新盟员，年底全区有盟员189人。民盟番禺区委、民盟番禺区委会仲元中学支部2007~2008年度被民盟广州市委评为先进集体，张力仁等20人被评为盟务工作先进个人。

·参政议政· 在2月召开的区政协十二届三次会议上，区民盟向政协大会提交大会发言材料1份，集体提案2份，个人提案17份（立案15份）。盟员邓伟强等的提案受到省市区媒体关注。2008年，区民盟经整理向政协报送社情民意30多条，区民盟被区政协评为“2007年度反映社情民意先进集体”，郭敏玲的社情民意稿件获得优秀社情民意稿件。6~8月，区各民主党派“打造番禺岭南水乡特色文化”课题联合调研组到沙湾、化龙、石楼、南村等地进行调研，由区民盟盟员负责执笔撰写调研报告。

·社会服务· 年初，民盟区委组织盟员为抗击雪灾捐款捐物，“5·12汶川地震”发生后，区民盟盟员踊跃捐款赠物、献血等，向四川地震灾区捐款17万余元；12月，由区民盟牵头，区各民主党派向榄核二中捐款3万元，用于帮助部分品学兼优而又经济条件相对较差的学生。

（张修荣）

【中国民主建国会番禺区总支部】 中国民主建国会番禺区总支部（简称民建）目前拥有会员31人。8月30日，民建举行总支部成立选举会议，选举产生第一届总支部委员会成员，选举杨志宁担任总支部主任委员，赵虎、林晓晖、谭栋元担任副主任委员。12月3日，举行总支部成立大会。

在区政协十二届三次会议上，民建向大会提交《扶持我区农业企业把握亚运商机的提案》、《加快广州机床制造业发展政策及措施建议》、《下大力气提高市民素质》四份提案，并在大会上做《及早谋

12月23日，民建番禺区总支部成立大会后领导与会员合影。

划 扶持区农业企业把握亚运商机》的大会发言。

4月19日，民建番禺区总支部会员前往广西桂林市阳朔县普益小学助学，向学校赠送价值2万多元的教学设备；“5·12汶川地震”发生后，向灾区捐款23多万元。

【中国农工民主党番禺区委】 2008年，中国农工民主党番禺区委员会（农工民主党区委）先后组织党员学习关于统一战线和多党合作制度等政治理论，学习省、市、区关于开展解放思想学习讨论活动的有关精神，学习中共十七届三中全会精神、农工党十四大会议精神，深入学习实践科学发展观；各基层组织也结合自身实际，以学习会、座谈会、学习考察等形式，组织全体党员认真学习中共十七届三中全会精神和学习实践科学发展观等。赵子斌委员被任命为区卫生局副局长，俞益军为大石医院院长，刘晓晖为石碁医院副院长。全年发展新党员10人，截至年底共有党员197人。

农工民主党区委领导多次参加中共区委、区政府举行的协商会、座谈会、情况通报会；参加区委召开的党外人士座谈会；应邀参加区委、区政府、区政协的重要调研视察活动，列席区委全会等，积极知情问政，建言献策。在区政协会议期间，农工民主党区委作题为《以人为本，完善我区外来工医疗保障体系》的书面大会发言，提交集体提案2件、个人提案15件。其中，张小波副主委关于“扩建岐山医院，加强精神病防治工作”的提案被采纳作为区政协主席会议建议案，得到区委、区政府的高度重视。在区政协2006~2008年度优秀提案、优秀调研报告评选中，农工民主党区委提交的《关于借助古村落的历史文化资源 开拓旅游新景点的提议》、曾颖的《建议区政府加大对社区卫生服务中心的投入》、张小波的《关于扩大岐山医院规模的建议》被评为优秀提案，农工民主党区委提交的《以人为本 完善我区外来工医疗保障体系》被评为优秀调研报告。

围绕全区的中心工作和社会热点难点

12月2日，农工民主党番禺区委会开展资助大岗中学学生活动。

问题，农工民主党区委开展关于构建城市卫生长效管理机制、完善外来工医疗保障体系、提高农村医疗卫生水平、打造岭南水乡文化等方面的调研15次。其中，牵头组织区各民主党派关于“构建我区城市卫生长效管理机制”的专题联合调研，并主笔撰写调研报告，供中共番禺区委参考。

黄炳光的《关注外来工子女的手足口病防治工作》、《建议关注市桥老城区预制板结构建筑物的安全质量及抗震能力》，黄绮玲的《无证托幼园所整顿刻不容缓》，洪云的《限制使用塑料购物袋，我们准备好了吗》等，引起有关部门的重视。在区政协2008年社情民意总结表彰会议上，农工民主党区委被评为反映社情民意先进集体，黄炳光、张小波、罗亨华、刘赛中、钟志南等被评为先进个人，黄绮玲的《无证托幼园所整顿刻不容缓》、黄炳光的《民营医院大量印发非法出版物，有关部门应管一管》被评为优秀社情民意稿件。

农工民主党区委成员发挥优势，有效开展社会服务工作。9月，由该会牵头组织的“番禺区统一战线医疗专家服务新农村”第二阶段活动启动，主要内容为培训乡医和巡回义诊。万志成主委为石楼镇乡医开展中医知识培训讲座；医疗专家服务新农村义诊活动也在石楼文化广场同期举行。各支部组织开展义诊活动，有1560多人次受惠，赠送药品价值7000多元。妇女节期间，牵头组织其他民主党派医疗专家到石碁镇傍西村为600多名妇女儿童义诊；组织成员在大夫山森林公园义诊，为130多人次提供免费诊治；组织成员赴洛浦街开展义诊活动，为300多人次提供免费检查和诊治。“5·12汶川大地震”发生后，成员共缴纳“特殊党费”25000元，为支援抗震救灾工作捐款捐物十多万元。

（甘秀芳）

侨务外事工作

【海外侨务工作】2008年，区侨务外事办协助区委、区政府在港澳地区举办新春联谊活动，赴港澳拜会重点知名人士，参加香港番禺工商联谊会、旅港番禺会所、侨港番禺同乡会、香港番禺同乡总会、澳门番禺同乡会以及各镇同乡会等社团会庆活动，协助港澳“五会”拜会区委、区政府活动，参加美国安良工商会成立115周年暨第92届年会，组织和参与港澳乡亲回乡的敬老活动和奖教奖学活动等。全年接待海外社团12个，海外侨胞、港澳同胞700多人次。

举办和接待“英法青少年番禺寻根夏令营”、“第九届海外杰青汇中华”等4批共300多名海外华裔青少年的夏令营活动；举办“香港澳侨界迎奥运乒乓球联谊赛”、“‘番港澳’三地青年射击比赛”和“‘番港澳’三地青年高尔夫球邀请赛”；组队参加“广州市侨界‘博亚’杯乒乓球联谊赛”、“穗港侨界迎奥运家庭趣味运动会”、“广州市第五届中外友人运动会”。通过多种形

12月6日，区组团赴澳参加澳门番禺同乡会成立24周年会庆暨第十三届理监事就职典礼。

式的联谊活动，进一步拓展华侨新生代资源，增进番港澳三地青年情谊。

【国内侨务工作】2008年，全区接受华侨华人、港澳台同胞捐赠公益事业项目39个，3367万元，其中为年初雪灾、“5·12汶川地震”捐款3000万元。区侨办获得“广州地区建立侨捐项目监督管理制度工作优秀组织奖”。

归侨普查登记工作显示，全区共有归侨267户317人，归侨的原侨居国16个国家（地区），大部分是东南亚侨民，其中61岁以上占55.8%。

由区领导带队，区侨办、侨联组成侨界送温暖慰问团，分别到石碁、沙湾、钟村、化龙、小谷围等镇、街慰问7户贫困归侨。

《番禺侨讯》举办纪念创刊20周年座谈会。2008年特别设置改革开放30周年专栏，回顾改革开放30年番禺侨务工作的成就。目前《番禺侨讯》每期印3000册，向全球29个国家地区、100多个海外社团的侨胞和港澳同胞免费赠阅。

4月29日，纪念《番禺侨讯》创刊20周年座谈会。

【外事工作】2008年，区侨务外事办办理因公出国（境）报批审核294批610人次，其中出国团组18批83人次，有关人员随上级部门组团出访28批31人次，外国人来华申请19批76人次，赴港澳考察19批194人次，三个月两次及多次往返港澳通行证210批226人次。继续规范和加强因公出国及赴港澳证照的收缴保管工作，建立审批登记制度，实行统一的专人、专柜管理，严格外事出访纪律。

（刘　钢）

12月10日，新加坡番禺会馆组团回乡观光。

群 众 团 体

番禺年鉴·2009

区总工会

【区工会第十三次代表大会】2008年6月13至14日，区工会第十三次代表大会在区会议中心大会堂召开。区委书记、区人大常委会主任谭应华在大会上作讲话。361名代表认真履行职责，大会选举产生番禺区总工会第十三届委员会（委员41名）和经费审查委员会（委员7名）。邱学新当选为主席，刘晓光当选为常务副主席，王满娣、温成军当选为副主席，林应忠当选为经审委主任，郭建文当选为经审委副主任。会议要求各级工会紧紧围绕发展和谐劳动关系，进一步更新观念，打牢基础，突出特色，发挥作用，切实帮助职工群众解决最关心、最直接、最现实的利益问题，共建和谐社会、共享发展成果，让广大劳动者实现体面劳动，为开创工会工作新局面奠定坚实基础。

【第五届女职工委员会会议】7月16日上午，区总工会召开第五届女职工委员会会议。区总工会第四届女职委委员，各系统、镇（街）、直属基层工会女职委主任和区各有关部门领导60多人参加，共商区工会女工工作大计。区总工会副主席王满娣代表区总工会第四届女职委作工作报告。区总工会副主席王满娣为区总工会第五届女职委主任，范锦萍、邱巧仪、冯佩芬为副主任。

【非公有制企业组建工会】区总工会按照“哪里有职工，哪里就有工会组织”的组建工作思路，进一步加强非公有制企业工会组织建设。截至2008年9月底，全区建工会组织10545个。其中，非公企业工会8412个，外商投资企业工会1410个。为重点落户番禺的突破世界500强企业工会组建问题，专门成立工作小组，领导分片挂钩联系基层工作，实行“三包”（即包宣传发动、包检查督促和包组建任务完成）。区总工会主要领导多次前往这些企业，与资方商议组建工会工作方案，明确要求企业定出组建时间表，促使辖内的17家世界500强企业全部依法组建工会。结合环卫行业的用工情况实际，借鉴组建建筑业工会联合会的经验，12月组建区环卫

6月13日，区工会第十三次代表大会在会议中心举行。

10月23日，番禺区工会“千名基层工会干部大培训”活动现场。

行业工会联合会。

《企业安全生产主体责任评估测评》把“组建企业工会，发挥企业工会在企业安全生产工作中的作用”列入体系的重要内容，加大对企业组建工会工作的监督力度，使企业的思想观念从“要我建会”向“我要建会”转变。2008年6月该办法实施以后，申请《安全生产主体责任评估》并同时组建工会的企业有213家。这一做法成为有效推进工会组建工作的新途径，被评为2008年广州市工会工作“五一创新奖”。

【千名基层工会干部大培训】区总工会针对2008年区村级换届、村级工会干部人员变动较大的情况，制定《番禺区2008年工会干部教育培训计划》，从9月2日起，分别在钟村、东涌、南村、大岗、市桥、石碁、桥南、沙湾、榄核八个片区镇（街）及其属下独立基层工会干部进行培训，讲授工会基本理论、劳动保障法律法规、集体合同与工资协商制度、劳动争议处理等实操的知识，努力提高基层工会服务科学发展、服务职工群众的能力和水平。全区各镇、街、村（居）工会和企业基层工会干部4000多人参加培训。

区总工会对照《关于2007年推行平等协商和集体合同制度工作的意见》开展集体合同签订工作大检查，督促相关企业进行整改，巩固工作成果。加强对各级工会干部进行集体合同和工资集体协商知识、工资集体协商技巧等培训，促使全区集体合同工作提质扩面。截至9月底，全区签订集体合同的企业8326个，占已建企业的80.25%，覆盖职工25.04万人，覆盖率81%。

【女工权益保护】区内各级工会贯彻落实市总工会《关于全面推进女职工权益保护专项集体合同工作的通知》，推进女职工权益保护专项协议签订工作，对女职工占50%以上的企业补签《女职工权益保护专项集体协议》。

区总工会于9月在沙湾镇启动“广州市职工权益保护案例释疑普法教育活动”，重点针对女职工劳动权益开展宣传教育活动，通过劳动就业招聘会、职工培训班、现场咨询等场合进行宣传，掀起全区职工普法新高潮。

【工会献爱心】年初罕见的雨雪冰冻天气和“5·12汶川地震”发生后，区内各级工会认真贯彻落实区委区政府和上级工会的要求，迅速投入到支援抗灾救灾工作。区总

2月2日，区总工会、区建筑局、区建筑工地工会联合会开展寒冬送温活动。

工会先后发出紧急通知，要求各级工会对受灾及来自灾区的外来务工人员进行全面调查，及时掌握第一手资料，开展关爱受灾外来工的主题活动，做好服务、安抚、慰问等工作。发动工会干部和职工捐款捐物支援灾区，动员广大职工坚守岗位，搞好生产，加快发展，以优异的业绩支持灾区建设。据不完全统计，两次抗灾救灾工作，区总工会及各级基层工会筹集发放慰问款80多万元，帮扶救助外来务工人员1000多人，全区职工捐款近4千万元。各级工会组织以工会经费、工会会员交纳“特殊会费”等方式捐款68.8万元。

“金秋助学”是工会组织实施送温暖工程的品牌活动。为了更好地协助党和政府解决困难职工子女就学难问题，从10月份起，区总工会调整“金秋助学”受助范围，由原来资助特困职工就读大学的子女，增加资助在读初中、高中子女。各级工会向1021名困难职工子女发出助学金28.69万元。

（黄　颖）

区妇联

【学习和实践科学发展观活动】 在实践科学发展观活动中，区妇联结合本职岗位，开展“四个一”，“五个一”活动，查找问题，明确工作方向；围绕“迎奥亚、创文明、促和谐”的主题，开展自选动作之“三项”主题实践活动，即“共产党员示范岗”城乡互助活动、“百万妇女学用知识强素质”活动、“情系千家万户”妇女献爱心互助活动。区妇联通过举办妇女干部

10月21日，区第十二次妇女代表大会在会议中心举行。

培训班、设立区家庭教育指导中心、“七一”活动、培训等活动，提升妇女服务社会的能力。

【三项主体活动】在开展“双学双比”活动中，区妇联除利用妇女学校对妇女进行培训教育，还借助各级妇联、有关农业部门的支持和技术力量，联办、合办各类农业种养科技知识培训班、农村富余劳动力再就业培训班等，强化农村妇女的科技致富意识和再就业观念意识，使农村妇女在参与社会经济活动中综合素质得到不断提高。

在开展“巾帼建功”活动工作中，不断拓宽“巾帼文明岗”创建领域，深化“巾帼建功”活动内容。2008年，全区创建区“巾帼文明岗”21个，102人被评为区“巾帼建功”先进个人。区机动车排污监察大队检审科更荣获国家级“巾帼文明岗”光荣称号。

在文明家庭创建活动中，区妇联通过开展多种形式的创建宣传活动，促进文明家庭创建活动的深化。年内，区妇联评选广州市文明家庭1211户，表彰区文明家庭6万多户，区平安和谐家庭54户。

【帮扶困难妇女儿童】2008年，区妇联接待涉及妇女儿童权益的来信来访来电268件，全部办结。区妇联利用“三八”妇女维权周、“6·26”禁毒宣传日等机会，广泛开展维护妇女权儿童益法律知识竞赛。启动“关爱母亲，为了明天”系列活动之“拒绝毒品，抗击艾滋”禁毒防艾宣传教育活动；举办“亿万妇女学法律 家庭平安促和谐”普法读书活动启动仪式，向基层妇女组织及区内247条村级妇女学校、家长学校赠送普法知识读本。

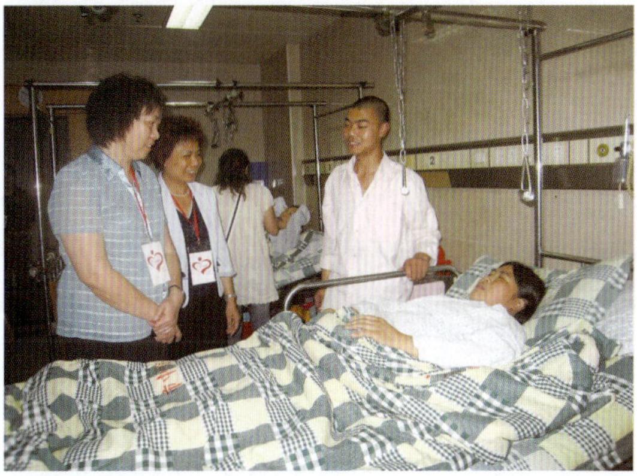

6月7日，区妇联领导探望来番禺治疗的汶川地震灾区伤员。

“5·12汶川地震”发生后，区妇联发动全区妇女捐款43万余元。配合市妇联开展“广州妈妈”慰问行动，出动10多批、80多人次，自费购买价值上万元的各类慰问品探访、慰问灾区伤员180多人次，探望来番禺就读的灾区儿童。在第四期妇女献爱心互助活动中，拔出捐款500多万元，救助和资助250多名患特种重病和重大疾病妇女，拨出70多万元慰问500户单亲特困家庭及困难妇女儿童。9月，区第五期妇女献爱心互助活动正式启动，15万多人捐款750多万元。

【区妇女第十二次代表大会】10月21日，区妇女第十二次代表大会召开，会议选举产生区妇联新一届执委，制定后五年区妇联的工作目标。会议要求各级妇女组织要高举中国特色社会主义伟大旗帜，以邓小平理论、“三个代表”重要思想为指导，深入贯彻落实科学发展观，紧紧围绕区委、区政府的工作中心和大局，按照“党政所急、妇女所需、妇联所能”的工作要求，充分发挥妇联组织社会性、群众性、统战性优势，在“家”字上做文章，在“联”字上下功夫，在维权上求突破，在服务上求实效，以平安和谐家庭创建、妇女儿童权益维护、妇女组织能力提升为重点，全面推动妇女事业又快又好地发展。

（何柳青）

团区委

【团组织阵地建设“东涌模式”】2008年1月21日，团区委在东涌镇召开区非公团建工作试点推进会暨东涌镇20家非公企业团支部成立大会，号召各镇、街团组织要以区委组织部要求在非公有制经济组织中建立党组织为契机，结合非公组织的自身特点和青年分布情况，按照“党建带团建，团建促党建”的原则，主动争取党政领导的重视和支持，率先在已成立党组织的非公企业建立健全团组织；在尚未建立党组织的非公企业，力争先把团组织建立起来，依托团组织宣传党的方针政策，为建立党组织创造条件，形成“党团共建”的良好氛围。7月22日，团中央书记处第一书记陆昊参观东涌镇青年中心时，对番禺的“党建带团建”工作及中心的建设和运作模式给予肯定，并在之后的多次全国团工作会议中，高度赞扬东涌镇的“党建带团建”模式，将“东涌模式”在全国共青团中推广。

为充分发挥团组织在青年中心建立、运转、管理等环节的核心作用，促进团组织和青年中心实现良性互动，番禺共青团组织逐步构建起“基层团委+青年中心”的新型基层青年组织网络体系。市桥街、沙湾镇、东涌镇、洛浦街、钟村镇、化龙镇、石碁镇、南村镇相继成立青年中心。其中东涌镇青年中心被团中央确定为“2007~2008年度全国示范性农村青年中心创建单位”。

【纪念改革开放30年主题活动】2008年，为纪念改革开放30年番禺共青团工作取得的成果，团区委组织编印和录制番禺共青团改革开放30年纪念册和纪录片《解放思想，激扬青春》。于5月4日组织开展“解

5月4日，番禺共青团纪念“五四”运动89周年暨改革开放30周年大会。

5月17日，番禺青年众志成城，抗震救灾筹款活动。

5月17日，番禺青年为汶川灾区义卖筹款。

放思想，激扬青春”番禺共青团纪念“五四”运动89周年暨改革开放30周年主题活动，启动“番禺共青团网站”，评选揭晓“番禺青年改革开放30年十大最具影响力事件”等形式，展现改革开放30年番禺共青团发展和壮大的光辉历程。

【支援灾区】年初春运冻灾天气期间，团区委发动区各界青年、志愿者迅速开展“青春暖流，情牵春运”服务返乡滞留受困群众专项行动，组织志愿者前往番禺客运站参与指引交通、疏导客流等工作。从2月3~6日，团区委、区义工联同时发挥“爱心超市”平台作用，整合多方资源，募集各类物资12万多元，累计组织100多人次的志愿者队伍到番禺客运站探访慰问奋战在春运一线的运政、公安人员和即将赴广州火车站执行任务的武警官兵，深入沙湾、东涌、桥南等镇街的企业、工厂、工地探访慰问留守过年的外来务工人员。

“5·12汶川地震”发生后，团区委在全区范围内开展“抗震救灾　众志成城”番禺青年为汶川灾区筹款义卖爱心大行动，通过区青联、共青团、义工联、青企协、少工委等青年组织，发动全区广大青少年为灾区人民捐款捐物。全区各级团组织、义工组织、少先队组织、青年企业家为灾区筹款864万元。榄核镇团委书记钟辉同志随团市委青年志愿者团赴灾区参加抗震救灾和灾后重建工作。

【第十届集体婚礼】“真情十载，爱谱和谐”第十届番禺青年集体婚礼1月1日举行，有79对新人参加婚礼，参观集体婚礼的群众超过3000人。

【禺山青年讲坛】第三期禺山青年讲坛4月12日举行，团区委、区青联、中国移动番禺分公司联合举办，邀请亚太地区企业家协会资深顾问、中国台湾地区的林正大老师为广大团员讲授《从战略到执行》课程。

第四期禺山青年讲坛8月26日举行，团区委、区青联举办，邀请省纪委副厅级纪检专员、宣教室副主任黄力作“加强党性修养，提高拒腐防变的能力”专题报告。

第五期禺山青年讲坛11月6日举行，团区委、区青联举办，邀请省委党校韩锐教授作 “深入学习实践科学发展观，促进经济社会又好又快发展”专题讲座。

12月16日，团区委、区少工委举行第六期禺山青年讲坛，讲坛邀请中国少年儿童新闻出版总社总编辑、中国关心下一代工作委员会专家委员会委员、“知心姐姐”卢勤作题为“让孩子走好人生第一步”专题报告。

【青年社团工作】区青联进一步落实界别工作制度，推动区青联整体活动与各届别内部活动同步开展，形成条块结合，上下联动的工作机制，同时切实加强组织建设。3月20日、10月31日，先后召开第三届第二次全委会、三届二次常委会和第三届第四次常委（扩大）会议，分别增补全国青联委员、省青联常委霍启刚、省青联委员郭健辉、团区委副书记李志华等5人为区青联副主席。

2月23日，区青年企业家协会召开区青企协八届二次理事会，制定并通过青企协分组活动制度、新会员入会申请制度，区青企协有会员77人。10月31日，召开区青企协八届三次理事会，增补第八届理事会理事、副会长各1名。

【区义工联】·志愿者培训工作· 配合做好广州创建全国文明城市及“2010广州亚运会”志愿服务工作。2008年，区义工联把加强义工组织自身建设、提高服务水平作为一项重要工作来抓，切实加大对义工骨干的培训力度，针对区义工中心开展的经常性服务项目，聘请广州高校的专家、学者及专业人士为全区1000多名义工骨干开展11期义工服务专项讲座；组织2500多名义工开展户外拓展培训、义工趣味运动会、义工经验交流及分享会等活动，加深各基层义工组织及义工之间的交流和沟通，增强义工们团结协作的能力，提高服务意识和服务水平，促进番禺义工组织向管理规范化、运作科学化、服务精细化的目标迈进。

·大型活动志愿服务· 3月5日，区义工联联合团区委、区文明办、宣传部等部门开展“迎亚运、全民学英语”活动启动仪式，成立“迎亚运学英语志愿者服务队”。

清明节期间，区义工联组织义工参与陵园现场的义工服务，协助维持停车场、行车道秩序以及骨灰楼指引服务等。

8月1日，团区委、区义工联组织义工参加由区综治办、区公安分局主办，区委宣传部、团区委、区交通局、区流管办、番禺日报社等部门、单位协办的“平安奥运·平安番禺”广州市番禺区奥运安保联防联控暨志愿者行动启动仪式，参加奥运安保联防联控工作，以实际行动支持北京奥运。

1月1日，第十届番禺青年集体婚礼在番禺广场举行。

12月 21 日，番禺义工骨干拓展培训交流活动。

12月 3~6 日，星海国际合唱节在番禺举行，区义工联组织发动近 300 名志愿者为合唱节提供志愿服务。

广州创建全国文明城市期间，区义工联开展“迎亚运、讲文明、树新风、促和谐”全民行动、“团员先锋文明交通红旗岗”、“送鲜花送文明”等形式多样的志愿活动，号召各基层义工组织走上街头，在各主要繁忙路段开展志愿服务活动。据统计，全区有团员青年及志愿者 8000 多人次参与广州创建全国文明城市工作。创建全国文明城市期间，涌现出一大批先进典型，市桥公路总站谭惠芳被评为“2008 年广州十大杰出志愿者”。

（余冠泉）

区 残 联

【残疾人康复工作】 2008 年，区残疾人康复工作重点从治疗转移到康复，从医院过渡到社会，通过现代化社会提供的各种补偿条件，充分发挥社区和康复机构的功能。区成立由副区长龚红为组长，卫生、民政、教育、残联等部门为成员单位的残疾人康复工作机构领导小组，在全区 247 个村委、86 个居委中铺开残疾人康复需求调查，了解残疾人的健康状况和康复服务需要。

区残联、区卫生局，区慈善会等部门再次联合举办“视觉第一·番禺光明行”活动，白内障救助医院增至 4 家，为 245 名贫困白内障患者免费实施 328 例复明手术。启动镇康园工疗站的建设工作，已建成市桥街、大石街、桥南街、东环街、沙头街、洛浦街、岐山社区、沙湾镇及石楼镇 9 个

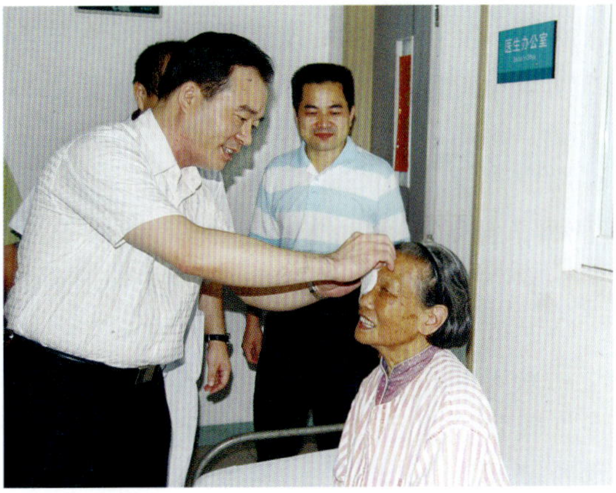

7月 16 日，区委常委、区政法委书记简锡波为白内障手术康复者揭开纱布。

10月9日，在“2008视觉第一·番禺光明行”活动总结会上，区领导谭应华、严宗活、简锡波、龚红为贡献突出的区人民医院、中医院、何贤纪念医院、大岗医院颁发牌匾。

镇街工疗机构。康园工疗站为精神病康复者、智力残疾人等提供过渡期康复、就业服务，保障他们平稳回归社会，受助人员超过190人，回归社会就业6人。

【特殊教育】以“随班就读”和特教班为主体、以特殊学校为骨干的残疾少年儿童义务教育体系得到进一步完善，区培智学校综合实力不断增强，软硬件教育康复设施建设水平位于全市前列，接收300多名残疾少年进行特殊教育和继续康复。区残疾人康复训练中心采取多项措施提高康复训练质量。在训儿童人数不断增加。全年有13名儿童顺利转介到区培智学校接受教育康复。年内，全区8名残疾人考生进入高等院校就读。

【残疾人培训就业】加大力度扶持残疾人就业，举办肢体残疾人、盲人、残疾儿童家长心灵成长培训班，由专业讲师对残疾人及其家属开展心理辅导，把培训工作作为亮点教育工程在全区范围铺开；组织讲师到各镇、街巡回宣讲公民道德知识，帮助残疾人树立正确的人生观和世界观；举办残疾人文化补习、电脑、种养、盲人按摩、《劳动合同法》等各类知识培训班，全年培训11400人次；区残联与区培智学校共同举办“长江高科技助残就业项目”低端培训班，有37名聋哑、智障学员参加，考核通过率92%，肢体残疾人杨嘉明以优异成绩通过中端班考核后，又参加动漫制作高端班的学习。全区举办6场残疾人就业现场招聘会，300多名残疾人参加招聘，87名残疾人达成录用意向。全年安置2109名残疾人就业，增加240人，增幅12.84%；收取残疾人就业保障金1047万多元，增加270万元，增幅34.68%。

【残疾人社会保障】全年办理残疾证1647人次、为81名盲人办理乘车优惠卡；不断扩大贫困残疾人专项补助金发放范围，发放专项补助金357万元，453人领取扶残助学补贴22万元；为75户贫困残疾人得到137万元建设安居房资助；区残疾人机动车用户每人得到200元维修补贴；2044人获得近7万元农村合作医疗缴费资助，870人办理城镇户籍残疾人医疗保险登记，1900名一级重度残疾人领到“爱心药箱”。残疾人权益得到维护，全年接待残疾人及其家属来信、来访、来电、来邮229人次，信访回复率100%，办结率95%以上，没有发生残疾人侵权事件。

【城区无障碍设施建设】2008年，城区的无障碍设施改造工作历时7个月，投入资金100多万元，建设和改造的内容包括城市主干道、公共场所、行政服务建筑的盲道、斜坡、无障碍标志牌、盲人过街音响等。

区成立“无障碍设施建设”领导小组，由分管副区长任组长，成员由区政府办等18个有关部、办、局主要领导组成。制定《番禺区创建全国文明城市无障碍设施建设实施方案》和《番禺区创建全国文明城市无障碍设施建设工作任务安排表》，将无障碍设施建设工作的具体任务分解到各责任单位落实，建立责任机制。

【残疾人文体活动】在第十八次“全国助残日”，区残工委举办千人签名支持北京2008年奥运会暨政策法规咨询活动；制作和播放宣传电视片和公交车车身广告，宣传《残疾人保障法》和“城市无障碍设施建设”等；在第十七个世界精神卫生日，区精神病防治康复工作协调组举行大型心理咨询义诊活动；举办“2008年广州市残疾人游泳锦标赛暨番禺邀请赛、番禺区残疾人游泳锦标赛”，区内各镇、街残疾人参加比赛，荣获团体总分第一名。区残疾人运动员参加2008年广州市残疾人羽毛球锦标赛，荣获女子混合团体第1名。12月，成立区残疾人艺术团，是市第一个区级残疾人艺术团。

（王秀旺）

区侨联

【文化联谊活动】2008年，区侨联密切与荣誉市民、社团侨领和重点人物的沟通联系。协助区委、区政府在港澳地区举办新春联谊活动；赴港澳地区拜会重点知名人士，参加港澳“五会”以及镇、街同乡会等社团会庆活动；参加广州地区香港侨界新春联谊会；组织港澳“五会”社团拜会区委、区政府；春节、中秋节前夕，慰问在番禺工作和生活的荣誉市民；接待古巴中华总会馆组委会一行，与古巴中华总会馆建立联系；接待“第九届海外杰青汇中华”访问团；与法国番禺富善社举办“2008年英法青少年番禺寻根夏令营”；与澳门番禺同乡会青年委员会联合举办“澳门青年学生潜能之旅夏令营”活动。开展文化联谊活动，区侨联协办“番港澳侨界迎奥运乒乓球联谊赛”、“番港澳三地青年射击比赛”和“番港澳三地高尔夫球邀请赛；承办“2008年广州市侨界‘博亚’杯乒乓球联谊赛”；组队参加广州侨界“迎奥运，献爱心”登山活动、“穗港侨界迎奥

区侨联承办2008广州侨界“博亚杯”乒乓球联谊赛。

运家庭趣味运动会”，增进番港澳三地的乡梓情谊。

【参加广州新侨回国创业成果交流活动】9月4日，市人事局、市侨联联合举办“广州新侨回国创业成果交流会”。区侨联、区科技局和区人事局联合推荐的两名新侨员：广州博粤科技发展有限公司陈忠平博士、广州市永大光通信技术发展有限公司郭志凯博士，分别获得“广州新侨归国创业杰出贡献奖”。

【镇街侨联】7月，桥南街、小谷围街分别召开第一次归侨侨眷代表大会暨成立大会。区镇、街一级已全部完成侨联组织的建立工作，全区镇、街侨联组织17个。

（番禺区侨联）

区工商联

【沟通政府企业】2008年，区工商联先后与区政协、区委统战部、区经贸局、劳动社保局、工商局、质监局、统计局等部门沟通合作，就新《中华人民共和国劳动合同法》（下称《劳动合同法》）的实施、“腾笼换鸟”政策的落实、全球金融风暴的冲击等问题，共商对策，共谋发展。为配合区委、区政府制定《关于优化产业结构加快经济发展的若干措施》，多次会同区政协办、经贸局等单位召集企业家代表召开座谈会，听取意见和建议。区工商联联同区统计局、区质监局和区工商局邀请企业有关负责人召开座谈会，为企业讲解申报2009年名牌、免检产品和驰名商标过程中需要注意的事项以及如何填报有关统计数据等实操性较强的业务问题，为企业提出申报作指引，使企业更好地理解创建名牌战略，保证申报工作顺利进行。

【参政议政】2008年，新《劳动合同法》颁布实施以及全球金融风暴，对区内民营企业用工和经营造成很大影响。区工商联为此开展调研。

将《劳动合同法》实施过程中的问题写成调研报告，向上级部门反映企业的意见和建议。在区政协全会上倡导民营企业积极调整企业管理模式，主动适应新《劳动合同法》，转变经济发展模式，推动企业自主创新；同时呼吁政府在实施新《劳动合同法》时，既要保护劳动者的合法权益，又要考虑企业特别是劳动密集型企业的实际情况，使中小企业有生存空间。会员中的区政协委员们通过实地考察和深入调研，撰写《加快技术改造和结构调整步伐，推进工业产业节能》专题议案，对区内工业企业能耗的基本特点和存在问题进行系统分析，提出必须高度重视工业结构调整，着力提高工业产出中的附加值比重，依靠科技进步和技术创新引领节能降耗工作的建议。南村、大石、东环、洛浦、桥南、榄核、沙湾、洗染等基层商会就新《劳动合同法》实施对民营企业造成的影响进行调研，通过举办讲座，让会员企业及时了解新法的有关条例和应对措施。大岗商会聘请常年法律顾问，对企业实行分行业分批培训，引导企业贯彻《劳动合同法》、公司规章制度等文件。

开展专项调研，与区政协和区委统战部一起邀请国内知名学者为区内民营企业作世界经济形势分析会，剖析全球金融风暴对中国经济的影响，撰写调研报告《世界金融危机对番禺区民营企业的影响》，上报区委、区政府，提出帮助企业渡过困难时期的思路。南村商会为帮助企业共渡难关，进行专题调研，撰写《金融海啸对企业影响的调查报告》上交到区工商联和南村镇政府，提出促进企业发展的思路。制衣业同业会深入到部分出口贸易企业，征

5月9日，获表彰的省、市优秀中国特色社会主义事业建设者合影。

询了企业受金融风暴影响的情况和其它经营上的困难，拟写《番禺区制衣业当前的经营困难》报告，得到区政府职能部门的重视。

配合区委、区政府实施“腾笼换鸟”优化产业结构的政策，区工商联组织民营企业家到河源、恩平等地参观、考察。组织政协工商一、二组的委员视察亚运城和广州火车新客站，为企业谋商机。各基层商会在深入会员企业调研的同时，纷纷组织企业到国内外考察投资环境，协助企业申报“腾笼换鸟”项目，帮助企业实施产业转型。据不完全统计，年内组织的各类考察活动超过4000人次。

【评选优秀中国特色社会主义事业建设者】为充分调动新社会阶层人士投身建设中国特色社会主义伟大事业的积极性，促进非公有制经济健康发展和非公有制经济人士健康成长，省、市、区先后开展优秀中国特色社会主义事业建设者评选表彰活动。王锦荣获得省第二届优秀中国特色社会主义事业建设者殊荣，王锐祥、向彬、庄炳武、张宇涛、杨锦链、陈昌、曹敬坤等被评为市第二届优秀中国特色社会主义事业建设者，李赍周等15人被授予“番禺区优秀中国特色社会主义事业建设者”称号。

【基层组织建设】2008年，区委、区政府出台的《关于优化产业结构加快经济发展的若干措施》，其中《番禺区扶持区级、镇街级商会（行业协会）实施细则》第四条规定，对在区注册登记并经区民政局、区工商联认定的商会（行业协会），区财政分别给予区级商会（行业协会）每年5万元，镇、街级商会每年3万元的资助，以支持基层商会发展。

年底，全区基层商会19个，会员近1600人，年内新发展会员企业近100家。大石商会加大发展会员的工作力度，除主动邀请企业加入商会以外，还鼓励会员推荐其他企业加入；钟村商会为进一步增强商会的影响力，重点发展规模较大、管理规范的民营、三资企业入会，吸收具有代

7月 30 日，表彰区优秀中国特色社会主义事业建设者。

表性的第三产业企业入会；榄核商会结合镇外资企业数量较多、基础较好的实际情况，让有实力、热心参与活动的规模以上外资企业加入到商会的行列当中。商会服务会员方式有新突破，区内有 7 个基层商会办有自己的网站。

【光彩事业】年初发生的雪灾期间，区工商联响应区政府号召，发动会员企业抗灾救灾，挽留外来务工人员留在番禺过年。区工商联会员企业捐款赠物 200 多万元，劝留 8 万外来务工人员在企业过年。在“5·12 汶川地震”后的第二天，区工商联召开各基层商会会长会议，部署抗震救灾工作。各商会会长带头，各基层商会以商会为单位，发动会员企业以各种形式支持抗震救灾工作。不少会员企业除参加商会捐款外，还发动员工捐款，主动做好四川籍员工的安抚慰问工作。区工商联会员企业捐款 3000 多万元，其中捐款超过 100 万元的会员企业 6 家，超过 10 万元的会员企业 64 家。陈昌、叶煊两位会员企业家被市工商联评为抗震救灾先进个人。

5月 14 日，区工商联向四川灾区捐款。

世昌集团救治血癌打工妹被众多媒体宣传报导；洛浦商会筹集 10 万元教育基金资助辖区内 47 位小学生、18 位初中学生、12 位高中学生和 8 位大学（本科）学生完成学业；南村商会牵手罗边村，以“决不让一个同学因贫困而辍学”为目标，对村内贫困家庭学生“结对帮扶”，助学捐款 61860 元；新造商会副会长陈沛文捐 10 万在新造镇中心小学成立“陈沛文教育基金协会”。

（杜惠慈）

区贸促会

【服务会员企业】 2008年，贸促会办理一般原产地证42061份，国际商事证明书967份，代办领事认证455份，代办ATA单证册16份，向企业提供优质高效的出证认证服务。

为使会员活动定期化和规范化，区贸促会每季度至少举办一次会员（或理事会）活动。3月召开理事会并赴珠海参观裕丰钢铁集团，5月组织“迎奥运·为北京奥运加油暨抗震救灾筹款”会员企业乒乓球友谊赛，8月召开理事会并与番禺海关座谈会，12月中旬组织企业与检验检疫局座谈。区贸促会与有关机构联合为企业举办新劳动合同法分析与答疑讲座、财税培训讲座和知识产权保护研讨会等活动，全年500多人次参加。

加强与企业沟通，区贸促会走访企业100多家，了解各类企业的经营状况，向企业宣传解释政府政策，为企业提供最新、最全面的国内外贸易信息。为贯彻落实区政府“腾笼换鸟”的产业政策，组织企业代表团赴河源、新疆等地考察。有针对性地组织区内企业参加美国、德国、香港、马来西亚、波兰等国家和地区的驻华使馆、商务机构举办的投资洽谈会近40场。

【会员企业出访和参展】 区贸促会发挥对外交往的资源和优势，组织企业出外考察投资环境和参展。全年组织前往澳门、东盟、中东和欧洲等国家和地区考察的商务团5个、96人次。配合国家的外国人入境管理，办理外国人入境邀请函198人次，是上年的4.4倍。利用海外组展的特殊职能，组织有关单位和企业参加澳门国际珠宝展、越南建材展、德国柏林电子展、日本富山汽配洽谈会和德国慕尼黑电子元件展等展览活动，全年共计16个展位，11家企业；根据国家政策，协助50多个参展企业申请2007年和2008年《中小企业国际市场开拓资金》的出访补贴。

（王金华）

区厂商会

【经济形势培训教育】 2008年，区厂商会先后举办经济工作座谈会、经济形势分势报告会、美国金融危机问题探讨、全球经济危机下中国经济走势与企业对策和土地制度改革的发展及其影响研讨以及扶持企业发展和技术创新专项资金项目申报暨企业技术政策解读会、社会保险业务知识和《工伤保险条例》劳动保障法规学习班等各类讲座、培训班共22期，约有3000人次参加。属下的多个行业分会，结合需要开展各项业务培训：酒类协会联合区酒类专卖局举办酒类从业人员业务知识学习班；表面处理专业委员会邀请大专院校的专家、教授，为企业介绍清洁生产的新技术、污水治理的新工艺；机械分会举办数控系统应用、机械维修与保养等培训班，并与区劳动部门合作，举办包括模具设计与制作等内容的技术培训班等。商会属下的番禺工业学校，紧贴企业的实际需要开设各种专业，全年为企业输送500多名技能型人才。

【服务会员】 累计编印出版月刊《番禺厂商》63期。编印大型商务工具书《番禺制造》（2008年版）、建立“番禺企业网”，提供各种资讯交流、商务洽谈和交易，为企业创造对外合作交流的机会。2008年，区厂商会与爱喜软件公司合作，建立“数百亿”电子商务平台，向国内外客商宣传区内企业产品情况；商会与各相关金融机构合作，会同光大银行、农村信用合作社、番禺银达担保有限公司和渣打银行等境内外银行以不定期的方式，联合举办银企座谈会，帮助企业融资，缓解中小企业融资难的问题。全年，为企业的融资牵线贷款额度达5000多万元。金融危机以来，商会对企业的融资需求进行摸底调查，与相关金融机构对接跟进，与上海远东国际租赁公司合作，为企业购买设备、生产商的设备销售提供服务。

【市场拓展】组织企业对外商务考察。协助边远地区来番禺招商引资，先后组织湖北建始、乳源等经贸洽谈会；组织企业赴福建、恩平、梅州五华、肇庆、河源等地参观考察，一批企业分别在英德、五华、肇庆、清远、贵州、武汉、江西、河源等地投资建厂。组织企业参展。帮助企业参与国内外的各种产品展览，发动企业参加国外的展览会；组团参加广州机械展、北京机床展等，组织企业参观各种行业展览，如广东国际电镀防腐工艺及设备展、表面处理展等，均收到较好效果。

（沈伟明）

2月18日，区厂商会2008年新春团拜会暨2007年度颁奖大会。

政法 武装

番禺年鉴·2009

政法工作

【社会治安综合治理】2008年，区政法线各单位各司其职，保持严打高压态势，全力投入严打整治斗争。全区立刑事案件8681宗，下降13.1%；破案4058宗，破案率46.7%；立“两抢”、盗窃案件1106宗、5413宗，分别下降22.4%和17.6%。

全区继续深入开展治安重点整治工作，加强对治安突出问题的解决。省重点治安整治地区大石街立刑事案件660宗，下降21.4%，其中抢劫、抢夺、入屋盗窃、盗窃机动车案件分别下降27.9%、22.7%、18.6%、34%；打掉涉黑团伙25个165人，破获涉黑恶刑事、治安案件49宗、37宗；查处“黄赌毒”案件3078宗8533人；打掉传销窝点12个，刑事拘留11人，解救被骗从事传销人员17人；取缔无照生产经营场所1412家，立案查处1189家，引导办理执照13320家；收缴侵权盗版音像制品、非法电子出版物、侵权盗版类非法图书、博彩类非法图书一批。

区检察院受理公安机关提请批捕案件2217宗，经审查批准逮捕2015宗，上升7%；受理公安机关提请起诉案件2199宗，经审查提起公诉1948宗，上升9%。区检察院被评为全国、省先进基层检察院。

区法院受理刑事案件2028宗，审结1969宗，同比上升12%。区法院收案量、结案量、法官人均结案数、办结案件均衡度均居全市法院之首。

区公安分局被评为省优秀公安局，“追逃”工作受到公安部通报表扬。

【“四防”治安建设】全区加强“人防、技防、物防、自防”建设，强化社会治安防控工作。采取公开巡逻和隐蔽伏击相结合的办法，提高接处警能力和现场抓捕率。

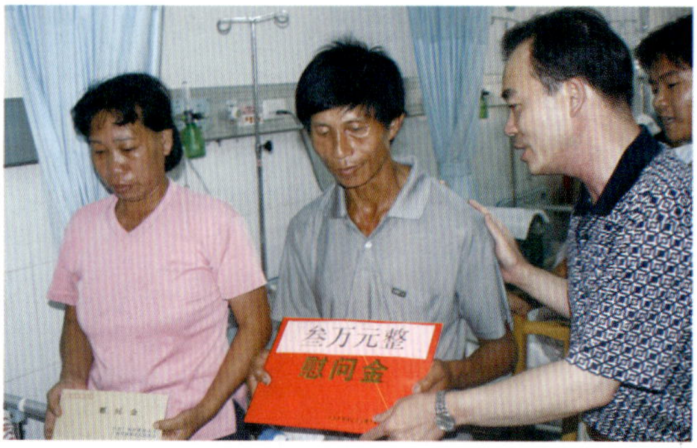

7月5日，区政法委书记简锡波慰问见义勇为人士黄锐能。

加快治安视频监控系统建设，新建治安视频监控点1771个，出租屋（居住30人以上）视频监控点1629个，均超额完成建设任务；各级视频监控系统提供破案线索1050条，协助破获案件300宗，抓获犯罪嫌疑人356个。

加强社区警务工作，建成社区警务室240间，配置社区民警257人，新增社区民警46人。扎实推进领导兼任社区民警、社区民警警情回访、社区民警不参与派出所值班等制度，有134名领导兼任社区民警、35名社区民警完全脱离派出所总值班，社区民警回访警情近1.5万宗。全面推广小区封闭（半封闭）式管理，建成封闭（半封闭）式小区268个（其中封闭小区147个，半封闭小区121个）。引进小区物业管理、推广家庭式简易报警装置，提高小区特别是旧城区的防控水平。

加强群防群治工作，聘用1000多名民兵预备役，组建一支200人组成的保安特勤队，协助开展治安防范工作。

【防范邪教】全区继续防范和打击邪教组织的破坏活动，大力开展深挖邪教组织的违法犯罪活动，推进“社会回归工程”，帮助刑释解教邪教人员解决工作生活问题，开展以打击冒用宗教名义的其他邪教组织为重点的城乡反邪教警示教育活动，及时查处“实际神”等邪教和有害气功组织。加强对重点对象的防范和控制，连续多年没有发生“法轮功”人员进京上访、串联闹事和进行电视插播。

【禁毒防毒】全区开展主题为“依法禁毒，构建和谐”的禁毒宣传系列活动。破获毒品违法犯罪案件233起，上升3.6%；摧毁团伙18个，上升38%；抓获犯罪嫌疑人342名，上升15.9%。对8名涉毒犯罪分子进行公开宣判，集中销毁缴获的新型毒品及易制毒化学品药品约68千克；组织娱乐场所从业人员、外来务工人员代表和学生代表进行拒绝毒品的宣誓和签名活动。全区设禁毒示范学校28所，建设永久性禁毒宣传栏295块，中小学生毒品预防教育普及率、毒品预防教育课时安排和落实率均100%。新造中学被确定为禁毒教育基地。

推进社区戒毒工作，在钟村镇召开“番禺区社区戒毒试点工作现场会”，试点工作被市推广。开展“无毒社区（村）”创建活动，16个社区（村）达标。推进戒毒人员社区药物维持治疗工作，参加治疗人数达429人。完善戒毒劳动康复基地建设，为戒毒人员提供更优质的康复环境。

【化解人民内部矛盾】继续深入开展排查调处工作，排查矛盾纠纷1532宗，成功调处1469宗，成功率95.9%；其中30人以上的纠纷73宗，成功调处67宗，成功率91.8%。不断拓宽调解网络，设立基层调解会399个，调解员2268人；区法院及大石、大岗、石楼法庭设立人民调解工作室。组织开展涉法涉诉信访工作，设立涉法涉诉信访专项救助资金，解决涉法涉诉救助案件14宗，中央、省交办案件全部办结。

全区大力防范和处置群体性事件，排查不稳定因素219宗，成功处置180宗，有效防范和处置石碁镇卡西欧电子厂、石楼镇恒光电子厂、化龙镇世门手袋厂等劳资纠纷，榄核镇墩塘村、大岗镇龙古村、洛浦街西二村等村务纠纷，何贤医院医患

7月29日，全区举行党委书记大接访活动。谭应华书记带领区有关部门负责人在区行政会议中心大堂公开接访。

纠纷等群体性事件42宗。为有效化解旧水坑部分企业与员工的劳资纠纷，及时成立处置旧水坑问题维稳专责小组，处置工作经验在市维稳工作会议上被推广。

全区没有发生影响恶劣的械斗、严重堵塞交通、示威游行等群体性突发事件；没有发生影响恶劣的军、警、民纠纷冲突事件。全区春节、北京“两会”、奥运会、残奥会等重要时期没有发生群众进京非正常上访，没有发生恶性突发事件和群体性事件。区公安分局、区委维稳办被评为2008年奥运火炬接力活动广州站安保工作先进集体。

【出租屋流动人员管理】2008年，全区登记出租屋13.83万栋、62.92万套，增加49.66万套；新办理房屋租赁登记备案10.62万宗，上升209.9%；“两费一税”征收1.21亿，上升12.3%。

开展出租屋调查核实工作，重新核实修改出租屋信息19.15万套。组建全市首支出租屋消防安全检查队伍，加强出租屋消防整治工作，整治出租屋46893套。出租屋治安环境进一步好转，出租屋内发生刑事案件493宗、治安案件629宗，分别下降14.4%和10%。加强出租屋物业管理，举办74班次出租屋业主培训班。加快“两个延伸”（从社区村工作站向重点管理出租屋、重点管理用工单位延伸）建设，在重点管理出租屋（居住30人以上）设物管员1405人，建视频监控摄像头1703个；在重点管理用工单位建成5个工作站。

中央电视台《新闻联播》对区流动人员管理服务工作进行专题报道；联合国开发计划署、国家发改委经过两次考察后向出租屋流动人员管理工作成效突出的大岗镇授予“联合国开发计划署试点城镇”、“全国发展改革试点小城镇”牌匾；出租屋专项考评成绩连续6次排名全市第一。

【维稳综治责任制】年初，综治委继续层级签订维护稳定及社会治安综合治理目标管理责任书，确保维稳及综治各项措施落到实处。年底，对17个镇、街、9条战线、13个综治委成员单位进行考核，全部均为优秀。309个社区村通过平安社区检查验收，通过率99%。深入开展创建文明城市工作，全面完成“公共安全专项整治”和“维护公正公平法治环境”创建工作任务。针对欠薪逃匿问题有增多的趋势，及时成立打击欠薪工作组，解决欠薪逃匿问题。开展清理执行积案行动，建立起政法委组织协调、人民法院主办、有关部门联动、社会各界参与的执法工作长效机制，切实解决“执行难”问题。

（梁锦萍）

司法工作

【调解处理人民内部矛盾】2008年，全区加强调解网络建设，在充分巩固原有调解机构的基础上，新建大型物业小区和企事业单位调解委员会15个；在区法院民一庭和4个中心法庭内部设立“人民调解工作室”，聘用专职调解员快速处理一般性民事纠纷，完善司法调解和人民调解相结合的联动联调制度。年底止，全区有调解会

12月18日，区人民内部矛盾排查调处工作研讨会。

399个，调解员2268名。排查调处纠纷隐患1532宗，调处成功1469宗，成功率95.9%，其中，30人以上重大纠纷92宗，成功调处80宗，调处成功率87%，创历年同期新高。

区司法局健全矛盾纠纷信息收集、分析、上报机制，在抓好常规排查的基础上，在春节、奥运等重点时期针对重点人群、重点行业、重点纠纷开展13次专项排查，及时掌握矛盾的动态；举办全区人民内部矛盾排查调处工作研讨会，探索新形势下有效开展调处工作的方式方法；严格落实调处化解工作实属地管理、归口职能部门和“五个一”调处制度，确保纠纷及时得到处置。

【刑释解教人员安置帮教】 2008年，全区接收回归社会刑释解教人员339人，安置就业338人，安置率99.7%，帮教率100%，脱管率为零。司法局出台《关于进一步加强我区刑释解教人员安置帮教工作的意见》，明确有关部门的职责；开展“送温暖”活动，对辖区内85名特困刑释解教人员进行新春慰问；组织帮教团前往清远监狱、潭岗劳教所开展帮教活动，向在教人员赠送学习和生活用品；在潭岗劳教所举办刑释解教人员就业技能培训，有服装缝纫工、中式面点师、蔬菜园艺工等3期培训班，培训学员211人。

【普法宣传教育】 年内纳入普法计划的有《中华人民共和国禁毒法》、《中华人民共和国劳动合同法》、《中华人民共和国劳动争议调解仲裁法》、《中华人民共和国突发事件应对法》、《中华人民共和国未成年人保护法》、《中华人民共和国渔业法》和《中华人民共和国水污染防治法》等。以领导干部、行政执法人员、企业经营管理人

11月19日，区帮教团到潭岗劳教所对番禺籍在教学员进行帮教。

员、农民、外来工等为主要对象，采取集中培训、发放法律书籍供自学、送法下乡、送法到企业、送法到社区等方式进行普法。全年共上法制课350次，举办2期处级干部和3期区直属机关干部职工普法学习班，开展350场“三个一”（一镇、街一村一场）法律咨询及法律服务活动，有48家企业开展“法律进企业”活动，普法受教育人数130万人（次）。在全区铺开中小学校法律顾问聘任工作，在小谷围街穗石小学建立市首个学校法制宣传文化社团，举办“12·4”全国法制宣传日暨法律进学校大型文艺晚会，开展“普法大学堂”活动，通过小品、案例重演、知识问答等方式向青少年儿童普及法律常识。

【法律援助工作】2008年，区法援处承办法律援助案件5930宗，是上年办案量的21倍。其中涉及外来工的援助案件5662宗，占法援案总数的95%，追回工资、工伤保险待遇等各类赔偿900多万元。进一步扩大法律援助覆盖面，通过编绘以《中华人民共和国法律援助条例》为背景内容的漫画扑克牌和举办法律咨询活动，推进法律援助进农村、社区、工厂、家庭、学校，在区内40多家较大型企业设立法律援助联络点。通过组建法律援助骨干律师队伍、在联络点企业的工人中聘请法律援助联络员等方式，壮大法律援助队伍。

【法律服务行业及管理】在广州市司法局的支持下，区内设立广州市律师协会番禺联络办公室；推进公证机构改革，完成对原番禺区公证处的机构调整工作；开展律师所和司法所结对子工作，引导律师及时介入群体性纠纷的调处，全面发挥律师的维稳作用。全年区内律师直接参与调处重大纠纷28宗，成功处理26宗，向社会提供义务法律咨询2379人（次）。“12348”法律服务专线共接待群众来访1078人次，来

6月10日，番禺大石法庭人民调解工作室挂牌成立。

10月9日，广州市律师协会番禺联络办公室挂牌成立。

电咨询874人次，分流处理案件25宗；基层法律服务所共协办公证190件，见证481件，诉讼代理182宗，非诉讼代理308宗，代书580件，担任常年法律顾问238家，业务收入61.114万元，挽回经济损失4367.1万元。

（刘亿军）

检察工作

【概述】2008年，区人民检察院围绕“强化法律监督，维护公平正义”的检察工作主题，稳步推进“阳光检务”，不断加强队伍建设，全面履行法律监督职责，各项检察工作取得新的发展，先后被评为广州市、广东省和全国先进基层检察院。

【打击刑事犯罪工作】全年区检察院共受理审查逮捕案件2217件3293人，批准或决定逮捕2015件2925人，受理移送审查起诉2199件3165人，决定起诉1948件2722人，移送其他检察院管辖86件149人。受理审查逮捕案件数同比上升9.6%，人均办理审查逮捕案件数居全市基层检察院第二位。受理移送审查起诉案件数同比上升12.4%，人均办理审查起诉案件数居全市基层检察院首位。突出打击严重危害社会治安和人民群众生命财产安全的犯罪，共批捕带黑社会性质组织犯罪、杀人、“两抢一盗”、绑架以及故意伤害等暴力性、多发性案件1330件1917人，起诉1242件1752人；参与整顿和规范市场经济秩序专项行动，批捕金融诈骗、制假售假等严重破坏市场经济秩序犯罪案件23件39人，起诉33件50人。

【查办职务犯罪工作】全年立案侦查贪污贿赂、渎职侵权职务犯罪案件26件26人，上升24%。其中，查处科级干部案件9件9人，查处副处级以上干部要案5件5人。首次大规模查办行政、司法领域职务犯罪案件19件19人，首次跨区查办副处级以上干部要案2件2人，扩大查办职务犯罪的覆盖面。由于办案的社会效果明显，群众举报的有价值线索大幅增加，反贪局查办的一宗专案荣获“广东省十佳精品案件”。

【诉讼监督工作】全年区检察院对证据不足不予批准逮捕168件308人，追加起诉2人，改变案件定性115件221人；积极开展立案监督工作，促使公安机关主动立案2件2人；首次成功侦破监狱监管人员职务犯罪案件2件2人，有力净化了监管场所的执法环境；加强对监管场所的服刑人员提请减刑、假释等刑罚执行的监督工作，共审理呈报减刑、假释、暂予监外执行案件2918件，提出纠正意见17次并全部被接受；大力纠防超期羁押，核查羁押对象753人（次），确保区级诉讼“零超期”的目标；共立案审查民事行政申诉案件51件，建议提请市检察院抗诉10件，并全部被上级检察机关支持。区检察院探索在海域陆源污染案件中开展公益诉讼工作，继续推进民事执行检察监督“番禺模式”，形成民事行政执行监督模式的长效机制。

【预防职务犯罪及综治工作】区检察院深入开展个案预防、行业预防和同步预防工作。结合办理职务犯罪案件的情况，向案发单位发出《检察建议书》2份，力促其全面整改；举办职务犯罪预防专题讲座19次，面向全区副处级以上干部的“预防职务犯罪”的专题讲座取得了以廉促建的效果；深入开展涉农专项预防工作；探索和开展对民生重点工程的同步预防，不断扩大预防职务犯罪的覆盖面。全年开展和参与大型法律咨询活动12次，发出《检察建议书》7份，先后抽调9名干警参与了驻村、大学城拆迁等工作，积极化解社会不安定因素。共受理来信来访1032件，同比上升31.6%；正、副检察长接待和处理群众来访27件45人。

【“阳光检务”工作】根据省检察院决定，区检察院认真落实“阳光检务”的措施。充分利用检察院门户网站、电子触摸屏、案件查询系统等信息化手段，公开案件办理和重大检务活动情况，建成“阳光检务”大厅；举办“检察开放日”活动，让人民群众走进检察机关，了解检察机关；与区人大、区政协等召开座谈会11次，向人大、政协报告工作6次，向区人大代表、区政协委员等发放调查问卷618份，广泛征求社会各界对加强和改进检察工作的意见和建议；多次邀请特约检察员、人民监督员参与检察机关重大活动，共接受人民监督员对6件该院拟作不起诉处理的职务犯罪案件的监督；与番禺日报社合办12期“检察之窗”专栏，在各大新闻媒体上发表宣传稿件，向社会及时发布检察机关重大专项工作、重大活动和社会关注的重大案件情况。

（郑镇坤）

审判工作

【概况】2008年，区法院共受理各类案件30846件，审（执）结各类案件28100件，全年总结案率92.17%，结案标的金额约12.5亿元，收案量、结案量、法官人均结案数、办结案件均衡度均居全市法院第一。

【刑事审判工作】区法院刑事审判工作的重心是打击刑事犯罪，维护社会稳定，全年受理刑事案件2028件，增长11.92%，审结1969件，增长12%。区的刑事犯罪呈现团伙犯罪增加、犯罪性质恶劣、案情复杂、被害人提起附带民事诉讼增多等特点，刑事审判难度加大。为强化刑罚的预防和教育功能，区法院配合上级法院、区委政法委先后召开宣判大会2次，对16案18人进行集中宣判。

【民商事审判工作】年内，区法院受理各类

7月16日，区法院执行局与区检察院民行政检察科共同签署《办理民事执行中止案件工作协调意见》。

民商事案件17292件，增长45.73%；审结16086件，增长45.32%；结案标的金额10亿元。针对涉港澳台民商事案件审判周期长、案情复杂、政治敏感性强的特点，区法院依法加强对该类案件的审判管理，全年审结涉外、涉港澳台民商事案件78件，结案量居市12个基层法院之首。

妥善调处各类民事纠纷，实现法律效果与社会效果的统一。区法院灵活运用人民调解、立案调解和诉讼调解，成功化解3708件民商事纠纷，调撤率39.47%，及时消除社会矛盾，促进社会和谐。

【行政审判工作】年内，区法院受理各类行政诉案件689件，同比增加127.95%，审结634件，纠纷涉及公安、国土、城建、工商、计生、卫生、环保、劳动和社会保障、外嫁女权益保护等行政管理领域。受理行政非诉讼执行案件833件，审结833件，通过对非诉讼行政决定的强制执行，保障正常、正当的行政管理秩序。继续开展行政协调和解的尝试，通过协调和解成

9月12日，区法院大学城人民法庭挂牌成立。

功化解366件行政纠纷，占总结案数的57.82%。

【审判监督工作】区法院强化对审判工作的内部监督，受理再审案件9件，审结6件；切实加强信访工作力度，开展全体院领导、中层领导“大接访”活动，全年接待群众来访146人次，处理各类来信172件。

在外部监督方面，区法院积极构建“全方位、全覆盖、制度化、经常化”的人大代表联络机制。2008年聘请20名政治素质强、法律水平高、工作经验丰富、联系群众面广的区人大代表、政协委员担任司法监督员，邀请司法监督员参加专项执行行动，自觉接受外部监督，效果良好。主动接受新闻媒体和社会舆论的监督，在审理“卧底农民工”黄伟木劳动争议案、大石街东联村98名村民选民资格案等纠纷过程中，积极与新闻媒体沟通，增加审判、执行工作的透明度，树立公正司法的形象。

【执行工作】年内，区法院执行工作的重点是加大执行力度，全力清理执行积案。通过深化繁简分流改革、强化恢复执行组、整合执行资源、开展专项集中行动、建立健全执行联动机制等一系列措施。全年受理执行案件10355件，增长39.8%，执结9292件，增长37.11%，执结标的2.38亿元，结案率90%。

【司法救助工作】区法院积极开展司法救助活动，为186名刑事案件被告人指定辩护律师，全年为948宗案件的当事人缓、减、免诉讼费142.48万元。对关系群众切身利益的拖欠工人工资案件、拆迁安置案件、农村土地征用和分红案件等，区法院优先立案、优先排期、优先执行，对诉讼能力较弱的当事人切实加强诉讼指导，加大对弱势群体的司法救助力度，保护弱势群体的合法权益。

【未成年人案件审理】年内，区法院受理涉及未成年人权益的刑事案件210件420人，审结207件401人；受理涉及未成年人权益的民事案件354件，审结302件；受理涉及未成年人权益的行政案件85件，审结85件。区法院对未成年人刑事犯罪坚持“寓教于审，审教结合，宽严相济”的刑事政策，引入“恢复性司法”制度，积极延伸审判职能，做好判后的帮教和矫正工作。

【法院基层建设】区法院继续加强基层基础工作、队伍建设和物质装备等各方面的工作：针对法院工作的新情况、新特点，增设民四庭和大学城人民法庭；及时调整工作方式，出台新的工作岗位责任制，规范全院人员的管理，调整审判力量和其他人力资源的内部配置；举办各种业务培训学习班，改进工作机制，改进后勤服务管理，合理安排办公经费，优化办公场地；重点加强人民法庭工作，完善法庭的各项管理制度，四个中心人民法庭共受理案件10081件，审结9395件，平均结案率93.1%

【学术研究】2008年，区法院文秘、信息、调研、法制宣传等工作全面发展。在市法院系统第六届学术讨论会上，区法院干警撰写的论文，获一等奖一名、二等奖三名和三等奖一名，荣获“推选组织工作先进单位”；在省法院系统2008年度学术研讨会上，获一等奖、三等奖、优秀奖各一名；在“全国法院系统第二十届学术讨论会”上，获二等奖一名。区法院调研科卜晓虹同志荣获最高人民法院颁发的“1989~2008年全国法院学术研讨会突出贡献奖”。

（张荣波　卜晓虹）

公安工作

【概况】2008年，区刑事立案下降13.1%，完成市下达的两位数下降和区委领导提出的下降13%以上的目标；侦破刑事案件5549宗，上升2.9%；破获经济案件112宗，挽回经济损失8570.8万元；查处各类治安案件34242起13513人；刑事拘留5927人，上升13%；行政处罚10695人，上升52.8%。

年内，区公安分局完成108次大型群体性活动安全保卫，完成化解春运公共安全危机事件、北京奥运会和残奥会安保、创建全国文明城市等重大任务；妥善处置各种矛盾引发的不安定事件，有效防范和打击各类违法犯罪活动。2006~2008年，区公安分局连续3年被省公安厅评为执法优秀分局。

【治安防控】区公安分局将治安防控的工作重点放在日常巡逻上，确保"护城河"和"飓风"行动为载体的大巡防行动的有效开展。巡警大队统筹全区巡逻防控工作，抽调机关科室大部分警力参与治安巡逻、堵口；在奥运安保等重点时期，除派出所、巡警大队、交警大队等基层一线警力参与社会面巡防工作外，还调派边防武警、辅警、保安员等力量进行大联防、大巡控；组织1000名民兵预备役巡逻队伍，招聘200名保安特勤队员，将所有警车调配到街面，安排机关民警巡逻及跟随公交车巡控。

从7月1日开始，区公安分局在全区范围内对刑事警情和侵财类的治安警情进行全面的回访。社区民警回访警情8145宗，派出所收集群众意见1299条，获取线索309条，破刑事案件184宗、治安案件172宗，抓获嫌疑人361人。

按照"三天一小清、一周一大清"的工作思路，继续开展出租屋区域性清查行动，加大对出租屋内"黄赌毒"活动的打击力度。年内，区公安分局开展区域性清查35次，出动警力2267人次，辅助力量2306人次，检查出租屋13254栋、商铺688间、流动人员19360人，抓获违法犯罪嫌疑人511人，破获各类案件116宗。

12月19日，区领导谭应华、骆蔚峰等参加区治安管理指挥中心大楼奠基仪式。

【治安管理】按照“粤安08”、“红棉”等专项行动部署，以打击街头赌博（游戏机室赌博）、“站街女”招嫖、娱乐场所吸贩毒行为为重点，在全区范围内开展打击“黄赌毒”专项行动，加强对涉“黄赌毒”区域、部位的明查暗访，以零容忍的态度和铁腕手段进行有力打击。全年，受理查处“黄赌毒”案件4415宗，查处“黄赌毒”违法人员8533人次，其中治安拘留5546人（并处罚款545人）、罚款1286人，其他处理1701人。加强治安行政管理，不断加大对特种行业的管理力度，落实场所分级管理和旅馆业系统升级改造工作，继续加强对剧毒、易制毒等危险化学物品和民用爆破物品、枪支弹药、管制刀具的安全管理。

【交通管理】围绕创建全国文明城市的目标要求，以预防重特大交通事故为重点，开展文明交通宣传活动，强势开展交通秩序整治。“创文”期间，交警共出动警力22325人次，查处违章79169宗，查扣摩托车11953辆、人力三轮车730辆，行政拘留102人，派发宣传单张45803份，为“创文”创造良好的交通环境。

开展对散体物料运输车、危险化学品运输车、校车等八类高危车辆的专项整治工作，加大对酒后驾驶、超限超载、肇事逃逸等各类交通违法犯罪行为的打击力度。年内，查处各类交通违法行为265445宗，查扣各类交通违法机动车106260辆。全年发生交通事故20434宗（其中交通死亡事故158宗），造成死亡174人、受伤4995人，经济损失2321.48万元，与上年同期相比，事故宗数下降5.5%，重特大事故数、死亡人数分别下降12.7%和10.8%，经济损失下降12.3%，受伤人数上升1.4%。

【户政管理】根据反恐工作的实际需要，对在区内常住和临住的重点国家人员、敏感地区人员进行调查摸底登记，纳入实有人口信息化管理。截至12月，全区二代身份证总办证率91.27%，16周岁以下办证数123080人。

【消防管理】开展“一畅两会”专项行动、消防产品专项治理、奥运消防安全大检查、“创文”消防专项治理、公共娱乐场所专项检查等专项工作，全年完成消防审验、安检业务1618宗，核发各类法律文书1996份，依法联合查封消防隐患单位70家、停产停业51家；行政拘留48人，罚款32.26万元;接火警936起，参加社会抢险救援617起，抢救涉险受困群众277人。全年全区发生火灾事故10起，造成1人死亡、5人受伤，直接经济损失124.88万元。与上年相比，火灾起数下降41%，死亡人数下降50%，经济损失下降81%，受伤人数上升150%。

【出入境管理】结合北京奥运年公安机关出入境管理的各项具体要求，区公安分局出入境管理科开展“微笑服务”、“双手递表”、“绿色通道”、“上门服务”、“换位思考”等一系列利民、便民活动，确保快办证、好服务。加强境外人员管理，将境外人员管理工作向社区、农村出租屋、旅馆业、高校和涉外企业五大板块纵深推进。全年共受理因私出入境271390人次，同比上升30.3%；开展清理打击“三非”外国人行动612次，清查各类场所8184间次，登记外国人13721人次，查处“三非”外国人159人，其中拘留审查86人，行政处罚15人、移送处理58人；遣送出境81人。

【“三基”建设】在为期三年的“三基”工程建设过程中，区公安分局与时俱进，开拓创新，取得显著的成效，顺利实现“四个基本目标”：一是“三所三队”的硬件及配套设施建设全面达标。二是机关、基层高效有序的警务勤务运作机制基本形成，基层工作更加扎实，基础工作更加规范。三是社会治安局势得到有效控制，刑事治安案件，特别是“两抢两盗”案件明显下降。四是党委、政府及人民群众对公安工作基本满意。12月，顺利通过公安部、省厅、市局“三基”工程建设考核验收，由于工作扎实，成绩突出，被评为全省“三基”工程建设先进集体。

（张 勇）

番禺监狱

2008年，番禺监狱实现监狱全面安全，队伍和谐，管教严明，执法公正。监管改造工作实现奥运年“四无”目标，实现连续12年安全稳定。

监狱加强警察队伍建设，按照中层领导班子定期考察工作制度，强化班子的管理和监督，优化中层领导班子结构，增强中层领导班子的战斗力；建立中层领导责任追究机制。开展“讲党性、重品行、作表率”活动；以警察职业道德建设为重点，开展深入学习实践科学发展观活动暨警察职业道德教育活动，推行反腐保廉任期目标责任状的签订制度，严格落实“一岗双责”；开展“我的岗位我负责”主题实践活动，举办辩论友谊赛和中共十七大知识竞赛活动，营造青年警察积极向上的思想氛围；深化“青年文明号”创建活动，增强团员青年的社会服务意识，开展捐赠助学等献爱心活动，树立监狱青年警察良好的社会形象。

在对服刑人员的教育改造工作，监狱树立科学监管理念，严格落实各项监管制度，完善和加强警察直接管理、专项工种罪犯使用、会见工作、监狱大门管理等基础工作；探索科学的教育理念，规范“思想、文化、技术”基础教育，以教育手段提升服刑人员思想转变和谋生技能；以奥运文化为主线，针对冰雪灾害、“5·12汶川地震”、奥运会召开等事件，及时对服刑人员开展专题教育；推进和深化狱务公开工作，增加执法工作透明度，进一步完善减刑、假释、保外就医工作程序，切实做到“二公开、五公示、三评议、三监督”；开展心理矫治专题讲座，引导服刑人员从心理健康的角度去认识犯罪、认识自我，培养服刑人员健康人格。

（番禺监狱）

地方武装

【民兵预备役部队反“台独”战备】2008年是反“台独”防卫作战准备最后的时间点。区武装部根据上级军事部门的部署，结合本区实际，严格落实各项计划，以全面形成战斗力。

年初，按照广州警备区要求，多次完善《番禺区民兵应付突发事件行动预案》、

9月24日，区人武部官兵抗击台风黑格比。

《番禺区军警民行动预案》，并实时与警备区进行对接；修改反“台独”应急防卫作战重要目标反袭扰等多个战备方案，为提高处置突发事件能力提供保证。下半年，在上级军事业务部门指导下，组织政治、经济、交战、人防4个办公室进行作战能力评估，迎接总部国防动员力量检查和军区作战能力评估。

【民兵预备役训练】 在抓好本级预案修改的基础上，民兵预备役训练中加强反恐和应对重大突发事件的准备，及时掌握重大社情和汛灾情，积极协助维护社会稳定和抢险救灾工作。民兵机动联防分队500人分阶段参加本区治安联防。7月中旬，区人武部组织一期民兵抗洪抢险轻舟分队集训。9月24日，由于受14号台风“黑格比”影响，区内各大江河暴潮，水位迅速升高，民兵轻舟及应急分队300多人紧急出动，分赴险情地段抗洪抢险，转移人民群众26000多人，搬运沙石20000多立方米，堵截缺口100多米，加高加固堤坝6000多米。

【国防教育训练】 年内，区国防教育训练基地完成省军区师团读书班、警备区主题教育和本区民兵训练任务，承训党政机关和企事业单位工作人员56批4700人次，学生军训18批8700人，其他民兵预备役人员军训5批580人，达到“安全、经营、服务”的三大目标。

（张 伟）

5月16日，区五套班子领导前往驻花都某部过军事日。

财政 税务

番禺年鉴·2009

财 政

【概述】2008年，区按照“以人为本、关注民生、科学理财、力促和谐”的财政思路，以改善民生为重点，优化财政支出结构，落实强农惠农政策，统筹城乡发展，加快实现基本公共服务均等化。推进国库集中支付改革，建立绩效评价体系，规范行政事业单位资产处置，发挥财政资金的杠杆作用。全区累计完成一般预算收入43.88亿元，为年初预算的104.40%，为调整预算的101.09%，比上年（下同）增收6.69亿元，增长17.97%；全区累计完成一般预算支出60.75亿元，为年度预算的93.41%，增支7.49亿元，增长14.06%。

【集中财力办大事】2008年度区财政预算编报，体现区委、区政府关于推动民生、保障重点工程开展的工作思路，调整优化财政支出结构，文化教育、社会保障、医疗卫生、公共安全和新农村建设等民生项目支出约42亿元，占一般预算支出65%，比上年增加3个百分点。下半年财税收入增速回落，区财政局加大预算调整力度，通过调入资金、增收财力、压减及调整年初预算项目等措施解决资金缺口，平衡年度收支。

为支持四川地震灾区的重建工作，追加抗震救灾资金3720万元；垫付亚运场馆配套建设资金16.08亿元（其中区财政垫付4.5亿元，转拨广州市财政垫付资金11.58亿元）；拨付自然村通公路资金4622万元；中心医院建设3000万元；西线公路扩建8862万元；广汽项目建设资金3.76亿元；中船项目资金4.40亿元；水利建设专项资金9.58亿元。

【落实强农惠农政策】落实种粮补贴的有关政策，全年发放各级种粮直补资金562万元，惠及7个镇（街）87个有种植水稻的行政村（种粮户10105户，户口人数40085人，种粮面积26582.8亩）；财政部分三批下达的2008年农资综合直补资金186万元，全部足额兑付到12015户种粮农民手中。

积极推进新农村建设，财政安排区新农村建设试点工程建设资金4175万元，安排农业现代化及产业化专项资金5006万元，安排困难村补贴和“农村三费”（义务教育费、优抚经费和五保户供养费）补贴1552万元；投入149万元用于农产品质量检验检测；兑付农民购置农业机械补贴190万元。

加大林业建设资金的投入，投入林相

5月17日，财政局人员为四川地震灾区捐款。

9月3日，省财厅组织10县、市、区到番禺区学习国库集中支付改革。

林带和城区绿化改造建设资金7219万元。

扎实推进鱼塘标准化整治，继续投入鱼塘标准化建设资金4366万元，对石楼等5个镇666.6公顷鱼塘进行标准化建设。保持惠渔政策的连续性，按照区政府《关于继续清理涉渔收费减轻渔民负担的意见》，安排渔民减负补助及转产转业专项资金317万元。

【增加社会保障支出】财政支出体现“富民优先，民生为重”的方针，推进社会保障城乡一体化的公共财政建设。

安排再就业专项资金1000万元，用于全区失业人员和农村劳动力转移相关农民的就业培训和岗前培训补助，以及镇（街）、村（居）劳动和社会保障平台的建设。

提高企业退休人员生活保障水平，支出区属转制和未转制企业退休干部生活补贴1188万元，失业军转干部及企业退休军转干部生活补贴140万元，企业退休人员生活补贴5767万元。

强化社会救济，支出城乡最低生活保障资金1683万元，特困残疾家庭生活补贴357万元，农村特困家庭临时生活救济款504万元，农村特困群体住房和特困残疾人住房补助522万元。

为推进城镇居民医疗保险、城镇老年居民养老保险、被征地农民养老保险工作，安排1221万元对城镇职工社会申办退休人员给予一次性过渡医疗保险资助，支出城乡合作医疗配套资金4698万元，安排医疗救助资金1136万元用以建立全区城乡居民和农民特困家庭的医疗救助制度。为完善被征地农民和“农转居”农民参加养老保险的工作，支出被征地农民和“农转居”农民参加养老保险补助2200万元。

【加大科技文化教育卫生支出】2008年，安排5131万元支持数字家庭发展，其中：广东星海数字家庭产业研究院注册资金2550万元，数字家庭应用示范点经费2000万元。文化事业建设费支出500万元；农家书屋建设经费1500万元。

2008年，区级财政安排农村义务教育减免书杂费补助3300万元，城镇义务教育减免书杂费2300万元，区属学校教育技术装备购置费500万元，高二学生教师培优补差辅助612万元等；在2007年区政府投入1亿元增加教师收入的基础上，2008年安排增加教师收入经费1670万元；2008年初预算安排教师货币分房资金1800万元，年底再追加经费用于解决70岁以上的退休教师和已去世教师的住房遗留问题；积极支持职业教育，在教育费附加中安排职业教育经费380万元，12月追加中等职业学校国家助学金900万元，月底前全部发放到农村户籍和城市家庭经济困难的中等职业学校学生手上。

加大社区公共卫生服务投入，区财政投入3479万元用于推动社区公共卫生服务建设；投入农村卫生专项经费2904万元，改善农村的就医条件，提高农村卫生水平；投入突发公共卫生事件应急处理经费253万元，重大疾病预防控制经费458万元，其他疾病预防控制经费1039万元，疾病预防控制机构760万元；投入食品和药品监督管理事务经费1105万元，食品药品安全经费394万元，食品药品执法办案经费30万元，卫生监督经费708万元。

【推进财政支出绩效评价】开展财政支出绩效评价试点工作，制定区直有关单位2008年财政支出项目自我绩效评价工作方案，区属24个部门共报送72个财政支出预评项目，累计涉及区财政资金45.56亿元。区基建办、水利局等9个单位开展11个项目自评工作。财政局召开2008年度区属单位财政支出项目绩效评价复审会议，对预算完成率和资金使用效益等财政支出项目进行审核。

【深化“收支两条线”管理改革】2008年，纳入预算管理的行政事业性财政收费及罚没收入完成实绩3.75亿元，为年度预算的117.33%，同比增收5714万元，增长17.96%；纳入区财政专户管理的预算外资金完成实绩10.04亿元。

非税收入严格落实“单位开票、银行代收、财政统管”的征管制度，防止截留、挤占、挪用和坐收坐支资金的现象。区农村信用合作社与交警搭建起违章罚款自动注销系统信息平台，提升执收效率，解决群众交费难问题。加强对收费项目的跟踪工作，掌握收费动态数据，重点对流管部门收费、基础设施配套费、污水处理费、教育收费等项目进行监管，促进收入预算任务的落实。区财政局会同物价、监察、审计等部门对区属11个单位和30所学校执行收支两条线规定及收费年审进行专项检查，针对存在问题提出处理意见，达到以查促管的目的。将现行的非税收入项目进行分单位、分项目、分级次的清理，建立起完整的非税收入项目库。

【强化财政税收征管】2008年，区完成全年房屋交易纳税申报共34668宗，实现契税收入4.47亿元，同比减收4156万元，下降8.51%；耕地占用税收入5802万元，同比增收2609万元，增长81.71%。

强化对契税和耕地占用税的征管。实行前台事务负责制，细化征收工作流程，建立对地产公司代办纳税申报件的批量收发登记制度，量化办件责任，加快批次的办件速度。加强窗口服务和信息化建设，实施POS机刷卡缴税和自动排队叫号两项便民措施，把纳税申报和审核完税合并为一个业务号办理。对契税征收管理系统进行改造，与区国土局沟通，实现与区房地产交易所网络对接共享信息成果，加快办税速度，达到资源共享。配合区国土部门

5月23日，召开政府采购专项检查工作动员会。

解决区历史“办证遗留”问题，加大对欠税者的追缴力度。

【扶持企业发展】全年区财政投入公有企业增加资本金共1.07亿元，进一步增强企业的对外融资能力。全年收缴国有资产经营收益1.33亿元，其中公有企业国有资产经营收益9598万元，完成计划任务148.07%。

加大对区属公有企业扶持力度。针对梅山热电有限公司因燃料涨价因素影响成本和利润的状况，暂缓该公司应上缴税后利润；区财政垫付474万元解决原航运企业转制欠发工龄补偿问题。区财政加大对自主创新的投入，大力推进产业结构调整，积极引导企业自主创新和产业转型升级，安排科技三项费用资金1.29亿元，其中支持创新研究开发计划群资金2470万元，支持科技产业园区建设经费3217万元，支持广汽自主创新项目补助1500万元，支持区数字家庭产业发展项目经费1000万元。

【国库集中支付改革】2008年，区国库集中支付改革覆盖区属所有行政事业单位，通过零余额账户实行集中支付财政性资金54.68亿元，通过实拨方式支付544.33亿元，全年共拨付资金109.12亿元。使用网络化手段建立预算单位、财政和银行三方联网的集中支付系统，并且使用支付业务电子回单箱。区环境保护局等8个部门72个单位作为试点，推行财政授权支付业务支票和支付凭证“两票合一”改革。

【财政投资评审】全年受理财政投资评审工程委托1474项，送审额127.28亿元，比上年增长320.36%。全年完成财政投资评审工程1199项，增长68.87%；评审额78.41亿元，增长350%；审定额69.20亿元，增长365.29%；核减9.21亿元，平均核减率11.75%。对政府投资项目，除对工程概、预、结算进行评审外，增加土地投入成本、征地拆迁、竣工财务决算等项目的评审。年内完成广州汽车城、广州亚运村安置区、大岗镇新联工业园吹填工程、清河东市政道路扩建工程、一村三岛路堤结合工程、污水处理厂建设工程等省、市、区重点工程项目的评审，为区政府投资项目决策提供技术依据。

【政府采购监督管理】2008年，共完成政府采购项目239个，采购金额5.78亿元，比上年增加2.11亿元，增长57.6%；节约金额5174万元，平均节约率8.22%。政府采购管理办公室会同区监察局，对规模较大的政府采购项目的采购过程实施全程监督，并通过完善区政府采购网等办法提高政府采购效率。对全区各镇、街及区属90个部门637个单位进行政府采购执行情况专项检查。

（黎智威）

国有资产管理

【国有资产状况】2008年，区公有企业实现优化整合后全面启动实施企业战略，积极应对国际金融危机和国内经济形势带来的挑战，生产经营保持稳步较快发展。据统计，区属八大集团公司合计完成营业收入17.18亿元，比上年（下同）增长11%；利润总额4.28亿元，增长28%；净利润2.77亿元，完成年度目标值174%。缴纳税金2.2亿元。

公有企业集团化优势和成效初步显现，运营质量持续改进。区属企业资产总额111.68亿元，增长8%；资产总额超过10亿元的企业有4家。净资产55.69亿元，增长3%；净资产收益率4.98%，比目标值提高66%；平均资产负债率50%。

（方达欣）

国家税务

【概况】2008年，区国家税务局征管业户共有45139户，其中外资企业2331户，一般纳税人5713户。全年组织各项税收收入123.65亿元，增长35.84%，增收28.38亿元。其中计划考核口径直接收入完成44.39亿元，增长8.89%，增收3.62亿元；海关代征进口税收收入63.20亿元，增长22.34%，增收11.54亿元；免抵调增增值税收入16.06亿元，增长18.97%，增收2.56亿元。

【税收减免】区国税局为全区850户享受过渡期优惠政策的涉外企业办理减免税审批工作，完成对全区约4337户小型微利企业的减免税备案工作，全年减免企业所得税65921.63万元，减免增值税7478.19万元，减免消费税571.68万元。全区共办理出口退税254187.53万元，其中，退库金额为112577.98万元，调库金额为141609.54万元。受到金融危机影响，出口退税减少7%。

【税收稽查】区国家税务局积极强化以查促收，与广州市国税局北区稽查局建立起业务沟通机制，与海关部门建立起联动机制，严厉查处各种偷、逃、骗、抗税等涉税违法违章行为。全年共查补金额2742.5万元，全年稽查入库金额1522.6万元，成功拦截两起涉嫌骗取出口退税行为，涉及出口退税款261万元，成功追缴已退税款244万元。全年加大了对重大税务案件的审理力度，共审理重大税务案件21宗，涉案税额829.83万元，罚款497.18万元，滞纳金180万元。

【税收征管】区国税局全面推行专业化税源管理思路，实施“3+1”工作项目，搭建起行业管理中心，编写珠宝行业与木制品行业管理手册。1~11月，珠宝首饰行业入库消费税和企业所得税合计834万元，增长104%。优化基层分局内设科室改革，深入推广市场共建管理模式，将全区个体管理员人数从24人减少到14人，有效充实了重点岗位人力资源，全局的市场共建推广率由去年的70%上升至81.5%，在管率稳步提升，释放了人力资源；落实外贸企业区一级集中管理，将全区138户外贸企业集中统一管理，提高外贸企业管理专业化程度，有效促进外贸企业管理质量。纳税评估工作中以“范围不交叉、职能不替代”为原则，对专项评估、重点评估予以定位，通过加强案例学习，合理安排评估专岗与兼岗工作模式，制度化评估交叉检查工作，提升纳税评估效果，全年共对352户纳税人进行重点评估，调增增值税1131万元、企业所得税341万元、应纳税所得额7174万元。强化涉外税收管理，推动反避税工作有效有序开展，提高立案前的审计质量，通过对已结案企业的后续审计、数据分析和谈判，预计调增应纳所得税额868万元。此外，进一步加大数据应用力度，加强数据应用工作的组织统筹及督办力度，围绕重点数据分析项目，改进管理薄弱环节，稽核文书送达销号率达到100%，“涉税事项按期办结率”由上年的98.87%提高到99.93%。

【纳税服务】年内，区国税局成立纳税服务领导协调小组，结合《广州市国家税务局办税服务厅服务规范手册》组织服务规范培训，统一服务标准。开展纳税信用登记评定，提供个性化服务，实施网上申报、语音申报等多元化申报方式以及预约申报、发票分类管理等手段，充分发挥协税、导税功能，延伸自助区的服务功能，落实分流减压措施，提高办税效率。建立税收宣传长效机制，确立月度税宣日，定期举行税宣例会或税企座谈会，全年覆盖约8338户次纳税人。围绕“税收 发展 民生”主题，组织形式多样的宣传活动，并结合优化纳税服务开展系列“创文”宣传活动。通过统一设立服务意见箱和意见卡，定期发放服务问卷、信函，召开纳税人座谈会，走访纳税人，启用“办税小助手”软件等措施，拓宽征纳沟通渠道，健全纳税服务工作意见反馈制度和跟踪处理制度。

（房晓明）

地方税务

【概况】2008年，区地税局共组织各项税费收入82.73亿元，首次突破80亿元，比上年（下同）增收9.74亿元，增长13.34%。其中税收收入53.18亿元，增收5.94亿元，增长12.57%，全部税种均有不同程度增长。代征各项规费收入29.55亿元，增长14.76%，增收3.8亿元。

2008年番禺区地方税收表

表1

项　目	金额（万元）
营业税	209283
企业所得税	98241
个人所得税	98533
城市维护建设税	26597
房产税	24491
土地使用税	25784
印花税	7955
车船使用税	5561
土地增值税	35325

1月8日，召开2007年税收总结大会。

【推进税收征管改革】区地税局深化重点税源管理，完善重点税源监控管理办法，抓广州亚运城、新火车客运站等重点工程建设项目税源管理。全区重点税源税收收入38.86亿元，占总体税收收入73.07%。理顺房地产、建筑安装、交通运输等重点行业、重点税源业户的营业税征管。7800多人完成2007年度年所得12万元以上个税自行纳税申报。对区内3500多户企业开展纳税评估，调增地方税费3000多万元。区内16户符合清算条件的房地产企业进行清算，入库土地增值税税款1.89亿元，增长2.8倍。

优化征管手段，全区2.3万业户通过网上税务申报，申报成功率95%。加大社保费征收力度，完成1.8户万社保户的数据清理。

【增强税收执法刚性】区地税局深入推行税收执法责任制，严格查处涉税违法案件。通过加强与其他职能部门联动，理顺税收行政执法与刑事执法的衔接机制，建立完善案件移送、情况通报、办案协作、联席会议等制度，大力提高执法效能。对区内知名品牌的汽车经销商和供水、供气企业以及税务代理、房地产等行业开展专项检查；对10多个房地产项目的建安工程进行纳税辅导自查。稽查入库税费7657万元、滞纳金1105万元、罚款57万元。

【落实税收优惠政策】全年受理城市房地产

税减免审批和备案共31户，减免税款795万元；受理审批15户下岗失业人员从事个体经营减免申请，免征各项税费66万元；受理114名残疾人员个人所得税减免申请，减免房产税和个人所得税39万元；受理审批减免税申请95份；受理审批权属人名称变更不征营业税申请114份；审批、开具178份售付汇税务凭证，审批金额4.14亿元。

【构建和谐征纳关系】 区地税局深化服务理念，拓宽服务渠道，努力构建和谐征纳关系。全年开展20次领导干部接访活动，接待23名来访人，受理并办结来访人咨询和反馈事项30件。在办税大厅推行办税服务电子监控记录系统、纳税服务满意度电子评价系统，完善办税服务厅残疾人绿色通道，安装VI标识体系，设置导税员、值班领导岗位，加强服务窗口效能监督，提升窗口服务质量和服务形象。区审批中心地税窗口推行“一站式服务”，启用网上审批系统，实行“一表制”办理税务登记，进一步简化登记流程。在全区范围内推行二手房交易税收征收同城通办工作，明确操作方法，加强个人二手房交易门面开票业务后续管理。制定税管员纳税服务试行办法，对税管员办税服务作出规范和指引。进一步整合“税讯通”短信平台资源，全年向纳税人发送58万多条涉税信息。

（於中甫）

10月18日，区地方税务局召开学习实践科学发展观活动动员大会。

工业

番禺年鉴·2009

工业发展

【概况】2008年全区实现工业总产值1420.08亿元，比上年（下同）增长15.1%，增速高于广州市工业平均水平2个百分点；销售产值1393.57亿元，增长14.7%，产品销售率为98.1%，下降0.3个百分点。

镇、街工业生产情况良好，产值超过100亿元的镇、街有：钟村镇（215.82亿元）、石碁镇（164.59亿元）、大石街（160.18亿元）、东涌镇（141.93亿元）、东环街（114.40亿元）。增速超过全区平均水平的镇街有：化龙镇25.1%、石碁镇24.7%、洛浦街23.6%、南村镇22.0%、大石街21.8%。

产业转型升级成绩显现。区政府制定《关于优化产业结构加快经济发展的若干措施》的13项实施细则，更加注重调整产业结构和转变发展方式，全区工业初步实现从分散向集聚、从低端向高端、从粗放向集约的转变。

九大战略产业有效推进。汽车及零配件、船舶配套、数字家庭、生物医药、灯光音响、动漫游戏、数控机床、珠宝首饰、输配变电等九大战略产业迅速发展。大岗镇集船用低速和中速柴油机、曲轴等船舶配套产品生产基地的中船项目，总投资270亿元，在此基础上，规划建设面积50平方公里的广州（番禺）大型装备产业基地；总投资68亿元的广汽集团自主品牌项目进展顺利；广药集团首批10家企业进驻生物产业园；广日工业园基本建成。

支柱行业持续增长。规模以上工业总产值1221.54亿元，增长15.1%。电气机械、通用设备、电子设备等五大行业完成产值624.69亿元，增长16.6%，占规模以上工业产值的份额51.13%。

民营工业发展势头良好。2008年规模以上民营工业企业完成工业产值276.19亿元，占全区规模以上工业总产值的22.6%，增长23.1%，拉动全区规模以上工业增长4个百分点。锐丰、珠江灯光、朗晴、立白、博粤、秀珀、东松三雄等多家企业成为北京奥运会相关产品的供应商。

【区金融工作领导小组】12月29日设立区金融工作领导小组，领导小组办公室设在区经贸局内。负责推进区村镇银行试点工作，搭建企业、银行和担保机构的对接平台，引导和协调区内各大银行加大对资金困难企业的支持，推动区内企业上市等，目的在于有效配置金融资源，缓解中小企业和农村地区融资难问题。

2008年全区征集并推荐上报省市扶持产业技术创新、改造以及中小企业发展等相关项目44个，其中12个项目获得省市财政资金支持，扶持金额达1495万元。

【能源保障】2008年春节前后雨雪冰冻灾害毁坏多路供粤输电线路，区内供电紧缺，区经贸局下发《关于印发2008年冬季抗灾期间电力紧缺应急错峰实施方案的紧急通知》，全面启动企业错峰用电；同时要求充分发挥地方电厂发电能力，组织莲花山电厂等发电企业顶峰发电；按照“有保有压”原则，新增全区优保企业6家、A类企业16家，确保电力有序有效供应，最大限度降低电力紧缺给经济发展带来的影响。

为保障成品油供应，区经贸局加强与辖区内各加油站的联系，建立加油站紧急情况汇报制度。协调中石化、中石油等供油单位加大我区成品油投放量，特别是区农业、交通运输、市政等重点部门的柴油供应。

全区17家重点耗能企业中有16家完

成年度节能减耗考核目标。紫坭热电厂、市头发电厂年内已实施关停。

（何　珊）

【广州汽车集团乘用车项目】 广州汽车集团乘用车项目选址在化龙镇的现代产业园内，占地面积120公顷，总投资达68亿元，其中研发基地投资（含研发经费）30亿元，预计首期实现年销售收入150亿元，新增15亿元的税收。项目分两期实施，整车一期纲领10万辆/年，二期纲领20万辆/年；发动机一期纲领10万台/年，二期纲领25万台/年；园区内规划建设包括冲焊联合厂房、涂装车间、总装车间、发动机车间及公用动力站房等。

2007年11月，广汽集团汽车研发生产基地举行奠基仪式，2008年5月，广汽自主乘用车发动机工厂举行开工仪式；10月，广汽零部件项目也落户化龙镇现代产业园。

【广州国家生物产业基地番禺园区】 广州国家生物产业基地番禺园区位于化龙镇和石楼镇交界处现代产业园内，总规划面积约为217公顷，计划分三期建设，计划在5至8年内完成。园区采用"政府组织开发，企业经营管理"的模式运作，以生物医药研究、开发、中试、生产的高新科技开发项目，带动生物医药等相关行业的开发，建立与国际接轨的生物医药技术研究开发基地，将采取密集投入，短、中、长期项目立体开发的策略，以实现短期见效，长期收益的目标。

2008年11月6日，广州国家生物产业基地番禺园区授牌仪式在番禺区举行。同日，广药集团与区政府签订合作意向书，

11月6日，甘新副市长向区的广州国家生物产业基地番禺园区正式授牌。

广州国家生物产业基地番禺园区规划图。

广药集团首批 10 家企业落户园区。

【清华科技园广州创新基地】清华科技园广州创新基地项目位于石楼镇跨国产业园内，占地面积 82 公顷，总投资额约 43 亿元人民币，由番禺区政府、清华科技园（启迪股份）及招商地产合作建设。

重点发展现代信息服务业、光机电一体化、节能环保技术、新材料和生物医疗，以及以工业设计等创意产业。园区主要功能构成：工业设计核心创意集群、人居科技研发集群、人居科技企业总部集群、人居科技综合孵化集群、人居科技研发中试集群、人居科技会展及教育培训区、展览中心、会议中心、培训中心、综合服务区、生活配套区等。

【广日工业园】广日工业园位于石楼镇跨国产业园内，占地 29.5 公顷，建筑面积 15 万平方米，是国内规模最大的电梯配套及关联产业的生产基地。入园企业包括：广州塞维拉电梯轨道系统有限公司、日立电梯电机（广州）有限公司、西屋地铁月台屏蔽门（广州）有限公司、广州广日电气设备有限公司、广州广日物流有限公司、广州广日智能停车设备有限公司、广州广日电梯工业有限公司、广州广日股份有限公司等。

【广州（番禺）装备产业基地】广州（番禺）装备产业基地位于大岗镇，初步规划 50 平方公里，包括大型船舶配套区、大型装备区两大主功能区和公共配套设施。

大型船舶配套区占地面积 500 公顷，主要建设中船集团建设广州船用配套产品生产基地，规划包括：船用低速柴油机生产基地、船用低速柴油机曲轴生产基地、大功率船用中速柴油机生产基地、柴油机配套产品生产基地、其他船舶配套产品生产基地等 5 个功能区。大型装备区规划建设包括：大型装备精尖加工区、重型机械装备区、大型装备产业链配套区、发电装备配套区、海洋工程配套区等 5 个功能区。

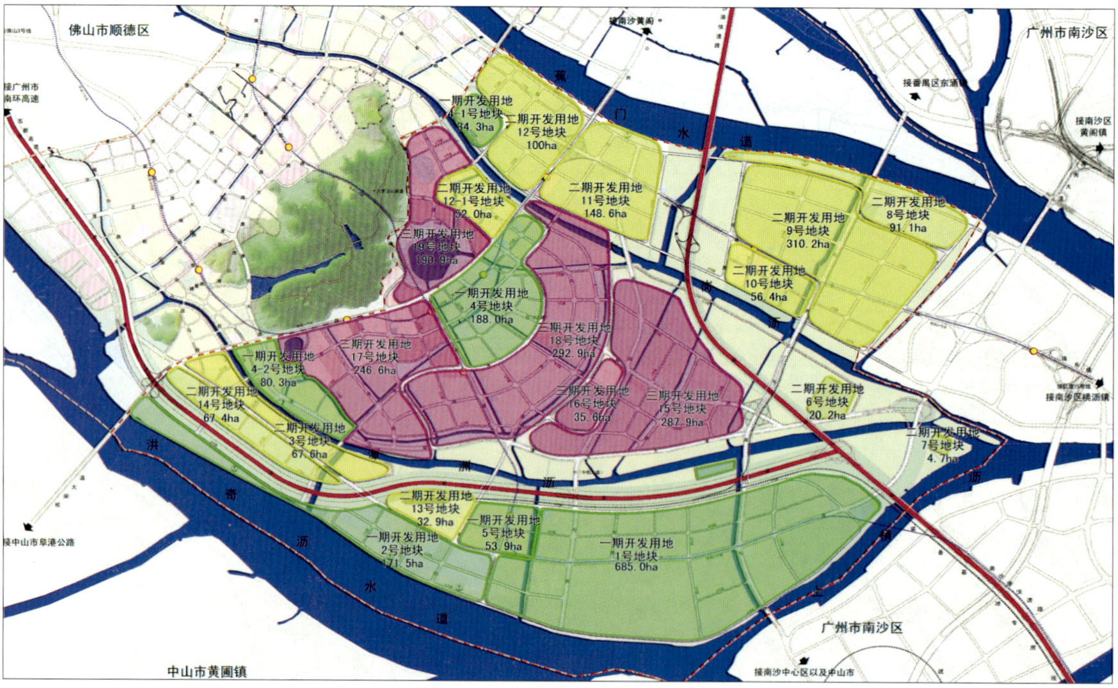

广州（番禺）装备产业基地总体规划图。

中船柴油机项目及配套基地位于广州（番禺）装备产业基地内，用地面积125公顷。项目规划总生产纲领为年产1000万马力船用低速柴油机，其中一期工程生产纲领为年产低速柴油机500万马力，纲领产品机型为50–90机，设计最大机型MAN B&W 12K90MC–C柴油机，单机最大功率达5万马力。一期工程项目总投资约65亿元。

6月，中船集团与广州市人民政府签署了《关于加强合作 进一步推进船舶工业发展框架协议》，项目预计2009年8月开工建设，2011年下半年投产。

【珠宝首饰产业】2008年全区珠宝产业出口值14.1亿美元，同比增长6.47%。全区有400多家珠宝首饰企业，占广州市珠宝首饰企业总数的80%以上。番禺珠宝的产品质量和款式设计都实现与国际市场的零对接，拥有明显的产品优势，包括比利时驻华钻石委员会、HRD、美国GIA、迪拜DIL等多个机构都是区珠宝首饰行业的国际战略合作伙伴。番禺是全国16家"中国珠宝玉石首饰特色产业基地"之一，并定位为示范发展区。

区委区政府为推动珠宝业转型，发展内销市场实施一系列措施。在《广州市番禺区珠宝产业"十一五"发展规划》中明确区珠宝产业必须发展内销市场，形成国内外市场并重的发展方向；在原有"番禺珠宝内销联盟"的基础上联动香港六大珠宝商协会组建"粤港珠宝内销联盟"，示范和引导更多的企业积极发展内销业务；区政府划拨专项资金，以"番禺馆"的形式鼓励和扶持企业参加国内三地珠宝展，加强与国内市场的交流力度。为配合全区珠宝企业开拓国内市场的发展形势，在原有与海关查验配套的珠宝检测基础上，联合"国检"，建立国检中心（番禺）实验室，共同研究和营造适合内销发展的产业环境；联合国际彩宝协会年会于2009年在番禺举办第13届国际彩宝协会年会；积极鼓励并加大与行业息息相关的配套服务支撑体系建设，在银行、物流、保险、报关等方面基本配套到位，从多方面为珠宝内销市场的建设创造各项有利条件。

【动漫游戏产业】区内的各类动漫游戏企业300多家，产值上亿元的有10多家，动漫游戏产业在国内外市场占有重要地位，享有国内大型游戏机50%的市场份额，其中华立电子生产的唯舞独尊、凯昌电子生产的大坦克、尚莹电子生产的极地猎人等产品十分畅销。动漫游戏产品主要销往欧、美、日本、东欧、俄罗斯、南亚、东南亚、南非等地。

国家网络游戏动漫产业发展基地广州番禺园区2007年挂牌后，采用一区多园的模式进行开发、建设和管理，动漫企业主要集中于天安节能科技园、广州星力动漫游戏产业园。星力动漫游戏产业园位于东环街，占地面积约54万平方米，总投资约6亿元，首期3月动工，同年被列为广州市重点建设项目，以大型游戏机专业市场、动漫游戏及衍生产品市场、研发中心、国际动漫街、会展体验中心、动漫主题公园等功能为主。

电　力

2008年，全区售电量73.17亿千瓦时，比上年（下同）增长10.1%。番禺电网用电负荷持续增长，最高用电负荷为149.5万千瓦(7月25日)，增加10.49%。至2008年12月31日，连续安全生产超过1200天。

2008年，番禺电网投资4.56亿元。番禺供电局科学规划、依法建设，电网建设速度加快。新建220千伏迎宾变电站和

9月28日，区电力公司抢修队赴阳江抗风复电。

2月21日，区电力公司抢修队赴粤北抗冰复电。

110千伏南浦、潭山、金桥变电站等4座变电站竣工投运。新投入运行220千伏主变2台容量48万千伏安、220千伏架空线路102.59公里，110千伏主变7台容量35万千伏安、110千伏电缆线路3.478公里、110千伏架空线路60.46公里。

全区破坏电力设施发案329宗，设备直接经济损失121.9万元；分别下降71.88%和66.06%，其中化龙供电所管辖区连续7个月零发案，群防群治示范村大岗新联一村、榄核下泥村、榄核湴湄村、东涌石基村、东环街蔡一村全年零发案，有效保障电网安全运行。

（李　渊）

2008年，市第200个变电站220KV迎宾站建成营运。

农村 农业

番禺年鉴·2009

农村工作

【农村土地经营权流转】2008年，区按照"明确所有权、稳定承包权、搞活经营权、强化管理权"的思路，在坚持依法、自愿、有偿、规范的原则下，引导村民以转包、出租、互换、转让、股份合作等形式流转土地承包经营权，农村富余劳动力向二、三产业转移就业，推动土地集中连片、集约经营、规范管理，促进农业规范化、集约化、产业化经营发展，提高土地产出率，增加农业效益。据各镇、街上报统计，全区农村家庭承包经营土地面积22983.1公顷，土地经营权流转面积11985.8公顷，占承包土地面积的52.2%；土地经营权流出的农户81885户，占总农户数的52%。其中，以出租方式流转的面积6846公顷，转包面积2709.4公顷，入股面积2430.4公顷。

【农村农民减负】2008年，区各级政府按照"多予、少取、放活"的工作方针，贯彻落实上级关于减轻农民负担的各项政策，坚决制止"三乱"的同时，进一步加大对"三农"的支持力度，提高发展缓慢村日常运作补贴，开拓集体发展经济途径，扶持集体造血功能，把减负增收工作真正落到实处。主要措施有：一是按照上级关于全面清理整顿涉农收费的要求，区、镇（街）有关部门开展涉农价格和收费大检查。继续实施涉农价格和收费"公示制"，农村义务教育收费"一费制"，订阅报刊费用"限额制"，涉及农民负担案（事）件"责任追究制"等"四项制度"。二是设立农民负担监测点和举报专用电话，使农民负担接受群众和社会监督。根据省、市有关要求，在东涌镇沙公堡村和榄核镇雁沙村各10户农户设立农民负担监测网点，及时掌握农民每个时期的负担情况，设立全区农民负担监督电话，有效监控农民负担状况。三是进一步完善农村税费改革和惠农支农政策。2008年，区、镇、街财政继续实施对经济发展缓慢村补贴、税费改革补贴政策。区、镇、街两级下拨经济发展缓慢村补贴和农村税费改革补贴3135.8万元，其中区财政支付1551.6万元，镇（街）财政支付1584.2万元。

【农村集体资产和财务管理制度化】为加强农村集体资产和财务管理，保障集体资金安全，全区农经部门狠抓各项管理措施的落实。一是全区农村开展集体经济换届全面审计。根据区村级换届选举工作部署，农经部门把组织、指导和开展村级届末审计作为重要工作来抓。在2007年底，提早召开审计工作业务会议，组织培训，布置村级届末审计内容、方法、程序和要求，同时积极深入农村基层，加强督促检查和业务指导，及时解决在审计中遇到的困难和问题。全区17个镇、街组织30个农村审计小组，出动审计人员201人，依法开展村级届末审计。审计重点包括盘点出纳存款、各项收入、干部报酬、"三费"开支、债权债务、征地补偿款、工程项目、

4月28日，东涌镇举办村"两委"干部培训班。

物业发包、上级下拨款、固定资产、应付福利费和审批制度落实情况等群众关心的热点内容。全区农村集体在3月上旬全部完成换届审计工作。二是规范集体财务大小开支执行村党支部和村民委员会联合审批制度。由区统一印发农村集体费用开支和征地补偿费使用审批单，并建立开支审批单领用回收制度。三是继续落实省实施的农村集体资产与财务管理“十县百镇千村示范工程”，推进农村集体资产与财务管理经常化、规范化、制度化。经考核，沙湾镇、石碁镇作为省的示范镇通过省、市职能部门验收。四是根据区纪委部署，把农村财务监控分析系统连接到区廉政监察系统中，切实有效监督农村集体经济财务收支情况。五是对全区新一届农村集体经济组织民主理财监督机构成员、财务人员1500多人进行理财知识培训，明确责任，强化民主管理和监督职能，切实维护村民的根本利益，保障村民对集体经济的参与权、知情权和决策权。

【农村股份固化改革】2008年，农村“两委”换届选举结束后，对未开展农村股份合作制股权固化改革，以及股份章程还未通过的村，实行集中力量开展农村股份固化扫尾工作。全区247个村除南村镇罗边村与市桥街黄编村外已全部实施通过股份章程的股权固化改革工作，占总村数的99%。在推行股份固化的同时，区和各镇、街相应成立了处理农村出嫁女问题专责组，加强指导协调与督促检查。通过农村股份固化改革，加强调解和行政、司法途径处理等一系列措施，切实保障农村出嫁女的合法权益。根据各镇、街上报统计，全区应享有权益的出嫁女及其子女总数30596人，全部享有和部分享有应有权益的出嫁女及其子女数28678人，占93.73%。

6月17日，区举办农村集体经济组织民主理财监督机构成员培训班。

1月7日，区农村集体经济届末审计业务培训班。

【培育农民专业合作组织】7月1日，《中华人民共和国农民专业合作社法》正式实施。按照服务农民、进退自由、权利平等、管理民主的要求，区农业局组织各镇、街农经人员、相关品牌专业村负责人参加广州市举办的《中华人民共和国农民专业合作社法》培训学习班。通过组织指导、靠前服务，引导农民专业合作社开展集约化、专业化、规模化生产，拓宽产品销售领域，增强产品市场竞争力，提高农民收入。年内已有榄核镇冬瓜专业合作社和石楼镇华名禽畜养殖专业合作社成立。

（刘兆佳）

农业综述

2008年，区农业和农村经济继续保持稳定发展。全区农业实现总产值64.9亿元，比上年（下同）增长5.3%；农村集体年可支配纯收入12.6亿元，增长9.6%；农民人均年纯收入11070元，增长14.2%。农村集体资产总额92.3亿元，减少1.7亿元，下降1.9%。

【抗灾复产】年初冻害天气、夏秋强台风“黑格比”等多种自然灾害影响农业生产，水产养殖业、种植业、畜牧业的生产受到较大影响。农业部门及时启动应急预案，建立24小时值班制度和领导带班制度，加强生产指导和技术服务，帮助农户落实各项农业复产措施，保障种子种苗供应，加强灾后疫病防控工作。区级财政安排抗灾资金1689万元，重点支持受灾农户购买复产急需的种苗、农药等各种生产资料。

【农业生产】·种植业· 全年水稻种植面积3552.3公顷，总产量1.1万吨，因抽穗期间受风雨影响，年平均亩产413公斤，同比减产3.5公斤。由于受冻害天气、强台风等因素影响，蔬菜种植面积比上年有所减少，种植面积19153.3公顷，减少7.3%，全年蔬菜总产量42.44万吨，减少9.5%，总产值6.5亿元，增长5.3%；年亩产量6434公斤，年亩产值11522元，增长11.3%；菜农售菜价1.79元/公斤，增长19.3%。水果总面积4626.7公顷。其中香蕉3703公顷，木本水果732公顷，其他水果113公顷；甘蔗种植面积3533.3公顷。花卉保持种植面积5686.7公顷，增幅4.8%；全区形成化龙镇、石楼镇、新造镇、石碁镇共1333.3公顷的观叶植物生产区，钟村镇、东涌镇、大石镇共2000公顷的园林绿化苗木生产基地，沙湾镇53.3公顷的“国兰”生产基地。受春节前后持续阴冷天气影响，万年青类、散尾葵、绿萝等多种盆栽观叶植物产品及种苗受害较重，产品可上市量整体减少20%。

·畜牧业· 生猪生产价格和出栏量均出现下降趋势，全年饲养量44.9万头，上市量26.6万头，存栏量18.3万头，分别下降12.9%、23.9%和上升10%。三鸟饲养量1912.3万只，上市量1439.8万只，存栏量472.6万只，分别减少19.2%、23.6%、1.7%。种畜禽生产方面，种猪因去年生猪价格较高而增长较快，种禽除种鸡外均有不同程度升幅。年末种母猪存栏12289头，增加44.6%。

【落实各项支农补贴政策】财政加大对农业生产的补贴力度，全年发放支农补贴资金7773.5万元。其中，各级粮食补贴732.6万元；能繁母猪保险补贴17.6万元；机耕路维护补贴321.8万元；农机购置补贴1273万元；渔用柴油补贴5072.5万元；转产转业减船补助金226万元；先征后补各项涉渔生产税费130万元。区、镇两级财政下拨发展缓慢村补贴和农村税费改革补贴3135.78万元，其中区财政支付1551.58万元；镇级财政支付1584.2万元，有效减轻集体与农民的负担。

【农业产业化项目建设】2008年，市财政安排农业产业化项目资金2110.7万元，区财政扶持及配套产业化资金645.81万元。申报2009年市级农业项目35个，总投资7089.6万元，其中申请财政支持资金2532.3万元，自筹资金4557.3万元。全区市级以上农业龙头企业发展到16家，其中国家级和省级各1家，是广州市市级以上农业龙头企业最多的区（市）。该16家农业龙头企业生产性经营企业面积1100公顷，年生产销售收入2.1亿元，带动农户流通销售收入0.9亿元；饲料生产80万吨，销售额22.3亿元；农产品加工量1.98万吨，加工销售额4亿元；市场交易量6.3万吨，交易额5亿元；出口创汇3000多万美元。带动本市农户2.8万多户，农户从事产业化经营收入4.8亿元。10月，区农业龙头企业协会成立，为农业企业提供相互学习、经验交流、信息互动的平台。

【农业标准化建设】2008年，新增无公害农产品基地1个、绿色食品1个、无公害农产品4个，申报省无公害农产品生产基地认证的基地有22个。全区累计有绿色食品3个，无公害农产品43个，无公害农产品生产基地134个。新一代渔业有限公司、洋毅畜牧有限公司被评为国家农业标准化示范区；天力畜牧有限公司通过市级农业标准化示范区的验收，沙湾镇兰花协会承担的市兰花生产技术规程和洋毅畜牧有限公司承担的蜗牛养殖生产技术规程通过审议并发布。全区累计有国家级标准化示范区3个，省级示范区1个，市级示范区6个。

【农业机械化建设】2008年，区被评为全国"平安农机"示范区。全区农田机械化耕作率98%，机械排灌和机械运输率99%以上，新增农业机械4435台（套），新增喷滴灌设施5828亩，新增农机动力1.3万千瓦。

【农产品质量安全管理】全区继续加大农产品质量安全的检测力度，完成农产品监测任务。蔬菜速测(速测卡)11400份，速测仪（分光比色法）32500份，定性定量900份；畜禽产品1150份，猪尿（瘦肉精）20800份；水产品1500份。5月，全面开展供奥农产品生产基地的监管工作，对供奥农产品生产基地实行派驻人员监管。8月，区农产品质量检验检测中心新增92个检测参数，累计具备开展蔬菜水果、畜禽肉蛋、水产品等152个参数的检测能力。9月，对全区奶牛养殖场、饲料生产厂进行地毯式检查，重点检查奶牛养殖和饲料生产企业有否加入三聚氰胺等违禁添加剂，并对鲜奶、饲料、鸡蛋进行抽样检测，没有发现禽畜产品及饲料掺入三聚氰胺的现象。

（杨立忠 温敏婷）

水稻生产

2008年，区水稻种植面积3570.7公顷，比上年减少1824.1公顷，总产量22296吨，平均亩产416.3公斤（单造计，下同），其中早造种植面积1780.1公顷，减少995.1公顷，亩产417.5公斤，减产12公斤；晚造种植面积1790.8公顷，减少828.8公顷，亩产415公斤，减少4公斤。

推广"水稻测土配方施肥技术"面积3445.7公顷，占播种面积的96.5%。水稻种植的品种优质化100%，品种以早粘、野丝粘、籼小粘、佛秀粘、新泰南粘、番青粘4号为主，占水稻种植面积82.9%。石楼镇、大岗镇、榄核镇引进合美粘、番粳籼粘A6号等品种进行试种。区农业科学研究所选育的水稻新品种番青粘4号为主、双丝香粘、早占等品种经推广，成为本区适销、受欢迎的主导品种，同时辐射到湖北、江西等地。白香粘通过省农作物品种审定委员会的品种审定。

（陈敏辉）

蔬菜生产

【概况】2008年，全区常年蔬菜种植面积19153.3公顷，比上年减少7.3%；播种面积23093公顷，减少3.5%；蔬菜总产量

42.44万吨，减少9.5%；总产值6.5亿元，增长5.27%；常年亩产量6434公斤，减少6.74%；亩产值11522元，增长11.24%；单造亩产量1049公斤，减少8.5%；单造亩产值1879元，增少9%；菜农售菜价1.79元/公斤，增长19.38%。蔬菜出口19076吨，出口值1.82亿元。蔬菜种植品种中，叶菜类占55%；瓜豆类占35%；根茎类和其他占10%。全区无公害蔬菜产地认证56个，面积3286公顷，占常年蔬菜种植面积88%。建有自动喷灌面积43.6公顷，蔬菜科技园区4个面积17.73公顷，建钢架大棚14.93公顷。

【蔬菜品种】菜科所、东升、丰恒、祥发等蔬菜种植龙头企业，发展具有地方特色的拳头品种，带动周边地区种植优质品牌蔬菜，如大岗新沙粉葛村、东涌庆盛村水瓜、西樵村节瓜、鱼窝头村潺菜、榄核顺河村冬瓜以及石碁镇叶菜基地等。经优化调整，全区蔬菜品种布局形成叶菜占5成半、瓜豆占3成、根茎类占1成半的合理种植结构。

各地蔬菜种植引进试验新品种68个，其中露地品种48个：有金船12号超级苦瓜、丰顺2069长身苦瓜、丰顺924长身苦瓜；甜美粗条80天油绿菜心、圣农新西兰矮脚粗条80天菜心、澳洲迟心四号油青菜心；农科4号节瓜、碧绿双齐8号节瓜；亚洲雄风辣椒等，碧绿2号油青菜心、香港2号油青菜心，公牛茄子、华育2号茄子，丰收丝瓜，12号超级苦瓜，美国大速生菜、韩国红霞生菜等。推广优良品种11个，推广面积有3.5万亩。推广品种有3号油青豆角，穗丰8号豆角，夏绿3号丝瓜，绿胜2号丝瓜，炎秀、格福、绿如意西兰花，肇丰100天、高白一号、巨星菜花王、大顺椰菜花等。工厂化代土育苗1852万株。

【蔬菜种植项目】大岗镇新沙村蔬菜示范区、东涌镇庆盛村蔬菜基地、东涌镇西樵村蔬菜基地和石碁镇雁洲村蔬菜基地标开展标准化建设，东升农场开展大棚改造等10个建设项目。

（林国坚）

花卉生产

2008年，区花卉种植面积5686.7公顷，总产值10.2亿元，增加1.5亿元。其中观赏苗木2146.7公顷，年产量3200万株，产值3.2亿元；盆栽植物1493.3公顷，年产量5000万盆，产值6亿元；切花切叶266.7公顷，年产量4000万枝，产值0.5亿元；草坪600公顷，年产量1000万平方米，产值0.5亿元；其他26.7公顷。

花卉企业总数为280个，从事花卉生产的农户3548户，花卉从业人员11186人，其中专业技术员955人。保护地栽培792公顷，其中温室56公顷，遮荫棚736公顷。化龙镇、石楼镇、新造镇、石碁镇1333.3公顷的观叶植物生产区，主要品种散尾葵、夏威夷椰子、绿萝、也门铁类、金钻万绿绒、绿巨人、山海带、白掌、黄金葛等；钟村镇、东涌镇、大石街有2000公顷的观赏苗木生产基地，沙湾镇有53.3公顷的“国兰”生产基地。

化龙盛丰园艺和化龙绿兴源开展绿萝、散尾葵标准化生产示范，通过标准大棚、园艺地布铺垫、自动喷水保湿系统、科学配方施肥技术措施，产品优级率90%以上。

（陈敏辉）

林业 水果

【造林绿化】 2008，为创建国家森林城市，结合“绿色亚运”的理念，全区稳步推进青山绿地工程建设，主要完成的造林绿化项目有：地铁四号线东侧林网工程、主干道绿化升级改造工程、鱼塘林网工程、农村公园建设等。

地铁四号线东侧林网改造工程，该线路全长约10公里，造林面积450亩，主要对番禺段（主要在石碁镇、东涌镇等地段）的高架东侧部分进行植树造林，以种植开花乔木、灌木为主，营造多层次、多色彩的绿化景观；南沙港快速路（全长约33公里）、京珠高速（全长约20公里）的主干道绿化升级改造工程，在铁丝网内加种夹竹桃、大红花等开花灌木及桉树等背景树，林网横跨石基、东涌、南村、化龙、石楼等5个镇，采取租地绿化的形式进行；石楼镇海鸥岛标准化鱼塘林网，涉及面积400公顷。全区选择20条村进行农村公园和风水林建设，全部完成村级公园规划设计，农村公园绿化面积20多公顷；石楼、东涌、化龙等地进行农田林网工程建设，新种（补）池柏杉树苗10600棵；化龙镇、石楼镇、大岗镇、新造镇的沿海堤外滩涂新种植湿地红树林面积50公顷，补种51公顷，种植树苗65万株。目前，全区湿地红树林面积181.3公顷。

通过青山绿地（二期）工程的建设和迎亚运绿色行动计划的开展，全区新增绿地面积66.67多公顷，森林覆盖率进一步提高，城市生态环境得到较大改善，为营造“绿色亚运”打下坚实基础。

【水果生产】 2008年，全区水果总面积4626.7公顷，其中香蕉3072.8公顷、木本水果731.5公顷、其他水果112.7公顷。荔枝、龙眼等收成较好，产量与上年基本持平；香蕉种植面积及产量均保持稳定，销售价格较为平稳；各种病虫害（如香蕉黄叶病、大实蝇病虫等）得到进一步控制。

【森林保护】 继续加大对乱占滥伐、毁林开

5月9日，中国林科院首席科学家彭镇华教授点评大夫山森林公园建设。

11月 27 日，区森林消防大队获市第三届森林消防竞赛冠军。

垦的执法力度，切实保护区内的森林资源。全年进行森林资源执法 16 次，查处案件 8 宗，其中立案 2 宗；查获违法经营的野生动物一批。

广州市第三届森林消防专业技术竞赛在区武装基地举办，区森林消防大队在全市 14 支参赛队角逐中获得团体项目第 1 名、体能项目第 1 名和技能项目第 1 名，囊括全部项目冠军。在新造镇通天凤生态公益林保护区建造 3 个消防蓄水池，极大地解决重点区域森林消防水源问题。全年防火林带造林补植面积 780 亩，定植荷木 13.26 万株，进一步推进生物防火林带建设大发展，提高全区防御森林火灾能力。

【森林公园建设】继续完善大夫山森林公园、滴水岩森林公园、十八罗汉山森林公园的设施建设；开展尖峰山森林公园的筹建前期准备工作，拟定修编计划和工作方案；对相关的镇公园用地进行摸查，回收部分新增用地；开展大象岗森林公园的规划前期准备工作；完成部分林区 3.5 公里的石粉土基临路和边坡加固的建设；完成翁山森林公园的林相改造一、二期工程，完成八角亭、双层亭、休闲亭廊等景点和 800 多米的登山步行径的建设，完成园区新入口、道路、门口配套设施的规划设计，进行施工招标工作。

（罗 世）

畜 牧 业

【概况】2008 年，全区畜牧业总产值按现行价计算 10.18 亿元，比上年增加 7.95%，占农业总产值 15.68%。

区政府出台一系列有关畜牧业的政策办法，自 2009 年 1 月 1 日起施行，有效期五年。出台《广州市番禺区兽医管理体制改革实施方案的通知》；成立“番禺区畜牧兽医局”、“番禺区动物防疫监督所”、“番禺区动物疫病预防控制中心”，率先完成区级兽医管理体制改革；出台《关于我区基层动物防疫机构设置和人员编制等问题的通知》，完成区兽医管理体制改革制订工作；出台《广州市番禺区畜禽养殖管理实施办法》，确定区禁止建设畜禽养殖场、养殖小区的区域范围，将畜禽养殖条件、畜禽养殖申报、畜禽养殖管理、畜禽检疫与疫病监控工作进行细化和规范。

【畜牧业生产】全区全年生产生猪、鸡、鸭、鹅、蛋、奶和珍禽等主要畜禽产品产值分别为 4.76 亿元、0.79 亿元、2.69 亿元、0.52 亿元、1.14 亿元、0.21 亿元、0.069 亿元，除珍禽外，分别增长-1.8%、1.2%、-20.6%、10.6%、-0.86%、31.2%（珍禽等经济动物近年增速较快，形成规模化生产，从 2008 年开始计入畜牧产值中）。猪价高位回调，良种瘦肉型生猪收购价从 3 月的 19.2 元/公斤降至 12 月份的 14.5 元/公斤，综合计算下降 34.8%（注 2），存栏量增加 10%；三鸟生产除鹅饲养量、出栏量、存栏量增加外，鸡、鸭饲养量及出栏量出现较大滑坡；蛋类生产相对稳定；奶牛养殖

3月18日，区动物防疫监督所及动物疫病防治中心成立。

以奶水牛为特色，经过良种改良、引进，年终奶牛存栏2224头（其中奶水牛1854头、黑白花奶牛370头），产奶4109.17吨，分别增加8.3%和0.7%；珍禽生产以白鸽发展最为迅速，全年出栏54.47万只，增加6.17%。

种蓄母猪年终存栏12289头，增长44.6%。繁母猪财政补贴从50元/头增至100元/头，357个饲养户12，280头能繁母猪（11月15日核定基准）财政补助1228000元。能繁母猪保险财政补助金额238320元，涉及7个镇36个养殖场的4965头能繁母猪。

【防寒保产工作】 1月18日至2月18日期间，因雨雪冰冷天气持续，全区养殖场死亡的各类畜禽149588只（头），其中家畜包括牛3头、猪39头，家禽以雏苗为主，包括鸡23775只，鸭98411只，鹅27260只；直接经济损失约104万元。区财政拨出14.5万元购买各类消毒药物和防寒物资，印发《畜牧生产的减灾复产措施》；派出兽医技术人员指导畜禽场抗灾复产。

【畜禽养殖规范化建设试点】 依照“一村三岛”生态旅游项目建设规划，石楼镇海鸥岛开展畜禽养殖规范化建设试点工作。通过规范化改造，有利于海鸥岛畜禽养殖的疫病防控、畜禽产品质量卫生安全监管、环境保护和农民增收。

【无公害农产品基地建设】 全年全区新增7个企业（场）申报无公害畜禽产品认证，原有无公害农产品产地认定、产品认证的6个村经济合作社、畜禽企业开展到期复查、换证工作。全区首个养殖小区沙湾镇西村水奶牛养殖小区投入使用；石楼龙教养猪场等4个畜禽养殖企业（场）申报2008年生猪标准化规模养殖场（小区）建设项目。

【牧业创“三高”活动】 年内，参加牧业创“三高”活动的户数为47户，参赛人数308人，其中妇女97人，分别增长17.5%、46.67%和24.36%。经验收，40户达到创“三高”要求，27户荣获群众性农业创“三高”活动优胜种养户的称号（见2~3表）。

【全国第一次污染源（农业）普查】 开展畜牧业污染源专项普查，共核实15个镇（街）1196户普查对象的污染源排放情况。全区各品种畜禽的规模场与散养比例分别是生猪约1:13，牛约1:41，鸡约2:11，鸭约1:78，鹅约1:16，综合计算比例约1:20；全区畜禽养殖实际每天污染物总量排放是6183立方米，低于控制排放量的7893立方米，污染物总量减少排放27.66%，全区完成畜禽污染物减排任务。

【助奥运畜产品安全监管】 南村洋毅畜牧有限公司和石楼柱记咸蛋加工厂是助奥运畜产品供应单位。为加强对两单位产品的监管工作，区畜牧兽医局派出检疫执法人员驻场进行畜禽产品检疫和监管。对全区79个兽药、渔药经营单位进行全面监督检查，销毁假冒伪劣兽药约300公斤，货值4471元；加强监管屠宰场、加工场、冷库，对屠宰场突击检查26个次。

【乳与乳制品的专项整治行动】 三鹿奶粉三聚氰胺污染事件期间，开展查处问题乳与

2008年番禺区群众性农业创“三高”活动优胜种养户

表 2

项目＼内容	总户数	参赛总人数	其中妇女	猪	鸡	鸭	鹅	珍禽	新品种新技术推广	加工流通
立项数（户）	47	308	97	15	6	11	8	3	2	3
达标数（户）	40	311	99	15	4	9	8	2	1	3
奖励数（户）	27	247	74	8	4	7	3	2	1	2

乳制品的专项整治行动，全面检查全区奶牛养殖的使用三聚氰胺情况。各镇、街畜牧兽医站报送当天奶牛养殖场（户）生产管理及生鲜牛奶检查情况；开展奶牛“两病”检疫，加快奶牛养殖档案建立工作，提高奶牛“两病”检疫率，达应检疫数的98.27%。全年未发现鲜牛奶掺入三聚氰胺或奶牛养殖过程使用违禁兽药、饲料添加剂及违规使用抗生素、在奶牛饲料中添加动物源性饲料等行为。

【动物防疫、检疫】全年生猪屠宰检疫101.8万头，产地检疫18.98万头，菜牛屠宰检疫0.65万头，家禽产地检疫1086.6万只，冷冻动物产品检疫414.4吨。对全区1326户生猪饲养场进行“瘦肉精”抽检，检测尿样3858份，全部合格；对生猪屠宰场监测抽样66754份，按规定无害化处理阳性生猪。

继续实行散养家禽每月定期补免，家禽禽流感免疫率166%，生猪口蹄疫免疫率155%，耕牛、奶牛口蹄疫免疫率分别为100%和198.6%，增设桥南街莱福宠物医院等4家单位作为动物狂犬病免疫注射定点单位，狂犬病免疫率为应免的99.2%；全年监测禽流感抗体血清样品3260份（家禽饲养场监测2470份+交易市场监测790份），鸡新城疫抗体血清样品997份，猪瘟抗体血清样品911份，O型口蹄疫抗体血清样品904份，牛Ⅰ型口蹄疫血样386份及种猪场布氏杆菌病猪血样535份。

【兽医卫生监督执法】全年出动人员750人次，组织执法检查屠宰场47个次、畜禽交易市场10个次、肉菜市场（超市）2950个次、肉档3.25万档次；出动执法人员151人次，检查兽药经营店256家次，动物诊疗店58家次，没收、销毁19家兽药店经营的假、劣、伪、过期兽药734公斤；全区兽药经营企业77家、动物诊疗企业22家，通过GMP验收兽药生产厂3家，审核发放兽药经营许可证9个，动物诊疗许可证5个。执法工作没有发生行政复议及需要国家赔偿的案件。

区畜牧兽医局编制《番禺区动物防疫监督所行政执法责任制》等11项职责制度和《番禺区畜禽场养殖档案和免疫档案》等28种档案记录表的登记簿，印发到相关单位、畜禽养殖场；制订《屠场检出生猪“瘦肉精”应急处理方案》、《犬只伤人应急处理方案》、《食物（肉品）中毒应急处理方案》和接受记者采访问答事项等内部指引，做好畜牧兽医突发事件应急响应准备；修订番禺区动物诊疗管理责任书和番禺区兽药经营管理责任书。

【新技术应用】沼气池综合利用、节水式发酵床养猪和鹅反季节繁殖等新技术在畜牧业生产中得到应用和推广。沼气池综合利用技术可无害化处理污水，利用所产生的沼气进行畜禽保暖等综合利用与开发（宋流生猪养殖场、石楼龙教养猪场、华名养殖发展有限公司等较大规模养殖场已应用）；节水式发酵床通过栏舍植入能分解猪粪便的发酵床（一年更换两次），使养殖过程中免冲或减少冲洗栏舍和猪身从而减少养殖污染（宋流生猪养殖场和益通养殖有限公司已开展应用试验）；鹅反季节繁殖技术全面推广，全区43%种鹅养殖场已应用。

2008年番禺区第四季区畜禽生产情况表

表 3

名称	项目	2008年第四季	2007年第四季	比上年增加	
				数量	%
生猪	饲养量（头）	449390	516091	-66701	-12.9
	上市量（头）	265981	349321	-83340	-23.86
	存栏量（头）	183409	166770	16639	10.0
	其中：母猪存栏量（头）	12289	8501	3788	44.6
三鸟	饲养量（只）	19123304	23659717	-4536413	-19.2
	上市量（只）	14397775	18852216	-4454441	-23.6
	存栏量（只）	4725529	4807501	-81972	-1.7
其中：鸡	饲养量（只）	4335168	5551626	-1216458	-21.9
	上市量（只）	3118949	4221163	-1102214	-26.1
	存栏量（只）	1216219	1330463	-114244	-8.6
鸭	饲养量（只）	13548792	16980925	-3432133	-20.2
	上市量（只）	10378881	13755310	-3376429	-24.5
	存栏量（只）	3169911	3225615	-55704	-1.7
鹅	饲养量（只）	1239344	1127166	112178	10.0
	上市量（只）	899945	875743	24202	2.8
	存栏量（只）	339399	251423	87976	35.0
奶牛	存栏量（头）	2224	2053	171	8.3
	产奶量（吨）	4109.17	4082.1	27.07	0.7

2008年番禺区主要畜禽养殖大户上市量表

表 4 单位：万头 万只

养殖类别	养殖企业（场）	上市量
生猪	大岗镇宋流生猪养殖场	1.5
	化龙镇水门村天力畜牧有限公司	1.28
	大岗镇东隆村东隆猪场	1.25
	石楼镇大岭村龙教养猪场	1.05
	石碁镇官涌村杰峰畜牧有限公司	0.95
	大岗镇大岗村郭木荣猪场	0.7
	石楼镇官桥村锦华农场	0.5
肉鸡	南村镇洋毅畜牧有限公司	180
	大岗镇东隆村张伟初鸡场	39
	南村镇南村村邬焕全鸡场	17
	沙湾镇古东村吴二牛	16
	大岗镇新沙村梁惠明鸡场	13
肉鸭	石楼镇华名养殖发展有限公司	31
	榄核镇牛角村董瑞辉鸭场	18
	石楼镇江鸥村李伟洪鸭场	11
	石楼镇海心村陈桂全鸭场	10.3
肉鹅	南村镇坑头村陈耀洪鹅场	4.5
	石楼镇海心村陈章健鹅场	3.8
	榄核镇新涌村梁秀鹅场	3.5
肉鸽	沙湾镇福涌村梁浩强鸽场	8
	大岗镇南顺二村梁仕芬鸽场	4

（屈广洪、严有福、梁慧芬、陈月嫦）

农业机械

【农业机械化规模】 2008年，全区拥有农机专业户374户，农机拥量达2300多台(套)，提供耕作服务3493多公顷，提供机收服务2733多公顷，提供跨区机耕服务380多公顷，机收服务966.7公顷；农机专业户申办理跨区作业证20个、农机“优先加油卡”77个；新增农业机械4435台(套)，新增喷滴灌设施388.5公顷，新增农机动力1.3万千瓦，全区农机总动力达39.2万千瓦，比上年增长3.4%，劳均拥有农机总动力4.8千瓦，水稻机收率为90%，农田机械耕作率为98%，机械排灌和机械运输率都达99%以上。

【农机推广】 区农机化示范基地和石楼镇农机推广分中心，引进以色列温室大棚和自动喷灌设施示范工程；新建大岗农机推广分中心和南顺二农机专业村；各镇街落实农机推广人员，健全农机管理队伍，形成区、镇、村三级联合的农机推广体系。

经引进、改良、推广的甘蔗培土机、微耕机、打穴机、喷灌机等先进适用的园艺机械和植保机械效果明显。经过改良的甘蔗培土机，工作效率是人工培土的10~12倍，作业成本降低60%以上；申报建设自动喷灌设施面积达756.4公顷，增加3倍；水产养殖机械以及水产保温大棚设施，推广应用增养机、投料机等水产养殖机械2612台套，保温大棚100多公顷；全区水产养殖机械拥有量21113台，平均每6.6公顷达16台，水产保温大棚面积达386.6多公顷。

年内，举办农机推广现场会8场次，参加人数有3600多人。在大型农机现场演示会上，有耕整机械、水稻收获机械、园艺机械、自动喷灌设施、大棚设施、水道插秧机械、排灌机械、植保机械、农产品加工、水产养殖机械、农机安全监理和园艺机械等12大类，80多种规格，210多台

6月26日，农业部部长孙政才视察番禺农机工作。

套的农机装备与设施进行现场展示和演示；有近 30 个农机生产企业和农产品加工企业、1100 多人参加。举办各种类型机械操作、维修保养和安全生产等培训班，邀请国内外的有关专家学者授课，共办班 8 期，培训农民 570 多人次。

【财政补贴购买农业机械】全年省、市财政安排资金 290 万元，区财政安排资金 1143 万元补贴购买农业机械。全区收到农民申请购机补贴 2340 份，批出申请 2160 份，批出申请购置农业机械 5116 台（套），自动喷灌设施 623.6 公顷，保护性大棚设施 116.7 公顷。实施补贴购机 4435 台，增加 60.8%；补贴自动喷灌设施建设 344.6 公顷，在建 266.7 多公顷，增加 247.6%；补贴大棚设施建设 116.7 公顷，投入总金额达 3396.4 万元（增长 372%），其中省、市、区财政补贴金额达 1124.4 万元，农民自筹 2272 万元，受惠农户 1159 户，远远超出一年的计划指标。拨款专项资金 500 多万元进行大棚设施补贴试点建设。

【创建“全国平安农机示范区”】年内，区成功创建为“全国平安农机示范区”。全区完成 3 个“平安农机示范镇”、20 条“平安农机示范村”和 112 户“平安农机示范户”建设；对农机监理办证场所进行升级改造，建设一个便民、惠民的服务窗口；制定《番禺区农机事故应急救援预案》和《番禺区 2008 年农机行业安全隐患排查治理工作实施方案》；开展农机年检审和新机入户工作、农机作业场所安全巡查以及农机驾驶员培训考核工作。

【农业项目建设】针对海鸥岛和顺河村水产养殖和花卉、蔬菜、果蔗种植等特色农业生产，区农机中心制订“农机办对海鸥岛开发建设的工作计划”和“加快打造新农村试点村顺河村工作推进细化方案表”，安排资金 770 万元，帮助扶持海鸥岛和顺河

10月 20 日，陈国副市长在农机现场演示会上操作农机。

村的100公顷水产保温大棚、18.6公顷花卉大棚建设和159.6公顷自动喷灌设施建设和组建顺河村农机服务服务队，举办水产养殖机械、蔬菜种植与自动喷灌知识培训班，培训农民270多人次。扶持石楼镇肉鸭屠宰加工第二期项目建设，引进家禽屠宰机械自动化生产线配套设备，扩大肉鸭屠宰加工能力，肉鸭日屠宰量从4000只增加至13000只，增强企业对农户的带动能力，为食品卫生安全提供有效保障。

（林武坤）

渔业与水产养殖

【概况】 2008年，全区水产总面积8093.7公顷，淡水养殖6253.8公顷，海水养殖1839.9公顷。水产品总产量19.93万吨，比上年增长3.8%。其中：淡水养殖总产量11.96万吨，增长4.34%；海水养殖总产量2.04万吨，增长10.91%；淡水捕捞总产量4.5万吨，增长1.12%；海洋捕捞总产量1.42万吨，下降0.79%。水产品总产值21.02亿元，增长19.7%。

2008年，区渔政大队获“广东省渔业抗灾复产先进单位”、全国渔业船舶检验系统“检验标兵单位”以及广州市“反走私先进集体”等光荣称号。

【水产养殖】 引进和试养鳄龟、半滑舌鳎、宝石鲈、金鼓及丰产鲫等新品种。在养殖技术的推广上，尝试控盐、控温智能化养殖，提倡“工厂化”养殖以及高位池养殖，推进设施渔业建设进程。利用现有的渔业科技推广网络，通过聘请专家授课、组织现场参观、新品种试养等方式，加快养殖科学技术的传播。全年举办水产冻害减灾复产、水产健康养殖技术和渔民转产转业培训班、水产种苗繁育（中级）技工培训班等11期，参加人数989人次，派发资料1290份。

2008年春放苗种约4.1亿尾，其中：四大家鱼苗1.3亿尾（9万亩），优质鱼苗0.6亿尾（2.55万亩），虾苗2.2亿尾（1.1万亩）。经统计，2008年全区可产罗非鱼苗1.8亿尾，可产南美白对虾苗10亿尾以上，可产四大家鱼（花、苗）和鲤鱼、鲫鱼苗3亿尾以上，春放苗种基本可满足养殖户的需求。

【抗灾复产】 年初，冰冻低温灾害使全区渔业生产遭受严重的损失，受影响面积达10.5万亩，产量损失2.5万吨，经济损失1.9亿元，其中损失较为严重的有3.7万亩，产量损失1.2万吨。四五月份的连阴雨、六月份的大暴雨以及九月份的“黑格比”台风，给全区水产养殖业带来多年不遇的重大损失。根据区委、区政府的要求，市、区、镇三级财政向全区受灾养殖户发放复产补助资金以及种苗、药物、薄膜等生产资料1100多万元，有效地促进减灾复产。

【渔业资源增殖放流】 6月6日，农业部南海区渔政渔港监督管理局、广东省海洋与渔业局、广州市农业局（海洋与渔业局）和区海洋与渔业局联合在沙湾水道举行“2008年省市渔业资源增殖放流暨休渔放生节”活动。投放四大家鱼苗种1500万尾，罗氏沼虾苗种10万尾，2公斤重左右的鲤鱼、鲩鱼成鱼2000条。

【标准化鱼塘建设】 年内全区落实鱼塘标准化整治任务15片2472亩的。2004~2007年度鱼塘标准化整治126片，面积39122亩，有30多片鱼塘进入工程验收阶段。

【补助政策】 全年向渔民下发渔用柴油补贴5072.52万元、转产转业减船补助金220万元。执行“先征后补”政策和扩大转产转业减船补助范围政策，发放“先征后补”

各项涉渔生产税费130万元。

【海洋、渔港管理】完成全区21个用海项目的确权、年审及续期管理，发证面积702.88亩，发证率100%，涵盖工业、化工、运输、码头等行业。严格海域有偿使用制度，按规定征收海域使用金。

【加强渔政海监执法】渔政大队全年开展渔业执法检查217次，检查渔船3024艘次，查处违规渔业案件103宗，清理大口笼205个，虾笼220米，滩边罟425米，查获电鱼案件共21宗，收缴其他违规违禁工具一批。针对“电、毒、炸”等非法捕捞行为作业特点，采取分散与集中相结合，白天查、夜间守相结合的办法，先后组织多次专项检查。在海洋监察方面，开展5次用海排查行动，检查涉海、用海单位136宗次。参加省市级联检行动6次，查获违规案件11宗。

（钟永健）

水利建设

【水利工程】2008年，区加快推进水利工程建设，全区水利建设总投资10.21亿元，其中市级资金1.02亿元，区级预算资金9.19亿，历年结转市级资金0.71亿元。新安排项目186宗，历年项目137宗，共323宗项目（含亚运城内4宗）。其中江海堤围续建加固工程43宗，加固长度256.80公里；内河涌整治工程57宗，整治长度124.68公里；新建水闸工程3宗，重建水闸工程32宗；新建泵站工程20宗、重建泵站工程14宗，扩建泵站工程1宗；其他工程项目82宗；非工程项目71宗。至年底，处于前期工作阶段工程有75宗，招投标工程4宗，在建工程71宗，完工工程102宗。区基本完成省市城乡水利防灾减

11月28日，莲花山现代渔港经济区建设工程开工典礼。

6月19日，区领导骆蔚峰、戴永昌等视察水利在建工程。

灾工程建设任务。石龙联围堤围达标加固工程11.59公里堤段竣工验收。其他4大工程到位资金5.34亿元，其中蕉东联围堤围达标加固工程完成93%，番顺联围堤围达标加固工程完成93.3%，鱼窝头联围堤围达标加固工程完成88.5%，市石联围堤围达标加固工程完成74%。

【水利设施管理】 对堤防、水闸、泵站和水库按照“管养分离”的原则规范管理，进行除险加固工作，全面提升防御自然灾害的能力，堤围达标率从2003年的17%提高到60%；在发挥防洪、排涝、灌溉等基本功能的基础上，进一步发挥调水、补水功能，切实改善城乡水环境，在大岗沥-潭洲沥联合优化调度取得成效的基础上，2008年1月开始对陇枕围水利工程进行调度，运行效果明显。

【河涌综合整治】 雁洲水（船）闸工程、西海咀泵站扩建工程、磨碟头水闸重建工程、新砺江水闸工程和“一村三岛”堤路结合工程于11月28日正式开工，对全区实现“堤固、岸绿、面洁、水清、景美”的整治目标起关键性作用。

龙湾水（船）闸重建工程于4月底完工。市桥河一河两岸堤防建设41.66公里，建成4.66公里，在建11.5公里，其余25.5公里正在进行勘察设计。市桥河南岸德兴大桥至市桥二桥整治工程、南岸西丽大桥至岐头水闸整治工程、南堤华粤影碟公司至德兴大桥整治工程分别完成总工程量的40%。丹山河东沙涌（蔡三村至东环路）整治工程（体育公园段）完成总工程量的45%。黄编涌整治工程全线完工。

广州铁路新客运站周边河涌整治，完成总体方案设计，进行初步设计；完成广汽项目配套的四沙涌、七沙涌设计。

《广州市番禺区迎亚运重点配套工程建设任务书》要求区在2010年6月前全部完

成18宗亚运配套重点治水工程，包括英东体育馆周边河涌整治、新火车站周边水利配套设施建设、丹山河整治及引水补水工程、市桥河一河两岸整治等，需投入资金9.91亿元。亚运城内的裕丰涌、南派涌、官涌（亚运村外段）河涌、官涌节制闸、联围十二村水闸完成初步设计审批。

【“三防”工作】2008年汛期，区“三防”形势较为严峻，连续遭遇洪水、台风、龙卷风、暴雨和风暴潮等自然性灾害的袭击。台风“黑格比”带来超历史记录的暴风潮，三沙水文站测得超出历史最高水位0.26米的历史最高水位2.69米，超过二百年一遇，区内河堤多处漫顶。第6号强热带风暴“风神”、第9号热带风暴“北冕”、第12号热带风暴“鹦鹉”、第14号台风“黑格比”和第17号热带风暴“海高斯”都对区内生产生活造成影响，全区发布各级各类三防应急响应31次。

区“三防”指挥部对水库、河道险工险段、城市防洪等重点部位做到重点防范。遇到大雨险情时，各级领导亲临各防汛重点部位，指导防汛工作，同时对水库、水闸、堤围等重点部位坚持24小时值班，最大限度减少洪涝灾害损失，确保无发生人员伤亡。

【水行政管理】区水利局加强行政执法，规范区内涉水行为，保护河道和堤防安全，促进河涌综合整治工作。编制《水利工程维修养护实施方案》，对堤防、水闸、泵站和水库进行全面、深入的维护，确保水利设施处于良好的工作状态，为水安全提供保障；针对砂石码头等违章、违法建筑严重阻碍河涌综合整治全面铺开的现状，区政府审议通过了《清理全区砂石码头和临河违章建筑物的工作方案》、《广州市番禺区砂石码头规划报告》，加强整治力度。

水利局出动执法巡查270多人次，依法协调查处各类水事纠纷违法案件68起。根据区委、区政府的《番禺区关于控制和清理河涌违章建筑物工作方案》，重点清理违章建筑物、砂石码头，遏制临河违法建（构）筑物增长的势头。

（李文斌）

6月15日，谭应华书记在区防汛会议上布置工作。

11月28日，区六大惠民重点工程开工。

商业 服务 金融 保险

商 贸 业

【商贸业增速较快】2008年全区第三产业增加值为349.76亿元，增长14.2%。全区商品销售总额627.74亿元，增长37.6%。社会消费品零售总额415亿元，增长25%，连续6年递增超过20%。其中批发零售贸易业322亿元，增长23.4%；住宿和餐饮业92.72亿元，增长30.9%；在全市十区两市中保持较快增长速度。

【市场大型化专业化】专业批发市场呈现集群化发展趋势，形成市桥大北路繁华路为中心的区域性商业功能区、沙溪批发功能区和迎宾路两侧专业市场集聚的格局。全区有工业品批发市场25个，超亿元市场6个（清河市场、沙溪国际酒店用品城、新沙五金塑料城、五洲装饰材料城、恒生批发市场和吉盛伟邦家具）。华润万家、大润发等知名连锁大型超市纷纷进驻；沃尔玛山姆会员店广州总部签约落户番禺，旗舰店将于2009年开业；首个外资大型超市项目广州康诚商业有限公司成立；现代物流业在引进利丰、深九、山九等外资物流企业的基础上，总投资超10亿元的番禺综合物流基地奠基并列入市重点建设项目计划；广州钻汇珠宝采购中心精品珠宝商铺和国际名牌珠宝首饰区开业。

【大型商贸项目建设】初步完成番禺新城、番禺广场——罗家商贸区的城市设计、沙溪批发市场的升级改造策划。星河湾大酒店正式营业，五湖四海国际水产交易中心、海印又一城等正式动工，万博中心、新长隆酒店等商业项目顺利建成。繁华路商圈策划定位研究正在推进，辐射功能将进一步凸显。

【电子商务起步】区政府商务部电子商务专区、番禺珠宝、番禺动漫、广州机床、数字家庭等系列电子商务平台建立并运营。全区确立了以信息化带动工业化，以工业化促进信息化，打造电子商务之区的发展目标。爱喜软件公司与Google公司签订战略合作伙伴协议，在番禺建立面向华南地区中小企业的营销服务基地。

【农村流通网络】2008年，全区商贸系统继续构建覆盖全区各镇、街、村的“一镇一店、一村一店”的农村现代商品流通网络。完成10个肉菜市场、123个农贸市场和8个农副产品批发市场三类市场升级改造总任务。加强酒类流通安全网络建设，发出酒类零售许可证1212个（累计发出3000个）；联合区酒类行业协会举办酒类从业人员培训班4期，近500人参加培训；推进“放心酒流通示范店”工程，首批7家酒类经营户被认定为“放心酒流通示范店”。完善食盐销售网络，设置16家挂牌经营的“食盐专营经销部”和855家“食盐专营零售店”，其中2008年新增“食盐专营零售店”72家。

【打假】区整规办从落实打假责任制入手，抓好产品质量和食品安全专项整治，开展节日期间食品安全检查、知识产权保护、查处假冒伪劣酒类盐业产品和打击卷烟制假售假行为，确保市整规办对番禺区整治无证照生产经营场所阶段性工作专项考核各项任务指标的完成。联合有关部门共出动1663人次，检查农贸市场、店档和经营户1430家，捣毁制假窝点25个，共查处制假售假案件78宗，查获假酒8.42万瓶，销毁假酒8万多瓶，涉及金额约43万元，查获假盐66.64吨和制假设备23台套，假冒“岭海”牌小包装袋和防伪标志9.92万个，涉案货值达60多万元，依法罚没款项3万元。

（何　珊）

横向经济联合与协作

【经贸交流与会展】2008年，区经贸局组织企业参加“青海—广东经济技术合作项目洽谈会”、“吉林省企业项目对接洽谈会”、“广东省乳源县招商会”、“贵州省招商会”、“山东省青岛经贸博览会”、“青海西州省招商会”等系列招商会。密切联系区内的各地驻穗办事机构，发挥驻穗机构“窗口”和“桥梁”作用，促进经贸合作关系，实现区域经济优势互补。

区内企业参加2008年广州博览会、第五届中国国际中小企业博览会暨中韩中小企业博览会、在湛江举行的第五届珠江三角洲地区与山区及东西两翼经济技术合作会，宣传推介番禺区工商业成果，协助企业开拓国内外市场。在9月5~8日举行的2008年广州博览会上，广州综合专馆内设番禺经贸展区，以“富裕和谐的新番禺”为主题，展览面积290平方米，内设番禺形象展区和24个标准展位，展示番禺经贸、旅游、农业、科技、城市交通、动漫业等多方面的发展成果。广州番禺巨大汽车音响设备有限公司、珠江灯光音响实业有限公司等12家知名工商企业参加标准展。

【对口帮扶五华县】2008年，市和区向五华县无偿对口帮扶7个项目，总投资638多万元，其中区无偿帮扶近320万元，涉及基建、医疗、教育、民政等多个领域。五华县河东镇河口村新农村、转水镇农村饮水工程等7个帮扶项目已投入建设和使用，改善山区群众饮水难、看病难、上学难、行路难、居住难等困难。6月11~12日，区委书记谭应华和区长骆蔚峰带队，区有关领导及30多家企业负责人共百余人赴五华县开展对口帮扶和经贸考察，再次捐助200万元用于广东五华（番禺）产业转移工业园和五华县职业技术学校实训大楼建设。

【双转移联席会议】2008年，区成立由分管副区长为召集人，15个职能局为成员单位的区推进产业转移和劳动力转移工作联席会议制度，负责统筹推进全区的产业转移及劳动力转移工作。2008年区委、区政府先后下发《关于推进“腾笼换鸟”工作的意见》以及《番禺区“腾笼换鸟”实施细则》，进一步明确“腾笼换鸟”工作思路，各镇（街）也着手建立“腾笼换鸟”项目置换名录库。加快建设位于区东北部的“广州国家生物产业基地番禺园区”，基地总规划用地面积约217.3公顷。11月6日，广药集团签约进驻园区，计划3年内逐步将属下10家企业搬迁入。

（何 珊）

供销商业

【供销商业】2008年，区供销合作社系统商品总购进2.68亿元，商品总销售2.91亿元。

·供销合作社改革· 8月14日，区委、区政府同意印发《关于加快我区供销合作社改革与发展的实施方案》，明确提出推进全区供销合作社改革与发展的指导思想、目标任务和主要做法。区编制委员会对区供销联社重新下发“三定”方案，经费全额财政核拨，推行供销联社中层干部竞岗和事业单位人员聘任制度，调整基层单位的领导班子，重新修订各项管理制度，推进党委、理事会决策和领导工作的制度化、科学化。

·巩固提升“万村千乡市场工程”· 2008年“万村千乡市场工程”的主要工作任务

是规范农家店管理和提高配送率，在社会上打造“信得过”品牌。至12月底，各级扶持资金已到账580多万元，其中省级53.6万元，市级394.2万元，区级96.3万元，7个镇、街36.1万元。农资农家店管理日臻完善，农资配送中心把好连锁配送的商品质量关，抓好采购、存储、运输等各个环节的管理，为农民营造良好的购物环境，商品配送率不断提高，全年配送化肥1.28万吨。自该项目启动以后，供销社坚持走正道、售正货，“万村千乡市场工程”在社会上逐步树立起“信得过”品牌。针对2008年春省遭遇50年一遇雨雪冻灾对农业造成很大影响的情况，“放心农资进万家”诚信建设活动增加抗灾复产的主题，帮助农民开展抗灾复产工作，并积极争取政府对种子、种苗、化肥、农药等方面的补贴。

·农民专业合作社· 榄供冬瓜种植农民专业合作社由榄核供销社牵头，各村委协助，带动当地冬瓜种植户共同组建，社员35个，其中农民社员32人。华名禽畜养殖专业合作社由石楼供销社牵头，以“合作社+基地+农户+科技”的合作模式，联合当地养殖大户发起成立，合作社成员12名，年上市量超70万只。供销社负责举办农民专业合作社知识培训班，牵头联系农业技术专家，到田间进行实地指导种植技术及化肥农药应用，帮助农户联系无公害肥料农药购买渠道；向社员供应种养以及免费提供技术应用服务，帮助养殖户建立科学的养殖体系，为市民提供更多健康农产品。

·“三防”物资储备调运· 2008年区供销社先后修订、编制《番禺区供销社系统“三防”物资储备和调运应急工作方案》以及大岗供销社石油气供应站、沙湾供销社青峰石油气库、烟花爆竹、石碁供销社商场等业务部门的应急预案。按照区“三防”应急指挥部的部署和要求，区供销社多次启动“三防”应急预案，调拨物资合计49万元，保证抢险物资及时就位。在抗雪灾行动中，区供销社配合上级要求，以最快速度调运高泥锹和镐头1900把运往韶关雪灾区，同时将1626公斤麻绳调往粤北高速公路救灾；组织2.6万支蜡烛分别支援连州市供销社、和平县供销社。区供销社与区“三防”指挥部签署的委托代储区级“三防”物资协议总额达717.6万元，其中静态储存124.8万元，动态储存592.8万元。

·烟花爆竹销售及监管· 2008年，爆竹销售540万元。区供销社配合安监、公安等职能部门开展多次检查行动，罚没非法烟花爆竹1000箱，在一定程度上遏制经营私炮和无证经营的现象。加强区内爆竹销售市场安全管理，向区政府提出爆竹专储仓库纳入市政规划获批准，仓库选址工作正在开展。

·“厨至香”纯正花生油· 钟村供销社组建的民村业农副产品有限公司，生产销售“厨至香”纯正花生油。以销售为经营重点，组织产品先后参加全省供销系统农副产品展销会、第十六届广州博览会和2008年海南国际农产品展销会，同时在全区内甚至省内的“万村千乡市场工程”农家店铺设网点。目前企业生产能力最高达每天4吨，常规日产量2吨。

（何雪梅）

旅 游 业

【概况】2008年，全区接待游客1208.57万人次，旅游总收入56.76亿元，分别比上年增长4.6%和8.9%。长隆旅游度假区

9月5日，2008广州博览会番禺旅游展位。

(含香江野生动物世界、广州鳄鱼公园、长隆欢乐世界、长隆国际大马戏、广州开心水上乐园)、莲花山旅游区、宝墨园分列全市接待游客人数第二、五、六位；在全市经营收入前十名中，长隆旅游度假区、莲花山旅游区分列第一、八位。全区有旅行社9家，其中国际社3家，国内社6家，旅行社门市部51家；AAAAA级景区（长隆旅游度假区）1家，AAAA级景区（莲花山旅游区、宝墨园）2家；星级酒店20家，其中四星级酒店2家，三星级酒店14家，二星级酒店4家；国际标准18洞高尔夫球场1个。

年内，区荣获“中国旅游文化示范地”、“2008中国最佳旅游品牌目的地”、

12月29日，“和谐番禺·文明旅游形象大使评选”结果揭晓。

“中国生态旅游百强区”、“国际旅游名区”及“改革30年——中国最佳旅游目的地”称号。

【旅游推广】区内旅游企业参加“2008年广州国际旅游展览会”、“2008年香港国际影视展”、“2008年香港国际旅游展销会”、“2008年中国国内旅游交易会”、“2008年中国北方旅游交易会”、“2008年（第13届）长江三角洲南京旅游交易会”、“2008年第16届广州博览会”、“2008年（第10届）中国上海国际旅游交易会”及“2008广东国际旅游展览会暨旅游大促销”等。南海、番禺、顺德三地旅游局以“南番顺旅游联盟”名义参加“2008年广州国际旅游展览会”，同时举办“2008‘南番

10月1日，第六届番禺旅游文化美食节开幕。

顺’旅游联盟成立一周年年会暨‘南番顺’岭南风情精品线路推介会”等，树立区域旅游整体形象。区内旅游企业到省外城市开展旅游推介活动，在上海、杭州开展“广州旅游推介会”；在哈尔滨参加“精彩广深珠旅游推介会”；在湖南郴州、衡阳开展为期4天的旅游推介活动，举办“番禺旅游（郴州·衡阳）推介会”及“广州番禺·衡阳雁峰旅游合作洽谈会”。

【第六届番禺旅游文化美食节】2008年（第六届）番禺旅游文化美食节于10月1~5日举行。主会场设摊位187个，比上届增加50.8%；酒店特装摊位11个，明火摊位100个，包装食品摊位76个；接待游客28.1万人次，增长11.3%；此界美食节首次举办“首届番禺饮食文化论坛”，就番禺餐饮业的现状、国际化发展思路、饮食业的创新与建设等问题进行有益探讨；举办番禺“十大名菜”、“十大点心皇”和“餐饮名店”评选活动，评出鱼米之乡酒家选送的“礼云飘香莲藕”等菜式为番禺“十大名菜”、长隆酒店选送的“黑鱼籽干蒸”等点心为番禺“十大点心皇”，渔民新村等8家餐饮企业为番禺“餐饮名店”；举办餐厅服务员技能大赛、砧板王大赛和镬铲王大赛，南岗喜宴、陈涌渔村、番禺宾馆等18家餐饮企业分别获得该三项比赛团体总分的前六名。

【番禺新八景】区旅游局开展番禺新八景评选活动。欢乐长隆（长隆旅游度假区）、莲峰观海（莲花山旅游区及海鸥岛）、宝墨生辉（宝墨园）、夫山叠翠（大夫山森林公园）、大学新城（大学城）、余荫留光（余荫山房）、沙湾粤韵(沙湾古镇)、番禺瀚映（番禺博物馆）最后被评定为番禺新八景。

（黄文君）

金融保险

【金融状况良好】2008年，全区金融机构存款平稳增长，贷款增速有所回落。本外币存款余额1234.27亿元，增长11.3%；其中城乡居民储蓄存款余额732.99亿元，增长23.5%。本外币贷款余额563.46亿元，下降1.8%。保险业财产险类保费收入5.8亿元，增长11%，赔付3亿元；寿险类保费收入11.5亿元，增长10%，赔付436万元。

（何珊、罗洁玲）

11月29日，欢乐长隆等八个景区获番禺新八景称号。

交通 邮电

番禺年鉴·2009

交通建设

【交通设施建设】2008年，在区实施的国家、省、市、区重点工程主要情况：珠江黄埔大桥建成通车，东新高速完成工程总量的50%，广明高速、南二环高速进入项目征地阶段，广珠城际、广深港客运专线铁路、武广专线铁路、地铁二号线延长段以及全国铁路四大客运中心之一的广州新火车站全面动工。

区内干线路网建设情况：新光快速路沿线交通衔接工程、东涌大桥新建工程全面动工；西线公路榄核段二期扩建主体工程、市莲路石楼段首期改造工程基本完工；番禺大道进入征地拆迁阶段；与南海区合作建设的海怡大桥项目奠基；与中山连接的番中大桥项目进入立项报批及业主招标阶段。

“一村四岛”路桥工程情况：德怡大桥完成45%的工程量，观龙大桥及两岛内连接道路工程进场施工，海鸥岛交通配套建设道路工程进入实施阶段。

9月2日，海怡大桥项目签约仪式。

自然村通公路与危桥改造情况：2008年计划实施的39项自然村通公路项目，完成立项36项，完成施工图审查36项，完成施工招标14项。危桥改造工程85项，已立项69项，完成施工图审查68项，完成施工招标10项。

全年新建公路60.417公里，累计投资1.06亿元；新建桥梁4座、74延米，累计

7月16日，区政府与市公路管理局联手共建国道G105线番禺段签约仪式。

投资358万元；改建桥梁18座、245.5延米，累计投资900万元。

【公路养护与管理】2008年，新接养地方公路369公里，全区在册地方公路里程达658公里。县道年平均好路率94.3%，常养线年平均良好路面率82.5%。全年共投入1035万元用于各项公路养护维修工程；投入资金144万元新建文明样板路4.5公里，全区文明路里程达到117.23公里。加大路政执法力度，全年出动路政执法人员1771人次，查处违法侵占公路案件48宗。番禺区地方公路管理总站荣获“广州市公路管理局2008年度先进路政所”称号。

【交通运输业规模】至年底，全区有道路旅客运输企业18家，车辆2048辆，其中营运大、中巴1432辆，出租小汽车616辆；楼巴经营企业15家，车辆218辆；普通货运企业46家，危运企业22家，货运车辆17219辆，总吨位61352吨；区内有公交线路46条，车辆704辆；区间客运线路86条，车辆908台，日发班车12388班次，日客运量约41.37万人次；省内跨市客运线路78条，车辆411台，日发班车851班次，日客运量约12231人次；跨省客运线路116条，车辆392台，日发班车107班次，日客运量约1151人次，驶达省(市)12个。

全区有搬运装卸业务5家、运输服务业户591家、货运代理业户147家、货运仓储业户4家、货物联运业户3家、搬家服务业户5家、停车场196家、驾驶员培训业户6家、汽车美容清洁业户176家；机动车维修业户833家，其中汽车维修业户406家、摩托车维修业户427家、专项维修业户252家。

【道路运输管理】2008年，春运40天发送旅客1757.68万人次，清明节期间发送旅客234万人次，“五一黄金周”发送旅客290.7万人次，端午节期间发送旅客175万人次；中秋节期间发送旅客300万人次；十一黄金周发送旅客355.6万人次。

各类运输专项整治出动执法人员20450人次，查处摩托车非法营运5259宗、蓝牌车非法营运240宗、“克隆出租车”22台、无证经营店档122户。规范道路运输行业质量信誉考核，对区内10家客运企业、20家专业货运企业和302家维修企业进行考核，9家客运企业、5家货运企业和63家维修企业被评为AAA级企业。对区内7家客运企业84条线路进行三次质量信誉考评，第一周期考评优秀线路为40条，第二周期考评优秀线路为48条，第三周期考评优秀线路为44条。

为缓解市桥城区交通拥堵状况，制定《缓解市桥城区交通拥堵状况工作方案》；按照职责分工积极开展优化公交线网、调整候车亭布局，撤销设置不合理的咪表泊车位及候车亭，科学调整交通信号指引，加强交通疏导等工作，逐步缓解中心城区交通拥堵状况。

【交通安全管理】年内，全区发生列入统计重大以上道路交通事故14宗，死亡14人(绝对死亡14人，责任死亡13人)，轻伤3人，事故宗数比上年同期（下同）下降6.7%，绝对死亡人数下降17.6%，责任死亡人数下降18.8%。

各级先后投入渡口渡船更新改造经费230万元(其中省交通厅拨款42万元、市交委拨款88万元、区政府拨款100万元)，改造渡口码头2个，更新渡船4艘，新建候船亭17座。全区乡镇渡口渡船未发生任何伤亡事故。

【公共交通】番禺公共汽车公司全年营运里程3064.71万公里，比上年增加132.44万公里，客运量8540.4万人次，增加606.6万人次。全区有公交线路44条，车辆704

1月19日，区领导谭应华、骆蔚峰、戴永昌等视察春运工作。

台，其中包括：新世界巴士服务有限公司经营的番禺至广州中心区9条公交线，车辆254台；广州市公交企业经营市中心城区至番禺的公交线路10条，车辆150台；市桥至大学城公交线1条，车辆10台；市桥城区内公交线路26条，车辆290台。

【交通规费征收】区交通管理总站共征收道路运输管理费1703万元。区地方公路管理总站共征收摩托车、手托养路费2030万元。

（叶敬荣）

公路管理

【概况】2008年，广州市公路管理局南城分局管养的公路通车总里程250公里。按行政等级划分：国道16公里，省道124公里，县道82公里，乡道28公里；按技术等级划分：一级公路112公里，二级公路123公里，三级公路11公里，四级公路4公里。全区公路密度（不含城市公路、高速公路）为0.96公里/百平方公里、7.96公里/万人。公路已通畅乡镇数17个，已通畅建制村数247个。

【公路养护】2008年，广州市公路管理局南城分局管养公路平均好路率为88.8%，上升0.6%。其中国、省道好路率93.2%，年末优等路里程114公里，占总里程的42%。

在“创卫”和“创文”期间，南城分局通过增加人力、物力和机械设备，加密保洁班次，针对管辖范围内的非公路标志展开多次集中拆除清理行动，维护重点时期路面和路容路貌。先后投入养路资金整治G105线大石飘峰至屏山大桥段、S111线番禺大桥广地花园段、S111线天安科技园龙美段、X302线、S362线跨线桥底等多处排水系统。经整治，公路水浸情况得到有效改善，群众对公路的水浸投诉率下降80%。投入资金800多万元用于整治桥梁隐患和交通事故多发点，包括洛溪大桥、迎宾路跨线桥在内的28座桥梁先后开展养护维修工作。洛溪大桥栏杆及人行道修复工程等26项大中修、新改建工程，投入资金约2695万元，完成总工程量的100%。

全年，南城分局与区、镇政府达成合作10项，合计利用地方资金超过26亿元。区政府投资14.9亿元对S111线迎宾路实施改造、投资9.5亿元进行X302线清河路改造、投资超过1亿元对大石桥进行拓宽。推进大中修、新改建工程。加强施工的进度管理、完善质量控制体系。

【路政管理】 2008年，广州市公路管理局南城分局通过加强路政队伍建设，强化行业管理，公路巡查上路率、案件发现率、违章建筑控制率等指标均达到上级要求。每月公路巡查天数23天，上路巡查里程3145.7公里/月，合计行车里程37.7万公里；查处各类损坏路产案件66宗，追缴赔偿费用98248.62元，收取因特殊需要占用、利用、损害公路或公路设施补偿费195644.8元，占用费421402.7元，共25宗，追缴（收取）的路产损坏赔（补）偿费和占用费分别比上年同期增加2.84%和39.24%；向违反公路管理法律法规当事人发出违法告知书26份，立案处理26宗，结案26宗，结案率100%；办理公路行政许可事宜127宗，受理114宗；依法拆除公路用地内各类擅自设置的非公路标志275块，整治占道经营摊档247档，拆除建筑控制区的建（构）筑物4间/466.2平方米，及时制止公路管理职责范围违法行为80宗。

12月16日，钟林收费站新建成的收费车道落成。

10月24日，洛溪大桥维修现场。

为提供更优质的公共服务，5月起，南城分局在机关门口设立专门的路政对外服务窗口。凡是前来办理行政许可案件和损坏公路设施赔偿手续的单位和个人，只需要到该窗口就可以办理所有手续。所有对外服务窗口受理的路政案件，都通过OA系统进行流转审批。

【规费征稽】2008年，广州市公路管理局南城分局征收养路费2.98亿元，完成计划的104.36%，缴费车辆15.12万余台，实征率94.63%。钟林公路收费站征收路桥费收费9714.39万元，完成年计划的97.14%。

（黎永流）

邮 政

【概况】2008年，区邮政局突出抓好函件、储蓄和特快专递三大核心业务的发展，增强业务创新和市场开发能力，积极推进精细化管理，确保经营持续有效发展。全年实现业务收入1.48亿元，同比增长753万元；实现收支差3969万元，实现良好的社会效益和经济效益。

1月24日“自邮一族”业务正式启动，会员主要包括普通卡会员和绿卡联名卡会员。客户可享受办理番禺区交警罚单、广州市交警罚单、公路规费免排队免服务费。5月13日中共广州市番禺区邮政局直属单位第一次党员大会召开，成立直属党委，并选举产生直属党委委员。

【特色业务】·函件业务· 以数据库商函、邮资封片为重点，结合不同时期的社会热点推出“五一广告套餐”、“中小学生书信节邮简”、“番禺八大美景投票邮简”等专项营销，全年实现业务收入1849万元；

·邮政金融业务· 通过加强客户服务工作，确保各厂企按时发放工资，加大代收学费、代发征地款等代字类业务的开发力

1月9日，中国邮政银行广州番禺支行开业揭幕。

度，在全区各网点实行大堂经理制，开展储汇路演，提高商易通交易量，优化储户结构等措施，全年新增储蓄余额3亿元，销售代理保险634万元，销售理财产品1400多万元，发放贷款1500万元。全年实现邮政金融业务收入8424万元。

·“自邮一族”· 自1月24日起区内开办“自邮一族”业务，并以自邮一族和代办交通违章业务为重点实现快速增长。全年累计发展“自邮一族”会员4500名，绿卡联名卡会员近4000名；交通违章代办业务收入实现123万元。全年实现业务收入327万元。

【邮政网络建设】 建成南村中心投递站；完成大南储蓄营业、大南综合营业、大岗二湾等营业网点的整治工程和中心金库扩建工程；新增离行柜员机66台，使柜员机总量达118台；绑定商易通1500台。通过实物网的建设与完善，提高了网络运营效能，促进了企业的形象与综合实力的提升；在全区实行邮政网点分类分级管理；试点推行前台短信催领邮件服务；在投递报刊局实施平件分拣“分站不分段”的优化方法，加快邮件的分拣速度，减轻员工的劳动强度，提高工作效率。

为确保生产经营架构满足邮政业务全程全网、统一规划、统一管理的发展要求，广州市邮政局调整各区（市）邮政局辖下各邮政营业网点及专业生产经营机构设置，调整后区邮政局的支局数量为12间，邮政所的数量为23间；并调整设立广州市番禺区邮政局函件集邮业务局、广州市番禺区邮政局投递报刊业务局2个专业生产经营机构。

【中国邮政储蓄银行广州番禺支行成立】 1月9日，根据上级关于邮政体制改革的精神，成立中国邮政储蓄银行广州番禺支行。这是广州邮储银行首个挂牌的支行，其主要职能是为区提供广泛的邮政金融业务，为广大社会公众提供安全、高效、优质的金融服务。

（卢玉华）

2008年番禺区邮政局含南沙主要经济指标完成表

表5

项目	单位	完成总量	比上年增长（%）
邮政业务总量（按2000年不变单价计算）	万元	13628	3.68
邮政业务收入（主营收入+其他业务收入）	万元	14786	7.93
固定资产总额	万元	0	
全员劳动生产率	万元	15.55	4.22
期末职工总人数	人	976	5.51
邮政局所总数	处	36	-10.00
自有房屋建筑面积	平方米	68856	0.00
邮路单程长度	公里	2872	944.36

续上表

项目	单位	完成总量	比上年增长（%）
农村投递路线单程长度	公里	8526	0.00
邮运汽车	辆	72	35.85
出口函件	万件	2097	7.70
出口包件	万件	19	−13.64
出口汇票	万张	149	−13.87
邮储期未余额	万元	269914	12.61
出口特快专递	万件	41	5.13
订销报纸累计	万份	2622	−21.14
订销杂志累计	万份	129	−3.73
集邮邮票	万枚	127	23.30

说明：农村投递路线是历年增加数，按投递业务局统计提供资料数。

电 信

【电 信】2008年，中国电信番禺分公司全年实现通信业务收入9.3亿元，增长率1.06%；固话、小灵通话音收入继续下降，宽带、互联网接入、资源出租收入增长；三大业务（固话、宽带、高价值数据业务）平稳增长。12月30日，中国电信3G天翼189号段在区内放号。

年内新建和扩容52个设备间；宽带新建和扩容117个节点；城域网实施8项工程，新建和扩容共76个点。新城域网出口带宽由20G扩容到40G，实现番禺IP网出口双路由保障；南城AG替换工程，一次性不改号割接31500用户，成功替换大南机楼超过15年使用年限的S1240交换设备，为后续S1240设备的替换积累经验。

【中国移动番禺分公司】2008年，中国移动番禺分公司通信客户总数超过200万，运营收入突破20亿，市场占有率超过80%。与政府合作建设" 民生信息中心"，实现物价信息发布、打假信息宣传、土地政策公布等政务信息化。

（罗静蕾）

外贸 口岸

番禺年鉴·2009

对外经济贸易

【外贸进出口】2008年，全区进出口总额149.9亿美元，比上年（下同）增长10.4%。出口额首次突破90亿美元关口，达90.8亿美元，增长9.67%；进口额59.1亿美元，增长11.62%。进出口总值、出口总值、进口总值分别占市对外贸易总额的18.3%、21.1%和15.1%。

全区有出口实绩的各类企业1167家，其中内资企业出口额21.57亿美元，增长5.69%；外资企业出口额69.24亿美元，增长10.97%。内外资企业占全区出口的比重分别为23.75%和76.25%。出口额1000万美元以上的企业158家，占全区出口份额80.94%。出口额超亿元企业15家，排名前三位的企业依次是广州番禺对外贸易有限公司（4.5亿美元）、奥林巴斯（广州）

10月，楼旭逵副区长率区数字家庭产业发展考察团参观日本索尼公司。

工业有限公司（3.9亿美元）和番禺中德电控有限公司（2.6亿美元）。

中国香港地区、美国依然是区最大的出口市场，分别占区整体出口比重的32.2%和30.1%。对香港的出口额29.18亿美元，增长3.4%；对美国的出口额27.26亿美元，增长6.1%。对上述两地的出口增长幅度低于全区平均出口增长幅度。对欧盟的出口13.4亿美元，增长17.9%；对日

11月13日，楼旭逵副区长与参加“2008年中国数字电视产业峰会”主要嘉宾合影。

本的出口 4.44 亿美元，增长 7.3%。对新兴出口市场中的俄罗斯、拉丁美洲的出口依然保持较快的增长速度，分别为 30.5% 和 55.3%，但对韩国、东盟、中国台湾地区出口增长幅度显著下降，分别 14.3%、6.1%、6.5%。

出口额前 4 类商品中，机电产品出口 29.18 亿美元，增长 5.91%，占出口比重的 32.14%；珠宝、金银首饰出口 14.1 亿美元，增长 6.47%；纺织原料及制品出口 10.35 亿美元，下降 0.59%；鞋类出口 5.85 亿美元，上升 4.66%。受国际金融危机影响，传统出口商品受冲击较大，加之欧美等传统市场迅速萎缩，对纺织服装和珠宝首饰等购买需求明显下降，影响纺织服装和珠宝出口，导致上述两个行业增速明显趋缓。

一般贸易出口 21.25 亿美元，增长 13.4%，占全区外贸出口总值的 23.4%；加工贸易出口 65.6 亿美元，增长 3.44%，加工贸易出口占全区外贸出口总值的 72.2%，仍然是区对外贸易的主要方式。

【引进利用外资】2008 年，全区新批准外商直接投资项目 138 个，下降 7.38%；合同利用外资 5.97 亿美元，增长 3.85%；实际使用外资为 3.17 亿美元，增长 3.31%。

其中新项目合同利用外资 27327 万美元，增长 28.5%，增资项目合同利用外资 32372 万美元，下降 10.6%。新项目平均项目合同利用外资达到 198 万美元，比上年的 142 万美元增加 56 万美元。

香港是投资的主要来源地区，全年来自香港的新投资项目 90 个，占新投资项目总数的 65%，为新项目数量最多的投资地区，平均投资项目合同利用外资为 252 万美元。

138 个新批项目中，有 88 个从事制造业，占项目总数的 64%，其余从事非制造

2008年番禺区外商投资额超千万美元项目表

表 6　　单位：万美元

企业名称	总投资	注册资本	合同外资	投资国别
广州奥誉房地产开发有限公司	9609	9609	9417	中国香港
广州奥园康城房地产开发有限公司	8049	8049	8049	香港
广州广汽优利得汽车内饰系统研发有限公司	4261	1753	876	萨摩亚
广州海天精工机械有限公司	2000	1200	300	中国香港
广州市伯胜物业管理有限公司	2000	2000	2000	英属维尔京群岛
广州江森汽车内饰系统有限公司	2000	1200	624	中国香港
广州康迪克竞和机械制造有限公司	1677	671	604	中国香港

业的50个，分别是从事农业、批发和零售业、租赁和商务服务业、房地产业等。88个制造业项目分属纺织服装鞋帽制造业、通信设备计算机及其他电子设备制造业、工艺品及其他制造业、专用设备制造业、交通运输设备制造业等19个不同行业。

2008年番禺区新增外商投资项目行业分布表

表 7

行业	项目（企业）个数		
	2008年累计	2007年同期	同比增减%
总计	138	149	-7.38
农、林、牧、渔业	1	-	-
农、林、牧、渔服务业	1	-	-
制造业	88	112	-21.43
纺织服装、鞋、帽制造业	18	30	-40
通信设备、计算机及其他电子设备制造业	12	13	-7.69
工艺品及其他制造业	9	13	-30.77
专用设备制造业	6	4	50
交通运输设备制造业	6	3	100
通用设备制造业	5	8	-37.5
皮革、毛皮、羽毛（绒）及其制品业	5	5	-
金属制品业	5	5	-
电气机械及器材制造业	4	2	100
造纸及纸制品业	2	1	100
文教体育用品制造业	2	4	-50
食品制造业	2	2	
木材加工及木、竹、藤、棕、草制品业	2	1	100

续上表

行　　业	项目（企业）个数		
	2008年累计	2007年同期	同比增减%
家具制造业	2	8	-75
化学原料及化学制品制造业	2	1	100
非金属矿物制品业	2	3	-33.33
纺织业	2	-	-
有色金属冶炼及压延加工业	1	1	-
塑料制品业	1	8	-87.5
建筑业	2	-	-
建筑装饰业	1	-	-
交通运输、仓储和邮政业	1	1	-
道路运输业	-	1	-100
装卸搬运和其他运输服务业	1	-	-
信息传输、计算机服务和软件业	3	2	50
计算机服务业	2	-	-
软件业	1	2	-50
批发和零售业	26	18	44.44
批发业	23	18	27.78
零售业	3	-	-
住宿和餐饮业	1	2	-50
住宿业	-	1	-100
餐饮业	1	1	-
房地产业	5	5	-
房地产业	5	5	-

续上表

行业	项目（企业）个数		
	2008年累计	2007年同期	同比增减%
租赁和商务服务业	9	4	125
商务服务业	9	4	125
科学研究、技术服务和地质勘查业	1	5	-80
专业技术服务业	1	5	-80
居民服务和其他服务业	1	-	-
其他服务业	1	-	-

制造业合同利用外资（包括新项目、增资等）2.67亿美元，增长29%；非制造业合同利用外资3.30亿美元，下降10%。

2008年，房地产业合同利用外资（包括新项目、增资等）3.11亿美元，下降12.2%，大项目仍以房地产业为主，新增投资额超千万美元7个项目中，房地产项目占3个，区利用外资主要增长较大程度上还依赖于房地产项目。

2008年，新批外商投资第三产业项目48个，增加11个，投资总额2.25亿美元，合同外资2.13亿美元，分别占新项目总额的59%和78%。5月，经国家商务部批准，区内首个外资大型超市项目广州康诚商业有限公司成立，项目投资总额420万美元。

（林朝晖）

番禺海关

2008年，番禺海关征收税款入库73亿元，比上年（下同）增长3.9%。监管进出口货物1225.5万吨，增长24.5%；进出口总值243.4亿美元，增长16.7%；加工贸易进出口总额147.5亿美元，增长5%。

审批减免关税货值4.16亿美元，增长54.1%，审批减免关税税额6.94亿元人民币，增长31.2%。税金网上支付方式被更多企业使用，网上付税额达26.5亿元，增长28.7%。

监管出入境人员120.3万人次，运输工具18.4万辆，进出口报关单60万份。查办走私违规行政案件123宗，案值1.3亿元，罚没收入1643万元。

·提升监管水平，完善海关服务· 番禺海关全面推广加工贸易企业电子化手册改革，率先成为广州市区内首个全面完成加工贸易电子化手册改革工作的现场。

开展南沙新港与广州关区“一关通”的试点工作，正式运行广州海关与黄埔海关“一船两单”监管模式，南沙新港与黄埔港建立协作港关系，该项业务量呈上升趋势。

为配合番禺珠宝产业承接全球珠宝产业转移的物流配套服务，在钻汇保税仓库正常运营基础上，指导钻汇公司申请设立出口监管仓库。

进行引入中介机构协助核查、保税边角料、副产品网上拍卖、深加工结转管理系统、H2000保税核查系统等改革试点工作，创新内销征税审价模式。加工贸易内销年征税2.88亿元。

落实《直接办理行政处罚案件暂行办法》，现场直接办理行政处罚案件52宗，案值668万元。

加大知识产权保护工作力度。配合"龙舟行动"，有针对性地对出口散货、敏感商品以及特定航线、特定国家进行知识产权保护核查，查获侵犯知识产权的案件34起。

2月，开始旅客申报制度改革，番禺海关及时向出入境旅客宣传申报事项，组织关员进行培训，明确操作细节，新的旅客申报制度得以顺利实施。启用旅客通关管理系统，实现旅检现场的信息化管理。

（番禺海关办公室）

海关缉私

2008年，番禺海关缉私分局立案侦查刑事案件4宗，案值3.5亿元，涉税6547万元；抓获犯罪嫌疑人26人，执行逮捕19人。办理行政走私、违规案件123宗，案值1.29亿元，罚没收入1643万元。

·成立十周年· 3月9日，番禺海关缉私分局成立十周年。1999~2008年，番禺海关缉私分局贯彻海关总署、公安部关于严厉打击走私和加强队伍建设的一系列指示，提出"精诚团结、威武向上"的分局精神，努力打造一支"政治坚强、业务过硬、值得信赖"的缉私铁军。十年办理各类走私案件1494宗，案值13.1亿元，罚没缴库1.66亿元。其中，查获的"铁甲飞艇"是全国反走私成果展览的一号展品；侦破的"粤江213"跨境走私抢劫香港货物案，在粤港两地引起轰动。分局作为全国优秀公安基层单位，48次集体、360人次立功受奖。

·"725"粮食走私案· 5~7月，部分深圳公司经南沙新港出口的家具数量出现异常情况，缉私分局经过连续跟踪分析和情报经营，查获"725"伪报出口品名，实为走私出口粮食、钢材、化肥等资源性货物的走私大案。查获涉嫌走私出口的面粉、大米、尿素、钢材178个集装箱，货物总吨数超过4000吨，抓获涉案人员16名，查证涉嫌以相同手法走私出口货物677个集装箱。案值7103万元，涉税1738万元，被列为海关总署缉私局一级督办案件，是2008年全国最大的走私粮食出口案，海关总署盛光祖署长亲笔批示"打得好"。

·"0306"走私进口金属案· 7月初，缉私分局通过加强辖区海上走私态势分析，经过三个月的成功情报经营，同时在海陆多个地点行动，破获总署缉私局二级督办"0306"吴氏集团走私进口金属镍专案，抓获吴氏团伙涉案嫌疑人12名，案值2.7亿元。此案被海关总署列为海关缉私警察成立十年十大典型案件之一。

（李 毅）

进出口检验检疫局

【出入境检验检疫】2008年，番禺出入境检验检疫局共检验检疫出入境货物28.09万批，下降5.13%；货值122.15亿美元，增长16.77%；其中出境货物18.75万批，下降12.64%，货值54.36亿美元，检出不合格产品75批，货值136万美元，出境货物批次不合格率0.4‰，出境货物货值不合格率 0.25‰；入境货物 9.34 万批，增长 14.63%，货值 67.76 亿美元，检出不合格产品 974 批，货值 27871 万美元，入境货物批次不合格率 10.4‰，入境货物货值不合格率 41.1‰。

检疫出入境交通工具汽车 181463 辆，船舶 17242 艘；检疫集装箱 138.6 万标箱；检疫出入境人员 94.7 万人次；监测体检人数 7484 人次，法定体检人数 882 人，发现病例 1004 人次；开展艾滋病监测 828 人次；预防接种 199 人次；从进出境动植物及其产品中截获有害生物和有毒有害物共 4950 种次，检出禁止进境害虫 196 次，其他有害生物 4754 次。

签发普惠制产地证 23656 份，签证商品金额 6.32 亿美元；签发一般产地证 9593 份，签证商品金额 3.91 亿美元。签发东盟原产地证书 428 份，签证商品金额 983 万美元;签发亚太证书 478 份，签证商品金额 3033 万美元。中智证书 465 份，签证商品金额 2843 万美元。

4 月 29 日广州南沙港区顺利通过世界卫生组织的考核验收，成为全球首批国际卫生港口之一。

番禺出入境检验检疫局先后与美的电器有限公司等 5 家签订“守信名企口岸快放合作纪要”。广州港务集团领导多次到广东局、地方政府反映，充分肯定与赞扬番禺局在国内外经济严峻形势下，以高度的责任感和紧迫感，科学、高效地服务支持企业的务实作风。

为帮助番禺企业积极应对国外技术壁垒，番禺出入境检验检疫局与地方政府联合行动，建立“生产商符合性自我声明”+“风险评估”+“分级抽样检测”+“符合性验证”的有毒有害物质检验监管新模

10月 29 日，省进出口检验检疫局局长李延辉视察检验检疫局实验室。

12月9日，国家质检总局副局长刘平均为广州港南沙港区“国际卫生港口”授牌。

式。同时，电子监管推广工作全省领先，区内已安装电子监管的企业185家，已签约208家，签约数及安装数双项连续17个月在广东全系统保持第一。区内企业就有5家企业被推荐第二批良好农业规范(GAP)标准化认证试点企业。

·应对“三鹿奶粉”事件· 为应对处理“三鹿奶粉”事件，番禺出入境检验检疫局以“四条保障两个到位”（组织保障、人员保障、时间保障、技术保障、监管到位、责任到位）为主线，共出台5项制度，制订48条具体工作措施。9月16日成立三聚氰胺检测技术小组，同日即购置价值10万元旋转蒸发仪，经过连续3天日夜攻关，19日掌握了含乳食品及动物饲料中三聚氰胺的检测方法。

·检验科研· 年内新开展38个项目的检测，科研立项共计21项，其中9项已经结题。“视频监控固定及移动模块在进出口货物查验中的应用研究”项目，是番禺局首个获得地方政府独立立项并通过验收的科研项目，将移动视频监控应用于进出口货物检验检疫工作中在国内尚属首次。《国际卫生港口标准体系的研究和创建实践》是国家质检总局重点计划项目，鉴定委员会评定：该成果填补了港口卫生建设标准体系的空白，具有国际领先水平，建议在国内外推广应用。3月30日，检测技术中心实验室顺利通过中国合格评定国家认可委员会（简称CNAS）委派的评审组对实验室认可、计量认证“二合一”的现场评审，取得国际检验市场的通行证。评审涉及化学实验室、仪器分析实验室、机电玩具实验室、轻工纺纤实验室、植物检疫实验室、卫生检疫实验室、医学媒介实验室和微生物、动物检疫实验室8个实验室，19个领域，87个项目，其中医学媒介实验室通过认可，在广东检验检疫系统尚属首次。

（陈　英）

出入境边防检查站

【概况】2008年，番禺出入境边防检查站验放出入境人员1025468人次，出入境船舶17183艘次，查获偷渡案件4起4人次，查获3名重控人员，查获3名在逃人员。

【奥运安保工作】为完成奥运安保各项任务，边防检查站在严密口岸管控工作中，实行“三项制度”（包干问责制、重奖重罚制度、“每日一导、每周两查，一周三督”制度）、实行五项机制（排查工作机制、处突演练机制、情报信息搜集机制、

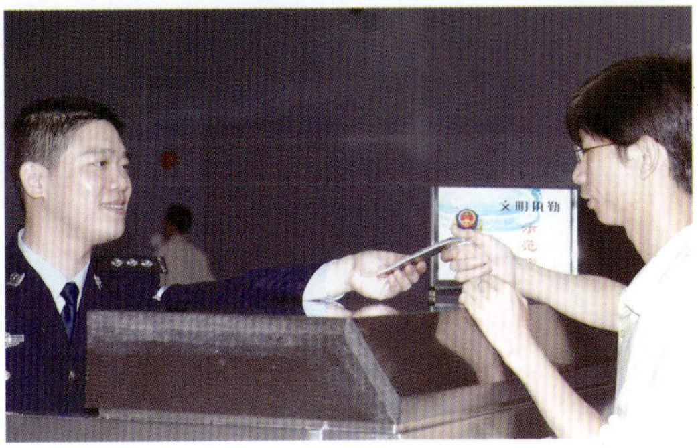

“零距离”接还护照。

安保协作机制、货运口岸严密管控机制)；实施旅检口岸“五条防线”和验证台“三道关”形成层层堵截，严防非法人员脱逃；实施旅检口岸“警力倍增”方案、机关警力下沉、边检协管员制度等举措，破解非常时期警力不足的难题。

【服务水平进一步提升】年内，番禺出入境边防检查站出台新的服务措施，主要做到“四化”服务：①均等化服务，制定出台《番禺站勤务工作定式（试行）》及旅客检查服务流程、船舶检查服务流程，提供均等化、规范化服务；②人性化服务，对执勤现场的边检标识牌进行全面改造，询问室普遍设有等候、饮水等服务设施，检查台、工作台尽显人本设计，人工、电子咨询设施一应俱全；③精细化服务，针对春节旅客运输，提出“快捷、温暖、微笑”的服务主题；在奥运期间，专门设立“奥运身份注册卡”人员通道，提供奥运资讯信息服务；为单位集体大批量办理登轮许可证提供预约办证服务；为特殊旅客提供特殊服务；④快捷化服务，旅客检查通过科学组织勤务，使通关效率在奥运期间不降反升，船舶检查坚持随到随检、随报随检，做到零等候。

为进一步方便广大出入境旅客、交通运输工具出入境，自2009年1月1日起，边防检查站在各对外开放口岸实行六项新服务措施：

一、取消内地居民因私事首次出境必须在外国驻华使领馆办理签证的限制。

二、取消办理机动车辆出入境查验卡、登轮证、停留许可证、搭靠外轮许可证和登陆证（含船员登陆证和台湾船员登陆证）等边防检查证件工本费。

三、港口边检站要实行24小时通关服务，保证出入境船舶随到随检。

四、港口边检站要实行出入境船舶边

番禺出入境边防检查站工作人员帮助急困旅客。

番禺出入境边防检查站人员为外国游客提供引领。

防检查网上预报预检制度。

五、港口边检站实行登轮证、搭靠外轮许可证和登陆证（含船员登陆证和台湾船员登陆证）预约办理制度。

六、除凭申请人的居民身份证以外，各港口边检站还可凭机动车辆驾驶证、出入境证件等能证明申请人身份的法定证件，为其办理登轮证。

（贺 福）

“奥运身份注册卡”人员通道。

番禺海事处

2008年，番禺海事处的海事应急处置能力进一步提升，应急救助工作海巡船艇确保在5分钟内出动，重点航段1小时内到达现场。年内辖区救助事件有8月20日“粤惠州货5206”和装载200吨汽油的“番油10-0003”的碰撞事件、8月22日

8月25日，“番油10-0003”船主送锦旗到番禺海事处执法大队。

9月 17 日，番禺海事处与番禺出入境检验检疫局举行共建文明口岸签字仪式。

“港宇 3328”船搁浅事件、9 月 22 日“粤广州工 0082”搁浅事件等。为做好防台和危害天气期间的现场监管工作，区海事处及时修订防台、防洪防汛、水上交通应急反应、安保、油污应急等预案，制定 23 个业务工作制度。开展“隐患治理年”工作，加强对施工船、砂石船的检查力度，3 月 1 日~6 月 19 日，出动船艇 287 艘次，人员 711 人次，检查船舶 2161 艘次，纠正违章船舶 336 艘次。

（陈小敏）

7月 19 日，“粤穗监巡 29”船向番港货运码头有火灾险情危险品喷水降温。

经 济 管 理

番禺年鉴·2009

发展和改革

【发展规划】2008年，区发改局审核完善全区21个专项规划，并汇编成册印发至相关部门贯彻落实。牵头开展推进区“十一五”规划中期评估工作，完成区国民经济和社会发展“十一五”总体规划以及21项专项规划的中期评估，撰写《广州市番禺区国民经济和社会发展“十一五”规划中期评估报告》，获区委、区政府审议通过。牵头组织编制《2008~2010番禺区重点建设项目库》。认真做好各季度和上半年全区国民经济和社会发展执行情况的分析报告，为区政府领导决策提供参考依据。

2008年全区实现经济持续快速健康发展的预期目标。年度各项主要经济预期目标按计划顺利完成。全年完成地区生产总值727.60亿元，增长13.1%，比年度预期12%的目标高出1.1个百分点；工业总产值1420.08亿元，增长15.1%；农业总产值64.89亿元，增长5.3%；全社会固定资产投资额205.77亿元，增长14.0%；外贸出口总值84.06亿美元，增长11.6%；万元GDP能耗下降6.1%；全区商品销售总额627.74亿元，同比增长37.6%；财政一般预算收入43.9亿元，增长18.0%；农村居民年人均纯收入11070元，增长14.2%；城镇居民年人均可支配收入23108元，增长13.0%。

【固定资产投资项目审批】2008年，区发改局审批固定资产投资项目立项224项，增长9.8%；计划投资总额89.45亿元，同比下降7.4%；投资项目登记备案104项，下降76.6%；计划投资总额40.9亿元，下降49.7%。所有上报审批服务中心“窗口”立项和登记备案的建设项目都按时或提前办理，办结率100%。区发改局对超越番禺区审批权限的建设项目上报审批，积极推动投资项目的立项审批和尽快开工。

【区重点项目纳入省市重点工程建设】2008年，区发改局开展申报工作，部分区的重点项目纳入省、市重点投资项目：东新高速、平南高速、番禺新城区市政工程项目、生物医药产业基地项目、长隆国际生态旅游度假区工程项目、星力动漫游戏产业园项目、裕丰综合物流基地项目、迎亚运工程项目等8宗，计划投资总额360多亿元。被纳入重点投资建设的预备项目有：番禺数控机床产业园、清华科技园广州创新基地、番禺海洋生态旅游区项目等5宗，计划投资总额100多亿元。同时，积极配合推进区中心医院工程项目、亚运安置区配套项目和亚运场馆及周边道路改造工程项目的建设；推进广汽项目、中船项目、莲花山渔港等重点项目的审批工作。与南海区发改局密切配合、协同上报南番大道（海怡大桥）总投资约5亿元工程项目的立项审批。

【落实产业政策】区发改局组织申报2008年“退二”工业园区建设项目、重大产业技术开发专项、生猪标准化养殖场（小区）建设项目等，并做好跟踪服务工作。

2008年，配合国家发改委小城镇建设办公室开展专项调研，申报大岗镇为国家小城镇试点单位的材料。6月，大岗镇被国家发改委正式列为第二批全国发展改革试点小城镇及“联合国开发计划署试点城镇”。

（伍勇）

工商管理

【概况】2008年，全区登记注册各类经济实体91216户。其中，内资企业2182户、注册资本53.80亿元，私营企业15425户、注册资本154.55亿元，个体工商户71053户、注册资本14.73亿元，外资企业2554户、注册资本47.42亿美元，农民专业合作社2户、注册资本5.3万元。全年理结各类经济违法违章案件1692宗，罚没入库2900.8万元。

3月17日，执法人员查处一家生产假冒伪劣产品地下工厂。

【整治无照经营】在3月份地毯式清查的基础上，将区内无照经营的状况、原因等情况进行登记造册，在区政府的协调下，按照属地管理原则，将无证照经营名单分解到各镇、街政府，由各镇、街牵头组织开展联合整治行动。将整治结果挂账核销、纳入镇、街年度维稳和综合治理考核等方法，加强监督落实。按照坚决打击与积极引导相结合的原则区别处理19071户无照经营户，引导办照13942户，立案查处1189户，取缔1467户。

【食品安全】区工商分局结合辖区特点，联合卫生、质监等部门开展食品安全专项整治联合行动，查处过期变质、过度包装和搭售食品、虚假宣传及欺诈消费者等违法行为。立案查处食品安全方面的案件176宗，罚没入库86.43万元，销毁变质冷冻肉品254.04吨。出动检测车113车次、抽检市场（商场、超市）173家次，抽检食品样品3424批次，其中合格3350批次、不合格74批次。出动食品安全检测箱抽检食品样品14761批次，其中合格14616批次、不合格145批次。

为监控食品销售，以清河综合市场为试点，全面推行食品台账和推行使用统一销售凭证，落实索证索票和进销货台账制度；区内10个农贸市场实行电子台账管理，农贸市场的开办者统一为场内食品经营户登记电子台账；推广使用食品安全信息化监管系统，先后以60家大中型商场、超市推广开展电子台账录入工作，全区电子台账录入数量66万余条；发挥食品安全快速监测车和工商所快速检测箱的作用，对辖区内市场、超市销售的重点食品进行抽检，及时发现不合格食品和可疑问题食品。

“三鹿”奶粉事件期间，迅速启动流通领域食品安全应急预案，制定工作方案，对区内商场、超市、连锁店、食品零售店档等进行全面清查，清理下架、封存不合格乳制品，并协调企业做好退货退款工作。出动执法人员4301人次，检查经营主体18630户次，下架问题奶制品总数量17吨。

【整治私屠滥宰】工商分局与区内12家生猪定点屠宰企业签订《猪肉质量安全承诺书》，对生猪定点屠宰企业生产条件、经营管理及肉品质量安全等进行检查；开展打击私屠滥宰“百日”整治行动，共检查肉品经营者54905户，立案查处7宗，查扣私宰肉600公斤。

【广告整治】围绕“创文”和迎接亚运会工作，以整治桥东路、坑口路、关边路、金山大道、朝阳路及城市主干道公路两旁未经批准擅自设置的户外招牌广告为重点，开展联合整治行动，拆除违章户外招牌广告578块，面积11560平方米。在区内各主干道及城区内重点区域设置“创文”公益户外广告牌114块，7370平方米，实现公益户外广告牌的占有率43%，超过国家要求的20%。利用公共汽车候车亭、车身广告开展公益宣传，营造良好的“创文”宣传氛围。

【打击传销】全年打掉传销窝点12个，教育遣散传销人员62人，解救（被骗）涉嫌从事传销人员17人，扣留经济诈骗犯罪嫌疑人11人。区内17个镇、街的居（村）委会继续开展创建无传销社区活动。至年底，区内重点镇（街）超过80%的居（村）委会按要求完成“创建”达标任务。同时，先后在中山大学、华南理工大学等10多所高校和友利玩具、佳达制衣等公司开展现场咨询活动，并协助广州大学自律委员会举办为期20天的“拒绝传销、净化校园”大型宣传教育活动。

【工商登记服务】工商分局继续推进“大窗口、大登记、大服务”，配合区政府开发工商登记注册业务“一表制”网上审批系统，将驻区政府审批中心的登记注册大厅纳入广州市电子监察系统监控范围，进一步加强对注册登记业务受理和办结情况的监督。协助在金融危机中生存困难企业解决经营问题，引导、帮助企业转型、升级、寻找突破口，引导企业争创著名商标。广州富菱达电梯公司等12家企业申报认定广州市著名商标，广州文华羽绒制品有限公司等15家企业的广州市著名商标被续期认定。至年底，全区有55家企业的64个商标被认定为广州市著名商标，25家企业的29个商标被认定为广东省著名商标，2家企业的2个商标被认定为国家驰名商标。

【工商惠农措施】工商分局将新农村建设的红盾护农、经纪活农、合同帮农、商标富农、权益保农、政策惠农、市场助农“七个机制”进行任务分解，加强对涉农企业的指导，向农民推广使用涉农合同示范文本，指导涉农企业申请注册农产品商标和地理标志，开通涉农企业注册、年检绿色

6月5日，执法人员向查处对象宣讲法律法规知识。

通道，指导2个农民专业合作社成功申办营业执照。减免第一季度受“禽流感”影响的“三鸟”档和猪肉档经营者管理费，协助区政府向受“禽流感”影响的“三鸟”档口发放补助61.3万元。全面落实2008年9月1日起停止征收“两费”（个体工商户管理费和集贸市场管理费）的规定，对“两费”收费结存票据进行清理、登记、核对，退还997户预缴的“两费”44万元。

【维护消费者权益】工商分局积极推进红盾服务维权进社区（农村）工作，在已建立166个红盾服务维权工作站的基础上，增设52个工作站。在大学城广州大学商业中心设立“红盾服务维权进商家示范点”，解决以大学生消费群体的消费申诉。全年受理申诉举报4159宗，为消费者挽回经济损失231万元，网络成员单位解决投诉212宗，解决率100%；辖区内行政村，至少每村创建一个农村食品安全示范店，与“万村千乡农家店”活动有机结合，店内销售食品由企业统一配送。

（郑仕峰）

质量技术监督

【质量工作】全区共出动1368人次，检查

企业343家次，查处案件11宗，完成家具、玩具、服装、油漆涂料、仿真饰品等五类重点产品质量专项整治和规范管理；出动400多人次开展了危化品生产企业重大安全隐患集中排查、救灾活动板房生产企业专项监管服务、塑料袋生产企业大检查三大专项工作，检查危化品企业46家、板房生产及相关企业3家、塑料袋生产企业98家，并对其中2家板房生产企业实行驻厂监管。为保证供奥产品的质量，对12家供奥产品生产企业进行重点监管；对32家名牌免检产品生产企业进行突击检查。

【计量工作】 质监局对分布分散、涉及面广的集贸市场等五个民生计量行业创新推行专人专车上门检定服务；开展商业、服务业的诚信计量建设和电子计时计费器强制检定工作。推进企业计量保证体系确认工作，全区有4家企业通过二级确认，200家通过三级确认，有3家通过计量C标志认证。

【标准化工作】 技监局推进18家企业采用国际标准或国外先进标准47份，举办REACH法规TBT说明会；指导和帮助2家农业企业分别通过国家级和市级农业标准化示范区的考核验收，推动2个国家级农业标准化示范区立项、申报GAP（良好农业操作规范）认证；为规范区内工业旅游服务，制定广州市《工业旅游景区（点）服务规范》并经上级审批发布。技监局新开展公共场所服务标识标准化改造，对82个重点整治对象进行培训和监督检查；对137家八类重点产品生产企业进行标准化专项整治，对1261份企业标准进行清理。

【食品生产监管工作】 专门针对元旦、春节、中秋等节日开展应节食品大检查，确保节日食品安全；紧急开展三鹿奶粉事件应对工作，摸查企业53家（辖区无奶粉生产企业），检测22家企业原料和产品，对问题企业启动快速反应机制和缺陷产品

9月14日，区质监局举办质量月宣传咨询服务日活动。

召回程序进行妥善处理。技监局召开全区食品生产企业质量工作会议，举办食品生产企业迎亚运质量承诺动员大会，对2135批次食品进行抽查实物合格率为96.72%，进一步加强建档、巡查（1066家次）、监督抽查、质量后处理（79件）、许可证年审（188份）及执法抽查，实现了证后监管覆盖率100%；出动2056人次开展各类食品质量安全专项整治行动35项。

【特种设备安全监察工作】巡查使用单位1192家次，巡查施工现场312宗，施工现场巡查率达30%；出动1100多人次，开展开展特种设备安全隐患排查治理，累计排查企业610家，检查设备1539台，发出监察指令书371份，立案查处29宗；集中时间开展了节前特种设备安全大检查、起重机械、玻璃行业、制衣行业、液化石油气充装单位、压力管道元件等特种设备专项整治，督促500多家企业任命特种设备安全责任人、签订特种设备安全承诺书，实现重点监控设备定期检验率、持证上岗率、挂牌督办率、现场巡查率四个100%。

9月25日，质量月"质量诚信进企业"暨广州市人造板、家具生产企业现场观摩交流会。

10月30日，区质监局到钟村镇查处黑心棉作坊。

【稽查打假】全年共出动执法人员5926人次，检查企业、商场1478个，依法立案查处案件172宗，结案186宗，涉案货值81万元，罚没到位款190多万元。

【质量技术监督检测】技监局增扩计量标准装置8项、申报质检扩项项目32项，继续备战国家实验室认可，已通过计量能力验证，目前进入国家认可委的现场评审准备阶段。全年检验样品5010个，比上年同期增长12%，检定、校准计量器具80100件，检测收入1000多万元，比上年增长7.5%。

（陈育峰）

物价管理

【概况】2008年，年初国际市场物价大幅上涨、国内通货膨胀压力不断加大、国际金融危机影响以及雨雪灾害和"5·12汶川地震"等重大自然灾害频繁发生，区物价局为保持区内价格总水平基本稳定，推进环境资源价格改革，强化价格监管，开展价格公共服务。2008年，获"广东省物价系统抗灾救灾先进集体"、"2007~2008年度广州市农产品调查工作优秀单位"等称号；区物价检查所获"广东省2006~2007年度省级规范化物价检查所"称号；区价格认证中心获"2006~2007年度全省规范化价格认证中心”称号。

【价格监控工作】·严格控制价格总水平上涨幅度· 控制政府定价和政府指导价商品和服务的提价行为，上半年，控制成品油、天然气、电力价格，保持供水、供气、城市公交等公用事业价格以及学校学费、住宿费标准，医疗服务、化肥价格的稳定；把握好国家和省、市要求部署的调价项目和资源环境价格改革项目的改革时机，避免因改革推动价格总水平过快上涨。

·实施临时价格干预各项工作· 年初，将普通大米、方便面、花生油、纯牛奶、红壳鲜鸡蛋、猪肉——瘦肉等重要商品列入区调价备案临时价格干预范围，广州百佳超级市场有限公司洛溪分店等四间企业列入区第一批调价备案企业。加强对市场供求和价格变化等市场监测信息收集、分析，督促企业落实调价备案制度，加大对市场价格监督检查和巡查力度，正面宣传报道临时价格干预措施各项工作进展情况。实施临时价格干预措施以来，实行调价备案商品价格，保持平稳（从2008年12月3日起，已解除食品类商品临时价格干预措施）。

·加强价格监测预警和预报· 加强市场价格监测，适时启动粮、油、禽、蛋、水产品、液化气等重要商品价格一日一报制度；扩大价格监测范围，增加家电价格监测点，及时、准确掌握价格变动情况；完善应对价格异常波动工作预案，密切关注重要商品生产、销售、库存变化。

1月30日，区物价开展临时价格干预措施的实施情况检查工作。

·严厉打击各种不正当价格行为· 加强市场价格巡查，联合相关职能部门开展猪肉等食品和重要商品价格专项检查；通过媒体宣传价格政策，引导经营者守法经营和消费者理性消费；防范和严厉打击囤积居奇、哄抬价格、价格欺诈等违法行为。

【价格惠民工作】落实医疗、药品价格政策，加强管理社区卫生服务收费和药品价格；规范医疗机构收费行为，做好非营利性医疗机构药品集中招标采购工作及药品网上限价竞价阳光采购工作，降低药品及医用耗材价格。

落实城市义务教育阶段免收学杂费政策，从2008年春季学期起，对符合城镇免费义务教育实施范围学生免缴书杂费，学生作业本由家长自行购买，学校不向学生收取作业本、辅导资料和辅助教材等费用；规范高中阶段择校生和借读生收费问题，明确学校向择校生收取择校费后不收取学费，不向非户口所在地择校生收取异地借读费；对学校用电、用水、用气价格统一执行居民类价格。

规范利用档案收费、房地产中介收费、城市基础设施配套费、房屋登记费等6项，取消劳动争议仲裁费、工商信息中介服务费和企业机构资料查询费3项；落实鲜活农产品运输和销售减免政策，春节期间减免路桥通行费、生猪检疫费等346970元；加强对公路客运企业执行公路客运票价政策指导，从5月17日起，通往四川省等地震灾区公路客运票价，应保持不高于5月11日价格水平，已超过要相应调低；自2008年2月7日起继续对全区低保户家庭使用固定电话、宽带及小灵通电信资费实行优惠政策。

稳定农产品价格，落实粮食最低收购价格政策；促进生猪生产、保障供给；加强农业生产资料价格监管，落实执行化肥出厂价格和销售差率；加强涉农收费管理，规范涉农收费秩序，落实主要农副产品运输过程中收费减免政策。

规范商品房交易价格及相关收费行为，严格实行明码标价，清理房地产中介服务收费，打击房地产交易过程中不正当价格行为及乱收费行为；加强物业服务收费监管，执行和公布《2008年度住宅物业服务收费政府指导价基准价和浮动幅度执行新标准》。

规范机动车停车保管服务收费行为，理顺路内停车收费标准；规范路桥收费行为，对部分社会反映强烈路桥收费项目进行整治；积极配合环保部门做好加强空气环境整治工作，理顺环保有关收费项目。

【价格调整】1. 从9月1日起，调整区内管道液化石油气及管道代天然气销售价格。管道液化石油气销售价格为：居民用户由16.30元/立方米调整为19.50元/立方米，非居民用户由19.00元/立方米调整为21.50元/立方米；管道代天然气销售价格为:居民用户由7.60元/立方米调整为8.40元/立方米，非居民用户由9.00元/立方米调整为10.00元/立方米。

2. 电价调整。提高燃油电厂（含油改水煤浆机组和油改燃气机组）临时结算电价：燃油电厂临时结算电价提高到1元/千瓦时，油改水煤浆机组和油改燃气机组临时结算电价提高到0.9元/千瓦时，区列入燃油电厂名单有广州市莲花山电厂和南沙电厂。调整销售电价进行，自7月1日起，非普工业电价（不满1千伏）调整为86.04分/千瓦时，商业电价（不满1千伏）调整为105.84分/千瓦时；居民生活用电、农业

6月13日，区召开规范农贸市场明码标价工作会议。

和化肥生产用电价格不作调整，维持61.00分/千瓦时；学校教学和学生生活用电价格按居民生活或非普工业分类价格择低执行；从8月1日起，凡属于淘汰类钢铁企业用电价格，在取消峰谷电价基础上，加价标准由原来每千瓦时0.2元提高到0.4元；属于限制类钢铁企业用电价格，由原来每千瓦时0.05元提高到0.1元。

3. 成品油价格调整。从6月20日零时起，成品油价格统一上调。汽油、柴油价格每吨提高1000元。零售93#汽油价格上调为6.25元/升，上调0.89元/升；97#汽油上调为6.77元/升，上调0.96元/升；柴油上调为6.23元/升，上调0.95元/升。从12月19日零时起，成品油零售价格下调，国Ⅲ90号、93号、97号汽油批发价格下调900元/吨，0号批发柴油价格下调1100元/吨；国Ⅲ90号、93号、97号汽油零售下调0.91元/升，柴油零售价1.08元/升。

【收费管理】 3~5月，对区有行政事业性收费或政府定价、政府指导价收费行政事业单位及其他有行政事业性收费执收单位进行综合年审，年审收费单位293个，收费总额达11.74亿元；其中，行政性收费5.14亿元，事业性收费6.60亿元。综合年审重点抽查工作，抽查公安、交通、畜牧、环保等部门，从抽查情况显示，各收费单位基本能严格执行省、市上级部门收费政策，做到按证、亮证收费，实行收支两条线制度，落实相关收费减免政策，进一步简化“网上综合年审”程序。

9月3日，全区网吧收费大检查。

区物价局完成《广州市番禺区经营服务性收费目录》（2007版）和《市民交费指南》（2008版）编印发行工作，提高收费管理透明度，继续清理行政审批事项，简化审批办事流程。

【价格监督检查】 围绕经济工作中心任务、社会关注民生价格问题，区物价局重点开展节日市场价格、临时价格干预措施实施情况、春运票价、春季教育收费、药品和医疗服务收费、奥运期间市场价格、惠农价格、第103和104届广交会期间房价等多个专项检查。经统计，全年查处各类价格违法行为案件98宗，查处非法所得165.5万元，实施经济制裁159.5万元；退款149.1万元，没收非法所得8.8万元，罚款1.6万元。

继续推进创建“价格诚信单位”活动，区慢性病防治站、区市桥医院、市番禺惠丰电业有限公司、市国美电器有限公司番禺分公司4家单位申报创建第四批“价格诚信单位”活动。开展规范农贸市场明码标价工作，以市桥东城市场为规范明码标价工作试点单位，以示范点示范和辐射作用，逐步推进全区农贸市场实行明码标价；向全区80多个农贸市场免费派发“番禺区物价局温馨提示”牌。全年收到群众有关物价的来信14件，接待群众来访19宗（35人次），受理电子邮件22件，接待群众来电1026次，上级主管部门交办案件109件，处理回复并解答有关价格举报咨询1193件，办结率99%。价格咨询投诉主要涉及方面有：自来水价格、煤气价格、药品和医疗服务收费、交通运输价格和房地产物业管理等。

为应对粮食价格上涨压力，区物价局

增加粮食价格和存粮情况的专项调查工作，每月上报二次专项调查数据，挑选区粮食局属下广州市番禺粮食储备有限公司作为调查点。为掌握合理的成本情况，开展生猪、钢结构板房成本等应急调查；对54家企事业单位进行成本监审，其中：对全区18家供水企业实施供水成本专项监审工作；出具成本监审报告46份，监审报告涉及金额58700万元，剔除不合理的成本费用3500万元，核增合理成本开支700多万元。

（李裕峰）

劳动与社会保障

【城乡统筹就业】2008年，全区城镇登记失业人员6738人，其中本年新增失业人员5107人，5421人实现再就业，期末尚有失业人员985人，就业率80%，城镇登记失业率0.5%；在农村劳动力转移就业方面，新增就业21960人，其中18692人实现转移就业。就业形势总体保持平稳。

·建立激励机制，促进城乡统筹就业· 将创业培训、项目开发、带动就业岗位、小额贷款等一系列创业目标任务纳入区就业再就业工作目标责任制考核指标，逐级分解就业再就业工作目标，层层落实责任，加强检查考核，对目标任务的完成情况进行定期考核，将考核结果进行通报，确保目标任务的全面落实，实现城乡统筹就业的全面协调发展。经过考核评比，沙湾镇、东涌镇、榄核镇、化龙镇、钟村镇、洛浦街6个镇、街被评为区就业工作优秀单位。

11月5日，沙湾镇和南村镇举行劳动争议仲裁派出庭揭牌仪式。

·创建充分就业社区（村）活动· 通过加大对就业困难群体的扶持力度，落实各类扶持补贴政策，扶持特困失业人员、"零就业家庭"、"4050"失业人员等就业困难群体的再就业。全年发放各项就业再就业补贴1070.34万元。开展"再就业援助月"活动，为就业困难人员送政策、送服务、送岗位、送补贴、送温暖，提供上门服务、即时服务、承诺服务以及一站式和"一对一"就业服务，从而实现辖区内有劳动能力和就业愿望的下岗失业人员充分就业的目标。全区53个社区成为充分就业社区，超额完成市下达的任务。其中，桥南街辖内9个社区中，有6个社区验收达标，达标率67%。此外，参照充分就业社区的标准，制定区开展创建充分就业试点村活动的工作指引和验收指标，17个村验收达标。

·强化职业技能培训，以培训促就业· 围绕年度的工作目标任务，按"四包"要求，重点对失业人员、退伍复员军人、农村劳动力和跨省份外来劳动者进行职业技能培训，全面超额完成各项培训任务。根据番禺及周边产业发展的现状及远期规划，大力发展机械加工类培训专业和高技能人才培训，进一步拓展培训空间，提升培训层次。发挥政府各职能部门齐抓共管的作用，区劳动与社会保障局与流管办、民政、司法和旅游等部门联合，开展出租屋主、刑释解教人员、酒店从业人员培训，提升公共服务能力和水平。以逐步建立起一支数量充足、技能优良、梯次合理的技能劳动者队伍，满足经济发展需求。全区培训各类职业技能人员29397人，参加职业技能鉴定24338人。其中农村劳动力11386人，培训合格9186人，考证率94.4%，培训后就业8928人，就业率89.4%。开办高级工以上培训班8期，培训242人。

·推进“创业促进就业”· 成立创业促进就业的工作机构，制定《番禺区创业带动就业工作实施方案》，开展具有创业愿望人员的摸查，落实创业扶持政策，对创业者给予税收、工商、小额贷款等方面的优惠，积极开展创业培训，引导扶持劳动者自谋职业、自主创业。全区参加创业培训453人，435人获得创业培训合格证书，其中203人成功创业。

·强化就业管理服务· 建立常年性的用人单位招聘信息调查制度，做好岗位信息发布及更新，全年发布有效空岗信息21.83万个，信息量位居全市前列。举办专场招聘会、农村劳动力巡回招聘会，在区内大中专院校举办新成长劳动力就业招聘会。举办人力资源招聘会71场，累计参会企业6190家，提供职业空缺17.94万个，进场求职19.66万人次，5.25万人达成录用意向。加强招用流动人员和流动人员劳动就业管理，全区用工单位使用流动人员42万多人，网上录用备案率100%。加强对职业中介机构的管理，开展“放心职介服务单位”和“诚信服务单位”评选活动，评选出11家“放心职业介绍服务单位”和7家“诚信职介服务单位”。

【建设城乡一体社会保障体系】 2008年，扩大社会保险覆盖面的工作重点是农村农民参加社会保险，建立一体化的城乡社会保障体系。全区参加养老保险的单位13767个，在职职工42.7万人，参加失业保险人数42.1万人，参加工伤保险人数60.7万人，参加生育保险人数23.3万人，参加医疗保险人数45.6万人，分别比上年同期增长9.4%、10.6%、12.3%、13.9%和9.3%。

·强化社保扩面征缴社保覆盖面不断扩大· 各镇、街以“三资”、私营企业及个体经济组织为重点，开展社会保险扩面征缴工作，参保人数稳步增长。继续实施农民工“平安计划”，将工作重点放在建筑等高风险企业上，将任务落实和分解到具体企业，不断扩大农民工参加面，全区16个镇、街超额完成工伤保险覆盖的指标任务。

全年新办理退休按月领取养老金2511人，失业人员领取失业保险待遇4948人，受理各类工伤保险待遇申请4667宗，办理生育保险待遇4399人，办理农业户籍参保人退保领取个人账户养老金64715人，发放金额13072万元。退休人员人平均增发养老金154元，全区离退休人员月人均养老保障水平达到1441元。从事特殊作业人员办理提前退休手续336人。受理工伤案件5710宗，作出工伤认定决定5667宗。

·构建农村养老保险制度· 在2007年试点工作的基础上，全面推进农转居人员参加基本养老保险工作。石楼镇对参保进度缓慢的村（场），制定切实可行的措施，深入宣传发动，将符合政策资助条件的人员全部纳入参保范围，完成参保登记手续。全区有83个村（场）参加“农转居”养老保险，参保46999人，其中22820人达到退休年龄按月领取基本养老金，平均每月基本养老金445元，最高的519.28元。制定具体的实施办法，推进被征地参加农民养老保险，共有7个新征地项目通过被征地农民养老保障落实情况审核程序，涉及11个村、被征地农民2930人，预存被征地农民保障资金1.12亿元。根据市《广州市城镇老年居民养老保险试行办法》精神，摸查全区城镇老年居民的情况，测算参保资金，草拟实施意见，确保无定期养老待遇城镇老年居民在2009年纳入社会保险覆盖范围。

·建立多层次医疗保障体系，提高医疗保障水平· 制订《广州市番禺区补充医疗保险暂行办法》，提高医保待遇水平，全区8万多人参加补充医疗保险。制定《广州市番禺区城镇居民基本医疗保险试行办法》及《实施细则》，推进城镇居民基本医疗保险，实现“人人享有医保”的目标。全年城镇居民基本医疗保险参保人数87897人，加上农转居及农村学生125884人，共213768人，完成市下达的参保任务90.97%。

全区住院办理结算16469人次，基金支付住院医疗费用1.12亿元，人均统筹支付6817元，人均统筹支付占人均总医疗费用67.47%。全年统筹支付5万元以上的565人，其中最高支付32万多元。门诊特定项目年度限额项目共办理申请1562人，办理结算4601人次，基金支付医疗费用2374万元，人均统筹基金支付5160元，人均统筹支付占人均总医疗费用76.06%。24种门诊慢性病项目共办理审批13280人，办理结算18.85万人次，统筹支付4080万元，人均统筹基金支付244.74元，人均统筹基金支付占每病种每月人均医疗费用的84.44%。

·扩大定点医疗机构范围，方便参保人就医· 全区有定点医疗机构64间，定点零售药店49间。印发《关于进一步加强医保病人住院管理的通知》和《关于明确基本医疗保险同时涉及生育保险的医疗费用支付范围的有关规定》等一系列管理制度，强化监督管理，切实维护医保患三方利益。处理17例“挂床住院”的违规行为，取消33例不属于医保记账条件的病案，要求104间存在问题的定点医药服务机构整改。

·推行农村家庭病床试点· 在新造医院开设农村家庭病床，为不能去医院就医的患者提供就近医疗服务。全区有8间定点医疗机构开展家庭病床业务，建床203张。家庭病床人均月基本医疗费用1226.64元，人均月统筹基金支付1139.86元，分别比上年同期下降32.97%和33.84%，人均统

11月12日，区领导谭应华、陈德俊一行到区劳动和社会保障局检查指导学习实践科学发展观活动。

筹支付占人均基本医疗费用84.66%。

·简化手续，提高效率· 为方便参保单位和参保人员，从8月份起，参保人员增减变动申报、养老保险关系转出业务和工伤事故申报备案等业务下移到镇（街）劳动和社会保障中心开展。为确保此项工作的顺利开展，社保中心抓好培训，印制业务操作手册，派出业务骨干指导和协助开展业务办理。

·推进退休人员社会化管理工作· 全区（包括原南沙经济技术开发区）有退休人员近37000人，其中移交社会化管理的近11300人，移交南沙区社会化管理1400人，尚有24300多人实行过渡形式社会化管理。全年发放企业干部补贴1187.73万元，区属退休、失业军转干部补贴139.15万元，市属企业军转干部补贴11.93万元。

市桥街劳动保障服务中心开展退休人员社会化管理工作，取得显著成绩，社会化管理服务达4A标准，获"广州市退休人员社会化管理服务先进单位"。

【劳动关系和谐稳定】各级劳动机构以贯彻实施《中华人民共和国劳动合同法》（下简称《劳动合同法》）和《劳动争议调解仲裁法》为重点，全面加强劳动保障监管和劳动关系协调力度，全区劳动关系总体保持协调稳定。

·加强宣传《劳动合同法》· 年初开展《劳动合同法》大型宣讲活动，邀请专家学者向劳动系统工作人员、区属有关部门、各镇、街、村（居）、企业法人代表讲解《劳动合同法》，加深社会各界对《劳动合同法》的了解。镇、街劳动保障中心通过举办培训班、讲座，向企业法人代表、人事管理人员宣传《劳动合同法》，促进企业规范用工管理。大石街为确保宣传培训效果，分批分层次从不同的侧面对企业法人和中层管理人员及职工代表开展培训。《劳动合同法》宣传月在大夫山、星海公园、石碁镇旧水坑村开展三次大型宣传活动。

·强化监督职能· 加强协管员队伍建设和管理，完善《劳动保障监察网格化管理》和《日常巡查用人单位工作制度》，将劳动关系监督工作责任分片整合划分，对相关人员重新安排，提高巡查工作效能。落实"一户一卡、一街一册"的用人单位情况收集和管理，实现对用人单位的动态监控。协管员日常巡查工作以签订劳动合同、办理劳动用工备案、参加社会保险、工资及加班工资的足额支付为重点，要求存在违法用工行为的企业整改；整改不到位或拒绝整改的，申请予以处罚。钟村镇针对南拓项目多，在建工地多的特点，专门建立建筑工地的资料台账，并及时更新，实行实时监控。通过建立和健全信息台账，发生劳资纠纷案件时，实现快速处理。全年开展日常巡查1.65万户，涉及劳动者197.93万人；督促补签劳动合同9.96万人；督促办理劳动备案9.57万人；督促参加社会保险1668户，涉及2.79万人；发现拖欠工资待遇企业965户，为2.95万名劳动者追发工资待遇等9495万元。7193户企业参加劳动年审，发出劳动保障监察催办、整改通知书168份；行政处罚用人单位16户，涉及工资41.84万元。

·加大维权力度· 在全区开展劳动合同"签约达标行动"，企业劳动合同签订率100%。年内开展"整顿规范劳动职业中介专项检查行动"、"严厉打击非法组织介绍和使用童工专项行动"、"用人单位遵守劳动合同法情况专项检查行动"、"全员劳动合同签约达标行动"等执法大检查，有效遏制拖欠工资、非法使用童工等违法用工行为。在开展用人单位遵守劳动合同法专项检查活动中，对7642户企业进行检查，涉及劳动者95.75万人次。5~12月，全区开展创建劳资纠纷“零上访”镇、街活动，通过加强宣传引导，加强日常巡查，及时处理劳资纠纷等措施，有效预防和妥善处置突发性事件。全年处理劳资纠纷257宗，涉及3.15万人；拖欠工资福利等10988.29万元，补发7967.21万元。其中30人以上劳资纠纷177宗，涉及2.49万人，拖欠8615.7万元，补发6527.85万元。

·依法公正审理劳动争议案件· 进一步畅通信访渠道，加大信访调解力度，做到“苗头性”信访及时办，“疑难性”信访重点办，“热点性”信访跟踪办，“棘手性”信访慎重办，及时上报信息，把矛盾纠纷化解在萌芽状态。全年受理群众来信来访和举报12072批，15335人次，处理来信478件。

对《劳动争议调解仲裁法》实施后仲裁立案出现的“井喷”现象，坚持调裁结合、以调为主的原则，采取合并审理，现场立案等方式，开启绿色通道，运用特殊、简易审理程序，优先处理集体劳动争议、拖欠工资争议案件等措施，努力实现劳动争议案件的快立、快调、快审、快结。加快建立劳动争议仲裁派出庭建设，实现就近、就地解决劳动争议案，解决当前积案过多问题。沙湾、南村派出庭建成投入使用。全年受理各类劳动争议案件13472宗，涉及劳动者13472人，立案数约占全市的1/4。其中30人以上集体劳动争议案件67宗，涉及9654人。办结案件12353宗，结案率91.69%。完善基层劳动关系协调组织建设，加大劳动关系协调力度。

（沈志远 李 辉）

安全生产监督

【概况】2008年，区安全生产工作围绕安全生产“隐患治理年”部署落实各项工作，杜绝重特大事故的发生，完成市下达安全

3月21日，区召开《中华人民共和国劳动合同法》、《中华人民共和国就业促进法》宣讲会。

生产控制指标。区内安全生产工作呈现出“三个下降、一个完成”的特点，即：安全生产形势总体稳定趋好，事故起数和死亡人数大幅下降；重点行业领域事故总量有所下降；亿元GDP各类安全事故死亡率、工矿商贸企业从业人员10万人生产安全事故死亡率、道路交通万车死亡率三项安全生产重要指标呈现下降趋势；完成年度安全生产指标。

全年发生各类安全事故1026起、死亡189人、受伤1313人、直接经济损失1077.84万元，与上年同期相比（下同），事故起数、死亡人数、受伤人数和直接经济损失分别下降17.92%、9.57%、17.89和29%。亿元GDP各类安全事故死亡率为0.27，下降17.8%；工矿商贸企业从业人员10万人生产安全事故死亡率为1.15，下降5.6%；道路交通万车死亡率为4.46，下降10.8%。

9月22日，区领导骆蔚峰、戴友华等检查消防工作。

【政府安全生产监管主体责任】为落实各级安全生产责任，区政府进一步扩大安全生产责任书签约范围，将签约单位增加至35个，将安全生产的监管责任细化分解到各镇、街和各部门。各镇、街、各部门按照工作要求，层层签订责任状，层层落实安全生产责任制，在全区形成“一级抓一级，一级带一级，一级对一级负责”的安全生产责任体系。将安全生产责任制考核结果纳入各镇、街领导班子和领导干部政绩考核内容，并与其考核奖金挂钩，确保该制度有效实施。全区17个镇、街经安全生产责任制考核，均评定为优秀等级。

【企业安全生产主体责任】2008年，区继续深入推进落实企业安全生产主体责任，要求全区100%的生产企业通过评估达标。11月17~26日，对辖区内2599家生产性企业进行全面评估验收。12月18日，市安监局执法监察支队对区落实主体责任工作进行验收检查，随机抽取的3家企业均被评为A级绿标企业。

【“隐患治理年”活动】2008年，区按照国家、省、市的部署和要求，开展“隐患治理年”活动，制定《番禺区安全生产隐患治理年活动方案》。3月份开始，按照“动员部署、全面推进、总结提高”三个阶段的要求，全面开展安全隐患排查治理工作。全区排查一般隐患37111项，已整改37106项，整改率99.9%。

【安全生产专项整治】有针对性地组织开展消防、建筑施工、特种设备、道路运输、烟花爆竹、旅游、水上交通和危化品等重点领域安全生产专项整治。

截至11月底，专项检查组出动检查组85个，各职能部门参检人员2987人次，检查网吧、酒店、卡拉OK等人员密集的公共娱乐场所2036家，发出责令限期改正通知书127份，执行“封停”88家，行政拘留14人。

结合区“腾笼换鸟”产业结构调整政策，全面开展金属加工行业安全专项整治。全区99家金属加工企业中，取缔无牌无证的企业3家，通过标准化评估、同意恢复生产的5家，其他88家企业，尤其是规模较小、设备落后、污染大、现时难以补办齐全证照的60家企业，已责成消防、环保、质监等部门依法查处。

“5·12汶川地震”发生后，5月底组织开展学校、幼儿园公共建筑物安全专项整治，对辖区内537间学校、幼儿园在公共建筑物手续证照、施工报建验收、消防验收、防雷验收等方面进行全面细致地检查。经统计，538栋学校建筑中A类完好房244栋、B类基本完好房115栋、C类一般损坏房27栋、D类严重损坏房1栋、E类危房2栋。对3家学校合共4座属于危楼的教学楼进行拆除，加固整修35栋，彻底消除危破房。

加强国家、省、市属重点企业建设项目安全监管。由区安监局牵头组成联合执法检查常设机构与常设检查组，不定期联合开展对重点建设项目的执法检查活动。对各施工单位实行备案登记制度，建立“一工地一档”，做到底数清楚，情况明晰，同时加大对违章施工行为的行政处罚力度。

【执法监察和事故调查】2008年，区安监局执法监察大队检查各类生产经营单位1444家，发出检查记录707份，发出整改指令书259份，复查意见书259份，整改复查率100%。处理安全生产隐患投诉77宗，隐患投诉处理率100%。镇、街安全办和安全巡查中队共检查生产经营单位27186家，检查32133次。加大行政执法力度，立案处罚67家企业，处罚金额112.5万元，其中处罚危险化学品从业单位25家，罚款总金额63.1万元。对发生的职工伤亡事故，坚持“四不放过”的原则，严肃查处事故单位和责任人，给予事故单位及事故责任人行政处罚金额106.834万元，其中对事故单位罚款98万元。

【村级安全管理架构建设】4月8日，国家安监总局副局长王德学到桥南街草河村实地视察，对区创建村级安全管理机构给予高度评价，认为草河村“村管安全”的经验值得向全省、全国推广。全区投入运作的村级安全生产监管机构142个，配备专职人员317人。按照“四个一”的标准，村级安全生产监管机构配备巡查专用摩托车136辆，办公电脑144台，数码相机142台，打印机142台，以及“一张安全生产分类管理动态一览表、一张辖区企业分布平面图、一套安全生产管理制度、一套安全生产工作台账、一个企业基本情况数据库”的工作规范。

【安全生产事故救援体系】组建9个专家组、10个专业抢险队，配备100多万元的抢险设备，购置全省第一台生产安全事故处理指挥车。全区各重点危险源企业普遍建立义务、兼职应急救援队伍。

针对区内重大危险源情况，选取广州

6月5日，区村级安全办公室挂牌。

3月28日，石楼镇安全主任协会挂牌成立。

煤气公司金山门站和中国石油化工股份有限公司广东石油分公司南村油库两家重大危险源企业为假设目标编写场外监控区域应急救援预案；针对过境番禺区的危险物品道路运输量大、发生安全事故的概率大等特点，专门制定危险化学品道路运输应急救援预案；督促高危行业生产经营单位抓紧编制和修改完善本单位安全生产应急预案，确保100%完成预案编制工作。

12月23日下午，市地铁爆炸疏散演练暨应急拉动演练在地铁三号线番禺广场站举行。演练采用市、区、镇、街三级联动机制。市应急办、市地铁总公司、地铁公安分局、区20个有关职能部门、全区17个镇、街以及200名群众参加演练，总人数约800人。

【安全生产信息网络建设】启动11个重大危险源和6家船厂加装现场视频监控系统的工作。对安全生产监督管理信息系统和信息网进行升级改造，突出对安全隐患的监控功能，实现对全区企业安全生产的全面和动态监管。17个镇、街安全办、安全巡查中队、建立安全管理办公室的142个村和115家重点监管企业实现同网办公。区安全信息网向上对接区政府信息网，向下延伸到村和企业，实现信息资源共享。

（陈树根　伍　艳）

城乡规划

【概况】2008年，市城市规划局番禺区分局办理各类规划案件11730宗。受理用地及修规类案件855宗，建筑工程及市政类案件2565宗，规划验收查处类案件1203宗，办理群众来信89封，接待群众来访140批206人次，接待群众业务咨询488人次。负责组织召开区规划领导小组会议6次，审议议题40项。

9月17日，区领导谭应华、骆蔚峰、戴友华等调研番禺现代信息服务业总部基地建筑设计方案。

【规划编制】规划分局发挥规划对城乡建设和发展的科学引领和合理指导作用，全年组织编制规划372项，其中农村类245项。

1. 开展番禺空间发展战略研究、生态廊道规划研究、山体绿线规划研究等专题研究工作；编制和完善东涌、榄核、大岗、石碁、南村等镇总体规划，番禺综合交通规划、给水工程规划、环境保护规划、污水工程规划等专项规划；完成番禺广场周边地区、大学城中心区、德舜商业区、汉溪地块、中船集团配套基地及番禺中心城区东、南、西、北、中区等区域，以及现代、万洲、跨国等工业园区控制性规划；开展番禺新城城市设计，以及地铁三号线大石站及周边地区城市设计等重点地区城市设计编制工作。

2. 根据区委、区政府迎亚运十项工程工作部署，编制《广州市番禺区迎亚运重点地区与道路环境整治实施工作方案》与《亚运城周边总体整治规划》、《广州新客站周边环境整治规划》等13项迎亚运整治规划。整治规划的主要内容是对绿化植被、道路交通、市政设施、建筑界面、河湖水体、广告招牌、城市家具、城市照明、公共艺术等9大类城市设施要素提出

2月2日，区召开社会主义新农村村庄规划工作会议。

整治要求。

3. 以《腾笼换鸟项目专项规划》为平台，对全区工业用地现状进行盘点，梳理出全区"腾笼换鸟"首批试点项目库，编制专项规划，以便调整优化产业结构，实现存量土地新利用。

【社会主义新农村村庄规划】 区新农村村庄规划在全市首创"助村规划师"制度，建立设计单位规划专业技术人员与相关镇(街)、村的"一对一"技术帮扶机制，做到"三个早"（即起步早、完成时间早、村民住宅布点规划编制完成早），创造性地建立"三大工作机制"。真正实现政府主导，整体推进；镇、街主体，公众参与；技术帮扶，宣教结合。

【解决农民"建房难"问题】 解决农民"建房难"问题，区重点抓好四方面工作。①深化完善全区村民住宅布点规划，市政府批准同意区提出的"分级管理、总量控制、委托审批"的工作方案。②区政府的《番禺区区农村村民住宅建设规划管理规定》获区政府常务会审议通过，大大简化和规范农村村民住宅建设的报建程序。③制定区居民住宅工程报建审批工作指引。④制定区历史遗留村民住宅工程报建审批工作指引并获区城市规划审批领导小组审批通过，加快对已取得国土手续的村民住宅报建案件的清理工作。

【建设及市政工程管理】 为有效解决建设工程审批时间长从而影响项目实施进度等问题，区规划分局在广泛征求有关职能部门、镇、街、设计单位及公司意见的基础上，提出减少部门审批环节，简化审批程序。同时改进工作方式，与市规划局及区审批中心、区建设局、区国土局等部门分别建立业务磋商、定期联系制度。特别是对于重点项目采取提前介入的方式，在工程报建之前就与建设单位、设计单位沟通，告知其有关注意事项。同时，与区市政、国土等部门协调，理顺市政规划管理职能，加强对全区市政项目工程的管理。

【规划执法监督检查及信访】 区规划分局密切与上级法制部门的联系，主动与区有关部门沟通和协调，明确规划分局与区城管、国土部门在查外"两违"工作中的职责分工，理顺执法关系。积极参与全区的城市环境整治工作，加强批后跟踪管理和城镇建设管理，严处“两违”案件，重点是加大对超高超层违法建设的查处力度，严格监控违法建设罚款执行情况，保证城乡规划实施效果的严肃性。同有关部门及各镇(街)建立信访联动机制，深入调查研究，创新工作方式，把信访工作落实到维稳及社会治安综合治理工作中，妥善解决群众信访热点难点问题。对于珠江花园、海怡花园、“三访”接访等重点信访案件，做到问题发现得早、控制得住、处理得好，将问题解决在萌芽状态。

(范江波)

国土资源和房屋管理

【土地利用规划调整】2008年，按照“统筹、优化、协调”的理念，以资源承载力和环境容量为基础，结合产业发展规划，城市发展规划，环境保护规划，全区开展新一轮土地利用总体规划修编。区国土房管局对区内2020年前的城乡建设项目中符合城市规划，但不符合土地利用总体规划的新增建设用地规模进行核定；对上一轮土地利用总体规划图的各类用地面积进行统计，为新一轮规划修编准备基础数据；完成对镇级土地利用规划的局部修改，对水利“三大会战”、暨南大学、广州医学院等项目土地利用规划进行调整，其中暨南大学、广州医学院、新客站配套设施用地“土规”调整已获国务院批准；大岗镇、东涌镇规划调整已获省政府批准。

【建设用地管理】2008年，全区上报新增建设用地11宗，总用地面积202公顷；获批复新增建设用地16宗（含2007年上报用地），面积264.40公顷。共办理供地手续22宗、用地面积370.63公顷，其中，出让土地11宗、面积63.61公顷，划拨土地10宗、面积306.08公顷，村自用建设用地1宗、面积0.95公顷。

【重点建设项目征地拆迁】完成武广铁路客运专线、东新高速项目、地铁二号线、广州新客站、广深港项目、南二环项目、广汽项目的征地共219.38公顷，同时开展新化快速路项目、新火车站周边用地储备项目、广明高速等项目的前期征地工作。年内区国土房管分局储备土地11宗，约

8月28日，广州市国土资源和房屋管理局番禺区分局执法监察大队举行挂牌仪式。

795.1公顷，其中经营性用地6宗，90公顷；工业用地5宗，705.1公顷。

【闲置土地清理】区国土房管分局为更好地推进闲置土地清查工作，自5月份起，对全区的闲置土地再次进行摸底调查。全年共发出闲置土地调查通知书21份，涉及用地107.1公顷；经市局认定并发出闲置土地认定通知书32宗，60.3公顷；根据市收地会规定给予延长开发时间处理63宗，204.5公顷；征收土地闲置费29宗，155.16万元（54.4公顷）；举行拟定闲置土地处置方案听证会5场；报经市收地会讨论并确定收回闲置土地3宗，面积19.6公顷，其中无偿收回土地使用权1宗，面积0.02公顷。

【土地整合】收回存量建设用地资源进行储备。2008年，收回航盛公司、拆船公司、凤山水泥厂、物营公司、农信社、振裕公司、汇强公司用地13宗。

【易地补划】2008年，为平衡开发建设对区内耕地的占用，区国土房管分局共办理区内或申请省内易地补划基本农田保护区5宗，编制基本农田保护区占用或补划方案5个，并组织进行区、市两级初步验收。同时，编制《补充耕地方案》15宗，共安排耕地储备指标63公顷，收取“耕地开垦费”1275万元。积极开展开发补充耕地工作，制定《广州市番禺区开发补充耕地工作方案》和《调查我区耕地后备资源及调查利用园地山坡地补充耕地工作实施方案》，上报区内利用园地山坡地补充耕地计划（25度以下园地、山坡地面积100公顷，可开发耕地10公顷，三年计划面积6.67公顷）。区与肇庆市广宁县签订有偿转让补充耕地储备指标合同，向广宁县购买补充耕地储备指标333.3公顷，用于落实区内重点项目建设占用耕地的补充耕地任务。

【农村宅基地管理】对经区规划分局确认

12月29日，区国土房管局第一国土资源管理所举行挂牌仪式。

建设用地规划许可证有效的300宗东涌镇农村村民住宅用地进行清理，共审批、核发农村村民住宅建设用地批准书32宗，面积4.28亩。

【土地执法监察】卫星图片显示，2006年10月至2007年10月间，区内共有变化图斑1029个，1134宗，涉及土地1986.27公顷，经仔细核查、甄别，确认镇村违法用地共有493宗，408.96公顷。从2008年3月开始，区国土房管分局集中力量开展第八次"卫片"土地执法检查工作。对493宗镇村违法用地全部立案查处，其中对耕地上的195宗违法建筑进行拆除处理，共拆除违法建筑70多万平方米；拆除后复耕复绿191.27公顷；对其余的违法建筑全部进行没收罚款处理，共收缴罚款2100多万元。移送公安机关处理案件7宗12人，移送纪委处理案件7宗人。经过近一年的整改，对第八次卫片土地违法行为的立案率和查处率100%，结案率92.5%，按要求通过省和国家的检查验收。此外，在第八次卫片土地执法检查过程中，对第八次卫片检查前发现的涉嫌违法用地175宗，350.6公顷也一并进行复耕复绿。

【地籍管理】全年完成土地使用权初始登记197宗，其中集体土地使用权初始登记60宗，国有土地使用权变更登记137宗；办理历史用地确权50多宗，更正土地档案79宗，地籍审查139宗，协助司法机关办理查封、解封共2328宗，注销产权证32宗；调处土地权属纠纷8宗。同时，按照广州市第二次土地调查工作的部署，稳步推进区第二次土地调查工作。

【房地产市场管理】截至11月30日，区国土房管分局共核发商品房预售许可证126宗、15422套，预售总面积1829674.59平方米。预售许可证年审换证218宗，变更换证97宗。共办理房地产权属登记（含土地交易、初始、转移、变更、他项权利登记等）共89187宗，其中：转移登记64512宗，初始登记2372宗，变更登记8601宗，他项权登记13702宗。发证总数71669本，其中房地产权证（含房地产权属证明书）37190本，房地产权共有（用）证11185本，房地产他项权证（含商品房按揭备案证明书）23294本。

【物业管理】截至11月30日，累计归集物业专项维修资金72832.6万元；共核定住宅小区物业专项维修资金开支91宗，拨付95.9万元用于小区物业维修。有63个小区成立业主大会筹备组，其中28个筹备组已经备案。19个新成立的业委会和18个换届业委会办理备案。办理物业服务企业核发三级（暂定一年）资质证书5宗，资质变更7宗，核定三级资质7宗，2008年度物业服务企业资质备案52宗。

【住房保障工作】有符合廉租房保障条件的1746户城市低收入住房困难家庭，享受财政直接发放租赁住房补贴或核减公房租金资助。

【国土资源法规教育】9月，区国土房管分局开展"整治违法用地宣传教育月活动"活动，编制《土地法规知识宣传手册》。10月，组织全区247个行政村村级干部近700人参加村级干部国土资源法律知识宣传教育培训班，提高村级干部的土地管理法律意识。11月，组织全区国土干部学习《中华人民共和国土地管理法》、《中华人民共和国房地产管理法》，开展业务培训。共组织召开普法会议6次，在新闻媒体上发表土地执法相关报道50余篇，派发各种宣传画报、书籍、挂图等资料58949份，向群众宣传国家的土地政策和土地法律法规，增强群众珍惜土地和依法用地的意识。

【完善各级机构设置】为完善机构设置，根据国家、省、市有关文件精神，区国土房管分局组建执法监察大队，成立各基层国土资源所，区房改办加挂住房保障办公室牌子。

（郭结梅）

食品与药品监督管理

【概况】全区有药品生产企业11家，批发企业17家，零售企业984家；医疗机构348家，其中镇级医疗机构28家，社会医疗机构65家，农村卫生站255家；医疗器械生产企业27家，批发企业162家，零售企业106家；保健食品生产企业5家，经营企业1200多家；化妆品生产企业46家，经营企业2700多家。

1月11日，春节前食品安全检查。

【药品医疗器械监管】2008年，区食品药品监督管理局以整顿和规范药械市场秩序为中心，利用网格化监管优势，开展多次整治工作。分别开展对消字号、妆字号、健字号、械用字号、食字号、健用字号等仿药类边缘产品专项整治；在各大节日前开展专项打假行动；对无证经营药品医疗器械的专项整治行动；防控流感疫情药品市场巡查行动、中药饮片生产经营使用专项整治行动、静脉注射人免疫球蛋白核查等各类专项行动。对区内3家生产高风险药品的企业实施驻厂监督，对4家经营和使用麻黄碱的企业落实全面检查，对20多家持有麻醉药品和一类精神药品印鉴卡的镇级以上医疗机构实施定期检查。开展兴奋剂专项治理，出动执法756人次，检查企业1379家，对蛋白同化制剂、肽类激素批发企业实施100%监控，确保每一丸、每一片都有源可查。依法监督销毁过期麻精药品和易制毒化学品针剂1280支、片剂2520片，麻黄碱9.1033公斤，罂粟壳6.87公斤，有效杜绝麻精药品和易制毒化学品流入非法渠道。

【保健食品化妆品监管】年内完成2家保健食品生产企业和46家化妆品生产企业信用分级评定，开展化妆品生产企业检验室专项检查，规范化妆品生产企业实验室检验记录，检验设备使用和检验人员专业培训考核。检查化妆品生产经营企业39家，登记化妆品标签标识品种87个，对违规的标签标识责令整改，对标签标识违规的化妆品责令停止销售。开展保健食品生产企业使用乳制品原料情况核查工作，消除安全隐患。全年检查保健食品和化妆品生产经营企业397家，发出整改意见书51份，保健食品化妆品市场日渐规范。

【食品安全综合协调】区十五届政府第69次常务会议通过建设全区食品安全监督监测网络的决定，合计投入建设经费1400多万元。11月28日，全区17台镇、街食品安全检测车全部到位交付使用，区食品安全监管改革发展，特别是农村食品安全监管取得重大突破。全年区食品药品监督管理局先后9次组织召开各类工作研讨会议研究食品安全工作对策，牵头组织各镇、街有关职能部门认真贯彻落实食品安全属地管理责任制。开展食品安全专项整治行动和年度工作考核，组织节前食品安全检查，查处生产销售无QS标志食品以及豆制品、河粉、烧腊熟食制品等专项整治行

9月9日，区食安办组织多个部门开展中秋节前食品安全检查。

动，出动检查58783人次，检查食品相关单位83354家，没收销毁假冒伪劣食品149.4吨，涉案货值达145.3万元。

落实广州市惠民66条政策，以新造镇和小谷围街为试点，构建食品安全监督监测网络，解决农产品农药残留超标问题。在镇、街重组食品安全办公室，实现农村基层“农业、工商、卫生防疫、安全等部门”合署办公，建立由基层政府主管、各部门配合、全面承担辖区内从农产品种养殖、食品生产、流通到餐饮消费四个环节食品安全监管职能的组织架构；试点镇、街分别配置一台食品安全检测车，以及农药残留快速检测仪、食品多功能检测仪、重金属速测仪、甲醇速测仪、肉类水分测试仪等先进检测仪器设备，对农田种植蔬菜、市场农副产品、学校和厂企饭堂食品原材料不间断巡回抽查检测。

（廖健文）

粮食管理

【粮食行政管理】2008年，区粮食局加强粮食质量价格监管，与工商、质监、物价等部门沟通配合，对市场的粮食质量、价格进行监督检查，防止出现哄抬粮价，销售陈化粮坑害消费者等违法行为；配合区食安委组织的食品安全监督检查工作以及食品安全咨询活动；按照规定对从事粮食

11月28日，区17辆镇（街）食品安全检测车交付使用。

收购活动经营者的收购资格和提交年审资料进行年审；参加广州市发改委组织的跨区的流通统计联合执法行动，对部分未能配合做好粮食流通统计工作的涉粮企业给予整治；加强与45户粮情固定调查点的联系，完成调查经费发放、调查总结和各项报表的上报等工作；按照省、市关于建立粮食流通统计制度要求，做好涉粮（油脂）经营企业基本数据统计工作。

【粮食储备】2008年，区地方储备粮油储存点由7个调整为5个，并重新调整年度区级地方储备粮油计划。各储备点严格执行“最低库存”制度，搞好储备粮的轮换工作。年内市区两级储备粮的轮换量达到6.9万吨，已报批和备案市级储备粮轮换计划17个批次、3.15万吨,批准区级储备粮轮换计划14个批次。区粮食局组织春秋两季粮油安全大普查，共检查11个储粮单位的仓库404座，仓容20多万吨，库存粮食总量10多万吨。经鉴定，全区“一符四无粮仓”达到100%，无虫粮达到100%。

【粮食应急安全】2008年，区粮食局继续修订《番禺区应急预案》（以下简称预案），增加与各级政府的粮食应急预案衔接的内容，使《预案》体例更严谨，更具可操作性。同时根据《预案》的要求，编制区2008年度区粮食应急指挥部成员名单表以及区储备粮库存点基本情况表、应急加工企业情况表、应急运输情况表、应急供应网点图表、应急调运具体方案；完善区粮食应急加工调运网络图，结合粮食应急预案的要求，规划粮食应急运输路线和行走、装卸等数据；进一步改善粮食应急供应点的购物环境和经营条件，提高应急供应网点的销售服务质量，加强应急供应网点进货渠道的检查；加强对各应急加工点的联系，保持区内有日产大米500吨以上的应急加工能力；加强对市场粮食价格的监测，继续做好定点粮油价格采标工作。

【粮食供应和价格调控】区粮食局加强与粮产区粮食部门的沟通和合作，建立粮食采购基地，稳定粮源，确保区内粮食供求总量平衡。通过采取直接购买、委托收购、公司加农户、与当地粮食部门组建购销公司等多种形式，在粮产区建立长期稳定的粮源基地和产销合作关系，有效掌握和落实粮源。区内粮食企业与湖南、江西及本省粮产区共签订粮食收购合同30多份，有效保障地方粮食供求平衡。

由于受年初雨雪冰冻灾害影响，交通阻塞，近一个月无法运进粮食，市场粮食价格出现较大幅度波动和个体粮商纷纷提价，区储备粮公司粮油批发中心及所有粮食应急供应点，不提价、不脱销、不断档，确保供应，区储备粮公司为此额外多支出200多万元。

【国有粮食企业】2008年，粮食储备有限公司将东涌分公司合并到米业分公司，大岗分公司合并到沙湾分公司，使各分公司的资源优势更加突出，促进企业生产经营发展。全年粮食购销经营总量达30万吨，实现利润约300万元。在区政府的支持下，国有粮食企业同东方公司、农村信用合作联社等银信部门达成债务处理协议，顺利解决粮食企业在东方公司和农村信用合作联社的历史债务本息共约3.2亿元。全年区国有粮食企业共推出了近10个大米品牌，加工销售大米达2.73万吨。

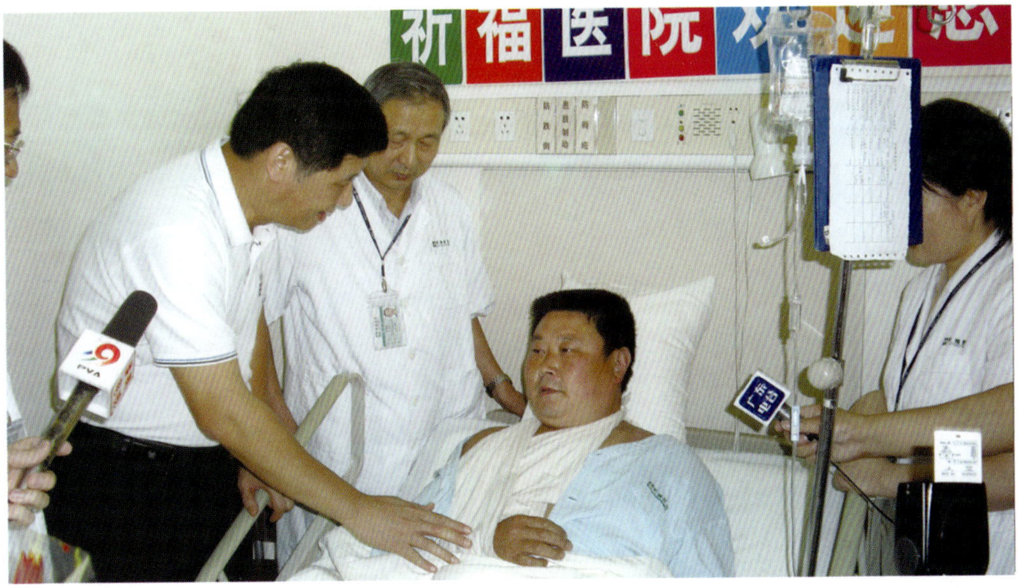

社会事务

统计工作

【番禺统计数据】据统计，2008年全区实现地区生产总值727.6亿元，增长13.1%；农业总产值64.9亿元，增长5.3%；工业总产值1420.08亿元，增长15.1%；全社会固定资产投资额205.77亿元，增长14.0%；社会消费品零售总额415亿元，增长25.0%；万元GDP能耗下降6.2%；农村居民年人均纯收入11070元，城镇居民年人均可支配收入23108元，分别增长14.2%和13.0%。

【统计制度改革】区统计局继续加强规范镇（街）主要统计数据计算方法，实行按季度开展农业总产值、工业总产值、地区生产总值三项主要经济指标下算一级工作，逐步理顺区级核算与镇级核算方法和计算口径。坚持每季度召开下算工作会议，统一各镇（街）主要数据，提高统计数据的权威性。此外还落实国家能源、劳资统计报表制度改革，能源统计定期报表由季报改为月报，调查范围扩大到其他专业；劳资统计范围扩大到私营企业、乡镇企业，劳资年报采取一次抽样调查，共抽样1088个单位。

【专业统计】一是做好年报、定报表中与GDP核算有关的统计指标的审核和监控，把握好全区主要统计数据的合理趋势。二是逐级抓好对镇（街）、村及重点企业的培训，防止人为或技术性差错。三是加大对重点企业财务指标的监控力度，对数据波动较大的单位进行查询。四是开展动漫、总部经济等专项调研工作，采取措施防止数据漏统。五是加强与经贸、外经、国税、地税等部门的沟通和联系，重点解决工业、商业等行业企业漏报、瞒报等问题。

【经济普查】区、镇两级分别成立第二次全国经济普查领导小组和经普办，共配备2000多名普查人员。区经普办在番禺日报连续报道4则新闻、刊载10期普查小知识，在区有线电视和电台共播出广告105次；在517公交车滚动播放普查视频，每日播放达16544次；借助税务、工商等职能部门的服务窗口派发宣传单张、宣传彩页；国庆节期间在番禺广场悬挂6个宣传大气球；制作5万支印有“经济普查，利国利民”口号的礼品笔，派发给被调查的个体经营户；向普查对象群发信息3万多条。

严格制定《番禺区第二次全国经济普查实施方案》及其配套规则10多套，使普查工作程序制度化，确保普查数据经得起实践的检验。围绕“清查不漏、普准普全”的目标实行“地毯式”清查，在清查工作中实施分阶段多环节的质量抽查，保证清查不重不漏。截至2008年12月，全区清查出的经济单位数有1.4万个，比2007年多4800个，个体经营户10万个，比2004年首次经济普查多3万个。

【统计检查与执法】区统计局按照市统计法制工作会议的要求，制定年度工作要点，坚持日常统计执法检查工作。全年执法检查各类单位53个，对6个单位立案调查，依法对5个单位处以罚款，收缴罚金8.8万元，依法对1个单位予以通报批评；发出执法检查通知书56份，查询书2份，执法检查结论13份，整改通知书35份；聘请会计师事务所对数据波动较大的14个企业实施检查鉴定。

【统计服务】针对年初社会零售数据增速放缓的问题，区统计局派出调研组到各大汽车销售公司调研，落实商业大户统准统全数据，开展动漫产业调研，积极反映动漫企业“异地报数”的问题。参与区委组织部牵头的科学发展观绩效评价体系的调研工作，到南海统计局学习科学发展观绩效考核评价办法，及时向区委组织部提出参考意见。开展解放思想调研分析工作，撰写的调研文章《番禺区服务业发展现状与思考》获得2008年各镇（街）和区直机关以上单位优秀调研成果一等奖，并在《广州统计》半月刊刊登。

区统计局撰写的《提升餐饮业档次和品位，营造特色餐饮业》得到区旅游局的好评，获邀参加美食节主会场举办的首届饮食文化论坛。《三次产业协调增长，经济发展后劲十足》部分材料被区委办信息上报采用，广州市统计信息网全文刊登。《楼旭逵常务副区长到区统计局调研工作》、《协助打造番禺品牌，助力企业做大做强》被广东省统计信息网采用，全年有41篇信息被政府公众网刊登，9篇信息被《番禺日报》采用。

（陈秋明）

审计工作

【概述】2008年，区审计局完成审计项目共55个，完成年度审计计划任务的131%，较上年增加23个项目，查出违规金额968万元，管理不规范金额18331万元，应上缴财政961万元，应调账处理2096万元，已交财政855万元，已调帐处理金额7187万元（含补调上年数）。完成计划外专项审计调查2项，向上级提交审计（调查）报告55篇，提出建议216条。

【预算执行和决算审计】2008年，区审计局对区2007年度本级预算执行情况进行审计，重点审计预算执行的总体情况，加大对重点资金、重点领域的审计力度，关注涉及群众切身利益的社会热点问题。本次审计涉及项目16项、单位49个，查出违规金额450万元、管理不规范金额1672万元、应上缴财政金额450万元。审计检查区委党校等6个单位的部门预算执行情况，抽查农村特困人员住房补贴等7个涉及民生的专项资金以及物业经营有限公司资产负债和损益情况。完成对石碁镇、榄核镇镇级财政决算审计。

【专项资金审计】区审计局开展与人民群众切身利益息息相关的民生审计，对社会保险基金、医疗保险基金进行专项审计，督促相关部门加强数据的核对工作，进一步完善社保、医保基金管理。根据中央审计署的统一部署，区从5月27日起，区审计局持续对全区汶川地震救灾资金和物资进行专项审计。

【经济责任审计】区审计局全年完成27个经济责任审计项目，查出违规金额288万元，管理不规范金额1.14亿元，应上缴财政金额282万元，已上交财政250万元，应调账金额739万元，已调账处理金额3610万元（含补调上年数3015万元），提出建议74条。通过审计，加强对权力的监督和制约，促进领导干部依法行政的自觉性，为组织人事部门考察和使用干部提供依据。

【境外企业审计】2008年，为进一步加强境外企业的管理，保障境外企业资产保值增值，区审计局对香港番发有限公司及宏昌远东有限公司进行审计。通过审计，督促企业将滞缴的利润上缴区财政，加深政府对境外企业经营运作的了解。

（冯柏明　何志标）

民政工作

【救灾工作】2008年，区内受自然灾害影响较严重，救灾工作任务繁重。年初，区内持续多日出现历史上罕见的低温阴雨天气，区民政局启动防寒应急机制，落实各项防寒措施，及时开放避寒中心，向困难群众发放御寒衣物和食品。同时，全区各界向雪灾地区捐款捐物，“送温暖、献爱心”，民政局接收捐款237万元（其中100万元是定向资助本区抗灾工作）、衣物11.5万件。组织调配4500张棉被和8万多件衣物送往五华县，通过当地民政部门分发给困难群众。

“5·12汶川地震”后，区慈善会全年收到社会各界捐款9483万元，区社会捐助接收工作站接收救灾物资25万件，价值1009万元。区为地震救灾的捐款总数居广州市十区两市之首。

区部分镇、街遭受洪涝、龙卷风吹袭等自然灾害，受灾群众7000多人次。为减少灾害对群众的影响，区民政局成立应急指挥部，建立应急救灾分队，实行24小时值班，灾害发生后第一时间赶赴灾害现场，对因受灾而造成住房、生活困难的群众及时救助，保障灾民的基本生活。

【救济救助】全年民政系统支出城乡特困人员医疗救助金235.6万元，救助2051名困难群众，支出50.3万元资助8602名特困群众购买城乡合作医疗，有效解决城乡困难群众“治病难”的问题。区在广州地区率先利用医保网络系统，直接在医院为困难群众进行“二次医疗报销”，有效缩短审批时间，使困难群众得到及时救助。

区救助管理站接待求助人员2469人次，较上年增加10%，经调查甄别后为2449人次提供不同形式的救助。

【提高城镇居民最低生活保障标准】从1月1日起，区内城镇居民最低生活保障标准调整为每人每月365元，城镇“三无人员”的低保金发放标准上调到438元，城镇低收入困难家庭的认定标准调整为家庭人均月收入430元。全年全区审定纳入低保的对象是4225户10924人，发放保障金1335万元；享受分类救济的对象14139人次，发放救济款219万元。为缓解困难家庭的生活压力，先后7次发放城乡低保、五保等困难群众临时物价补贴844.3万元，救助困难群众62021人次。困难群众安居工程，筹集资金545.2万元，帮扶困难群众改造危破房269间，全面完成困难群众危破房改造工作，困难群众的住房问题得到彻底的解决。

【社区建设工作】2008年全区申报创建的社区17个，占全区社区总数的20%，创建投入资金2587万元，其中区下拨专项创

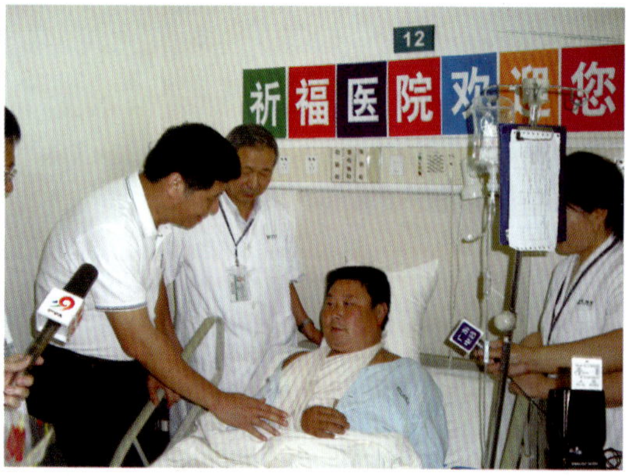

5月23日，谭应华书记慰问四川地震灾区转送到祈福医院治疗的伤员。

12月5日，慈善捐助超市开业当天，市历奇山庄有限公司捐助价值10万元物品。

建资金1468万元。8月下旬，省联合验收小组到区内检查验收，所申报的17个社区全部通过省的检查验收，被评为省第二批“六好”平安和谐社区。

【村居委会换届】 2008年1月开始，区全面铺开村（居）委会换届选举工作。整个换届选举工作于5月15日全面完成，比省、市提出的要求提前一个多月。

【双拥优抚安置工作】 全年全区评定享受优待金的重点优抚对象1101户，发放优待金1150万元，户年均优待标准为10444元，优待面100%。向已核实身份的1274名参战退役人员发放2008年生活补助金351万元。支出64万元帮助108名重点优抚对象解决“三难”问题。落实资金38万元，用于改善老区镇、村群众的生产和生活条件。

全区接收2007年冬季退役军人327人，其中应安置对象22名全部签订了一次性自谋职业补助金协议书，安置率和自谋职业率100%。继续加强退役士兵职业技能培训工作，提高退伍军人的就业能力。全年解决退役士兵“三难”问题105宗，拨出补助款31.3万元。

围绕争创“省双拥模范区”和“市双拥标兵区”的目标，区扎实开展多项双拥工作。组织开展春节、“八一”期间军政座谈会和走访慰问活动，增进军地相互了解；支出70.5万元，向驻军部队赠送电脑、图书以及文体用品等设备，举办智力拥军电脑培训班，支持部队科技大练兵和文化建设；资助20万元帮助预备役高炮一团、预备役军官训练团改造礼堂和饭堂，改善部队的生活设施。2007年，区再次被评为“省双拥模范区”和“市双拥标兵区”，顺利实现“省、市双拥模范（标兵）区”三连冠的工作目标。

【社会行政事务管理】 2008年全区办理婚姻登记11150宗，其中，结婚登记8428宗，离婚登记1696宗，补办婚姻登记证书1026宗，出具婚姻登记记录证明2587宗，婚姻登记合格率100%。8月8日北京奥运会开幕日当天，全区单日办理结婚登记555对，创下单日婚姻登记最高记录。

全区登记在册的民间组织发展至309家。21家连续两年以上未按规定接受年检的民间组织被处以撤销登记的行政处罚。

按照《番禺区地名普查工作方案》的部署，在完成桥南街地名普查试点工作的基础上，区地名办全面铺开第二期地名普查工作，重点对市桥街、东环街、沙头街全部和石碁镇、沙湾镇部分区域约78平方公里共10147条道路进行全面核查，其中已办理命名的5430条，未办理命名的4717条。全年办结地名命名初审135宗。继续处理与南沙区行政区划调整的后续工作，完成在区范围内的广佛、广中、东广等市界和荔番、黄番、番萝、海番、番南等区界的界线、界桩委托专人管理工作，适时推进镇街级行政边界线的勘定工作。

【区慈善会】 2008年，区慈善会在开展助学、重大疾病救助、危破房改造和接收灾后社会各界捐助的物资等工作的同时，开展了一系列更具创新、更富成效的慈善救助和宣传活动。组织开展“共庆劳动节”、

5月19日，番禺动漫游艺行业协会举行“万众一心抗震救灾”援助灾区重建校园捐赠活动。

5月 18 日，区捐赠的第二批救灾物资转送四川地震灾区。

“关注贫困家庭母亲”、“与孤儿同乐日”、“关爱地贫儿童”活动，与区残联共同开展白内障复明工程等。年内，区慈善会开办首家慈善捐助超市，让区内的五保户、特困老人和城乡低保家庭凭票免费领取一定价值的日常生活用品。区慈善会全年支出 1072.6 万元，救助困难群众 4996 人次。

【福利院及敬老院】2008 年区社会福利院接收弃婴（童）84 人，在院的弃婴（童）141 人，其中健康 8 人、残疾 133 人。年内办理收养登记 85 宗，解决 15 宗积压 10~20 年的私下收养弃婴历史遗留问题。根据《番禺区孤残儿童家庭寄养工作方案》，为让孤残儿童回归社会、融入“家庭”生活，10~12 月，5 户符合条件的家庭自愿试养 5 名孤残儿童。

全区各级继续加大“星光计划”的建设力度和加强“星光老年之家”运营管理，深入开展“关爱服务、安全设施建设年”活动，提高全区社会福利机构的整体管理和服务水平。全年办理老年人优待证 11857 个。2007 年，区被评为广州市“老龄工作五星级单位”。

8 月 12 日，区“社区居家养老服务中心”正式挂牌。区居家养老服务主要利用区社会福利院的资源开展试点工作，通过上门服务的形式，为市桥街 11 户老人提供居家照料、家庭康复、精神慰藉等服务。并逐步探索和建立起一整套比较完善的服务模式、服务规范和监督管理制度。

“平安通”呼援系统服务是市政府推出的一项社会救助保障措施，通过搭建全市性的电子网络服务平台，以社会营办、政府监管为运作模式，为社区老年人、残疾人等特殊人群提供服务。“平安通”呼援系统已在新造镇、钟村镇、化龙镇及市桥街开通试点服务。据摸查，有意向报装“平安通”的有 549 户。

（崔 毅）

人口和计划生育

【概述】2008 年，区被评为“全国计划生育优质服务先进单位”、“2008 年度广东省计生工作先进单位”；区人口和计划生育局被评为“全国流动人口计划生育工作先进单位”；区计划生育协会被评为“2002~2006 年度广州市计划生育协会先进集体”。

2007 年 10 月至 2008 年 9 月，全区出生 10503 人，出生率 10.78‰，比上年上升 0.43 个千分点，比计划任务下降 0.02 个千

10月 10 日，区创建全国计划生育优质服务先进单位暨人口文化宣传月活动之生殖健康展览开幕式。

分点；自然增长率6.15‰，比上年上升0.2个千分点，比计划任务下降0.55个千分点；出生性别比为108:97，比上年下降2.29%。政策内出生10210人，计划生育率为97.21%，比上年上升0.26个百分点，比计划任务高3.21个百分点。全区有2个镇街实现无多孩生育，有136个村和28个居委实现无政策外生育。

【创建“国优”活动】区委、区政府召开常委会研究区人口计生工作，审议并通过《关于贯彻落实〈中共广州市委、广州市人民政府关于贯彻落实〈中共中央、国务院关于全面加强人口和计划生育工作统筹解决人口问题的决定〉的意见〉的实施意见》，下发番发〔2008〕5号文件贯彻落实。

围绕创建全国计划生育优质服务先进单位的要求，在全区计生专业人员队伍中开展计划生育科技大练兵活动，通过岗位技能培训，提高计生服务技术。投入410万元，按照“六统一”（统一机构招牌、门牌、灯箱、大堂标牌、科室名称、工作人员服装）和“三室”（手术室、消毒供应室、检验室）基建达标的要求，对全区计生技术服务机构分期分批进行升级改造。

从2008年7月起，提高长期专职从事计生工作人员的特殊岗位津贴，激励优秀人才加入计生工作队伍，加大对各级人口计生干部的培训力度，采取考察学习、输送深造、内部办班等方式，分别选送计生干部赴南京人口干部学院进行集中学习；分批组织全区各级计生工作人员进行法律知识学习和业务知识培训，增强计生执法人员的执法能力和依法行政意识；举办村、居B超员培训班，开展B超查环查孕临床理论和实际操作等知识技能的培训，提高他们计生技术服务水平，建设一支懂技术、善管理、会服务、监督有效、保障有力的高素质人口计生队伍。

区与湖南省建立有流动人口计生管理区域合作关系，实行点对点管理，搭建管理流动人口的综合服务平台。各级政府管理部门资源，通过以出租屋管理为切入点，加强部门信息互联，实行由流管采集信息，每日分两次自动将信息资料传输到计生信息系统，由计生部门进行跟踪管理和服务。

【出生缺陷干预工程】作为全国出生缺陷干

5月10日，区举行出生缺陷干预启动仪式暨宣传服务系列活动。

预工程工作试点单位，区财政划拨起动资金180万元，建设出生缺陷干预工程；制定《番禺区出生缺陷干预工程项目实施方案》，在区婚姻登记处设立“计生服务窗口”，向试点单位沙湾镇、南村镇、桥南街、大石街的服务对象发放《番禺区优生优育免费检查券》；区计生服务站和各镇街计生服务所建立出生缺陷干预档案，提供孕前、孕中、孕后跟踪服务。据统计，4个试点单位筛查率88.47%，高风险夫妇接受优生咨询率100%，发出优生筛查免费券2311本，检查出地中海贫血、G6PD缺乏症、唐氏综合征、彩色B超排畸等高风险对象129例，上送至广医附三院确诊129例。

7月2日，龚红副区长到区婚姻登记处“计生服务窗口”和沙湾镇、南村镇了解出生缺陷干预工作开展情况。

【个人计划生育奖励】区财政落实户籍和流动人口计划生育基本免费服务项目经费、各项奖励制度以及免费婚前检查经费。推进“幸福工程”和“幸福女孩”助学活动，区慈善会按每人每年300~4500元不等发放“幸福女孩”助学金；建立对凡农村独生子女户和纯生二女户，落实长效绝育措施的“节育奖”奖励制度、教育优惠扶助制度，初步建立以农村部分计划生育家庭奖励制度为基础的计划生育利益导向机制，通过奖励少生优生、处罚违法生育行为，引导群众改变生育观念。

（龚敏玲）

城市建设

【城市建设概况】2008年，全区新报建工程共113项（不含不属区建设局管理范围的省、市重点建设项目），建筑面积301.65万平方米，总造价35.31亿元。完成建筑业产值34.43亿元，房屋施工面积347.59万平方米，竣工面积121.60万平方米。办理建筑工程竣工验收备案146宗、建筑面积313.83万平方米，备案工程造价共29.56亿元。进场公开招标工程项目302项，中标总造价42.10亿元。

区建设局以科学发展观为指导，坚持“突出重点、破解难点、打造亮点”的工作思路，进一步加强全区工程质量、安全生产和文明施工管理力度，建筑市场进一步规范，城中村和旧城改造工作有新突破，重点工程建设管理工作有新措施，全区建设管理工作水平进一步提高。

【建筑安全生产和质量管理】2008年，区建设局健全建设工程质量安全管理制度：建立健全质量管理和安全生产工作专题例会制度；继续完善重大危险源及重点监控工地公示、跟踪整改制度；全面落实定期上报制度、重要事项上报制度和突发事件随机报告制度等建设工程施工情况报告制度；落实工地远程视频管理制度，2008年新报建的工程项目基本办理远程视频监控系统的报装手续；推进塔式起重机初次登记制度。

结合区“三创”工作和建筑施工“隐患治理年”活动，对建筑工地的质量、安全以及文明施工开展专项整治工作。其中，5~7月，开展建筑施工安全生产百日督查专项行动；10~11月开展百日督查“回头看”工作。同时加强雨季、台风、汛期等恶劣天气条件下的施工安全防范检查工作。全年开展安全生产大检查和专项检查共8次，发出暂时停工通知书176份，安全隐患整改通知书952份，施工安全监督（抽查）记录1779份。此外，根据动态管理办法，对违反安全管理规定的7家施工企业、2家监理企业、69名项目经理、31名项目总监、67名安全员进行了扣分处罚；8家企业记入广州市不良行为记录，6家企业记入番禺区不良行为记录。2008年，所有区管责任工地没有发生安全死亡事故，安全生产形势处于平稳并趋于好转态势。

区建设工程质量监督站加强商品混凝土生产监督检查，规范混凝土生产质量管理行为；探索工程质量监督新模式，将以往重行为监督模式转换成行为监督与实体监督并重的模式。区建设工程质量检测中心严把检测质量关，确保检测结果的完整性、准确性和公正性。年内该中心顺利通过CMA复评审。

【城中村和旧城改造】 9月，区委、区政府将区城中村和旧城改造领导小组办公室设在区建设局。《番禺区城中村和旧城改造工作领导小组工作制度》和《番禺区城中村和旧城改造工作方案》，明确了领导小组成员单位的职责分工和工作机制，以及城中村改造的目标、原则、程序和优惠政策。年底，沙墟二村、东沙村、南郊村、里仁洞村四条试点村已编制完成城中村改造的初步方案，其中沙墟二村、东沙村改造方案已提交领导小组会议进行专题研究。

【配合推进重点工程建设】 8月，为加强对区辖区内国家、省、市重点工程的巡查管理工作，由区建设局牵头，联合区安监局等职能部门建立辖区内国家、省、市重点工程巡查联席会议制度，联席会议办公室设在区建设局。通过制定《番禺区建立省、市重点工程巡查联席会议制度工作方案》，建立区各职能部门与重点工程相关单位的沟通协调机制，组织联席会议各成员单位

4月10日，省委常委、常务副省长黄龙云调研番禺区统筹城乡发展情况。

定期对重点工程开展巡查行动。区建设局根据广州市建委“绿色通道”的有关规定，建立区属重点项目施工报建的“预受理”措施，加快推进番禺区重点项目的建设。

【建筑市场管理】从2008年2月开始，为加强对财政性投资建设工程招标代理机构的监管，区内100万元以上财政性投资项目按规定一律通过区建设局网站的“招标代理机构选择平台”发布公告，采用随机抽取的方式选取招标代理机构。为规范招标条件的设置，自2008年1月开始，对招标文件等进行规范，将投标人条件简化为营业执照、企业资质证书、项目负责人资格证、安全生产许可证、中介机构备案证等五项基本条件。该措施推行后，针对因招标人或招标代理机构利用资格审查等环节排斥投标申请人的投诉明显减少。全年，用新程序招标项目共33个，财政资金平均节约率为15.7%，节约财政资金达2.21亿元。区建设局研究制定了《番禺区加强财政性投资建设工程招标投标管理的若干规定（试行）》，经区政府同意于2009年1月1日起全面实行财政性投资建设工程招标投标改革新程序。

从2008年起，区报建项目的劳务作业必须由已取得相应资质的建筑劳务企业承接。全区已领取资质的建筑劳务企业共17家，逐步建立起规范化管理的建筑劳务市场。

年内有36家房地产开发企业办理设立、变更、注销资质等业务。为规范区内房地产开发企业资质管理工作，区建设局于7~8月对全区房地产开发企业资质管理工作进行一次专项检查。

【加强建筑从业人员培训】区建设局联合区建筑业安全生产管理协会，利用农民工职业培训学校的资源优势，对建筑工人进行培训，年内全区共有14303名经培训合格的建筑工人获得领取“平安卡”的资格，9821人已领到“平安卡”。共2303人次参加了中级质安员等各类培训。

【解决拖欠工程款和农民工工资】在着力解决拖欠工程款和农民工工资问题的同时，采取有效措施，遏止建筑行业以追讨工资的名义骗取利益的不良风气。全年，共收到拖欠农民工工资投诉19宗，已解决17宗，追回工资款289.73万元；拖欠工程款11宗，已办结8宗，追回工程款约60万元。

【镇（街）工程服务站】2008年，区建设局建立基层联系点制度，增设4个镇（街）建设工程服务站，已在全区各镇（街）设立17个建设工程服务站，为村镇限额以下在建工程提供优质的技术指导和服务，覆盖全区的农村建设工程服务网络全面形成。编制村民住宅图集（第二版），免费供农民建房作参考；继续发挥人才资源、技术手段、管理经验等方面的优势，协助“牵手打造试点村”的东环街蔡二村开展社会主义新农村建设工作，该村的图书室、绿色网园、文化活动中心等工程已全面竣工。

【法制宣传进工地】从2008年10月份开始，区建设局深入全区各建筑工地开展“法制宣传进工地”活动，专门编写并印制普法宣传单张共3000份，到工地现场派发给建筑工人。截至2008年底，区建设局已在30个在建工地开展普法宣传工作，涉及建筑工人约3000名。

【推广使用散装水泥和新型墙体】4月，经区编委批准，区散装水泥办公室改称为“区散装水泥管理办公室”，并增挂“区墙体革新与建筑节能办公室”牌子。10月，广州市人大执法检查组到区建筑工地检查建筑节能工作。为加强预拌砂浆的推广工作，2月和4月，区建设局配合市散装水泥管理办公室检查区内建设工程使用预拌砂浆的情况。通过召开座谈会、举办建筑节能知识培训班、联合有关部门开展专项执法检查等方式，进一步推动墙材革新与建筑节能工作的发展。

【人防工程建设】2~4月，经区编委批准，成立区人防通讯站；《番禺区人防工程规划（2005—2020）》于10月通过专家评审，是广州地区首个通过专家评审的区级人防专业规划；《番禺区防空袭方案》于11月顺利通过专家评审。9月，区进行三角洲石油气库附近人口疏散隐蔽演练，并参加广州市“羊城天盾—2008”防空警报试鸣暨防空袭演习；11月，区人民防空办公室与区教育局联合开展247所区属中小学人防教育师资骨干培训工作。

【机关建设】区建设局进一步完善内部管理制度，规范工作程序，重新修订限时办结制、办事指南和岗位责任制，制定督办制度、会议制度和大事记制度，提高机关效能，改进工作作风；制定计算机保密相关制度，规范计算机保密管理工作；完善人事档案制度，推进人事档案工作制度化、规范化；制定行政执法过错责任追究制度，提高工作人员严格依法行政的自觉性。

为充分调动合同制职员的工作积极性，保障队伍的稳定，区建设局一方面进一步规范合同制职员的福利待遇，另一方面加强绩效管理，制定《合同制职员绩效考核办法》，完善职员的激励与约束机制。

（冼云儿）

城市管理综合执法

【概况】2008年，全区处理各类涉及城市管理违法违章案件10167宗，罚款347.44万元。其中：市容类违法案件4280宗；建设工地类案件98宗；查处违法用地495宗，面积250.66万平方米，移交国土部门处理183宗；查处违法建设2126宗，面积共90.35平方米；控制违法建设934宗，面积36.05万平方米；拆除违法建设737宗，面积83.17万平方米（其中拆除违法用地上的违法建设71.03万平方米，拆除超高违法建设3.78万平方米，其他8.37万平方米）；其他行政处罚案件631宗（包括市政设施管理591宗，城市绿化5宗，无证行医35宗）；清拆违章户外广告866宗，拆除广告面积4596平方米。此外，教育处理各类违章案件14.45万宗，依法报停乱张贴违章广告联系电话869个。受理群众来信来访6039宗，办结6005宗，结案率99.44%。

【区综合执法分局成立】12月8日，广州市城市管理综合执法局番禺分局挂牌成立，由事业编制正式转变为行政专项执法编制。区执法分局成立后，按照“新城管，新形象”的工作思路，结合学习实践科学发展观活动，加强执法队伍建设。根据法律法规更新情况及时制定《违法用地、违法建设竞合案件处理指引》、《查处违法建设的快速程序》、《查处违法建设工作指引（二）》和《关于查处洒漏、运输、排放、倾倒违法行为的明晰》等业务指引材料，确保执法工作依法、依程序进行；加强业务培训，对新招收的协管员进行岗前培训，成立督察检查小组对各中队开展行政执法绩效、办案质量、队伍管理和廉政建设等

12月24日，区召开2008年出租屋流动人员管理工作总结大会。

工作进行检查；区开展“创卫”期间，全体执法队员连续3个月放弃休假，不间断加强巡查守点力量，在“六乱”整治工作中取得突破；为完成“创文”任务，全局从8时到23时，在各主要道路、重点地区的市容市貌和环境卫生进行不间断巡查监管，有效遏制各种“六乱”行为的产生和蔓延。

为争取广大群众对城管工作的了解和支持，区执法分局通过报纸、制作电视宣传短片、举办法律咨询会和城管开放日等增强与市民的沟通联系，树立“市民满意、政府放心、同行服气”的新城管形象。

【第八次“卫片”土地执法检查行动】 根据年初国家国土资源部公布的第八次卫星监测图片显示，区2007年新增违法用地情况非常严重。区委、区政府高度重视第八次（卫片）土地执法工作，迅速成立专责领导小组，积极推进土地执法工作。针对第八次“卫片”土地执法的进展情况，广州市城市管理综合执法局番禺分局（区执法分局）于4月18日、5月8日、5月14日、7月3日、7月28日、8月21日、8月29日召开了7次专题工作会议，及时传达上级有关会议精神，迅速向各镇、街中队下达执法检查工作任务；在查处违法用地案件中，对于用地面积1000平方米以下的，积极介入调查，确认违法事实后依法立案处理，做到及时发现、及时制止，坚决将违法建设制止在萌芽状态；对于违法用地面积超1000平方米的案件及时告知国土部门处理；围绕当地政府以属地管理为中心，构建部门互相联动机制，以镇、街政府牵头，镇、街城管中队担当主力军，联合派出所、国土、建设、安全、外管、供水、供电等职能部门，形成整体工作合力，加强查控违法用地执法工作。在第八次土地执法中，区执法分局共开展拆违统一行动

8月20日，第八次“卫片”土地执法。

128次，各镇、街城管中队协助当地政府拆违行动118次，拆除八次“卫片”违法建设面积71.03万平方米。此外，查处第八次“卫片”后（也称第九次“卫片”）违法用地案件350宗，查处违法建设24.90万平方米。

【遏制超高违建抢建歪风】 为认真贯彻落实《番禺区严控和查处违法建设实施方案》，区执法分局与区规划分局、区国土资源和房屋管理分局联合发出《关于严肃查处村（居）民住宅超高超层违法建设的通告》，加大对区内村民住宅超高违法建设的查控力度。各执法中队迅速对辖区内的超高违建组织多次清拆行动，有计划、有步骤、有重点推进严控和查处超高建房工作。全年查处村民住宅超高超层案件162宗，查处超高面积3.89万平方米。采取强制拆除措施案件90宗，面积2.14万平方米，有

12月7日，广州市城市管理综合执法局番禺分局挂牌成立。

效地遏制超高违建抢建歪风。

【建筑工地文明施工管理】2008年，区内登记在册的建筑工地84个，发放施工标牌94块。年内，全区查处工地未领取《建筑工程施工许可证》而擅自施工行为73宗，处罚199.30万元；查处不按规定使用散装水泥和预拌混凝土12宗，处罚1.38万元；查处工地不按文明施工要求施工2宗，处罚1万元；受理申报文明施工样板工地的申请7宗，批准施工设施完善，制度落实到位的工地申报6宗。根据市、区“创卫”工作部署和任务要求，区执法分局健全工地管理体制，杜绝无证施工行为，规范在建工地文明施工管理。继续落实与区建设局建立起的互相通报制度，定期通报建设工地的最新动态，曝光建筑工地的违法行为，依法查处违法施工行为；推选及监督文明样板工地，积极鼓励辖区内的工地申报文明样板工地；建立国家、省、市重点工程巡查制度，进一步推进区内省、市重点工程建设，提高区内重点工程工地文明施工管理水平；配合安监部门开展全区建筑工地安全生产大检查，杜绝群死群伤事故的发生。

【城市管理数字化】为配合区数字大城管工作的开展，2008年，区执法分局投入80多万元建成区城市管理视频监控指挥中心，9月1日投入使用，初步实现区城市管理由粗放向精确，被动向主动的转变，大大提高执法效率。监控中心通过安装在各主要路段视频，传输图像至监控中心的拼接液晶墙，全天24小时不间断实时监控路面情况，发现违章现象立即派员处理。同时，为提高办案质量和工作效率，分局研发并投入使用案件流程审批系统，从立案、调查、审查、到领导审批、发告知处罚、案件归档装订等程序都可通过系统在网上同步查询，方便对案件的跟踪督办，杜绝瞒案拖案等行为，实现全面、及时了解各中队办案动态的目的。

【依法行政】2008年，区执法分局依法向法院申请强制执行15宗行政处罚案件；向区人民政府申请强制拆除违法建设83宗。年内，发生行政复议4宗，其中2宗维持处罚决定，1宗中止审理，1宗审理当中；发生行政诉讼案件4宗。

（关宝谊）

市政园林管理

【市政设施维修维护】2008年，区市政园林管理局加强对市桥中心城区、大学城、大石街、洛浦街的市政设施维修维护力度，市政道路、公园、广场、路灯、天桥等市政设施完好率达99%。配合广州市“创文”工作，对中心城区的市政道路无障碍设施改造，全年共改造盲道约1万多米。

对管辖的市桥大桥、市桥三桥、市桥立交、文华天桥、禺山天桥、何贤医院天桥等桥梁进行全面检测，确保桥梁的安全使用，保证人民群众的生命安全。

在2008年广州市市政设施管养行业“金穗杯”检查评比活动中，区市政园林管理局获得综合奖优胜奖、市政设施养护维修管理和信息化工作考评单项奖第二名。

【绿化养护】全区建成绿地面积7947万平方米，建成绿地率39.85%，建成绿化覆盖面积9132万平方米，建成绿化覆盖率45.80%，人均公共绿地面积25.93平方米。

全年共完成绿地补种面积为11773平方米、灌木1202株、绿篱706米，换种时花361584盆，修剪路树43251棵次。

【生活污水治理】全区生活污水处理厂建设速度加快，年内落实建设用地的有大岗、中部、化龙、东涌、榄核和大石污水处理

德兴桥头公园。

厂；各镇级生活污水处理厂厂区及管网的施工图设计完成；12月29日，前锋净水厂二期和大石、钟村、东涌、榄核、南村等六个生活污水处理厂举行动工庆典仪式，区内九大污水处理项目全面开工。

【环境卫生管理】年内，区市政园林管理局按属地管理的原则，重新划定责任区，从2009年1月1日开始将大石、洛浦、东环、小谷围、沙头等5个街市政保洁移交所属街道负责。对火烧岗垃圾填埋场的环境进行彻底整治，填埋区转场覆土，减少填埋区垃圾裸露面，更换除臭、遏臭药物。区生活垃圾焚烧发电厂已编制项目土地利用总体规划修改方案，通过专家评审并上报省市国土部门。同时进行的还有垃圾焚烧发电厂的环评工作和厂区总体设计。

余泥渣土按照属地管理、分级负责的原则，严格审批程序，有效地控制余泥渣土排放证、受纳证的发放，做好跟踪检查，完善档案管理。全年共受理余泥渣土排放（受纳）申报23件，符合行政许可条件手续共15件，其中发放余泥渣土排放证11件，发放余泥渣土受纳证4件，办理建筑垃圾准运证副证36个。

【供水管理】全区供水量约29388万吨，售水量26628万吨。为应对突发供水事件，提高城市供水系统的应变能力，区市政园林管理局大力推进各自来水厂供水管网连通工作。年内除钟村自来水厂管网正在进行连接外，其余各自制水厂供水管网均已连通。

【燃气管理】全区使用管道燃气用户11万户，供气量7400万立方米。区市政园林管理局定期对辖区内的液化石油气储灌站、气化站、瓶组站、销售点进行执法检查，规范燃气使用行为，打击非法销售液化石油气行为。

【路灯建设】各镇（街）完成7米宽以上未安装路灯道路的统计排查工作。全年共完成62条道路、4418盏路灯的建设。为大力推进路灯节能改造工作，区市政园林管理局着手搭建全区道路路灯自动化监控系统平台，推进自动化监控终端的安装工作；完成广州大学城全部道路路灯的线路改造工作，效果十分明显。

（吴耀强）

气象工作

【气象预报】2008年，区气象台发布各类预警信号56次，向区委、区府提供《番禺区重大气象信息快报》24期、《番禺区重大气象信息专报》18期；向区、镇、街以及村级和教育系统各中小学、幼儿园等各级领导发送天气实况、天气预报及预警信息手机短信共97万多条。

2008年的重要天气过程较多，包括1月下旬至2月上旬的低温阴雨天气、“5·19”暴雨、台风“浣熊”、强热带风暴“风神”、台风“鹦鹉”、强台风“黑格比”等，区气象局均有准确、及时预报。

【气象现代化建设】·天气实景监测系统·在全区东、西、南、北、中五个方位和区气象局办公大楼布设天气实景监测设备，各级领导和预报员可以通过视频更直观地了解我区的天气实况。

·大气电场强度监测网· 在石楼、化龙、钟村、大岗、榄核布置了五套大气电场强度监测设备终端，可以监测预报雷电天气，及时向政府及市民发布雷暴天气信息，降低雷电造成的损害。

·气象应急监测车加装卫星通讯系统· 包括车载设备和地面站设备安装。增加卫星通讯系统后，气象应急监测车可通过卫星通讯和区气象局预警中心及现场指挥中心报送和交换数据。

·网络流量监测仪· 网络流量监测仪对内网流量和使用情况进行监测，一旦出现网络异常或恶意攻击，可以快速找到原因或渠道。确保网络安全，保障气象信息的接收、处理和发布。

【气象科研】 4月8日，由区科技局组织邀请专家召开项目验收会议，专家组一致同意区大气灰霾预测预报预警应用系统建设项目通过验收。《基于气象条件的水稻病虫害预测业务系统》取得区科技局立项。

【气象应急】 根据市气象局《关于开展<广州市高温中暑事件卫生应急预案>工作的通知》（穗气［2008］121号）要求，联合区卫生局制定《广州市番禺区高温中暑事件卫生应急预案》。经区政府同意，由区应急办于2009年1月6日转发到各镇街及区府直属各单位执行。

【防雷安全管理】 区气象局全年参加72个大型重点项目，总建筑面积达297.5万平方米的初步设计审查会议，审查其中的防雷安全设计。受理防雷工程开工报审项目237项，全区218个新建项目验收合格。

年内组织8次防雷安全专项检查活动，检查企业270多家，发出责令整改通知书67份。在检查中，区气象局与区安监局、各镇街安全办和各行业主管部门联合组成检查组，分行业、分重点地开展地毯式的专项检查，及时发现和消除雷电灾害隐患，效果良好。

根据《番禺区学校、幼儿园公共建筑物安全专项整治工作方案》（番安委办〔2008〕28号）的具体部署，为完善学校、幼儿园各建筑物的防雷安全，区气象局加强对各类学校、幼儿园公共建筑物防雷设施的监管，加强检查执法力度。

年内区气象局接到雷击事故报告12宗，其中人员伤亡事故1宗（死亡1人），建筑物损坏事故2宗，电子设备损坏事故9宗，120件电子设备遭雷击损坏，直接经济损失约94万元。

8月22日，戴永昌副区长到区气象局了解台风鹦鹉动向。

3月23日，区气象局在大岗镇举办气象科普下乡宣传活动。

【亚运会气象及防雷服务工作】为保障2010年亚运会顺利举行，区气象局进行多项基础性工作。增设自动观测站、配置气象应急车、加强气象观测设备维护，确保硬件水平符合亚运会气象服务需要；增加预报服务人员、更新业务软件、加强业务培训和专项服务演练，做好亚运会预报、预警服务前期准备工作。10月份，区气象局向区政府提交《番禺区2010年亚运城市气象服务专项计划》，在计划中提出了完善亚运气象保障监测网、建立一个具有国际先进水平的资料分析和预报预警系统、建设亚运气象服务网站等项目建设要求。

针对亚运城建设工作进度情况，为保障建设项目的顺利进行，区气象局为项目建设提供气象资料和气象预报、预警服务。抽调业务技术骨干专门成立亚运城建设气象防雷工作组，2月份进驻亚运城，开展相关的气象与防雷服务工作，及时提供技术服务和审批服务指引。

（杨宏建　赵湛明）

环境质量与环境保护

【环境质量】2008年，区环境空气质量保持良好状况。中心城区空气环境中二氧化硫、二氧化氮、可吸入颗粒物年平均值分别为0.045毫克/立方米、0.045毫克/立方米、0.072毫克/立方米，全部项目优于国家环境空气质量二级标准，污染物浓度分别下降52.6%、28.6%、41.9%。全年空气质量为优、良的有331天，占全年总天数的90.9%；轻微污染的有29天，占全年总天数的8.0%；轻度污染的有3天，占全年总天数的0.8%，中度污染的有1天，占全年总天数的0.3%，缺数2天。大气主要污染物以PM10为主。

全年降水pH值范围在4.01~6.16之间，pH加权平均值为4.75，比2007年4.53上升0.22个pH单位；酸雨出现频率85.7%，下降6.8个百分点，酸雨污染现状有所缓解。

市桥水道水质年平均污染指数（WQI）为0.97，属中度污染；沙湾水道水质年平均污染指数（WQI）为0.35，属于轻度污染，沙湾水道除个别指标外，水质总体达到国家Ⅲ类水质标准，其中沙湾水道饮用水源水质达到国家Ⅲ类水质要求。

中心城区区域环境噪声平均等效声级值为55.9分贝，下降0.5分贝；交通干线交通噪声的等效声级平均值68.2分贝，下降0.1分贝；噪声达标区总面积为24.8平方公里，噪声达标区覆盖率80.99%。

【环境监督管理】2008年，全区环保局共审批环境影响评价报告478个，涉及项目总投资117.4亿元，环保总投资1.78亿元。验收项目共113个，项目总投资26.2亿元，环保设施投资5920万元。继续开展旧污染源企业补办环保申报审批手续的工作，15家老污染源企业补办手续。继续推行污染源排污许可证制度，全年共核发《排污许可证》480个。

全年共开展环保专项执法行动12次，首次在环保执法行动中使用直升飞机，利用空中直观的形象对排污口进行排查，快速查处违法排污行为重点打击私设暗管等偷排行为。从5月份开始实施企业超标预警跟踪制度，使环境监察和环境监测形成合力，快速查处超标排放企业。全年检查企业1656家次，发出行政处罚决定书344份，其中责令关停或停止违法建设项目使用的有425起，依法申请人民法院强制执行166起，会同有关部门对群众投诉强烈的22家单位进行联合现场强制执行，168家企业被实施关停。对210家存在轻微违法行为的单位和个人发出责令限期整改通知。全区开征排污费单位共4891个，增加351%；排污费入库1842.92万元，增长15.1%。

区环保局针对饮食业污染扰民严重的问题开展两项新措施：一是领取工商营业执照前要求企业签定“环保守法承诺书”；二是环保审批前置介入区流管办的场所备案。全年共受理临时经营场所环保前置审批项目5886个，否决项目747个，从源头上减少污染扰民问题的产生。共受理环境信访案件1679宗，增长3%，增长率有所下降。案件受理率100%，处理率100%。其中，区长专线案件的平均满意度为83.2%。

【环境监测】 对沙湾水道饮用水源水质每月一次的监测，取得监测数据672个；完成逢单月进行的市桥水道、沙湾水道的常规监测，按技术规范的要求，必测项目100%完成，共取得监测数据10656个。按时完成了指令性工业污染源监测任务，共完成1040厂次以及140条锅炉烟囱的监测工作，取得污染源监测数据19127个。三个空气自动监测系统、两个水质自动监测站、两个噪声自动监测系统，全年取得空气自动监测数据288000个，沙湾水道水质自动监测数据280320个，噪声自动监测数据17520个。

【沙湾水道饮用水源保护】 沙湾水道饮用水源保护区联合监察队共出动监督执法船、艇309航次，出动执法车辆207车次，出动执法检查人员540人次，检查船舶1182艘，移交海事部门处理、处罚的违章违法船舶157艘，派发保护水源宣传单张1015份，共完成海事处联合和专项执法19次，处理水域污染投诉和突发水源污染事故12宗（其中水上泄油污染事故5宗），巡查检查企业181家，查处违法企业5家。

执法巡航区域扩大至陈村水道、市桥河、溜江水道、西樵水道、洪奇沥水道、南洲水厂林广水闸附近，下游至东涌工业区到八塘尾。完成水源保护区界碑设置工作，共设置界碑75个，大型户外宣传广告3幅。

【河涌整治】 区环保局制定《2008年市桥河沿岸企业第二批整治方案》，依法对市桥河沿岸存在环境违法行为的42家企业进行处理；与区“惠民一号”办公室联合向社会公开征集莲湖涌水环境整治试点新技术方案，并最终形成专家论证会评审意见和评选结果，综合上报区“惠民一号”办公室。2008年底，区环保局出台《河涌整治重点区域企业执法方案》，全面推开工业废水的污染整治工作。

【污染源普查】 1月17日，全国第一次污染源普查工作全面开展。区内纳入普查的各类污染源共有10114家，其中重点工业源1225家，一般工业源5138家、生活源3751家。6月，区作为广东省污普工作重点考核地区之一接受国家的检查，得到检查组的高度的评价。

【主要污染物减排】 纳入2008年水污染物总量控制的101家企业中有6家关停，有7家通过调整产业结构不产生生产废水；纳入废气二氧化硫总量控制的59家企业中有8家关停。2008年，全区COD削减量为77.859吨，二氧化硫削减量为287.338吨。

【机动车尾气污染防治】 1月1日起对广州市籍汽车核发环保标志，9月15日起对外籍号牌汽车核发环保标志，2008年，共核发本地车辆环保标志共120685个，外地车辆环保标志20212个。在继续强化用车大户监管的基础上，扩大用车大户的监管面，将拥有10辆车以上的企业也纳入用车大户监管范围。同时，鼓励企业自行淘汰高排放车辆，2008年，淘汰高排放机动车共170辆。对机动车生产企业进行抽检监督，抽检车辆共2680台，排气合格率97.2%；整治黑烟车辆专项行动和在用车抽检执法工作，共抽检各类机动车共4154辆，平均合格率85.2%。对全区机动车4个检测站进行规范化管理。此外，加大社会监督力度，共处理群众举报黑烟汽车来电投诉317次（1124辆车），结案率100%。

【固体废物管理和辐射管理】全年共巡查单位511家，协助111家完成转移报批手续，对84家无证废品收购店上报整规办处理。全过程监管广州净海油污水工程公司处置澳门电厂14704.9吨废燃料油，确保废水达标排放。

全年共出动203人/次开展辐射管理，专项检查区内涉源单位。各单位基本建立相应管理规章制度；完成申报登记31家；办理辐射安全工作许可证16家；办理环境影响评价报告4家；签订转让或安全处置协议18家；有废源或闲置源的企业均完善废源收贮证明。

【环境科学研究】3月28日，区环保局下属单位区环境技术中心在市桥街禺山大道263号挂牌成立；年内，区环保局申请的《广州市番禺区河涌水环境污染与治理的社会学研究》获得区科技局立项；区环保局完成《番禺区电镀行业产业优化调整调研报告》、《番禺区重点区域水污染企业整治方案》、《广州市番禺区农村生活垃圾污染调查与管理处置对策研究》、《广州市番禺区生态环境评价体系研究》等科研项目；区环境技术中心完成的《生态优先、环境优化、和谐发展——对番禺区腾笼换鸟战略的思考》获得区委宣传部和《番禺日报》社联合主办的“我为番禺科学发展建言献策”活动一等奖。

（梁锡波）

6月20日，国家检查组检查区污普工作开展情况。

科 教 文 卫 体

番禺年鉴·2009

科学技术

【概况】2008年，区财政安排科技三项费用12320.32万元，确定立项支持的科技计划项目165项，其中：科技攻关和产业化项目135项；企业研发中心认定13项；软科学研究课题17项。获批准为市级以上立项的科技计划项目22项（国家级5项，省级5项，广州市级12项），获得上级经费支持1135万元。全区完成科技计划项目验收和科技成果鉴定164项，推广应用科技成果75项；获得国家知识产权局批准的专利申请1705件。全区有高级职称的科技人员1731人、中级职称11046人、初级职称27316人。

全年被新认定为广州市民营科技企业5家，高新技术企业18家，软件企业6家，双密企业1家，四类科技型企业合计134家。全区建立企业技术研究开发中心72个。

【科普工作】全区在农村开展科普“四个一”工程建设。根据市科协《关于进一步加强农村科普工作的意见》的精神，区科协积极组织开展农村“一个科普示范站、一个科普宣传栏、一个科普宣传员、一个科普示范点”的建设工作，全区有10个镇42个村开展农村科普“四个一”工程建设，有32个村的“四个一”工程建设已验收合格。通过开展农村科普“四个一”工程建设，在农村有效地传播科学技术，切实帮助广大农民提高科学文化素质，造就一批有文化、懂技术、会经营的新型农民，达到了农业增效、农民增收的目的。围绕“加强自主创新，建设和谐广州”的主题，

5月16日，区科技活动周启动仪式暨沙湾镇科技咨询活动。

开展科普宣传活动、全国科技活动周和全国科普日宣传活动，以及各类群众性科普宣传活动；通过形式多样、内容丰富的科普活动，提高广大市民、农民和中小学生的科学意识。全年开展活动25次，吸引十几万人次参加；发放科普图书2万多册；发放科普宣传挂图20余套；举办各种类型的农村实用技术培训和开展农村富余人员再就业培训教育；大岗科普基地共举办培训24期，培训人数2780人次，其中电脑培训10期，实用技术培训班14期。

【科技产学研合作】2008年6月，区政府与中山大学、华南理工大学等10所高校签订产学研合作的框架协议，形成“政府+企业+院校”的产学研共建模式，为推进区产学研工作奠定良好的基础。

采取以高校设备、技术投入为基础，政府投资金为引导，企业投资为重点的原则，共同建立集科研、教学、产业发展和社会服务于一体的产学研科技创新实体。广东药学院、广州大学的“大学城生物医药产学研孵化器”和“华南（广东）声像灯光设计研究院”项目计划已获区政府同意实施。

广州大学城数字家庭与数字电视产学研孵化基地通过招商引资，已有广东省数字家庭公共服务技术支持中心、国家AVS工程中心、深圳清华大学研究院数字电视中心等三大技术支持中心，以及TCL、华为、韩国SK、广州中大凯旋电子科技有限公司等国内外10多家知名企业和技术机构进驻。

【科技融资担保】为进一步拓宽科技项目的融资渠道，切实帮助企业解决融资难的问题，广东番禺银达科技担保有限公司实现增资扩股，注册资本金从1亿元增至1.5亿元。为全区284个中小企业提供累计10亿元担保融资，有效地解决区内中小企业在自主创新方面资金短缺问题。

【农业科技】全年财政安排农业科研经费520万元，重点支持沙湾恒力奶牛养殖场的“提高水牛雌性后代比率的繁殖技术研究”、广州市天力畜牧有限公司的“高致病性猪蓝耳病综合防控研究与推广应用”等31项的科研项目。围绕农业“新四化”（信息化、规模化、生态化、标准化）和促进农民增收，组织农业新品种与新技术引进示范推广，有广州农业科技开发研究基地、区科研水产种苗研究基地、区农科所优质蔬菜种苗繁育基地、观赏鱼繁育生产示范基地和奥尼鱼繁殖示范基地等不同特色的农业科技示范基地或示范点20多个。其中，区农科基地、区农科所等13家科研企业被评为“广州市农业龙头企业”。

【博士后工作站】2008年，有4位博士进入区内各博士后工作站，其中海大与中国科学院南海海洋研究所合作招收2名博士研究人员；华南摩托与广东工业大学合作招收1名博士后研究人员；联合科技与广州工业大学合作招收1名博士后研究人员。区内7家设站企业科研人才大幅增加，硕士以上科研人才近100人，博士21人，仅海大集团分站就有11名博士；秀珀化工工作站申请省重大科技攻关项目1项；今年在站博士申报专利10项，发表学术论文7篇。有博士后参与的项目，申报国家级的

12月25日，广州留学生交流会。

有1项；省级的有6项；市级的有7项；区级的有3项。全年发放博士后生活补贴及安家费30.5万元，市拨给番禺区博士后经费19万元。

【专利及知识产权】全区申请发明专利337件，实用新型专利645件，外观设计专利723件；发明专利授权45件，实用新型授权596件，外观设计授权472件。美视晶莹银幕、金柏莉食品和秀珀化工等8家企业被认定为广州市进出口优势企业知识产权工作推进计划首批试点企业，珠江钢管、敏嘉制造和锦程电子3家企业申报广州市专利技术产业化示范。

（陈锦潮）

教　育

【概况】2008年，全区坚持在社会经济发展中优先发展教育的战略，积极实施各类学校优质均衡发展、各类教育统筹协调发展。认真落实“以县为主”的教育管理体制，教育经费、校长和教师调配、区域教育规划、学校布局调整等实行全区统筹，保障教育均衡、协调发展。

全区有中小学246所，其中普通中学62所（高中16所、初中46所）、职中7所、小学176所、特殊教育学校1所。中小学中公办中小学210所，民办中小学35所，其他部门办初中1所。幼儿园323所，其中公办5所、民办318所。有14所公办高（完）中，其中省一级学校12所、市一级学校1所、区一级学校1所。全区安排普通高中学位10146个，市级学校以上的优质学位比例达95.29%。

另有高等职业技术学院、电大、教师进修学校等各种类型的学校。

中小学在校学生226345人（高中28643人、初中60216人、职中7409人，小学129764人、特殊学校313人），在园幼儿共57917人（公办园幼儿2686人，民办园幼儿38215人，集体办园幼儿17016）。其中公办中小学在校学生187342人（其中小学103274人、初中50601人、高中27873人、职中5281人、特殊学校313人），民办学校在校学生38778人（其中小学26380人、初中9500人、高中770人、职中2128人）。义务教育阶段学生189980人（番禺户籍学生120248人，非番禺户籍69732人）。

【教育投入】1. 在对义务教育阶段具有广州市农村户籍学生免收书费和杂费的基础上，从2008年春季起，全区每学年增加支出5600多万元，对具有广州市城镇户籍学

12月25日，区与大学城各高校举行产学研工作座谈会，共谋产学研合作的进一步发展。

12月26日，区举行中小学教师继续教育工作总结会。

9月10日，区举行教师节表彰会。

生免收书费和杂费，实施免费义务教育，惠及义务教育阶段12万多名学生。

2. 按照"一校一案"原则大力推进义务教育规范化学校建设，2008年新评定61所规范化学校，全区共有159所规范化学校，占义务教育阶段学校总数的82.81%，总数居广州市12区（市）之首；按照规模与效益统一的原则，采用撤并、扩建、新建办法，改造"薄弱学校"，改善学校的办学条件和水平，优化整合教育资源，缩小城乡教育的差距。全区教育硬件建设投入1.82亿元。其中教育基建完成投资1.07亿元，新扩建校舍20635平方米，新扩建学校29所。加快沙滘中学新校区建设和石北中学的扩建工程，撤并大岗镇航运小学。教育装备和信息化投入7478.73万元，其中农村教育装备建设经费达2960.7万元，共完成教育装备项目246项。

3. 全区完成第三、第四批统一建设中小学校园网工程。建有校园网的中小学共有175所。区教育信息化建设走在全市前列，有全国现代教育技术实验学校1所、广东省现代教育技术实验学校10所、广州"教育E时代"应用实验学校6所、区教育信息化示范学校12所。

4. 全国示范高中建设有新进展。2008年全区安排普通高中学位10146个，占初中毕业生人数的59%，其中优质学位比例达95.06%。仲元中学、番禺中学成功创建为广东省第一批国家级示范性普通高中；禺山高级中学、象贤中学按示范性高中的标准要求稳步推进各项建设。

【公平均衡办教育】1. 高度重视农村教育，不断加大教育投入。区财政不断加大教育

12月29日，区解决教师住房问题资金发放现场会。

投入的同时，重点向农村薄弱镇校倾斜，改善农村学校的办学条件，加快农村教育发展。根据《番禺区农村教育均衡发展经费保障方案》，区财政从2008年起对教育费附加增量部分进行统筹，专项用于各镇、街学校布局调整奖励和农村义务教育规范化学校建设补助，特别是加大对大岗、榄核、东涌、石楼、新造和化龙6个经济相对薄弱镇的补助力度，时间定为4年，总资金约1.5亿元。另外区财政每年安排专项经费不少于1500万元用于补助农村校舍建设和设备购置。

2. 加强农村师资队伍建设，深化城乡教育互助。2008年，共有23名教师参加城乡教师交流活动，其中有13名城镇优秀教师到农村学校支教，10名农村骨干教师到城区学校跟班学习，为农村学校传送新的教育理念和科研教研成果。开展农村中小学语、数、英教学新秀培训，农村小学英语教师口语培训、语文教师普通话朗读培训和送教下乡等活动。进一步完善教师合理流动机制，确保农村学校特别是薄弱学校教师队伍的相对稳定。

3. 区教育信息化建设重点侧重农村地区中小学建设，第三批全区统一建设校园网以农村中小学为建设重点。不断促进优质教育资源共享，全区教育资源达5TB，建设了30个学科专题教育资源库。

4. 保障弱势群体教育权利。区级共资助贫困学生4500多人次，资助金额达300多万元，提高对“持证”学生的补助标准；加强残疾儿童的随班就读工作，加大对培智学校的扶持力度。解决非本地户籍人员子女入学问题“以公办学校为主，民办学校为补充”两条腿走路的方针，设立专项奖励经费鼓励民办学校规范办学，提升其软硬件建设。全区接受义务教育的非本地户籍学生近7万人，约占义务教育阶段中

4月11日，区教育系统“迎亚运，全民学英语”活动启动仪式。

小学学生总数的 1/3。

【全面加强教师培训】全区学校实施“人才强教”、“名师强校”战略，构建教学新秀、教学能手、骨干教师、学科带头人、名教师名校长人才梯队，为教师终身发展和专业成长提供平台；开展送教下乡、结对帮扶、挂职学习、交流支教等 8 项工作，促进全区农村师资水平的整体提升。区第六届小学教学新秀评选活动评出 245 名教学新秀；有 316 人中小学教师参加各项竞赛获市级以上奖励，有 587 名教师被评为区优秀教师（教育工作者）。

【统筹兼顾各类教育协调发展】1. 按照“学前教育多元化、义务教育均衡化、高中教育优质化”的发展策略，继续巩固和扩大了“两基”成果，呈现出“两头突出（幼儿教育和高中教育）、中间稳固（九年义务教育）、全局协调（整个基础教育）”的格局，全区教育普及程度和受教育水平不断提高。

2008 年，全区学前适龄婴儿入托率 47.44%，适龄幼儿入园率 100%；小学适龄儿童入学率 100%，初中入学率132.73%，初中学生升学率 98%。“三残”儿童入学率 96.5%。学前教育形成“公办作示范，民办为主体”的多元化办学格局，各镇均建立中心幼儿园，各村也办起幼儿园。

2. 中等职业教育立足于区域经济和社会发展的需要，积极构建办学形式灵活、专业结构合理、技能特色鲜明、服务功能齐全的现代中等职业教育体系。全区中等职业技术学校中有 2 所被评为国家重点、1 所被评为省级重点。中职毕业生就业率多年均达 98%以上。

全区 12 所成人学校中有市级以上示范校 11 所，所占比例 91.7%。成人教育开展农村转移劳动力就业培训、退役军人培训、实用技能培训、农转居培训、安全生产培训等各项培训 10 万多人次。番禺电大在 2008 年全国电大系统考试中专、本科及格率均达 90%以上，在全国电大系统中名列前茅。投入 1300 多万元新建的市桥成人学校年底竣工。

星海青少年宫 2008 年培训 8000 多人次，获市级以上奖励 240 多人次，成为区内青少年校外培训学习的主要基地。

【教育成果】1. 全区有 1328 名学生被评为区级以上三好学生、优秀学生干部；新创建区级以上绿色学校（幼儿园）68 所，现共有区级以上绿色学校 195 所；市桥东城小学的“把生活化的德育还给学生”的德育课题获省教厅首批德育创新奖二等奖，是全市获奖的两个德育课题之一；番禺中学、石楼中心小学、大岗中心小学分别获广州市首届德育创新评选一、二、三等奖；中小学生参加第 22 届青少年科技创新大赛共获省、市级奖项 89 项；区组队参加 2008 年广州市中学生田径运动会，高中、初中组均获团体总分第一名；中小学生获得市级以上各类学科竞赛奖励 2763 项，多项成绩位居全市各区（市）之首。

2. 配合全区广泛开展抗震救灾、喜迎奥运、共建文明城市等主题活动，全区学校扎实做好新农村建设以及各项帮扶结对工作。创建区级以上安全文明校园 66 所；教育系统 580 多个单位没有出现重大责任事故和群体性上访事件；30 万师生没有发生涉毒行为和参与法轮功等组织的情况。

3. 2008 年全区高考重点本科上线率、本科 A 线、B 线上线率均位居广州市 12 区（市）第二；高分段有突破，夺得物理、历史、理科基础、生物 4 个学科的广州市单科第一名。仲元中学、番禺中学连续 11 年取得广州市高中毕业班工作一等奖。中考总分平均分超出广州市平均分约 34 分，位居广州市 12 区（市）第二。

【广东仲元中学】广东仲元中学始建于1934年春，学校占地70050平方米，建筑面积61280平方米，办学规模为60个班，在校学生3000多人。学校弘扬“爱国爱民，求实创新”办学传统，秉承“德、毅、博、健”校训，坚持“养浩然之气，扬君子之风”的办学理念；以培育具有“英才气质、君子风范、时代素养的当代合格公民，未来创新人才”为目标。1994年6月获评首批“广东省一级学校”；2007年12月，以优异成绩通过省普通高中教学水平评估和省国家级示范性普通高中验收确认。

学校有教职员工247人，高级教师和具有研究生学历的教师106人，占专任教师的50%，专任教师学历合格率100%；特级教师1人，广州市首届名教师1人，国家级、省级名师培养对象9名，广州市高考研究组成员、市区两级学科中心组成员、学科研究会理事等51人。

学校历年高考成绩优异，2004~2005年连续两年夺得高考语文科省状元；2007~2008年连续两年获广州市高中毕业班工作一等奖第一名。2008年本、专科上线人数再创新高，学校上大专线以上人数为1063人（包括体育、艺术类12人），上重点大学线461人、本科A线859人、本科B线936人。高考成绩理科总分650分以上有9人，位居广州市第四（仅次于省实、华附和执信）；理科总分600分以上有110人，位列广州市第五；文科总分600分以上有31人，位列广州市第五。分别获物理、历史、理科综合广州市单科第一名；有11名学生位列广州市各单科前十名。

学校重视加强和改进学生社团工作，各社团以“自我管理、自我实践、自我提升”的模式开展活动，较活跃和出色的社团有15个，校园电视台、辩论社、义工队、银杏文学社、明德书法社、模拟联合国大会、魔方社、动漫社等综合实践类8个，击剑队、定向运动社等体育类5个，合唱队、舞蹈队等艺术类2个。

（戴瑞虹）

幼儿教育

【概况】2008年，区、镇、街、村三级投资幼教经费5037.44万元。全区各类托幼园所修改扩建托幼园所总面积88554平方米，总投资5764.17万元。全区有幼儿园323所，其中公办园5所，集体办园105所、民办213所；托儿所20所，在园幼儿57917人，适龄幼儿入园入班率100%；适龄婴儿入托率47.44%；幼儿园共有幼教工作者7101人，其中专任教师4265人，学历达标率100%，大专以上学历33.1%；有市示范性幼儿园4所，等级幼儿园74所，其中省一级幼儿园11所，市一级幼儿园24所，区一级幼儿园39所。

全区有绿色幼儿园68所，其中国家级绿色幼儿园1所，省绿色幼儿园8所，市绿色幼儿园24所，区绿色幼儿园38所，市食品卫生A级单位6个。年内祈福精英幼儿园顺利通过省一级幼儿园评估，石碁旧水坑幼儿园荣获市一级幼儿园称号，市

谭应华书记调研区幼儿教育工作。

桥爱心特色、沙湾育才、石碁美心明庭3所幼儿园荣获区一级幼儿园称号，还有3所幼儿园分别荣获市、区绿色幼儿园称号。有375名幼教教师分别荣获“区优秀教师”、“优秀幼教工作者”、“区好园丁”等的荣誉称号。

【规范幼儿教育管理】 5月，区托幼办对区内幼儿园进行全面摸查，掌握全区托幼园所的性质、规模、安全、设施设备、收费、幼师待遇、牌照申办等基本情况，同时召开公办、民办、村办等不同类型座谈会,充分各方听取意见，收集意见和建议26条。将调查收集到情况、建议和意见，综合分析并形成文字，为区政府发展区学前教育决策提供依据。在全面摸查全区“无证幼儿活动场所”的基础上，由区托幼办指导、镇、街托幼办牵头，联合卫生、消防、工商、城管等部门，实地检查无证幼儿场所的具体情况，采取查、改、关等一系列整改措施，取缔一批无证办学机构和幼儿活动场所。

【祈福新邨幼儿园】 是祈福新邨房地产有限公司投资举办的全日制和寄宿制兼备的省一级幼儿园，开办于1999年9月，占地面积为6721.95平方米，建筑面积为4629平方米，户外活动场地面积为3537平方米、绿地面积3149.6平方米、绿化覆盖率达53%。有15个教学班440多名幼儿，专任教师60名，教师专业合格率100%，本科、大专学历占78.6%，保育员100%受过专业训练。

幼儿园探索园本教育模式“幼儿自主区域活动”，使他们在快乐的童年生活中获得有益于身心发展的经验。开展“十五”教育课题“利用社区环境，促进幼儿言语交际”、“环境人口与可持续发展教育(EPD)项目成员学校”等省市、国家级教育科学“十五”规划重点课题的研究。是全国教育科学研究课题尝试教学理论研究先进单位和优秀实验基地、华南师范大学教育科学学院教育实习基地、区实施教育部《幼儿园教育指导纲要（试行)》试点基地。

（韩秀云）

高等教育

【广州番禺职业技术学院】 为体现学院在办学体制上的重大变化和促进学院的国家示范性高等职业院校建设，继1997年后学院第二次更名，“番禺职业技术学院”更名为“广州番禺职业技术学院”。学院“市区共建，以区为主”的体制调整为“市区共建，以市为主”，即由广州市政府主办，市区共建，以市为主，行政隶属市政府，人、财、物划给市归口部门管理。

2008年，新增投资与理财、社会工作、电气自动化技术、工商企业管理、艺术设计（商业美术设计方向）等5个专业，招生专业总数达到42个；工商模拟市场实训、税法、餐饮管理3门课程获评国家级精品课程；新添餐饮管理、税法、通用管理能力、调酒与酒吧管理、人力资源开发与管理等5门省级精品课程；5个实训基地获评市属高等学校高职高专教育示范性实训基地；首次独立组织玩具设计师国家

2008年三下乡基层挂职服务团出征合影。

7月1日，番禺职业技术学院更名揭牌仪式。

职业资格鉴定工作；“玩具设计与制造专业教学团队”被评为2008年“国家级教学团队”。学院校外课题立项23项。7项课题获省职业技术教育综合改革推进计划项目立项，立项总量及A级立项数量在全省高职院校中均名列首位；6项省教育科学“十一五”规划课题立项。毕业生总体就业率达99.88%，位居全省本专科院校第一位。

（买琳燕）

【番禺广播电视大学】 为适应番禺地方经济发展的需要，番禺广播电视大学开设多种专业多种学历课程：①以中央电大开放教育本、专科学历教育为主，非学历教育和岗位培训为辅的多元化办学模式；②为具有初中学历的求学者开设开办“开放中专班”；③“研究生课程研修班”与华南师范大学合作，开办行政管理研究生课程研修班；④成立“双证教育”培训中心；⑤与中山大学网络教育学院合作招收网络教育本专科学员。

年内，开放教育本专科共招生1660人，其中本科403人、专科1234人、中专23人；在校生有4062人，其中本科生958人、专科生3061人，中专生43人；共有1335人（本科323名、专科1012）毕业，有41人达到申请学士学位的条件。1月和7月的两次全国电大系统考试中专科及格率和本科及格率分别为90.10%、94.68%和91.99%、90.81%，在全国电大系统中名列前茅。

（刘 铱）

文 化

【农家书屋工程建设】 按计划，全区须在2008年基本完成行政村（社区）“农家书屋”（社区书屋）、“绿色网园”的建设任务。区文广局于2月至3月组织有关人员对全区各村委、居委的文化设施进行全面详细的摸底调查和核实工作。区内247个行政村、86个社区中，有221个行政村及50个社区可提供建设“农家书屋”的场地，需建设的“农家书屋”的总数为271个；有219个行政村及46个社区可提供绿色网园建设场地，需建设的“绿色网园”总数为265个。5月26日，区“农家书屋”、“绿色网园”建设工作会议在区博物馆召开，要求各镇、街认真贯彻落实“农家书屋”、“绿色网园”建设工作的要求。

2008年9月25日，由广州市新闻出版和广播电视局主办的广州市“农家书屋”（社区书屋）管理员第二期业务培训班在区会议中心开班。来自区内与白云、南沙、萝岗、天河、海珠、越秀、荔湾、黄埔等9个区的430位“农家书屋”（社区书屋）管理员和文广新局、图书馆有关负责人参加了培训班学习。

截至2008年底，区农家书屋建设工作取得初步成效，第一期272间农家书屋（其中行政村222个、社区50个）、266间农家网园（其中行政村220个、社区46个）已经建成，分别占应建总数的82%和80%。根据建设要求，购置书架、数字电影放映机、卡拉OK等文化娱乐设备。根据区委要求，要在2009年完成“农家书屋”、“绿色网园”工程建设全覆盖。对还没有建设农家书屋和绿色网园的村和社区（61间“农家书屋”、67间“农家网园”待建设），区文广局将继续进行跟进工作，对没有活动场所的村和社区，采取租、借、腾等措施，解决场地问题。

【文广局民主评议】6月3日，按实践科学发展观的要求，区文广局在番禺博物馆召开工作会议，部署民主评议政风行风工作。7月17日，由区人大代表、政协委员、特邀监察员、工青妇代表组成的区行风评议

9月30日，国家新闻出版总署副署长孙寿山调研区农家书屋建设。

团到区文广系统进行检查指导工作，重点了解文广系统开展民主评议政风行风工作。7月26日，区文广系统在市桥文化中心举行工作现场咨询会，接受群众咨询。

区文广局自觉把行风建设摆上重要议事日程，按照抓行风、促转变、谋发展的工作思路，为群众服务，为老百姓办实事，工作水平不断提高，服务意识大为增强，行业风气明显好转。10月，区行评团成员审议并一致通过区文广局的行风评议工作。

【文化市场管理】为迎接创建全国文明城市“国检”，区文广局加强对文化市场的管理工作，成立文化市场巡查督导工作组，加大对文化经营单位的检查频率，对全区各“创文”考察点和文化经营单位进行为期一个月的巡查督导。各巡查督导组成员全天候待命，严防死守，确保各实地考察点以及文化市场经营单位符合测评内容要求并达A级标准。针对区内文化市场经营项目种类多，经营单位数量大，文化市场分布广，情况复杂等情况，区文化市场执法队联同区“扫黄打非”联合执法组在各镇、街综治办和公安、工商等职能部门配合下，开展了一系列有效的工作。

一是创新管理方法，通过与镇街签定目标管理责任书、建立举报制度、联合执法和将文化市场管理目标纳入维稳综治考核等强有力的措施，打击非法文化活动，净化文化市场。为配合创建全国文明城市工作而从区公安、工商、综合执法、电信、流管及文化执法队等单位中抽调人员组成的区“扫黄打非”综合执法联合行动组，对全区文化市场开展为期5个月的综合执法行动，极大地增强联合执法能力。

二是不断加大对区内文化经营单位的检查频率，结合每天的高密度巡查和复查，采取双休日开展突击检查等方式，对违法违规经营行为加大打击力度。针对有证网吧接纳未成年人以及有关管理制度落实不到位、部分书报刊亭售卖“六合彩”类报刊以及电脑城内个别音像店铺售卖盗版光碟等问题，在晚上和双休日这些经营者自认为较“安全”的时间段组织检查行动，对顶风违法违规经营的单位实施有力打击，两年多来未发生恶性版权案件。

三是在加强文化市场日常巡查的同时，更加重视有关难点、重点问题的整治，力求从源头上对违法犯罪分子进行有力打击。8月28日，在钟村镇屏山一村查处一个非法音像制品储藏窝点，查缴侵权盗版非法音像制品40万张。6月7日，区文广局根据群众举报查处位于南村镇塘埗东村百越商场附近4家黑网吧；6月8日，配合广州市文化市场综合行政执法总队分别在南村镇取缔塘埗东村登云路、三多街、东市街等地段取缔4家黑网吧；6月10日，区文广局联同广州市文化市场综合行政执法总队、区公安分局、南村镇派出所查处南村镇里仁洞罗庄口一非法色情演出；8月28日，会同有关职能部门联合行动，一天取缔无证网吧8家、无证网吧兼影吧1家和无证影吧1家。

【文博图工作】从2007年9月开始，至2008年10月，区第三次全国文物普查工作全面完成第一阶段的工作，转入具体的田野调查阶段。区文物办组织召开动员工作会议，组织人员培训学习，于年内完成市桥街和沙头街30多处不可移动文物的调查登记。在“5·18国际博物馆日”和“6·14中国文化遗产日”期间，区博物馆举办明珠馆藏文物精品展、清代广州外销艺术品展、庆祝广州建城2222年——番禺史迹图片展、“众志成城 抗震救灾”展、番禺龙舟文化展、文物法宣传、文物拼图、文物修复、文物鉴赏、有奖知识问答、中国文化遗产日电影月等系列活动。

区文物办监督指导留耕堂、屈氏大宗祠、“群园”、沙路炮台、余荫山房、石楼镇善世堂等做文物维修保护工程；协调东新高速公路建设单位，对沙头街南双玉村明代墓葬按原貌进行移址复建；开展文物“四有”工作，逐步完善对各级文物保护单位保护范围和建设控制地带的保护标志设置。区内非物质文化遗产保护取得阶段性成果，分别有国家级非物质文化遗产项目狮舞“广东醒狮”、省级非物质文化遗产项目“沙坑醒狮”、“砖雕”、“沙湾飘色”、“沙涌鳌鱼舞”和市级非物质文化遗产项目“番禺水色”、“沙湾飘色”、“砖雕”、“沙涌鳌鱼舞”、“沙坑醒狮”等。

区图书馆全年共购新书2.8万册，总藏书达45.8万册、期刊752种、报纸145种、电子图书31526种、电子期刊3万册，共接收单位赠书517册，个人赠书100册，进馆读者47.1万人次，外借读者19.2万人次，阅览读者27.9万人次，图书期刊外借38万册次，共办图书证1681个。区数字图书馆已建成各类电子资源共计67万余册，全文期刊数据库、各类专题数据库、特色数据库等专题数据库22个，形成全区统一的大型数字化文献信息资源中心。2008年，建立残疾人专区——盲人有声读物阅览室，购置包括盲文刻印机、点显器、读屏软件及盲文图书一批。图书馆有17个镇街分馆以及在部分社区、村、学校、厂企建有分馆，在区内建筑工地农民工业余学校建立借阅服务点11个。

【群众文化活动】·李昶海书画展· 2007年12月31日至2008年1月4日，在广东画院举行。由广东省美术家协会、广东省书法家协会、广州市美术家协会、广州市书法家协会、区文广局、区文联、区档案馆等单位联合主办。

·2008“星海之声”新年合唱音乐会· 1月4日在区会议中心举行。由区委、区政府主办，区委宣传部、区文广局等单位承办。

·“春到农家——区文化下乡系列活动”· 1月28日在市桥文化中心启动。由区文广局主办，区文化馆、区新华书店、区电影公司、区美术家书法家协会、和区摄影家协会协办。有优秀摄影作品下乡巡回展、区书法家送春联下乡、电影放映周、科普读物到家门等一系列活动。

·2008外来工迎春晚会· 2月2日，2008区迎春晚会在区会议中心大会堂举行。晚会现场播放区领导看望慰问外来工的电视新闻，鼓励外来工留在番禺过年，呼吁社会各界伸出援手，给予受灾群众必要的救助。

1月28日，“春到农家——番禺区文化下乡系列活动”。

5月26日，区“农家书屋”“绿色网园”建设工作会议。

·区书画家为四川地震灾区义卖· 5月25日，区委宣传部、区文化广电新闻出版局和区文学艺术界联合会等单位在番禺博物馆联合举办赈灾书画义卖活动，为四川地震灾区募捐。

·"四进社区"群众文艺大汇演活动· 7月7日、9日、12日，由区委宣传部、区文明办、区文广局等单位共同主办的共创文明城——番禺区"四进社区"群众文艺大汇演活动分别在沙湾、南村、钟村等镇举行。比赛节目形式多样，有健美操、粤曲联唱、音乐剧、小品等，内容紧扣创建全国文明城市主题，展现平安、和谐、文明番禺形象。

·"百台精品展风采"区优秀节目巡回展演活动· "百台精品展风采"是市委宣传部、市文明办、市文化局主办的"共创文明城"——广州市"四进社区"群众文艺大汇演的活动内容。区共组织选自各镇、街的10个优秀节目，于9月8~23日在市桥、石碁、钟村、南村及南沙等地巡回演出8场，为广州"创文"鼓劲，进一步提升创建全国文明城市在全区人民群众中的知晓率、认同感和参与性。

·"万家粤韵"海内外粤剧社团大联展活动· 11月11~14日，由广州市文化局、广州市文联主办，区文广局、区文联承办的第五届羊城国际粤剧节——番禺区"万家粤韵"海内外粤剧社团大联展活动在石碁、市桥等地共演出三场，区内曲艺演员与来自美国、英国的粤剧表演艺术同行切磋技艺，同台献技。

·首届番禺星海国际合唱节· 12月3~6日，首届广州番禺星海国际合唱节在区隆重举行。合唱节设立的"星海杯"合唱比赛，吸引了来自法国、丹麦、新加坡、香港特别行政区和国内的27个合唱团、1300多名演员参加。经过角逐，广州番禺星海合唱团、丹麦沃克斯·阿洛斯男声合唱团、深圳龙岗区女教师合唱团、中山合唱团、广州市越秀区爱乐合唱团、肇庆学院合唱团、广西那坡县黑衣壮"尼的呀"合唱团、

2008"星海之声"新年合唱晚会。

广州番禺星海国际合唱节。

广州番禺星海国际合唱节。

广州市老干部星海合唱团8支队伍夺得金奖，云南乐声女子合唱团等10支队伍获得银奖，其余参赛队获得铜奖。

·《水乡情韵》出版· 番禺作家精品选《水乡情韵》正式出版，选集分为散文卷和诗歌卷，共收录番禺21位中青年作者的散文170篇，诗歌148首，内容涉及乡情、爱情和社会情等人间万象。

（胡丽华）

档案　地方志

【档案工作】2008年，区档案馆晋升为全国首家市、县级国家一级档案馆。

全年接收71个单位文书档案共60194卷（件），其中，大学城市政建设档案226卷、区转制企业档案2345卷、基本单位普查档案33卷。5月，来自美国三藩市的美籍华人伉俪周敏华、曹棣华在档案馆讲述三藩市华侨华人保护北京奥运圣火传递的情况，其讲述过程的现场录音、录像被制成口述档案，连同收藏该事件的相关照片和报刊资料一批收藏于馆内。

接收名人档案365件。鉴定开放第四批38个全宗310卷档案；接待查阅档案资料1128人次，向社会提供档案1562卷。

利用馆藏资源编辑出版《禺山兰台结硕果——番禺档案利用事例之一》、《申报国家一级档案馆测评材料汇编》、《禺山杂记》、《禺山寻胜》等。为纪念改革开放30周年，档案馆、区地方志办公室和区委党史研究室联合编辑出版《番禺改革开放30年图片展》、《番禺改革开放30年成果展》。

·特色档案收集· 年初，区档案局设立名人档案展览室，分批展出名人实物档案。收藏明末爱国将领袁崇焕、原兰州军区司令员李乾元的书法作品一批，收集第29届北京奥运中国首枚金牌获奖者陈燮霞、岭南名书法家谢熙、名中医万寿、老革命郑少康等15位名人档案资料。为加强文化交流，1月和9月，联合区人大教科文工委举办“黄志德书画作品展”、“国庆金秋花鸟贺——甘苦耕、王媛媛书画作品展”。

·家庭档案· 5月，区档案馆展出黎培志的日用工业品实物收藏，收藏者黎培志现场为南方日报社记者详细介绍展品内容，并示范使用部分展览品；《中国档案报》、《羊城晚报》、南方电视台等多家新闻媒体分别报道黎培志的家庭档案情况。至6月底，全区建档家庭2000多户。

·档案信息化建设及整理利用· 档案信息网全年点击20558次，积累点击69939次；公开现行文件近万份可全文查阅和开放档案目录。档案馆馆存的民国档案全部数字化，并上传档案内部查询网。馆藏的120个全宗永久、长期保管的档案，全部完成计算机的文件级录入，共录入条目59.5万条，9528册资料；实现馆藏档案的计算机自动查找和原文阅览。年内，对馆藏43.6万页的纸质档案及5380张照片档案进行数字化加工。区档案局、区方志办、区委党史研究室三个合署办公的单位共同安装办公自动化系统，实现办公无纸化。

·档案监督和培训· 12月市档案局和区档案局对东涌镇、区残疾人联合会两个单位进行档案工作评审。石碁镇傍西村等5个村的档案室被选定为“番禺区村级档案示范点”。区第十期档案专业岗位培训班，参加学习的档案管理人员193人；全区各基层单位档案员200多人到惠州、增城等地参观学习。

【地方志工作】《番禺年鉴（2008）》于12月出版发行。《番禺市志》年内经过多次修改，已基本定稿。重点对书中记述不完整和缺漏的内容进行修改补充；对文字进行再次提炼修改以符合志书出版要求；对选进书中的图片进行考证和说明文字编辑。

广播 电视

2008年，区广播电台和电视台围绕区中心工作及改革开放30周年、北京奥运会、冰雪灾害、“5·12汶川地震”等一系列重大事件，创新宣传形式，引领正确的舆论导向。电视节目作品获省市奖的有：电视广告节目《原则价几何》获省、市广电新闻奖一等奖；电视专题节目《祺哥》等2件作品、广播新闻专题《撑起群众健康的“保护伞”》等2件作品获市广电新闻奖二等奖；电视短消息《今后番禺农民也可领退休养老金》等3件作品、广播《番禺农村祠堂变书屋》等3件作品获市广电新闻奖三等奖。

【重大事件报道】南方冰雪灾害及抗灾救灾相关新闻稿播出160多条、900多次；公益宣传播出20多条、1500多次；专题播出3个。“5·12汶川地震”及抗震救灾报道抗震救灾新闻180多篇，播出1350多次；播出公益广告16个版，播出1850次。北京奥运会期间，《番禺人的奥运梦》系列专题在早、中、晚时段设置《奥运情报站》、《奥运大本营》和《赛场风云》等专栏；在新闻节目里，报道奥运会开幕式，关注番禺运动员的表现；播出有关奥运会的稿件820多篇。

【数字网络建设】顺利推进数字电视整转工作，投入600多万元进行有线数字电视机房建设，全区互动高清数字电视试点，已安装试点用户300多户；网络升级改造步伐明显加快，投入600万元和1000万元对榄核、鱼窝头旧网进行改造；投入1300万元对全区骨干环网进行改造。

区广播电台加大硬件投入，完善安全播出体系。在全区230公里主干线上安装320个射频型巡检系统；对全区22个机房的监控系统安装80个摄像头和26台录像监控主机，实现对机房等重点部位的24小时不间断重点监控。

（吴万红 刘海娜）

番禺日报

【《番禺日报》】·报道中心工作· 《番禺日报》在“两会”会前、会中、会后分别开设“两会前奏”、“两会花絮”、“两会直击”专栏连续追踪报道，配发题为《争当解放思想的排头兵，共促番禺新一轮大发展》、《抢抓新机遇，实现新发展》等社论，深度报道“两会”中与人们生活密切相关的内容，宣传“两会”内容及其对番禺未来发展的意义。为报道区解放思想学习活动，开辟“思想大解放，番禺大发展”专栏，配发《解放思想要有胆有识》、《破解难题要有世界眼光》等系列评论；策划镇、街党委（党工委）书记专访和局长专访；栏目发稿超过100件。区开展学习实践科学发展观活动期间，开设“深入学习实践科学发展观”，专栏发稿150多件。“创文”期间，开设“创建文明城市，构建和谐番禺”栏目，集中报道番禺创建全国文明城市情况，全年发专栏稿300多件。为纪念番禺改革开放30周年，《番禺日报》在头版开设“生于1978——我与改革开放同龄”专栏，反映番禺改革开放30周年来的人民生活变化；“与你同行——番禺改革开放三十周年”有奖征文活动，征集全国各地来稿数百件，区内来稿100多件；出版《纪念番禺改革开放30周年特刊》，包括“足迹·大潮涌珠江”、“成就·百业创辉煌”、“展望·城乡焕新颜”等几大部分，共100版。

“外来工番禺开心过大年”专栏，刊发相关内容的新闻稿件近100件；“情牵灾区，共献爱心”栏目，连续追踪报道“5·12”汶川地震后区内社会各界踊跃捐款捐物的情况，发稿200多件；北京奥运会期间，《番禺日报》“时尚周刊”策划《2008点亮中国式美丽》、《北京奥运会诠释健康之美》等多个时尚主题谈论运动与健康，“生活周刊”推出奥运健康保健专题。

·人事制度改革· 《番禺日报》年内进行以试行人员聘用制度为主的事业单位人事制度改革，中层干部竞争上岗，经过演讲答辩、民主测评和组织考察三项考核，产生15位报社中层干部，其中8名为新上任中层干部。完善绩效考核机制，实现全员纳入岗位责任绩效考核。

（戴翠然）

卫 生

【医疗机构管理】 2008年，区卫生局继续深入开展“医院管理年”活动。17间公立医院医疗服务能力得到进一步增强，全年门诊8875055人次，增长5.62%；住院125038人次，增长5.75%。有25711人参加无偿献血，献血总量8.24吨，继续保持临床用血百分之百来自自愿无偿献血，百分百满足临床需求，百分之百血液合格。

加强对全区医疗机构的管理，医疗市场更加有序。审批医疗机构换证273个，变更许可证273个；对402个医疗机构进行年审，审批开设民营医疗机构1间，社区卫生服务机构3间，医务室10间，大学门诊部2间；注销医疗机构13间；审批医师注册443人、变更注册40人；护士注册38人，变更注册101人。同时，加大打击违法行医行为的力度，处理违法经营的社会医疗机构6间，依法查处无证行医84宗，取缔20间，没收药品、器械2.79吨，折合人民币12万元。

开展集中网上阳光采购药品，网上招标金额占药品采购总金额的99.5%，让利1.478亿元。

【医疗科研】 全年获市以上批准医疗科研项目18项。区人民医院和广州中医药大学、广东省第二中医院共同合作承担国家“十一五”科技支撑计划的研究项目“中医标本同治法治疗输卵管阻塞性不孕的优化方案研究”；承办国家级学术会议“CSCO—南方”肿瘤生物治疗与分子靶向治疗论坛暨全国肿瘤综合诊疗新进展研讨会，“两院”院士钟南山和孙燕、姚开泰、曾益新、樊代明、陈志南等教授作专题报告。

大岗人民医院在微创保胆取石（息肉）技术方面取得重大突破，获得10项国家专利，研制出“桥牌”系列胆道镜；承办“中国首届硬镜保胆取石（息肉）技术培训班”。5月31日，区胆囊病研究所、区科技型企业技术研发中心、卫生部普外科内镜培训基地、卫生部肝胆肠外科研究中心胆囊病研究所在大岗人民医院成立。同日，大岗人民医院改名为“番禺区第二人民医院”并举行挂牌仪式。微创保胆取石（息肉）技术成为广东省援疆项目，支援新疆哈密市人民医院开展新式内镜微创保胆取石（息肉）手术。

【社区卫生服务网络】在加快推进区中心医院建设的同时，区加大对社区卫生服务体系的建设力度。截至2008年底，区内有社区卫生服务机构18个，比上年增加6个，平均每3.5万人拥有1所社区卫生服务机构，城市社区卫生服务体系初步形成。各社区卫生服务机构开展集医疗、保健、康复、计划免疫、健康教育、计划生育技术指导为一体的卫生服务。开展社区诊断调查25000多人，建立居民健康档案139984份，建档率18.95%。为进一步推动社区卫生服务体系的建设，区卫生局制定《番禺区城市社区卫生服务工作实施方案》，指导社区卫生工作规范化开展。推行全科医师规范化培训，首批65人在广州医学院接受为期三年的规范化培训。

【农村医疗卫生】全年有6所农村社区卫生服务站和17个不达标的村卫生站进行新建、改造或重建。按照《番禺区进一步加强农村卫生机构建设实施方案》，全区三年内投入8800多万元，按照城市社区卫生服务站的标准，建设55个镇村一体化农村卫生服务站，逐步取代现有的农村卫生站，履行基本医疗和公共卫生服务功能。

5月31日，大岗人民医院举行区第二人民医院揭牌暨区胆囊病研究所挂牌仪式。

12月9日，谭应华书记到区第二人民医院设立的宝胆医疗器械科技有限公司调研。

加强中医药服务体系和特色专科（专病）建设，大力推广适宜中医药技术在社区卫生服务机构和农村卫生站的应用，中医“治未病”业务逐渐开展，使群众特别是村民享受到中医药的“简、验、便、廉”的好处。10月，区以高分顺利通过国家农村中医先进区工作验收。

加大区、镇医院对口帮扶工作力度，区属医疗卫生单位从技术、资金、人才、设备等方面支持发展较为缓慢的镇医院，全年资助190万元用于被帮扶医院的建设，安排需要晋升高级职称的中级或者副高职称的52名医疗技术人员到9家镇级医院定期工作4个月。对345名乡村医生进行培训。继续开展农村巡回医疗工作，参加巡回医疗的医务人员446人次，为基层医院会诊手术50人次，赠送药品、医疗器械51万元，6350人次参加义诊和健康咨询。“复明工程”，为236名贫困白内障患者实施免费手术。

【流行性疾病防控】3月，全区采取积极措施，对出现流感疫情或疑似流感疫情的学校进行流行病学调查和疫点的消毒处理。区卫生局会同区教育局、区托幼办联合开展流感防控工作专项监督检查行动，检查中小学校31间、托幼机构40间；加强对各类人员的培训和对公共卫生场所的流感防控工作。5月，区卫生局下发《关于手足口病防控工作的通知》，详细、具体布置手足口病的防控工作。开展全员培训，指定区人民医院为手足口病病人定点收治医院，切实做好院内感染防控工作，加强对托幼机构、小学手足口病防控工作的指导，利用各种媒体全面开展健康教育，有效控制手足口病疫情。

【慢性疾病预防控制】开展社区药物维持治疗工作，至年底接受治疗429人，提前完成市药物维持治疗工作组下达的300人的工作任务。开展慢性病规范管理，高血压病人建档5525份；糖尿病建档885份；肿瘤病人建档285份。35岁以上首诊免费测血压达91%，市桥街北片社区卫生服务中心荣获卫生部心血管防治中心颁发“2008年度全国社区高血压规范化管理优秀社区”称号。

【公共卫生监督】全年共出动食品卫生监督员3185人次，开展预防性卫生监督及经常性卫生监督工作6135间次，对符合条件的1258间食品经营单位进行量化分级评定;换(发)各类场所卫生许可证10050个，其中食品卫生许可证8258个，公共场所卫生许可证1792个。

三鹿问题奶粉事件发生后，区确定区人民医院、何贤纪念医院等14间医院为筛查诊疗定点机构，免费为有关婴幼儿筛查、诊疗。确诊为因食用含三聚氰胺奶粉而患了泌尿系统结石的患儿可在定点医院免费治疗。各定点医疗机构为2.9万多名婴幼儿筛查，其中确诊181人，累计住院6人次，无死亡病例。

【妇幼保健】2008年，区内婴儿死亡率和户籍人口的孕产妇死亡率得到有效的控制，户籍孕产妇系统管理率97.37%，7岁以下儿童保健管理率达到98.46%，提前达到“两纲”的要求。全面开展儿童计划免疫工作，免费提供11种免疫疫苗；对全区新生儿开展先天性疾病筛查、听力筛查和早产儿视网膜筛查。实行全区儿童4:2:1管理、入托体检、体弱儿管理、儿童生命追踪、新生儿筛查等资料的交换、反馈和追踪工作。继续开展免费婚检，推进“出生缺陷干预工程”工作，健康教育工作和妇幼信息管理得到进一步加强。

【农村人口医疗保障】2008年，全区参加合作医疗586104人，其中农民518726人，农民参合率99.96%，合作医疗覆盖全区所有农村，基本实现农民人人享有医疗保障的目标。全年共筹集合作医疗保障基金9397万元，支出8774万元，节余基金623万元，节余率6.63%。全年补偿群众43232人次，每人平均补偿金额2030元，平均实际报销比例为32.57%，其中镇级医

9月22日，区人民医院门诊提供免费筛查服务区现场。

院为58.23%。积极推行补充合作医疗，其中，钟村镇、南村镇、沙头街、东环街举办不同模式的补充合作医疗，住院报销比例平均达到47%左右，其中镇级医院达到85%以上。此外，还推行参加新型农村合作医疗的农民在村卫生站看病减免收费试点工作，石碁镇前锋村卫生站等27个村卫生站作为试点，村卫生站为参加新型农村合作医疗的本村居民提供免费的公共卫生服务项目以及免收挂号费、诊金、出诊费和肌注费的医疗服务，药品费减免5%。

（林 杰）

爱国卫生运动

2008年，区城区爱国卫生工作充分发挥各级和各职能部门的能动性，广泛教育宣传活动，完善卫生基础设施，推进环境整治，建立病媒生物防制常态管理机制。

在农村推动创建卫生镇村活动，以加快卫生基础设施的建设和改造为突破口，强化环境卫生管理。通过各镇（街）村的努力，全区有13个行政村获得广东省卫生村称号：桥南街蚬涌村、草河村，洛浦街西二村、上漖村，石碁镇南浦村、石岗西村、文边村，钟村镇韦涌村、石壁二村、钟三村，榄核镇大生村，大岗镇鸭利村、新围村；5个村获得广州市卫生村：大石街大兴村、大维村，沙湾镇新洲村，南村镇员岗村，东涌镇南涌村。全区广州市卫生村数达150个，占全区行政村总数的60.73%；广东省卫生村有88个，占行政村总数的35.63%。

按照区委区政府的改水工作指引，全年共安排补助29个村的二次改水工程，补助金额达974万元，工程总额达3250万元。预计工程完成受益人口约13万人。

石碁镇被全国爱卫会授予“国家卫生镇”称号，成为继沙湾镇之后的广州市第二个国家卫生镇；东涌镇12月通过广东省卫生镇考核鉴定，成为广州市第10个广东省卫生镇。

（梁洪滨）

体育工作

【概况】2008年，配合市群众体育工作的开展，全民健身“迎奥运、办亚运”，推动群众体育活动开展，区举办第五届区运动会；市桥街道申报“全国城市体育先进社区”；区少年儿童业余体校选材上送的运动员有8人参加第29届北京奥运会，获得金牌1枚，第4名1个，第6名3个和第八名1个。区体育局荣获“广东省体育突出贡献单位”、“广东省第八届体育节活动先进单位”等荣誉称号。区体校顺利通过国家体育总局和广东省专家组复评，成为广州市申报“国家高水平体育后备人才基地”命名认定工作示范单位。

区体彩销售点发展到197个，年销售总额1.01亿元。

【参加北京奥运会】区少年儿童体校输送的陈燮霞、朱俊、周汉明、苏婉文、黄嘉玲、韩志东、陈江华、潘耀等8名运动员入选第29届奥运会中国体育代表团，参加举重、击剑、水球、皮划艇5个项目的比赛。

8月9日，在奥运会女子举重48公斤级比赛上，陈燮霞以抓举95公斤、挺举117公斤和总成绩212公斤的成绩，打破挺举和总成绩两项奥运会纪录，为中国体育代表团夺得北京奥运会第一枚金牌；击剑运动员朱俊获男子花剑个人项目第4名，创造广州市历史上击剑个人项目最好成绩；女子花剑运动员苏婉文、黄嘉玲和男子佩剑运动员周汉明均获团体第六名；男篮运动员陈江华夺得了第八名。区为此举行“番禺区奥运健儿凯旋庆祝晚会”，对奥运健儿进行嘉奖。

【第五届区运会】7月16日，第五届区运会以游泳比赛正式拉开序幕。整个运动会历时2个多月时间，产生金牌482枚、银牌306枚、铜牌306枚，团体项目奖杯376个。来自全区各镇、街、战线24个参赛代表团的6600名运动员、教练员，参加游泳、武术、健身气功、中国象棋、国际象棋、围棋、足球、乒乓球、篮球、羽毛球、网球、田径、拔河等13个比赛大项、331个小项、4个组别的比赛。

【全民健身活动】区体育局主办区“迎奥运、办亚运”羽毛球赛、区城乡篮球赛、区射击比赛、甲级足球联赛、村级乒乓球比赛、区三人篮球赛等6项全区性群众体育赛事；承办全国乒乓球俱乐部超级联赛、广州市“祈福杯”体育舞蹈比赛、广州市轮滑赛等3项上级体育赛事和全国健身气功培训班；组队参加广州国际龙舟邀请赛、全国第二届健身气功比赛、广州市羽毛球俱乐部、珠江横渡、万人健步行活动等群众体育比赛活动成绩优异。获得第1名6个，第2名3个，第3名2个，第4名2个，第7名2个，第8名1个。

市桥街申报“全国城市体育先进社区”，市桥街东片、北片社区申报“省体育先进居委会”。

【体育设施建设】全年划拨体育彩票公益金241.3万元，建成健身路径45条，篮球场23片，添置乒乓球台12张，增加公共体育设施面积40900平方米。

（刘　佳）

3月26日，省体育局局长杨迺军、市体育局局长刘江南率领珠三角地区体育工作调研组视察区体育设施建设情况。

镇街概貌

番禺年鉴·2009

市 桥 街

【概况】市桥街位处番禺区中北部，总面积11.35平方公里，常住人口14万人，流动及外来暂住人口12万人。下辖28个社区居民委员会和8个行政村。2008年先后荣获广州市创建国家卫生城市先进集体、2007~2008年度创建国家卫生城市和全国文明城市工作先进单位、广州市计划生育达标（模范）镇（街）指标单位等称号。

2008年，实现地区生产总值96.73亿元，比上年（下同）增长10.3%，其中第一产业0.45亿元，下降8.5%；第二产业8.73亿元，下降2.9%；第三产业87.54亿元，增长12%，三次产业比例为0.4:9.0:90.6。财政总收入1.05亿元，增长14.9%；税收19.25亿元，增长6.8%。全年引进新项目22个，实际利用外资519万美元，增长70%。职工人均年收入46509元，增长17.3%，农民人均年收入17780元，增长3.9%。全街经济稳步增长，经济发展凸显结构性调整趋势，工业生产下滑，下降7.2%；第三产业发展势头迅速，增长12%，其中社会消费品零售总额100.1亿元，增长22.8%，商品销售总额169.3亿元，增长36.2%。

【政治文明】完成第三次村（居）组织换届选举工作，选举产生新一届村（居）“两

9月9日，谭应华书记到市桥街检查“创文”工作。

委”成员284人。8个村、28个社区选民投票分别为96.8%和96.3%；重视村（居）“两委”队伍培训，“三个培养”工程扎实推进，79名优秀人才成为“两委”后备培养对象；20个党支部被命名为“共产党员示范岗”；建立党组织帮带结对机制；500名入党积极分子参加党的基本知识培训学习，全年吸收中共预备党员67名，完成106个基层党支部换届改选、283名支部委员任免、4个社区党建联席会议理事会换届。新组建非公企业工会组织162家，由分会转为独立基层工会66家，发展新团员1208名。

街道政务服务中心投入使用，街道办公自动化系统升级和信息网站更新。

【精神文明】全面完成农村公共视频监控系统安装，稳步推进半封闭小区建设，全街刑事立案比上年下降13.3%，其中“两抢”、“两盗”案件同比分别下降34.7%和15.7%。

全年共受理信访案件1127宗，办结率98%；受理民间调解个案451宗，调解成功率97.3%；刑满释放人员安置率、帮教率达100%，脱管率为零。组织检查用工单位4206间（次），涉及企业员工22.2万人，纠正企业违规行为692宗，处理各类劳资纠纷361宗，协助追讨工程工资、押金和加班费等共计676.2万元。

街道落实安监进社区（村）工作，沙墟一、沙墟二、黄编、云星村以及四个社区片管理处组建安全生产工作办公室，全街全年无发生重特大安全责任事故。

建立和健全村（居）委流动人员管理服务工作站，加强计生队伍全员培训，全街出生人口1371人，其中计划内出生1318人，计划生育率96.1%，比区要求的94%高出2.1个百分点。常住人口查环查孕率98.1%，流动人口计划生育率

9月20日，市桥街中心小学开展科普活动。

79.52%。街道6个村达到计生合格村标准，其中先进村3个，模范村2个；18个社区居委达标，其中五好居委6个；9个村居达到“两无”（镇街无政策外多孩出生、村居无政策外出生）标准。

【工业】实现工业总产值11.14亿元，下降15.7%，其中规模以上7.4亿元，下降15.7%。工业区共有企业81家，以金银首饰加工、服装行业为主，资源耗费型、粗放发展型的产业逐渐淡出街域经济，科技型企业、商贸业、服务业等成为新引资项目的主流。

多渠道盘活资产物业，推进小平工业区、蔡边一村土地、星海公园综合楼、德兴商贸城、丹山村建材市场、丹山村拟建商业城、黄编和丹山村人行天桥等七个“腾笼换鸟”改造项目。德兴商贸城改造列入区首批“腾笼换鸟”重点项目。全国第

二次经济普查共清查辖区内单位2783家，普查个体户12411家。

【农业和农村建设】各个村以出租物业为主要经济来源。村以下三级企业、个体有1177家，全年实现总产值6.92亿元，利润总额1.17亿元，农村集体纯收入1.3亿元，增长16.03%，村民年人均股份分配6988元。各村多渠道盘活集体资产，西郊村的福景商贸城，云星白沙堡村的服务楼、综合楼、仓库和电房，珠坑村的综合大楼、商铺、厂房，云桥头村的商铺，黄编村的商铺和停车场，以及沙一村扩建市场等项目均竣工并投入使用，建设资金达3439万元；投入建设资金1000万元，分别对东郊、西郊、沙一、沙二村等新农村建设试点村的部分道路和市政基础设施进行改造，云星、黄编、北郊村集体纯收入增长分别为76.1%、50.2%、10.2%。“两个牵手”工程有序推进，区司法局扶持东郊村排水改造工程、区计生局帮扶沙墟一村工作成效突出；完成农村届末财务审计，8个村全面安装财务统计软件；132名“农转居”失业人员参加再就业培训班，2311名“农转居”人员参加基本养老保险，1.2万名村民参加城乡合作医疗，惠及村民的社会保障不断完善。

【第三产业】全街第三产业实现增加值87.54亿元，其中交通运输、仓储、邮政业8.63亿元，信息传输、计算机服务和软件业1.33亿元，批发和零售贸易业15.55亿元，住宿和餐饮业5.83亿元，房地产业4.79亿元，教育、文化、卫生、体育、社会保障等其他行业51.41亿元。服务行业占第三产业的60%，商贸服务业、金银珠宝首饰业和音响灯光器材业成为市桥特色产业。

【房地产】房地产市场明显回落，房地产施工面积43.22万平方米，同比下降55%；竣工面积12.23万平方米，下降58%；商品房销售面积6.04万平方米，下降60%；一手商品房平均价格7287元/平方米，增长24.5%。

【社区建设和管理】康乐社区和黄编村成为创建“少年儿童之家”示范点。年内有78户家庭被推荐为广州市文明家庭，9300户家庭被评为区文明家庭；康裕等9个社区被命名为创建文明社区工作先进社区；康乐等14个社区（村）通过文明社区复评。

大力开展“特色社区”、“精品社区”创建活动，沙园、东丽、德兴、桥福、禺秀、怡乐等社区通过省、市“六好”平安和谐社区的验收，康裕、康乐、德兴社区接受广州市绿色社区创建评审，建立沙园、康乐、田心、西城社区统战工作试点；投

西丽公园。

入296万元，推进沙园、禺秀、瑞和园三个示范社区改造工程，其中瑞和园小区综合改造、田心社区停车场改造均已竣工并验收，禺秀小区防盗网整治、沙园园丰小区改造按计划有序推进；加强社区专职人员、保洁人员队伍管理，与224名保洁员签订一次性工龄补偿协议和劳动合同，探索完成社区专职人员考核办法，促进社区规范化管理。

【城市建设和管理】配合区建设局、规划局开展旧城改造前期资料收集工作，完成沙墟一村市场和东江集贸市场的升级改造，修建21条内街巷道路，完成各村新农村村庄布点规划设计，沙墟一村新村规划通过区规划局审批。

投入1600万“创卫创文”建设经费，加强街容村貌和内街巷道路修缮，对朱坑村、平康路、东平路、前进大街、石桥新村、海傍后街等违法建设进行强制拆除，查处违章案件2.5万宗，拆除违法建设、窝棚、乱搭建飘蓬、违章户外广告等1.8万平方米，“两违”案件办结率100%；围绕爱国卫生运动，开展各项清洁除害行动，“共铸诚信”、“机关效能建设”、交通岗义务执勤等实践活动取得实效，辖区环境卫生明显好转，获得广州市创建国家卫生城市先进集体称号。

【社会保障】共发放低保救济金、临时救助金、慈善救助金、房屋修缮金、助学金、残疾人补助金等238.7万元；发放伤残军人、现役军人补助金和自谋职业金等195.4万元；为890户低收入住房困难家庭办理租赁补贴申请和审核；为61名长者申报平安钟呼唤服务。建立退休人员自管互助组织77个，1.6万名企业退休人员纳入社会化管理。推进各类工伤保险、医疗保险工作，为5.2万人办理社会养老保险、5.4万人办理社会医疗保险、6.9万人办理工伤保险，3.1万名居民办理“新型城乡合作医疗”。628名失业人员参加职业技能培训，登记失业人员就业率74.5%。

【科教文体】投入3245万元，完善、规范校舍及教学设备；以课改为中心，加大教学教研统筹、指导和管理力度，通过“结对帮扶”、“教研聚餐”、岗位练兵等教科研帮带活动，促进城乡教育均衡发展。城区中考平均成绩领先市、区总平均分的90.5分和56.6分。完成《市桥街城市化建设和管理研究》软课题研究，组织开展《市桥特色产业发展》软课题研究，协助7家企业申报区科技攻关项目，推动市桥产业结构向高新科技型聚集。

创建“全国城市体育先进社区”顺利通过省市验收，参加第五届区运会获得团体总分和奖牌总数全区第一，组队参加区残疾人游泳锦标赛，获团体第四名及个人前三名的成绩。

持续开展免费送电影到社区（村、厂企）和“扫黄打非”工作，举办、协办各类文艺晚会、游园活动22场，观看人数达2.1万人，送电影到社区（村、厂企）42场，结合相关职能部门开展“扫黄打非”行动26次，丰富群众文化生活，净化文化市场。

【社区居委选介】·康裕社区· 位于市桥西北部，东至丹山涌，南至繁华路，西至西环西路，北至捷进路，辖管面积32.6万平方米，住户4355户，人口1.02万人，出租屋164间，暂住人员680人，出租屋登记率100%，办证率100%，无传销房。辖内有9个住宅小区，其中8个生活小区由7个物业公司管理，已成立3个业主委员会。

辖区有环卫工人60人，保安员114人，治安协管员4人，义务消防队38人，负责辖区卫生、保安、消防工作。辖内有番禺中学、边防检查站、工商银行、中国

12月5日，龚红副区长检查市桥街计生工作。

银行、兴业银行、农村信用社等。辖区实行封闭式管理，建有摩托车停放场3个，汽车停放场5个和1座7层多功能大型汽车停放场，设有偿羽毛球场、健身室、网球场，免费健身路径和老人活动中心。

康裕社区实施16小时保洁制，通过宣传、检查、整治、服务等活动，促进辖区环境卫生、民政救济、治安综合治理等工作取得实效，2008年被评为广州市绿色社区、区计划生育工作达标单位，无毒社区、平安和谐社区通过复检，396户家庭评为区文明家庭。

【行政村选介】·云星村· 位于市桥街北部，毗邻黄编村、城北公园、百越广场，该村交通网络发达，东有迎宾路、大北路，南有富华中路，西有侨兴大道，北有东环路。云星村辖下有白沙堡、云桥头、珠坑、汀沙四个自然村，全村在册人口2086人，外来人口1万人。村内有一所村办小学、4个老人活动中心、5个篮球场和4个图书阅览室。村集体经济收入以出租厂房、商铺、仓库、市场等为主，其中出租物业有世昌宾馆、白云批发市场、云桥头批发市场、云桥头商城、桥兴大道与富华中路交汇处商铺、迎宾路二手汽车市场、广州迎宾丰田等。2008年全村经济总收入2693万元，比上年增长13%，集体纯收入2272万元，比上年增长12%。

云星村重视村内基础设施和文化阵地的建设，珠坑村投入13.5万元，建成珠坑公园和体育路径，汀沙村投入15万元整治环境卫生和其他福利项目，云桥头村投入6.1万元修建停车场地面和增加用电设施和路灯等。云星村实行股份分配机制和二次医疗报销制度，村民收入和福利得到保障。2008年被评为区计划生育合格村。

（黎艳明）

沙　头　街

【概况】沙头街位于番禺中心城区西部，总面积18.1平方公里，下辖9个行政村和2个社区居民委员会。户籍人口19807人，其中：非农业户口16473人、农业户口3334人；外来人口约6万人。

2008年，沙头街实现地区生产总值（GDP）24.62亿元，同比增长12.1%，其中：第一产业2185万元，同比增长0.55%；第二产业14.12亿元，同比增长10.1%；第三产业10.03亿元，同比增长15.34%。完成税收3.43亿元，同比增长9.77%，其中地税1.89亿元，国税1.54亿元。实现外贸出口产值4.66亿美元，同比增长5.42%。农村集体资产总值4.19亿元，农村集体收入6701万元，农民人均收入13191元。

【工业】全年完成工业总产值54.55亿元，同比增长12.1%。有联邦、小平、西丽、银建、小罗等多个工业集聚园区，有工业企业388家，其中规模以上工业企业107家。

【农业】全年实现农业总产值2185万元，同比增长0.55%。全街现有耕地面积248亩，其中粮食播种面积21亩、蔬菜种植219亩、花卉种植8亩；鱼塘养殖1401亩；生猪饲养量9940多头，三鸟饲养量

1月23日，区委常委蒋君武到沙头街大平村慰问特困户。

13万多只。

【第三产业】全年第三产业总产值10.03亿元，同比增长15.34%；有个体工商业3847户。强势推动“腾笼换鸟”战略，以新的标准和较完善的配套设施，对简易厂房、简易商铺进行升级改造，吸引一些效益好、带动力强的优质项目落户。根据“要素集成、优势集中、产业集聚”的原则，依托大夫山着重发展酒店、商务等现代服务业。积极推进地中海风情酒吧街、中颐·创意产业园等项目的建设。

【城乡建设】广深港铁路重点项目的征地拆迁、东新高速公路项目部分征地工作完成。完成捷进西路和沙南路的改造工程，推进景观大道、银平路连接禺山西路等路段的建设，美化市政道路环境。全年，各村共投入629万元进行工业区、水电、道路等基础设施建设；投入754万元新建改建厂房、商铺9700平方米,提高村级厂房的出租率，2月份全面通过创建国家卫生城市工作的各项验收。开展创建全国文明城市活动，以《全国文明城市测评体系》为指导，以群众满意为标准，按上级统一要求，扎实开展“十二专项整治行动”、“六大主题实践活动”，完善长效管理机制，着重抓好街容环境、社区单位、城中村、农贸市场及周边环境“四害”、“五小”、“六乱”的整治，街容环境卫生得到有效改善，生态环境建设步伐不断加快，市民文明素质普遍提升，完成创建任务。

完成榄山、沙头、横江、大罗、小罗、大平、小平等7个行政村的新农村村庄规划编制工作，实现全街社会主义新农村村庄规划全覆盖。第八次“卫片”发现的“两违”违法用地查处率100%，同时加强对第九次“卫片”土地执法检查的自查自纠工作。对田间窝棚的综合整治，年内共清拆田间窝棚219间，面积4万多平方米。

大力推进社会主义新农村建设。抓好试点村建设，完善试点项目配套工程，积极争取上级资金支持，先后投入400多万元完成汀根村的村内住宅区明渠改造工程、南双玉村的文化广场和南山公园绿化工程、横江村的道路环境改造等一批关系群众利

2月3日，市领导慰问沙头街元艺珠宝厂内因寒灾留在番禺过春节的外来务工人员。

益的民生工程。有序推进“两个牵手”工程，积极开展牵手帮扶发展缓慢村工作。继续深入开展“双百共建文明村”活动。根据自然条件和生态特色，抓好生态示范村建设。年初，汀根村通过上级的验收，成功创建为广州市“生态示范村”。

平安和谐社区建设进展顺利。以“六好”为目标，大力推进骏兴、沙头平安和谐社区建设，骏兴社区服务中心大楼全面竣工投入使用，沙头居委办公楼完成装修；骏兴文化休闲广场、环保科技小公园、康泰园小区绿化等工程进展顺利。

【医疗与社会保障】街内大力推广城镇居民基本医疗保险，做好“农转居”人员和被征地农民参加基本养老保险工作。城乡合作医疗或社会医疗保险覆盖全街100%户籍人口，居民参加城乡合作医疗和补充合作医疗率25.38%，农民为97.96%。拨出10万元设立政府再就业专项资金，举办两场5000多人参加的农村劳动力、失业人员现场招聘会，达成录用意向961人。年内共处理劳资纠纷415宗，涉及人员1145名、金额212.94万元。2008年，街劳动保障服务中心被广州市职业中介服务协会评为“诚信服务单位”。完成城乡困难群众危房改造工程任务。全年累计投入资助款20多万元，为6户困难户进行危房重建。民政服务进一步发展，认真做好城乡居民最低生活保障救济工作，补助21万多元，帮助解决特困户基本生活困难；残疾人事业健康发展，安排73名残疾人就业，成立为精神病康复者和弱智人士康复专设的沙头街康园工疗站。

9月10日，沙头街开展中秋敬老慰问活动。

【科教文卫】街内有公办中学1所、小学6所，教职工178人、学生3108人；民办学校1所，教职工77人，学生2056人。学校加快教育基础设施软硬件建设，教学质量得到进一步提升，沙头中学中考成绩总平均分位居全区前列；大罗、大平、南双玉等3所小学顺利通过市“义务教育规范化校”评估。

街道全面完成“绿色网园”、“农家书屋”建设，举办“庆新春迎奥运”、“庆祝建党87周年暨创建全国文明城市”、“颂和谐庆国庆”、“迎亚运、全民学英语”等系列活动，丰富群众业余文化生活。年初，开展“送温暖”活动，确保因雨雪冰冻滞留的近4万名外来工度过欢乐祥和的春节。“5·12汶川地震”后，全街共筹得善款400多万元。

【社会治安】全年共立刑事案件530宗，同比下降15.1%；破案290宗，破案率54%，同比上升7%。坚持“预防为主，打防结合”的工作方针，采取有效措施，维护社会安全稳定。开展“粤安08”、扫除“黄赌毒”、打击传销等专项行动，坚决打击各类违法犯罪活动。全街建立视频监控系统，各村（居）开展半围蔽建设。出租屋流动人员管理，实现流动人员管理工作的信息化。积极做好信访工作，开展书记、主任接访日活动，完善基层“五长”接访机制，及时排查、调处矛盾纠纷。

认真抓好安全生产工作，深入开展“安全隐患治理年”活动、产品质量和食品安全、“一畅两会”消防安全等专项整治

9月14日，骆蔚峰区长到沙头街检查清拆窝棚工作。

行动，消除各类安全隐患，严防重特大安全生产事故发生。全面实施“五五”普法工程，深入开展各类法律学习班和咨询服务活动，提高人民群众的法制观念。

【计划生育】全力抓好计生工作，严格执行计生政策法规，全面完成有关人口计划，户籍人口计划生育率96.85%，被评为2008年度“广州市计划生育达标街”、“番禺区无政策外多孩出生街”。

【党建工作】2008年，全街共有党支部46个，党员933名，其中非公有制企业党支部24个，党员214名。基层组织建设进一步加强。注重农村党员队伍建设，认真组织实施“三个培养”工程，全年共发展党员25人。开展解放思想学习大讨论、“一学二保三创新”等学习实践活动，提高广大党员干部的政治素质，增强基层党组织的凝聚力、战斗力。提前顺利完成9个行政村和2个社区的换届选举工作。

【行政村选介】·汀根村· 位于沙头街西部，辖地面积1.9平方公里，常住人口2855人，流动人口3500余人。主要经营土地、厂房、商铺、仓库租赁，花卉种植及“三鸟”、淡水鱼养殖。2008年，村集体经济收入1150万多元。该村为“广州市生态示范村”、“番禺区社会主义新农村建设试点村”，是一个环境优美、生态环境良好的行政村。村统一规划建造幼儿园、老人活动中心、绿化公园和各类文体设施，为村民购买医疗保险、给60岁以上老人发放老人金，对学习成绩好的学生发放奖励金等。村民幼有所教、老有所养、安居乐业、生活富足。

（林夏耘）

东 环 街

【概况】东环街位于番禺区中心城区北部，总面积11平方公里，下辖8个行政村和3个社区居民委员会，常住人口16150人，流动人口35168人。2008年，东环街被评为广州市第二次全国农业普查先进集体、区人口和计划生育先进单位、区大接访活动先进单位、区创建国家卫生城市和全国文明城市工作先进集体等称号。

2008年全街实现地区生产总值为28.38亿元，比上年增长（下同）12.3%；其中第一产业为1156万元，增长7.2%；第二产业为17.1亿元，增长5.0%；第三产业为11.1亿元，增长26.9%。

全年出口值78136亿美元，增长21.5%，进口值42981亿美元，增长12.3%。

2008年，人均地区生产总值为56762元，增加7866元，增长16.1%；职工年均工资28714元，增长17.53%,农村人均年收入12891元，增长8.56%。

实现国税收入达2.27亿元，增长9.27%；地税收入达2.80亿元，下降

11月14日，区领导谭应华、张力仁调研东环街企业。

5月 27 日，天安科技园举行“心连心”援助地震灾区捐赠活动。

4.98%。

【政治文明】全街有党员 854 人，其中农村党员 347 人；党支部 43 个，其中机关事业单位党支部 7 个、农村党支部 8 个、社区党支部 3 个、新经济组织党支部 22 个、新社会组织党支部 3 个。村、社区“两委”换届选举顺利完成 8 个村和 3 个社区党支部换届选举工作；换届后两委成员中有党员 18 个，占 46%；共选出村、社区党支部委员 33 人，其中“三个培养”对象 17 人，占当选人数的 71%。

【精神文明】建立高效协调的严打工作机制，打击“两抢”、“两盗”等多发性犯罪；2008 年，共立各类刑事案件 368 宗，破案 178 宗，破案率为 48.4%，立案数比上年同期下降 13.2%。

为支援四川地震灾区建设，街道开展系列捐款筹募活动，共筹得捐款 360 多万元；全街在册党员共计缴纳特殊党费 1.67 万元。

【工业】工业以电子、化工（橡胶轮胎）、家用电器、中成药、塑料制品、服装、家具、纸制品等行业为主。2008 年，街道坚持实施“优二进三”战略，坚持以大项目带动集聚发展的思路，推进产业结构优化升级；推动以创意产业和园区总部经济为核心的园区经济的发展，天安节能科技园已引进企业 400 多家；番山创业中心 ABP 大楼、星力动漫游戏产业园一期竣工招商；扶持榄塘酒店、招商地产等旅游、娱乐、房地产等新型第三产业的发展，招商地产“金山谷”项目已开始发售，售出 95%以上，销售收入 5 亿多元。

【社会保障】东环街在统筹医疗费增加的情况下，通过压减医疗成本、加大街财政投入的方法，健全和完善补充合作医疗制度，减轻农民医疗负担；全街农村人口参加新型城乡合作医疗覆盖率 99%；筹措资金近

20万元，为5户家庭重建住房，为2户家庭维修住房，改造困难家庭的危破房；落实困难残疾人生活补助政策，解决残疾人就业、残疾学生及残疾家庭学生教育问题。

【文教体卫】街道加大对文化体育阵地建设的投入，充实专职文化管理队伍，建成“群众文化活动中心”，开展各类有益身心健康的文体活动。先后组织大型活动5次，参与区级以上文艺活动2次，市级以上1次；为培育民间文艺团体，对优秀文化骨干进行指导培训，街道调查摸底辖区内的舞蹈、音乐、书法、美术、摄影等方面的爱好者，筹组东环街的各类文化协会和兴趣小组。

东环街有完全中学1所（市桥第二中学），公办小学4所（东沙小学、龙美小学、螺山小学、左边小学）；金华、同心、

村民选举。

文艺学院等一批民办学校招生规模不断壮大，有效补充公办教育。

积极组织开展及参与各类型的优育竞技活动，参加区级以上赛事4次，共计获奖42项，在第五届区运会上，街道健儿取得了8金、2银、3铜的好成绩。

1月12日，区领导楼旭逵、刘范珊等到东环街慰问困难党员。

3月18日，东环街社区服务中心大楼落成揭牌仪式。

【重点园区选介】·番山创业中心· 位于迎宾路旁，是一个以节能、环保、生态为主题的科技园区，是区重点支持的创新科技基建项目，是全国节能科技企业、产品贸易、技术交流和现代办公为一体的示范基地。"番山创业中心"分为一期ABP总部基地，二期科技创展大厦，三期番山商务公寓；约10万平方米的一期工程竣工落成，设有2.5万平方米大型停车场、会所餐厅等作为首期配套功能。目前，园区已有德国著名科研机构德国创新中心、世界500强企业搜房网、高新科技企业新太科技服务有限公司、动漫电子游戏行业中知名企业广州日龙源码科技有限公司、广州巨成科技有限公司、财之富电子公司、节能环保行业宁波乐惠投资控股有限公司等知名企业进驻。

（东环街党政办）

桥 南 街

【概况】桥南街位于番禺区中心城区南面，面积17.85平方公里，下辖南郊、陈涌、蚬涌、草河4个村民委员会和绣品、华景、福景、华荟、陇枕、御院、番奥、新世纪8个社区居民委员会。2008年末户籍人口27012人，登记暂住人口25465人。

2008年，桥南街完成地区生产总值24.31万亿元，比上年（下同）增长12.0%。第一产业增加值5906万元，增长1.4%；第二产业增加值9.20万元，增长9.2%；第三产业增加值14.51万元，增长14.30%。

【政治文明】街道开展机关行政效能建设活动，举办“党风廉政建设和反腐败工作培训班”，开展纪律教育月学习活动和推进廉政文化“六进”创建活动；完成辖区的两委换届选举及社区居委换届选举；投入近20万元建设8个村委、居委党员干部现代远程教育网络；全面实施党务公开工作，成立街道机关后勤党支部，工业学校等6个党支部换届工作；新发展党员26名；开展向四川地震灾区缴纳特殊党费活动，753名党员共交纳特殊党费15万元。

加强涉农惠农政策落实情况的监督检查，全街没有因违反党风廉政建设责任制规定和廉洁自律规定而被追究。超额完成

2月19日，黎伟棠副区长等到桥南街调研腾笼换鸟工作。

区组建工会指标任务；推进厂务公开民主管理，规模以上企业厂务公开率82%；集体合同制度签订率82%。深化部门预算和国库集中支付改革，加强和完善防治商业贿赂的长效机制。

完善社区政务服务中心建设，全年受理各类行政许可、行政审批及其他公共服务事项35735件，按期办结率100%，现场办结32411件，即办率90.7%，98%以上的承诺件提前办结，群众满意率100%。

【精神文明】 街道全年刑事案件立案188宗，下降10.5%；刑事破案数116宗，破案率61.1%，上升2.2%；“双抢”案件下降22.4%。

落实维稳及综治目标管理责任制，成立综治工作中心，深入开展“打传”、“扫黄打非”、“打黑除恶”、“粤安08”、“红棉08”、“剑峰08”等专项打击行动和治安重点地区专项整治行动；共投入620万元建设治安视频监控点149个。加强出租屋、流动人员管理服务，采集流动人员信息22541条，办理IC卡暂住证19635张，核对出租屋21874套、流动人员信息13425条；全年办理房屋租赁合同登记备案1877份；完成代征税比上年增长70.9%。

“创文”期间，投入“创文”专项经费220万元，整理“创文”档案资料的归档工作，并代表区接受广州市“创文”工作的考评。街道抓整治“六乱”、市场经营秩序、交通秩序、河涌整治、除“四害“等工作。处理乱摆卖、占道经营、乱张贴乱拉挂、违法建设、违章施工、园林绿化、环境保护等各类违章案件9960宗，执行行政处罚100宗。查处违法建设案件27宗，清拆违法建设19宗19164平方米，清拆违章田间窝棚2.4万平方米。街道环境卫生代表区接受广州市“清洁家园宣传执法行

3月26日，区领导谭应华、黎伟棠等率区职能部门到桥南街陈涌村调研腾笼换鸟工作。

3月9日，区领导严宗活、龚红等视察桥南街绣品社区警务室建设。

动月”评比检查，获得好评。

推进“村管安全”工作，成立村级安全管理办公室，实行分片管理；落实企业安全生产主体责任工作，与195个企业签订《安全生产目标管理责任书》；重大交通事故大幅下降，死亡人数比去年下降40%。建立街道一级避难场所2处，建立各村居相应的应急避难场所，并投入5万多元建立街道应急救援物资库。

全街户籍人口出生率12.47‰、计划生育率97.84%，自然增长率9.55‰，查环查孕率保持在98%以上；流动人口出生率27.64‰，计划生育率72.17%，查环查孕率70.13%。

【工业】全街完成工业总产值33.95亿元，增长5.0%；工业增加值7.46亿元，增长0.7%。辖区有工业集聚区3个，共有工业企业343间，其中规模以上工业企业45间。工业主要以电器机械及器材、消防设备器材、饲料加工行业为主，上述行业2008年分别实现工业总产值为3.1亿元、2.25亿元、3.03亿元，分别增长18.69%、9.14%、50.45%。通过扶持优势企业做大做强，支持企业创建品牌，工业产出稳中有升。

【农业】全街实现农业总产值9973万元，增长5.47%，农业增加值5906万元，增长1.4%。全街存有耕地面积374.2公顷，主要集中在草河村、蚬涌村、陈涌村，以种植花卉、香蕉、蔬菜、甘蔗等经济作物及养殖四大家鱼等水产品为主。

【农村及社区建设】大力完善农村公共设施，促进城乡一体化发展。南郊村投入150万元建设长廊公园、农民新村街灯，及治安配套设施；陈涌村投入90多万元建设垃圾压缩站；蚬涌村投入110万元建设电房、卫生站、村道、堤岸绿化；草河村投入170万元建设市场消防设施和内部装

3月 18 日，桥南街为南郊村退休农民发放养老保险金。

修工程。加强农村河涌综合治理，草河村河涌清淤 5 公里，陈涌村河涌清淤 1 公里。

华景、番奥社区被评为广州市绿色社区，新世纪社区、番奥社区被区定为统战工作试点社区；华景居委被评为广州市“创建国家卫生城市志愿服务先进集体”，御院居委被评为市创“两无”先进单位、区五好居委，绣品、华荟、新世纪居委被评为区计划生育五好社区居委；绣品社区、番奥社区的“星光计划”已向区民政局申报立项。

【第三产业】全年第三产业增加值 14.51 亿元，增长 14.3%。房地产完成增加值 1.73 亿元，比上年增长 84.8%。房地产开工面积 53114 平方米，增长 6.23%。商品房销售金额 6.01 亿元，下降 48.15%，商品房销售面积 78451 平方米，下降 49.42%，商品房平均销售价格 7668 元，下降 1.71%。

城市商业设施进一步完善，喜盈·嘉立思酒店公寓、南郊村桥南路商铺改造、桥南商贸城、大润发大型超市、南城路的奥园麦格里大型商业中心、陈涌村商铺、蚬涌村商业大楼、草河村市场等一批大型商业项目相继建成。

【城市建设】完成南区总体规划的修编；完成亚运配套工程南郊村城中村改造规划的评审公示；完成南区水网、电网、路网、排水系统、绿化、公共设施配套用地等总体规划的修编。

完成市南路、桥兴中学和实验小学周边道路路灯安装工程；德怡大桥及引道建设工程等项目协议签订；完成中心医院周边道路改造工程征地拆迁的测量详查，制定中心医院周边道路建设拆迁户过渡期的安置方案；对下鳌涌征地红线范围内地上附着物进行清拆；完成南华路改造工程征地拆迁的详查核对工作；改造南堤东路，完成草河村水利堤围改造工程设计并进行招标。

【社会保障】全年共发放各类救济金及慈善金 70 多万元，节日送温暖慰问金 9 万多元及 6 万多元慰问品。下拨农村危破房改造资金2户共4万元。“双优双拥”工作发放优待金、抚恤补助金、退役士兵自谋职业补助金、参战涉核退役人员生活补助金等共48万元。救助困难军人2人共12000元。全街社会各界向四川地震灾区捐款335万元，捐赠衣物600件。

完成区农村劳动力、外来农民工培训及转移就业工作，“4050”人员就业率91%，农转居人员就业率93%。处理劳动争议案179宗，全年接受劳资纠纷案179宗，成功调处159宗，转区仲裁20宗，为员工追回被拖欠工资372.14万元。全街参加城镇居民医疗保险7500人，超额完成区下达的7000人任务。

【科教文体】辖区内有番禺广播电视大学，普通高中2所（番禺中学，禺山高级中学）、职业技术学校3所（番禺农校，番禺区工贸职业技术学校，市桥成人学校），初级中学2所（桥兴中学，象圣中学）、小学5所（市一级实验小学、南新小学、陈涌小学、蚬涌俊贤小学、草河小学）、民办学校1所（金星学校）。

加强村居文化建设，出版专题宣传栏10期，制作大型“创文”宣传栏、宣传画296个（幅）。组织群众性文体活动及文艺晚会20次，送电影下乡16场，送书下乡2025册。组织和参与整治文化市场巡检80次。

举办纪念“五四”运动89周年系列活动等专题活动，组织义务帮扶、义务清洁、文明交通红旗岗等志愿者义工活动，全年参加志愿者服务的义工超过2000人次，服务时数超过5000小时。

【行政村选介】·草河村· 位于市桥沥水道以南、沙湾水道以北、迎宾路以东、大九律河以西，西邻蚬涌村、北、东、南三面分别与石碁镇石岗东、雁洲村和东涌镇石基村隔河相望。全村总面积约4.39平方公里，有18个村民小组，常住人口3200人。园地、耕地、水域等非建设用地面积338.86公顷，占村域总面积的77.18%。2008年，村集体经济收入约800万元。2008年，被纳入区“一村四岛”都市观光农业发展总体规划。

（杜启江）

4月8日，国家安监局副局长王德学在省、市、区领导陪同下，视察桥南街草河村安全办公室建设。

沙 湾 镇

【概况】沙湾镇位于番禺区中西部，辖区面积37.45平方公里，下辖14个行政村和4个社区居民委员会，2008年末，户籍人口51137人，外来人口51538人。2008年，沙湾镇再次被授予“全国文明村镇”殊荣，并荣获中国文化旅游名镇、广东省旅游特色镇称号；“双拥”工作被评为广东省“双拥”模范镇。

2008年，全镇实现地区生产总值30.67亿元，比上年增长13.5%。其中第一产业增加值1.9亿元，下降15.3%；第二产业增加值14.4亿元，增长1.1%；第三产业增加值13.8亿元，增长39%；三次产业比例结构为6:48:46。工农业总产值66.2亿元，增长5.3%。外贸出口总额4.4亿美元，增长6.1%。全镇用电量5.6亿千瓦时，增长2.3%。完成税收4.9亿元，增长16.5%。财政收入2.4亿元，增长1.4%。

【政治文明】全面推进基层民主建设，圆满完成村、社区“两委”换届选举和培训工

8月3日，中央文明办督查组专家陶希东到沙南村检查未成年人思想道德建设工作。

作。镇党委、镇政府开展以“为民、务实、清廉”为主要内容的机关作风建设年活动和基层评议机关活动，重新修订《沙湾镇国家行政机关及其公务员、工作人员公共服务行为规范试行规定》、《机关会议考勤制度》；在纪律教育学习活动月期间重点开展加强廉政文化交流学习，开展廉政文化汇演和廉政文化艺术展览活动。

在农村推进村务公开的经常化、制度化和规范化建设，加强对建设工程招投标、土地管理、政府采购等制度落实的监督，加强农村土地基金和经济合同管理。农村会计服务中心代理记账试点工作进入正常运行轨道。

【精神文明】深入开展“重剑”、“飞剑”、“粤安08”等专项行动，在全区率先全面完成社会治安视频监控系统建设任务，建成视频监控点310个；开展社会矛盾排查和调解，开展“书记、镇长大接访”活动，调处各类民间纠纷13件，辖内各调解会共调处各类民间纠纷142件，调处率和成功率均100%；共接待群众来信来访182件；全镇18个社区村全面通过平安社区村验收，无毒社区村覆盖率100%；推行小区封闭半封闭管理模式，出租屋综合管理考

7月28日，沙湾镇到广州军区总医院开展慰问活动。

被评为区受表彰的两个镇街之一。

开展多项安全生产隐患治理工作，积极完善应急救援演练实操，森林消防队在广州市第三届森林消防专业技能比武中囊括体能、技能、团体等所有项目冠军。

推进文明社区建设，东区社区通过广东省“六好”平安和谐社区验收。

为支援四川灾区抗震救灾，全镇累计捐款总额350多万元；此外，对口帮扶五华县华阳镇10万元。

投入垃圾场压缩站经费80万元、各村垃圾中转站建设费95万元，整治河涌、卫生死角及清理下水道等工程费用80多万元；全镇农村人口29479人，参加城镇居民基本医疗保险人数22427人，完成率达112%；社会保险参加人数27010人，比上年增长8%；累计参加新型农村合作医疗人数为29003人，参保率98.5%。

【人民生活】全镇社会从业人员年人均收入20914元，比上年增长12.7%；农民年人均收入11047元，增长10.1%。

【工业】2008年，全镇工业总产值65.51亿元，比上年增长8.9%。珠宝园发展喜人，实现国内外市场并重发展的转型升级；“番禺海关珠宝园监管科”挂牌成立并进驻园区，在国内首创海关业务科室入珠宝园区的监管模式；全年新入园珠宝企业6家，投资总额1644万元人民币，注册资本1309万元人民币。洗涤机械行业提升产品质量，开展科技创新，打造“沙湾标准品牌”。在龙岐工业区由发展商兴建“番禺活嘉年华创意文化基地”，按创意文化产业需要引进产业人才、技术、设施，成为创意文化企业创业、发展孵化区。

【农业】全年农业总产值3.6亿元，比上年下降8%。完成325公顷农田标准化建设和21192米机耕路硬底化改造，继续推进

鱼塘标准化整治工程；沙西标准化奶牛场建成并投入使用，“沙湾水奶牛”该传统特色养殖业持续健康发展；沙湾花卉展销基地升级改造为优质兰花、精品岭南盆景生产展销示范点，有兰花协会、花卉协会、盆景协会等农业专业协会，兰花产区被确定为广州市农业标准化示范区，沙湾兰花被评为“广州市名优农产品”，2008年正式颁布的《墨兰栽培技术规范》，填补广州市墨兰栽培技术标准的空白。

【农村建设】全镇14个村完成新农村规划编制。完善古东、古西、龙湾、新洲“四村一片”及其他村的中心村规划编制；完成镇中心区控制性详细规划的初步方案大纲，启动沙湾古镇旅游开发详细规划的编制工作；新建仁宝青少年活动中心、重建沙湾敬老院，基本完成桃园路、苗圃路、福北路、岗心路等道路改造，新铺设锦围路和三益围路，方便群众出行；完成村内道路硬底化15条，修建无害化公厕3座，垃圾中转站15个，河涌清淤5千多米，公园道路绿化项目6个，完善文化室和宣传栏21个；9个村被评为省卫生村、2个村被评为市卫生村。新增新洲村为广州市卫生村，全镇省市卫生村达11个。

【第三产业】全镇第三产业增加值13.8亿元，比上年增长39%。旅游业发展迅速，“宝墨生辉”、“沙湾粤韵”选入“番禺新八景”；宝墨园被评为“中国县域旅游品牌百强景区”，连续多年接待游客超100万人次；投资超亿元新建宝墨园的“南粤苑”景区，以丰富岭南水乡文化旅游内涵；成立古镇旅游开发有限公司，开展古镇旅游项目策划和历史文化街区整治规划，并以

10月11日，沙湾镇承办第七届中国民间艺术节暨山花奖中国民间飘色（抬阁）艺术展演与评奖活动。

留耕堂周边环境整治、车陂街保护修复工程为龙头，启动历史文化街区旅游开发前期工作。金沙丽水、碧桂园、祈福、万科等房地产名盘销售形势稳定。

【城乡建设】镇被授予“全国社会主义新农村科技示范乡镇（试点）”和“广州市新农村建设科技示范镇”称号，创建工作主要项目包括：建设紫坭岛生态园区、生态奶牛场，扶持沙湾兰花、沙湾水牛两个特色产业，扶持农业信息化，引导农业大户开展电子商务等；2008年，6个试点村的9个新农村建设项目已完成4个，5个正处于紧张施工中，总投资达517.86万元；非试点村（包括区重点帮扶村）有4个项目竣工验收。其他建设项目有：完成龙湾大桥施工图设计、镇中心城区道路改造工程和管网改造设计工作；完成桃园路、苗圃路、福北路、岗心路改造，已建、在建“双百”项目共36个，其中获上级拨款项目24个，下拨区级经费177万，各村基础设施进一步的完善。为提高镇村干部的城乡建设意识，组织镇村干部前往浙江奉化滕头村、杭州市萧山区航民村等地参观考察，学习当地建设社会主义新农村的先进经验。

解决农民“建房难”问题取得突破性进展，办理私人住宅违法建设补办38宗，办理其他私人住宅报建手续71宗，对28户困难户的危破房进行改造。

【社会保障】培训农村富余劳动力794人、“农转居”人员182人，培训后就业率分别达84%、81%；创业培训111人，培训后成功创业率46%；安置失业人员451人，安置率76%，辖区内无特困失业人员及零就业家庭。举办3场农村富余劳动力和外来人员现场招聘会，共计进场3201人次，初次达成招工意向率60%。创建紫坭、渡头两个充分就业社区和一个充分就业村龙湾村。

为139户困难户及因病致贫群众申请临时救济和慈善资助共49万多元，发放低保金105万多元；成立“岐山工疗站”，完善“庇护工场”建设，为残疾人提供过渡期康复、就业服务；“光明行”活动为60名贫困白内障患者免费实施复明手术；“安居工程”为6户住房困难的特困残疾人建新房。

【科教体卫】镇政府加强学校硬件设备、教育信息化、干部教师队伍、德育创新学校特色和教育科研等“五大工程”建设。京兆小学改造基本完成，新增教学平台3个，改造26个，义务教育规范化学校达到92.3%；打造一批办学特色鲜明的学校初步形成艺术、体育、科技、乡土文化、综合实践活动等五大特色课程。大力加强未成年人思想道德建设工作，开展评选“三优”好孩子、“三优”好家长、优秀法制副校长、优秀校风监督员活动，激励全镇人民积极参与培养少年儿童良好的社会责任感和道德行为习惯。

镇于10月11日承办“第七届中国民间艺术节暨山花奖中国民间飘色（抬阁）

9月10日，沙湾镇2008年度工作总结大会暨“十杰教师”颁奖仪式。

11月14日，“十一五”教育科研（第三次）工作会议。

艺术展演与评奖活动”，是国内首次在乡镇一级举行的此项活动，被中国民协党组书记罗杨高度赞誉为“红火隆重、胜利安全、各方满意、影响空前、没有遗憾、一切圆满”。活动中镇参赛的两板飘色《赛龙夺锦》、《古镇神韵》均获金奖和“山花奖”优秀入围奖。

沙坑醒狮被授予国家级、广东省非物质文化遗产称号，沙湾飘色和沙湾砖雕被授予广东省非物质文化遗产称号；青年艺术家何世良、何汉明被评为“广东省民间文化杰出传承人”；车陂街、安宁西街入选首批“广东省古村落”；组织“送书下乡”、“送戏下乡”活动，17个村、居均建成“农家书屋”、“绿色网园”；镇文联刊物《青萝风韵》于10月创刊，为镇文艺工作者提供创作和交流的平台；《沙湾镇志》进入刊印前整理校对阶段；开展老照片、老收藏、老故事征集活动。

镇体育中心场馆设施和周边环境不断完善，群众性健身项目向村、社区不断延伸，筹建基层体育组织5个，增加晨晚练点2个，推广新的健身项目3个。

积极配合区创建“中医强区”，投入改造经费250万元完善医院设施建设。

（陈洁懿）

钟村镇

【概况】钟村镇位于番禺区西北部，总面积52平方公里，下辖17个行政村，4个居民委员会。2008年末户籍人口63045人，外来人口60349人，总居住人口12.3万人。

2008年，全镇实现生产总值84.45亿元，比上年增长13.2%；完成工业总产值215.8亿元，同比增长14.6%，总量保持全区各镇街首位；农业总产值4.6亿元，增长3.2%；第三产业总产出40.9亿元，同比增长28.2%。完成税收8.4亿元，同比增长31%；实现财政可支配收入2.25亿元，同比增长6%（其中：财政一般预算内收入1.75亿元，同比增长13%；预算外资金收入0.5亿元，同比下降23%）。辖区各类经济组织7529户，其中个体工商户5899户、私营企业户1314户、内资企业158户、外资企业158户。

【政治文明】开展“思想大解放促进钟村社会事业大发展”学习实践活动；组织协办“广东省宣传贯彻十七大精神专场文艺演出”——《和谐之歌》和其他各项主题报告会、讲座、论坛等理论活动6场次，受教育党员干部群众1340人次；建立一批理论宣传阵地，自行编印《钟村宣传》、《今日钟村》等刊物；组织开展集中学习6次，完成调研课题2个，体会文章3篇。顺利完成全镇17个村和1个社区“两委”换届选举工作，选举产生新一届“两委”干部113人；全年发展党员67人名，确定入党积极分子163名，举办入党积极分子培训测试2次，成立鑫泰、通发、明峻3家非公企业党支部，17个村党支部与市、区属的党支部结对。充分发挥人大监督作用，坚持和完善报告工作制度和通报情况制度，

7月9日，区城乡基层党组织互帮互助活动代表见面会。

对代表们提出的15件议案，28件建议、批评和意见均办理完毕，办结率100%。抓机关部门制度建设，重新修订《钟村镇工作制度汇编》，健全领导干部民主生活会、领导干部述职述廉、廉政谈话和诫勉谈话等制度；以创新的形式开展“创建全国文明城市·廉政文化”书画作品展览。

【精神文明】2008年，钟村派出所被评为“国家一级公安派出所”。

开展“粤鹰08”、“剑锋08”、“飓风”等社会治安专项行动，辖区全年刑事发案共495宗，同比下降13.9%，刑事破案230宗，破案率为46.5%，上升1.6%。加强对出租屋和流动人员管理，共出动工作人员10569多人次，清查出租屋9809间次，发整改通知书限期整改965多间，督促无证人员办证6950多人；坚持“以屋管人”原则，全面拆分“层、套”，落实一屋一档、一户一册制度，实现出租屋管理由“管住”到“管好”的转变。打击“黄赌毒”专业队，通过采用不定时地深入摸查、调查、伏击、清查、打现行等工作措施，共查处涉黄涉赌涉毒治安案件230多宗，捣毁卖淫窝点4个和赌博窝点21个。2008年，镇被定为广州市社区戒毒工作试点单位，成立镇社区戒毒（康复）办公室；“6·26国际禁毒日”当天，镇禁毒办组织300多名中学生参观广州禁毒教育展馆，并组织团委、义工联和钟三村的团员到沙湾戒毒所参观学习。对辖区内的文化市场无照经营行为进行大力整治，共取缔“黑网吧”61家，收缴电脑等设备875台套；共收缴黄色光碟3000张、淫秽书刊2500本、盗版光碟13850张。

镇派出所通过排查摸底，全年共收集各类信息119条，及时化解不安定因素和各类纠纷72起，维护北京奥运会、争创全国文明城市、秋交会、中共十七届三中全

7月12日，钟村镇“创建全国文明城市，四进社区”系列活动暨番禺区第五届运动会钟村镇体育代表团成立仪式。

会等重要时期的社会稳定。

创文、创卫期间，镇举办“创建全国文明城市，构建和谐钟村”系列活动，其中“创建全国文明城市文体进村（社区）”文艺晚会，先后组织到各村（社区）巡回演出，共计演出多达21场，观众多达3万人；配合创文、创卫活动主题，镇投入约47万元在人流客流量较大的谢村市场增设创文、创卫公益宣传广告牌132块，对147块旧的宣传广告牌进行更换和维修；印发各样的宣传单、小册子、宣传海报、调查问卷、《致家长的一封信》、《致全体经营者的一封信》和《致学生、家长的一封信》等；通过《今日钟村》及宣传栏开展宣传活动。举办“文明交通，环境卫生从我做起”百日大行动，发动镇机关，各部门、单位、村、社区人员和镇义工到全镇范围内的交通路口要道维持交通秩序，教育群众交通安全和环境卫生知识。

开展以安全生产、劳动用工管理为主要内容的综合巡查行动，在全镇17条村成立村级安全生产管理办公室；组织专项巡查20次，共检查生产经营单位1906家次，查处无证照生产经营单位213家次，“三小”场所1977家次，出租屋383间次，停水处理68间，发出安全巡查记录及整改通知书2063份，发现安全隐患6065条，整改安全隐患4216条；全年没有发生重大火灾事故，火灾事故发生率同比下降12.5%。全镇开展查处“三鹿牌”婴幼儿奶粉及问题乳制品工作，出动735人次，检查各类乳及乳制品经营主体676家次，累计下架不合格奶粉496公斤。增设“劳动合同法咨询窗口”和投诉服务区，全年处理月亮贺卡公司、松下万宝生产基地等181宗劳资纠纷案件，涉及人数4072人，涉及金额1941万元。

坚持实行矛盾纠纷排查情况零报告制度和“六长”接待日制度，及时排查调解纠纷数130件，调解成功率100%；镇综治中心全年受理群众来访投诉共65宗，成功办理率100%。

打掉假（私）盐销售点4个、查处假矿泉水和假酒制造工场8个、取缔无照经营的饮食摊档200多间、全年检查废旧金属收购店档250多间次，查处60多间次，抓获6人。先后开展9次打击传销专项行动，全镇共出动检查、执法人员1千多人次，车辆100多台次，打掉传销窝点1个，解救被骗人员1名抓获传销人员4名，刑事拘留1人。每周开展整治“六乱”执法行动，出动执法力量1320人次；开展“交通、治安、市容”综合整治行动，治各类市容类违章917宗。

钟二村等7个村达广州市计划生育先进村标准；围绕创建全国计划生育先进单位的目标，推进利益导向和优质服务机制，促进已婚育龄妇女主动落实计划生育措施；采取强制性行政手段，对违法生育者依法征收社会抚养费，维护合法生育者的权益和人口环境的稳定。

在抗冰救灾“送温暖、献爱心”活动中，全镇政府机关工作人员以及各村级单位共捐款5.6万元。“5·12汶川地震”后，街道筹得善款超过312多万元以及一批抗震救灾物资；多位钟村籍商人筹得善款及物资合计300多万元，并自发组成车队，运载物资亲赴灾区救援。

推进“六好”平安和谐社区建设，南奥社区成为镇首个“六好”平安和谐社区。

【工业】2008年，钟村镇工业经济稳步增长，海维饲料、五羊电缆等民营企业继续维持强势增长，有效拉动工业经济快速增长；广州康迪克竞合机械制造有限公司，投资总额达1.2亿元人民币。

各村盘活闲置厂房，用好工业用地，

把高污染、高能耗、低附加值的企业置换出去、全面引进科技含量高，有核心竞争力的企业，全年引进外资项目5个，总投资超过3372万美元。有18家企业获省、市、区科技部门立项科技攻关项目，获得政府资助金额500多万元；有19家企业申请2009年区科技项目立项；露纯化妆品公司获评中国驰名商标，明威专用汽车公司获评广东省著名商标，大发铜铝型材公司等3家企业获评广州市著名商标，五羊电缆公司获评广东省名牌产品；秀珀、东松三雄等多家企业成为奥运会产品和服务供应商。

【农业】全镇完成农业总产值4.6亿元。生猪存栏2.14万头，其中母猪287头，年出栏3.58万头；禽只存栏量21.35万只，年出栏量58.31万只，年禽蛋产量1859吨；奶牛存栏461头，年牛奶产量724吨；年屠宰生猪71226头，谢村综合交易市场家禽年交易量达3150万只。镇政府引导各村扩大优质高效绿化苗木的种植面积，合理调整农业生产布局，发展都市型休闲农业和科普农业；石二农业博览园、谢村休闲农业相继签约准备投入开发。先后引进水产新品种“广特超”25万尾、“奥尼鱼”50万尾；引进“金丰1号”香茄、“绿宝菜心”和“绿胜2号”丝瓜等蔬菜品种。全年共发放禽流感疫苗1935瓶，共48万ml，禽只免疫58万只，奶牛免疫397头，免疫率100%。

【农村建设】镇以“定制度、重扶持、强宣传、送温情、抓落实、促成效”为工作目标，重新修订《2008年钟村镇社会主义新农村建设项目资金管理暂行办法》，加大对新农村建设的财政投入，结合“双百共建”工程，打造祠堂文化、建设农家书屋、绿色网园23个，除祈福社区外的村（社区）的农家书屋设施基本完善，并投入使用；各村立项进行道路硬底化等民生工程建设57个，总投入约1599万元。镇建委贯彻落实广州市关于开展社会主义新农村建设的战略部署，分2批全面覆盖剩余16条村的村庄规划编制工作。自然村通公路工程在建项目有诜敦村（环村路）和韦涌村（南边路）2个，危桥规划改造建设项目有石三村（大沙桥）、屏一村（沙尾桥）和韦涌村（地塘桥、田心桥、雷地桥）3个。

改造后的汉溪大道副线。

【第三产业及其他】2008年，全镇住宿、餐饮业实现产出5.1亿元，同比增长22.2%；批发零售业实现产出4.85亿元，同比增长13.5%。随着广州新客站建设启动及房地产行业带动的人口消费需求，以天汇百货为亮点的商贸业、以祈福新村度假村俱乐部为亮点的餐饮服务业，成为镇第三产业新的经济增长点。

【房地产】房地产开发继续显下行走势，全年累计销售商品房9.4万平方米，销售收入7.3亿元，分别比上年同期下降28.8%和36.4%。

【城乡建设】大力抓好市政基础设施建设，投资365万元进行屏山大桥桥下调头匝道维修工程；投入105万元维修105国道谢村市场桥梁、人行道、栏杆；投入15万元改造市广路公交车站。全年新征用地报建16宗，用地面积7.62万平方米；换发用地

7月16日，钟村镇召开农村困难户危破房改造工作总结会。

规划许可证15宗，用地面积24.70万平方米；规划方案报建4宗，用地面积4.62万平方米；工业厂房工程报建6宗，建筑面积1.69万平方米；公建住宅工程报建2宗，建筑面积8.33万平方米；公共建筑工程报建2宗，建筑面积1.61万平方米；规划验收工程10宗，建筑面积9.88万平方米。全面进入城市化水利建设阶段，完成诜敦河整治工程，完成诜敦下细坑至新排洪渠和新市广路至旧食品站渠整治工程的50%；配合市桥河水系综合整治工作，确定西海咀增建泵站，并进入施工阶段；完成钟屏环山河A标段的整治工程量85%；动工建设钟村镇污水处理厂；完成自来水公司供水厂三期日制水10万立方米扩建工程，并正式投入生产，该项工程，保障钟村镇夏季用水需求，全年可提供安全卫生自来水3426万立方米。

加快农村城市化进程，区、镇两级补贴共计1317万元改善村容村貌，顺利完成12个完工项目的资金补贴以及2008年上报的27个项目的检查报批工作，全镇17条村申报共建项目153个，已完成或基本完成的项目有122个。落实第八次卫片土地执法检查，采取“政策先行，教育为主，攻心为上”的办法，全年自拆违法建筑物面积5.8万平方米；同时，严格按照《番禺区第八次“卫片”土地执法检查行动方案》要求，对第八次“卫片”反映的新增违法建设用地依法进行严肃处理，先后对位于谢石路、新光快线沿线，汉溪物流中心周边等违法用地建筑物实施强制拆除，清拆面积1.8万平方米，并已同步开展复绿复耕工作，恢复土地原状。

【省、市重点项目工程建设】镇全年累计交地约3400亩。在征地拆迁补偿工作中，统一协调，依法依规，加强项目施工的社会管理，降低施工对地方的影响。针对项目规模巨大、施工建设期长，各项目在建设过程中留下安全、卫生、环保等一系列的隐患，尤其针对机耕路损坏、河道堵塞和泥浆水排放污染耕地等问题，镇多次召开“南拓”项目、施工单位负责人协调会议，强调文明施工，落实受损道路修复责任；成立“南拓”项目工地联合管理队伍，专门负责辖区内重点工程项目治安、劳资发放、文明施工等方面工地管理工作；对不文明施工造成的污染的道路由镇统筹以招投标的方式进行修复及维护，所需费用由造成污染的施工单位负担，从而确保项目的征地拆迁补偿和工程施工进展顺利。

【社会保障】全年向241户低保户发放救济金额83.50万元；镇慈善基金定期救济221名孤老、五保、孤儿以及复员军人，发放救济金额共21.08万元；临时救济347人次。筹措资金54.29万元，为19户农村困难户解决住房改造问题。

通过加大就业援助力度，促进多种形式就业。2008年，镇登记城镇失业人员404人，395人实现再就业，就业率97.7%；农村劳动力新增就业1036人。

【科教文体卫】继续加大对教育发展的投入力度，全年投入7000多万元用于教育建设，分别完成石壁小学、钟村中学新体育馆的建设工程、钟村第二小学二期校园扩建工程以及韦大、育英、诜汉、石壁小学的教室多媒体信息平台建设，并在南国奥园内增建公办学校一间；连续7年开展大型奖教奖学活动；适龄学生入学率、保有率均为100%。

文化惠民注重以人为本，贴近生活，进行“四送一讲”（送戏剧、送电影、送舞龙舞狮、送讲座，并在此基础上，增加送《今日钟村》报纸）。年内投入资金100多万元进行美化立体宣传，在镇墟范围内、各主干道路设置大量大型户外公益宣传广告牌；围绕村级“两委”换届改选、廉政纪律教育、创文、创卫等主题，开展送戏、送电影、送舞龙舞狮与送讲座活动500多场，惠及群众25万人次；邀请镇粤剧明星巡回到各村作敬老慰问演出，8500多名长者受惠；举办免费教育电影活动80多场，共有64000多人次观看电影；开展本土艺术创作活动，镇文联创作一批群众喜闻乐见的节目，自编自导自演的小粤剧《热血映山红》，在全区“百台精品展风采”文艺大汇演上获得好评，三句半、小品《火车来了》等剧目结合钟村未来发展形势赞美钟村的美好明天。

在卫生系统开展“政风行风评议回头看”活动，缓解群众“看病贵”、“看病难”问题；投资30余万元对病房进行改造，增加近30张床位，改善住院环境；加强医院专科建设、建立重症监护病房、开展腔镜技术、促进内儿科分科、添置先进医疗设备，提高医疗质量和技术水平；继续做好儿童系统管理工作，全年0~3岁儿童数3192人，系统管理率96.02%，0~6岁儿童数7586人，保健管理人数7500人，保健管理率99.1%。

参加区第五届运动会，获得金牌53.5枚、银牌24枚、铜牌32枚，取得金牌总数第四、团体总分第3的成绩。

（孔锦珲）

大石街

【概况】大石街位于番禺区西北部，面积19.34平方公里，下辖14个行政村和4个社区居民委员会。2008年末，总人口137954人，其中户籍人口53090人，外来人口84864人。

2008年，全街实现地区生产总值71.13亿元，比上年增长20.3%；实现区域经济总值194.6亿元，增长26.6%，其中农业0.99亿元，下降6%，工业160.18亿元，增长21.8%，建筑业3.17亿元，增长4.6%，第三产业30.29亿元，增长45.7%。实现税收11.39亿元，增长30.9%，完成预算内财政收入5036万元，减少2.85%，完成预算财政支出5591万元，比上年增长26.2%。完成全社会固定资产投资33.71亿元，增长1.2倍。

【人民生活】城乡居民可支配收入26443元，增长14.7%；消费支出17500元，下降34.3%；城镇职工人均收入19172元，增长5.5%；农村人均收入11063元，增长10.3%。

【政治文明】继续在农村开展“三个培养”工程，有186人被确定为“三个培养”对象，其中属能人培养为党员的64人，党员

9月4日，谭应华书记到大石街开展中秋节前慰问活动。

培养为能人的101人，党员能人培养为村干部的21人。全街非公企业党支部总数达到13家，40个规模以上非公企业党组织覆盖率100%；发展新党员43名，其中，35岁以下33人，高中以上学历41人，女党员14人；开展城乡基层党组织互帮互助活动，实现城乡基层党组织共建的100%全覆盖.

村（社区）两委换届选举产生新一届村“两委”成员96人、社区“两委”成员23人。街道办事处统筹推进城乡建设，制定63项行政执法行为，建立和完善城市管理相对集中的行政处罚权制度，加快行政审批制度改革；街工会获得“2007年度番禺区工会工作目标考核模范单位”（2008年颁）称号和“2008年度番禺区工会报刊征订工作二等奖”，镇武装部被评为“2007年度番禺区征兵工作先进单位”（2008年颁）和预备役高炮团先进连部。镇商会获“番禺区优秀基层商会”称号。

【精神文明】2008年，辖区刑事案件比上年下降21.4%，两抢两盗案件分别下降57%和34%，刑事破案率49.4%；开展各类专项整治行动98次，“六乱”现象得到有效遏制，城区交通井然有序，“五小”行业规范经营，农贸市场监管有力。年内增设182个视频监控设备，全街有监控探头达到330个；以出租屋流动人口相对密集的大山村为试点，创新实施出租屋分等级管理；2008年，安全社区（村）创建达标率89%，无毒社区（村）创建率72%，出租屋符合条件率99.8%，持证率

12月9日，区委常委、宣传部部长李鹏程到大石街视察村级文化阵地建设情况。

33.46%。

北联村、山西村、涌口村获“广东省卫生村”称号；大兴村、大维村获“广州市卫生村”称号；街道14条村中共有4个省卫生村、7个市卫生村，省市卫生村比例达到78%；大石街道办事处和富丽中学分别获“广州市爱国卫生模范单位”称号；街道获得“广州市创建全国卫生城市先进集体”称号。

镇信访办受理案件共217件，办结率100%；成功化解星河湾的人身损害赔偿事件及利昌鞋厂、冠美木业厂等劳资纠纷一系列不稳定因素；“五长”接待日共接访群众140批208人次，咨询52宗，立案88宗，办结86宗，办结率97.7%；街道办事处被评为“2008年度番禺区信访工作先进单位”，街司法所被评为“2007年度番禺区司法系统先进集体”、（2008年度颁）“2008年度区司法行政系统安置帮教工作先进集体”。

建立14个村级安全办，健全村（社区）安全生产与消防安全检查员制度，配备村级专职巡查人员、巡查专用摩托车；638家企业建立“一企一册”安全生产档案，检查企业、厂房、商铺、出租屋、“三小场所”等单位13008家次；开办安全知识培训班15期，举办应急救援疏散演练12次；街道安全办被评为“番禺区优秀第一档次”和“广州市安全生产监管先进单位”，街道专职消防队取得“广东省专职消防队正规化试点验收第二名”的成绩。

11月21日，区纪委书记彭群到大山村了解政务公开工作。

全力推进计划生育“创国优”工作，全年（2007年10月至2008年9月）出生656人，出生率12.76‰，自然增长509人，自然增长率9.9‰；计划内出生534人，计划生育率95.27%，比区指标提高1.27%，比去年上升0.14%。2008年5月，街道被选定为区出生缺陷干预工程的第一批试点单位，共有462对夫妇参加，年内无缺陷婴儿出生。被评为“2008年度广州市计划生育达标（模范）镇（街）单位”，计划生育服务所获“广州市番禺区2008年度人口和计划生育工作先进单位”称号。

【工业】 全街有工业企业1050家；其中规模以上工业企业139家，总产值140亿元，增长23%，占工业总产值87.4%。日立电梯（中国）有限公司总产值60.8亿元，增长17.5%；广州华凌空调设备有限公司总产值30.43亿元，增长51%。全街有中国名牌产品企业4家，国家质量免检企业2家，广东省名牌产品企业8家，广东省著名商标企业3家。广州番禺粤台机电有限公司成为奥运会电动车的供应商，明悦塑胶包装材料有限公司参与奥运会跳水项目的跳板生产。

2008年，出口值31379万美元，减少1%，进口值11466万美元，减少15%。引进外资新项目13个，增长130%；投资总额1075万美元，减少28%；注册资本803万美元，减少19%；合同利用外资850万美元，增长34%，实际利用外资340万美元，增长247%。石北工业园建设顺利推进，第一批次561亩用地手续全部办结，12个项目顺利取得规划许可证并进入供地阶段，其中新增项目有27个；石北工业集聚点有企业120家，已开发使用面积222公顷。

积极推进“腾笼换鸟”工程。河村村将华盛五金厂7000平方米厂房转变为高附加值产业的汽车销售产业，引进一汽丰田4S店；涌口村将两间旧厂房改建成两栋新厂房，招引国内2间技术含量高的彩印企业，村增加租金收入100多万元；金科商贸广场项目顺利推进，引进符合“三高一低”的企业租户5家，实现净利润增长50%，初步实现增量经济与存量经济的“双优化”。2008年上报“腾笼换鸟”项目78个，建筑面积50多万平方米，占原有旧厂房的30%；其中阳光生活城（原名南大购物广场）、金科商贸广场、广州祺瑞国际家具博览中心被选定为区“腾笼换鸟”工程试点项目。

【农村和农村建设】农业生产以蔬菜、绿化苗木、草坪及自选、休闲农业为主，2008年，全街14个村级集体收入10280万元，减少1.4%；农业生产种养总面积203.5公顷，与上年持平；蔬菜种植95.7公顷，绿化苗木57.13公顷，水果19.2公顷，水产养殖26.3公顷；生猪饲养量15862头，增长1.33%，三鸟饲养量31540只，减少0.64%；14条村全面完成集体经济股份固化工作。

开展社会主义新农村扩面工作。大维村的新公园顺利建成，大兴村增加为大石街新农村建设试点村。2008年申报立项试点村工程项目7个，其中大维公园低压路灯安装电气工程、大维村至山西村道路改造工程、山西村河涌及道路改造工程、涌口村北园街及南园街市政工程、大兴村东兴街及振兴街道路改造工程等5个项目竣工，总投入资金247.7万元。

【第三产业】2008年，全街商业总产值达6.98亿元，增长129.5%。旅游业持续兴旺，接待游客650.9万人次，实现经济收益8.5亿元，增长17.7%；饮食业同步发展，星河湾大酒店、群贤酒店、华容酒店等项目相继开业，饮食服务总产值达19.04亿元，比上年增加30.3%。大石站出口商

11月21日，区纪委书记彭群到大石街调研建华汇建设进度。

9月4日，区领导谭应华、陈德俊等到大石街敬老院开展中秋节前慰问活动。

业网点规划出台，建华汇商业中心圆满竣工，广州祺瑞国际家具博览中心工程动工，广州巨大设计创意产业基地奠基。房地产走势良好，全街房地产开发完成投资21.67亿元，增长148%，施工面积82.65万平方米，销售面积17.03万平方米，销售金额19.31亿元，现房销售面积3.78万平方米，期房销售面积13.25万平方米。

【城市建设】正义路、茶庄路、富山路的路灯安装工程以及诜官线、大涌线的路面维修工程基本完成；建华路至爱华路箱涵工程竣工；沿江路西段工程、岗西路猛涌村段河涌挡土墙及人行道改造、石南路官坑段道路改造等工程进展顺利；东新高速公路、省疾病预防控制中心、三枝变电站、地铁二号线、105国道扩建等项目在大石街范围内的征地拆迁工作有序推进。

加强水利工程建设管理。完成对中万益堤围水泥窦加长培厚工程和沿江路堤围加固和大石水闸重建工程；完成沿江路堤围加固及大石水闸重建工程主体部分，水闸已投入使用；大山东泵站（预计区首期投入资金：150万元），大维水闸、山西狮子水闸（预计区首期投入资金各150万元），会江三眼水闸（预计区首期投入资金：300万元）被列入区的工程建设项目，现进入招标阶段；涌口主涌丫涌清淤工程进入规划设计和测量阶段。

第八次“卫片”土地执法检查行动，共拆除违建3.4万平方米，复绿7处违法用地，复绿面积达157亩，种植树苗1.25万株，制止新违法建设403宗，清拆违法建设2.3万平方米。

【社区建设和管理】大石社区百乐园、怡居新村“平安和谐社区”创建工作完成，大石社区被评为广东省“六好”平安和谐社区，新月明珠被评为“广州市绿色社区”，分别评选出45个市文明家庭和3627个区文明家庭。城乡卫生状况明显好转，人民文明素质整体提高，群众满意率94.7%。街道获得“番禺区万村千乡市场工程建设优秀单位”称号及“番禺区村庄规划编制优秀组织奖”。

【社会保障】全街参加社会保险 21845 人，其中企事业单位参保人数 19682 人，增长 8.7%；参加合作医疗 25827 人，其中农民 21176 人，占农村人口数的 98.92%；发生理赔 1752 人，报销金额 373 万元，报销比例为 28.3%，其中街配套金额达 103.31 万元。

开展充分就业村（社区）创建活动，大石、富丽、星河湾社区及诜村等 4 个社区（村）通过创建验收工作；全街登记失业人员总数为 600 人，430 人实现再就业，再就业率 72%；残疾人就业率 90%，获区“按比例安排残疾人就业先进单位”称号。

全街 52 户家庭（共 110 人）享受低保救济，区、街、村三级共支出城乡低保金 18.86 万元，其中区支付 85.42 万元，街支付 76.44 万元，村支付 1.83 万元。对困难人员实行救济措施，39 人接受困难救济，6 户特困家庭接受危房重建资助。按标准向全街 21 名优抚对象发放优抚金 14.26 万元。

【科教文体】全面推动文明城市建设，通过设置大型宣传画、张贴宣传标语、制作宣传栏、撰写新闻稿及更新政府政务网络等方式，传播“创文”信息，扩大宣传覆盖面，共设置“创文”广告 1805 则，印发宣传资料 16.5 万份；组织文明交通志愿者、“创文”义务宣传员工 800 多名，增聘保洁人员 380 名；投入社区建设资金 80 万元，城乡建设资金 145 万元，科技引进培训资金 17 万元，其他创文专项经费 131 万元，合计 390 万元；15 个村（社区）已建成“农家书屋”和“绿色网园”，实现远程教育终端接收站点全面覆盖。

全街高考成绩超过广州市高考期望值，并获得广州市高中毕业班评奖二等奖；中考成绩高出区平均水平 28.14 分，高出广州市平均水平 62.3 分；富丽中学、大石中学获区初中毕业班工作评奖一等奖，番禺执信中学和石北中学分别获二、三等奖；河村小学被评为“广州市义务教育规范化学校”；大石中心小学和番禺执信中学成功承办区综合实践活动现场交流会；富丽小学少先队大队积极参加全国优秀红领巾小社团评选活动，被授予“全国优秀红领巾小社团”荣誉称号。

大力开展文化体育活动。组织举办“迎新春义卖活动”、义务植树、“迎亚运，全民学英语”、“学雷锋义务集市”、“义工队伍动起来”、“自然沙龙”油画作品展、“粤韵”曲艺汇演、“艺高杯”桌球赛、“金科杯”象棋赛、“富健杯”乒乓球赛、送戏下乡、送影下乡等活动；积极参加第 5 届区运会，并获得 36 枚金牌、869 分，居镇街总分数第 7 名、金牌总数第 6 名；太极健身队在广东省武术比赛中，取得两个个人第一名及团体第二名的优异成绩，并且参与广州市迎奥运火炬晚会演出。

【人物选介】·何志坤· 番禺大石山西村人，现年 52 岁，1978 年担任山西村干部，1995 年起至今担任山西村党支部书记。任职期间，何志坤带领村“两委”积极发展生产，改善农村环境，先后兴建兰花工业区、大龙船商铺区等一批厂房商铺。开通接驳岗东路与岗西路的元塘路。将村前的臭水塘改造成集休闲、娱乐、运动于一体的村公园；兴建村开放型灯光篮球场；建立文化活动中心，完善党员远程教育、绿色网吧、农家书屋等管理机制。何志坤曾当选为番禺区第十、第十一次党代表，多次被评为区、街党务先进工作者，优秀党员。

（许若婷）

洛浦街

【概况】洛浦街位于番禺区西北部，总面积25.38平方公里，包括沙滘、南浦两大岛屿，下辖沙溪、厦滘、上漖、洛溪、东乡、西一、西二、西三、桔树等9个行政村和洛溪新城、丽江花园、珠江花园、广州碧桂园、广州奥林匹克花园、洛涛南居等6个社区，2008年末常住人口59834人，流动人口42102人。

2008年，全街实现区域经济总产值76.95亿元，比上年增长10.84%；实现地区生产总值（GDP）32.19亿元，增长6.40%；其中第一产业生产总值0.80亿元，增长3.30%；第二产业生产总值8.47亿元，增长17.70%；第三产业生产总值22.91亿元，增长2.60%。完成全社会固定资产投资1.51亿元，增长164.20%；税收总额3.43亿元，减少23.56%。

【政治文明】圆满完成村（居）委的换届选举。为使新当选的两委能迅速开展工作，先后举办组织委员培训班、新任“两委”成员培训班以及农村“三个培养”对象培训班、入党积极分子培训班，进一步提高党员干部队伍的综合素质。街党工委按照省、市、区的统一部署，以“思想大解放，洛浦大发展”为主题，以“三学三创三优先”（即坚持学理论、学先进、学区情，创新思维、创新机制、创新发展，努力做到经济建设生态优先、社会建设民生优先、城市建设文化优先）为载体，开展解放思想学习讨论活动。

3月12日，张力仁副区长参加街道解放思想座谈会。

7月25日，戴永昌副区长调研五湖四海国际水产交易中心项目。

【精神文明】 街道开展打击“两抢两盗”、“黄赌毒”犯罪的“春雷”、“粤安08”、“夜鹰”等多个专项行动。加大社会治安防控体系建设，推进各村封闭式管理工程和治安视频监控工程。加强重点行业的整治力度，全年开展重点行业联合行动48次，检查店档1273间次，整治机动车维修店85间次、旧货交易73间次、废旧品收购店93间次；查处“黄赌毒”案件187宗，捉获涉嫌人员572人；查处“六合彩”等私彩赌博案件10宗，进一步净化社会治安环境。

信访工作完善排查调处工作机制，开展“重信重访”问题专项治理和街党工委书记、街道办主任大接访等系列活动，解决一批久拖未决的民生问题。全年受理信访案件246件，其中群众来信81件、群众来访41批144人次、来电18宗；城市管理区长专线转办案件106宗，办结率99.2%，平均满意度84.8分。

坚持“安全第一、预防为主、综合治理”的方针，加强安全生产监管，先后对辖区内的生产安全、食品安全、建筑安全、消防安全、药品安全、交通安全进行全面巡查，共出动检查人员560多人次，检查有关单位706户次，发出检查记录表706份，有效遏制各类重特大事故的发生。大力构建村级安全生产监管网络，9个行政村的安全生产管理办公室全部揭牌成立。

以番禺区迎国检、创国优为契机，落实“街抓村（居）、村（居）抓户、户抓流动人口”的工作责任制，全街人口和计划生育工作的整体水平得到进一步的提高。全街出生903人，计划生育率97.67%。

“5·12汶川地震”之后，全街各界开展各种形式的抗震救灾捐助活动，捐款230多万元；党员缴纳特殊党费17万多元。

【工业】 “腾笼换鸟”工作领导小组对全街企业进行全面实地考察，将计划进行“腾笼换鸟”且有相关土地证照的52个项目资料汇编成册；沙溪专业市场升级改造工程和五湖四海水产交易中心被定为街道“腾笼换鸟”的试点项目；登记备案不符合产业布局规划和现代产业发展要求，或土地利用率低、内部规划不合理、基础设施不完善、建筑质量差的厂房（商铺），为“腾笼换鸟”下一步的工作提供依据。恒盛工业园及恒达工业园已对原厂房进行升级改造；五洲专业市场在原有基础上构建五洲商业中心，打造商业领域新的经济增长点。

【农村建设】全年新农村建设基础设施项目约30项，总投资额1000多万元；各级财政已下拨新农村建设资金516万元（其中市级财政下拨资金10万元，区级财政下拨资金81万元，街道办事处下拨资金425万元），主要用于道路硬底化工程、公园绿化工程和文体设施建设。区委农村办同意立项补助的8个项目均已完成招投标手续；东乡村、上漖村、沙溪村的道路硬底化工程和沙溪村四村公园工程已经完工验收，其他工程正在施工中。

【城市建设】配合广州“南拓”战略的实施，开展征地拆迁工作，确保在建的省市重点项目工程建设顺利进行。沿江路上漖段路堤工程、洛浦沙滘中学教学楼、沙溪专业市场升级改造、五湖四海国际水产交易中心、深涌水道河堤、迎宾豪泰路口的开通等项目确定为重点工程项目。其中沙溪专业市场升级改造工程的“中改”和“大改”方案计划投入6.6亿元进行升级改造，将原有“现货、现金、现场”的传统贸易型市场逐步改造成为展贸型现代交易中心，实现统一形象、统一经营、统一配套、统一管理，全面提升沙溪批发市场的竞争力、辐射力和影响力；五湖四海国际水产交易中心、洛浦沙滘中学教学楼等项目正式动工；沿江路上漖段路堤工程已完成40%；深涌水道第一期工程已验收，第二期工程已完成50%；迎宾豪泰路口红绿灯已开通，周边交通设施正在完善中。

【社区管理】依照“逐步将社区建设推向规范化、制度化、标准化”的总体目标，按照《番禺区“六好”平安和谐社区创建工

12月13日，洛浦沙滘中学教研楼奠基仪式。

洛浦中学。

作指南》的要求，成立以街党工委书记为组长的社区建设领导小组，以及社区工作指导小组。省民政厅挂点帮扶“六好”平安和谐社区试点单位——洛涛南社区增加绿化带、休闲场所、社区文化栏等基础配套设施。珠江社区开展“六好”平安和谐社区达标评定工作，洛城、广奥、广碧、丽江等社区广泛开展“六好”平安和谐社区创建工作。完成丽江社区和珠江社区“星光老人之家”、广碧社区“绿色环保社区”的申报工作。深入开展平安社区（村）、无传销社区（村）、无毒社区（村）的创建工作，全街14个村（居）委的平安社区（村）创建工作已通过区的验收，创建达标率93%；8个村（居）委被区命名为“无毒社区（村）”。

【社会保障】截至年底，全街城镇登记失业人员总数为853人，其中715人实现再就业，就业率84%；创建的4个充分就业社区和1个充分就业村，其失业人员就业率、“4050”人员就业率、登记在册“零就业家庭”就业率均达到100%。

全街经评定享受低保的城乡低保对象有72户213人。街道对因住房、治病、生活、读书等有困难的人员实行临时救济措施，为11个特困户和残疾人家庭进行危房重建。成立全街首个康园工疗站，是广州地区首个将残疾人康复与社区医疗结合起来的医疗站，为辖区的精神病患者提供康复、工作、交流的平台。

【文教体卫】街道积极开展各类文化体育活动，丰富群众文化生活，先后举办“洛浦街2008年和谐春联新村行”、“洛浦街2008年新春游园”、“洛浦街2008年新春卡拉OK大家唱”、“洛浦街第一届残疾人运动会”等活动。组织全街体育代表团参加区第五届运动会，取得金牌数和总分数第10名的成绩。街道残联获得全区残疾人游泳锦标赛团体亚军。

继续推广合作医疗制度，全街参加合作医疗的农业人口数为27365人，参合率99%；居委参加人数为3655人。村（居）委共筹资金248万元，街和区配套的筹资总额近500万元。

（尚钧鹏）

石碁镇旧水坑文化中心。

为试点优先发展项目。金山村 27.2 公倾经济发展留用地被批准。

【农业及农村建设】 街道贯彻落实各项惠农政策，对发展缓慢村的财政补贴 64.24 万元；给予全镇 29 条行政村税费改革补贴 169.15 万元；发放种粮直补、农机购置补贴和机耕路维护补贴等 98.88 万元。

农村经济稳步发展，全年实现农业总产值 4.6 亿元，同比增长 1.1%。全镇完成 744 亩鱼塘标准化建设。推进“公司+基地+农户”的农业产业化模式，丰恒公司等农业龙头企业，带动农户 150 多户，种养面积 800 多亩。

2008 年共投入 4395 万元用于加固整治市石联围、低涌堤围、海傍水闸、沙涌水闸等建设，增强防洪抗洪能力。立项建设社会主义新农村项目 20 个，区、镇、村三级财政投入 765 万元，大部分项目已竣工验收；完成“双百共建”项目 24 个，投资总额 186.5 万元，建成农村道路、公园、文化室、市场、公厕等一批。大刀沙、旧水坑两条村已完成新农村村庄规划，其余 27 条村正在完善设计方案。

【第三产业】 全镇第三产业实现增加值 30.3 亿元，同比增长 11.3%。通过全面提升传统服务业，推进商贸、房地产等新项目投产，第三产业发展步伐不断加快。其中，石碁城市广场正式开业并凸显经济辐射功能；鑫润花园、尚东尚筑、东湖州花园开盘销售；石岗东商贸城建成竣工，罗家圣鑫国际商城奠基开工，新的经济增长点逐渐形成，企业适应新形势能力有所提高。

【城区建设】 配合做好广州亚运城、傍西雁洲水闸、广明高速、亚运城配套燃气等重点项目的征地拆迁和建设工作；抓好市莲路单边路灯改造、市新路路灯建设和大刀沙岛路桥贯通工程；协助解决广南站出线工程、南沙港快线、地铁四号线、LNG 输油管线等重点工程的遗留问题，保障村民利益。

投资 3000 万元建设石碁文化体育中心以及党团员活动之家、石碁图书室等一批文化场室，积极推进“农家书屋”、“绿色网园”建设；完成石碁镇垃圾压缩站、大龙广场公厕、石碁村三其路、南浦村莲庞路、东坦桥、金龙社区街巷改造等基础设施建设；对镇内7个水浸黑点开展全面勘察，并制定改造方案；对镇内70多公里道路进行全面养护；加快石碁二中改建、石碁三中体育馆建设，优化教育教学环境;加快尖峰山森林公园建设；落实城乡水利防灾减灾工程，开展河涌整治和危桥险段加固，保障人民群众的生命财产安全。

加快“青山绿地”工程建设，做好农村植树和村级公园优化升级建设，全年植树4954棵，全镇人均绿地面积19.8平方米。小龙涌清淤整治工作顺利推进，水质污染和油烟、噪声污染治理得到加强，全面完成第一次全国污染源普查工作。

【社会保障】2008年，全镇支出临时生活、医疗、助学等各类救助金200万元，发放低保金135万元；开展“4050”再就业援助计划，举办农村富余劳动力招聘会；推进社会养老保险、城乡合作医疗工作和外来工安全保障计划，全年缴保障资金3.3亿元，增长17.8%，企业参加社会保险人数51171人，增长18.6%，单独参加工伤保险106888人，增长9%；全镇参加城乡合作医疗人数为66293人，农民参保率达99.7%。

6月27日，区计生局与石碁镇官涌村举行牵手打造试点村揭牌仪式。

【文教体卫】投资1200万元完成扩建石碁中学；投资890万元建设石碁三中体育馆和塑胶跑道；投入100万元建设全镇教育信息化网络；制定石碁二中的扩建、改建方案，全镇中小学的办学条件不断优化。开展学校文化建设，深化“科教结合、艺教结合、体教结合和社教结合”工作，素质教育硕果累累，师生在各类比赛中获区级以上奖励1006人次。2008年初中毕业班升学会考，全镇总平均分位居全区第一。全镇教育向优质均衡方向发展，并顺利通过省教育强镇的复评。

以迎奥运、办亚运为主题，广泛开展各类宣传文化体育活动。开展文明交通百日行活动，举办“共创文明城”群众文艺大汇演、“七一”晚会、“番禺万家粤韵”等大型文艺活动；沙涌鳌鱼舞被列入区首批非物质文化遗产，并准备申报国家级非物质文化遗产。镇组队参加区第五届运动会，获得金牌总数第二名、团体总分第四名。

【行政村选介】·新水坑村· 石碁镇新水坑村位于省道市新路旁，全村由南约坊、谨岗坊和大巷3条自然村组成，农用地面积728亩，户籍人口1924人。全村有企业30多家，其中大型企业4家，2008年全村集体收入438万元，农村人均年收入8595元。

新水坑村不断完善村内的公共基础配套设施建设，投入10万元改造自然村下水道硬底化的建设；投入16万元建成村卫生站，为村民看病提供便利；投入20万元，完善村内主要路段的路灯建设，使村民的出行安全得到更好的保障；投入120万元，打造约1公里长的环村路景观及人行道景观。该村现正积极申报2009年区卫生村。

（石碁镇党政办）

南 村 镇

【概况】南村镇位于番禺区北部，总面积47平方公里，总居住人口119475人，2008年末户籍人口54429人，外来人口65046人；下辖7个居民委员会、16个村民委员会。

2008年，全街实现社会总产值155亿元，比上年（下同）增长14.3%；地区生产总值46.88亿元，增长13.3%；工农业总产值81亿元，增长9.6%；税收12.5亿元，增长9.3%；地方财政收入3.1亿元，增长10.2%。人均收入10827元，增长9.18%；农村劳动力年平均收入16915元，增长7.02%。

【政治文明】街道完成辖区“两委”换届选举工作；“思想大解放、南村大发展”为主题的解放思想学习讨论活动，提出破解科学发展难题的意见建议120条，完成调研报告23份，其中《推进南村镇增长方式转变的思考》获区解放思想优秀调研成果二等奖。完善镇文化中心、文化广场、南山公园、七星岗公园、坑头公园的廉政文化教育基地建设和政府网、廉政宣传栏的建设；充分发挥工会、共青团、妇联等人民团体的作用，开展“双拥”、“优抚”活动。

全年共发展党员34名，分批次对124名党员培养对象进行培训，注重从优秀的村民代表、小组长、企业能人和表现突出的青年中培养发展新党员，优化党员队伍结构。

3月28日，市委副书记、政法委书记张桂芳视察南村镇坑头村流管工作。

【精神文明】全镇完成429个治安视频监控点的建设；开展"粤安08"、"飓风"等专项行动，全镇刑事立案件506宗，比上年减少74宗，下降12.8%。

整合计生和流管的资源，以出租屋登记为源头，以外来人员信息采集为手段，以人性化服务为原则，实现每月到户检查登记率100%、无传销出租屋100%的目标；计划生育率97.47%，节育率84.61%，全镇计生合格村15个，其中：先进村9个、模范村3个、五好居委4个、模范居委1个，连续11年被评为区计划生育工作先进单位。

"5·12汶川地震"后，全镇为灾区捐献款物超千万元；区镇两级投入资金92万元，镇财政补助66万元，改造困难户危房17间；深入开展社会救济，对全镇202户低保户发放低保救济款；举办"一帮一"慈善助学活动、中秋敬老活动等。

【工业】2008年，全镇实现工业总产值85.01亿元，增长22.0%。全镇规模以上企业71家，完成工业总产值58.2亿元，同比增长2.5%；产值超亿元的企业有10家，占规模以上工业产值的60%。产业集聚化发展的基础进一步优化，工业园首期11个用地项目审批通过。全年合同利用外资1.04亿美元；实际投资额1.6亿美元，增长114%；引进项目23个，投资总额1.2亿美元（外资新增项目17个，投资总额1.19亿美元）。珠江灯光音响实业有限公司的灯光产品被北京奥运会选用，荣获广东省名牌产品、广东省著名商标等称号。

【农业及农村建设】新农村建设与现代农业统筹发展，全镇16条村共完成98个新农村项目的建设，总投入1.15亿元，镇补助金额2900多万元；坑头村完成梁氏宗祠、文化广场绿化、视频监控系统等改造工程，接待国家、省、市、区、兄弟镇街、单位的参观考察共计60多批次、3000多人次。镇政府并出台《关于进一步深入推进社会主义新农村建设工作方案》，提高新农村建设项目的补助幅度，确定相应的奖励措施。

5月20日，全国政协副主席孙家正视察南村镇文化工作。

7月1日，广州市委秘书长凌伟宪视察南村镇坑头村创建全国文明城市工作。

梁沙围路堤工程基本完成；全镇已种植的“火龙果”150多亩，棚架式荫生花卉660多亩。

【第三产业】 2008年，全镇商业完成产值13.5亿元，增长22.7%，其中餐饮服务业产值7.2亿元，增长10.3%；批发零售业总产出5.9亿元，增长28.7%。大型项目比音勒芬高尔夫服饰有限公司旗舰店、永成大酒店投入运营，华利恒工贸酒店基建工程全部完成、海印又一城的沃尔玛连锁超市项目进展顺利，南方毅源大酒店按准五星级标准扩建改造规划方案基本确定；吉盛伟邦家居博览中心、国际装饰材料城、金冠汽车等专业市场保持平稳的发展势头。

【房地产】 全年全镇销售总面积45.6万平方米，销售总额38.8亿元，同比分别增长22%和13.5%。

【城乡建设】 多项工程完工或在建，中心城区南光路道路及排水工程、坑头村东线路（北段）工程、员岗大道中路和横江路江南段、余荫桥改造等村村通工程已完成并通过验收；东线公路改造工程、塘东村东边环村路等工程正在施工阶段；南村社区居委会办公楼改造和侨联中学运动场改建工程已进入招投标阶段。

【社会保障】 全镇参加城乡合作医疗群众41215人，其中农民38700人，农村参合率99.45%；农村合作医疗二次报销制度累计报销支出279.83万。

全镇登记失业人员总数233人，184人实现再就业，失业率降至0.5%；全年完成农村劳动力培训944人，超额完成区下达的任务；推荐就业762人，推荐率100%，就业683人，就业率89%。

【科教文体】 南村镇科学技术协会恢复建档并召开第二次代表大会；全年共7个项目申报区科技专项资金，其中番禺电缆厂获得科技项目扶持资金240万元；珠江灯光音响实业有限公司的“声像灯光网络化中央集控平台及标准”被评为广州市科学技术成果。

南村中学成功创建省一级学校；中心小学、坑头小学、梅江小学、里仁洞小学等4所学校成为广州市规范化学校；全镇中小学生参加区级以上的比赛获奖达719人次，其中国家级26人次、省级197人次；参加高考314人，上大专线238人，其中上本科线81人；中考总会700分以上225人，获单科状元13人，最高分771分，总平均分超区平均分27.5分。

举办2008年员岗飘色巡游活动、“迎奥运·促和谐”元旦运动会；以“创文”为契机，组织开展“文明从我做起，携手共创文明城”八进社区、农村展演活动；承办省民间歌会总决赛，选送的《名产歌》获得金奖；建成“绿色网园”18间、“农家书屋”18间；全年送电影到社区、村23场，观看人数达1.5万人次；员岗飘色《一举夺冠》获第七届中国民间艺术节暨“山花奖”中国民间飘色（抬阁）艺术展演与评奖活动金奖和山花奖的殊荣；南村村的龙舟再次问鼎广州国际龙舟邀请赛艳龙冠军；南村镇武术协会获得多项国际比赛的冠军。

（李 华）

新造镇

【概况】新造镇位于番禺区东北部，总面积13.85平方公里，下辖10个村民委员会和1个居民委员会，2008年末户籍人口14695人，外来人口9873人。

2008年，全镇实现社会总产出37.5亿元，比上年（下同）增长10.3%，其中一、二、三产业总产出分别为1.6亿元、29.8亿元和6.1亿元；实现地区生产总值10.61亿元，增长12.6%；完成税收收入1.5亿元，增长43%；完成财政收入0.834亿元，增长19.6%；完成全社会固定资产投资2780万元。

【政治文明】落实党员干部党校集中轮训和干部自选课程培训；以开展思想大解放理论学习讨论活动和学习实践科学发展观活动为内容，落实镇党委中心组学习任务，开展领导述职述廉和党员领导干部专题民主生活会；以腾笼换鸟、助企业度过经济危机等为主题，开展调研活动；以“打基础、稳步推、保成功”为工作策略，顺利完成村（居）“两委”换届选举工作；组织区、镇两级人大代表开展履职活动，实地视察新农村建设项目。

【精神文明】开展“飞剑”、“剑锋08”、扫除“黄赌毒”和“禁毒03工程”等专项行动，全年刑事立案133宗，破案76宗，破案率提升33.3%；受理治安案件314宗，“两抢”、“两盗”案件各立案7宗、46宗，分别下降36.4%和40.3%；群众对辖区社会治安状况民意调查满意度为78%，

12月20日，国土资源部部长徐绍史检查新造镇违法用地整治工作。

3月13日，新造镇召开思想大解放研讨会。

其中基本满意率100%。崇德、秀发、曾边、思贤等4个村完成视频监控系统建设。依法、及时处置各类信访案件131件（人）次，未发生进京上访及30人以上越级上访和影响恶劣的重大上访事件。

城市管理各项工作以“创文”为中心，开展除“四害”活动20次，查处各类违章案件近2万宗，整治复杂部位8个，处理群众投诉53宗；全镇清扫保洁率、垃圾清运率均为100%，城乡环境卫生明显改善。

先后组织开展“抗冰救灾”、村居“两委”换届选举、“抗震救灾”、思想大解放、创建全国文明城市、征兵、学习实践科学发展观等主题宣传活动；开展以基本道德规范、社会公德、职业道德、家庭美德和爱国主义思想为主要内容的社会主义精神文明建设。

辖区生产性企业100%落实安全生产主体责任制，镇企业主体责任工作及52家企业顺利通过区的评估验收。曾边、思贤、崇德、南约、北约等5个村成立村级安全办，推动安全监管“重心下移，关口前移”。全年无发生人员死亡事故和重大安全事故。

人口和计划生育工作连续13年完成人口计划任务，全镇常住人口出生率12.19‰，流动人口综合避孕率88.03%。

【人民生活】镇职工年平均工资24798元，农村居民年人均纯收入9593元，分别增长4.2%和4.3%。各类银行私人存款余额9.9亿元，增长15.2%。社会保险覆盖面进一步扩大，全镇参加社会保险4782人，参保人数增长16.45%。区、镇资助收入困难家庭危房改造总金额50.3万元，全镇共有245户家庭享受最低生活保障，全年发放低保金95.46万元；向137户符合分类救

7月1日，新造镇开展入户慰问活动。

济条件的城乡低保户、城镇低收入家庭发放救济金44.52万元。

【工业】全镇有工业企业206家，从业人员8271人，主要包括化工、电子、金属制品、机械、制衣、食品等行业。2008年完成总产值29.15亿元、增加值4.886亿元、销售产值29.22亿元，分别增长12.4%、16.1%和16.13%。工业对镇地区生产总值的贡献率为46.1%。

全镇年产值500万元以上的规模工业企业有28家，完成工业总产值27.38亿元，总产值、销售产值和上交税金分别比上年增长13.4%、16.3%和26.3%。番禺立白、番氮化工、唐隆饲料、灵川饲料等骨干企业年度总产出分别增长28.9%、14.6%、76.5%和49.6%。成功引入上海汉钟股份、广州飞音电声等十几家较大规模的投资项目，总投资约1.5亿元。

【农业及农村建设】全镇耕地面积433公顷；蔬菜常年种植面积188公顷，播种面积703公顷，总产量1.9万吨，总产出4248.5万元；“三鸟”上市26.7万只，生猪上市1.7万头；鱼塘面积112公顷，产量1453吨；花卉面积122公顷；水果面积113公顷，产量2098吨。全镇10个村集体可支配纯收入为926万元，增长104%。

新农村建设项目21项，项目总投入765.6万元，已完工16项，在实施5项，完成投资额600多万元。通过开展社会主义新农村建设，全镇农村的生产生活条件有较大改善；农民传统的生产方式、生活方式、思维方式和价值观念逐渐转变，农村文明新风正在形成；农民对新农村建设的支持率大幅提升。

【第三产业】商业消费品市场总体经营规模进一步扩大，国惠百货和同发时代广场等商户市场份额不断扩大。住宿和餐饮业、运输仓储业以及其他服务业也保持稳步增长的势头。2008年，全镇有商品流通企业519家，从业人员1972人；饮食服务业88

7月3日，曾边村与新造医院牵手共建新农村揭牌仪式。

家，从业人员528人。全年社会消费品零售总额1.21亿元，增长5.2%。

【公共建设】协助区国土房管分局完成新龙快线、广州医学院和暨南大学建设项目征地的前期准备工作；顺利推进大学城二期拆迁安置区的征地工作，初步完成相关村经济发展留用地选址方案。完成新造医院、新造市场等主要路段的交通综合整治，完成新谭公路增加交通红绿灯和路面交通标志翻新；完成和报批8个村的新农村村庄规划编制工作；落实历史用地确权调查、土地变更调查和转移登记调查工作，办理房地产权证149宗；妥善处理54宗农村土地和建筑纠纷问题及投诉；办理危房改造报建29宗；完成第一次全国污染源普查工作；投入150万元，完成对生态公益林示范点生产配套设施及护林路的建设。

落实第八次、第九次“卫片”土地执法检查工作，其中，第八次“卫片”土地执法中，直接复耕复绿土地13.19公顷，清理涉及占用农用地2.92公顷、涉及占用建设用地3.7公顷，拆除违法建设3.76万平方米，均百分之百完成任务，并顺利通过上级检查组的验收；第九次“卫片”土地执法中，拆除违章建筑6000多平方米。

【科教文体卫】科技服务网络、现代化企业科技开发体系、高新技术系列产品和产业化技术研究开发能力逐步形成；全镇有6个村完成科普基地、科普设施、科普队伍及科普组织网络的“四个一”工程建设。新造成校顺利通过省示范乡镇成人文化技术学校评估验收，成为区级——市级——省级单位；新造中学连续两年获得区初中毕业班工作评比二等奖；教育系统获奖多项，其中集体38项、个人328项，涉及国家级奖项26项、省级奖项12项。

群众性文体活动丰富多彩，先后举办新春粤剧表演、“三八”妇女节家庭趣味

6月26日，新造镇开展现场接访活动。

运动会、“创文明城市”文艺晚会、“讴歌改革成就、共建和谐新造”迎国庆暨走进新农村文艺晚会、“迎新年·促和谐”拔河比赛等大型文体活动；先后组织参加广州市“市长杯”业余羽毛球系列大赛、区第五届运动会等大型赛事，获得团体第1名1个、第5、第6和第8名各2个。

提高医疗诊治水平、加大基层指导服务力度、着力减轻群众负担，全年业务收入和门诊人次分别增长14.8%和5.8%。

【行政村选介】·曾边村·　位于新造镇的西南面，地铁四号线新造站出口处，地理位置优越。全村总面积约186公顷，其中耕地面积88公顷，人口1420人，下辖5个自然村、6个生产队。该村以集体厂房、仓库、商铺和土地出租等为主导产业，现有中小型企业128间。全年实现工农业总产出49165万元，其中工业总产出47349万元，增长18.2%，村集体纯收入53万元，村民人均收入12394元。村先后投入资金350多万完成曾边大道、计生大楼、文化室、卫生站、灯光球场、健身路径、绿化公园及治安视频监控系统等工程项目的建设，村容村貌及治安环境得到较大改善。

（新造党政办）

小谷围街

【概况】小谷围街位于番禺区北部，面积17.9平方公里，是广州大学城所在地，岛内有中山大学、华南理工大学、广州中医药大学、华南师范大学、广东工业大学、广东外语外贸大学、广东药学院、星海音乐学院、广州美术学院、广州大学等10所高校，共有学生和教职员15.7万人。下辖南亭、北亭、穗石、贝岗4个行政村，2008年末，户籍人口13327人（其中部分村民搬迁至谷围新邨安置），流动人口6273人。

2008年，全街社会生产总产值为3.87亿元，其中第三产业为3.06亿元，比上年(下同) 增长7.7%。

【政治文明】圆满完成第四届村“两委”换届选举工作；全街有11个党支部、523名党员，年内发展预备党员31名，培养100多名入党积极分子；深入推进“三个培养”工程，利用5个农村党员远程教育站点，共培训村党员、干部480多人次；完善非公企业党建工作网络，实现非公企业党组织覆盖率100%；新组建6家工会，超额完成区的组建任务；健全工、青、妇“推优”制度，成立小谷围街家庭教育指导中心，开展主题实践活动和志愿服务活动，基本实现志愿者队伍百分之百覆盖全区农村（社区）的目标。

【精神文明】全年刑事立案136宗，下降

1月19日，市委常委、统战部部长孔少琼慰问小谷围街道贝岗村特困老党员。

农民文化活动。

15.5%，破案67宗，破案率49.3%；全年接访案件99宗，下降50%，已办结91宗，办结率92%，成功劝阻群体性上访9起150人次，民间纠纷23件，成功调处率100%；劳资纠纷及工伤案件40宗，成功调处率100%；96.3%的出嫁女及子女取得《股权证》，享有全部分配权益。

积极开展“创文”活动。投入经费80万元，抓好各项整治工作，开展“爱护环境靠大家、共建文明大学城”等系列专题活动，完善街（村）各类档案资料320多份，并通过“国检”组专家的检查验收；整治治安秩序和交通环境，确保第十七届亚洲铁人三项锦标赛在大学城顺利举行；春节期间，开展“风雪阻归途，爱心消融冰，欢迎外来工留在大学城过新年”主题活动，慰问留守外来工；对来自灾区的大学城务工人员对口捐款26余万元，组织100多名务工人员义务献血。全年共筹善款488.2万元，分别捐助广东韶关、四川灾区等；整改加固辖区内21处安全隐患，及时转移安置居住在郭塱和南亭村的窝棚人员160多人次。

辖区流动人口采集办证率97.8%；全年共为2591名妇女做妇科病检查，为4445名户籍妇女提供孕情检查，全街育龄妇女查环查孕率99.33%，计划生育率99.56%，小谷围街荣获广东省计划生育“两无”单位和“广州市计划生育达标镇”称号，贝岗村荣获广东省计生“模范村”称号，北亭村、南亭村荣获广州市计生先进村称号，穗石村荣获广州市合格村称号。

【农村建设】街内无耕作农业，4个村以出租物业为主要经济收入。2008年，4个村共完成15%预留经济发展用地合同签订，可支配总收入共计5011万元，增加47%，农民人均纯收入10840元，增加46%；投入266多万元实施12项工程建设，分别修建3个休闲公园、加建4个农贸市场、修建村街小巷道路及临时市场周边硬底化建设等，9个建设项目顺利完成。

依靠高校师资力量，联合用工企业，开设6期园林绿化、物业管理、电脑等创业和高技能人才培训班，培训农村劳动力577人；联同新造镇劳动服务中心成功举

12月2日，广州大学城治安形势分析会现场。

办2场农村劳动力转移就业招聘会，进场参会招聘企业106家，提供就业岗位1299个，进场求职应聘人员1000多人，与用人单位洽谈应聘达成就业意向有257人；协助保留村加强绿化养护工作管理，使村绿化养护工作顺利通过验收，保证732名村民实现就业。

【城市管理】 街道全年开展大规模行动42次，对3000多套出租屋进行安全隐患检查，完成108套消防隐患整治，协调广州大学城投资经营有限公司垫资55万元完成539个消防栓的维修与保养，检查企业、

11月11日，小谷围街大学生就业安置招聘会现场。

12月19日，大学城管委会成立。

建筑工地、“三小”场所、高校食堂等场所600多家，整改安全隐患200多处，规范无证照经营摊点201个；督促整改食品卫生问题59处，“问题奶”事件发生后，清查问题奶制品2190多公斤；开展交通安全专项整治行动102次，纠正交通违法15117宗，查处交通违法机动车151辆，发生交通事故377宗，直接经济损失65.49万元，减少15.4万元，下降30.7%；联合广州大学城投资经营有限公司组织热力站漏水事故应急处置演练；组织各职能部门在大学城振戎LPG加气站开展模拟危化品企业液化气体泄漏应急救援演练。

全年清除违法搭建废品店、卫生黑点、卫生死角130多个，取缔占道经营、乱摆乱卖375宗，拆除超高超层、占用市政附属设施9宗，共计面积1748.29平方米；对大学城约27000亩绿化地开展8次扑杀红火蚁行动，开展“百万市民清洁家园”大行动和周末卫生清洁行动，有效维护大学城市容环境卫生。

【社会保障】 全街参加区城乡合作医疗7576人，总筹金额为121.2万元，覆盖率92.5%；参与医保人数3575人，医疗保障覆盖率46%；为街12户低保户发放低保、救济金和临时性生活补助7.6万元；办理临时救济170人次，发放临时救济金为24.9万元；发放优待金和安置费34.9万元；组织27名白内障患者参与“视觉第一·番禺光明行”白内障免费治疗活动；慰问重症妇女100多人次，特困妇女15人，孤残儿童15人，特困党员、特困家庭139户；开展帮教活动，为辖区内5名特困刑释解教人员送去日用品和慰问金。

【文教体卫】 投入30万元建立街道文体活动中心和4条保留村文化站，村民人均拥有藏书1.5册以上；开展“百万妇女强身健体迎奥亚”女子健身操比赛活动，共推荐评选番禺区文明家庭2020户、广州市文明家庭40户，穗石村被区妇联评为“巾帼示范村”；穗石村被授予广东省卫生村称号，南亭村、北亭村分别被授予广州市卫生村称号。

（陈元晓）

石 楼 镇

【概况】石楼镇位于番禺区东部，面积121.04平方公里，总居住人口104000人，2008年末户籍人口65595人，外来人口38405人；下辖22个行政村、2个居民委员会和1个林场。

2008年，全镇实现地区生产总值46.04亿元，比上年（下同）增长13.2%；工农业总产值101.2亿元，增长8.6%；其中工业总产值97.40亿元，增长13.8%；农业产值9.7亿元，增长6.2%；第三产业总收入76亿元，增长16.2%。税收4.99亿元，增长33.6%；国税收入2.69亿元，增长43.3%；地税收入2.30亿元，增长56.8%。全社会从业人员年人均收入23486元，增长2%；财政收入4.1亿元，增长69.6%；财政支出3.0亿元，增长23.7%。

【人民生活】全社会从业人员年人均收入23486元，增长2%。各项存款余额38.1亿元，增长11.1%，其中集体存款10.8亿元，下降14.2%；个人存款27.3亿元，增长25.9%，各项贷款余额7.0亿元，增长11.8%。

【政治文明】圆满完成全镇22条村和2个居委的“两委”换届选举工作，选举产生

10月29日，骆蔚峰区长到石楼镇大岭村开展深入学习实践科学发展观活动调研。

5月30日，石楼镇创建全国文明城市迎检工作会议。

新一届村（居）“两委”成员150名，6名大学生后备干部成功当选村干部；群众的选举意识增强，平均投票率97%；群众参与村级民主管理的途径得到拓展，各村在上届只有一个民主理财组的基础上，创新地增加规划建设组、治理组等五个功能。

为配合做好亚运城拆迁工作，镇组织人员深入各家各户摸底调查和发动宣传；为村民争取按时搬迁奖励款、临时安置优惠政策、征地相关款项的存款利息等权益；及早储备镇内的安置商品房、出租屋，并于3月完成临时安置区的建设，免费为搬迁村民提供寄存物品的场地；做好有效的应急处理，及时平息为分配安置房集体离婚、联合抗拒详查、征地款分配、“钉子户”等风波事件，消除不良影响；维稳工作组积极排查各种不稳定因素，确保亚运城施工期间的秩序井然；坚持全程监督机制，派出专人对征地款进行监控，确保各项资金规范管理。通过以上措施，石楼镇如期全面完成征地红线范围内所有建筑物的拆除工作，整个亚运城的拆迁工作和谐有序。

开展多形式的法制宣传教育活动，在全镇公职人员、企事业单位领导和广大群众中普及“七法”的学习应用，全面落实“法律四进”活动；继续加强廉政教育和制度建设，进一步修订和建立石楼镇村（居）委干部廉洁自律的若干规定以及村干部管理制度、干部廉洁制度等有关规定，执行工程的招投标和政府招标采购制度，推广实施“阳光工程”，从源头上防治腐败；强化审计、监察工作，落实廉政建设责任制，深入开展专项治理，严厉查处违纪违法案件，推进政府系统的廉政勤政建设；积极探索加强公务员管理和能力建设的长效机制，规范公共服务行为，提高行政效率和服务质量。

【精神文明】开展“两抢两盗”、“三电”、“飞剑”等专项行动，打击各种违法犯罪活动。年内共立刑事案件411宗，立案数下降13%，破246宗，破案率60%，破案数、破案率分别上升17%、15%；受理治安案件601起，查结371起，查结率53%，查结数、查结率分别上升38%、4%，社会治安进一步好转。加强社区警务建设力度，在镇城区范围内安装58个治安视频监控点，在赤岗村、石二村等13个村安装177个治安视频监控点，实现人防技防相结合，双重力度打击犯罪。

为完成“创文”迎检任务，镇成立8个专业小组、12个专项整治组和6个主题实践活动组，开展一系列的“创建文明城、四进社区”活动；以迎亚运为主题举办上岗志愿执勤服务活动和交通安全巡回演讲活动，在全镇掀起创建全国文明城市的活动高潮。进一步充实人员配备，成立建筑安全巡查队、交通协管队、卫生督查队、水上保洁队等多支专业队伍，开展专项整治行动。

推进裕丰涌、南派涌等4条河涌的综合整治，开展截污、对污染源的调查和监控工作；在沿海滩涂补植红树林45.2公顷，新植红树林36公顷，构筑石楼镇海上森林；完善镇内各级道路绿化，加快风水林的建设和林相的改造；投入1600万元的砺江河两岸生态环境建设一期工程完成过半，绿色石楼初见成效。

开展一系列安全培训，全年培训企业负责人、安全主任1647人次及企业职工8600多人，提高全员安全意识；推进落实企业安全主体责任制工作，全镇327家企业成功通过验收；成立8个村级安全生产管理办公室；举办石楼镇2008年事故应急救援演练暨反恐应急灭火救援演练及消防安全应急演练两场大规模的应急演练，提高快速应对突发事件能力；加大执法检查力度，全年检查生产经营单位2033间次，

2月1日，石楼镇十七届人民代表大会第三次会议。

7月27日，“创文明、迎亚运”上岗志愿执勤服务活动启动仪式。

停产停业整顿企业34间、“三小”场所87间，有效遏制安全生产事故的发生。

针对亚运城拆迁工作的复杂性、亚运城建设工期紧以及有多个建设单位同时施工等情况，镇政府专门成立亚运城维稳协调组和亚运城交通协管队，确保亚运城建设区域的社会稳定；针对亚运城拆迁工作的复杂性和近年村级换届选举的情况，安排好村级换届选举工作和亚运城拆迁工作的进度；综治、信访、劳动、流管等职能部门认真排查集访、重访、越级上访等案件的深层次原因，成功将林场水库移民的历史遗留问题及恒光电子厂劳资纠纷等重大信访案件引导至法定途径去处理，确保社会稳定。

计生工作以优质服务为主导，完成迎省检和创国优任务，稳定低生育水平。

“5·12汶川地震”发生后，全街各界积极响应，捐款350多万元。

【工业】 2008年，全镇工业企业有323家，减少19家，其中内资企业181家，外资企业142家。工业总产值97.40亿元，增长13.8%；内资企业产值19.1亿元，增长29.1%；外资企业产值72.4亿元，增长4.8%；工业企业总人数45421人，减少3605人；年产值超亿元企业21家，其中内资企业5家，外资企业16家。

按照“抓配合调整，进一步优化经济结构”的工作思路，贯彻实施区关于“腾笼换鸟”优化产业结构的政策，引导企业产业升级。全年有6家企业增资扩产，增资额3460万美元，有12家企业申报科技研发项目；继续推行引进项目的跟踪服务，加快项目投产进度，动工建设广日电梯、骏发电力2个大型项目，预计该2家企业投产后的年产值将超20亿元；加快平台建设，积极配合区政府建设好创新科技园和国家生物医药基地，投入2500多万元完善潮田工业区内的路网建设；利用跨国产业园、潮田工业区、创新科技园和港口优势，加大招商力度，全年引进项目7个，总投资5806万美元。

【农业】 全镇有耕地1406.8公顷，下降5.7%；农作物播种面积3113.4公顷，下降

5.3%；粮食播种面积1162.9公顷，下降28.9%；水稻播种面积854.8公顷，下降28.9%；总产5155吨，下降29.3%；水果种植面积346.9公顷，下降15.4%；其他作物（蔬菜）种植面积844.7公顷，下降15.8%；花卉面积665.4公顷，增长8.1%。

水产养殖面积2552.6公顷，其中海水养殖面积1839.9公顷，分别增长0.03%、8.7%；淡水养殖面积712.7公顷，下降9.9%；水产品产量91573吨，增长2.3%；全镇机动渔船849艘，下降17.1%；总排水量12698吨，下降18.0%；总马力48174千瓦，下降14.0%；淡水捕捞产量48855吨，下降20.7%，海水捕捞产量13155吨，增长13.0%。

生猪饲养量9.4万头，生猪出栏5.9万头，猪肉产量4471吨，三鸟肉产量4797吨，分别下降10.5%、18.1%、16.0%、16.8%；农林牧渔业增加值5.8亿元，增长27.8%。

年初，面对50年一遇的霜冻灾害、咸潮影响等不利因素，镇积极争取资金支持，扶持受灾农户开展复耕复产工作；以市场为导向，引导养殖户调整品种、引进新品种及进行技术辅导，水产养殖方面引进澳洲笋壳鱼34公顷、叉尾回68公顷、巴鱼40公顷、鳗鱼54公顷，提高经济效益；加强无公害农产品的产地认定、产品认证及申报工作；推进基础设施建设，改善种养殖条件，提升土地地值。投入500万元，安装变压器10个，完成40公顷鱼塘标准化整治；投入1000多万元，改造危桥4座，建设16公里自然村公路；投入120万元，推进海鸥岛二次水改；投入3000多万元，加强水利堤围建设，提高水利防御能力。

7月1日，石楼镇创建文明城、四进社区系列活动——庆祝建党87周年暨改革开放30周年文艺晚会。

【农村建设】农村人居环境得到改善，完成全镇22条村的新农村建设规划编制，编制《石楼镇四条渔村改造及渔港经济区整合实施策略规划》及《村民住宅布点规划》；“双百共建文明村”活动深入开展，下拨配套资金近500万元，新建文化室、公园、篮球场等一批基础设施；推进“农家书屋”工程，完成村（社区）综合文化室的全面覆盖，明星村和赤岗村分别被评为市、区“农家书屋”示范点。

【第三产业】第三产业龙头项目相继启动，美立房地产的莲花湾畔楼盘于8月正式开售，万科、保利等房地产项目动工建设；海鸥岛招商引资工作反响热烈，引进名优水产养殖基地、地玄休闲度假农庄、中华养生百草园、百利恒泰渔乐世界、中心农贸市场等多个规模超13公顷的发展项目，突显绿色生态旅游的辐射功能。大岭村历史文化名村修缮工程，投入110多万元完成接龙桥、大魁阁塔、文昌塔等景观的原貌修葺工程。全年售电总量4.23亿千瓦时，比上年增长9.3%。

【基础设施建设】加快中心镇建设，集中精力推动重大项目建设，如期完成亚运城的征地拆迁补偿任务；启动莲花山渔港经济区、海鸥岛和观龙岛堤路结合工程、新砺江水闸工程等重点工程，以及多个房地产项目建设。镇配合区水利指挥部完成水利“三大会战”补偿及动迁工作，莲花山渔港经济区、海鸥岛和观龙岛堤路结合工程、新砺江水闸工程等重点项目于11月底动工建设；完成市莲路改造（一期）路面及路灯工程、嵩山路、南环路、墟日集市填土工程、莲花山爱民五街边坡支护工程等一批市政项目的建设，总投入超4000万元。镇中心城区控制性详规、亚运城周边环境整治规划、马鞍岗公园修建性详规等多个规划基本完成，规划合理、布局优美的现代化小城镇初见雏形。

积极查控“两违”，在第八次和第九次土地执法检查中清拆11.5公顷的违法建设，完成20公顷涉嫌违法用地的复耕（绿）工作。

【社会保障】落实“一三一”就业服务，举办“08年亚运村征地农民转移就业暨石楼镇农村劳动力就业现场招聘会”；全年安排就业1361人，培训1204人。抓好社保工作，顺利推进农民工参加工伤保险，积极开展“农转居”人员养老保险，全镇参加农转居养老保险2328人次，有798人享受退休金待遇。

通过减免医疗费、发放最低生活保障金、修建房屋等措施切实为残疾和低保家庭解决生活问题，全镇有村（居）民453户共1823人领取最低生活保障金，拨款60多万元为20户低保和残疾人员修建房屋，全年发放各类民政资金142万元。

【科教文卫】全镇有初高中4所、小学15所，教师733人，在校初高生4510人、小学生5999人；加大投入完善教育环境建设，提升教育质量，全镇获省、市、区的各学科竞赛奖项50多个，石楼中心小学被评为区四所素质教育示范学校之一；医院、卫生站16所，病床150张，医务人员248人，其中医生99人；积极推进全国农村中医先进镇建设，加大医疗基础设施投入，加强医务人员业务能力的培训，切实提升公共医疗服务的水平；文化事业繁荣活跃，承办2008年番禺区新春文艺晚会，围绕改革开放30年的主题，举办全镇的合唱和舞蹈大赛以及多场主题文艺晚会，有3个节目被选送番禺区作巡回表演，舞蹈节目《和谐中国》获得市”创文“系列活动银奖。

（石楼党政办）

化龙镇

【概况】化龙镇位于番禺区的东北部，总面积53平方公里，下辖13个行政村、2个社区居委会（盛龙社区居委会于2008年新成立）。2008年末户籍人口3万多人，外来人口近4万人。

2008年，化龙镇实现社会生产总值86.11亿元，比上年（下同）增长17%，工农业总产值75.76亿元，增长19%，地区生产总值22.31亿元，增长13.3%，完成税收2.47亿元，增长37%。经过镇域、连接番禺区与黄埔开发区的黄埔大桥已开通，辖区内还有京珠高速、北二环高速等主要交通要道。

【政治文明】全面推进基层民主建设，完成辖区13个村的“两委”换届选举工作；将盛龙社区纳入镇行政管理，解决原珠江甘蔗场居民的各项社会保障、学生入学等问题。

成立盛龙社区居委党支部，逐步推进盛龙社区居委会选举工作；镇党委发展预备党员10名，有7名预备党员转为正式党员，并在原有20个非公党支部的基础上，成立非公党支部3个；通过党建带工建，党工共建，新组建工会28家，由分会转为独立工会23家，超额完成区总工会下达的组建任务；组织200多党员、干部参加普法培训班。

【精神文明】建立高效协调的严打工作机

10月23日，区委常委陈德俊率领区委办工作人员到化龙镇开展“访一天，讲一天”活动。

11月26日，珠江甘蔗试验场移交属地管理签字仪式。

制，深入开展“粤安08”、“打黑除恶”、“剑锋”、“飞剑”、“扫除黄赌毒违法犯罪专项行动”等一系列专项工作；落实维稳工作责任，健全三级排查调处机制，受理的信访案件136批次、211人次，办结率及处理率基本达100%；落实出租房屋租赁管理制度，出租屋租赁登记备案率100%；联合整治无证照废品收购站、无证照出租屋以及无证照经营场所，对113间无牌无证、超范围场所进行停业整顿；安全生产形势稳定，全年没有发生重大安全事故、消防安全事故、食物中毒事故。

整治墟镇内环境卫生、乱停乱放以及马路两旁卫生死角；开展创建“六好”平安和谐社区，第一期工程建设投入40多万元，改造社区内的2个生活小区商住大厦和公司宿舍大楼以及公园内儿童乐园；实施地面硬底化、休闲健身场所、绿化、娱乐场地、停车位等工程。

【人民生活】 2008年，全镇存款余额16.20亿元，增长15%；职工人均收入28053元，增长5%；农村人口年平收入8840元，增长5%，农村劳动力年平均收入13689元，增长5%。

【工业】 2008年，全镇完成工业总产值66.85亿元，增长25.1%，工业增加值12.36亿元，增长21%。辖区内广汽集团开始投产，国际商品展贸城奠基；新引进5个外商投资项目：广州润华箱包设计有限公司、广州市番禺维力医疗用品有限公司、广州润熙箱包制造有限公司、广州广汽优利得汽车内饰系统研发有限公司、广州市铿泰皮具制品有限公司（其中2个由化龙投资的外资企业增设，1个由民营企业转为外商投资企业）；此外，奥伯尼国际（中国）有限责任公司和雅士空调（广州）有限公司正增资扩产，两间公司共增加投资总额2069万美元，增加注册资本992万美元，为该镇2009年经济发展提供新增长点。

积极推进“腾笼换鸟”和“双转移”工作。山门村真明丽公司迁往鹤山后，引进广东好太太集团项目；美特公司收购聚友网络属下的一项资产，预计企业重组后年产值过亿元；原亚洲羽绒7722平方米的厂房转让后，项目业主增加投资，加建的

春节前，区领导黎伟棠、邱学新等到化龙镇走访慰问低保困难户。

宿舍等配套设施，提升厂房的价值，成为“腾笼换鸟”重点项目之一。

【农业】2008年，全镇花卉总产值2.6亿，占农业总产值的55%；花卉种植户有500多户，3.33公顷以上的花场有30多个；连续三届获得全国盆栽花卉“金花奖”，已形成影响全国乃至东南亚地区的化龙花卉品牌效应。

无偿提供各种甜玉米种子500多公斤，选取6.67公顷玉米地，进行高产栽培技术应用示范，向农户推广甜玉米高产栽培技术，推广面积1300亩；开展救灾复产工作，指导农户采取生产技术措施进行补救，降低灾害天气造成的损失；抽测蔬菜主产区特别是外耕户田块农残，按时按质完成蔬菜农药残留速测任务，重点进行节前质量监测工作，确保群众吃肉吃菜安全。

【农村建设】顺利完成13个行政村的村庄规划编制初稿及论证工作，柏堂村、复苏村的村庄规划已通过市城市规划局的审批，其余各村的村庄规划现正在进行补充修正和组织上报审批；顺利完成2个自然村公路硬底化工程和2个危桥的改造项目；村民住宅建设报建收件200余宗；报送22条村路硬底化计划，道路总长度为12.93公里。

【第三产业】全镇实现第三产业增加值6.61亿元，增长20%。镇内大地农庄、兄弟山庄、丽景高居、龙林山庄等一批农庄式休闲餐饮业发展迅猛；休闲旅游胜地蓝澳体育旅游公园占地500亩，有动力滑翔机飞行、航模、越野赛车、攀爬等项目；农业大观园已与长隆集团签订协议，现正开发为旅游度假休闲项目。

【基础设施建设】镇内有番禺现代产业园、广汽项目、珠江甘蔗场安置区、黄埔大桥、国际商品展贸城、东二环高速公路、新化高速公路、金枫大道建设、110千伏潭山变电站等重点项目在建。珠江甘蔗试验场完成整体搬迁工作；广汽项目用地区的煤气管道和自来水供应管道建设基本完成；化龙污水处理厂项目被列为广汽集团项目的配套建设项目之一，开展填土等建设工作；化龙大道已经完成总工程量的90%。全年共发生建设工程招标项目25宗，总中标价为2513万元。

全镇查出“卫片”图斑变化48宗，涉及的土地面积125.18公顷，共清拆35726平方米的“两违”建筑，并完成复耕、复绿工作。

【文教体卫】 投资500多万元建成占地面积3500平方米的化龙镇楠山画居；举办“山花烂漫颂和谐、杏坛春色展英姿”文艺晚会、四进社区文艺汇演、广东省第二届民间歌会复赛、化龙镇廉政书画大赛和书画作品展等大型文艺活动，《细墟的月光》获得民间歌会大赛金奖；组织运动员参加区第五届运动会，取得27.5枚金牌；落实11个村2个社区的文化室建设，加快农家书屋建设步伐；与省旅游研究中心合作，制定中国民间文化（飘色）艺术园规划，整合周边的广州艺术村、农业大观园、蓝澳体育公园等旅游资源。

开展“我的教育故事”为主题的教育教学叙事评比活动，强化学校体育、卫生、艺术教育。化龙中学结合孔子文化、化龙第二小学结合科普活动教育文化、潭山小学结合飘色文化、乞巧文化等特色文化开展系列教学。

【社区居委选介】 ·盛龙社区· 是新成立的社区居民委员会，有居民588户共1205人，党员人数62名，其中预备党员2名。社区党支部的选举在7月底完成；9月，居委选举产生社区居委会成员5名。两委成员平均年龄为42岁。

（化龙党政办）

化龙镇水门村新农村建设新貌。

榄 核 镇

【概况】榄核镇位于番禺区西南部，面积74.48平方公里，下辖23个村委会，1个居委会，2个农场。2008年末常住人口101886人，外来人口50714人。

2008年，全镇地区生产总值35.77亿元，比上年增长13.4%；实现三大产业总产值98.39亿元，增长9.5%，其中第一产业9.14亿元，第二产业74.21亿元，第三产业15.03亿元，分别增长8.7%、8%和17.8%；三大产业比例达到9.3:75.4:15.3；社会固定资产投资完成7.79亿元，增长68.2%。镇被评为广州市计划生育达标镇、区人口和计划生育工作先进单位、区档案工作先进单位、区劳动和社会保障优秀单位以及区统计工作优秀镇等称号。

【人民生活】2008年，农村人均收入10842元，增长11.5%；社会消费品零售总额9.136亿元，增长22.7%。商品销售总额13.2803亿元，增长23%。居民储蓄存款余额9.8103亿元，增长35.2%。

【政治文明】镇完成第四届村（居）两委换届选举；制定农村集体资产管理系列规章制度，成立农村经管财审办，管理、监督和指导村、队经济方面的工作；镇内23个村实行会计和出纳委派制和轮岗制，顺河村和大生村是区村务公开试点村。

3月11日，谭应华书记到榄核镇调研社会经济发展情况。

9月27日，榄核镇创建全国文明城市迎检工作会议现场。

全年共办理人大代表议案4件，建议意见37条，办复率100%。向部队输送双合格新兵，圆满完成冬季征兵工作。榄核镇武装部被广州警备区评为先进基层武装部。

【精神文明】全镇刑事案件立案228宗，下降13.3%；侦破刑事案114宗，破案率为50%。成功侦破重特大案件30多宗，逮捕违法犯罪团伙18个；集中开展打击“老虎机”赌博、取缔“黑网吧”等专项行动，文化市场健康有序发展；外来流动人口和出租屋规范化管理，形成以流管为平台，公安、计生、工商、供水、供电等职能部门齐抓共管的工作格局；投入600万元建设治安视频监控系统，甘岗、新涌、雁沙、九比四个村已投入运营。安全生产责任制落到实处，全年无重特大安全事故发生。2008年，上坭村被评为广州市平安村标兵，榄核派出所被广州市人民政府评为执法办案先进单位。

5月15日，星海文化广场文艺活动现场。

为支援四川地震灾区，全镇共收到捐款300多万元，御寒衣物、棉被等物资价值10万元，党员缴纳特殊党费21万多元。

计生工作连续20年完成区人口与计划生育任务，户籍人口计划生育率96.43%，流动人口计划生育率82.76%。

【财税　金融】2008年，财政收入1.68亿元，增长19.7%，税收入库4.21亿元，其中国税3.08亿元，地税1.13亿元，分别增长15.2%和47%；银行各项存款14.5214亿元，增长24.2%，贷款余额3.5227亿元，增长27.7%。

【工　业】全镇工业总产值72.27亿元，增长11.3%。全年盘活闲置工业用地325亩，

6月2日，榄核镇磨碟头水闸整治工作会议。

旧厂房4.7万平方米，引进投资项目12个，吸引投资10.88亿元，万安、晋轩两大民营工业园区的满负荷招商。规模以上企业由上年的72家增加到78家，高新技术产品产值达到5.49亿元，占总产值的11.39%。

【农　业】全镇农业种养面积64206亩，以种植水稻、果蔗、蔬菜、花卉、水产养殖为主，农业总产值9.14亿元。其中水稻种植面积4206亩（两造），总产量1695吨，常年蔬菜种植面积4908亩，甘蔗20827亩，香蕉19314亩，花卉3212亩，其他经济作物476亩。鱼塘总面积13654亩，完成鱼塘标准化整治1500亩。全镇有农贸市场20多个，农业品牌有“榄核冬瓜”、“绿村果庶”等。

【新农村建设】全镇共投资180万元支持各村安装人家路灯，投资860万元规划安装自然村通路灯13公里；投入75万元资金对机耕路进行二次修护；建设村公路6.2公里，改造、重建和修缮桥梁23座；下拨缓慢村补贴、种粮直补、购置农机补贴等各类补贴1000多万元；相继建成文化科普中心、旧市场升级改造、村级公园、水改、河涌整治等一批新农村项目；全面整治星海小学、中心小学、榄核医院门前及镇区内的排水网管；完成鱼塘标准化整治1500多亩，农业基础设施更加完善。

【基础设施建设】东新高速公路、广深港铁路、南二环、南沙水务工程等重点工程已基本完成农用地交地工作，交地面积159公倾，拆迁安置工作正在有序推进；省水利三大会战工程160多户的拆迁征地工作的顺利完成，保证番顺联围堤围达标加固工程榄核段24公里堤防建设任务按时完工；磨碟头水闸重建及下游沿岸加固工程正式启动，污水处理厂完成“三通一平”；七号干线二期工程顺利建成通车；旧城区广场北路、新地路和广场东路三条主要道路的改造工程基本完成；镇属74.48平方公里的总体规划通过专家评审并上报审批，顺利完成全镇23个村的村庄规划。

【社会保障】新型城乡合作医疗稳步推进，农民参合率99.95%，报销基本医疗费697万元；全镇养老保险参保人数近2万人，工伤保险参保人数2.4万人；发放优抚、定补、伤残、临时救济金、参战人员补助等各类补助资金856万元，惠及人数8098人，为伤残人员提供就业岗位33个，解决部分群众和下岗职工的就业问题；镇投入71万元，为62户困难户解决住房问题，为残疾人提供住房53间，基本解决全镇困难群众的住房问题。

【文教体卫】 建立镇电子阅览室和图书室，“农家书屋”和“绿色网园”遍及全镇各村；规范化学校建设继续推进，80%中小学校达到规范化标准；启动北斗小学扩建工程及中心小学综合楼扩建工程，并着手规划选址新建顺平小学。

体育事业取得新成绩，分别在区残疾人游泳锦标赛和市国际龙舟邀请赛取得第一名和第四名的好成绩；榄核籍举重运动员陈燮霞在第29届北京奥运会上为我区赢得首枚金牌。

医疗卫生得到改善，区镇两级拨款250万元支持医院宿改造升级，增设医疗仪器设施；区镇垫资400万元彻底解决职工社保问题。

【行政村选介】 ·大生村· 在榄核河北岸，与榄核镇一河相连，是广州市和区新农村建设试点村。全村人口1356人，（其中劳动力720人）。2008年工农业总产值1725万元，村集体经济总收入113万元，其中纯利润25万元，人均收入9520元。大生村现有种养总面积1945亩，其中：水稻12亩，蔬菜96亩，香蕉524亩，花木40亩，果庶788亩，鱼塘415亩，其他农作物70亩。村民以种植果蔗、蔬菜、香大蕉和养殖鱼塘为主要经济收入。

·顺河村· 位于榄核镇东南面，相距镇政府11公里，为区新农村建设试点村。全村土地面积4860亩，划分为15个生产队，全村常住人口3240人，户数839户；外来流动人口2301人。在农业布局上基本以种、养业为主体，稻谷面积1173亩；果蔗面积2140亩；香大蕉面积800亩；鱼塘面积680亩；蔬菜面积360亩；花卉面积200亩；其他面积30亩。村各项设施完备，有一所标准小学、卫生站、老人活动中心和4间私办的幼儿园，村内有一条标准化村级样板公路，各生产队道路水泥硬底化，机耕路网和水利建设完善，自来水通到各家各户。该村现有企业2家，2008年实现工业总产值680万元、农业总产值5764万元，人均收入10528元。2008年村集体纯收入48万元。

（谢克忠）

10月8日，区领导严宗活、龚红等与凯旋归来的奥运冠军陈燮霞合照。

东　涌　镇

【概况】东涌镇们于番禺区东南部。面积91.66平方公里，2008年末全镇总人口13.4万人，其中户籍人口7.3万人，外来人口6.1万人；下辖22个行政村、2个居民委员会和333个村民小组。

2008年，全镇完成地区生产总值53.63亿元，同比增长13.2%，三次产业比例为12.1:61.8:26.1。全镇社会固定资产投资额6.6亿元；工业总产值141.93亿元，增长13.8%；农业总产值10.78亿元，增长6.6%；社会商品消费品零售总额20.6亿元，增长23.6%；出口总值6.99亿美元，增长6.2%；税收入库5.46亿元，同比增长7%；财政收入2.65亿元，增长12%；农村居民人均纯收入10109元，同比增长7.9%。全年税收入库总额达5.4亿元，增长7%，其中国税完成3.7亿元，增长0.8%；地税完成1.6亿元，增长24%。镇财政收入2.6亿元，增长12%。全镇银行存款余额35亿元，增长31.3%。贷款余额13.4亿元，增长1.8%。

东涌镇认真贯彻落实科学发展观的要

5月28日，市委常委、组织部长方旋等市、区领导到东涌镇调研村（居）两委换届选举工作。

求，坚定不移地以经济建设为中心，民生事业不断加强，城乡面貌日益改善，社会各项事业稳步推进。年内受到市以上部门表彰奖励的有：被授予“广东省卫生镇”称号；被评为“省特级档案综合管理单位”；镇团委荣获2008年“全国五四红旗团委”创建单位及“广东省五四红旗团委”称号；镇组队参加2008年广州国际龙舟邀请赛分别获男、女子标准龙公开组比赛第一名；计生工作连续19年完成上级下达的各项任务，代表广州市接受省计生委流动人口专项管理服务活动检查，获广州市计生达标镇；镇流管中心代表区接受广州市2008年上半年出租屋专项考评达100分（满分）；镇成校成功通过“省示范乡镇成人文化学校”评估。

【政治文明】作为市、区深入学习实践科学发展观活动的试点单位，镇围绕“党员干部受教育，科学发展上水平，人民群众得实惠”的总体要求，以“三创新八推进”为切入点，掀起学习实践活动热潮。针对存在的突出问题，确定“统筹兼顾，破解难点，促进东涌全面协调可持续发展”的自选活动主题和“三创新八推进”活动载体（“三创新”即创新基层党建工作路子、创新机制体制模式、创新机关“创先争优”活动载体；“八推进”即推进现代产业体系建立、推进农业产业化、推进城乡建设与管理的科学化、推进平安东涌建设、推进城乡一体化、推进教育均衡、推进社会保障工程、推进文化和道德、法制教育）。

在全面宣传发动的基础上，根据每个环节的要求和结合“三创新八推进”活动载体，有针对性组织学习，使科学发展观的基本理论普及到各阶层。同时，坚持开门搞活动，精心策划旨在加强沟通，让党员群众亲身参与的“科学发展在东涌系列活动”，先后举办开放性的“‘平安东涌’公开辩论”、“对话‘三农’与民生”、“教育均衡大家谈”、“东涌镇经济发展战略研讨”和“‘感动东涌，坚定信心’历届十佳青年代表面对面”等活动，采取台上与台下互动交流的形式，努力形成干部群众科学发展共识。

全镇发展新党员74人，有270名入党积极分子接受培训。高标准打造农村党员远程教育平台，开展丰富多彩城乡互帮互助活动，促进农村党务工作全面发展。汶川特大地震后共缴纳一次特殊党费25万多元。

紧紧围绕党委的中心工作，镇人大深入学习实践科学发展观，充分发挥人大职能和人大代表的主体作用，依法履行职责，做好代表议案的督办工作，推进依法治镇和协助政府推行工作，为全镇三个文明建设作出贡献。同时，开展学习培训和人大代表政风行风评议活动，提高人大代表参政议政能力。

结合广大群众迫切希望解决的问题，镇政府在实践科学发展观活动初期出台了“点题破解87条”，把机关作风建设，提高执政为民水平放在首位，要求33个单位明确责任、制订措施、落实整改。同时，将分析检查报告提出的思路和措施具体化、目标化、责任化，出台“整改落实81条”，并列为党委专项督办，明确责任主体和时限要求，确保整改落实到位。

【精神文明】2008年，全镇结合“创文”、“创省卫生镇”工作和深入学习实践科学发展观活动，加大对公民宣传教育力度，提高城镇管理水平，加强社会治安综合治理及信访工作。在“创文”活动中，针对创建工作中存在的薄弱环节，制定工作方案，落实责任单位和责任人，全力组织开展镇容环境、违法搭建、河涌污染、交通秩序、镇容绿化、市政设施、公共卫生、食品安

10月29日，区委常委、宣传部部长李鹏程视察东涌镇双百共建文明村工作及学习实践科学发展观活动。

全等专项整治行动，共查处各类违章案件1632宗，建筑工地类案件8宗，清拆窝棚44宗。通过报纸《东涌天地》、标语、横幅、宣传栏等群众喜闻乐见的形式，深入开展党政机关效能建设、社会诚信体系建设、社会主义核心价值体系宣传、全民法制宣传教育、市民文明行为教育和科教、文体、法律、卫生“四进”社区等主题活动。开展省卫生镇村创建活动，抓镇容镇貌、在建工地、农副产品市场、环境卫生、饮食店档、“六小行业”卫生等专项整治，城镇环境卫生水平得到明显改善。据统计，“创卫”期间，共查处各类“六乱”违章案件136宗，行政处罚32宗。

加强社会治安综合治理和信访工作。坚持“稳定压倒一切”，重视平安建设，落实各项工作目标责任制，全镇社会政治大局持续稳定。全镇共发刑事案件419宗，同比下降13.3%；破案199宗，破案率47.5%。受理信访总量229件（批次），立案218宗，办结208宗，已到办结期案件206宗，办结203宗，到期办结率98.5%，未发生30人次以上的越级集访和群众进京上访事件。妥善解决涉及10人以上的群体性劳资纠纷案26宗；接劳资投诉案530宗，调处结案527宗。在全镇主要出入路口、公共场所以及人口密集区域规划建设社会治安视频监控设施，投入272万元，

5月26日，谭应华书记视察东涌镇文创厂。

建设村级治安视频监控点160个，累计完成镇、村共417个视频监控点，安装警示标志185个。

2007年10月~2008年9月，全镇共出生人口808人，其中计划内出生人数776人，计划生育率96.04%，多孩率0.99%，自然增长率4.86‰。落实避孕节育措施及时率进一步提高。全年共落实计划生育手术783例，其中结扎151例、上环409例、人流195例、引产28例。连续19年完成人口计生工作任务。全力搞好流动人口计生管理和服务活动，全年共登记已婚育龄妇女42623人，全年共落实计划生育手术2627例，其中结扎562例、上环1310例、人流636例、引产119例。

全镇城乡最低生活保障对象共478户1273人，发放保险金174.00万元。对镇内符合分类救济条件的特困人员实行差异化救济，按月救济共2076人次，发放分类救济金310971元；先后向低保对象、五保户、优抚对象、低收入户发放物价补贴6次1147540元，受惠人数4866人次。解决群众治病、住房和临时生活困难问题。在上年危房改造（50户）的基础上，继续改造59户，改造面积2505平方米，投入危房改造资金146.125万元（其中镇配套资金21.425万元），钢材84.2吨。

【人民生活】 2008年，全镇农村人均收入10109元，劳平收入15200元，职工人均收入16358元，分别增长7.9%、5.3%和8.1%。人均储蓄30720元，增长18.9%。农村私人建房238宗，建筑面积71200平方米，投入金额0.6亿元。全镇程控电话拥有量29799门，增长3.2%。合计营运小客（货）车1902辆，摩托车16590辆，机动运输船（艇）323艘。

【工业】 2008年，全镇有工业企业425家，其中外资企业240家，内资企业185家。

7月16日，2008北京奥运会用车朗晴电动车首发仪式。

实现工业总产值141.9亿元，增长13.8%。全镇外贸出口总额6.9亿美元，增长6.2%；进口总额3.2亿美元。工业产品主要有钢铁、摩托车、机械、电子、灯饰、漂染、皮具、针织、服装、羽绒制品、鞋帽、文具、印刷、化工、橡胶塑料等。产品90%以上出口外销。规模以上企业（年销售收入500万元以上）有：裕丰钢铁有限公司、锦兴漂染有限公司、协大橡胶有限公司、豪剑摩托车有限公司、文华羽绒制品厂等共109家，其中超亿元的有22家。太石村工业总产值超过51亿元，东导村工业总产值超过21亿元，官坦村、西樵村工业总产值超过10亿元，石基村、大稳村、东涌村、南涌村、石排村、三沙村、大同村、大简村、东深村、万洲村、马克村、天益村、鱼窝头村、小乌村等14个村工业总产值均超过亿元。

稳步推进重点工业园区和重点项目建设，裕丰综合物流基地项目成为2008年市重点项目，并纳入省新十项工程项目，万洲工业园成为市的创新项目。中心工业园、励业工业园区完善道路、排水等基础设施建设，投资环境得到不断改善。全年引入项目44个，其中外资项目13个，内资项目31个，实际利用外资2805万美元。引导和帮扶重点龙头企业、出口型企业开展品牌创建、科技进步、资产重组，不断提升企业的自主创新能力。朗晴公司提供的环保电动车产品被奥运会选用，裕丰钢铁、文华羽绒、豪剑摩托、伟正木业等四家企业分别获省、市著名商标称号，敏嘉制造技术公司、广州丰江微电子有限公司获区厂商会科技奖。

【农业】农村建设按照“稳粮、扩菜、拓花、保蕉、减蔗、优鱼”的思路，推进农业结构战略性调整。2008年，全镇两造水稻种植面积合计14151.9亩，其中：蔬菜9694亩、花卉8878亩、水果18189亩、果蔗面积16388亩、水产养殖14951亩，粮食、蔬菜、水果、花卉、水产、畜牧发展格局日趋合理。开展农业科技培训和无公害农产品认证以及产地认定，“一村一品”的大力实施，提升农产品市场竞争力，西樵节瓜、鱼窝头潺菜、祥发粉葛、珍珠番石榴等一批无公害品牌已通过产地认证或正在申请认证。香蕉新品种及优化配方施肥等农科技术得到大力推广。全年完成标准化鱼塘整治面积5100多亩。加快水利防灾减灾工程建设，蕉东联围和鱼窝头联围的全面达标加固、排灌站的重建和改造工程、度汛除险、危桥改造等农业基础设施建设有序推进。

【新农村建设】全镇统筹规划，重点抓街灯和路灯建设、治安视频监控建设、美化绿化环境、困难户危破房改造、“双百共建”文明村“五个一”工程项目等。街灯和路灯建设投入716万元，建成9800多盏街灯共460多公里；投入660多万元先后建成13条公路的路灯33.3公里，受益群众6万多人。区、镇、村三级投入资金1650万元，完成道路硬底化、文化室建设等项目共58个。自然村通公路和危桥改造进程，已完成沙公堡4—6号路、细新路、长莫等多个自然村通公路和危桥改造项目；各村

5月7日，区政协委员视察地铁出口配套设施情况。

根据自身的实际，加强农网路硬底化建设，方便村民出行，促进经济发展。镇村干部、党团员义工等多次义务植树活动带动全镇掀起绿化美化环境的新热潮，全镇完成绿化植树80606棵，绿化长度190公里。两期困房改造建设工程共为157户困难户新建或修缮危房，建筑面积5920平方米，各级共投入资金260多万元。农村富余劳动力转移，突出培训的实用性和有效性，举办25期1357名劳动力参加的培训班。全镇农户和农村公共场所，设立垃圾固定堆放点和垃圾中转站，做到定点、定时清理垃圾不过夜。清理东涌、鱼窝头两片区下水道29公里；清理和整治农村河涌19公里；房前屋后绿化面积3.43万平方米。至2008年底，大稳村、石基村、大简村被评为省卫生村，东涌村、南涌村、官坦村、小乌村、天益村、东深村等13个村被评为市卫生村，镇容村貌得到了极大改观。

【第三产业及其他】积极发挥区位和交通网络完善的优势，发展具沙田风光和水乡特色的农业生态旅游项目，一批饮食服务业发展成为集美食、娱乐、休闲、绿色食品于一体的农业生态旅游项目。2008年，全镇个体工商户（有证）4547户，增加314户。社会商品零售总额20.6亿元，增长

23.6%；农贸市场成交额1.8亿元，增长23.5%。第三产业总产值17.6亿元，增长14.5%。

【基本建设】广东省政府批准全镇各项建设用地规模为20平方公里，其中工业用地调整到中心工业区，商业部分调整到东涌镇政府西南侧。顺利完成“八卫”工作，累计拆除违建41005平方米，复耕223.84亩，复绿12.2亩。重点跟踪和办理国家、省、市重点项目“两留用地”的报批手续，加强住宅用地管理工作；积极盘活闲置土地。全年共完成重点工程项目征地945.19亩，按照相关政策兑现征地拆迁补偿费2.09亿元。东涌大桥工程完成产值约2000万元，占合同总价33%。

【科教文卫体】加强现代农业技术的普及推广。镇、村二级共举办农业实用技术培训班24期，包括香蕉黄叶病防控技术、水果专业户（香蕉、木瓜、番石榴）抗灾复产技术、农药安全使用技术级真假肥料农药识别、南美白对虾越冬防寒等农业实用技术培训班，参加人数1800人次，派发资料2300多份。

全镇有中学3所，小学23所（其中1所为私立学校），在校中小学生15272人。其中高中生1998人，初中生4216人，小学生9058人。成人文化技术学校1所，在校人数84人（全日制）。现有广东省一级学校1所，广州市一级学校5所，区一级学校17所。现有教师888人，其中公办在职教师842人，代课教师46人。全年投入教育经费1.20亿元，其中用于奖教奖学达200多万元。东涌中学高考创历史新高，在全区各镇排名第3名；中考成绩也位居全区各镇第3名。

农村文化娱乐活动丰富多彩，文化广

6月23日，张力仁副区长视察中心幼儿园重建情况。

场活动和电影送戏下乡活动成为制度。年内共举办大型文艺晚会5场，观众人数累计达4万人次。东涌广场周六音乐会成为特色文化，全年共举办32场，放电影30场，乐社送戏下乡15场，以及各类演出10多场，举办摄影大赛2次，摄影采风活动2次，图片展览2次，书画展2次，大力推动了文化的发展，为群众营造浓厚的文化娱乐氛围。不断加强对文化市场的清理整顿，每月1次组织人力对文化市场进行检查，缴获一批盗版图书和音像制品。一年来共查获非法网吧、影吧12间，无牌书报摊、音像店30档，收缴非法出版物180多册，非法音像制品5200多张，有效地净化辖区内的文化市场。

全镇有医院3所（包括鱼窝头医院大同分院），卫生站20所，有医护人员270人。参加农村合作医疗62223人，参保覆盖率99.65%，共投入342万元进行补贴。大力开展爱国卫生运动，新建和改造垃圾中转站18个，无害化公厕21座。

大力开展群众性体育活动。节假日在镇广场举办乒乓球、篮球、拔河、象棋等比赛，平均每日有500名左右群众参加；各村积极开展各类体育活动，共有40多场次；积极组队参加市业余羽毛球赛、市龙舟邀请赛、区健身路径比赛、市残疾人游泳锦标赛等各大赛事，都取得优异成绩。

【企业选介】·广州朗晴电动车有限公司·位于东涌镇太石工业区，成立于2000年，是国内较早从事电动车辆开发、制造和销售的企业。公司生产的“朗晴”牌系列电动车采用三维UG软件进行整车设计，按照汽车标准制造，其关键部件由国外进口及国内专业厂家开发，具有优良的产品品质及性价比。

2002年朗晴公司与武汉理工大学电动汽车研究院合作，成立武汉理工大学广州电动车船研究所，独立自主开发新产品，使朗晴公司跃居国内电动车行业的领先地位，同年公司“电动车底盘”获国家专利。2005年6月，投资1.8亿元，建成电动车行业最大的生产基地朗晴工业园。朗晴公司主要产品有2~15座电动观光车、高尔夫球车、家庭车、救伤车、电动货车、电动牵引车等系列产品，并可根据用户特殊需求提供各种改装、定制服务。公司产品现已销往国内各大省市并出口美国、加拿大、西班牙、阿联酋、沙特阿拉伯、埃及、伊拉克、新加坡、越南、泰国等国家和地区。2008年8月，200多辆朗晴电动车为北京奥运会和残奥会服务，受到国内外宾客的一致好评。

·广州天创鞋业有限公司·　2007年6月正式进驻位于东涌镇大简村银沙大街花园式的工业园区内，是一家专业生产和经营女性时尚商品品牌女鞋的公司。已经形成集商品研发设计、自产及委外加工、市场零售为一体的完整的产业结构和品牌“总部经济”的结构，拥有4大不同市场定位的女鞋品牌。公司主导品牌“Kiss Cat”连续4年位列行业前五名，被列为“中国十大女鞋行销品牌”。连续4年被国家统计局评为“全国市场同类产品销量前五名”。被评为北京市民最喜爱的十大香港品牌。公司在北京、上海、广州等城市成立分支机构和客户服务中心；开设有800余家专营店铺，产品畅销全国28个省市的80多个大中城市，每年均保持30%以上的销售增长率，拥有一批较稳定的顾客群体。2008年公司总部销售收入3.5亿元，全国零售销售收入约7.0亿元，缴纳相关税金高达2400多万元。

（郭意全）

大岗镇

【概况】大岗镇位于番禺区西南部，总面积90.07平方公里，辖25个行政村、6个社区居委会；规划城区面积24平方公里，已建城区面积14.3平方公里。2008年末全镇总人口13.07万人，其中户籍人口7.92万人。镇境内河网交错，贯穿镇域的洪奇沥水道、蕉门水道是珠江两大出海口，可通行3000吨级船只。2008年，镇被联合国开发计划署确定为“联合国开发计划署试点城镇”，被国家发改委确定为全国第二批“全国发展改革试点小城镇”。

2008年，全镇实现地区生产总值达42.28亿元，比上年（下同）增长13.1%。其中，第一产业增加值达4.65亿元，增长8.7%；第二产业增加值达19.86亿元，增长11.3%；第三产业增加值达17.77亿元，增长16.2%；三次产业比例为11:47:42。

【人民生活】全镇职工年平均工资为18461元，增长7.2%；农村劳平、人平年收入达13607元和9199元，分别增长9%和11%。至2008年底，全镇参加养老保险用工单位有876个，人数达19440人。

【政治文明】2008年，全街共发展党员98名；推进基层民主建设，完成村（居）“两委”换届选举工作；开展廉政文化“六进”活动；投入80多万元建设便民、利民

6月18日，大岗镇“联合国开发计划署试点城镇，国家发改委第二批全国发展改革试点小城镇”挂牌仪式。

的行政服务中心。

【精神文明】2008年，全镇共立刑事案件438宗破197宗，破案率45%，立案数下降14.6%，破案率上升1.5%；受理治安案件2192宗，查处率100%，受理数下降9.3%；摧毁各类违法犯罪团伙64个，挽回经济损失约700万元人民币。

投入336.9万元在13个村新增208个视频监控点，通过推进视频监控系统建设，大力推进社区警务改革，构建治安网格化防控体系。围绕出租屋和商铺的消防安全整治、无证照经营场所及无工商登记备案整治工作，重点整治流动人口管理，抓好流动人员管理的宣传阵地、信息档案管理建设，加强IC卡暂住证办证工作和出租屋巡查工作，打击出租屋内的黑诊所、非法加工场等犯罪活动。

“创文”期间，街道查处“两违”和整治“六乱”取得实效；通过推行城市管理综合执法网格化管理，围绕查处违法用地、清拆违法建设和整治“六乱”，做好城管各项工作；全年投入350万元处理生活垃圾，投入260多万元进行卫生清洁。

加强安全生产指标控制，落实安全生产责任制，层层签订安全生产责任书；成立村级安全管理办公室；抓安全生产培训和教育工作，累计开展培训10853人次；加强消防、建筑安全、道理运输、烟花爆竹专项整治工作。

2008年，信访案件增加，共受理信访240批524人次，上升36%和37%，上访省、市、区总量89批190人，信访案件结办率98%。2起工人堵路、1起到市上访和多起工人讨薪的群体性事件均得到解决。

全街计划生育率96.65%，新二村、南顺二村等15条村达到广州市先进村标准，其中7条村达广东省计划生育模范村标准，镇南社区达区计划生育五好社区居委标准。

“5·12汶川地震”后，全镇各界开展各项救灾捐款活动，为四川灾区筹得善款327万元，救灾物资价值70多万元。

【财政 金融】2008年，全镇财政收入

11月20日，2008年广州市中心镇建设工作会议上，镇党委书记陈明捷向市委副书记张桂芳等领导汇报工作。

“番禺·大岗杯”广州第 17 届亚洲铁人三项锦标赛新闻发布会。

2.768 亿元，增长 9.46%。实现税收收入 3.19 亿元，其中，国税 2.03 亿元，地税 1.16 亿。银行存款余额 46.14 亿元，其中储蓄存款余额 35.53 亿元，贷款余额 11.12 亿元。

【工业】2008 年，全镇工业经济保持良好的发展势头，工业总产值达 72.36 亿元，增长 15%；工业用电量达到 3.4 亿千瓦时，增长 2.57%；新增企业 48 家，其中外资企业 2 家，内资企业 46 家，其中外资投资总额 2743 万美元，合同利用外资 1518 万美元；总投资达 270 亿元的中船基地落户大岗，规划建设成世界一流、面积达 50 平方公里的大型装备产业基地；首期投资 60 亿元的大型船用柴油机项目征地 4000 亩，与之配套的 440 户的安置区在建设中。

【农业】2008 年，农业总产值 7.87 亿元，增长 6.6%。种养总面积 64361 亩，通过优化农业产业结构，粮食、蔬菜、水果、花卉、甘蔗、水产的面积比例为 15%、18%、17%、5%、16%、28%，农业产业的结构更趋合理。加大支农惠农力度，共发放粮食生产、机耕路立项及护养、自然灾害、缓慢村财政补贴及农村税费补贴 858.8 万元；加强第一期鱼塘标准化改造、排涝泵站、水闸等基础设施建设，推进高新联围达标建设工作；以农科基地为依托，分别从省农科院、市区农业技术推广中心、区农科所等科研单位引进水稻、蔬菜、水果等新品种 30 多个；开展各种农民培训班 24 期，培训人数超过 2780 人；加强农产品食品安全监管力度，通过抓无公害蔬菜、农药残留检测、水产养殖污染源普查和动物防疫监督管理，保障农产品食品安全。

【新农村建设】镇共申报建设项目 201 个，计划投入建设资金约 5442.65 万元，通过区职能部门审批项目 147 个，已完成项目 112 个；区投入专项建设经费 1387 万元，镇投入建设资金 1020 万元，村投入建设资金 1369 万元，共出资 238.7 万元建设基础设施，打造具有辐射带动作用的新农村建设试点村；新农村建设 6 个项目基本完成并通过验收，总投资 321.4 万元。

【第三产业】2008 年，全镇社会消费品零售总额为 16.46 亿元，增长 28.79%。

中船项目的填土工程（约 3 亿元）、村

民安置区和厂房建设，东新快线、番中公路等大型项目相继推进；2008年建筑业总产值1.8亿元，增长1.2%。

【基础设施建设】年内调整镇各工业区和经济预留用地的选址，规划东新高速、南部快线、鱼飞线等项目拆迁安置工作；25个村进行新农村规划编制；东新高速工程项目需在大岗镇征地94公顷，完成交地面积的94%；中船项目首期总征地面积266多公顷，已完成征地78多公顷，超过78%的拆迁安置户已签订《拆迁补偿协议》；投入1380多万元，完成5个自然村通公路项目，完成5个改造农用危桥项目；投入806万元，完成十八罗汉山北入口广场、东平路内堤及道路改造工程、鸭利村内堤加固工程等15个中心镇建设项目。

采取有力措施和严厉手段，完成卫星图片违法用地拆除和复耕复绿工作；提前开展第九次卫片违法用地的整改；提高对耕地保护和土地执法监管的共识。2008年，镇共查处违法用地70宗，面积23.9万平方米；拆除违法建设19宗，清拆面积5.89万平方米，复绿266.5亩。

【社区建设和管理】全镇31个社区（村）开展创安社区（村）工作，覆盖率100%，达标率100%；投入600万元进行社区硬件改造，二湾社区被评为区“六好”平安和谐社区，豪岗社区被命名为省“六好”平安和谐社区。

【社会保障】“大岗镇贫困家庭大学生助学金”共为43名贫困家庭大学生解决学费40万元；全年向378户低保户944人发放最低生活保障金及救济金162.85万元；资助各类困难家庭45万元；资助30户困难群众建房资金75万元；开展各项救灾捐款活动，为四川灾区筹得善款327万元，救灾物资价值70多万元。

街道与31个村（居）签订再就业目标责任书，并进行年度工作考核；开展再就业援助月活动，重点帮扶特困失业人员和“零就业家庭”成员；举办“农村劳动力转移就业招聘会”2场，提供就业岗位12039个，有13294人进场参加招聘，接收登记表12450份，即时达成初步意向3437人。

【文教卫体】全镇建成“农家书屋”29间，“绿色网园”29间；开展向农村送戏、送电影、送书画、送文化、送科技等“五送”活动，开展书画摄影比赛、新春雅集、新春象棋赛等多种形式的文体活动；在全民健身广场开展公益宣传和免费电影专场；

全镇各校（园）加强和改进教学管理工作，获各级各类奖项（包括竞赛获奖和荣誉称号）1048项，其中国家级14项、省级19项；完善教育科研网络，组织“十一五”课题申报，有3个基地和15项课题获批立项；推进教育信息化建设，整合信息技术与学科知识；加大义务教育阶段规范化学校建设力度，超额完成区要求的80%的任务；大岗镇成校被评为省示范性成校。

镇初级卫生保健工作顺利达标，区镇村三级共投入944万元推进新型农村合作医疗，镇投入236万元，全镇农民参合率98.82%；大岗医院更名为区第二人民医院，卫生部硬性胆道镜诊疗技术培训基地、卫生部肝胆肠外科中心胆囊疾病研究所、区胆囊病研究所及区科技型企业技术研究开发中心等部门在该院挂牌成立；第二人民医院建立相关科技创新激励制度，2008年，该院研发的“超声胆道内镜”等系列内镜获得国家专利10项，发明创造专利5项，并完成600多例新式硬镜微创保胆取石手术；开展“白内障复明工程”，为白内障患者免费提供手术治疗1180例。

（温汉涛）

国民经济和社会发展统计公报

番禺年鉴·2009

2008年广州市番禺区国民经济和社会发展统计公报

广州市番禺区统计局

2009年3月

2008年，在区委、区政府的正确领导下，全区人民以邓小平理论和“三个代表”重要思想为指导，深入贯彻落实科学发展观，坚定不移地以建设广州现代新城区为目标，奋力拼搏，克服困难，全区国民经济保持较快发展势头，各项社会事业蓬勃发展，人民生活水平继续提高。

一、综合

国民经济保持较快增长。据初步统计，2008年番禺区生产总值727.60亿元，增长13.1%[①]。其中，第一产业增加值38.77亿元，增长5.4%；第二产业增加值339.07亿元，增长12.8%；第三产业增加值349.76亿元，增长14.2%。在第二产业中，工业增加值297.19亿元，增长12.9%。三次产业比重由上年5.27:47.04:47.69调整为5.33:46.60:48.07。按户籍人口计算，人均生产总值为74083元，合10667美元[②]，按常住人口计算，人均生产总值为48345元，合6961美元。

图一

2007年、2008年番禺区生产总值构成

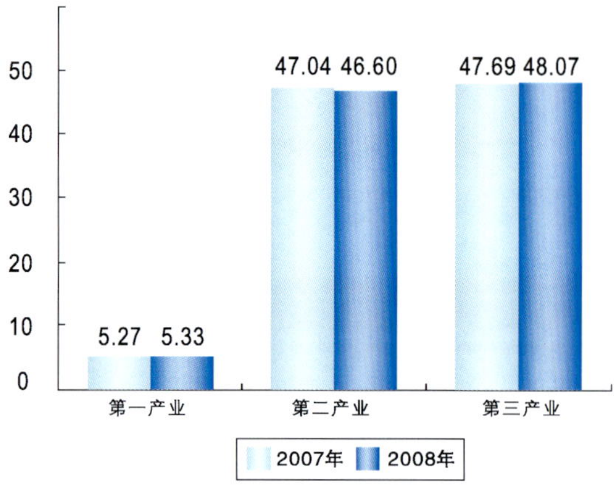

各种非公有制经济发展迅速。至2008年底，全区工商注册登记个体、私营企业8.66万户，从业人员30.36万人，注册资金169.31亿元，分别增长25.5%、20.6%和11.2%。

社会保障体系逐步完善。年末参加基本社会养老保险人数42.74万人，增长9.4%，养老金发放率达100%；全年城镇登记失业人数6738人，下降15.4%；城镇登记失业率为0.5%，比上年下降0.4个百分点，维持在较低水平；全年安置失业人员5421人，失业人员就业率80%，提高2

①本公报所列2008年数据均为初步统计数。番禺区生产总值、各产业的产值、增加值绝对数按当年价格计算，增长速度则按可比价格计算。本文中的各项增、降比例，除注明外均与上年比较。

②人民币兑美元按1美元折6.9451人民币元计算。

个百分点；年末参加城镇职工基本医疗保险人数达55.98万人，增长32.2%；年末参加农村合作医疗人数达58.73万人，覆盖率达99.96%，较上年提高3.57个百分点。

电力供应平稳增长。全社会用电量73.17亿千瓦时，增长10.1%；工业用电48.51亿千瓦时，增长4.5%；生活用电量12.09亿千瓦时，增长12.2%。

二、农 业

农业生产在结构调整中平稳发展。通过大力推进农业产业化、机械化、标准化和科技化，传统型农业逐步向现代都市型农业转变。2008年，番禺区农业总产值64.89亿元，增长5.3%。其中，种植业产值31.19亿元，增长6.2%；畜牧业产值10.69亿元，增长1.9%；渔业产值20.83亿元，增长5.1%。

图二

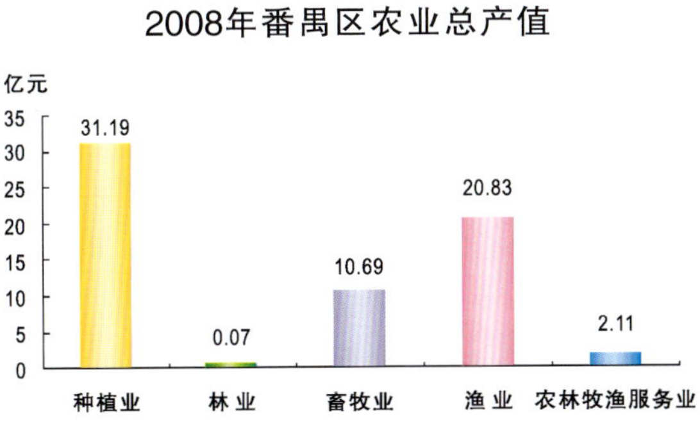

全年粮食种植面积10.00万亩，增长1.0%；甘蔗种植面积5.30万亩，增长5.6%；蔬菜种植面积28.73万亩，下降7.3%；水果种植面积6.94万亩，减少24.0%；花卉种植面积8.53万亩，增长4.8%。

全年粮食产量3.50万吨，下降2.1%；甘蔗产量39.20万吨，减少4.4%；蔬菜产量42.44万吨，下降9.5%；水果产量15.01万吨，下降12.5%。

全年肉类总产量5.45万吨，增长3.3%；生猪出栏量32.94万头，减少0.2%；牛奶产量0.42万吨，增长2.8%；水产品总产量19.93万吨，增长3.8%。

三、工业和建筑业

工业生产平稳较快增长。2008年，番禺区工业总产值①1420.08亿元，增长15.1%。产销衔接良好，工业产品销售率98.1%，与上年基本持平。规模以上工业总产值1221.54亿元，增长15.1%；其中："三资"企业工业总产值883.26亿元，增长14.0%；国有及国有控股企业工业总产值40.17亿元，下降0.4%。在规模以上工业总产值中，轻工业总产值667.73亿元，增长16.1%；重工业总产值553.81亿元，增长13.8%。全区全年工业总产值超80亿元的镇（街）有7个，超100亿元的镇（街）有5个。

全年规模以上工业企业配混合饲料109.71万吨，增长33.4%；变压器442.44万千伏安，增长210.3%；灯具及照明装置4926.24万套，增长136.6%；组合音响70.09万台，增长28.6%；房间空气调节器492.34万台，增长18.6%；照相机313万台，增长26.6%。

建筑业增长较快。全年完成建筑安装工程量169.63亿元，增长17.9%。建筑业增加值41.87亿元，增长12.1%。

①规模以上工业企业是指年主营业务收入（产品销售收入）500万元及以上的法人工业企业。

2008年规模以上工业总产值情况表

表 8

指标名称	产值（万元）	增长（%）
规模以上工业总产值	12215355	15.1
一、按生产性质分		
轻工业	6677291	16.1
重工业	5538064	13.8
二、按经济类型分		
国有企业	7633	-27.7
集体企业	183773	9.6
股份合作企业	27404	10.2
股份企业	3002113	18.7
三资企业	8832636	14.0
其它企业	161796	20.3

规模以上主要工业产品产量

表 9

指标名称	单　位	产　量	比上年增减%
自来水	万立方米	29313	4.2
食用植物油	吨	2770	2.6
配混合饲料	万吨	110	33.4
糖果	吨	12631	4.9
服装	万件	22503	-6.3
皮鞋	万双	4869	-9.4
合成氨	吨	28952	0.5
橡胶轮胎外胎	万条	569	-3.9
水泥	万吨	34	-9.6
塑料制品	吨	104934	-16.5
电力电缆	千米	17995	-44.2
电线	千米	765574	12.7
钢材	万吨	65	-33.3
变压器	万千伏安	442	201.2
摩托车	万辆	42	-28.7
灯具及照明装置	万套	4926	136.6

续上表

指标名称	单　位	产　量	比上年增减%
家用电风扇	万台	60	-32.1
房间空气调节器	万台	492	18.6
组合音响	万台	70.09	28.6
照相机	万台	313	26.6

四、固定资产投资

固定资产投资增长较快。全年全社会固定资产投资205.77亿元，增长14.0%。其中，房地产开发投资99.58亿元，增长50.6%；基建投资66.32亿元，下降1.5%；更新改造投资34.39亿元，下降15.0%；其他投资5.48亿元，下降16.1%。在基建投资中，大学城投资4.68亿元，下降69.3%，亚运投资35.74亿元，增长5.9倍。

在全社会固定资产投资中，制造业投资30.16亿元，下降21.1%；交通运输仓储邮政业投资22.17亿元，增长109.0%；房地产业投资①109.02亿元，增长37.8%；教育投资5.18亿元，下降72.7%；其他投资39.24亿元，增长16.9%。

全年房屋施工面积824.82万平方米，下降14.2%；房屋竣工面积286.10万平方米，下降28.0%；商品房销售面积150.90万平方米，下降38.3%；商品房销售合同金额129.59亿元，下降26.9%。

五、国内贸易

2008年，番禺区实现社会消费品零售总额415.47亿元，增长25.0%。其中，批发零售行业322.76亿元，增长23.5%；住宿和餐饮业92.72亿元，增长30.9%。全年实现商品销售总额627.74亿元，增长37.6%。

大型商贸项目不断进驻我区，各种业态商业共同发展，形成了多渠道、多层次的市场销售格局。全年商品销售总额超亿元企业有55家。城乡集市贸易市场商品丰富，成交额超亿元的大型集市贸易市场有6个。

六、对外经济

外贸进出口稳步增长。2008年，海关进出口总额达149.88亿美元，增长10.4%。其中：进口总额59.07亿美元，增长11.6%；出口总额90.82亿美元，增长9.7%。一般贸易出口快速增长，出口结构优化。全年一般贸易出口额21.25亿美元，增长13.4%，占全区出口比重23.4%，较上年提高0.8个百分点。全年对亚洲、美洲、欧洲三地区出口额分别为40.75亿美元、31.49亿美元和15.59亿美元，分别增长5.6%、9.6%和19.7%。

全年新签三资企业项目达138个，下降7.4%，合同利用外资5.97亿美元，增长3.9%，实际利用外资3.17亿美元，增长3.3%。

①房地产业投资包括房地产开发、物业管理、房地产中介、其他房地产业。

七、交通、邮电和旅游

交通运输业平稳发展。年末机动车拥有量38.73万辆，下降0.7%。其中，汽车15.48万辆，增长16.9%；摩托车23.25万辆，下降8.8%。年末公路通车里程1033公里，增长6.3%，其中：高速公路71公里，一、二、三、四级公路分别为155公里、165公里、371公里、222公里。年末公路桥梁338座，其中：大型及以上80座。全社会货运周转量9.89亿吨公里，增长7.5%；客运周转量28.25亿人公里，增长5.8%。

邮电通讯业务发展较快，现代化通讯工具进一步普及。年末电话机数61.15万部，增长4.8%；电话交换机容量68.51万门，增长1.1%；市话实占交换机总容量61.25万门，增长4.2%；程控电话普及率61.82部/百人，增长3.3%；小灵通用户12.05万户，下降29.3%；因特网用户23.24万户，增长14.4%。

旅游业平稳发展。全年接待旅游总人数达1208.57万人次，增长4.6%，实现旅游总收入56.76亿元，增长8.9%。

八、财政、金融

全年地方财政一般预算收入43.88亿元，增长18.0%；一般预算内可支配财力65.04亿元，增长7.2%；地方财政支出60.75亿元，增长14.1%。

金融机构存款增长较快。年末金融机构人民币存款余额1218.02亿元，比年初增长12.3%；金融机构人民币贷款余额536.91亿元，比年初下降0.6%。

九、科学技术和教育

2008年政府注重对科技的投入，推动了科技事业的发展。全年科技三项费用12588万元，增长10.5%。

科技创新步伐加快，科技服务支撑体系不断完善。全年开发重点科技项目14项，其中已投产应用3项。新认定高新技术企业36家、企业技术研究开发中心11家。全年共鉴定科技成果3项，推广及应用科技成果22项；全区受理专利申请1705个，批准专利授权1113个，分别增长7.0%和下降1.9%。

科技队伍不断壮大。年末已取得专业技术职称人数达45051人，其中，高级职称1841人，中级职称12232人，初级职称30978人。

教育事业加快发展。全年投入教育经费14.28亿元，增长12.3%。教育综合改造工程和教育信息化建设取得新进展，办学条件继续改善。2008年，全区共有幼儿园323所，在园幼儿5.79万人，增长6.9%。普通小学176所，在校学生12.98万人，增长1.1%。普通中学62所，在校学生8.89万人，增长3.5%；其中，高中2.86万人，增长2.3%，初中6.02万人，增长4.1%。年末教育强镇达10个，省市一级中小学校79所。

职业技术教育、成人教育和特殊教育继续发展。2008年全区有各类中等职业教育学校7所，在校学生7409人。特殊教育学校1所，共24个班。在校残疾学生313人。

教学质量稳步提高。适龄儿童入学率和小学毕业生升学率均达100%。全区报考普通高考人数9085人，增长3.5%。其中：普通高校上线人数7494人，上线率达84.7%；录取总人数7456人，录取率达

82.07%，其中，本科生3550人，专科生4020人。

十、文化、卫生和体育

文化事业欣欣向荣。各种文化设施不断完善。现有专业艺术表演团体1个；文化馆1间；公共图书馆1间，藏书45.88万册；博物馆1个。广播电台1座，电视台1座。

医疗卫生事业有新的发展。全区共有各类卫生医疗机构522个，卫生部门医院17间；医疗病床5086张；卫生人员10901人，其中，执业医师（含助理）3042人，注册护士2956人。

群众体育活动蓬勃开展，竞技体育再创佳绩。2008年，番禺籍运动员参加国际比赛获金牌4块；全国比赛获金牌17块、银牌15块、铜牌10块；省比赛获金牌19块、银牌16块、铜牌19块；市比赛获金牌140块，银牌83块、铜牌67块。

十一、环境保护

加大了环境保护工作的力度，城市环境质量进一步改善。全区有监测站1个，环境监测人员37人。全年总投资1219万元，完成环境污染治理项目19个，加强了对沙湾滴水岩自然保护区的管理。全区工业废水排放总量1745.73万吨，上升15.1%，排放达标率99.25%，下降0.69个百分点；工业固体废物产生量9.59万吨，下降50.2%，综合利用率70.15%，下降29.54个百分点；机动车尾气首检达标率96.0%，上升0.6个百分点；区域环境噪声平均55.6分贝，下降0.8分贝。交通干线噪声平均68.3分贝，与上年持平。据我区四个空气监测点的数据显示，全年空气质量优良的天数达331天，比上年增加7天。

改善和整治城区环境卫生和交通秩序。2008年处理各类城管违章案件1.02万宗，教育处理各类违章案件14.45万宗，美化、净化了城区环境。

十二、人口与人民生活

年末全区户籍人口①98.92万人，比上年末增加1.40万人，增长1.4%。全区出生人口10503人，人口出生率10.78‰，上升0.43个千分点；人口死亡率4.64‰，上升0.24个千分点；自然增长率6.15‰，上升0.2个千分点。

城乡居民收入继续提高。2008年全区职工年平均工资31820元，增长18.8%。据我区100户城镇居民住户调查资料显示，城镇居民年人均可支配收入为23108元，增长13.0%；城镇居民人均住房建筑面积36.46平方米；年末城镇居民每百户家庭拥有彩电179台、空调器229台、家用电冰箱104台、家用洗衣机104台、家用电脑99台、移动电话237部、摩托车113辆、汽车18辆、组合音响63套。据我区90户农村住户调查资料显示，农村居民年人均纯收入为11070元，增长14.2%；农村居民人均住房建筑面积48.15平方米；年末农村居民每百户家庭拥有彩电141台、空调器129台、家用电冰箱100台、家用洗衣机95台、家用电脑70台、摩托车143辆、淋浴热水器112台、固定电话机123部、移动电话243部。年末城乡居民储蓄余额717.52亿元，比年初增长24.2%。

①人口数按公安部门总人口统计口径，未包外来人口。

2006年至2008年番禺区主要经济指标

指标名称	计量单位	2006年	增长%	2007年	增长%	2008年	增长%
一、番禺区生产总值	亿元	547.05	12.6	628.90	13.0	727.60	13.1
人均GDP	元	58246	10.0	65418	10.4	74083	10.7
二、农业总产值	亿元	47.58	6.2	55.55	4.1	64.89	5.3
工业总产值	亿元	1047.46	13.8	1208.20	14.5	1420.08	15.1
三、全社会固定资产投资	亿元	157.29	-9.5	180.51	14.8	205.77	14.0
四、社会消费品零售总额	亿元	289.88	25.0	332.30	23.0	415.47	25.0
五、金融机构存款余额	亿元	956.36	11.8	1084.27	13.4	1218.02	12.3
金融机构贷款余额	亿元	427.37	16.1	539.97	25.8	536.91	-0.6
六、税收总额	亿元	120.36	23.6	153.17	27.3	169.23	10.5
地方财政收入	亿元	31.34	-4.6	37.20	18.7	43.88	18.0
七、实际利用外资	亿美元	2.81	5.0	3.10	10.3	3.17	3.3
外贸出口总额	亿美元	70.91	18.0	82.81	16.8	90.82	9.7
八、城镇居民人均可支配收入	元	19243	6.2	20448	6.3	23108	13.0
农民年人均纯收入	元	9476	8.3	9992	6.0	11070	14.2
九、全社会用电量	亿度	64.61	9.4	66.47	2.9	73.17	10.1
工业用电量	亿度	35.90	10.1	46.42	29.3	48.51	4.5
十、汽车拥有量	万辆	11.49	20.3	13.24	15.2	15.23	15.0
摩托车拥有量	万辆	28.12	-10.5	25.50	-9.3	23.25	-8.8
十一、普通中学在校学生数	万人	8.35	5.9	8.58	2.8	8.89	3.5
普通小学在校学生数	万人	12.57	0.4	12.84	2.2	12.98	1.1
十二、旅游总人数	万人次	771.08	26.2	1155.26	35.5	1208.57	4.6
旅游总收入	亿元	37.01	26.9	52.14	33.6	56.76	8.9

注：人均生产总值按户籍人口计算，2008年数据为初步数据（下同）。

2008年各镇街经济指标

单位：亿元

单位名称	地区生产总值	增长%	工业总产值	增长%
市桥街	96.73	10.3	11.14	-15.7
沙头街	24.62	12.1	54.55	12.1
东环街	28.38	12.3	114.40	10.2
桥南街	24.31	12.0	33.95	5.0
小谷围街	3.87	-46.5		
大石街	71.13	20.3	160.18	21.8
洛浦街	32.19	6.4	34.96	23.6
南村镇	46.88	13.3	85.01	22.0
新造镇	10.61	12.6	29.15	12.4
化龙镇	22.31	13.3	66.85	25.1
石楼镇	46.04	13.2	97.40	13.8
东涌镇	53.63	13.2	141.93	13.8
大岗镇	42.28	13.1	72.36	15.0
榄核镇	35.77	13.4	72.27	11.3
沙湾镇	30.67	13.5	65.51	8.9
钟村镇	84.45	13.2	215.82	14.6
石碁镇	75.79	13.1	164.59	24.7

常用统计指标解释和计算方法

·国内生产总值（GDP）· 指一个国家（或地区）所有常住单位在一定时期内生产活动的最终成果。国内生产总值有三种表现形态，即价值形态、收入形态和产品形态。从价值形态看，它是所有常住单位在一定时期内生产的全部货物和服务价值超过同期中间投入的全部非固定资产货物和服务价值的差额，即所有常住单位的增加值之和；从收入形态看，它是所有常住单位在一定时期内创造并分配给常住单位和非常住单位的初次收入分配之和；从产品形态看，它是所有常住单位在一定时期内最终使用的货物和服务价值与货物和服务净出口价值之和。在实际核算中，国内生产总值有三种计算方法，即生产法、收入法和支出法。三种方法分别从不同的方面反映国内生产总值及其构成。

GDP，英文全称为 GrossDomesticProduct。过去，我国习惯把国家和地区的 GDP 都称作为国内生产总值，但国内外专家、学者普遍认为，由于 Domestic 一词有多种涵义，将全国和地区的 GDP 一律称为国内生产总值显然不恰当。根据 2003 年国务院第 28 次常务会关于对我国 GDP 核算和数据发布制度进行改革的决定，从 2004 年 1 月 1 日起，除国家使用国内生产总值外，国内各地区 GDP 的中文名称均就由原先的“国内生产总值”改为“地区生产总值”，如我区相应指标改为“番禺区生产总值”或“本区生产总值”。

·可比价格· 指计算各种总量指标所采用的扣除了价格变动因素的价格，可进行不同时期总量指标的对比。按可比价格计算总量指标有两种方法：一种是直接用产品产量乘某一年的不变价格计算；另一种是用价格指数缩减。

·从业人员· 指在各级国家机关、政党机关、社会团体及企业、事业单位中工作，取得工资或其他形式的劳动报酬的全部人员。包括在岗职工、再就业的离退休人员、民办教师以及在各单位中工作的外方人员和港澳台方人员、兼职人员、借用的外单位人员和第二职业者。不包括离开本单位仍保留劳动关系的职工。各单位的从业人员反映了各单位实际参加生产或工作的全部劳动力。

·城镇登记失业人员· 指有非农业户口，在一定的劳动年龄内，有劳动能力，无业而要求就业，并在当地就业服务机构进行求职登记的人员。

·城镇登记失业率· 指城镇登记失业人数同城镇从业人数与城镇登记失业人数之和的比。计算公式为：

城镇登记失业率 =城镇登记失业人数/（城镇从业人数+城镇登记失业人数）×100%

·全社会固定资产投资· 固定资产投资是社会固定资产再生产的主要手段。通过建造和购置固定资产的活动，国民经济不断采用先进技术装备，建立新兴部门，进一步调整经济结构和生产力的地区分布，增强经济实力，为改善人民物质文化生活创造物质条件。这对我国的社会主义现代化建设具有重要意义。

固定资产投资额是以货币表现的建造和购置固定资产活动的工作量，它是反映固定资产投资规模、速度、比例关系和使用方向的综合性指标。全社会固定资产投资按经济类型可分为国有、集体、个体、联营、股份制、外商、港澳台商、其他等。按照管理渠道，全社会固定资产投资总额分为基本建设、更新改造、房地产开发投资和其他固定资产投资四个部分。

·城乡居民储蓄存款余额· 指某一时点城乡居民存入银行及农村信用社的储蓄金额，包括城镇居民储蓄存款和农民个人储蓄存款，不包括居民的手存现金和工矿企业、部队、机关、团体等单位存款。

·居民消费价格指数· 是反映一定时期内城乡居民购买的生活消费品价格和服务项目价格变动趋势和程度的相对数，是对城市居民消费价格指数和农村居民消费价格指数进行综合汇总计算的结果。利用居民消费价格指数，可以观察和分析消费品的零售价格和服务价格变动对城乡居民实际生活费支出的影响程度。

·城镇居民家庭可支配收入· 指被调查的城镇居民家庭在支付个人所得税、财产税及其他经常性转移支出后所余下的实际收入。其计算公式为：

可支配收入=实际收入–个人所得税–家庭副业生产支出–记帐补贴

·农村居民家庭纯收入· 指农村常住居民家庭总收入中，扣除从事生产和非生产经营费用支出、缴纳税款和上交承包集体任务金额以后剩余的，可直接用于进行生产性、非生产性建设投资、生活消费和积蓄的那一部分收入。农村居民家庭纯收入包括从事生产性和非生产性的经营收入，取自在外人口寄回带回和国家财政救济、各种补贴等非经营性收入；既包括货币收入，又包括自产自用的实物收入。但不包括向银行、信用社和向亲友借款等属于借贷性的收入。

计算公式：农民纯收入=农村居民家庭总收入–家庭经营费用支出–生产性固定资产折旧–税费支出–农村内部亲友赠送收入

·农林牧渔业总产值· 以货币表现的农林牧渔业全部产品的总量和对农林牧渔业生产活动进行的各种支持性服务活动的价值。它反映一定时期内农林牧渔业生产总规模和总成果，是观察农林牧渔业生产水平和发展速度，研究农林牧渔业内部比例关系、农林牧渔业与工业、农林牧渔业与国家建设、人民生活比例关系的重要指标，同时也是计算农林牧渔业劳动力生产率和农林牧渔业增加值的基础资料。

·工业总产值· 是以货币表现的工业企业在一定时期内生产的已出售或可供出售工业产品总量，它反映一定时间内工业生产的总规模和总水平。它包括：在本企业内不再进行加工，经检验、包装入库（规定不需包装的产品除外）的成品价值，对外加工费收入，自制半成品、在产品期末期初差额价值。工业总产值采用“工厂法”计算，即以工业企业作为一个整体，按企业工业生产活动的最终成果来计算，企业内部不允许重复计算，不能把企业内部各个车间（分厂）生产的成果相加。但在企业之间、行业之间、地区之间存在着重复计算。

·工业增加值· 是指工业行业在报告期内以货币表现的工业生产活动的最终成果。

·工业产品销售率· 指报告期工业销售产值与同期全部工业产值之比，是反映工业产品已实现销售的程度，分析工业产销衔接情况，研究工业产品满足社会需求程度的指标。计算公式为：

产品销售率（%）=工业销售产值/工业总产值（现价）×100%

·社会消费品零售总额· 指国民经济各行业直接售给城乡居民和社会集团的消费品总额。它是反映各行业通过多种商品流通渠道向居民和社会集团供应的生活消费品总量，是研究国内零售市场变动情况、反映经济景气程度的重指标。

·商品购进总额· 指从本企业（单位）以外的单位和个人购进（包括从境外直接进口）作为转卖或加工后转卖的商品总额。它反映批发零售贸易业从国内、国外市场上购进商品的总量。

·商品销售总额· 指对本企业（单位）以外的单位和个人出售（包括对境外直接出口）的商品总额。它反映批发零售贸易业在国内市场上销售商品以及出口商品的总量。

·海关进出口总额· 指实际进出我国关境并列入海关统计的货物总金额。按海关的监管方式分类，海关进出口总额由一般贸易、国家间与国际组织无偿援助和赠送的物资、华侨与港澳台同胞和外籍华人捐赠的物资、补偿贸易、来料加工装配贸易、进料加工贸易、寄售和代销贸易、其它免费提供的货物、边境小额贸易（边民互市贸易除外）、来料加工装配进口的设备、对外承包工程货物、租赁贸易、外商投资企业作为投资进口的设备和物品、保税区仓储或转口货物、出料加工贸易、保税仓库进出境货物、易货贸易、免税外汇商品、其他贸易共19种进口贸易的金额构成。进出口总额用以观察一个国家在对外贸易方面的总规模。我国规定出口货物按离岸价格统计，进口货物按到岸价格统计。

我市海关进出口总额包括了广州地区所有企业的进出口总额。

·利用外资· 指我国各级政府、部门、企业和其他经济组织通过对外借款、吸收外商直接投资以及用其他方式筹措的境外现汇、设备、技术等。

·外商直接投资· 指外国企业和经济组织或个人（包括华侨、港澳台胞以及我国在境外注册的企业）按我国有关政策、法规，用现汇、实物、技术等在我国境内开办外商独资企业、与我国境内的企业或经济组织共同举办中外合资经营企业、合作经营企业或合作开发资源的投资（包括外商投资收益的再投资），以及经政府有关部门批准的项目投资总额内企业从境外借入的资金。

·基尼系数· 是判断收入分配平等程度的指标，是意大利经济学家基尼提出的。该系数可在0和1之间取任何值。收入分配越是趋向平等，基尼系数越小，反之，收入分配越是趋向不平等，基尼系数越大。联合国有关组织规定：若低于0.2表示收入绝对平均；0.2~0.3表示比较平均；0.3~0.4表示相对合理；0.4~0.5表示收入差距较大；0.6以上表示收入差距悬殊。

·恩格尔定律及恩格尔系数· 德国统计学家恩格尔根据统计资料，对消费结构的变化得出一个规律：一个家庭收入越少，家庭收入中（或总支出中）用来购买食物的支出所占的比例就越大，随着家庭收入的增加，家庭收入中（或总支出中）用来购买食物的支出则会下降。依据恩格尔系数，联合国粮农组织提出了划分贫困与富裕标准为：59%以上为绝对贫困，50~59%为勉强度日，40~50%为小康水平，30~40%为富裕，30%以下为最富裕。

大 事 记

番禺年鉴·2009

1月

2日 大石街猛涌村，市桥街康裕社区、康乐社区分别被省司法厅、省民政厅授予“广东省民主法治示范村”和“广东省民主法治示范社区”称号。

3日 上午，区召开精神文明建设委员会全体会议，总结去年工作情况，部署今年工作任务。区领导骆蔚峰、徐金海、严宗活、楼旭逵、刘苑珊、李鹏程、彭群、陈德俊、简锡波、龚红、张力仁等出席会议。

△ 番禺提前一年完成集中换发第二代居民身份证，换证量和换证率均居广州市前列，受到省政府的表彰。

4日 区召开区委十一届四次全体会议。会议由区委副书记严宗活主持，区委书记谭应华作区委工作报告。谭应华在报告中总结了2007年的工作，要求全区各级领导干部在新的一年要进一步解放思想，坚持改革开放，牢固树立科学发展观，围绕建设广州市现代化新城区的目标，从战略高度系统考虑、科学谋划番禺今后的发展路向，以新一轮的思想大解放推动新一轮大发展。区委副书记、区长骆蔚峰在会上讲话。

△ 晚，区“星海之声”新年合唱音乐会在区会议中心大会堂举行。区领导谭应华，骆蔚峰、徐金海、严宗活等，区法院院长、区检察院检察长，区直单位正副职领导，镇（街）领导和1000多名名群众观看了星海合唱团的演出。

7日 下午，省政府召开全省最低生活保障工作电视电话会议。副区长龚红及各镇、街和区有关部门领导在番禺分会场收听、收看了会议。会后，副区长龚红对我区贯彻落实最低生活保障工作提出了要求。据悉，番禺从2007年1月1日起提高了农村最低生活保障标准，由原来的家庭月人均220元调整为240元，增幅为9%。调整后，番禺的农村低保标准为广州地区最高。

△ 区召开2007年食品安全工作总结会议。今年年内我区将全面推行食品安全网络建设，食品安全监督检测网络建设将覆盖全区各镇街。区领导严宗活、楼旭逵、万志成、冼桂华，市食安办副主任王凡等出席会议，副区长黎伟棠在会上讲话。

8日 区召开司法行政工作总结会议。去年，区司法行政部门参与28起重大矛盾纠纷的调处，成功调处各类纠纷1578宗，建立安置点30多个。区委常委、区委政法委书记简锡波参加了会议。

△ 上午，区召开森林防火工作会议，部署春节前后的森林防火工作。市林业局副局长孙金龙参加会议，副区长戴永昌在会上讲话。

9日 区召开计划生育科技大练兵动员大会。从2007年12月开始到2010年，全区、镇（街）计划生育服务机构技术服务人员将参与科技大练兵，在测试中不及格的医技人员将被取消上岗资格。区副区长龚红、市计生局副局长谢宏新出席了会议。

△ 区十五届人大常委会召开第十一次会议。区委书记、区人大主任谭应华，区人大副主任欧康寿、陈容康、杨瑞泉、古瑞芬、万志成及区人大组成人员出席会议；区委常委、副区长楼旭逵，区检察院、区法院和区有关部门负责人及相关的区人大代表列席会议。会议主要议程：听取和审议区政府有关情况的报告；审议区检察院关于民事行政检察工作情况的报告；听取代表资格审查委员会关于补选代表的代表资格审查报告；审议2007年代表视察情况的报告；表决通过了关于召开区十五届人大四次会议的决定。

△ 区国资局召开总结会议。区委书记、

区人大主任谭应华在会上强调，区属国有企业今后要以上市企业为目标，进行股份制改造，继续做活做强做大。区委常委、副区长楼旭逵参加了会议。

△ 区质量技术监督局业务科科长冯秉衡被国家质监总局授予“全国质量监督检验检疫工作先进个人”称号。

△ 区厂商会主席、番禺珠江钢管有限公司董事长陈昌被中国国际权威专家协会增选为焊管行业领域权威专家。

△ 上午，区领导彭群、黎伟棠、黄建强等分别率慰问团，到省、市有关口岸查验单位开展慰问活动。

△ 上午，区召开综治、禁毒、维稳、流管、防邪领导小组工作会议。区领导简锡波、邱学新、戴永昌、林惠兰参加了会议。

△ 上午，市委常委、市委统战部部长孔少琼到小谷围街贝岗村调研,参加座谈会并慰问困难党员和群众。区委副书记严宗活，区政协副主席、区委统战部部长郑葆红等参加活动。

△ 下午，区安委会召开2008年度安全生产工作座谈会。区委书记、区人大主任谭应华，区长骆蔚峰在会上讲话。区领导彭群、欧康寿、陈容康、邱学新、戴友华及广州各区（市）安监局局长等出席座谈会。

△ 下午，区委、区政府召开番禺各口岸查验单位迎春座谈会。区委书记、区人大主任谭应华代表区委、区政府向为番禺现代化建设做出贡献的各口岸查验单位表示感谢和慰问。区领导徐金海、严宗活、陈德俊、黎伟棠等出席了座谈会。

10日 下午，省委、省政府授予钟村镇“广东省文明镇”称号，石楼镇大岭村、洛浦街厦窖村“广东省文明村”称号。

11日 上午，区召开2008年度安全生产暨第一季度防范重特大安全事故工作会议。区长骆蔚峰在会上强调，今年安全生产要坚持“安全发展”，强化安全生产管理和监督，有效遏制重特大事故，推进全区安全生产在持续稳定好转的基础上向着明显好转目标迈进。副区长戴友华，区安委会成员，各镇（街）分管安全生产工作的副镇长（副主任）、安全办主任等参加会议。

△ 区举行劳动模范迎春座谈会。区委书记、区人大主任谭应华，区委副书记严宗活分别在座谈会上讲话，向区历届劳动模范和先进工作者表示新春的问候。市劳动模范、广州市番禺电缆厂有限公司董事长王锦荣代表劳模发言。区领导骆蔚峰、刘苑珊、彭群、黎伟棠、林惠兰、冼桂华等出席座谈会。

14日 上午，区召开文化工作暨文明社区文明示范村命名会议。会议由区委常委、区委宣传部部长李鹏程主持，区长骆蔚峰在会上讲话。市委宣传部副部长汤应武，区领导谭应华、严宗活、莫灿章、楼旭逵、刘苑珊、彭群、陈德俊、简锡波、蒋君武等出席了会议。

1月14日，区召开文化工作暨文明社区文明示范村命名会议。

△ 下午，区在番禺宾馆举行2008年春节军政座谈会暨慰问驻军部队及驻军现役立功官兵、优秀士兵大会。会议由区委副书记严宗活主持。区委书记、区人大主任谭应华，区委副书记、区长骆蔚峰分别代

表区委、区政府向驻军部队及驻军部队59名立功官兵、323名优秀士兵代表赠送了节日慰问金。区长骆蔚峰、海军某部副政委李全占大校分别在会上讲话。驻穗部队首长；区领导班子成员；市民政局、市双拥办，区公安消防大队、驻港部队海军舰艇大队“番禺艇”等驻军部队的领导；各镇、街和区直局以上单位有关领导等参加会议。

15日 区召开2007年度区民政工作总结会。区领导简锡波、万志成、龚红、林惠兰，区各有关单位负责人参加了会议。

△ 上午，市委常委、市委秘书长凌伟宪率市信访局的有关领导，到钟村镇汉溪村慰问困难复退军人。

△ 上午，区委、区政府在区公安分局召开慰问政法干警迎春座谈会。区委书记、区人大主任谭应华代表区委、区政府向政法干警送上慰问金，区委副书记严宗活在座谈会上讲话。区领导陈德俊、简锡波、欧康寿、戴永昌、林惠兰等出席座谈会。

△ 上午，区首个外国人管理服务站在洛浦街挂牌成立。区委常委、区委政法委书记简锡波出席挂牌仪式并讲话。

△ 上午，区召开创卫工作会议。副区长张力仁在会上强调，节前要加强常态管理，节后要加强突击行动，以最好的成绩确保顺利通过全国爱卫办对创卫工作的考核鉴定和全国公示。

△ 下午，区召开维稳工作会议。去年，全区刑事立案同比下降21.8%，实现市、区两级党委提出的压案目标。区领导陈德俊、简锡波、邱学新、林惠兰参加了会议。

△ 下午，区委、区政府召开2008年各界人士迎春茶话会。区委副书记严宗活主持会议，区委副书记、区长骆蔚峰讲话。区委书记、区人大主任谭应华等区领导以及社会各界人士代表600多人参加茶话会。

16日 区领导组成慰问团，分别慰问区特殊工种单位职工、孤儿、散居五保户、托管老人、特困职工、特殊退休人员、重点优抚对象及贫困残疾人。区领导简锡波、陈容康、万志成、龚红、林惠兰、周志等参加了慰问。

△ 区2007年实际吸收外商直接投资、外贸进出口工作荣获广州市外经贸工作一等奖。

17日 上午,区召开2007年度法律援助工作总结会。市司法局副局长黄永东、区人大副主任邱学新参加了会议。

△ 区总工会召开十二届全委（扩大）会议。区委副书记严宗活出席会议并讲话。区人大副主任、区总工会主席邱学新代表区总工会第十二届委员会作工作报告。

△ 台湾高雄青年企业家一行20人到番禺考察。团区委书记徐柳、区青企协会长王锐祥等接待考察团。

△ 区检察院召开2007年度总结大会。去年区检察院立案侦察贪污贿赂、渎职侵权等职务犯罪案21件21人，通过办案为国家挽回经济损失1000多万元。市检察院副检察长廖荣辉，区委书记、人大主任谭应华，区委常委、区委政法委书记简锡波参加会议。

18日 上午，区委副书记严宗活，区委常委、区委组织部部长刘苑珊到大岗镇新沙村慰问特困党员。

△ 上午,区农业局召开2007年度工作总结会议，副区长戴永昌对做好今年“三农”工作提出要求，强调要大力推进农业现代化建设，改村容、促民生，扎实推进社会主义新农村建设。

△ 国家食品药品监管局安监司司长王者雄率国家食品药品监管局整顿和规范药品市场秩序专项行动总结验收组一行，在省食品药品监管局有关领导陪同下，到区

食品药品监管局检查验收药品市场秩序专项整治工作。

△ 区科技局举行迎新春科技型企业高层管理者联谊会。区委副书记严宗活在会上充分肯定去年我区科技工作，并就如何推进科技创新、促进经济大发展提出了要求。区领导刘苑珊、万志成、黎伟棠、冼桂华、周志等出席联谊会。

19~20日 澳门摄影学会一行80多人，到南村镇余荫山房和石楼镇大岭村进行为期两天的摄影采风。

21日 上午，区召开村“两委”换届选举工作动员大会。会议由区委副书记、区村（社区）“两委”换届选举工作领导小组组长严宗活主持，区委书记、区人大主任谭应华在会上强调，要充分重视和认真做好我区村“两委”换届工作，把一批得到群众信任的优秀人才选拔到村（社区）“两委”班子中，提高基层组织建设水平。区领导徐金海、莫灿章、刘苑珊、李鹏程、陈德俊、简锡波等，区法院院长、区检察院检察长以及各镇、街党主要领导等参加会议。

1月21日，区召开村“两委”换届选举工作动员大会。

△ 下午，区政协召开十二届七次常委会议。副区长龚红应邀出席会议并在会上通报了区政府工作情况和区政协建议案、提案办理情况。会议审议通过区政协十二届三次会议的有关事项。区政协主席徐金海就贯彻中共十七大精神，做好区政协工作作了讲话。区政协领导莫灿章、黄建强、郑葆红、林惠兰、冼桂华、周志等出席会议。

△ 下午，团区委在东涌镇召开第十九届四次全委（扩大）会议暨非公团建工作推进会，会上有20家非公企业成立了团组织。区委副书记严宗活出席会议并讲话。

22日 上午，区委书记、区人大主任谭应华率区拥军优属慰问团到省军区、广州警备区慰问。区领导徐金海、刘苑珊、彭群、蒋君武、陈容康、黎伟棠、戴友华、郑葆红等参加了慰问活动。

△ 中央农村工作领导小组办公室张冬科局长、国家农业部渔业局副局长柳正、省海洋与渔业局副局长陈良尧到番禺调研。张冬科一行参观了石楼镇海鸥岛标准化鱼塘，并现场听取了区海洋与渔业局领导关于鱼塘标准化整治的做法和经验。

△ 区人大科教文卫工委与区档案馆联合在区档案馆举办黄志德书画作品展。区领导万志成、龚红，区有关部门领导，区档案局共建基地的院校领导和师生及市、区知名书画家等100多人参加揭幕仪式。

△ 区召开2008年教育工作会议，副区长张力仁在会上讲话。区领导万志成、郑葆红、冼桂华参加会议。会议向获得番禺区2006学年度中学毕业班工作先进单位称号的单位颁奖，向区第四届“特约教育督导员”颁发了聘书。

22~24日 区政协领导徐金海、莫灿章、黄建强、郑葆红、林惠兰、冼桂华、周志等一行，到鹏辉电池公司、莲花山造纸公司、福田化工有限公司、珠江钢管有限公司、番禺电缆厂、大发铜铝型材厂有限公司、广州锐丰音响器材有限公司和成记海鲜酒楼等民营企业开展慰问活动。

23日 上午，区委副书记严宗活、副区长张力仁率市桥街领导、商会负责人等分别慰问特困群众和优抚对象。活动中，市桥街共有370户家庭收到慰问金和慰问品，约合16万元。

△ 区公安分局召开总结会，区领导谭应华、徐金海、严宗活、简锡波、陈永球等参加会议。区委书记、区人大主任谭应华在会上充分肯定公安机关对番禺经济发展和社会稳定所作的贡献，提出要继续深入开展严打，实现刑事立案下降13%的目标。

24日 下午，区委书记、区人大主任谭应华，区委常委、区委办主任陈德俊到石碁镇低涌村特困户翟金财、长坦村陈妹仔家中进行慰问。

25日 上午，区委书记、区人大主任谭应华到区消防大队、广州市港华煤气公司和番禺客运站检查工作。区领导陈永球、戴永昌参加了检查。

△ 下午，区召开欢迎2007年冬季退伍军人回乡暨慰问立功退伍军人大会。区委副书记严宗活在会上讲话，区领导简锡波、龚红，市退伍办和区各有关部门负责人及全体2007年冬季退伍军人参加会议。

△ 区领导骆蔚峰、楼旭逵率区商贸代表团到马来西亚、澳大利亚进行商贸考察活动。区商贸代表团参观考察了MGPA公司参与投资开发的马来西亚Pavilion商贸区、Putrajaya行政中心、悉尼市Darling商贸区、奥运村、Penrith商贸区等多个大型项目。

28日 番禺疗养院陈氏健康中心正式落成启用。广州市荣誉市民陈瑞球伉俪，第十届全国政协常委陈永棋，全国人大代表简福饴伉俪，港区全国人大代表薛凤旋伉俪，全国政协委员梁国贞等知名人士，区领导谭应华、骆蔚峰、徐金海、莫灿章等出席了庆典活动。区委书记、区人大主任谭应华和疗养院领导向陈瑞球赠送了纪念品。区长骆蔚峰代表区委、区政府致词。陈氏健康中心首期投入1600多万元，其中，陈瑞球先生及其家族成员捐资400多万元。

29日 凌晨，番禺海关缉私分局根据情报，在南沙某水域查获利用高速快艇走私澳洲龙虾、鲍鱼等海产品案件，案值约人民币80万元。

△ 区召开2007年度就业工作目标责任制考评暨劳动保障工作总结会议。区领导骆蔚峰、严宗活、楼旭逵、戴永昌，市、区劳动和社会保障局领导等出席会议。

△ 下午，区委办公室召开工作总结会议，开展“继续解放思想，坚持改革开放，争当实践科学发展观的排头兵”学习讨论活动。区委书记、区人大主任谭应华在会上充分肯定了区委办公室去年的工作，强调要进一步解放思想，提高“三服务”工作水平，推动机关各项工作再上新台阶。区委常委、区委办主任陈德俊出席会议。

△ 下午，区委书记、区人大主任谭应华，区委副书记严宗活与市总工会副主席钟诚等一行到区总工会调研。区人大副主任、区总工会主席邱学新作工作汇报。

31日 上午，区委、区政府在南村镇召开全区农村工作会议。区委书记、区人大主任谭应华，区委副书记、区长骆蔚峰分别在会上讲话。市委农村办、市农业局有关领导，区领导徐金海、严宗活、莫灿章、刘苑珊、李鹏程、彭群、陈德俊、简锡波、蒋君武等出席会议。

2月

1日 上午，区委常委、区委办主任陈德俊

到化龙镇塘头村贫困户家中慰问，送去慰问金和慰问品。

△ 上午，区残联召开2007年度工作总结大会，区领导严宗活、简锡波、龚红，区政府办、区残联理事长和各镇街分管残联工作的有关领导等共70多人参加会议，广州市残联有关领导应邀出席会议。

△ 区十五届人大常委会召开第十二次会议。区委书记、区人大主任谭应华，区人大副主任欧康寿、陈容康、杨瑞泉、古瑞芬、邱学新、万志成，区人大常委会组成人员等出席了会议。区委常委、副区长楼旭逵，区法院院长莫家齐、区检察院有关负责人等列席了会议。会议表决通过了区2008年度预算草案主要内容初步审查的决议；听取并审查了《番禺区2008年度预算草案》的报告，并同意依法提交第十五届人大第四次会议审议；对有关人事任免进行表决。

△ 接上级命令，区委常委、区武装部部长蒋君武率800名预备役民兵赴广州火车站执勤。蒋君武要求全体执勤人员坚决服从命令，遵守纪律，既要维护好乘客进入火车站的秩序，更要保护好乘客的生命安全。

△ 副区长戴友华在区市政园林管理局负责人的陪同下，到区环卫处慰问环卫工人，与环卫工人代表座谈。

2日 上午，《生命礼赞》摄影作品义卖展在大雄画廊举行，区领导万志成、张力仁、冼桂华等参加了开幕式。此次义卖展共展出何穗鸿摄影作品60多幅，筹得善款5万元。

△ 下午，区委召开十一届三十四次常委（扩大）会议，部署抗灾救灾和外来民工留在番禺过年的活动安排等工作。区委书记、区人大主任谭应华，区委副书记、区长骆蔚峰，区政协主席徐金海等出席会议。

△ 下午，区直属机关干部职工抗灾救灾捐款仪式在区行政大楼主楼大堂举行。区委书记、区人大主任谭应华在捐款仪式上讲话。骆蔚峰、徐金海、严宗活等区领导和区直属机关干部、职工参加了捐款仪式。本次活动共筹得善款10万多元。

△ 下午，裕丰钢铁有限公司向灾区人民捐赠价值40多万元的文华羽绒服一批。区政协副主席、区委统战部部长郑葆红，区工商联、区民政局领导和裕丰钢铁有限公司代表在区社会捐助接收工作站参加了捐赠仪式。

△ 晚，2008区迎春晚会在区会议中心大会堂举行。谭应华、骆蔚峰、严宗活等区领导班子成员，区法院院长、区检察院检察长、区纪委副书记、各镇街领导和群众共1000多人观看晚会。

3日 上午，省文化厅副厅长杜佐祥、市文化局副局长张润华一行到番禺视察，对番禺春节期间外来务工人员文化娱乐服务工作给予肯定。

△ 下午，区委书记、区人大主任谭应华先后到榄核镇、大岗镇的农村学校调研，强调各级各部门要以创建省教育强区的力度来抓农村教育，促进区教育事业均衡发展。区委常委、副区长楼旭逵，区委常委、区委办主任陈德俊，区人大副主任万志成，副区长张力仁等参加调研。

△ 下午，区委副书记严宗活到市桥街了解劝留外来工的有关情况，要求有关单位安排好留守外来工的生活，让他们在本地过好春节。

4日 上午，区委中心组召开专题学习会，开展“继续解放思想，坚持改革开放，争当实践科学发展观的排头兵”学习讨论活动。区委书记、区人大主任谭应华主持学习会并讲话。他强调，番禺作为改革开放的先行地区，必须继续解放思想，认真总结经验和教训，联系实际创造性地开展工作。区领导骆蔚峰、徐金海、严宗活等出席了专题学习会。

△ 上午，副区长张力仁率区“三创”协调办检查组，到市桥街检查节前环境卫生。

△ 下午，区领导谭应华、陈德俊、戴永昌视察沙湾镇文化建设工作，强调要进一步加快沙湾文化建设工程进度，加强对传统文化的保护，挖掘沙湾历史街区的文化内涵。

△ 下午，区召开2008年统一战线迎春座谈会。区委书记、区人大主任谭应华在会上讲话。区领导严宗活、陈德俊等，区各民主党派、工商联、民族团结进步协会、基督教市桥堂、无党派知识分子联谊会负责人参加了座谈会。

5日 上午，省委宣传部副部长、省文明办主任顾作义率省新闻出版局、省出版集团、市委宣传部等领导一行，在区委常委、区委宣传部部长李鹏程的陪同下，到立白集团番禺生产基地慰问留守在这里过春节的近500名外来务工人员，并送上一批新书。

△ 上午，区委副书记、区长骆蔚峰，区委常委、区委政法委书记简锡波参加石楼镇外来务工人员迎春团拜活动，并与300多名外来务工人员共庆新春。

△ 中午，区委书记、区人大主任谭应华，区委常委、区委办主任陈德俊参加石碁镇旧水坑村迎春午宴，与2000多名留在番禺过年的外来务工人员一起迎新春。

△ 区领导谭应华、骆蔚峰、徐金海、严宗活、楼旭逵、陈德俊、陈永球、欧康寿、黎伟棠、戴友华、黄建强等一行，到市桥繁华路华润万家商场、沙湾东区市场和番禺迎春花市视察，了解节日市场供应和花市情况。

6日 区委、区政府在区会议中心举行2008年新春座谈会。区领导谭应华、骆蔚峰、徐金海、严宗活等，区法院院长、检察院检察长及纪委副书记，区有关部门领导，离退休原区（市、县）领导班子成员等参加了座谈会。区委副书记、区长骆蔚峰主持座谈会。区委书记、区人大主任谭应华在会上讲话。

△ 区政协主席与各民主党派、工商联、人民团体及无党派人士举行双向联系座谈会。区政协主席徐金海在会上讲话。区政协领导莫灿章、黄建强、郑葆红、林惠兰、冼桂华、周志，区人大副主任、农工党番禺区委主委万志成，副区长、民盟番禺区委主委张力仁，各民主党派、工商联、人民团体负责人及无党派人士参加了座谈会。

7日 上午，区领导谭应华、陈德俊、简锡波等一行，到石碁文化广场参加由外来工文艺骨干担纲演出的联欢会，向外来务工人员致以新春问候。

△ 南村镇举行飘色巡游活动暨“广东省民间文化艺术之乡”揭牌仪式。在仪式上，省文协主席罗雪光宣读了省文联《关于授予南村镇“广东省民间文化艺术之乡”的决定》，并现场举行揭牌仪式。国家、省、市文联、文协的领导，以及区领导李鹏程、蒋君武、万志成等出席了仪式。

9日 南村镇政府与广东电视台新闻中心《今日关注》节目组联合举办大型文艺晚会。区人大副主任杨瑞泉、副区长龚红和区有关部门领导以及2000多名外来务工人员一起观看了晚会。

△ 沙湾水道饮用水源保护区界碑完成建造和安装，并通过验收投入使用。区环保局按照有关规定和要求，于去年底开始在水源保护区区界安装75条界碑，明确标定水源保护区范围。

10日 区委副书记严宗活到中国历史文化

名村——石楼镇大岭村调研文物保护和修缮工作的开展情况。

△ 番禺珠江钢管有限公司对中亚管线用X70钢级直径1067×15.9毫米直缝埋弧焊管进行了试制。经中石油西安管材研究所检测检验，各项理化性能指标均满足中亚管线技术条件要求，焊接一次合格率100%，产品合格率100%，一次性全面通过了中石油中亚管线项目部专家组的评定。这是目前国内唯一一家直缝焊管通过评定的企业。

13日 上午，区委书记、区人大主任谭应华，副区长戴永昌一行，到石楼镇慰问外来务工党员，并到莲花山渔港考察。谭应华要求，争取在亚运会开幕之前，将莲花山渔港经济区建设起来，向世界展示番禺渔村的新形象。

△ 上午，区长骆蔚峰，区委常委、区公安分局局长陈永球等，先后到区政府审批服务中心、区城市管理区长专线、市桥街综合执法中队和区公安分局110指挥中心视察，并亲自接听城市管理区长专线，为群众解难答疑。

△ 区委政法委开展“继续解放思想，坚持改革开放，争当实践科学发展观的排头兵”学习讨论活动。区委常委、区委政法委书记简锡波在会上作了讲话。

15日 副市长陈明德在市台办主任周才玉及区有关部门领导的陪同下，到区台资企业保福体育用品研发公司、鼎晖食品公司调研。

△ 区武装部在省军区召开的抗灾救灾表彰大会上受到表彰。据统计，1月31日至2月5日的6天时间里，番禺600名民兵先后出动近4000人次在广州火车站、琶洲会展中心疏散、安抚旅客10万多人次，直接帮助旅客达300人。

18日 区“三创”协调办召开创卫迎检工作会议。区委常委、区委宣传部部长李鹏程，副区长张力仁等出席会议并分别在会上讲话。各专业组组长单位、各街的创卫负责人参加了会议。

△ 晚，区厂商会在祈福不夜城举行2008年新春团拜会。区领导谭应华、严宗活、莫灿章、楼旭逵、刘苑珊、李鹏程、彭群、陈德俊、简锡波、陈永球、蒋君武等与1300多位厂商代表出席了大会。副区长黎伟棠在会上致辞。大会还表彰了区首届十大杰出工程师、“番禺工业十年成就”摄影大赛获奖者。

20日 上午，副区长黎伟棠到石碁镇、桥南街开展产业转型和提高土地利用情况的调研活动。

△ 下午，副区长戴永昌与区有关职能部门、各镇街负责人在番禺分会场收看收听省政府、市政府召开的农业抗灾减灾和春耕生产工作电视电话会议，随后召开会议，部署灾后复产和春耕生产工作。戴永昌提出，各镇街、各部门要把救灾复产作为当前首要任务来抓，切实加强领导，迅速掀起农业救灾复产热潮。

21日 番禺华南摩托企业集团有限公司通过省质监局组织的专家评审，成为区首个获国家最高等级AAAA级“标准化良好行为”称号的企业。

△ 晚，东涌镇举行鱼窝头体育文化广场落成启用文艺晚会。区领导严宗活、陈容康、林广明等出席晚会并为该广场启用亮灯。

22日 上午，区召开信访工作会议。区领导严宗活、陈德俊、简锡波、邱学新、戴永昌、林惠兰等参加了会议。区委常委、区委政法委书记简锡波在会上讲话。

△ 2008年沙湾镇慰问福涌革命老区大会在该镇大会堂举行。区政协党组副书记莫灿章在会上讲话。沙湾镇委、镇政府向

福涌村赠送慰问金96800元，区民政局赠送慰问金10000元。区政协副主席冼桂华、区有关部门领导，福涌村两委干部、全体党员、村民代表及退伍、现役军人家属等500多人参加了大会。

△ 东环街举行首批1084名“农转居”人员领取基本养老金仪式。区委常委、区委组织部部长刘苑珊出席仪式，并与东环街负责人一起向居民代表和各村党支部书记派发了养老金存折。

△ 仲元中学举行2007学年度第二学期开学典礼暨张德荣奖学金颁奖典礼。广州市荣誉市民张德荣爵士，区领导万志成、冼桂华等出席了颁奖典礼。

△ 下午，市委副书记、市长张广宁，市委常委、常务副市长苏泽群率市有关部门负责人，在区领导谭应华、骆蔚峰、李鹏程、陈德俊、张力仁的陪同下，到市桥水果批发市场视察创卫工作。张广宁充分肯定番禺创卫工作取得的成绩，要求进一步加大工作力度，认真做好创卫迎检工作，为广州市创卫做出贡献。

△ 下午，区召开“三创”联席会议。会议由副区长张力仁主持。区委书记、区人大主任谭应华强调，各单位、各镇街要全力以赴，夺取创卫的最后胜利。区委副书记、区长骆蔚峰在会上讲话。区领导严宗活、李鹏程、陈德俊、简锡波、戴永昌、戴友华及各部门、镇街负责人参加了会议。

△ 晚，区工商联在长隆酒店举行2008年春茗晚宴。市政协副主席、市工商联会长苏志刚，区领导骆蔚峰、严宗活、莫灿章、楼旭逵、刘苑珊、陈德俊、简锡波、蒋君武等和300多位工商联执委、基层商会正副会长出席了晚宴。区长骆蔚峰等区领导为先进基层商会和优秀个人颁奖。区委副书记严宗活在晚宴上讲话。

23日 区青年企业家协会举行2008新春茶话会。区委副书记严宗活在茶话会上讲话。团区委有关领导和70多名青企协的会员出席了茶话会。

2月22日，区工商联在长隆酒店举行2008年春茗晚宴。

24日 广东省民间艺术家协会2008年年会在南村镇召开。会上，省民间艺术家协会主席罗学光宣读了《关于授予南村镇员岗村为广东省飘色艺术传承基地的决定》，省文联党组成员、专职副主席张小军向南村镇员岗村授予牌匾。

25~27日 25日上午，区政协十二届三次会议在区会议中心召开。市政协主席朱振中、副主席苏志刚、秘书长张灼民到会祝贺。区委书记、区人大主任谭应华，区委副书记、区长骆蔚峰，区政协主席徐金海，区委副书记严宗活等出席了会议。会议听取和审议了区政协十二届三次会议提案审查情况的报告，通过了区政协十二届三次会议决议，同意区政协主席徐金海代表常务委员会所作的工作报告和副主席冼桂华所作的提案工作情况报告，听取并赞同区长骆蔚峰所作的政府工作报告。

△ 沙湾镇被广州市命名为“新农村建设科技示范镇”，并被推荐评选首批“国家新农村建设科技示范镇”。同时，获广东省“农村基层信息化建设示范”称号。

26日 副市长陈国率市双拥工作检查组到

番禺检查双拥工作。检查组听取了番禺区、沙湾镇、番禺边防支队等单位的汇报，并到沙湾镇残疾军人家中了解优抚政策落实情况。区领导骆蔚峰、严宗活、简锡波、蒋君武、龚红、戴永昌等陪同检查。

△ 晚，番禺海外联谊会在番禺宾馆举行2008年新春联欢晚会。市委常委、市委统战部部长、广州海外联谊会会长孔少琼，谭应华、骆蔚峰、徐金海、严宗活等区领导以及400多位番禺海内外乡亲和各界朋友出席晚会。

26~28日 26日下午，区第十五届人民代表大会第四次会议在区会议中心开幕。开幕大会由区委书记、区人大主任谭应华主持，区长骆蔚峰作《政府工作报告》。市人大副主任陈国安，全国人大代表、市政协副主席苏志刚到会祝贺。会议于28日下午闭幕。会议补选黄巨流为区十五届人大常委会委员；大会以无记名投票的方式表决通过了区十五届人大四次会议关于政府工作报告的决议、区2007年国民经济和社会发展计划执行情况与2008年计划的决议、区2007年预算执行情况和2008年预算的决议、区人大工作报告的决议、区法院和区检察院工作报告的决议；审议通过了区人民代表大会议事规则（修改草案）。区委书记、区人大主任谭应华在闭幕式上讲话。

27日 联系沙头街工作的区领导陈德俊、蒋君武、古瑞芬等到沙头街基层督导创卫工作，提出指导意见。

△ 下午，国家爱卫办4个专家组分赴番禺进行创卫实地考核验收。区长骆蔚峰，副区长戴友华、张力仁等陪同。

△ 下午，区委书记、区人大主任谭应华，副区长戴永昌等一行到石楼镇海鸥岛视察农、渔业受损害情况，鼓励受灾的农户和养殖户尽快恢复生产。

29日 上午，区召开政法工作暨维稳综治总结大会。区委书记、区人大主任谭应华在会上讲话。市委政法委副秘书长杨明德，区领导骆蔚峰、徐金海、严宗活、莫灿章等参加了会议。区综治委成员单位在会上递交了维稳及综治目标管理责任书。

3月

2日 2月28日至3月2日，澳门国际珠宝钟表展在澳门威尼斯人酒店展览中心举行，副区长黎伟棠率区政府和企业代表团参加了开幕典礼及剪彩仪式。28日下午，由区政府主办，区外经局、区贸促会等单位承办的“钻汇采购——助力拓展中国的国际精品珠宝市场研讨会”在展馆内举行。

3日 下午，区交通局、广州交通集团有限公司联合举行番禺汽车客运站租赁合同续签仪式，广州交通集团有限公司继续经营番禺汽车客运站5年。副区长戴永昌及区有关部门领导出席了签约仪式。

4日 上午，区第十一届纪律检查委员会第三次全体会议在区行政会议中心召开。会上，区委常委、区纪委书记彭群作了题为《以科学发展观统领纪检监察工作全局，扎实有效推进反腐倡廉建设》的工作报告。区委书记、区人大主任谭应华就贯彻中央、省、市纪委全会精神，全面推进番禺反腐倡廉建设提出了要求。

△ 下午，迪拜商品交易中心（DMCC）高层领导一行，在比利时驻华钻石协会主席MickeyWeinstock先生的陪同下，到番禺进行为期2天的珠宝产业发展情况考察。区委书记、区人大主任谭应华，副区长黎伟棠，区有关部门和企业负责人接待了考察团。

△ 下午，区召开2008年宣传思想工作会议。区委常委、区委宣传部部长李鹏程

在会上提出2008年区宣传思想工作的总体要求。各镇街党（工）委副书记、宣传委员，区直各局以上单位、省市直管单位分管宣传思想工作的领导等参加了会议。

△ 下午，区召开严控和查处违法建设动员大会。市国土资源和房屋管理局纪委书记韩小平出席了会议。区委副书记、区长骆蔚峰，副区长戴友华分别在会上讲话，各镇街主要领导向骆蔚峰递交了严控和查处违法用地、违法建设责任书。会上下发了《番禺区严控和查处违法建设实施方案》。

△ 晚，区文艺界新春联欢晚会在祈福酒店举行。陈中秋、刘长安等省市文化部门领导，严宗活、刘苑珊、李鹏程、彭群、陈德俊等区领导，郭兰英、刘诗昆、陈永锵、陈少芳、罗家宝、黄少梅、李池湘、李存修、曾洪流等艺术名家和区文化工作者、艺术家近500人参加了联欢会。

5日 上午，区在星海公园东门广场举行“迎亚运、全民学英语”活动启动仪式。区委常委、区委宣传部部长李鹏程在启动仪式上讲话。区人大副主任邱学新向区迎亚运学英语志愿者服务队赠送了《亚运英语100句》等书籍，副区长龚红向志愿者服务队授旗。区有关职能部门和镇街领导，公安民警、青少年学生和青年志愿者代表共600多人参加了启动仪式。

△ 上午，区钻汇中心与迪拜商品交易中心（DMCC）签署双方合作备忘录。副区长黎伟棠、DMCC高层访问团出席了签约仪式。

△ 区各界妇女纪念“三八”国际劳动妇女节98周年暨命名大会在会议中心举行。会上，百万妇女学英语活动正式启动，副区长龚红向妇女代表赠送了英语书。区委副书记严宗活宣读了《关于命名2006~2007年度番禺区妇女工作先进集体和先进个人的决定》。区委书记、区人大主任谭应华在会上讲话。广州市妇联主席李建兰，区领导骆蔚峰、徐金海等出席了会议。

△ 区知识产权局被评为“2007年度广州市知识产权工作先进单位”。

△ 下午，区召开组织人事工作会议。区委书记、区人大主任谭应华在会上强调，区组织人事工作要继续解放思想，扎实做好各项工作。区委常委、区委组织部部长刘苑珊，副区长龚红出席了会议。

△ 下午，区解放思想学习讨论活动领导小组办公室召开会议，要求各镇街、各战线迅速开展解放思想研讨座谈会，提出破解科学发展难题的意见和设想，为区委形成争当实践科学发展观排头兵提供决策参考。区委常委、区委宣传部部长、区学习讨论活动领导小组办公室主任李鹏程在会上讲话。

△ 下午，区创建国家卫生城市指挥部办公室联合有关职能部门和街道在市桥新广场举办“让市民共享创卫成果”咨询活动。副区长张力仁参加了咨询活动。

6日 上午，区召开2008年卫生工作会议。会议总结了去年全区卫生工作，确定了今年卫生工作的重点，要求紧紧围绕创建“卫生强区”的目标，着力解决“病有所医”的问题。区领导李鹏程、万志成、张力仁、冼桂华以及市卫生局巡视员吴其中参加了会议。

△ 奥地利著名的医疗机构——奥美德集团（VAMED HEALTHCARE）大中华区总裁薛菲·杨率集团总经理等一行到番禺，考察奥美德（广州）专科医院在番禺设立的可行性。区委副书记、区长骆蔚峰和区有关部门负责人接待了考察团。

△ 区炎黄文化研究会在宝墨园举行春茗。市炎黄文化研究会领导，区领导谭应华、莫灿章、严宗活、李鹏程、彭群等以

及区炎黄文化研究会成员参加了春茗。区委副书记严宗活、省炎黄文化研究会执行主席戴治国分别在活动上讲话。

△ 下午，石碁镇召开“思想大解放”讨论座谈会。区领导谭应华、李鹏程、陈德俊参加了座谈会。

△ 区质监局在全省质监工作会议上被评为“广东省质监工作先进单位”。

7日 上午，国家体育总局竞技体育司副司长郭建军在省、市体育局领导和副区长张力仁、区体育局领导陪同下，到区业余体校视察。

△ 上午，区公安分局在沙湾教考场召开争创全国优秀公安局暨春运表彰工作会议。区委常委、区公安分局局长陈永球对区争创全国优秀公安局进行了思想动员和部署。

△ 区委副书记、区长骆蔚峰率区有关职能部门到东涌镇就该镇经济发展过程中所遇到的困难进行调研，强调各职能部门要通力合作，切实解决好问题。

3月7日，骆蔚峰区长率有关职能部门到东涌镇开展经济发展情况调研。

△ 区召开统战工作会议，总结2007年统战工作，部署2008年工作任务。区领导严宗活、张力仁、黄建强、郑葆红等出席会议。

△ 区政协党组中心组举行思想大解放专题学习讨论活动。区政协主席徐金海在发言中强调，要以解放思想促进区政协各项工作创新。

8日 上午，区人大副主任、农工党番禺区委会主委万志成率区民主党派医疗专家到石碁镇傍西村傍西公园举行义诊咨询活动。

△ 上午，副区长张力仁到区乒乓球协会视察。张力仁鼓励乒协等体育社团和区体育工作者开展有益于市民身心健康的各项活动。

△ 沙湾盆景协会成立暨花卉、兰花、盆景协会春茗在沙湾镇政府举行。副区长戴永昌、区有关部门领导等参加了活动。

9日 区贸促会负责人在北京与国际彩色宝石协会副会长 Prida Tiasuwan 签署“2009第13届国际彩色宝石协会（番禺）年会”合作协议。中国珠宝玉石首饰管理中心副主任孙凤民、国际珠宝石质量监督检验中心主任柯捷、比利时驻华钻石委员会主席温米琦及番禺珠宝产业发展中心等有关单位负责人出席签约仪式。

10日 下午，区委、区政府在香港举行新春团拜活动。新春联谊会由区委副书记、区长骆蔚峰主持。区委书记、区人大主任谭应华在致辞中介绍了番禺去年的经济社会发展情况。全国政协委员、香港立法会委员霍震霆在会上致辞。区领导徐金海、严宗活、莫灿章等及旅外乡亲、各界友人参加了联谊活动。

11日 上午，区委副书记、区长骆蔚峰，区委常委、政法委书记简锡波到石楼镇参加外来务工人员迎春团拜活动。

△ 上午，区召开2008年武装工作会议。区委书记、区人大主任、区武装部党委第一书记谭应华在会上讲话。广州警备区副司令员陈晓虹大校，区领导骆蔚峰、蒋君武，区武委会全体成员，各镇街党（工）委书记、分管领导等参加了会议。

△ 上午，区召开宣传线解放思想讨论

座谈会。区委常委、区委宣传部部长、全区解放思想学习讨论活动办公室主任李鹏程要求宣传线认真梳理问题，加强调查研究，解决实际问题。副区长张力仁和区有关部门领导参加了座谈。

△　上午，市桥街召开解放思想、破解发展难题研讨会。区委副书记严宗活在会上讲话。区领导骆蔚峰、戴永昌、张力仁，区有关部门领导，市桥街机关、社区（村）有关人员参加会议。

△　下午，区领导谭应华、楼旭逵、陈德俊、黎伟棠等一行，到榄核镇开展经济社会发展情况调研活动，提出榄核镇经济社会发展目标。

△　下午，农工党番禺区委会召开2008年工作会议。区人大副主任、农工党番禺区委会主委万志成总结了2007年工作，提出了2008年工作基本思路，并作了有关解放思想的专题发言。市政协副主席、农工党广州市委会主委林生珠，区委副书记严宗活，区政协副主席、区委统战部部长郑葆红等出席会议。

△　南村中学、中心小学、南村小学武术联队在香港举行的第六届“迎奥运杯”国际武术赛征战比赛中获金牌14枚，银牌7枚，铜牌12枚，推广武术贡献奖1个，集体套路优秀奖1个，集体拳术第3名。9岁运动员郭璐欣荣获个人套路全能亚军，邬湛华老师撰写的武术论文荣获国际武术论文一等奖。

△　由韩国文化观光部文化产业振兴团事务官卞相捧、韩国游戏产业振兴院产业文化本部部长徐太健等组成的韩国动漫游戏产业考察团，到番禺考察动漫业。11日晚，区政府设宴欢迎考察团一行。副区长黎伟棠致欢迎辞，并和韩方代表互赠了纪念品。

12日　上午，区领导谭应华、骆蔚峰、徐金海等，区法院院长、检察院检察长及区行政办公中心干部300多人，到石楼镇海鸥岛义务植树。

△　下午，区委书记、区人大主任谭应华率区有关职能部门负责人到钟村镇雄峰国际商贸城调研。

△　下午，东涌镇召开思想大解放研讨会。区委常委、区委办主任陈德俊在会上讲话。

△　市食品药品监管局局长姚建明等一行到番禺调研。区食品药品监管局领导汇报了开展思想解放活动、推动番禺食品药品监管工作的情况。

13日　上午，区召开镇街主要领导解放思想讨论座谈会。区委书记、区人大主任谭应华，区委副书记、区长骆蔚峰在会上讲话。区领导严宗活、李鹏程、陈德俊和17个镇街主要领导参加了座谈。

△　欧盟“评估玩具供应链安全措施调研项目”代表团，到番禺考察出口玩具企业，认为番禺出口的玩具产品质量完全符合输往国的标准要求。

△　区“三创”协调办召开会议，部署全区“清洁家园宣传执法行动月”活动。区委常委、副区长楼旭逵在会上讲话。

14日　上午，区委、区政府召开安全生产紧急会议。区委书记、区人大主任谭应华强调，各级要增强紧迫感和责任感，以铁的手腕杜绝安全事故发生。区委副书记、区长骆蔚峰在会上传达市有关会议精神，并就加强区安全生产工作进行部署。

△　区公安分局在全省公安机关2007年工作暨“粤安08”工作总结表彰大会上，被评为“全省优秀公安局”和“2006、2007年执法质量考评优秀公安机关”。

△　区首个企业法律援助联络点在广州海鸥卫浴用品股份有限公司挂牌成立，番禺区“法律进企业”实践基地揭牌仪式同

时在该公司进行。区人大副主任邱学新参加了挂牌仪式。

15日 下午，省卫生厅副厅长彭炜到大岗人民医院考察该院新式内镜微创保胆取石技术。

16日 上午，区城镇职工医疗保险实施5周年大型政策咨询活动在大夫山森林公园南门举行。区人大副主任万志成，市、区有关部门领导出席了活动。区城镇职工基本医疗保险于2003年3月正式启动，目前全区共有参保单位12395个，参保人数42.47万人，参保群众对医保服务的满意率达99%。

△ 下午，区档案局在区环保局举行“番禺区家庭档案示范点”授牌仪式。授牌仪式上，区环保局退休干部黎培志接受区档案局领导授予区首个“家庭档案示范点”牌匾。

17日 副区长黎伟棠与区有关部门负责人以及机械行业企业代表到东涌镇万洲村调研数控机床园区项目规划建设情况。

△ 下午，2008年区体育工作会议在区行政会议中心召开。区领导严宗活、万志成、张力仁、冼桂华，市体育局副巡视员吴日秀及区有关部门负责人出席了会议。

17~18日全国农业信息中心主任会议暨新农村信息化样本研讨会在番禺召开。省农业厅副厅长林果先在开幕式上致辞表示，本次会议在番禺召开，展现番禺新农村建设及新农村信息化工作的成绩和经验，是对番禺区信息化工作的肯定。区委常委、副区长楼旭逵出席会议并介绍了区农村信息化建设情况。

18日 上午，区委副书记严宗活、副区长龚红到桥南街和市桥街的部分社区调研。严宗活在调研时指出，要高起点、高规格打造特色品牌社区。到目前为止,番禺社区居委会共86个，其中属街道办事处管辖的51个，占总数的59%。市桥街康裕、康乐、社学、田心、先锋，桥南街福景，东环街富豪，沙湾镇东区，石基镇岐山、金海岸等10个社区被命名为省首批“六好”平安和谐社区。

△ 上午，区畜牧兽医局挂牌成立，区动物防疫监督所、区动物疫病预防控制中心同时成立。省畜牧兽医局、市农业局、市动物防疫监督所有关领导，区人大副主任陈容康、副区长戴永昌及区有关职能部门、各镇街主管农业领导等参加了挂牌仪式。

△ 区委召开中心组学习会，重点围绕“继续解放思想，坚持改革开放，努力争当实践科学发展观的排头兵”这一主题进行学习讨论。会议确定了12个重点调研课题，并作了具体分工和部署。

△ 省农业厅副巡视员潘雪芬、市农业局副局长梁达波率由省、市有关部门领导组成的调研组，到番禺调研设施农业发展情况，对番禺在发展设施农业、实施购机补贴等方面所做的工作给予肯定，并要求继续做好设施农业的推广应用和经验总结工作。

△ 东环街社区服务中心大楼落成启用。区领导谭应华、骆蔚峰、徐金海、严宗活、莫灿章、刘苑珊、李鹏程、彭群、陈德俊、简锡波、陈永球、蒋君武等，各职能部门、各镇街的有关领导出席了大楼启用仪式。

△ 下午，区医学会儿科分会成立仪式在何贤纪念医院举行。省儿科学会副主委庄思齐、市卫生局副局长曾其毅、区卫生局领导等出席了会议。

19日 上午，副市长甘新率市有关部门负责人，在副区长黎伟棠陪同下，分别到番禺珠江钢管有限公司、番禺电缆厂和立白集团等民营企业进行调研。

△ 上午，区公安分局召开集中销毁赌

博游戏机处理大会，现场集中销毁各类赌博电子游戏机700多台。自今年区公安分局在全区范围内开展扫除“黄赌毒”活动专项行动以来，全区共查破“黄赌毒”案件230多起，抓获各类违法犯罪嫌疑人686人，取缔违法经营场所14间、停业整顿7间、限期整改5间，缴获赌博工具一批。

△ 下午，副区长黎伟棠率区有关部门负责人，到新造镇和小谷围街调研食品安全监督监测网络建设试点工作开展情况。

△ 市安全生产和消防工作检查组到番禺检查，了解番禺排查重大安全隐患的情况。区领导陈德俊、戴永昌、戴友华及区有关部门负责人参加了汇报会，并与检查组一起到重大安全隐患点进行检查。

3月19日，市安全生产和消防工作检查组到我区进行安全生产和消防工作检查，了解我区排查重大安全隐患的情况。

△ 区政协召开十二届九次常委会议。区委常委、副区长楼旭逵应邀参加会议。区政协常委先后视察了南村镇坑头村农村信息化、大学城数字电视与数字家庭产学研孵化基地的建设情况。

20日 凌晨，石碁镇新桥螺旋桨铸造厂一台1吨中频炼铜炉发生铜合金液体喷溅，造成两名员工死亡。事故发生后，市安委会、区安委会联合在石碁镇召开事故现场会。市安监局局长梁醒虾，区委副书记、区长骆蔚峰，副区长戴友华等参加了现场会。

△ 上午，区委副书记、区长骆蔚峰，副区长张力仁与区有关部门领导一行，到荣达东怡幼儿学校、仲元实验学校及区疾病预防控制中心，检查学校流感防控工作。

△ 下午，市政府副秘书长陈绍康率市创卫检查督导小组，在区委常委、区委办主任陈德俊，副区长张力仁等的陪同下，到市桥街东城市场督导检查区创卫巩固工作。陈绍康充分肯定了番禺创卫工作所取得的成效。

△ 区青年联合会召开第三届第二次全体委员会，香港著名企业家霍启刚被增选为区青联副主席。会后，区青联举办了“畅想青春共谱和谐”联谊活动。区领导严宗活、刘苑珊、邱学新、龚红、林惠兰等参加了联谊。

△ 中纪委副书记黄树贤一行，在省纪委副书记、监察厅厅长林浩坤的陪同下到番禺调研。黄树贤对市和区的党风廉政建设和反腐败工作给予充分肯定。市委常委、市纪委书记苏志佳，市纪委副书记谢宝怀、张伟成、严翠芳，区领导谭应华、骆蔚峰、彭群、陈德俊等参加了调研。

21日 上午，区召开2008年区普法领导小组全体成员会议。区委副书记、区长骆蔚峰在会上提出，要突出重点，整体推进，确保完成普法和法制宣传教育的各项工作任务。区领导刘苑珊、简锡波、陈永球、邱学新、戴永昌、林惠兰等参加了会议。

△ 下午，区召开污染源普查工作会议，宣布3月21日至4月20日为区全面普查阶段。各镇街污染源普查领导小组负责人、普查办统计技术负责人、基层环保所所长等参加了会议。

△ 晚，区委、区政府在澳门举行新春团拜联谊活动。区领导谭应华、骆蔚峰、徐金海、严宗活、莫灿章等，澳门特别行

政区行政长官何厚铧等旅澳番禺乡亲，澳门各界知名人士出席了联谊活动。

25日 上午，区在石楼镇召开海鸥岛社会主义新农村建设工作会议。区委书记、区人大主任谭应华强调，各相关职能部门要统一思想，形成合力，务必在2010年亚运会开幕之前把海鸥岛打造成休闲旅游观光胜地。区领导骆蔚峰、陈德俊、戴永昌，区有关部门领导和海鸥岛各村干部参加了会议。

△ 下午，区旅游协会2008年年会在丽江明珠酒店召开。区委副书记严宗活、区人大副主任万志成、副区长黎伟棠、区政协副主席黄建强等出席会议。

△ 市政协主席朱振中、副主席苏志刚、秘书长张灼民，在区委书记、区人大主任谭应华，区委副书记严宗活的陪同下，到番禺开展解放思想学习讨论活动。区政协主席徐金海，副主席黄建强、郑葆红、林惠兰、冼桂华及部分政协委员参加了座谈。

26日 上午，区召开村（社区）“两委”换届选举工作阶段性小结会议。区委副书记严宗活，区委常委、区委组织部部长刘苑珊，副区长龚红及各镇街分管领导、组织委员等参加会议。至目前为止，全区有241个村完成了党支部换届选举工作，占98%，另有15个社区党组织完成了换届。

△ 上午，日立电梯（中国）有限公司、番禺电缆厂有限公司在市政府召开的2008年广州市劳动保障工作会议上，被评为市首批劳动关系“全面和谐”的AAA级企业。

△ 广州地区老游击战士联谊会及其番禺分会的抗日老战士，与区有关部门领导到沙湾镇革命老区福涌村慰问烈士家属。

△ 区举行养生保健协会名誉会长顾问年会暨2008健康管理论坛，中国工程院院士钟南山、中国老年保健协会副会长李长明受聘为区养生保健协会高级顾问。区委副书记、区长骆蔚峰，区人大副主任万志成及区有关部门领导出席了活动。

△ 省体育局局长杨迺军率珠三角地区体育工作调研组第四组到番禺调研。调研组一行对番禺竞技体育软硬件设施的投入给予高度评价。

△ 下午，区委书记、区人大主任谭应华，副区长黎伟棠到沙头街、桥南街和石碁镇开展“腾笼换鸟”专题调研。

△ 下午，区举办处级领导干部学习《劳动合同法》培训班。区委常委、区委政法委书记简锡波在培训班上讲话。

26~27日 区外经局、区经贸局等单位联合组织50家番禺企业老板组成的番禺工业产业转移投资项目考察团，到河源市东源县、连平县考察。

27日 上午，区政府在区行政会议中心举行“番禺区农家书屋建设情况”集体采访活动，来自省、市、区10多家媒体的记者参加了采访活动。区财政安排1500万元专项奖金，争取用一年的时间，在全区247个行政村、86个社区建立农家书屋（社区书屋）和绿色网园。

△ 区领导骆蔚峰、彭群、蒋君武、黎伟棠率区经贸考察团，到湖南省衡阳市雁峰区开展经贸合作交流活动。

3月27日，骆蔚峰区长率团赴湖南省衡阳市雁峰区开展经贸合作交流。

△ 由区委组织部组织，区纪委等10个单位联合召开研讨会，研究制定关于开展“建立科学绩效考核评价体系”的专题调研活动计划。区委常委、区委组织部部长刘苑珊，区委常委、区纪委书记彭群和有关单位领导参加了研讨会。

△ 下午，区侨联召开第八届三次全委（扩大）会议。区委常委、区委办主任陈德俊在会上讲话。

28日 市出租屋领导小组工作会议在番禺召开。与会人员先后参观了大岗镇出租屋流动人员管理服务中心、兴泰公司工作站和南村镇坑头村工作站。市委副书记张桂芳对番禺出租屋流动人员管理给予了高度评价。区委书记、区人大主任谭应华，区委常委、区委政法委书记简锡波参加会议并陪同参观。

△ 区召开劳动保障工作会议。市劳动和社会保障局局长崔仁泉，区委常委、副区长楼旭逵，副区长戴永昌出席了会议。会上，各镇街及责任单位领导向楼旭逵递交了2008年度再就业工作目标责任书。

△ 石楼镇安全主任协会揭牌成立，成为广州市第一个镇级安全主任协会。市安监局局长梁醒虾、副区长戴友华等出席了揭牌仪式。

△ 下午，市委组织部副部长李瑾率市巡视督查组一行，到番禺检查解放思想学习讨论活动开展情况。区委副书记严宗活，区委常委、组织部部长刘苑珊向市巡视组汇报了区学习讨论活动第一、二阶段的开展情况。

30日 区委组织部的“丰富党员教育活动载体”项目成为全省固本强基创新成果，受到省委组织部的表彰。

4月

1日 副区长龚红到化龙镇视察珠江场安置区有关建设情况，强调一定要按时按质推进工程，让居民早日搬进新居。

△ 上午，区召开解决经济发展缓慢村问题工作会议。区领导严宗活、戴永昌、戴友华以及区有关部门领导参加了会议。区领导要求各有关单位继续克服困难，加快经济发展缓慢村的发展。

△ 上午，区政府召开整治冒黑烟车辆专项执法行动会议。副区长戴友华以及区有关部门领导参加了会议。会议讨论并通过了《番禺区整治冒黑烟车辆专项执法行动工作方案》。

△ 下午，区委副书记、区长骆蔚峰，区委常委、副区长楼旭逵，副区长戴友华等一行，到大岗镇调研工业发展情况。

2日 上午，副区长戴永昌率区有关部门以及镇街分管农业工作领导组成的调研组，到大岗镇新沙村农业种植基地、东涌镇天益村盛唐水产养殖基地和化龙镇花卉生产基地，开展“加快设施农业建设，推进农业产业化发展”专题调研活动。

△ 下午，区领导骆蔚峰、陈德俊、黎

4月2日，骆蔚峰区长带队到沙湾镇、钟村镇、大石街开展“增强自主创新能力，提高经济发展速度”的主题调研活动。

伟棠到位于沙湾镇、钟村镇和大石街的3家企业，开展“增强自主创新能力，提高经济发展速度”专题调研活动。

△ 下午，中央电视台在省、市流动人员管理办领导的陪同下到番禺采访。中央电视台在6日晚的《新闻联播》中报道了番禺流动人员服务管理的做法和经验。

3日 区委书记、区人大主任谭应华主持召开“腾笼换鸟”工作座谈会，强调要解放思想，出台切实可行的政策措施，加快推进“腾笼换鸟”工作。副区长黎伟棠、区有关部门以及各镇街主要领导参加了座谈会。

△ 德国工商会广州办事处总经理Mr Jens Hildebrandt、德国国际管理与经济学院院长Eric Swehla教授等一行，到番禺职业技术学院参观访问。

7日 祈福英语实验学校、祈福新邨学校、祈福新邨小学3所学校被省教育厅授予“广东省一级学校”称号。

△ 区开展储备粮油春季安全大普查，共普查储粮库点6个，粮仓202座，库存粮食6.2万吨。经普查鉴定，区库存粮食全部达标，“一符四无粮仓”（账实相符，无雀、无鼠、无虫、无霉变）达到100%，“无虫粮”达到100%，仓储卫生清洁水平良好。

△ 市妇联主席李建兰一行，在副区长龚红等陪同下到东涌镇调研，对该镇重视妇女干部的培养工作给予充分肯定。

△ 副区长戴友华率区有关部门负责人到桥南街开展“腾笼换鸟”工作调研活动。

△ 区召开人口和计划生育工作会议。副区长龚红出席会议并讲话。下半年区将启动出生缺陷干预工程试点工作，选定大石街、桥南街、沙湾镇和南村镇为试点单位。

△ 上午，谭应华、骆蔚峰、徐金海、严宗活、莫灿章、楼旭逵等区领导，黄伟宁等老领导，区直局以上单位以及有关镇街领导，原珠江纵队和老游击战士联谊会番禺分会部分老同志一起，到植地庄“抗日战斗烈士纪念碑”和星海公园“番禺人民英雄纪念碑”扫墓。

△ 下午，市整规办、打假办、食安办组织有关职能部门，联合对番禺进行整规、打假和食品安全目标责任工作考核。市考核组对番禺的整规、打假和食品安全目标责任工作给予了高度评价。副区长黎伟棠参加了考核活动。

7~12日 中央电视台新闻节目中心高级摄像师闫之雨率教育部《百所名高职》电视专题片摄制组一行，到番禺职业技术学院进行为期1周的专访拍摄。

8日 上午，国家安监总局副局长王德学在省安监局局长陈建辉、副局长黄晗，市安监局局长梁醒虾等的陪同下，到桥南街草河村视察。王德学对番禺扎实开展村级安全生产工作给予高度评价。区委副书记、区长骆蔚峰，副区长戴友华陪同视察。

4月8日，国家安监总局副局长王德学同志到区桥南街草河村视察安全生产监管工作。

△ 区第十五届人大常委会召开第十四次会议，会议任免了区发展和改革局局长、区经济贸易局局长；审议了区人大常委会

议事规则（修正草案）。

△ 省政府追认番禺职业技术学院黄伟敏同学为“革命烈士”。黄伟敏同学于2007年2月8日在扑救连州市东陂镇江夏村森林大火中英勇献身，年仅21岁。

9日 上午，市发展和改革委员会主任潘建国到番禺调研经济发展情况。区委副书记、区长骆蔚峰介绍了番禺经济的运行情况。区委常委、副区长楼旭逵和区有关部门负责人参加了座谈会。

△ 上午，副区长黎伟棠率区有关部门领导到佛山市南海区调研“腾笼换鸟”工作，重点考察该区在开展旧厂房旧商铺升级改造方面的具体做法和经验。

△ 上午，区公安分局在区报废汽车金属回收公司举行销毁无牌无证摩托车大会。主办单位出动两辆钩机，将2300多辆无证摩托车销毁。

10日 上午，区委书记、区人大主任谭应华，副区长黎伟棠到石楼镇大岭村、南村镇余荫山房调研。谭应华指出，要保护历史文化，挖掘旅游资源。

△ 上午，区召开防范邪教、禁毒、流管工作会议。各镇街和有关单位签订了《北京奥运会期间防控工作责任书》。区委常委、区委政法委书记简锡波，区委常委、区公安分局局长陈永球，区政协副主席林惠兰等参加了会议。

△ 区档案馆以优异成绩通过了国家一级档案馆测评，成功晋升为全国首家市、县级国家一级档案馆。国家档案局副局长李明华，省档案局和市政府的有关领导，区领导骆蔚峰、楼旭逵、龚红等出席了测评活动。

△ 副区长张力仁在番禺职业技术学院现场办公，研究解决在该院门前建设港湾式停车站的困难和问题。

△ 上午，副区长戴永昌到桥南街调研德怡大桥、东二环路建设情况。

11日 上午，区委副书记、区长骆蔚峰，区委常委、区委办主任陈德俊到广州大学城，与广州大学、华南理工大学等就建立行业公共技术创新平台事宜进行座谈。

△ 上午，区“三创”协调办召开专题调研座谈会，就如何建立和完善创卫机制进行专题调研。区委常委、区委宣传部部长李鹏程，副区长张力仁出席会议并讲话。

△ 上午，区召开2008年五类重点产品质量专项整治动员大会。副区长黎伟棠、区有关部门负责人以及各镇街分管经济工作的领导等参加了会议。

△ 区教育系统在市桥中心小学举行以“展缤纷英语课程，迎璀璨羊城亚运”为主题的“迎亚运，全民学英语”活动启动仪式。区人大副主任万志成、区政协副主席冼桂华等参加了启动仪式。

14日 上午，区2008年中青年干部培训班在区委党校开学。区委常委、区委组织部部长刘苑珊出席开学典礼并讲话。

△ 省召开2008年人口与计划生育工作电视电话会议。会上，番禺被授予“广东省2007年度人口与计划生育先进单位”称号。区领导谭应华、严宗活、龚红，区有关部门领导，各镇街党政正职领导以及分管计生工作的领导在番禺分会场收看收听了会议。

15日 区召开2008年度第二季度防范重特大安全事故工作会议。会上，副区长戴友华部署了第二季度的安全生产工作，各镇街及各有关职能部门负责人递交了2008年度安全生产责任书。

△ 下午，区委副书记、区长骆蔚峰率区有关部门负责人到桥南街调研。

△ 下午，省委、市委组织部有关领导组成调研组到番禺，就村（社区）“两委”换届选举工作进行调研。区委常委、区委

组织部部长刘苑珊参加了调研座谈会。调研组对番禺村（社区）“两委”换届选举工作给予了高度评价。

△ 番禺籍举重运动员陈燮霞在安徽合肥市举行的2008年全国女子举重锦标赛暨奥运会选拔赛上，夺得48公斤级挺举第一名、抓举第三名和总成绩冠军。

16日 上午，区委书记、区人大主任谭应华，副区长黎伟棠就优化产业结构和城市建设管理工作，到沙头街进行专题调研。

△ 下午，市长张广宁率市有关部门负责人，在区领导谭应华、骆蔚峰、楼旭逵、戴友华等的陪同下，到广州大学城调研旧村改造工作、数字家庭与数字电视产业发展情况。

△ 下午，市创卫办检查考评组一行，到桥南街检查“清洁家园宣传执法行动月”活动的开展情况。区委常委、区委宣传部部长李鹏程参加了检查。

△ 副区长张力仁率区有关部门领导先后到新造职业技术学校和市桥实验小学，开展“解放思想，破解教育发展难题”专题调研。

17日 区政协主席徐金海，区委常委、副区长楼旭逵，区政协副主席、区委统战部部长郑葆红到位于石碁镇的广州市慧源绿色化工公司、广州星辉电子有限公司进行调研。

18日 广州医药集团有限公司董事长、总经理杨荣明，党委书记林继红一行，在区领导谭应华、骆蔚峰、楼旭逵、陈德俊等陪同下，先后到广州国家生物医药基地番禺园区、莲花山保税加工区港口园区参观考察。

△ 新华社、人民日报、广州日报、广州电视台、番禺日报等中央、省、市、区各级媒体的记者齐聚大岗人民医院，对该院所创新的“新式内镜微创保胆取石手术”进行采访。

19~20日 区委常委、区委组织部部长、区选举办主任刘苑珊，区委常委、区委政法委书记简锡波等先后到洛浦街、新造镇、小谷围街、化龙镇和沙湾镇的部分村检查指导村委会换届选举工作。

20日 上午，广船国际公司在石楼第二项投资项目——广船兴洋船舶配套生产基地西区工程正式奠基。副区长黎伟棠出席了活动并为工程奠基。

21日 台湾省高雄县乡镇市长联谊会参访团一行49人到番禺参观考察。市台办副主任罗文森以及区有关部门领导接待了台湾客人。

22日 省公布2007年度私营企业纳税百强排行榜，番禺节能科技园发展有限公司去年共纳税6585.43万元，位居广东省私营企业纳税100强排行榜第18位。

△ 上午，省双拥工作检查组到番禺进行双拥模范城（区）检查验收。区领导严宗活、简锡波、蒋君武、龚红等参加了检查活动。区委副书记严宗活代表区向省双拥工作检查组汇报了番禺开展创建省双拥模范城（区）工作情况。省双拥工作检查组副组长、省双拥办专职副主任陈瑞峰高度评价了4年来番禺双拥工作所取得的成绩，认为番禺双拥工作走在全市前列。

4月22日，省双拥工作检查组到我区进行创建省双拥模范城（区）工作检查验收。

△　番禺荣获由公安部、安全生产管理监督总局、发展改革委员会、建设部、农业部等6部委联合授予的“平安畅通县区”称号。

△　上午，香港中小型企业商会会长吴宏斌、副会长巢国荣、吴家荣一行到访区委统战部。区政协副主席、区委统战部部长郑葆红接待了访问团。

23日　上午，市迎检二组、海珠区创卫检查小组一行到番禺进行创卫巩固阶段考评。区委常委、区委宣传部部长李鹏程，副区长张力仁参加了检查活动。

△　下午，区化工行业安全生产协会揭牌成立。副区长戴友华以及区有关部门负责人参加了揭牌仪式。

△　下午，区科学技术协会在区行政会议中心召开科普暨全民科学素质领导小组工作会议。区委副书记严宗活出席会议并讲话。

△　下午，区召开“增强企业自主创新能力”专题座谈会，区委常委、区委办主任陈德俊主持了座谈会。区有关部门和企业负责人参加了会议。

24日　市委常委、市委宣传部部长王晓玲到番禺调研。王晓玲一行考察了大学城数字家庭孵化基地，并召开了市提升城市文化软实力调研座谈会。区委副书记、区长骆蔚峰，区委常委、副区长楼旭逵，区委常委、区委宣传部部长李鹏程等陪同调研，并在数字家庭孵化基地举行了AVS高清电视实验频道开播仪式。

△　上午，省召开安全生产百日督查专项行动暨防范重特大安全事故电视电话会议。副区长戴友华及区有关部门、企业负责人在番禺分会场收看和收听了会议。

△　下午，区政府召开行政效能工作会议，区委副书记、区长骆蔚峰在会上强调，全区各级政府机关要全面铺开和加强效能建设活动。区委常委、区纪委书记彭群，副区长戴永昌、戴友华，区有关部门以及各镇街主要领导，国有企业负责人，区特邀监察员参加了会议。

25日　上午，区普法办等单位联合举行区中小学法制教育经验交流会暨法制副校长培训班。区委常委、区委政法委书记简锡波出席会议并讲话。

△　副区长戴永昌率区农业线有关部门领导组成的调研组，到珠海开展解放思想研讨活动。

26日　区厂商会荣获“2007年度广东省先进地方雇主组织”称号。

27日　在北京举行的2008品牌中国（旅游）高峰论坛上，番禺荣获“2008中国最佳旅游品牌目的地”称号，番禺宝墨园荣获“2008中国最佳旅游品牌景区”称号。

28日　区直属机关妇工委在区委党校举办“魅力女性形象塑造”专题讲座。区领导刘苑珊、郑葆红，区直属机关妇工委所属各单位的女干部听取了讲座。

29日　上午，区在行政会议中心召开按比例安排残疾人就业工作会议。区领导严宗活、简锡波、万志成、龚红、冼桂华等，区有关部门负责人，各镇街分管残联工作的领导以及受表彰企业代表等100多人参加会议。

△　新中联合贸易协会会长Stuart Ferguson先生、香港新西兰总商会会长David Whitwam先生率新西兰经贸考察团一行，到番禺进行商务考察活动。区有关部门举办了番禺投资环境介绍会。

△　区举办突发事件新闻应对与媒体关系管理专题讲座，邀请清华大学新闻与传媒学院教授董关鹏主讲。区委常委、区委宣传部部长李鹏程主持了讲座。全区副处级以上领导干部，各镇街以及区直局以上单位新闻发言人和区直机关副科级以上干

部听取了讲座。

△ 区举行纪念“五一口号”发布60周年座谈会。区委副书记严宗活出席会议并讲话。区领导万志成、张力仁、黄建强、郑葆红、冼挂华、周志，区各民主党派负责人、无党派人士代表共70多人出席了座谈会。

△ 下午，区人大常委会召开各代表小组及镇街人大工作座谈会。会议通报了区人大常委会2008年度工作要点及2008年度代表工作安排意见，并就如何进一步开展代表工作进行了讨论。

30日 上午，区召开企业事业单位内部治安保卫工作会议。区委常委、区公安分局局长陈永球及206家列管治安保卫重点单位的有关负责人参加了会议。

△ 区政府召开大力推动农村信息化建设新闻发布会。副区长戴永昌介绍了番禺农村信息化建设取得的成绩，并回答了记者的提问。番禺农村信息化建设受到各级媒体记者的关注和好评。

5月

4日 由团区委主办的“解放思想 激扬青春”——番禺区共青团纪念“五四”运动89周年暨改革开放30周年大会在区会议中心召开。会上，番禺共青团网站开通仪式暨“改革开放30年番禺青年工作十大最具影响力事件”揭晓。区领导谭应华、骆蔚峰、严宗活、莫灿章等以及团市委副书记折志凌出席了会议。

5日 下午，区召开第八次“卫片”土地执法检查工作会议。区委书记、区人大主任谭应华，区委副书记、区长骆蔚峰出席会议并在会上讲话。区领导彭群、戴友华等参加了会议。会上，各镇街签订《番禺区第八次卫片土地执法检查责任书》。

6日 下午，区领导骆蔚峰、黎伟棠率区有关职能部门负责人到新造镇和小谷围街，对两个镇街的食品安全监督监测网络建设试点工作进行调研。

7日 上午，市经贸委主任赵小穗到番禺企业进行专题调研。区领导骆蔚峰、黎伟棠以及区有关部门领导参加了调研。

△ 区政协主席会议与党派团体就完善地铁站点周边配套设施进行联合调研视察。区政协领导徐金海、莫灿章、黄建强、林惠兰、冼桂华、周志参加调研，副区长戴友华及区有关部门负责人应邀参加调研活动。

△ 上午，区基层评议机关活动领导小组办公室在区会议中心举行“解放思想争当排头兵”专题辅导报告会。区领导严宗活、楼旭逵、刘苑珊、陈德俊等，区直机关单位以及省、市直管单位副处级以上领导干部，部分党员干部，各镇街解放思想学习讨论活动领导小组成员参加了报告会。

8日 区召开妇女儿童工作会议。会上，副区长、区妇儿工委主任龚红传达了省、市妇女儿童工作会议精神，并就做好区2007年度妇女儿童规划监测评估工作提出了意见。

△ 23时，大石人民医院一死亡患儿，经广东省疾病预防控制中心确诊为肠道病毒EV71感染的手足口病例。这是广州首例死亡的手足口病例。

9日 上午，区召开科技工作会议。区领导谭应华、骆蔚峰分别在会上讲话。市科技局副局长马曙、市知识产权保护局副局长邓佑满，区领导谭应华、骆蔚峰、徐金海等出席会议并为获得省、市科学技术奖的企业颁奖。

△ 上午，副市长陈明德在区长骆蔚峰的陪同下到大岗镇新联工业集聚区调研。

陈明德等对新联工业集聚区选址的科学性给予了充分肯定，并对工业区的规划、土地调整、居民搬迁提出指导意见。

△ 下午，市创建国家森林城市的考评专家组一行在副市长陈国、副区长戴永昌等陪同下，先后到大夫山森林公园、国际花园金奖社区——星河湾和香江野生动物世界进行考察。

△ 区组团赴港参加香港番禺工商联谊会创会26周年会庆暨会员联欢敬老大会。区领导谭应华、骆蔚峰、徐金海、严宗活、莫灿章等，区领导班子其他成员以及区有关部门领导参加了庆典活动。

5月9日，区组团赴港参加香港番禺工商联谊会创会26周年会庆暨会员联欢敬老大会。

△ 下午，市第二届优秀中国特色社会主义事业建设者暨民营企业抗灾救灾先进个人表彰大会在广州市委礼堂召开。番禺珠江钢管有限公司董事长陈昌等7名民营企业家被评为"广州市第二届优秀中国特色社会主义事业建设者"，广州市裕丰企业集团有限公司董事长林广明等4位民营企业家被评为"广州市民营企业抗灾救灾先进个人"。

△ 下午，区环保局在区机动车排污监察大队举行"巾帼文明岗"座谈会暨揭牌仪式。区机动车排污监察大队检审科在中华全国妇女联合会、第29届奥运会组委会组织的"迎奥运百城千岗"评比活动中，被授予"巾帼文明岗"称号。

10日 广州新一代渔业有限公司、广州市番禺区洋毅畜牧有限公司被列为"全国水产品养殖标准化示范区、家禽养殖标准化示范区"，项目计划于2010年底完成示范任务。至此，番禺已有3家农业企业被列为全国农业标准化示范区。

△ 区出生缺陷干预工程启动仪式暨大型宣传服务系列活动在区会议中心举行。大石街、桥南街、南村镇、沙湾镇作为首批试点单位。国家人口计生委科技司副司长王巧梅，省、市人口计生部门领导，区领导骆蔚峰、严宗活、万志成、龚红、张力仁、冼桂华等出席了启动仪式。番禺近几年出生缺陷率为25%，出生缺陷干预工程的第一期财政投入近200万，为辖区内户籍人口新婚和待育夫妇及其胎婴儿提供免费筛查服务。

11日 区慈善会组织的关注贫困家庭母亲系列活动之免费身体体检"健康妈妈"健康行活动在大夫山森林公园举行。副区长龚红，区有关部门领导以及来自各镇、街的贫困家庭母亲代表参加了活动。

12日 区第五期处级领导干部进修班在区委党校开班，区委常委、区委组织部部长刘苑珊在开班仪式上讲话。

△ 上午，区领导楼旭逵以及区各有关部门负责人在番禺分会场集中收看收听了国务院召开的第二次全国经济普查电视电话会议。会后，区委常委、副区长楼旭逵要求各有关职能部门要贯彻落实好第二次全国经济普查工作会议精神，确保完成经济普查工作。

△ 区人大副主任万志成率区人大教科文卫工委到大岗镇视察大岗镇人民医院的建设情况。

13日 上午，广汽集团乘用车项目发动机工厂标段厂房在化龙镇复苏村破土动工。区领导骆蔚峰、楼旭逵等参加了动工仪式。

14日 上午，区在会议中心召开2008年三防工作会议。区领导谭应华、骆蔚峰、陈容康、戴永昌等出席会议。会议要求要进一步落实防汛工作责任制，提高水利工程的防灾能力。

△ 上午，区在区行政中心主楼大堂举行第一次向四川省地震灾区献爱心募捐活动。区领导谭应华、骆蔚峰、徐金海等以及全体机关干部职工参加了捐款活动。当天共收到捐款131104元。

14~15日 区村（社区）“两委”换届选举工作领导小组办公室在会议中心举行新一届村党支部书记、村主任培训班。区委副书记严宗活在开班仪式上讲话。全区247个村新当选的村党支部书记、村主任参加培训。

15日 上午，区领导谭应华、骆蔚峰到广州市主会场市委礼堂参加市解放思想学习讨论活动转段动员电视电话会议，谭应华代表番禺区在会上作了发言。区领导班子其他成员，区法院院长、检察院检察长和纪委副书记，区直局以上单位主要领导，各镇街党（工）委书记和镇长（主任），区解放思想学习讨论活动领导小组办公室全体人员在番禺分会场收看收听了电视电话会议。

△ 上午，区委常委、区委政法委书记简锡波率区流管办人员慰问来自四川地震重灾区的外来工。

16日 上午，区在区行政会议中心举行第二次向四川省地震灾区献爱心募捐活动，当天共收到捐款448.4万元。区领导谭应华、骆蔚峰、徐金海等以及机关干部职工和有关企业代表参加捐款活动。四川省地震灾害发生后，区委、区政府向番禺的友好区市都江堰市委、市政府发出慰问信，并捐赠50万元救灾资金。

5月16日，区行政会议中心举行第二次向四川灾区捐款活动。

△ 区领导谭应华、骆蔚峰、徐金海等在广州军区某兵种训练基地过“军事日”。军地座谈活动中，谭应华代表区委、区政府向训练基地赠送慰问金。

△ 区爱卫办在富豪山庄召开“消灭蚊蝇、预防疾病、巩固创卫成果”现场会。省、市爱卫办领导以及副区长张力仁分别在会上讲话。

17日 上午，区在沙湾镇文化广场举行“2008番禺区科技活动周启动仪式暨大型科技咨询活动”。市科技部门有关领导，区领导严宗活、刘苑珊、万志成等参加了启动仪式。

△ 上午，由区残工委主办，区委宣传部、区残联承办的区第十八次法定“全国助残日”千人签名支持2008北京残奥会暨法律咨询活动在大夫山森林公园举行。区领导简锡波、万志成、龚红，市、区残联有关领导，区有关部门负责人，各镇街残联干部以及残疾人代表等1000多人参加了签名活动。

19日 上午，区委组织部、区直属机关党工委在区行政办公中心主楼大堂组织全区党员干部向四川省地震灾区献血活动。区委常委、区委组织部部长刘苑珊，区委常委、区委办主任陈德俊等现场献血。

△ 下午14时28分，谭应华、骆蔚峰、徐金海、严宗活等区领导班子成员与区机关大院近千名干部职工一起，在区行政会议中心为四川汶川大地震遇难者肃立默哀3分钟。哀悼仪式由区委常委、区委办主任陈德俊主持。是日，区内群众也自发哀悼地震中的遇难者。区政府降半旗致哀。

△ 当晚，在全国上下哀悼汶川地震遇难同胞的全国哀悼日，区动漫游艺行业协会成立大会临时改为众志成城、奉献爱心的捐款大会，参加活动的企业嘉宾现场为灾区人民捐献善款达121.4万元。区委副书记严宗活，区民政局、区慈善会负责人，区80多家动漫游艺企业负责人以及来自泰国、韩国、日本、台湾、香港等地的动漫游艺界嘉宾200多人出席活动。

20日 上午，区召开2008年村（社区）“两委”换届选举工作总结大会。区领导谭应华在会上讲话。骆蔚峰、严宗活、莫灿章、刘苑珊、李鹏程、陈德俊、简锡波、陈永球、蒋君武等区领导班子成员出席会议。会议由区委副书记、区村（社区）“两委”换届选举工作领导小组组长严宗活主持；区委常委、区委组织部部长、区村（社区）“两委”换届选举工作领导小组副组长刘苑珊对全区村（社区）“两委”换届选举工作进行总结。

△ 下午，区2008年新当选村“两委”干部培训班在区委党校开班。区领导刘苑珊出席开学典礼并讲话。

22日 上午，区召开创建全国文明城市迎检动员大会。会议由区委常委、区委办主任陈德俊主持；区委书记、区人大主任谭应华，区委副书记、区长骆蔚峰在会上讲话；区委副书记严宗活宣读了《关于调整广州市番禺区“三创”工作领导机构的通知》；区委常委、区委宣传部部长李鹏程部署了区创建全国文明城市迎检工作；各镇街和有关单位负责人向区委书记、区人大主任谭应华递交了创建全国文明城市责任书。

23日 区美术家书法家协会在市桥进行书画义卖赈灾。区委常委、区委宣传部部长、中国书协会员李鹏程，区委常委、区纪委书记、中国书协会员彭群带头捐出自己的作品义卖。

△ 上午，省委常委、市委书记、市人大主任朱小丹率市委常委、市委秘书长凌伟宪，副市长陈国等一行，在区领导谭应华、骆蔚峰、龚红等的陪同下，到位于东涌镇的广州文创钢结构工程有限公司考察救灾活动板房的生产情况。

△ 上午，区领导谭应华到祈福医院看望2名从四川地震灾区转来医治的伤员。

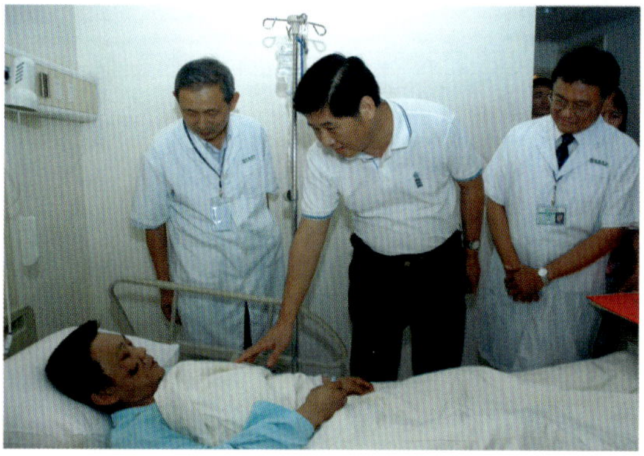

5月23日，谭应华书记到祈福医院慰问2名从四川灾区转来的伤员。

△ 由团区委、区青年企业家协会和广东发展银行番禺支行联合举办的“广东发展银行——番禺区青年企业家协会银企合作会议”在科尔海悦酒店举行。区委副书记严宗活出席会议并讲话。

△ 副市长曹鉴燎在副区长黎伟棠陪同下，到余荫山房、石楼大岭村以及莲花山旅游区调研。

△ 区召开政府采购专项检查工作会议。区人大副主任、区政府采购协调小组负责人邱学新，区政府采购工作监督协调小组成员、各镇街及区属各单位有关负责人等出席了会议。番禺自1999年开始探索实施政府采购工作以来，全区政府采购规模由2003年的2.4亿元增长到2007年的3.7亿元，5年累计完成采购总额16亿元，比预算节约2.5亿元，节约率为13.4%。

24日 区召开社会主义新农村建设工作会议。副区长、区委农村工作领导小组常务副组长戴永昌出席会议并讲话。到目前为止，区"两个牵手"工程成员单位与较富裕村向牵手村捐资赠物已超过860多万元。

26日 区领导谭应华、龚红到我区承接省、市支援四川省抗震救灾活动板房生产任务的企业，了解活动板房生产情况。

△ 市台办主任周才玉到番禺台资企业创信鞋业有限公司慰问来自四川地震灾区的员工。副区长龚红参加了慰问活动。

△ 中午，两辆装载25吨、价值约80万元救灾物资的货车从番禺广场出发，直接赶赴番禺友好城市——四川省都江堰市。至5月26日，全区募集了价值约800多万元的救灾物资，已分三批将其中总值685万多元的救灾物资交市民政局由专列送往灾区。

△ 上午，区召开2008年信息工作会议。市委办公厅信息处处长余剑春，市政府办公厅新闻信息处处长姚斌华，区领导陈德俊，区有关部门以及镇街有关负责人参加了会议。

△ 下午，区公安分局在区行政会议中心召开创建全国文明城市迎检动员大会。区委常委、区公安分局局长陈永球在会上作动员讲话。

27日 区联合整治道路交通运输市场秩序行动动员大会在番禺汽车客运站举行。副区长、区联合整治道路交通运输市场秩序行动指挥部总指挥戴永昌出席会议并作动员讲话。

△ 区举行市创建全国文明城市"文明交通从我做起"百日大行动番禺区启动仪式，区委副书记严宗活，区委常委、区委宣传部部长、区迎检工作协调组组长李鹏程出席会议并讲话。区有关部门领导，公安民警、义工、交通行业工作者、学生以及各界群众代表近1000人参加了启动仪式。

△ 区领导万志成、龚红、张力仁、冼桂华等分别率慰问团到东城幼儿园、石碁罗家幼儿园、榄核中心幼儿园和九比村幼儿园等4所幼儿园进行"六一"儿童节慰问。

△ 下午，区召开解放思想学习讨论活动转段动员会议。区委常委、区委宣传部部长、区学习讨论活动领导小组办公室主任李鹏程出席会议并讲话。各镇街党（工）委副书记、宣传委员，区直局以上单位有关领导等参加了会议。

△ 下午，区人大常委会在区会议中心举行学习《中华人民共和国各级人民代表大会常务委员会监督法》报告会。严宗活等区领导班子成员，区十五届人大代表，区法院院长、区检察院检察长，区各有关部门以及各镇街有关领导等参加了学习报告会。

△ 下午，区召开创建全国文明城市宣传工作会议。区委常委、区委宣传部部长、区创建全国文明城市迎检组组长李鹏程出席会议并讲话。

△ 区民营企业家、番禺电缆厂有限公司董事长王锦荣获"广东省第二届优秀中国特色社会主义事业建设者"称号。

28日 上午，区召开农村公路建设及危桥改造工作会议，副区长戴永昌，各镇街镇长（主任）、分管农村建设工作的副镇长（副主任）及区各有关部门的负责人参加了会议。今年，全区总投资约6574万元，计划实施自然村通公路项目38个，里程约45公里；总投资约2546万元，计划实施农村危桥改造项目80个，其中改建项目31个，修缮项目49个。

△ 上午，区召开社区工作会议。区委副书记、区长骆蔚峰在会上强调，要以全面创建“六好”平安和谐社区为目标，切实把我区社区建设提高到一个新水平。区委副书记严宗活总结了区去年的社区建设工作，对今年的工作进行了部署。区领导简锡波，区社区建设工作领导小组成员，区有关部门、各镇街有关人员参加了会议。

△ 上午，副区长戴永昌率队对4家区级重大火灾隐患单位实施政府挂牌督办。这4家单位分别是：位于市桥街长堤西路142号的市桥街广卫家具经营部，位于大岗镇的灵峰木业制作有限公司；位于钟村镇的广州市宝莱鞋业有限公司；位于石碁镇的新安居家具商场。

△ 下午，市委常委、市委组织部部长方旋到东涌镇太石村、大简村调研，并视察了位于大简村的为四川灾区生产活动板房的广州市文创钢结构工程公司。区领导谭应华、刘苑珊参加了调研。

5月28日，谭应华书记视察救灾板房生产情况。

29日 上午，区召开支援四川灾区抗震救灾工作组会议。会议传达了市支援四川灾区抗震救灾工作领导小组会议精神，听取了工作组成员单位开展抗震救灾工作的情况汇报，并部署了下一阶段工作。副区长龚红主持了会议。

△ 在“六一”儿童节来临之际，南阳里小学举行第四届德荣杯“十佳少先队员”暨“优秀特长生”表彰大会。广州市荣誉市民、南阳里小学荣誉校长张德荣爵士，区人大副主任万志成，副区长张力仁，区有关部门领导等出席了会议。

△ 市政协主席朱振中率政协第十一届广州市委员会常务委员约180人到番禺绿之恋园艺场和海鸥岛水产养殖基地视察，并听取了区农业局财政专项支农资金投入的情况汇报。区政协主席徐金海、区委副书记严宗活、副区长戴永昌参加了视察活动。

30日 四川省汶川大地震发生后，区社会各界和广大人民群众踊跃捐款捐物。据统计，截至5月29日全区已接收捐款9803.95万元（含区红十字会募集的捐款），已向广州市慈善会划拨善款8777万元。

△ 上午，广州市委、市政府检查组对区安全生产和消防安全进行检查。检查组听取了我区安全生产和消防安全的工作汇报，并前往广州大学城消防站、长隆欢乐世界等单位进行实地检查。副区长戴永昌、戴友华参加检查。

31日 大岗人民医院举行番禺区第二人民医院揭牌暨番禺区胆囊病研究所挂牌仪式。区领导严宗活、楼旭逵、古瑞芬、张力仁、冼桂华等出席揭牌仪式。

晚，区在行政会议中心举行番禺区迎“六一”庆祝大会。谭应华等区领导以及区有关部门领导与近千名学生参加了晚会。

6 月

1日 区疾控中心、何贤医院、区慢性病防治站正式启动PITC（即医务人员主动提供艾滋病检测咨询）项目服务，番禺区成为全国3个开展PIIC模式试点之一。

△ 根据广州市《关于提高本市企业退休人员生活保障水平的通知》（穗劳社养[2007] 7号）精神，番禺区从2007年9月起给29085名企业退休人员发放生活补贴，生活补贴每月保底为50元，最高为200元，平均每人每月增发121元，于本月初发放到退休人员手中。

2日 上午，区公安机关“三基”（抓基层、打基础、苦练基本功）工程建设工作现场会在市桥街道办事处召开。区委副书记严宗活，区委常委、区委政法委书记简锡波分别在会上讲话。区领导陈永球、邱学新、戴永昌、林惠兰出席了会议。

△ 下午，区召开维稳综治暨创建全国文明城市公共安全工作会议。区委副书记严宗活在会上讲话。区领导简锡波、陈永球等参加了会议。区公安分局、区劳动和社会保障局以及市桥街、钟村镇、化龙镇和东涌镇综治办分别介绍维稳综治工作经验。

△ 晚，慈善晚会在长隆酒店举行。香港著名饮食家梁文滔、国际名厨杨贯一现场拍卖字画作品和鲍鱼，共筹得善款25.9万元。

△ 截至6月2日止，全区向四川省地震灾区捐款总额达10220.86万元，其中区慈善会接收捐款7927万元，区红十字会2293.96万元。拨出8777万元赈灾，其中区慈善会划转市慈善会7163万元，区红十字会划转市红十字会1614万元。区社会捐赠接收工作站已接收棉被、棉衣、帐篷等物资价值900多万元。

6月2日晚，字画“上乘佳肴”拍得善款25.9万元。

2~4日 区民政局在区疗养院举办“番禺区社区‘两委’干部培训班”。龚红副区长为培训班作了开班动员讲话，全区16个街镇86个社区共560多名党支部和居委会成员参加了培训。

3日 区召开2008年生猪屠宰专项整治工作会议，副区长戴永昌主持会议，区有关部门领导参加会议。

△ 市政协常委施红平一行27人到番禺中心医院调研，了解中心医院的建筑节能和可再生资源利用示范工程情况。

△ 下午，区司法局举行广州市番禺公证处挂牌仪式。市司法局党委书记、局长卢铁峰，区委常委、区委政法委书记简锡波，市司法局副局长黄永东以及区有关部门领导参加了挂牌仪式。

4日 上午，区委常委、区委办主任陈德俊率区保密局、区招生办等有关部门组成的联合检查组，到区教育局、番禺中学检查高考准备工作。

△ 上午，区召开创建全国文明城市无障碍设施建设工作会议。有关成员单位和部门负责人参加会议。副区长龚红在会上要求有关职能部门要以广州市创建全国文

明城市为契机，按照“省检”和“国检”无障碍设施指标要求开展工作，全面提升区无障碍设施建设和管理维护水平。

△　区政府召开2008年番禺区名牌免检产品申报工作协调座谈会，副区长黎伟棠在会上讲话。区有关部门负责人及21家申报企业的负责人参加会议。

5日　副市长陈明德在市政府副秘书长唐航浩、市外经贸局副局长孙雷的陪同下到番禺调研上半年利用外资情况。副区长黎伟棠和区外经贸局有关负责人参加座谈会。

△　下午，区召开创建文明城市廉政高效政务环境暨党政机关效能建设主题实践活动动员大会。区委常委、区纪委书记彭群出席会议并讲话。

5~6日　区召开解放思想学习讨论活动专题调研成果交流会。区委书记、区人大主任谭应华主持了会议，并肯定了调研工作取得的成果。区党政领导班子成员以及区政协主席徐金海、区人大副主任欧康寿，区法院院长、区检察院检察长和区有关部门负责人参加了会议。

6日　上午，农业部南海区渔政渔港监督管理局、广东省海洋与渔业局、广州市农业局和区海洋与渔业局联合在沙湾水道举行2008年省、市渔业资源增殖放流暨休渔放生节现场放流放生活动。

△　下午，区在榄核镇召开“三防”紧急会议。副区长、区“三防”指挥部总指挥戴永昌，区各有关单位负责人以及各镇街领导参加会议。

7日　上午，广州市政府与中国船舶工业集团公司在花园酒店共同签署合作框架协议。根据协议，中船集团与广州市将依托南沙龙穴造船基地，在番禺新建一个集船用低速、中速柴油机和船用辅机、船舶中间产品制造为一体的船舶配套产品生产基地，项目总投资预计约270亿元。

7~9日　高考和端午节期间，番禺警方调配警力周密部署，在各高考考场和龙舟活动现场进行安全保卫，保证全区高考和龙舟活动安全有序进行。

10日　上午，区召开“三创”联席会议。区委书记谭应华在会上强调，各级领导要高度重视，确保全国文明城市测评体系的各项指标达到A级标准。区领导骆蔚峰、严宗活等，各成员单位主要领导，各镇党委、街党工委书记等出席了会议。

△　上午，大石人民法庭举行加强司法调解、人民调解工作衔接暨基层法庭人民调解工作室揭牌仪式。区委常委、区委政法委书记简锡波，市司法局以及区有关部门领导参加了仪式。

△　省安监局副局长邓卫民率省安全生产南粤行基层服务队到番禺进行安全生产大宣讲，并分别到日立电梯（中国）有限公司、广州港华燃气有限公司、灵山造船厂有限公司等8家企业指导安全生产工作。

11日　区司法局召开创建全国文明城市全民法制宣传教育迎评工作会议。区领导简锡波出席会议并讲话。

△　区政府召开河涌整治环保专项工作会议。副区长戴永昌在会上要求加大河涌整治工作力度，努力营造碧水蓝天。

11~12日　由区党政领导、企业家组成的百人考察团赴五华县开展对口帮扶活动。区再次捐赠200万元用于五华县职业技术学校实训大楼、番禺（五华）产业转移园的建设。

12日　“南番顺”旅游联盟首次参加在香港会议展览中心举行的第22届香港国际旅游展。省旅游局副局长曾维炳，市旅游局党委书记、局长朱力视察“南番顺”旅游联盟展位后表示赞赏，并寄望联盟在打造珠三角区域旅游品牌、促进广佛经济圈发展方面发挥更大作用。

13日 下午，沙头街商会成立。区领导骆蔚峰、严宗活、莫灿章等，区有关部门领导以及各镇街商会负责人到场祝贺。

△ 下午，区委宣传部牵头举行《番禺区祠堂文化建设和发展》软课题研究专题报告会。全区247条村现有保存比较完整的祠堂368座，其中属于省级文物保护单位的祠堂1座、市级文物保护单位的祠堂4座，主要建于明清时期。

13~16日 在第五届中国（广州）国际黄金珠宝玉石展览会上，番禺有50多家珠宝公司租用了230多个展位参展。

14日 区体育局组织石楼、南村、东涌、榄核等镇的9支龙舟队，参加了2008年广州国际龙舟邀请赛，获得标准龙公开组的男、女子比赛两项冠军和彩龙竞艳一等奖。

6月14日，石楼、南村、东涌、榄核等地的9支龙舟队参加2008年广州国际龙舟邀请赛。

△ 番禺博物馆在市桥文化中心广场举行中国“文化遗产日”主题活动，今年的活动主题是“文化遗产人人保护，保护成果人人共享”。

15日 上午，区召开防汛工作紧急会议，区领导谭应华、戴永昌分别在会上讲话，区三防指挥部全体成员、区有关部门领导、各镇镇长、街道办主任以及主管水利工作的副镇长（副主任）等出席了会议。

6月15日，区领导骆蔚峰、戴永昌等率队视察石碁、东涌、石楼镇等水域。

6月15日，谭应华书记在三防紧急会议上作重要讲话。

△ 下午，区领导骆蔚峰、戴永昌率区有关部门领导，乘区防汛一号船，沿市桥河查看石碁镇、东涌镇、石楼镇等水域。

16日 上午，市长张广宁、常务副市长苏泽群在区领导谭应华、骆蔚峰、戴永昌等陪同下，到磨碟头水闸视察汛情。张广宁指出，要做好重点区域的防汛工作。

17日 上午，联合国开发计划署“政府促进农民工及其家庭社会融入能力建设”项目广州启动会议暨城镇授牌仪式在区会议中心召开，大岗镇被授予“联合国开发计划署试点城镇”和“全国发展改革试点小城镇”称号。国家发改委小城镇改革发展中心主任李铁、副主任何宇鹏，区领导谭应华、楼旭逵，省、市发改委以及区有关部门领导等参加了会议。

△ 上午，副区长龚红到喜迁新居的沙

头街部分困难家庭慰问，并与他们进行了亲切交谈。

6月17日，龚红副区长向沙头街困难户赠送新房钥匙。

17~18日 番禺区工会第十三次代表大会在区会议中心召开，市总工会副主席易利华，区领导谭应华、徐金海、严宗活、刘苑珊、陈德俊、黎伟棠等出席了会议。邱学新当选区总工会主席。

18日 上午，由区政府主办，区科技局、区科协承办的“番禺区政府（企业）与广州地区部分高等院校产学研合作交流”活动在祈福新村度假俱乐部会展中心举行。省科技厅副厅长陈新，市科技局副局长叶力，区领导谭应华、骆蔚峰、严宗活、陈德俊、万志成、黎伟棠、冼桂华，以及中大、华工等多所高等院校、科研院所的领导、专家教授和区科技系统负责人等近800人参加了交流活动。在活动中，区领导谭应华向上级领导和客人介绍了番禺“科教兴区”战略的实施情况。区领导骆蔚峰代表区政府与中山大学等10所院校签订共同促进产学研合作框架协议，区12个产学研结合基地（行业协会）与合作的高校科研院所签订协议，区18个科技型企业分别与专家（教授）对具体合作项目进行了签约。

△ 中午，为时一个月的第20届广州番禺莲花节在莲花山景区开幕。本届共展出来自全国多个省市以及日本、美洲等国家和地区180多个品种的莲花。

6月18日，第20届广州番禺莲花节开幕。

△ 截至当天止，全区共接收抗震救灾捐款11446万元（含“十个一”活动捐款），其中区慈善会9076万元、区红十字会2370万元，已划入广州市11264万元。

19日 上午，市委、市政府安全生产和消防安全工作第八督查组组长王志雄一行，在区领导陈德俊、戴永昌等陪同下，先后到位于石楼镇的亚运城建设工程工地以及位于钟村镇的广州铁路新客运站建设工地检查安全生产和消防安全工作。

△ 下午，区领导骆蔚峰、戴永昌一行，到磨碟头水闸及三善围堤段检查防汛工作。

6月19日，骆蔚峰区长到磨碟头水闸旁的东新高速施工现场检查防汛工作。

△ 下午，区委常委、区公安分局局长陈永球，副区长龚红，区政协副主席林惠兰等一行到桥南街检查指导“创文”工作，对该街扎实推进“创文”工作给予充分肯定。

△ 区公安分局被公安部评为“全国公安机关追逃工作成绩突出单位”。

△ 区“创建标准化良好行为企业”AAAA证书颁奖会在榄核镇的华南摩托企业集团有限公司举行。省、市有关部门领导，副区长黎伟棠和区有关部门领导等参加了活动。华南摩托企业集团成为番禺首家通过标准化良好行为AAAA确认的企业。

20日 上午，区交通局在番禺汽车客运站举行道路客运行业“文明交通从我做起”百日大行动。副区长戴永昌在活动仪式上讲话。

6月20日，区举行道路客运行业“文明交通从我做起”百日大行动活动签名活动。

△ 下午，区委副书记严宗活率区“三创”协调办等有关部门负责人，视察了市桥中心城区的“创文”工作情况。

△ 上午，由市人大副主任陈伟光、陈国安、李力以及4位人大常委组成的检查组，到番禺检查《中华人民共和国安全生产法》与《广州市安全生产条例》执行情况。区人大副主任、区总工会主席邱学新等陪同视察。

△ 下午，区“扫黄打非”办召开番禺区创建全国文明城市“扫黄打非”工作会议。副区长张力仁出席会议并讲话。

△ 区领导严宗活、李鹏程，区综合执法局、区国土房管分局及有关部门负责人现场指挥，对南村镇、钟村镇、化龙镇的部分违法建筑依法实施拆除，共拆除违法建筑12500平方米。

21日 下午，沙湾镇古坝小学4名六年级学生到古东村一鱼塘游泳，其中2人遇溺身亡。事故发生后，区委、区政府高度重视，区长骆蔚峰要求全区切实加强安全教育，避免发生类似事件。

△ 中国建筑金属结构协会建筑钢结构专家委员会会长杜宗翰率40名专家到番禺，研讨“5.12汶川地震”后灾区的房屋重建问题。番禺珠江钢管有限公司董事长陈昌作为会议协办单位的代表出席了会议。

23日 上午，区“一河两岸”建设情况工作会议在桥南街召开。副区长戴永昌主持会议，区有关部门负责人参加了会议。

△ 副区长张力仁率区托幼办人员到东涌镇中心幼儿园调研。张力仁强调，要重视学前教育，促进教学均衡发展。

△ 钟村镇政府、区水利局、石龙联围管理所召集中铁二十二局等项目施工单位开会，研究解决石龙大堤砼搅拌站的船只在靠泊时造成大堤外坡护岸损坏等问题。会议要求中铁二十二局、中铁二十二局四分部（原中国航空港建设公司）、中铁三局、中铁四局等单位，按设计要求于7月1日前对石龙大堤外坡淘空进行抛石处理，确保大堤安全度汛。

24日 上午，常务副市长邬毅敏一行在中山大学党委书记郑德涛、常务副区长楼旭逵等的陪同下，到广州大学城数字家庭和数字电视产学研孵化基地，调研关于数字家庭与数字电视产业发展市校战略合作项目的进展情况。

△ 上午，区召开第二次全国农业普查工作总结会议。副区长、区第二次全国农业普查领导小组组长戴永昌出席会议并讲话。会议总结区第二次全国农业普查工作，表彰农业普查工作先进集体和个人。

△ 下午，区领导陈德俊、蒋君武、古瑞芬等到沙头街检查指导“创文”迎检工作，对沙头街的“创文”工作给予肯定，对下一步工作提出指导意见。

△ 下午，市整治无证照生产经营场所工作考核组组长刘铮一行9人到番禺检查。副区长黎伟棠向考核组汇报了番禺区一年来整治无证照生产经营场所的工作情况。

△ 英国曼彻斯特投资发展署客商到访番禺，开展商务考察和经贸交流活动。

△ 区公安分局刑警大队女法医张晓红被授予第七届“羊城优秀青年卫士”称号。

25日 上午，区在番禺广场举办以“依法禁毒，构建和谐”为主题的禁毒宣传活动。区领导严宗活、简锡波、陈永球、戴永昌以及区禁毒委全体成员、各镇街代表、村（居）委代表、娱乐场所从业人员代表、外来工代表、学生代表共1200人参加了活动。

△ 下午，广东省检察院党组副书记、常务副检察长陈武，广州市检察院党组书记、副检察长王福成一行，到区检察院调研。区委常委、区委政法委书记简锡波参加了调研活动。

△ 区领导楼旭逵、刘苑珊到东环街检查指导“创文”迎检工作，充分肯定了东环街的“创文”工作，对下一阶段的迎检工作提出指导意见。

△ 受今年第6号热带风暴“风神”影响，区普降暴雨到大暴雨，南部特大暴雨。区“三防”指挥部启动防暴雨I级响应，并于当天21时向榄核、东涌、大岗3个镇发出了《关于迅速疏散有关人员的紧急通知》。从6月25日8时至21时20分，全区录得降雨量超过250毫米的监测点有南顺水闸（306毫米）、磨碟头水闸（298毫米）、长尾涌水闸（267毫米）、酬劳水闸（259毫米）等4个。由于短时间内强降水，同时遭遇雨峰、潮峰，区内出现水浸和山体滑波现象。

26日 上午，国家农业部部长孙政才在市委常委、市委秘书长凌伟宪和区领导谭应华、陈德俊、戴永昌等陪同下，到区农业机械化示范基地视察。

△ 上午，副市长陈国到设在番禺广场的信访点开展三级大接访活动，详细解答来访群众提出的问题。市长、区长、镇长同时接访的形式在市、区属首次。副区长龚红以及市、区有关部门负责人参加了接访活动。

△ 上午，区在行政会议中心礼堂开展区长公开接访日活动，共接待市民180多人。区长骆蔚峰率区公安分局等30多个职能部门开展了公开接访日活动。

6月26日，陈国副市长在番禺广场的信访点与来访群众面对面交流。

△ 本日是国际禁毒日，上午，区禁毒委、区公安分局、区食品药品监督管理局等单位在广州绿由工业弃置废物回收处理

有限公司举行销毁毒品、易制毒化学品的活动，共销毁约68千克的海洛因等新型毒品及易制毒化学品药品。

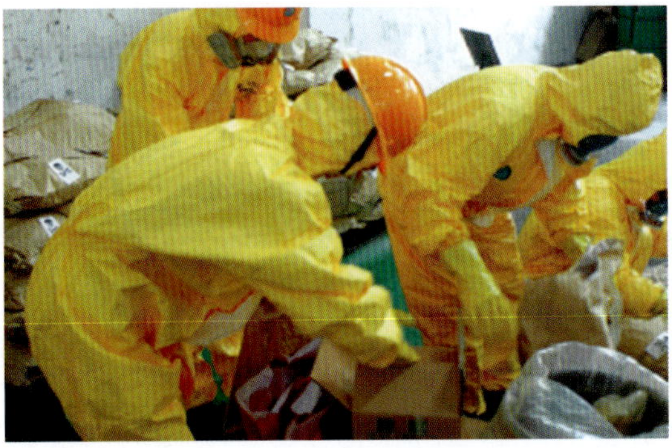

6月26日，区举行销毁毒品、易制毒化学品的活动。

△ 下午，区领导谭应华、骆蔚峰等分别慰问了建国前入党的老党员。

△ 省安委会督查组一行在省气象局副局长杨少杰的带领下，到区进行安全生产督查。副区长戴友华作了有关情况汇报。杨少杰充分肯定番禺开展安全生产百日督查工作的成绩，认为番禺安全生产工作走在省、市的前列。

27日 上午，区十五届人大常委会举行第十五次会议。会议听取了区政府关于推进文化强区工作情况的报告；听取了关于区农村危房改造工作情况的报告；听取了区检察院关于渎职侵权检查监督工作情况的报告；听取了区人大常委会相关工作委员会对各报告所作的初审意见；对区检察院进行了有关人事任免。

△ 上午，市政协副秘书长王志雄率市安全生产和消防安全第八督查组到番禺进行安全生产和消防安全检查。副区长戴友华参加检查活动。

△ 区召开依法治区领导小组会议。区委书记、区人大主任、区依法治区领导小组组长谭应华在会上强调，要积极探索新时期依法治区的新举措、新路子，为建设"首善之区"、争当实践科学发展观排头兵提供有力的法治保障。区人大副主任邱学新宣读了《广州市番禺区2008年度依法治区工作要点》（审议稿）。

△ 上午，区政府在新闻发布厅召开"番禺区实施城镇职工补充医疗保险办法"新闻发布会。副区长戴永昌、区劳动和社会保障局局长李伟明等出席发布会并回答了记者的提问。据新闻发布会介绍，番禺区将从今年7月1日起，实施《广州市番禺区补充医疗保险暂行办法》（以下简称《办法》）。办法规定：凡在我区已参加城镇职工基本医疗保险的在职参保人（以单位整体参保）、灵活就业参保人每人每月只需缴交7.36元，医疗费个人自付费用最高报销可达90%。目前，番禺区3.5万名已参加基本医保的退休人员不用缴费便可直接享受该项待遇。

29日 中午至下午，受高空槽和副热带高压边缘不稳定气流影响，区普遍出现暴雨并伴有7–8级雷雨大风，最大阵风达到10级（石基镇农科所26.5米/秒）。11时48分左右，榄核镇出现了小范围龙卷风，造成了部分房屋掀顶受损和农作物倒伏等损失。

30日 上午，区召开纪念中国共产党成立87周年大会。会议表扬了近年来受到市级

6月30日，区隆重召开纪念中国共产党成立87周年大会。

以上表彰的4个基层党组织、3名优秀共产党员、4名优秀党务工作者。区委书记、区人大主任谭应华在会上讲话。区领导骆蔚峰、徐金海、严宗活、楼旭逵、刘苑珊、李鹏程、陈德俊、简锡波、陈永球、蒋君武等出席会议。

△ 下午，区领导简锡波到小谷围街慰问24位老党员和特困党员。

7月

1日 上午，区召开建国前入党老同志代表座谈会。区领导严宗活、楼旭逵、刘苑珊出席了会议，50名建国前入党的老同志参加了座谈。

△ 上午，区大刀沙路桥建设工作会议在桥南街召开。副区长戴永昌主持会议，大刀沙路桥建设工程领导小组各成员单位负责人，路桥沿线的沙湾镇草河村、石基镇大刀沙村和石楼镇清流村干部等30多人参加了会议。

△ 上午，番禺职业技术学院举行新校牌挂牌仪式，从即日起正式启用新校名——广州番禺职业技术学院。

△ 下午，市委常委、市委秘书长凌伟宪率市检查组到番禺检查“创文”工作，并对番禺城乡共建点给予充分肯定。区领导谭应华、李鹏程、陈德俊参加了检查活动。

2日 上午，区“创文”迎省检工作会议在市桥街道办事处召开。针对部分市民的不文明行为，全区将组织万名市民文明巡访团和志愿者开展大规模的文明劝戒活动，对不文明行为进行教育矫正。与会人员还参观了市桥街、洛浦街、东涌镇等镇街的“创文”建档工作。区领导李鹏程、陈德俊、张力仁等参加了会议。

△ 由市普法办主任、市司法局副局长钟火松任组长的市检查组一行，到番禺进行“五五”普法工作检查。区领导简锡波、邱学新陪同参加检查。

△ 区政协召开十二届十次常委会议，围绕“推进区的节能降耗工作”开展专题议政。区政协主席徐金海，区政协党组副书记莫灿章，区政协副主席黄建强、郑葆红、林惠兰、冼桂华、周志等出席会议。区委副书记严宗活、副区长黎伟棠应邀出席会议。

3日 上午，市委常委、市委统战部部长孔少琼一行在区领导简锡波、郑葆红等陪同下，到小谷围街贝岗村慰问困难党员，并了解村的集体经济发展和社会主义新农村建设情况。

△ 上午，《人民日报》、《羊城晚报》、《广州日报》、广州电视台等媒体记者来到番禺，了解番禺创建全国文明城市工作情况。

△ 区建设局召开2008年上半年建设工程安全生产工作会议。会议向被评为安全生产的16个建筑企业单位颁发奖牌。

△ 下午，《理论热点面对面·2008》广州赠书仪式在番禺举行。中宣部理论局局长张西明、人民出版社副社长陈有和、省委宣传部副部长蒋斌、市委宣传部副部长汤应武，区委宣传部部长李鹏程等到场向

7月3日，《理论热点面对面·2008》广州赠书仪式在番禺举行。

有关单位代表赠书。

4日 香港知名人士陈瑞球先生、梁国贞小姐率第九届“海外杰青汇中华”访问团到番禺访问。区委、区政府在番禺大厦宴请了访问团全体成员。午宴会上，区委副书记、区长骆蔚峰代表区委、区政府向访问团赠送了锦旗，区政协主席徐金海接受了访问团赠送的纪念品，区委副书记严宗活致欢迎辞。区领导莫灿章、万志成、张力仁、郑葆红等参加了活动。

7月4日，第九届“海外杰青汇中华”访问团到番禺访问。

△ 区召开劳动保障工作会议。区社保业务办理工作将全面下移，由镇街全面承接农民工退保及领取失业一次性生活补助、社保增减员资料录入、工伤保险扩面、“农转居”人员参保及待遇发放、离退休人员领取社保养老金资格验证等工作。今后，就业、培训等有关工作也将下移到镇街。副区长戴永昌出席了会议。

△ 上午，区召开第六届小学教学新秀评选活动总结大会。副区长张力仁、区政协副主席冼桂华、区政府办、区教育局领导、各学校教师代表等共300多人参加了大会。两名获得一等奖的教学新秀代表发言介绍了经验。

△ 下午，区委书记、区人大主任谭应华率区人大部分组成人员视察区污染企业情况，并强调全区各镇街以及区各有关职能部门要充分认识到环境保护的重要性和环境污染治理的艰巨性，齐抓共管，力求短时间内见效。副区长黎伟棠、戴友华，区有关职能部门和部分镇街负责人参加了视察活动。

△ 省2008年全国普通高考成绩放榜，全区有8845名考生参加高考，上本科录取线人数7494人，比上年增长3.7%，居广州市区（市）第二位，其中有4名考生单科成绩居全市第一名。

4~5日 区劳动和社会保障局、区公安分局等部门联合在全区范围内开展整治非法用工、打击违法犯罪专项行动。行动共出动工作人员982人次，检查“四小”企业484家，涉及劳动者43200人，责令12家企业限期整改。

5日 农业部财务司司长王鹰率调研组到番禺，调研鱼塘高产健康养殖创建转移支付项目情况。区海洋与渔业局领导向调研组介绍了番禺鱼塘标准化整治情况。

△ 凌晨1时50分，榄核镇2名预备役民兵在追截几名犯罪嫌疑人时，被疑犯持刀袭击致1死1伤。死者何带喜（男，23岁）、伤者黄锐能（男，19岁），两人均为榄核镇张松村人，均是协助榄核派出所维护社会治安的预备役民兵。事件发生后，省委常委、市委书记朱小丹批示：“要全力缉凶，认真做好牺牲民兵抚恤善后等工作。”区长骆蔚峰指示：“区公安分局抓紧缉拿凶犯；区见义勇为基金会和区慈善基金会慰问死伤者家属；榄核镇政府做好对死伤者家属的安抚工作。”当天下午，区领导陈德俊、简锡波、蒋君武等慰问了伤者黄锐能和牺牲人员何带喜的亲属，并给黄锐能送上慰问金3万元，给何带喜的亲属送上慰问金10万元。6日下午，市见义勇为基金会理事秘书长刘继生一行慰问了黄

锐能、何带喜亲属，并给黄锐能送上慰问金2万元，给何带喜亲属送上慰问金5万元。

△ 区交通局在易发商业街南广场举行《广州市番禺区公共交通线网规划》公开征求意见咨询活动。副区长戴永昌在活动上强调，区交通部门在新增和调整公交线路前，一定要广泛征求群众的意见，对《公交线网规划方案》进行科学合理的修改后再实施。据统计，当天共接受180名市民现场咨询，收回意见咨询表格106张、意见75条。

7月5日，区交通局举行《广州市番禺区公共交通线网规划》公开征求意见咨询活动。

7日 上午，区专武干部暨民兵营长集训在区国防训练基地开训，来自各镇街的270多名专武干部、民兵营长将在这里进行为期7天的封闭式训练。区领导蒋君武、戴永昌等出席了动员大会。

△ 下午，区召开加快推进“一村三岛”社会主义新农村建设工作会议。区领导骆蔚峰、戴永昌出席会议并讲话。

△ 下午，省文明委、省文明办组织的检查组到番禺，对南村镇、南村镇坑头村、华南碧桂园社区的“创文”工作进行检查测评。区委常委、区委宣传部部长李鹏程陪同检查。

8日 上午，区召开2008年度第三季度防范重特大安全事故工作会议。副区长戴友华在会上讲话。区政府办领导、区安委会全体成员，各镇、街主管安全生产的有关领导、安全办主任、安全巡查中队队长、消防队队长，以及区公有企业负责人参加了会议。

△ 上午，欧洲生物医药专家考察团一行12人到番禺，开展系列专题考察和交流活动。副区长黎伟棠和区外经贸局、区科技局负责人出席了座谈会。

△ 中共番禺区民政局委员会荣获“广州市先进基层党组织”称号。

9日 上午，区委政法委书记简锡波率区“八·一”慰问团，到汕头市慰问驻港部队舰艇大队“番禺艇”官兵。区领导万志成、龚红、冼桂华以及区有关部门领导参加了慰问活动。

△ 上午，区委副书记、区长骆蔚峰到广州大学城调研。骆蔚峰实地考察了大学城民俗博物馆，详细了解了该馆的规划建设和商业开发情况，随后到北亭广场和大学城数字家庭孵化基地，听取了小谷围街和孵化基地近期工作情况汇报。

7月9日，骆蔚峰区长到广州大学城调研。

△ 上午，区160多位企业家和科技工作者到华南理工大学深入了解该校科技实力，寻求产学研合作，以推动企业发展，提升番禺科技水平和自主创新能力。这是

继日前番禺与广州地区十所高校举行产学研合作交流活动后又一次实质性的产学研交流。省科技厅有关领导，副区长黎伟棠以及区有关部门、华南理工大学有关负责人参加了交流活动。

△　上午，省司法厅副厅长李庆雄在市司法局副局长涂蔚东陪同下，到区司法局视察指导 2008 年司法考试报名确认工作。

10 日　奥地利—奥美德医疗集团公司总经理 Stralhofer、中华区总裁 Axel Schaefer 一行 4 人，在广州市国际投资促进中心有关人员的陪同下到番禺考察，就该集团公司筹办的大型医疗机构问题作全面探讨。常务副区长楼旭逵会见了奥美德医疗集团高层管理人员。

△　上午，区政府与市公路管理局举行合作扩建国道 G105 线（番禺段）框架协议签约仪式。区长骆蔚峰代表区政府、市公路局局长陈小朋代表市公路局在合作扩建国道 G105 线（番禺段）框架协议书上签字。区领导戴永昌、戴友华以及市、区有关部门领导出席了签约仪式。据介绍，该工程项目预计投资 2.75 亿元，计划于 2009 年初动工，2010 年 9 月前完工。

7月 10 日，区政府与市公路管理局举行合作扩建国道 G105 线（番禺段）框架协议签约仪式。

△　上午，湖南省衡阳市雁峰区委副书记、代区长周建率该区有关部门及部分民营企业代表一行，出席番禺雁峰经贸旅游项目推介交流商谈会，双方就如何加强经贸合作进行了商谈。区领导古瑞芬、黎伟棠、黄建强以及区有关部门领导、企业负责人参加了会谈。

△　下午，区第八次卫片土地执法检查第四次工作会议在区行政会议中心召开。区委书记谭应华在会上强调，各镇街、各部门要坚定不移处理土地违法问题，依法行政，决不动摇。区领导骆蔚峰、戴友华参加了会议。

△　下午，区领导龚红、郑葆红率区“八·一”拥军优属慰问团，慰问武警广州支队第二大队第五中队和武警省总队医院番禺分院。

11 日　区在会议中心召开中共广州市番禺区委十一届五次全体会议。全会学习贯彻省委十届三次全会、市委九届五次全会精神，总结今年上半年工作，部署下半年任务。会议由区委副书记严宗活主持。区长骆蔚峰代表区委常委会作工作报告。区委书记谭应华在会上强调，全区上下要大力发扬新时期番禺人精神，团结一致，合力攻坚，为建设“首善之区”作出新的更大贡献。

12 日　副区长黎伟棠率区旅游局、区旅游协会企业代表到湖南开展为期 4 天的旅游

7月 12 日，黎伟棠副区长率团到湖南开展为期 4 天的旅游宣传推广活动，同期举行“广州番禺衡阳雁峰旅游合作恳谈会”。

宣传推广活动，同期举行“广州番禺——衡阳雁峰旅游合作恳谈会”。衡阳市政府副市长谢宏治等以及番禺区、衡阳市、郴州市三地旅游管理部门的领导和旅游企业参加了推介会。

13日 原兰州军区司令员李乾元上将、美籍华人马承宽博士等到区档案馆参观。区政协副主席黄建强向李乾元上将等汇报了区档案馆近年的工作情况。李将军在参观后题写了“艺术宝藏”书法赠与区档案馆。

7月13日，全国人大常委、原兰州军区司令李乾元上将到区档案馆视察并赠送作品。

14日 由市委组织部和市民政局组成的联合检查组，到番禺检查验收2008年村（社区）“两委”换届选举工作，对全区顺利完成村（社区）“两委”换届选举工作给予了高度评价。区领导严宗活、刘苑珊、龚红等参加了实地考察和工作汇报会。

△ 区长骆蔚峰率区城市建设管理考察团一行30多人赴华东4市考察。区领导莫灿章、蒋君武、陈容康、戴友华、张力仁，区有关职能部门和部分镇、街领导参加了考察活动。考察团先后到杭州、上海、苏州、南京等地考察城市规划建设情况。

15日 上午，区召开区纪律教育学习月活动动员会议。区纪委书记彭群出席了会议并在会上讲话。

△ 下午，区领导谭应华、陈德俊等到

7月14日，区组团实地考察华东地区城市规划建设情况。

7月14日，骆蔚峰区长率区城市建设管理考察团上海杨浦区考察新江湾城的城市建设。

7月14日，区有关领导在苏州考察工业园区的规划管理。

区经贸局调研。谭应华对当前区经贸工作提出了具体指导意见。

7月15日，区领导谭应华、陈德俊等到区经贸局调研。

16日 区政协主席会议成员视察裕丰企业集团有限公司，就加快推进我区经济发展方式的转变进行探讨交流。区政协主席徐金海，副主席黄建强、郑葆红、林惠兰、冼桂华参加了视察座谈。区政协副主席、裕丰企业集团董事长林广明介绍了企业今年的发展情况。

△ 上午，市政协副秘书长王志雄率市委、市政府第8督查组督查番禺安全生产和消防安全工作。区领导陈德俊、戴永昌以及区有关部门领导等参加了督查活动。

△ 上午，由市政协、市工商局、市公安消防局、市安监局组成的市安全生产和消防工作第8检查组再次对番禺安全生产和消防安全隐患排查工作进行检查。区领导陈德俊、戴永昌及区有关职能部门负责人陪同检查。

7月16日，市政协副秘书长王志雄率市委、市政府第8督查组检查番禺督查安全生产和消防安全工作。

△ 上午，区委政法委书记简锡波到区人民医院看望接受治疗的贫困白内障患者。据了解，本次“光明行”活动从今年6月份正式启动，共有1400多名疑似白内障患者报名。

△ 下午，常务副区长楼旭逵率区有关部门领导一行，先后到广东药学院、大学城数字家庭与数字电视产学研孵化基地、广州国家生物产业基地番禺园区建设现场进行调研。楼旭逵表示，番禺将加快推进与广东药学院的合作，加快建设广州国家生物产业基地番禺园区，进一步提升番禺的自主创新能力。

7月16日，楼旭逵副区长率区有关部门领导一行，先后到广东药学院、大学城数字家庭与数字电视产学研孵化基地、广州国家生物产业基地番禺园区建设现场调研。

△ 下午，区召开加快榄核镇顺河村社会主义新农村建设工作会议，部署顺河村新农村建设的8项工程，从而将顺河村打造成具有沙田水乡特色的新农村。区委副书记严宗活出席会议并在会上讲话。区领导戴永昌以及区有关部门领导参加了会议。

△ 由区经贸局、团区委、区质监局、番禺供电局主办的迎奥运、促和谐、创文明——2008年番禺区开展节电降耗服务活动启动仪式在易发商业街南广场举行。副区长黎伟棠带头在背景板上签名，倡议全社会节能降耗。区有关部门领导，各镇、

街分管副镇长（副主任）及20家代表单位负责人参加了启动仪式。

16~18日 省考核鉴定组对石碁镇创建全国卫生镇工作进行考核检查。考核鉴定组一致认为石碁镇在创建国家卫生镇的活动中，各项考核指标已达到《国家卫生镇考核标准》的要求，建议向全国爱卫会推荐石碁镇参与国家卫生镇评选活动。

17日 区民营企业——广州朗晴电动车有限公司生产的电动车获北京奥运会及残运会供应商资格，是番禺继广州锐丰建声灯光音响公司代表中国专业音响正式落户国家体育场后，又一家民营企业参与奥运盛事。

△ 上午，区经贸局在会议中心召开区2008年上半年工商业经济运行分析会。市经贸委副主任易鸣、副区长黎伟棠、市供电局领导分别在会上讲话。区有关部门以及各镇、街分管经济的领导，珠江钢管厂等14家知名工商企业负责人参加了会议。

7月17日，区经贸局在会议中心召开区2008年上半年工商业经济运行分析会。

△ 下午，区委办召开学习讨论会，贯彻落实区委十一届五次全会精神，提出要做宣传、贯彻、落实区委、区政府决策的排头兵。区委办主任陈德俊参加了学习讨论会并在会上讲话。

△ 市农业局副局长姚玉凡率市委农村办一行，在区委农村办有关领导的陪同下，到番禺调研新农村试点村建设，并对番禺打造新农村试点村建设的做法给予充分肯定。

18日 下午，白云区副区长黄志强率该区经贸、国土等部门领导一行30人到番禺考察。副区长黎伟棠以及区有关部门领导陪同考察团一行参观了天安节能科技园和万博中心。

△ 区领导邱学新、黎伟棠、林惠兰分别走访慰问了广东陆军预备役高射炮兵师第一团、广州军区空军后勤部某部队、武警某部队。当天下午，副区长黎伟棠一行还前往石楼镇走访慰问了武警某部队官兵。

△ 下午，团区委举办以“肩负时代重任，探索发展新路”为主题的学习共青团十六大精神专题讲座。省青少年工作研究中心曾锦华主任担任主讲，全区各基层团（工）委团员青年600多人参加了专题讲座活动。

19日 下午，2008年广州横渡珠江活动在中大码头至星海音乐厅之间的江面举行。番禺100名游泳好手代表番禺区参与了这次横渡珠江活动。其中，已连续三年参与横渡的区人大副主任万志成参加市领导的亚组委第一方阵率先横渡。

7月19日，番禺组队参加2008年广州横渡珠江活动。

21日 区在会议中心召开2007年度医疗保险工作会议。会上，市劳动和社会保障局副局长郑玉华充分肯定了番禺区医保工作取得的成绩，并就如何推进医保工作作了讲话。副区长戴永昌要求各部门要把满足职工基本医疗需求和解决困难群体的医疗保障问题作为工作出发点和着力点。

△ 下午，区委副书记严宗活到区安监局调研和指导当前安全生产工作，区安监局领导汇报了番禺区今年的安全生产监管工作情况。

△ 区政府印发《广州市番禺区城市社区卫生服务工作实施方案》。番禺社区卫生服务体系建设的总体目标是：到 2010 年要建成比较完善的城市社区卫生服务体系；医疗水平大幅度提高；居民在社区可以享受到疾病预防保健等公共卫生和一般常见病、多发病以及诊断明确的慢性病的基本医疗服务，社区居民主要健康指标有明显提高。

△ 上午，7 名受地铁施工影响致房屋受损的业主代表在市桥街信访办人员陪同下，将各小区、单位自发制作的锦旗赠送给区政府，感谢区政府“为民谋利益，帮助群众解决困难”。副区长戴永昌代表区政府接受了 3 面锦旗。

△ 下午，区长骆蔚峰率区“八·一”拥军慰问团慰问区武装部官兵。区领导陈德俊、简锡波、陈容康、龚红、黄建强等参加了慰问活动。

△ 下午，区委组织部召开驻村优秀干部座谈会。区委常委、区委组织部部长刘苑珊在会上讲话。区委组织部领导，市、区派驻农村基层的优秀青年干部代表，派驻单位代表以及有关镇、街领导参加了座谈。

△ 区政协主席会议成员视察裕丰企业集团有限公司，就加快推进番禺经济发展方式的转变进行探讨交流。区政协主席徐金海，副主席黄建强、郑葆红、林惠兰、冼桂华参加了视察活动。

△ 区在行政会议中心大会堂举办副处级以上干部普法学习班。区委常委、区委政法委书记简锡波在学习班上作了动员讲话。

△ 省经贸委主任杨建初一行在市经贸委主任赵小穗、副区长黎伟棠等陪同下，到大岗镇新联工业园区调研。

22 日 团中央书记处第一书记陆昊率调研团到东涌镇调研农村团建工作。团省委书记谭君铁、副书记陈东，团市委副书记晏拥军，区领导骆蔚峰、龚红等参加了调研活动。陆昊肯定了番禺的农村团建工作和东涌团建工作，表示将向全国推广东涌的经验。

△ 上午，区政府召开大岗镇经济社会发展规划建设座谈会。国家发改委小城镇发展中心副主任袁崇法，常务副区长楼旭逵，区政府办及有关职能部门负责人参加了座谈会。通过调研，袁崇法认为大岗镇完全有条件成为宜居城镇。

△ 区家庭教育指导中心在星海青少年宫正式挂牌成立。副区长龚红出席了挂牌仪式。

△ 上午，区纪委书记彭群到新造镇调研纪检监察工作，并实地了解该镇落实党风廉政教育和党员示范岗建设工作情况。

23 日 区侨办、法国番禺富善社和英国广东华侨华人联合总会联合举办“2008 年英法青少年番禺寻根夏令营”活动。区人大副主任万志成向法国、英国夏令营团长分别赠送了锦旗，区侨办领导向学员颁发了证书。

△ 上午，市委宣讲团在区委党校举行“省委十届三次全会、市委九届五次全会精神宣讲报告会”。市委宣传部副部长汤应武作宣讲报告，报告会由区委副书记严宗活主持。区委书记、区人大主任谭应华等区领导，各镇街、区直局以上单位副处级以上领导干部，高校师生、老干部代表听取

了宣讲报告。

△ 上午，区长骆蔚峰率区“八·一”拥军慰问团慰问广州军区司令部和政治部的官兵。区领导徐金海、楼旭逵、彭群、陈永球、蒋君武、陈容康、黎伟棠、戴友华等以及区有关部门领导参加了慰问活动。

7月23日，骆蔚峰区长率团慰问广州军区司令部和政治部军官。

△ 上午，佛山市南海区副区长刘涛根率该区有关部门及各镇（街）领导一行18人，到番禺考察内河涌综合整治工作，实地考察了市桥河一河两岸、大石河洛浦沿江路一河两岸的河涌整治情况。副区长戴永昌以及区有关部门领导向考察团介绍了番禺河涌整治情况和经验。

24日 在区科技局召开的“视频监控固定及移动模块在进出口货物查检中的应用研究”科技项目验收会上，区出入境检验检疫局研发的“视频监控固定及移动模块在进出口货物查验中的应用研究”项目，通过了专家组的评审验收。该视频监控应用于进出口货物检验检疫工作中在国内尚属首次。

△ 上午，区召开第八次卫片土地执法检查第五次会议。区委书记谭应华在会上传达了市委常委会议精神，并对区违法用地情况提出具体工作要求。区领导骆蔚峰、彭群、陈德俊、戴友华参加了会议。

△ 上午，区召开2008年度第二次消防联席会议。副区长戴永昌在会上要求各消防联席会议成员单位要狠抓消防安全工作落实。会议还审议通过了《广州市番禺区消防安全责任制规定》、《广州市番禺区消防安全责任制考评办法》、《广州市番禺区消防联席会议联络员制度》等三个规范性文件。

△ 下午，区领导骆蔚峰、黎伟棠率区有关部门和番发集团公司、区厂商会、亿隆公司、广州市国际商品展贸城负责人等一行，到位于钟村镇石壁村的广州铁路新客站建设项目进行调研。

7月24日，区领导骆蔚峰、黎伟棠等率区经贸等有关部门到广州铁路新客站建设项目进行调研。

△ 下午，在市双拥标兵区命名表彰大会和“八·一”军政座谈会上，番禺区被命名为“市双拥标兵区”。

25日 上午，区委书记谭应华率区“八·一”拥军优属慰问团慰问省军区和广州警备区官兵。慰问活动中，区委副书记严宗活代表区“八·一”拥军优属慰问团向省军区和广州警备区赠送了节日慰问金。区领导刘苑珊、陈德俊、简锡波、蒋君武、欧康寿、龚红等参加了慰问活动。

△ 上午，副区长戴永昌率区有关部门负责人到广州市五湖四海国际水产品交易中心项目现场调研，分析解决项目建设中

存在的问题。

△ 下午，副市长陈国在区领导骆蔚峰、戴永昌以及市建委、区有关部门领导的陪同下，到市桥部分社区实地了解因地铁三号线施工造成沿线居民房屋受损的情况。随后，在区政府召开会议。陈国指出，应该尽快公布受损房屋的安全鉴定报告，同时对地铁三号线沿线所有房屋的整体结构受影响情况进行排查，避免安全事故的发生。要尽快与尚未理赔的居民达成理赔协议，并落实好理赔资金。

7月25日，区公安分局欢送首批民警赴汶川灾区支援。

△ 下午，区公安分局为首批赴四川汶川支援抗震救灾、重建家园的民警举行欢送仪式。欢送仪式上，区委常委、区公安分局局长陈永球向赴汶川支援队伍授旗。

△ 化龙镇在文体服务中心举行特级文化站揭牌仪式。化龙镇文化站于今年4月正式通过评估，被评为"广东省特级文化站"。

△ 市委秘书长凌伟宪和市信访局党组书记陈彦华等一行到钟村镇慰问退伍军人，区委组织部长刘苑珊以及钟村镇领导陪同。

△ 8名番禺籍运动员入选北京奥运会中国代表团。他们分别是举重项目的陈燮霞（女），篮球项目的陈江华，击剑项目的朱俊、周汉明、苏婉文（女）、黄嘉玲（女），水球项目的韩志东，皮划艇项目的潘耀。

26~27日 澳门番禺同乡会会长何敬麟率澳门10所中学的学生40多人到番禺开展"潜能之旅"。该活动由澳门番禺同乡会青年委员会和区侨办联合举办。区人大副主任万志成以及区侨办、侨联领导接见了澳门学生。

28日 国土资源部执法监察局副局长张璞率国家土地执法检查组一行，到番禺督导第八次"卫片"土地执法检查工作情况。会上，区长骆蔚峰汇报了番禺应用遥感技术开展第八次土地执法检查情况。国土资源部执法监察局副局长张璞对番禺打击违法用地取得的实效表示肯定。区委书记谭应华表示，番禺将继续下大决心，从严处理违法用地行为。区领导楼旭逵、戴友华等参加了督导工作会议。

7月28日，国土资源部检察组到南村镇进行实地土地执法检查。

△ 上午，省委、省政府举行省抗震救灾先进集体先进个人表彰大会暨抗震救灾先进事迹首场报告会。区领导谭应华、严宗活、莫灿章、刘苑珊、彭群、陈德俊、简锡波等，区直属局以上单位领导在番禺分会场集中收看了电视直播。

29日 上午，区政协领导徐金海、莫灿章、黄建强、林惠兰、冼桂华等一行，视察提案"市桥河市桥大桥至市桥二桥段一河两岸整治”落实情况。区各民主党派、工商联负责人以及区有关部门领导等参加了活动。

△ 下午，国家中医药管理局副局长吴刚、医政司司长许志仁，省中医药管理局和市卫生局等有关领导在副区长张力仁陪同下，到番禺视察创建全国农村中医工作先进区工作情况，对番禺中医工作给予了高度评价。

△ 区委、区政府在番禺宾馆举行庆祝中国人民解放军建军81周年军政座谈会。驻穗各有关部队首长，区领导谭应华、骆蔚峰、徐金海、严宗活等，市有关部门领导，区领导班子其他成员，区法院院长、区检察院检察长，区各部、委、办、局、镇街领导，驻区部队官兵代表参加了座谈会。

7月29日，区举行庆祝中国人民解放军建军81周年军政座谈会。

△ 上午，区在区行政会议中心开展区委书记公开接访日活动。区委书记谭应华接访市民。共接访群众152批445人次。区领导陈德俊、简锡波、陈永球以及区有关部门领导参与了接访活动。

30日 副市长甘新到大岗镇新联工业集聚区调研。市发改委、经贸委等有关领导以及区领导骆蔚峰、楼旭逵、黎伟棠等参加了调研活动。

△ 下午，区在会议中心召开“番禺区第二届优秀中国特色社会主义事业建设者”表彰大会。区委书记谭应华在会上讲话。荣获省第二届优秀中国特色社会主义事业建设者称号的广东省广州番禺电缆厂有限公司董事长王锦荣代表获奖者作了发言。区领导骆蔚峰、徐金海、严宗活等，市委统战部副部长马卫平，区有关部门、各镇街主要领导，区工商联、各镇街商会正副会长等共600多人参加了会议。

△ 上午，区十五届人大常委会召开第十六次会议。会议任命龚汉坤为区人民政府副区长；任命黄启荣为区司法局局长；任命王保森为区建设局局长。应出席本次会议的常委会组成人员27人，实到27人，符合法定人数。

△ 下午，由区委宣传部、区人大办、区政协办、团区委、番禺广播电视台联合主办，区政协办承办的《番禺论坛》举行。本期主题是“我们和奥运”。著名旅行家、作家李存修和100多位观众参与论坛。

下午，区在区会议中心隆重召开“番禺区第二届优秀中国特色社会主义事业建设者”表彰大会。

7月30日，召开“番禺区第二届优秀中国特色社会主义事业建设者”表彰大会。

31日 沙湾镇召开省首批专业镇标准化示范点建设启动工作会议。副区长黎伟棠在会上讲话，市质监局局长梁嘉炽充分肯定了番禺率先在广州各区（市）中实施标准化战略，并明确了配套政策和专项资金情况。省质监局标准化处处长李晖，市质监局副局长曾小鸿，广州市各区（县级市）质监局领导，区有关部门领导、企业代表等150多人参加会议。

△ 上午，市长张广宁到番禺调研广州大学城建设与管理和亚运城建设工作。市领导苏泽群、许瑞生及市有关部门领导参加了调研。区领导谭应华、骆蔚峰、陈德俊、戴友华、龚汉坤以及区有关部门领导参加了调研活动。

△ 上午，泰国中央集团和香港南丰集团客商一行8人，在奥园集团负责人的陪同下到番禺开展商贸服务业发展商机考察和交流活动。常务副区长楼旭逵出席了座谈会。区外经贸局、区国土房管分局等职能部门和企业负责人参加了座谈会。

7月31日，泰国中央集团和香港南丰集团客商一行8人到番禺开展商机考察和交流活动。

下午，应番禺星海合唱团的邀请，世界青年合唱团到中国近现代著名的作曲家和音乐教育家冼星海的故乡番禺，参观冼星海纪念馆。

8月

1日 上午，区召开“三创”联席会议。区委书记谭应华在会上讲话。区领导严宗活、楼旭逵、李鹏程、陈德俊、陈永球、戴永昌、戴友华、张力仁以及“三创”联席会议成员单位、各镇街领导参加会议。

△ 上午，区在番禺广场举行“平安奥运·平安番禺”——广州市番禺区奥运安保联防联控暨志愿者行动启动仪式。区委政法委书记简锡波向民警代表授予“奥运安保联防联控”红旗。民警、治安员、青年志愿者代表等共400多人参加了活动。

8月1日，“平安奥运·平安番禺”——广州市番禺区奥运安保联防联控暨志愿者行动启动仪式。

△ 区慢性病防治站在广东省防痨协会第七届会员代表大会上，被推选为新一届广东省防痨协会理事单位。这是省防痨协会成立以来，首次有区（县）级单位加入理事会。

△ 下午，副区长戴永昌慰问区消防官兵，并与全体官兵共庆“八一”建军节。

△ 下午，区人大副主任陈容康率区人大农村农业工委视察组，到东涌镇和化龙镇视察农业设施的建设与应用情况。

2~3日 中央文明办组织测试组到番禺进行《全国未成年人思想道德建设工作测评体系》测评。通过问卷调查和实地考察，检查组认为番禺青少年活动场所完善，未成年人思想道德建设工作成绩出色。

4日 下午，泰国正大集团副总裁李闻海先生一行6人到访番禺。常务副区长楼旭逵在区政府接待了来宾，并向客人介绍了番禺经济社会发展情况，双方互赠了纪念品。区长骆蔚峰、副区长黎伟棠出席了欢迎晚宴。

8月4日，骆蔚峰区长接见泰国正大集团副总裁李闻海先生。

5日 上午，区召开市桥河水系综合整治工作会议。区长骆蔚峰在会上强调，要进一步加快推进河涌综合整治工程的工作进度，让市桥河水系整治工程尽快见效，使市民尽快从市桥河整治工程中得到实惠。副区长戴永昌以及区有关部门领导参加了会议。

△ 上午，区领导干部反腐倡廉建设专题辅导报告会在区行政会议中心举行。中央纪委宣教室副主任李本刚作了反腐倡廉建设专题报告。谭应华、徐金海、严宗活、楼旭逵、刘苑珊、李鹏程、彭群、蒋君武等区领导班子成员，区法院院长、区检察院检察长、区委助理巡视员及区纪委副书记，全区副处级以上干部等共800多人参加了报告会。

△ 副区长黎伟棠率番禺工业产业转移投资项目考察团一行30多人，到河源市东源县、连平县考察。

6日 上午，区人大副主任欧康寿、陈容康、杨瑞泉、古瑞芬、邱学新、万志成以及各委办正、副主任一行视察广州市荣誉市民和港商在番禺创办企业的情况。区有关部门领导应邀参加了视察活动。

△ 省检验检疫局副局长邓旭旗到番禺区检验检疫局调研。

△ 上午，由广州海事局出资新造的“海巡1502”执法船，在番禺海事处莲花山办事处海巡船码头举行交接仪式。“海巡1502”海事执法船交由番禺海事处使用，使番禺海事处的执法船增加到7艘。广州海事局局长谭永烈、副局长钟振斌，副区长戴永昌，区有关领导等参加了交接仪式。

△ 上午，副区长龚红到何贤医院看望最后一批接受免费手术的贫困白内障患者，了解他们的术后恢复情况。

△ 下午，市桥街召开2008年上半年工作总结会议。区委书记谭应华、区委副书记严宗活、副区长龚汉坤出席了会议。

7日 番禺珠江钢管有限公司与中国石油天然气集团公司管材研究所联合申报的“海底油气管道用直缝埋弧焊管国产化技术及应用研究”项目，日前获得了陕西省石化行业2008年度科学技术奖一等奖。

△ 广州市在南村镇召开全市第八次卫片土地执法检查违法用地整改工作现场会。市委常委、常务副市长苏泽群出席会议并讲话。区委书记谭应华、区长骆蔚峰出席了现场会。与会人员首先实地参观了南村镇樟边村高头岗违法用地整改现场，随后在南村镇政府召开了违法用地整改工作会议。

△ 上午，区在东环街蔡三村召开全区农村（社区）党员干部现代远程教育工作会议。区农村（社区）党员干部现代远程教育工作领导协调小组成员，各镇街党（工）委组织委员等参加了会议。区委常委、区组织部部长刘苑珊到会并讲话。

△ 上午，副市长甘新到番禺调研民营企业。甘新要求民营企业发挥总部作用，树立信心，克服困难，将企业做强做大，为当地经济发展做出贡献。区领导骆蔚峰、黎伟棠等参加了调研活动。

8日 上午，区召开集中销毁无牌无证机动车大会,集中销毁无牌无证摩托车2900辆和50辆机动车。区委常委、区政法委书记简锡波，区有关部门领导以及公安民警共50人参加大会。

8月8日，区召开集中销毁无牌无证机动车大会。

△ 区领导骆蔚峰、严宗活率番禺助威团到北京，支持和鼓励陈燮霞等番禺籍运动员努力拼搏，为国争光。区长骆蔚峰和区体育局局长江健河、陈燮霞启蒙教练黎炳明还分别接受了媒体的专访。

9日 中午，市委副书记、政法委书记张桂芳、副市长徐志彪在市体育局有关领导和区领导谭应华、李鹏程、陈德俊的陪同下，专程到陈燮霞番禺榄核大坳村的家中，祝贺陈燮霞夺取北京奥运中国代表团首面金牌。

10日 上午，奥运冠军陈燮霞个性化邮票在全区各营业网点与广大市民见面。区邮政局还派出专人到陈燮霞家中，向家属赠送了陈燮霞冠军个性化邮票。广东电视台进行了采访和报道。截至8月12日，全区共订购陈燮霞个性化邮票近1万套。

11日 区举办直属机关科级以下干部职工普法学习班。副区长戴永昌在学习班上作了动员讲话。

12日 上午，市委、市政府召开广州市抗震救灾先进集体、先进个人表彰大会暨抗震救灾先进事迹报告会。区领导班子成员徐金海、严宗活、楼旭逵、刘苑珊、彭群、陈德俊、简锡波，区法院院长、区检察院检察长及区纪委副书记，区直属机关局以上单位主要负责人在番禺分会场集中收看了电视直播。区政府、区民政局被评为抗震救灾先进集体；龚红、陈炳根、王永达、卢永青、陈昌等5人被评为抗震救灾先进个人。

△ 区开始采取GPS卫星定位系统，对全区农村公路自然村通达情况进行专项调查。在13个镇街采集了200人以上的自然村点374个，有249个自然村已通畅公路(已硬底化)，125个自然村已通达公路(还没硬底化)。

△ 团市委书记王焕清、副书记童慧，市体育局领导，团区委书记徐柳等一行，到奥运冠军陈燮霞家中进行慰问。

△ 下午，区委常委、区纪委书记彭群一行到石楼镇，对土地执法、亚运城规划建设等工作进行了调研和指导。

13日 区政协各界人士纪念改革开放30周年座谈会召开。区领导谭应华、徐金海、严宗活、楼旭逵、陈德俊、万志成、黄建强、林惠兰、冼桂华、周志，区各民主党派、工商联、无党派代表人士等出席了座谈会。

△ 上午，区渔业协会在区行政会议中心召开第一次会员大会。副区长戴永昌、市农业局（海洋与渔业局）副局长周彩信、市渔业协会会长钟爱东、区海洋与渔业局领导等应邀出席了会议。

△ 下午，区委书记谭应华到石碁镇检

查第八次卫片土地执法工作。谭应华要求各镇、街要采取坚决措施，在规定的期限完成清拆和复耕复绿任务，确保第九次卫片检查不出现问题。区领导陈德俊、戴友华参加了检查。

△ 区社区居家养老服务中心在区福利院挂牌。

△ 区工商联召开第十届五次执委扩大会议，会议总结了工商联今年上半年工作并部署下半年工作，增补区工商联第十届执委会副主席、常委。区政协副主席黄建强、区工商联党组书记曾瑞芳等出席了会议。

△ 香港生物医药企业番禺考察团一行70多人，到番禺进行为期一天的考察交流活动。晚上，双方举行了交流推介会。区领导楼旭逵、黎伟棠等接待了考察团一行。

△ 重庆市梁平县商贸团一行到番禺参观考察。区长骆蔚峰接待了考察团一行，并向他们介绍了番禺近年来社会经济发展情况和产业转移的有关情况。区经贸局领导出席了座谈会。下午，考察团一行考察了石碁镇的康达木业和位于天安科技园的海大企业。

△ 晚上，番禺海事处联合有关部门查获了正在蕉门水道酬劳水闸附近水域偷挖河沙的6艘自吸砂船。

14日 下午，区委书记谭应华视察宝墨园二期工程——南粤苑的建设情况。谭应华强调，南粤苑是打造岭南文化精品的重要建设工程，要把工程做到最好，使之成为番禺旅游的一个新亮点。区领导楼旭逵、陈德俊、黎伟棠等和区有关部门负责人陪同视察。

15日 上午，区召开第八次卫片土地执法检查第六次工作会议。区委书记谭应华在会上强调，各镇街要按时完成第八次卫片土地执法检查中查出违法建筑清拆和违法土地复耕复绿任务，并保证不出现新的土地违法现象，第九次卫片检查出现问题的镇街，当地党政主要领导一律先行免职。区领导陈德俊，戴友华参加了会议。

△ 上午，市委政研室在区召开广州市统筹城乡发展专题座谈会，区委副书记严宗活、副区长戴永昌以及区有关部门的主要领导参加了会议。

△ 市委书记朱小丹、市长张广宁率领市党政考察团一行，到四川汶川县威州镇慰问驻在威州中学救灾复建维稳的广州公安援川工作队番禺小分队。区长骆蔚峰参加了慰问活动。

△ 副区长、大学城管委会主任龚汉坤在有关部门领导陪同下，到广州大学城保留村开展调研活动。

18日 广州市台资企业协会番禺分会成立16周年暨慈善基金设立及第八届理事就职庆典大会在长隆酒店举行。区委副书记严宗活在会上讲话。市台办主任周才玉、副主任李忠，区领导莫灿章、彭群、陈德俊、简锡波、蒋君武等，市台资企业协会会长程丰原，区有关部门领导，各区、县台办领导，市台资企业协会番禺分会各理事、成员共500多人出席了大会。

△ 下午，区召开学习贯彻《广州市流动人员管理规定》工作会议，正式实施的《广州市流动人员管理规定》中规定流动人员享有9项便利和公共服务。区委常委、区政法委书记简锡波参加了会议。

19日 共青团番禺区代表会议在南村镇召开，会议总结了共青团上半年的工作，部署了下半年工作任务，并差额选举了16名团代表参加广州市第十四次团代会。区委副书记严宗活出席会议并在会上讲话。

△ 上午，区武装部与樟边村举行了“双百共建文明村”挂牌仪式。区委常委、区武装部部长蒋君武参加了挂牌仪式。

20日　上午，省残联对口培训四川省汶川县残疾人安排转移就业仪式在番禺区桥南街康宁推拿店举行，5名来自汶川县的盲人正式到区康宁推拿企业培训就业。省、市、区残联领导出席了仪式。

△　下午5时许，大石街植村宇宙金门楼一家厂房发生火灾。接到报警后，区消防、安监、医疗等多个部门第一时间赶到现场投入灭火工作。区领导谭应华、戴永昌，区消防大队，大石街有关领导等赶赴现场指挥救火工作。事件过火面积约300平方米，两名滞留的工作人员被安全救出，无人员伤亡。据了解，事故现场为一制衣厂，车间内堆有很多制衣成品，为易燃材质。事故原因仍在进一步调查之中。

8月20日，大石街植村宇宙金门楼一家厂房发生火灾。

21日　上午，区领导谭应华、戴友华在区规划、国土房管等职能部门负责人和市桥街领导陪同下，到市桥街了解旧城改造规划及新农村建设情况。

△　上午，区三防办紧急召开防台风工作会议，副区长戴永昌要求紧急动员，尽最大努力将台风"鹦鹉"可能正面吹袭所带来的损失减轻。下午，各镇（街）纷纷召开紧急会议传达区防风紧急会议精神，部署防台风"鹦鹉"工作。

△　上午，区委常委陈德俊到石碁镇检查了低涌村的水利堤防设施，并充分肯定了石碁镇的三防工作成效。

△　晚上，市委宣传部在广州白云国际会议中心举行第六届"广州文艺奖"颁奖晚会，番禺沙坑龙狮团的《醒狮舞：雄师勇攀奥运——英雄刘关张》和化龙镇潭山飘色队的《争荣弃耻、七姐下禺山》分别获得"广州市宣传文化精品奖"。区委宣传部获得了组织奖。

8月21日，在第六届"广州文艺奖"颁奖晚会上，朱小丹书记为我区获奖者颁奖。

22日　区委书记谭应华主持召开区委常委会议，围绕弘扬抗震救灾精神进行理想信念专题学习讨论。谭应华强调，要把抗震救灾精神转化为齐心协力推动工作的强大动力，坚持一手抓对口支援灾区恢复重建工作，一手抓经济社会全面协调可持续发展，继续解放思想，改革创新，争当建设"首善之区"的排头兵。

△　上午，区再次召开三防紧急会议，通报台风"鹦鹉"的进展情况。区委书记谭应华强调，一定要确保所有番禺群众的生命财产安全。副区长戴永昌主持会议。

△　下午5时，市委常委、常务副市长苏泽群及市防总有关领导在区领导谭应华、戴永昌等陪同下，到番禺检查防御台风"鹦鹉"工作落实情况。

△　晚上，区领导谭应华、楼旭逵、陈

德俊、戴永昌与区三防指挥部的成员到石楼、大岗和东涌等三个防台风重镇，巡查防御台风措施的落实情况。谭应华指出，各级各部门要落实区三防指挥部防台风二级应急响应预案，切实做好台风防御工作。

25日 区委书记谭应华率番禺区经济建设考察团抵达上海，对华东开展为期5天的考察学习。谭应华要求考察团全体成员在考察学习的过程中开动脑筋，开阔眼界，寻找差距，带动番禺新一轮经济发展。区领导陈德俊、邱学新、黎伟棠、龚汉坤和区有关部门领导参加了考察。

26日 上午，省、市委政研室在番禺区召开调研座谈会，重点调研番禺在“腾笼换鸟”、节约集约用地方面的经验做法、存在问题和解决办法。省、市政研室领导，区委副书记严宗活、副区长戴友华和区有关部门负责人参加了会议。

△ 市人大副主任陈传誉率市人大教科文卫工委组织的人大代表一行25人，到番禺视察化龙镇农村科普工作。市科协副主席张菊珍、区科协和化龙镇有关领导陪同了视察。视察组对化龙镇近年开展农村科普工作给予了高度评价。

26~27日 副区长戴友华出席广州市第三季度安全生产监管工作暨安全生产“双基”工作会议，并代表番禺在会上作经验介绍。副市长、市安委会主任甘新对番禺安全生产监管工作给予了充分肯定，指出番禺安全生产“双基”工作的做法和经验值得其他单位学习借鉴。

27日 上午，佛山市副市长、汾江河整治执行总指挥邓伟根率佛山市汾江河综合整治指挥部有关负责人一行30人，到番禺区考察河涌综合整治工作。副区长戴永昌和区有关部门负责人陪同考察。

△ 下午，荔湾区、白云区、黄埔区、花都区、南沙区的部分老领导在区长骆蔚峰的陪同下，参观了宝墨园扩建工程——南粤苑的建设情况。

28日 上午，区国土房管分局执法监察大队正式挂牌成立。副区长戴友华、广州市国土房管局和区国土房管分局有关负责人参加了揭牌仪式。

△ 区选出的17个社区申报广东省第二批“六好”平安和谐社区，接受创建广东省“六好”平安和谐社区检查组一行的检查。副区长龚红、区政府办等有关部门领导参加了检查活动。

29日 上午，区普法领导小组扩大会议在区会议中心召开。区委常委、区委政法委书记、区普法领导小组副组长简锡波在会上强调，在“创文”普法达标工作的冲刺阶段，各镇街、各部门要高度重视普法达标工作，把提高普法普及率作为当前一项事关全局的重要任务来抓。

△ 番禺经济建设考察团召开考察学习总结会议。番禺经济建设考察团先后到上海市、昆山市、杭州市的14个考察点进行考察学习。区委书记谭应华在会上强调，虽然番禺与华东地区有一定差距，但要树立信心，迎头赶上。会上，参加考察学习的各职能部门、各镇街的负责人在发言中都表示，通过4天的考察，开阔了眼界，找到了差距，学到了不少经济建设经验。

8月29日，番禺经济考察团在上海参观中船三井造船柴油机有限公司的生产车间。

8月29日，番禺经济考察团在上海正大广场考察并座谈交流。

△ 香港番禺工商联谊会、旅港番禺会所、侨港番禺同乡会、香港番禺同乡总会和澳门番禺同乡会近100名乡亲，回家乡进行拜访活动。乡亲们参观了沙湾珠宝产业园、钻汇珠宝采购中心和大夫山森林公园。区领导骆蔚峰、徐金海、严宗活、欧康寿、万志成、黄建强、郑葆红与旅港澳乡亲进行了座谈。

30日 《番禺日报》摄影记者黄国宏选《选村官》新闻图片，获由中国摄影家协会举办的“第二届‘建设社会主义新农村’摄影作品展览优秀奖”。

31日 番禺大桥建成通车10周年庆典在星河湾酒店举行。副市长陈国、区领导谭应华、骆蔚峰、楼旭逵、陈德俊和番禺大桥有限公司股东代表霍震霆、霍震寰、霍震宇、陈瑞球等出席了庆典。

9 月

1日 上午，区委书记谭应华在区信访办接待来访的群众。当天上午共接待来访群众17批18人，涉及村民福利分配、计划生育、职工养老保险、小区物业管理、环境污染等问题。

△ 上午，区厂商会在番禺大厦为参与北京奥运工程建设的广州锐丰建业灯光音响器材有限公司等12家制造商举行庆功会。副区长黎伟棠出席活动。

△ 晚，番禺海外联谊会在香港举办“迎中秋、叙乡情”联谊活动，广州市委常委、市委统战部部长孔少琼，区领导谭应华、骆蔚峰、徐金海、严宗活等，香港知名人士陈瑞球等，以及番禺海外联谊会的常务理事、旅港澳番禺乡亲及香港各界朋友，区有关部门及各镇街的领导共360多人参加联谊活动。区政协主席、番禺海外联谊会会长徐金海致欢迎辞。区长骆蔚峰代表区委、区政府介绍了番禺近期的经济社会发展情况。

△ 副区长张力仁与区教育局领导到仲元中学、番禺中学、培智学校等学校视察新学年开学工作。

2日 上午，区政府与南海区政府在长隆酒店举行合作建设海怡大桥项目签约仪式；区长骆蔚峰、南海区区长区邦敏签定了《合作建设海怡大桥项目协议》。工程总造价约5亿元，该桥预计在2010年10月建成通车。南海区委书记李贻伟；区委书记谭应华，区长骆蔚峰；南海区区长区邦敏；区领导陈德俊、戴永昌、龚汉坤以及佛山市、南海区有关领导，番禺区有关部门人员出席了签约仪式。李贻伟、谭应华分别在会上讲话。

△ 上午，区创建全国文明城市迎检工作协调组和区“三创”协调办领导，召集各街镇、各职能部门负责人召开紧急工作会议，就做好区迎“国检”各项准备工作进行部署。区领导李鹏程、陈德俊出席了会议。

△ 上午，广州市“万村千乡市场工程”建设现场会在石碁镇召开。副区长黎伟棠出席会议并在会上讲话。区经贸局领导、石碁镇领导及有关企业负责人参加了会议。

会后，与会人员参观了石碁镇供销社配送中心、石碁供销社百越商场镇级农家店、东涌镇长莫农家店和万洲万新和信农家店。

△ 上午，区经济普查领导小组召开区第二次全国经济普查动员大会。区委书记、区人大主任谭应华、区委常委、副区长楼旭逵分别在会上讲话。区统计局有关领导、区经济普查领导小组全体成员及联络员，各镇街经普领导小组组长、经普办主任及业务骨干参加了会议。

9月2日，召开区第二次全国经济普查动员大会。

△ 区十五届人大常委会召开第十七次会议，进行有关人事任免；听取和审议区关于2007年财政预算执行情况和财政收支情况审计工作的报告、2008年上半年国民经济和社会发展计划执行情况的报告；听取和审议关于促进教育事业均衡发展工作情况的报告。区委书记、区人大主任谭应华，区人大副主任欧康寿、陈容康、杨瑞泉、古瑞芬、邱学新、万志成出席了会议；区委常委、副区长楼旭逵，副区长张力仁等列席了会议。

3日 上午，区召开《番禺区促进城乡一体化格局总体方案》起草工作会议。区委书记谭应华在会上讲话。区领导严宗活、陈德俊、戴永昌等参加了会议。

△ 上午，大学城工作指挥部在区行政办公中心召开动迁工作情况汇报会。区领导谭应华、骆蔚峰、戴永昌等参加了会议。

4日 第六届番禺旅游文化美食节组委会第一次全体委员会议在区政府召开。副区长黎伟棠在会上对各部门的工作提出了要求。

△ 区委、区政府组织中秋敬老慰问团开展敬老慰问活动，慰问团先后慰问了大石街敬老院、区社会福利院的老人，并对大石街、洛浦街、沙湾镇的百岁老人和特困老人进行了慰问。区领导谭应华、骆蔚峰、徐金海、严宗活、刘苑珊、彭群、陈德俊、欧康寿、陈容康、邱学新、龚红、郑葆红以及区有关部门的领导等参加了慰问活动。

9月4日，骆蔚峰区长率领区委、区政府中秋敬老慰问团前往区社会福利院慰问。

5日 上午，区召开支援四川抗震救灾工作座谈会。区委书记谭应华在会上要求，全区要大力弘扬伟大的抗震救灾精神，推动支援灾后重建工作，促进番禺科学发展。会议由区委副书记严宗活主持。副区长、区支援四川灾区抗震救灾工作组组长龚红总结了区前期支援四川灾区抗震救灾工作。区领导骆蔚峰、徐金海、严宗活、刘苑珊、陈德俊、欧康寿、龚红、戴友华等，区支援四川抗震救灾工作组成员等有关单位及各镇街主要领导，市抗震救灾先进个人，赴汶川抗震救灾工作人员代表等参加了会议。

△ 上午，市纪委在沙湾宝墨园举行“广州廉洁文化教育基地”挂牌仪式。区委常委、区纪委书记彭群参加了挂牌仪式。

△ 下午，区领导谭应华、李鹏程、陈德俊、张力仁率区有关部门负责人到市桥荣达幼儿园、钟村职业技术学校和番禺农校进行民办学前教育和职业教育调研。

9月5日，区领导谭应华、李鹏程、陈德俊、张力仁率区有关部门负责人到市桥荣达幼儿园、钟村职业技术学校和番禺农校。

△ 区组织区内50多家企业参加在琶洲广州国际会议展览中心举行2008年广州博览会。副区长黎伟棠看望了参展企业，并与有关企业负责人进行了座谈。

△ 区劳动和社会保障局举办社保离退休人员代表中秋慰问座谈会。副区长戴永昌参加了座谈会。

△ 南村中学举行晋升“广东省一级学校”挂牌仪式暨开学典礼。

△ 在广州2008国际动漫游戏展开幕式上，副市长曹鉴燎、市经协办主任卜灿雄，区委常委、宣传部部长李鹏程以及区有关部门负责人为番禺动漫游艺行业协会揭牌。当晚，区动漫游艺协会在星河湾酒店举行成立庆祝晚宴，区领导骆蔚峰、严宗活、欧康寿、黎伟棠等到场祝贺。

6日 区第五期妇女献爱心互助活动正式启动。市妇联主席李建兰，区领导严宗活、刘苑珊、龚红等出席了启动仪式。

7日 前来参加番禺大桥建成通车10周年庆典活动的霍震霆、霍震寰、霍震宇等霍氏家族成员在星河湾酒店，向副市长陈国，区领导谭应华、骆蔚峰等赠送《梦圆中国》冠军风采画册。同时霍震霆等还向市、区领导赠送了有陈燮霞本人签名的照片。

△ 上午，区紧急召开“三创”联席会议，传达广州市“创文”迎“国检”会议精神，部署区“创文”迎“国检”工作。区委书记谭应华、区长骆蔚峰分别在会上讲话。区领导严宗活、李鹏程、陈德俊、简锡波、戴友华、张力仁以及各镇街主要领导和各“创文”工作牵头单位的主要领导参加了会议。

8日 区长骆蔚峰、副区长张力仁到区培智学校、东涌镇鱼窝头中学、东涌中学进行调研。骆蔚峰就目前农村学校在发展中遇到的瓶颈问题，如何有效推进全区教育均衡发展等问题进行了详细的了解。

9月8日，区领导骆蔚峰、张力仁等到区培智学校、东涌鱼窝头中学、东涌中学调研。

△ 区长骆蔚峰率检查组到沙湾镇、桥南街检查“创文”工作。

9日 上午，副市长曹鉴燎在市、区有关部门领导的陪同下，到番禺进行中秋、国庆节前食品安全工作监督检查。

9月9日，曹鉴燎副市长在市、区有关部门领导的陪同下，对区中秋、国庆节前食品安全工作进行监督检查。

△ 上午，区在会议中心举行庆祝第24个教师节。大会由副区长张力仁主持。市教育局纪委书记谢鸣、区委书记谭应华分别在会上讲话。区领导骆蔚峰、徐金海和区领导班子其他成员以及区直局以上单位领导，各镇街领导和2008年区优秀教师等近1000人出席大会。

9月9日，区召开大会庆祝第24个教师节。

△ 上午，区委书记谭应华到市桥街检查"创文"工作，区领导李鹏程、陈德俊以及区有关部门领导参加了检查。

△ 上午，区委常委、组织部部长刘苑珊到东环街的东环居委、奥林巴斯员工宿舍、江南居委和富豪居委检查创建全国文明城市迎检工作。

△ 区党政考察团到浙江省奉化市滕头村，考察学习新农村建设。

△ 下午，副区长戴友华率区有关部门领导到市桥街、东环街检查指导"创文"迎检工作。

△ 市人大副主任陈伟光、陶子基率市人大财经工委一行到区工商企业视察。区领导骆蔚峰、万志成、黎伟棠，市经贸委、区人大财经委、区经贸局等有关领导参加了视察活动。

10日 上午，首届新农村建设与古村（镇）保护高峰论坛在余荫山房举行。中国民族建筑研究会副会长李先逵，区人大副主任万志成，区旅游局领导以及我国长期从事古村镇保护研究及开发利用的相关领导及专家、学者近70人参加了论坛。会后，与会专家及代表参观考察了余荫山房。

△ 下午，区召开2010年亚运城市行动计划推进动员会议。会议由副区长张力仁主持。市政府副秘书长古石阳，区领导谭应华、骆蔚峰、徐金海、莫灿章、刘苑珊、彭群、陈德俊、陈永球、蒋君武等参加了会议。

△ 中纪委监察部驻农业部纪检组副组长、监察局局长董涵英一行，到区视察农机化建设工作。副区长楼旭逵等陪同考察。

11日 上午，广州番禺职业技术学院举行2008级新生开学典礼。副区长张力仁在开学典礼上讲话。

△ 下午，区召开第八次卫片土地执法检查第七次工作会议暨借鉴华东经验推进城建工作座谈会。区领导谭应华、骆蔚峰、莫灿章、彭群、陈德俊、戴友华参加了会议。

12日 上午，区第五届运动会总结颁奖大会在英东体育馆举行。区领导谭应华、骆蔚峰、李鹏程、陈德俊、万志成、张力仁、冼桂华以及市体育局副巡视员吴日秀等参加了大会，并为获奖代表队颁奖。

△ 上午，区法院在新造镇政府举行“番禺区人民法院大学城人民法庭揭牌仪式”。区委常委、政法委书记简锡波出席了揭牌仪式。

△ 上午，区委常委、区公安分局局长陈永球，区人大副主任邱学新等率“创文”检查组前往市桥街、桥南街检查“创文”工作。

△ 下午，区在番禺宾馆举办2008年各界人士贺中秋迎国庆茶话会。区长骆蔚峰主持了茶话会，区委书记谭应华代表区委、区政府向奋斗在各条战线、各个岗位上的工作人员和社会各界人士致以节日的问候。区领导班子成员徐金海、莫灿章、李鹏程、彭群、陈德俊、陈永球等，区法院院长、区检察院检察长及区纪委副书记；区委助理巡视员，离退休原区（县、市）领导班子成员及社会各界人士代表等出席了茶话会。

9月12日，区举行2008年各界人士贺中秋迎国庆茶话会。

△ 晚，纪念改革开放30周年系列文艺活动暨广东省第二届民间歌会在化龙镇举行。中国文联党组成员、书记处书记、中国民协副主席白庚胜，中国民间文艺家协会组联部主任周燕屏，中国文联出版处处长霍旭升，原省人大副主任陈坚，省委宣传部副部长顾作义，省文联党组副书记廖曙辉等领导，区领导李鹏程、古瑞芬、邱学新、万志成等观看了演出。

9月12日，纪念改革开放30周年系列文艺活动暨广东省第二届民间歌会在化龙镇举行。

△ 区党政考察团结束对杭州、宁波、上海、南京华东四市的学习考察返抵番禺。

△ 区公安分局局长陈永球带领区“创文”检查组一行，到沙头街视察“创文”工作。

13日 区领导李鹏程、陈德俊、冼桂华率区“三创”协调办等有关部门负责人，先后到市桥街、大石街、钟村镇、桥南街等地，巡查督导“创文”工作。

△ 晚，纪念改革开放30周年系列文艺活动暨广东省第二届民间歌会在南村镇文化中心圆满落下帷幕。化龙镇和南村镇选送的新民歌《细墟的月光》、山歌《名产歌》双双获得金奖。区领导李鹏程、彭群、古瑞芬、邱学新、冼桂华等出席了歌会。）

9月13日，陈梦媛演唱《名产歌》获得金奖。

14日 下午，区委书记谭应华到大石街、洛浦街检查“创文”工作。区领导李鹏程、陈德俊等参加了检查活动。

15日 下午，区委常委、区委办主任陈德俊率检查组检查市桥街“创文”工作。

16日 下午，区委常委、组织部部长刘苑珊和区委常委、纪委书记彭群率区领导干部绩效考核调研团一行20多人，赴青岛、南京考察构建党政领导班子和领导干部绩效考核评价体系的有关工作。区领导古瑞芬、郑葆红、冼桂华以及区有关部门的主要领导参加了考察。

△ 区开始第二次全国经济普查，普查对象约有1.5万个单位和8万多户个体经营户，经济总量占全区经济总量的95%左右。

△ 区委统战部举行统一战线代表人士迎中秋、庆国庆座谈会。农工民主党番禺区委员会主委、区人大副主任万志成，区政协副主席、统战部部长郑葆红，九三学社番禺区基层委员会主委、区政协副主席周志，区各民主党派、工商联、区无党派知识分子联谊会、区民族团结进步协会、基督教市桥堂等统一战线组织负责人参加了座谈。

△ 晚，区在科尔海悦酒店举行庆祝番禺籍奥运健儿凯旋晚会。在北京奥运会上为中国代表团夺得首枚金牌的陈燮霞以及朱俊、周汉明、黄嘉玲、苏婉文、韩志东等6名参加第29届奥运会的番禺籍健儿出席了晚会。区领导谭应华、骆蔚峰、徐金海、严宗活、莫灿章、李鹏程、陈德俊、简锡波、陈永球等，八一体工大队，省、市体育部门的领导，区各镇街、区直各部门、单位主要领导，以及运动员家属参加了晚会。晚会由宣传部部长李鹏程主持。区委书记谭应华作了讲话，区长骆蔚峰宣读了《关于表彰我区参加第29届奥运会运动员和突出贡献单位个人的通报》。

9月16日，谭应华书记在以奥运健儿为榜样推进“首善之区”建设迎接2010年广州亚运会晚会上讲话。

9月16日，骆蔚峰区长与陈燮霞在以奥运健儿为榜样推进“首善之区”建设迎接2010年广州亚运会晚会上同台合唱。

9月16日，在以奥运健儿为榜样推进“首善之区”建设迎接2010年广州亚运会晚会上，区领导谭应华、骆蔚峰与陈燮霞亲切座谈。

9月16日，在以奥运健儿为榜样推进“首善之区”建设迎接2010年广州亚运会晚会上，区表彰、奖励六位番禺奥运健儿。

9月16日，以奥运健儿为榜样推进“首善之区”建设迎接2010年广州亚运会主题晚会现场情况。

16~17日 区规划分局就广州番禺现代信息服务业总部基地建筑设计方案专题向区常务会议作了汇报。17日上午，区领导谭应华、骆蔚峰、戴友华等现场察看了相关设计模型，并对开展下一步工作提出了具体的要求和意见。

17日 下午，以国家土地督察广州局副专员邱耿华为组长的国土资源部检查验收组对番禺第八次卫片土地执法进行检查验收。区领导谭应华、骆蔚峰、戴友华陪同检查。

△ 区举行创建全国优质服务先进单位迎检工作动员会。区委副书记严宗活在会上讲话。副区长龚红向全区计生系统及齐抓共管单位发出了创建全国计划生育优质服务先进单位的动员令。

18日 上午，以国家土地督察广州局副专员邱耿华为组长的国土资源部检查验收组继续对区第八次卫片土地执法进行检查验收。区领导谭应华、戴友华参加了检查活动。

9月18日，国土资源部检查验收组实地察看区第八次卫片图斑变化情况。

△ 上午，区召开2008年特别防火期森林防火暨重阳节安全保卫工作会议。副区长戴永昌出席了会议并在会上讲话。

9月18日，区召开2008年特别防火期森林防火暨重阳节安全保卫工作会议。

△ 区政府召开区食品安全工作会议，部署落实在全区开展三鹿牌奶粉的查处工作。副区长、区食安委常务副主任黎伟棠

以及各镇街、职能部门分管食品安全工作的领导等近50多人参加了会议。

△ 晚，市总工会为职工送法律、送健康体检、送流动课堂的“三送”活动和市女职工权益案例释疑普法教育启动仪式在沙湾镇文化活动中心举行。区人大副主任、区总工会主席邱学新，以及沙湾镇有关企业的员工代表等参加了仪式。

19日 上午，区召开劳动保障工作会议。戴永昌在会上讲话。市劳动和社会保障局副局长陈健龙、区人大副主任邱学新、副区长戴永昌以及区劳动和社会保障局领导出席了会议。

△ 晚，区创建全国计划生育优质服务先进单位暨人口文化宣传月活动启动仪式在区会议中心举行。副区长龚红在启动仪式上作动员讲话。省计生委、市计生局有关领导，区领导严宗活、邱学新，区计生局，各镇街计生分管领导、计生干部职工和群众参加了活动。

20日 土库曼斯坦两位副总理奥拉佐夫先生与亚兹穆哈梅多娃女士，在省政府外事办公室和区政府侨务办公室有关领导的陪同下，到广州市番禺珠江灯光音响实业有限公司参观。

△ 区科协在番禺广场举办“畅想未来家园”百名青少年科学幻想绘画活动和科普文艺表演晚会。市科协有关领导，区领导万志成、冼桂华以及区科技线有关负责人、市桥街有关领导出席了活动。

9月20日，在“畅想未来家园”百名青少年科学幻想绘画比赛上，100名学生进行集体创作60米长卷画。

21日 下午，国家农业部发展计划司副司长周应华率国家《珠三角地区改革发展规划纲要》调研组（农业组）一行，在省农业厅副厅长佘俭娥及副市长陈国的陪同下到区考察现代农业发展情况。区领导楼旭逵、戴永昌及区有关部门领导陪同调研组先后考察了区农科所、区农机推广中心、石楼镇海鸥岛万亩水产养殖基地。

22日 区长骆蔚峰、副区长戴友华率由区安监局、区文化局、区工商分局等有关单位组成人员对区重点娱乐场所进行消防安全大督查。

△ 区委书记谭应华率区内20多家企业负责人赴恩平、台山两市考察投资环境。副区长黎伟棠和区有关部门负责人参加了考察。

△ 下午，国家发改委经济体制综合政策司司长范恒山率国家《珠三角地区发展规划纲要》调研组，在广州市常务副市长邬毅敏以及市有关职能部门负责人陪同下到广州大学城数字家庭孵化基地调研。区委常委、副区长楼旭逵以及区有关部门负责人陪同调研。

△ 副区长张力仁到区人民医院和何贤纪念医院视察，指导食用过含三聚氰胺奶粉婴幼儿的免费筛查工作。

23日 国家质检总局、国家标准委联合发布公告，番禺珠江钢管有限公司主持起草的“低压流体输送用焊接钢管（GB/T 3091-2008）”、“直缝电焊钢管（GB/T 13793-2008）”、“焊接钢管尺寸及长度单位长度重量（GB/T 21835-2008）”三项国家标准正式获准颁布，并将于2008年11月1日起实施。

△ 下午，区“三防”指挥部召开紧急会议，部署防台风“黑格比”工作。副区长戴永昌传达了区委书记谭应华的指示精神；各级各部门要高度重视，严防死守，尽最大力量保护人民群众生命财产安全，绝不能出现人员伤亡事故。

△ 区政协召开十二届十一次常委会议，视察了亚运城和广州铁路新客站工程。区政协主席徐金海，党组副书记莫灿章，副主席黄建强、林惠兰、冼桂华、周志出席活动。区有关部门和单位负责人应邀参加了活动。

△ 由省文联、省民文艺家协会认定的首批“广东古村落”名单公布，在评选出的27条“广东省古村落”中，石楼镇大岭村和沙湾镇车陂街、安宁西街榜上有名。

9月23日，沙湾镇车陂街入选首批“广东省古村落”。

9月23日，石楼镇大岭村入选首批“广东省古村落”。

24日 由农工党番禺区委牵头组织的“番禺区统一战线医疗专家服务新农村”第二阶段活动启动。区人大副主任、农工党番禺区委主委万志成，区政协副主席、区委统战部部长郑葆红等参加启动仪式。

△ 凌晨，由于受今年14号台风“黑格比”影响，区江河潮水位迅速升高，石楼、石碁、东涌三镇相继出现险情。23日至24日早上，区领导谭应华、骆蔚峰、陈德俊、戴永昌率领区有关职能部门分赴各镇街，检查各项防台风措施落实情况，24日上午，常务副市长苏泽群率市应急、三防等有关职能部门对番禺出现险情的堤段进行了视察。市三防派出工作小组对区抢险工作进行指导。

9月23~24日晨，台风“黑格比”影响我区，驻区民兵奔赴抢险一线。

9月23~24日晨，台风“黑格比”影响我区，石碁镇干部群众紧急抢修河堤现场。

△ 省政府在区召开违法违规用地查处整改现场会。副省长林木声出席会议并讲话。国家土地督察广州局局长束伟星，常务副市长苏泽群，以及区领导谭应华、骆蔚峰等参加了会议。会议期间，与会代表现场察看了新造镇草岗、罗岗查处整改工作情况。谭应华、骆蔚峰向省、市领导介绍了番禺违法违规用地查处整改情况。

△ 来自委内瑞拉、马来西亚、土耳其的10多个华人社团的30位华商代表，在省侨办和区侨办有关人员的陪同下，到宝墨园参观。

9月24日，来自委内瑞拉、马来西亚、土耳其的10多个华人社团的30位华商代表到番禺宝墨园参观。

△ 四川省广安市委书记王建军率广安市经贸考察团到番禺参观考察，希望承接番禺产业转移项目，并建立友好市、区关系。区领导谭应华、骆蔚峰接待了考察团一行。

△ 副区长张力仁一行到仲元中学、沙溪幼儿园和新造职业技术学校进行安全检查。

25日 上午，区教育系统安全工作会议在番禺中学南校区召开。副区长张力仁出席会议并在会上讲话。区教育局、各教育指导中心、区属学校（幼儿园）、成教办、托幼办、各中小学（幼儿园）等单位的主要领导及安全工作负责人近700人参加了会议。

△ 晚，区委、区政府在长隆酒店宴请参加全国副省级市政协第23次工作协作会的领导和代表。市政协主席朱振中，区领导骆蔚峰、徐金海、严宗活、莫灿章、陈德俊、黄建强、冼桂华参加了晚宴。区长骆蔚峰介绍了番禺概况和近期的经济社会发展情况。

26日 上午，省、市委政研室在番禺召开调研座谈会，重点调研番禺在“腾笼换鸟”、节约集约用地方面的经验做法和存在问题及解决办法。省、市政研室有关领导，区委副书记严宗活、副区长戴友华及区有关部门负责人参加了会议。

△ 上午，副市长许瑞生率市建委、市国土房管局等部门负责人到番禺调研亚运城建设和周边整治工作，区长骆蔚峰以及区有关部门和镇街的主要负责人参加了调研活动。

△ 下午，区委书记谭应华率区教育局、财政局、交通局、国土房管分局、农业局等职能部门负责人到榄核镇大坳村调研。

△ 由区人大执法检查组，就区贯彻执行《中华人民共和国安全生产法》情况进行执法检查。区人大副主任杨瑞泉、古瑞芬、邱学新等参加了执法检查活动，副区长戴永昌，区有关部门领导陪同检查。

9月26日，谭应华书记率区有关职能部门负责人到榄核镇大坳村调研。

△ 区举办保密教育学习会，广州市保密局局长黄建锤作报告。区领导严宗活、陈德俊出席了学习会。

△ 山东省招远市委书记徐少宁率考察团一行29人，到番禺考察区域经济发展方面的情况，先后到天安节能科技园、沙湾珠宝产业园和宝墨园进行考察。区领导陈德俊以及区有关部门领导陪同考察。

27日 上午，佛山市副市长、汾江河整治执行总指挥邓伟根，率佛山市汾江河综合整治指挥部有关负责人30人，在副区长戴永昌及区有关部门负责人的陪同下，到番禺区考察河涌综合整治工作。

△ 由番禺承办的第七届中国民间艺术节暨山花奖中国民间飘色（抬阁）艺术展演与评奖活动，在北京人民大会堂举行新闻发布会，此次民间文艺盛会定于10月10日至13日在沙湾镇举行。中国文联党组成员、书记处书记、中国民协副主席白庚胜，省文联副主席张小军等出席了发布会。区委宣传部副部长丘育定和沙湾镇党委书记梁桂明分别在会上介绍了番禺和沙湾镇民间艺术发展情况和艺术节筹备情况。

△ 下午，区长骆蔚峰到榄核镇进行调研并召开办公会议，研究解决该镇工业园区开发的有关问题。区有关部门领导和有关人员参加了会议。

△ 区在全区范围内开展以“依法管理服务，构建和谐社会”为主题的《广州市流动人员管理规定》现场宣传咨询活动。区流管办、区公安分局、区计生局等单位在沙湾文化广场的主会场设点，为群众提供相关的咨询，并派发宣传资料，开展有奖知识问答等活动。区委常委、政法委书记简锡波在主会场作了动员讲话。

△ 上海市杨浦区副区长马杰富率考察团一行22人，到番禺考察服务企业、促进经济社会发展情况，重点考察了天安节能科技园和吉盛伟邦博览中心。副区长张力仁参加了考察调研。

27~28日 区代表广东省参加国家农业部在吉林市召开的全国农机化示范区建设经验交流会。交流会上，区农机办领导介绍了区农机化工作的做法和心得体会。

28日 上午，日本摄影家筱原弘明先生的中国风光摄影展，在长隆酒店隆重展出。区人大副主任万志成、区政协副主席冼桂华以及来自广州兄弟区（市）、番禺等地的300多名嘉宾和摄影爱好者参加了开幕式。

9月28日，日本摄影家筱原弘明的影展在番禺长隆酒店展出。

△ 上午，2008年广州市工业重大投资项目建设现场会在番禺召开。区长骆蔚峰在会上介绍了2008年市工业重大投资项目其中之一的中船柴油机基地的建设情况。与会人员实地参观了落户石楼镇的2008年

市工业重大投资项目之一广日工业园。

△ 上午，区消防大队执法民警在位于东涌镇励业路的广州锦兴纺织漂染有限公司进行消防安全检查过程中，发现该公司未经消防机构审批，非法储存、使用易燃易爆危险物品，6475公斤保险粉（连二亚硫酸钠）被当场查获。

29日 国家新闻出版总署副署长孙寿山在省、市新闻出版部门领导的陪同下到钟一村视察。区文广局、钟村镇有关领导介绍了钟一村农家书屋的建设情况。

30日 由位于洛浦街的英辉南方造船（广州番禺）有限公司为土耳其船东订造的2艘亚洲最大型铝合金高速车客渡船顺利开航。本期交船的大型铝合金高速车客渡船为全焊接双体船型。船长85.00米，船宽21.00米，是在亚洲建造的最大型铝合金船舶。

10 月

1日 上午，由区政府主办，区旅游局、区旅游业服务中心共同承办的2008年（第六届）番禺旅游文化美食节在番禺广场东路举行，市旅游局巡视员马相承，区领导楼旭逵、万志成、杨瑞泉、黎伟棠、冼桂华及区各有部门负责人等参加美食节开幕式。本届美食节为期5天，采用主会场与分会场相结合的方式，主会场设在番禺广场南侧的中心公园，分会场由全区40家饮食企业、8个旅游景区组成。

10月1日，第六届番禺旅游文化美食节在番禺广场举行。

6日 上午，区首次召开视频会议，部署和落实重阳节森林防火和安全保卫工作。主会场设在区政府应急指挥中心，各镇、街都设有分会场。区委副书记严宗活、副区长戴永昌参加了会议。戴永昌在会上讲话。

△ 是日起，小型汽车自编自选号牌号码业务开始正式接受办理。区小型汽车的车主可按照规定的机动车号牌序号组合方式和号牌编选方式，编选自己的车辆号牌。据了解，我区接受自编自选号牌号码业务暂只限于国产小型汽车，进口小型汽车需到广州市指定相关车管分所或机动车登记服务站办理，校车、危运车以及中型客车等暂不接受办理此业务。

7日 下午，区委副书记严宗活在迎国家计生委“十一五”中期评估暨创国优检查工作会议上，要求各镇、街以及27个计生齐抓共管单位要全力以赴确保完成计生“两检”任务。副区长龚红在会上针对“两检”工作提出了具体要求。

△ 下午，由省、市体育部门领导组成的省创先领导小组一行，在区有关领导的陪同下，到市桥街检查创建第六批全国城市体育先进社区的工作。

△ 区委副书记严宗活一行到东涌镇太石村调研新农村建设。

8日 上午，2008年北京奥运会中国代表团首金获得者陈燮霞到珠江钢管公司参观。

△ 下午，区长骆蔚峰在东环街调研时强调，要加强工业园区建设和管理，为入园的企业提供优质服务，帮助企业解决实际困难。副区长张力仁以及区有关部门的领导参加了调研。

10月8日，陈燮霞到珠江钢管公司参观。

△ 下午，区委副书记严宗活、副区长龚红以及区计生局领导一行到区计生服务站，市桥、沙湾、榄核、大岗街镇街的计生服务所检查改造情况。据了解，区计生服务站（所）分三期完成改造，其中沙湾、榄核、大石、市桥、新造、化龙、桥南等镇、街的服务所的改造工作要求在今年10月15日前完成。

△ 区教育系统“廉洁文化进校园”工作现场会在番禺电大召开。区纪委书记彭群，区监察局、区纪委党风廉政建设室、区教育局等单位的领导参加了会议。

△ 市质监局局长梁嘉炽到区质监局调研，听取区质监局近期工作的情况汇报后，与区领导骆蔚峰、龚红、黎伟棠等进行了座谈。

9日 区日前开展整治公共娱乐场所安全隐患大检查。从9月21日至10月5日期间，区各职能部门共出动检查人员2987人次，检查公共娱乐场所1111间次，发现消防隐患516处，无证照、超范围经营98间，当场整改405处，责令停业整顿100处，发出《责令限期改正通知书》127份，依法行政处罚5间、行政拘留4人。

△ 上午，2008年“视觉第一番禺光明行”活动总结大会在番禺大厦举行，区领导谭应华、严宗活、简锡波、龚红等，广州市残联、区残联等单位和部门负责人，以及参加“光明行”活动的白内障康复者代表参加了总结大会。区领导谭应华、严宗活、简锡波、龚红等向在这次“光明行”活动做出成绩的区人民医院、区中医院、何贤纪念医院、区第二人民医院颁发了纪念牌匾。区委书记、区人大主任谭应华在会上讲话。

△ 上午，区政协召开民主评议区文广局工作会议，通报评议情况。区政协主席徐金海在会上讲话，副主席冼桂华以及区政协评议团成员、区文广局有关领导参加了会议。

△ 上午，副区长黎伟棠在区经贸局、区委农村办等单位领导的陪同下，到区供销联社检查工作，听取区供销合作社近期工作开展情况的汇报，对下阶段供销合作社的工作提出要求。

△ 上午，区政府和区人民医院在新疆哈密市人民医院内举行了捐赠仪式，分别向哈密市人民医院捐赠了25万元和价值20多万元的医疗设备。这标志着番禺援助新疆哈密地区开展硬性胆道镜微创保胆取石（息肉）术的工作步入了轨道。

10月9日，区向哈密市人民医院捐赠25万元。

△ 下午，市律师协会番禺区联络办公室在区司法局举行挂牌仪式和座谈会。市司法局党委书记、局长卢铁峰，政法委书

记简锡波，副区长戴永昌等参加了挂牌仪式和座谈会。

10日 下午,区在区行政会议中心召开开展深入学习实践科学发展观活动动员大会。会议由骆蔚峰区长主持，区委书记谭应华作了动员讲话，市委学习实践活动指导检查组组长、市委组织部副巡视员刘德谦提出工作要求，区委组织部部长刘苑珊对全区学习实践科学发展观活动进行具体部署。

△ 上午，第七届中国民间艺术节活动内容之一的沙湾镇第二届兰花花卉盆景联展，在沙湾镇文化广场隆重开幕。中国花卉协会兰花分会副会长刘清涌，区委宣传部部长李鹏程，副区长戴永昌，区有关部门负责人等参加了联展开幕活动。戴永昌在联展开幕仪式上讲话。

△ 上午，区召开防邪、禁毒、流管领导小组工作会议，区委政法委书记简锡波参加了会议。

△ 上午，区青教领导小组、区妇儿工委、区关工委等单位在区会议中心联合举办"'讲文明 树新风 做番禺小主人'番禺区庆祝少先队建队59周年暨'未成年人剧场'首演式"主题活动。区委副书记严宗活，区委组织部部长刘苑珊，副区长龚红等参加了活动。

△ 区创建全国计划生育优质服务先进单位暨人口文化宣传月活动之生殖健康展览在番禺广场展览馆开幕。广州市计生局的有关领导，区委副书记严宗活、副区长龚红以及区有关单位领导出席了开幕仪式。

△ 由梅州市梅县县委书记骆裕根率领的党政考察团一行10人到番禺考察，并在区行政会议中心举行梅州市梅县产业转移推介会。市经贸委副主任王华俊、副区长黎伟棠、区有关部门领导以及广州着得禄胸围内衣有限公司、广州市康达木业有限公司等8家有产业转移意向的企业代表参加了会议。

△ 由广州中医药大学与广东省第二中医院、番禺区人民医院共同合作的"中医标本同治法治疗输卵管阻塞性不孕的优化方案研究"启动仪式于区人民医院何添保健中心举行。该项目被正式列入"十一五"国家科技支撑计划的研究项目。广州中医药大学校长、广东省中医药管理局领导、区科技局领导及各合作医院代表参加了启动仪式。

9~10日 上午，区分别在石楼镇、榄核镇召开区农村路桥建设工作会议，副区长戴永昌出席会议并讲话。会议通报今年路桥建设工程推进情况，提出下阶段工作意见，各镇、街及项目所在村的有关人员介绍了前段时间路桥建设工作情况以及下阶段拟采取的措施，并对加快工程招标及竣工验收结算等工作提出了的具体意见。

11日 第七届中国民间艺术节暨"山花奖"中国民间飘色（抬阁）艺术展演与评奖活动在沙湾镇开幕。作为全国性的大型综合民间艺术盛会，中国民间艺术节这是首次在乡镇一级举行。

10月11日，第七届中国民间艺术节暨"山花奖"中国民间飘色（抬阁）艺术展演与评奖活动在沙湾镇开幕。

12日 上午，作为第七届中国民间艺术节活动之一的"送欢乐下乡，建农家书屋"授牌、赠书仪式在沙湾镇仁宝青少年活动中心举行。中国文联、中国民协领导为沙

10月11日，第七届中国民间艺术节暨山花奖中国民间飘色（抬阁）艺术展演与评奖活动正式开始。

湾镇、南村镇、化龙镇的四间农家书屋授牌并赠送书籍一批。

△ 晚，第七届中国民间艺术节暨“山花奖”中国民间飘色艺术展演与评奖活动在沙湾镇体育中心举行。中国文联副主席、中国舞蹈家协会主席白淑湘，中国民协分党组书记、副主席罗杨，广东省文联党组副书记、专职副主席廖曙辉等为获奖者颁奖，区长骆蔚峰，宣传部部长李鹏程等出席了晚会。沙湾镇文化体育服务中心的《赛龙夺锦》获得金奖，区另两个参赛节目《一举夺冠》、《古镇神韵》同获金奖、优秀入围奖。沙湾镇沙坑龙狮团和沙湾中心幼儿园等11个表演团体获第七届中国民间艺术节优秀表演奖。

10月12日，第七届中国民间艺术节在璀璨的烟花表演中落下帷幕。

11~12日 进行2008年全国成人高等学校招生统一考试。在番禺考点今年参加各类成人高等教育招生考试的考生有8813人，创历史记录。

13日 上午，区召开第九次卫片土地执法检查工作动员会。区委书记谭应华在会上强调，要建立长效机制，落实共同责任，坚决杜绝土地违法现象的发生。区领导骆蔚峰、陈德俊、戴友华、龚汉坤，区有关部门领导，各镇、街党（工）委书记、镇长（主任）和分管土地管理工作的领导参加了会议。

△ 上午，由市应急办编制的《时刻准备着——公众应急手册》番禺分会场的首发式在禺山高中举行。区领导简锡波、古瑞芬、戴永昌、张力仁、冼桂华等，区有关部门领导以及各镇（街）应急办主任，各有关学校领导等及禺山高级中学代表共800人参加了活动。副区长、区应急委副主任戴永昌在首发式上讲话。

10月13日，禺山高中进行消防逃生演练。

△ 上午，区公安分局在分局大院为第二批赴四川汶川支援民警举行欢送仪式，11名民警启程奔赴四川汶川。区公安分局局长陈永球向第二批赴汶川支援队伍授旗。

△ 下午，区召开第一批深入学习实践科学发展观活动工作会议。区委组织部部

长、区学习实践活动领导小组办公室主任刘苑珊在会上强调，要全力搞好区第一批学习实践科学发展观活动。

△ 国家中医药管理局评审组在番禺大厦会议室，听取了副区长张力仁关于区创建全国农村中医工作先进区的情况汇报。随后，评审组分成4个小组对区创建全国农村中医工作先进区的工作进行评审验收。听取汇报后，国家中医药管理医政司吴凯处长认为，番禺区非常重视全国农村中医工作先进区的创建工作，并取得了可喜的成绩。会后，评审专家分成4个小组，分赴沙湾医院、石楼人民医院、石碁人民医院和东涌医院进行实地评审和验收。

△ 国家质检总局标准法规研究中心主任王霓霓一行，在广州市质监局副局长曾小鸿的陪同下，就企业实施标准化战略、产品质量和国内国际市场开拓等方面到区企业进行调研。区质监局、区外经贸局领导参加了此次活动。

14日 上午，国家中医药管理局专家评审组正式宣布番禺创建全国农村中医工作先进区工作通过评审，成为全国农村中医工作先进区。

△ 在全市组织的“羊城组工杯”知识竞赛决赛中，番禺代表队夺得第一名。市委组织部部长方旋为番禺区代表队颁发了奖杯和奖金。

△ 下午，中国国际工程咨询公司派员到番禺就广州大型装备配套产业规划建设进行调研考察。考察团实地考察了大岗中船柴油机项目及配套基地，认为该基地选址好，技术含量高，布局科学合理，会使中国造船业有一个飞跃的发展。中国国际工程咨询公司总经理、党组书记包叙定，广州市市长张广宁、常务副市长邬毅敏，区委书记谭应华，区长骆蔚峰等参加了调研。

△ 下午，区长骆蔚峰在沙头街领导的陪同下，到沙头街横江村检查田间窝棚清拆工作，对沙头街扎实推进窝棚综合整治工作给予充分肯定，并对下一步工作提出了意见。

△ 下午，区人大副主任古瑞芬率市桥街的区人大代表、政协委员一行先后到西郊村水果批发市场、东郊村工业开发区、沙墟二村德兴商贸城实地考察“腾笼换鸟”项目，为市桥街该项目的推进提出意见和建议。

△ 新疆维吾尔自治区副主席靳诺一行，前往禺山高中调研新疆班教学情况，省、市有关部门和区教育局有关领导陪同视察。

15日 下午，区“三创”协调办召开会议，总结近期“创文”工作，部署下阶段任务。区委宣传部部长、区“创文”迎检工作协调组组长李鹏程，区委办主任、区“创文”迎检工作协调组第一副组长陈德俊出席会议。

△ 区社会主义新农村规划工作新闻发布会在区政府新闻发布中心举行。副区长戴永昌、戴友华，市规划局党委书记刘毅东等出席了会议。戴友华在会上讲话，刘毅东肯定了区社会主义新农村村庄规划工作。

16日 下午，区委书记谭应华到广州市爱喜软件有限公司调研，副区长黎伟棠，区有关部门负责人，区厂商会及其7个专业委员会等参加了活动。

16~19日 由中国发明协会、发明者协会国际联合会、江苏省科技厅、苏州市人民政府共同主办的第6届国际发明展览会在苏州市国际展览中心举行。番禺珠江钢管有限公司和广州市永大光通信技术发展有限公司获得金奖。

17日 下午，区召开2008年冬季征兵工作会议，部署今年冬季征兵工作。区领导骆蔚峰、蒋君武、戴永昌，区委人民武装委员会全体成员，各镇、街道办事处的镇长(主任)、分管征兵工作的领导等参加了会议。会上，区委常委、区武装部部长蒋君武传达了上级征兵工作会议精神，区长骆蔚峰作了讲话。

△ 由市依法治市领导小组副组长兼办公室主任、市人大副主任李力带领的市依法治市检查组到番禺进行广州市依法治市“四五”规划实施情况中期检查，对番禺贯彻实施市依法治市“四五”规划情况给予了充分肯定。区领导谭应华、徐金海、陈德俊、欧康寿、邱学新参加了检查汇报会。

△ 上午，番禺区企业联合会在厂商会大厦正式挂牌成立。省企业联合会会长罗佛光在仪式上致辞。市工业经济联合会、企业联合会、企业家协会会长王东胜，市总工会副主席郑奕耀及市民间组织管理局，广州市经协办，区有关部门负责人等出席了挂牌仪式。

△ 下午，区总工会举行2008年“金秋助学”受助仪式，50名贫困职工子女得到了资助。区人大副主任、区总工会主席邱学新，区有关部门负责人参加了仪式。

18日 9日至今，区委常委、副区长楼旭逵率番禺数字家庭产业发展考察团一行，赴日本、韩国学习考察。通过与日韩知名企业和机构的交流，宣传推介了番禺的投资环境，并积极开展我区数字家庭产业的招商选资工作，取得了良好的效果。

20日 下午，区委书记谭应华主持召开区委常委扩大会议，传达学习党的十七届三中全会和市委常委会议精神。谭应华强调，全区各级、各部门要认真学习领会胡锦涛总书记的重要讲话精神，把“三农”摆在重要地位，促进城乡一体化格局的形成，构建更加和谐富裕新番禺。区党政领导班子全体成员、区政协主席、区人大常委会主持日常工作的副主任、区法院院长、区检察院检察长等参加了会议。

△ 下午，区人大常委会视察位于大岗镇的十八罗汉山森林公园。区人大副主任陈容康、杨瑞泉、古瑞芬、万志成，区人大常委会各委、办有关人员参加了视察活动，区有关部门领导陪同参加视察。

21日 上午，区妇女第十二次代表大会在区会议中心开幕。广州市妇联主席李建兰，区领导谭应华、徐金海、严宗活、陈德俊、古瑞芬、邱学新、龚红、郑葆红等，以及区妇联、各战线、各镇街妇女代表共300余人参加了大会。市妇联主席李建兰在会上充分肯定了区妇联的工作，区委副书记严宗活在会上讲话。会议选举何顺欢为区妇联第十二届执行委员会常务委员会主席。

△ 区在区委党校举行深入学习实践科学发展观活动专题报告会，邀请中央党校党建部党建原理教研室主任陈凯龙教授作《认真落实十七大精神，深入学习实践科学发展观》的专题辅导报告。区领导楼旭逵、刘苑珊、简锡波、戴友华，区法院院长、检察院检察长及纪委副书记，区直局以上行政、事业单位党政班子领导，试点单位东涌镇党政班子领导，区属一级公有企业正职领导，区委学习实践科学发展观活动领导小组成员及办公室全体人员，区委指导检查组全体成员听取了报告。

21~22日 梅州市政府副秘书长李卫东率政府考察团一行11人，到区考察整治违法占地和违法建筑情况，副区长戴友华以及区有关部门领导与考察团进行了交流。

22日 区国土房管分局按照《广州市城市廉租住房保障制度实施办法(试行)》的有关规定，经过调查，全区符合廉租住房保障条件的家庭共有1746户，经核定后，这些家庭将从本月下旬开始领取租赁补贴。区在2007年12月至2008年3月期间进行的城市低收入住房困难家庭住房状况调查，符合低收入住房困难家庭数 2643 户，其中符合廉租住房保障条件的 1746 户家庭。

△ 晚，“榕荫乡风粤韵情——农民文艺家朱甜从艺 56 年作品展演”在石碁镇文化中心影剧院举行。

10月 22 日，“榕荫乡风粤韵情——农民文艺家朱甜从艺 56 年作品展演”在石碁镇文化中心影剧院举行。

22~30 日 区委书记谭应华率团赴澳大利亚、新西兰等地考察海洋渔业工作。

10月 23~30 日，谭应华书记率团赴澳大利亚、新西兰等地考察海洋渔业工作。

23 日 澳大利亚麦格里（MGPA）集团高层 63 人访问番禺，区领导骆蔚峰、楼旭逵、黎伟棠及区外经贸局领导接待了访问团一行，并互赠了纪念品。

△ 下午，区人大常委会一行先后前往区生活垃圾焚烧发电厂建设场地和火烧岗垃圾填埋场实地视察。区人大常委会副主任陈容康、杨瑞泉、万志成，副区长戴友华，区有关部门领导陪同参加视察。

10月 23 日，骆蔚峰区长与麦格里高级副总裁 Mr Eric Chen 互赠纪念品。

△ 下午，区在区博物馆召开第三次全国文物普查动员大会，副区长张力仁在会上作动员讲话，区文广局局长对区第三次全国文物普查的总体工作进行了部署和安排。

24 日 下午，由广东艺术发展中心主办的“和谐之声”广东语言艺术新秀竞情谊活动进行了决赛，宣传部部长李鹏程、区人大常委会副主任万志成等出席了活动。本次比赛由区广播电视台、番禺日报社、区语言文字工作委员会等联合承办，番禺有线数字电视网络有限公司协办。

10月 24 日，在“和谐之声”广东语言艺术新秀决赛上，广东选手唐蔼靖夺得冠军。

△ 26日是广州市第21个环卫工人节，当晚，区市政园林管理局在番禺宾馆举办庆祝2008年环卫工人节晚宴，区人大副主任万志成、市市容环境卫生局的有关领导、区市政园林管理局的全体人员以及全区的环卫工作者代表参加了晚宴。

△ 区委副书记严宗活到区供销社检查工作，并对供销联社有关工作作了指示。

△ 下午，中央纪委驻农业部纪检组组长朱保成一行，在省农业厅副巡视员潘雪芬、市农业局副局长梁达波、区领导等的陪同下，到区考察农业现代化的发展情况。朱保成一行对番禺农业现代装备的推广应用给予充分肯定，认为番禺的农机工作是“解放思想、勇于创新，服务农民”的典范。

28日 下午，由区经贸局、区企业联合会、番禺厂商会共同主办的“财富是如何蒸发的——关于美国金融危机问题的探讨”的专题研讨会在区会议中心举行。副区长黎伟棠，各镇街分管经济工作副镇长（副主任）、区经贸局、区外经局和区招商办领导及区内各相关企业负责人参加了活动。

△ 下午，区委组织部在东环街举行深入学习实践科学发展观活动暨廉政教育专题辅导报告会。区委组织部部长刘苑珊作了深入学习实践科学发展观专题辅导报告，市纪委常委、秘书长杨秦作了廉政教育专题辅导报告。区有关部门的人员听取了辅导报告。

△ 区政协主席会议与党派团体开展双向联系活动，联合视察了沙湾奶牛场和南兴养鸡场，并就农业产业化发展、食品安全等问题进行调研。区政协主席徐金海等区政协领导，区各民主党派、工商联负责同志，以及区有关部门领导应邀参加了视察座谈。

29日 下午，区长骆蔚峰到石楼镇开展深入学习实践科学发展观活动调研，并为该镇的镇、村干部进行科学发展观宣讲。区有关部门领导随同调研。

10月29日，骆蔚峰区长到石楼镇大岭村开展深入学习实践科学发展观活动调研。

△ 区委宣传部部长李鹏程与区有关部门领导到东涌镇调研“双百共建文明村”以及学习实践科学发展观活动情况。

△ 区社区工作领导小组召开会议，审议并原则通过《番禺区各街道社区基础设施布点规划》、《广州市番禺区社区专职人员管理办法》、《番禺区社区专职人员考核暂行办法》和《番禺区社区居委会兼职成员管理办法》。区领导骆蔚峰、严宗活、刘苑珊、龚红等以及区社区建设工作领导小组成员单位负责人参加了会议。

△ 副区长戴友华在区府办、区市政园林管理局、区总工会等有关部门负责人的陪同下，走访了区6位伤病环卫工人，为他们送去节日慰问品和慰问金。

△ 区首个禽畜养殖专业合作社——番禺区华名禽畜养殖专业合作社在石楼镇正式成立。

△ 广东省检验检疫局党组书记、局长李延辉等领导陪同下，到番禺检验检疫局莲花山办事处视察。区长骆蔚峰接待了李延辉一行。

30日 下午，市创建办指导组到番禺参加学习科学发展观交流座谈会并对区现阶段创文工作进行巡查，宣传部部长李鹏程，区“三创办”全体成员参加了会议。

△ 副区长黎伟棠组织召开了区质量兴业强区及标准化战略工作领导小组第一次会议，该领导小组的16个成员单位参加了会议。

10月30日，人大代表到名牌产品企业视察。

△ 下午，市创建办指导组到我区参加学习科学发展观交流座谈会并对我区现阶段创文工作进行巡查，宣传部部长李鹏程、区“三创办”全体成员参加了会议。

△ 下午，区政协主席徐金海、副主席黄建强带领区政协机关干部，前往沙湾视察了宝墨园二期工程——南粤苑的建设情况。

31日 上午，区青年联合会在区会议中心召开区青联第三届第四次常委（扩大）会议。会议增补了区青联第三届委员会副主席、常务委员、委员。区委副书记严宗活出席了会议。

△ 上午，区青年企业管理者协会第八届第三次理事会在区行政会议中心召开。区委副书记严宗活出席会议并讲话。

11月

1日 广州农信社和区经贸局在番禺广场联合主办以“共同携手合作，打击洗钱活动”为主题的反洗钱论坛暨反洗钱征文比赛颁奖活动。副区长黎伟棠，区政协副主席、广州裕丰企业集团董事长林广明等出席了活动。

3日 上午，市委常委、宣传部部长王晓玲率市委宣传部、市文化局、市新广局等单位的领导，调研番禺公共文化服务体系建设情况。王晓玲一行视察了星海青少年宫，并与区有关部门负责人进行了座谈。王晓玲对番禺公共文化服务体系建设给予高度评价。区领导骆蔚峰、李鹏程参加了调研。

4日 市国家卫生城市授牌暨表彰大会在中山纪念堂举行。番禺区被评为先进集体，市桥街道办事处等18个先进单位和郑淑芳等80名先进个人，受到市委、市政府的表彰。

5日 市委常委、市委秘书长凌伟宪等一行到番禺区就开展学习实践科学发展观活动进行调研。凌伟宪充分肯定了番禺区前一阶段学习实践活动取得的成果与经验。区领导骆蔚峰、刘苑珊等陪同调研。

△ 区厂商会主席、珠江钢管公司董事长陈昌当选为中国钢管协会第五届理事会副理事长。这是他连续3次当选为该协会副理事长。

6日 区举行广州国家生物产业基地番禺区授牌暨广药集团落户广州国家生物产业基地番禺园区签约仪式。广药集团首批入驻番禺区的10家企业，计划投资16.8亿元，预计2012年建成投产，产值将达130亿元。副市长甘新，市有关部门领导，区领导谭应华、骆蔚峰、楼旭逵、欧康寿、黎伟棠、冼桂华以及广药集团及属下企业领导参加仪式。

△ 下午，国家农业部副部长牛盾、农业部渔业局局长李建华、南海区渔政渔监管理局局长吴壮、广东省海洋与渔业局局长李珠江等在区有关部门领导陪同下，到石楼镇海鸥岛水产健康养殖示范区考察。

△ 区举行《番禺区统筹城乡一体化发展实施意见》征询会。副区长戴永昌、区委办等有关部门负责人出席了会议。

△ 第六届全国（广州）性文化节大学生性与生殖健康论坛在广州大学城举行。当晚，省、市、区有关部门领导以及性教育专家、教授参加了论坛。

△ 下午，区科技装备动员办公室在区科技局正式成立。区委常委、区武装部部长蒋君武参加了揭牌仪式。

11月6日，区科技装备动员办公室在区科技局正式成立。

7日 上午，由香港中华摄影学会、区文广局、区文联等单位联合主办的《香港中华摄影学会会员摄影作品展》在番禺博物馆举行。

△ 区直属机关在区行政会议中心举行防范邪教教育形势报告会。区领导刘苑珊、简锡波，各镇街综治办正副主任、区直各单位的党员干部职工600多人听取了形势报告。

9日 当天为全国消防日。今年，全区消防安全形势总体平稳，区消防大队灭火抢险救援接警1553次，出动1225次，出动车辆2106台次，警力16152次，抢救涉险群众62人。全区未发生一起较大以上火灾，无重特大火灾发生。

10日 上午，区召开2008年度第四季度防范重特大安全事故工作会议。副区长戴友华作了工作部署。与上年同期相比，全区安全事故起数下降15%、死亡人数下降8%、受伤人数下降16%和直接经济损失下降38%。

△ 副市长曹鉴燎率市委学习实践办、市政府整规办、市委第六指导检查组一行25人，在副区长黎伟棠以及区有关部门领导陪同下，到大石工商所开展学习实践科学发展观访谈调研活动。

△ 以省政协常委、经济委员会主任张远贻为组长，省农业厅副巡视员潘雪芬为副组长的专题调研组到番禺，就“省农机购置补贴政策落实情况”进行调研。市农业局副局长梁达波、副区长戴永昌分别汇报了广州市和番禺区实施农机购置补贴工作情况。

△ 上午，区委常委、政法委书记简锡波到区综合执法分局指导检查工作，听取了区综合执法分局开展学习实践科学发展观活动情况汇报，对下阶段工作提出了要求。

11日 下午，区委书记谭应华到石碁镇开展深入学习实践科学发展观调研活动。区委常委、区委办主任陈德俊以及区有关部门领导参加了调研活动。谭应华书记一行先后对石碁中兴市场路段水浸街、梦都美公司“腾笼换鸟”、金山村卫生站建设、石碁第二中学扩建等情况进行实地调研。谭应华书记还为石碁镇广大党员干部作了开展深入学习实践科学发展观活动专题报告。

△ 市委学习实践办组织《南方日报》、

《羊城晚报》、《广州日报》、广东电台、广州电视台、广州电台、大洋网等省、市新闻媒体，对番禺开展深入学习实践科学发展观活动进行集中采访。区委常委、组织部部长刘苑珊等参加了活动。（番禺日报 11.13）

△ 区领导骆蔚峰、黎伟棠参加在北京举行的国际珠宝展览会开幕式，区招商办等相关人员在展览会现场察看了番禺区的参展商品。国土资源部相关领导也亲临展场，对番禺区参展商品精湛的工艺和新颖的设计大加赞赏。当晚，番禺区与中宝协共同设置2008年国际珠宝展览会（北京）迎宾晚宴，有800多名嘉宾参加。中宝协秘书长孙凤民先生在晚宴上致辞。副区长黎伟棠在晚宴上讲话。活动中，骆蔚峰区长重点介绍了番禺区珠宝产业发展的转型升级所取得的工作成效。

△ 下午，亚洲贸促论坛代表一行20多人到番禺参观访问，考察了区珠宝业发展的状况。区贸促会领导接待了访问团一行。

12日 下午，区召开统筹城乡一体化发展专家研讨会。区委常委、区委办主任陈德俊参加了研讨会。

11月12日，区召开统筹城乡一体化发展专家研讨会。

13日 上午，区举办深入学习实践科学发展观活动专题座谈会，围绕如何致力广州建设全省“首善之区”和构建更加和谐富裕新番禺，广泛征求各界意见。座谈会由区委书记谭应华主持，区领导楼旭逵、陈德俊、龚汉坤，各镇街党（工）委书记，区深入学习实践科学发展观活动领导小组办公室领导等参加了座谈会。

△ 上午，省安全监管局副局长黄霭珊、省安监局执法监察总队总队长邓伟风和副总队长陈清，在市、区安监局有关领导的陪同下，到桥南街调研安监工作。黄霭珊一行对番禺区安全生产执法监察工作给予充分肯定。

△ 下午，区召开深入学习实践科学发展观活动专题座谈会，会议由骆蔚峰区长主持。区领导李鹏程、简锡波、黎伟棠，以及区有关部门领导，区人大代表，区政协委员等参加了座谈会。

△ 下午，区召开深入学习实践科学发展观活动专题座谈会，市第九次党代会代表、区第十一次党代会代表围绕“广州如何建设全省‘首善之区’和构建更加富裕和谐新番禺”进行座谈。区领导刘苑珊、蒋君武、戴友华参加了座谈会。

14日 上午，区召开经济工作会议。区委书记谭应华、区长骆蔚峰、市经贸委主任赵小穗分别在会上讲话。区领导楼旭逵、陈德俊、龚红、黎伟棠、戴友华、龚汉坤等参加了会议。

△ 下午，广州市打假工作责任制考核组的领导一行到番禺考核打假工作，对番禺区近两年开展打假工作取得的成绩给予了充分肯定。副区长黎伟棠和区有关部门领导陪同。

△ 晚，由区委宣传部、区人大办、区政协办、团区委、番禺广播电视台主办，区委学习实践办承办的《番禺论坛》在番禺广场举行，本期论坛主题是“科学发展在身边——科学发展，民生为重”。区领导

刘苑珊、彭群、陈德俊、万志成、林惠兰，区委学习实践活动领导小组部分成员、区委指导检查组成员、区委学习实践办全体人员，各基层党（工）委主要负责人及党员、群众代表1000多人出席了论坛。

11月14日，区在番禺广场举办题为“科学发展在身边——科学发展，民生为重”的《番禺论坛》。

15日 “广州市番禺区廉政文化教研中心”在区委党校正式挂牌。

△ 番禺星海合唱团在中山举行的首届民歌合唱汇演上夺得金奖。

11月15日，番禺星海合唱团在中山举行的首届民歌合唱汇演上精彩演唱。

17日 上午，区委副书记、区委深入学习实践科学发展观活动领导小组副组长严宗活率区委深入学习实践科学发展观活动领导小组第一指导检查组成员一行，到番禺出入境检验检疫局、区海洋与渔业局、区建设局检查指导深入开展学习实践科学发展观活动第一阶段工作。

△ 国家档案局中央档案馆杨继波副局馆长，在市档案局馆何伍爱局馆长、副区长龚红等陪同下到区档案馆检查指导工作。杨继波参观了区档案馆的档案基础设施、特色展览，详细了解了区档案资源的开发利用和档案业务指导等方面的情况，对番禺档案工作给予了充分肯定，并指出今后要进一步开发和利用好档案资源，为地方政党中心工作和经济社会发展提供更广泛更优质服务。

11月17日，杨继波副局馆长、市档案局何伍爱局长、龚红副区长到区档案馆调研。

△ 下午，区委常委、纪委书记彭群到钟村镇大洲村开展深入学习实践科学发展观调研活动。

18日 上午，区长骆蔚峰、副区长黎伟棠到大石街、东环街调研，实地考察正在兴建的大石街建华汇商业中心、东环街星力动漫游戏产业园，并组织有关职能部门现场办公，为企业解决实际困难。

△ 上午，区召开2008年齐抓共管计划生育工作情况汇报会。区委副书记严宗活在会上讲话。副区长龚红、区有关部门以及各镇街领导出席了会议。

△ 上午，广州警备区参谋长张云山和市征兵办有关负责人一行，到区国防教育训练基地看望今年参加新兵体检的应征青

年和工作人员。区委常委、武装部部长蒋君武等陪同视察。

△ 香港辉煌科技（控股）有限公司行政总裁黄震先生和香港贸易发展局制造业拓展高级经理林国骏先生率香港贸易发展局组织的香港汽车零部件商贸合作团一行30多人，到番禺进行商贸考察。副区长黎伟棠以及区有关部门领导接待了考察团一行。

△ 全国17县（市、区）政协工作横向联系会第32次会议在番禺召开，来自全国10省（区）17个县（市、区）的近80名政协委员围绕加强人民政协机关建设进行经验交流。市政协副主席郭锡龄，广州市政协秘书长张灼民，区领导骆蔚峰、徐金海、莫灿章、张力仁、黄建强、郑葆红、林惠兰、冼桂华、周志参加了会议。

△ 下午，区长骆蔚峰、副区长张力仁，以及区有关部门领导对市桥小平小学、市桥象圣中学、番禺中学南校区等学校的教育用地进行了调研。

11月18日，骆蔚峰区长调研学校教育用地情况。

△ 广州市番禺区保险行业协会挂牌成立。

△ 下午，国务院召开全国冬春农田水利基本建设电视电话会议。区领导戴永昌、各镇街分管农业工作的领导收看了会议实况录像转播。

△ 由区质监局和南村镇政府联合设立的“南村镇质监工作站”在南村镇政府正式挂牌成立。市质监局局长梁嘉炽、区有关部门领导等参加了挂牌仪式。

18~19日 市人大代表番禺联组代表在番禺视察了“长隆—万博—汉溪商圈”和广州亚运城规划建设情况，以及大学城的公共管理情况，并听取了区有关部门工作情况汇报。区长骆蔚峰，区人大副主任欧康寿、万志成等，以及市人大代表番禺联组代表参加了视察活动。区人大副主任杨瑞泉、古瑞芬，副区长戴友华、龚汉坤等应邀参加了视察活动。

11月18~19日，市人大代表番禺联组代表在番禺视察。

19日 上午，副区长龚红到市桥街康园工疗站、东环街康园工疗站以及石楼镇庇护工场调研，了解工疗站和庇护工场的运作情况。

△ 副区长黎伟棠一行，到珠江灯光音响、星辉电子和福田化工等企业调研。

20日 市委副书记张桂芳、副市长陈国率广州市及各区中心镇建设办有关负责人到大岗镇调研，对大岗镇中心镇建设取得的成绩给予了高度评价。张桂芳一行在大岗镇领导的陪同下参观了镇容镇貌及中船项目安置区、十八罗汉山等重点民生工程。

11月19日，黎伟棠副区长一行，到珠江灯光音响、星辉电子和福田化工等企业调研。

△ 上午，区第十五届人大常委会召开第十九次会议，听取许若宁、李萍萍、万志成、陈红英、郭德昌等5名市人大代表作履职情况报告；分组讨论听取市人大代表报告履职情况，研究拟提交市十三届人大四次会议的代表议案和建议。区人大副主任欧康寿、陈容康、杨瑞泉、古瑞芬、邱学新、万志成等以及区人大组成人员出席了会议；市人大常委会副主任陈国安莅临指导，市人大代表番禺联组全体代表列席了会议。

△ 市发改委副巡视员韩建康及市文化局等有关领导一行到区调研历史文化古镇建设工作情况。区委常委、常务副区长楼旭逵接待了市发改委领导一行。

△ 晚，区人大副主任陈容康、杨瑞泉、古瑞芬、邱学新、万志成等，在有关职能部门人员的陪同下，到富华东路酒吧街路段视察治安管理及噪音扰民情况。

△ 区委常委、常务副区长楼旭逵到区财政局开展学习实践科学发展观调研活动，了解今年区财税收支情况，分析明年财税形势。区财政局、区国税局、区地税局等单位领导参加了调研。

21日 下午，市长张广宁率市经贸委等有关职能部门领导到番禺区广汽集团自主品牌乘用车基地进行调研。副市长甘新，区领导骆蔚峰、楼旭逵，龚汉坤等参加了调研。张广宁强调，面对当前的经济困难，政府和企业要携手合作，共渡难关。

11月21日，市领导张广宁、邬毅敏、甘新等到我区广汽集团自主品牌乘用车基地调研。

22日 上午，由区委深入学习实践科学发展观活动领导小组办公室主办，区委组织部、区直属机关党工委、团区委、区义工联协办的区“党团联动，和谐实践惠万家”主题实践活动启动仪式在大夫山森林公园正门广场举行。区委“一岗十佳村千千万家”主题系列活动正式拉开帷幕。市委第一检查指导组组长、市委组织部副巡视员刘德谦，区领导严宗活、彭群、陈德俊、徐柳出席活动。

11月22日，区“党团联动，和谐实践惠万家”主题实践活动启动仪式在大夫山森林公园举行。

△　中纪委驻农业部纪检组组长朱保成率全国农业系统政风行风建设工作会议与会代表一行约200人，在省农业厅副巡视员潘雪芬的陪同下到番禺考察农业现代化发展情况。朱宝成强调，番禺区农机化工作的理念和做法，值得向全国推广。区长骆蔚峰、副区长戴永昌等陪同考察。

24日　由香港总商会一行18人组成的“粤港合作CEPA商机考察团”访问番禺。副区长黎伟棠接待了访问团一行。

△　下午，省安监局局长陈建辉、省安监局执法监察总队长邓伟风在市安监局局长梁醒虾、区安监局领导的陪同下，到区安监局调研。

25日　区人大副主任陈容康、邱学新视察区经济发展缓慢村情况。副区长戴永昌参加了视察活动。

26日　上午，副市长陈明德一行在区长骆蔚峰、副区长黎伟棠等陪同下，先后到大石街石北工业区的巨大汽车音响设备有限公司和大岗镇历俊珠宝公司进行调研。

△　上午，区政府组织召开今冬明春消防安全暨第三次消防联席会议。副区长戴永昌，区有关部门领导以及全区消防联席会议成员单位负责人、各镇街派出所主管消防工作的领导、安全办主任和专职消防队队长共120多人参加了会议。

△　区离退休妇女工作者联谊会会员大会在区老干活动中心召开。区委副书记严宗活，区人大常委会副主任、区总工会主席邱学新，区妇联部门以及有关单位领导出席了会议。

27日　上午，区社会治安综合治理委员会、区联合整治道路交通运输市场秩序指挥部在洛浦街办事处召开整治客运市场非法营运行动动员大会。副区长戴永昌参加了动员大会并在会上讲话。

△　广州番禺星海国际合唱节组委会在广州举行新闻发布会，首届广州番禺星海国际合唱节定于12月3~6日在番禺举行。区委常委、宣传部部长李鹏程，区文广局局长分别介绍了本届合唱节的筹备情况，中国合唱协会副理事长、广东省合唱协会会长徐瑞祺，区有关部门领导出席了新闻发布会。

△　下午，区第十五届人大常委会召开第二十次会议，任命徐柳同志为番禺区人民政府副区长。区委书记、区人大主任谭应华，区人大副主任欧康寿、陈容康、杨瑞泉、古瑞芬、邱学新、万志成以及区人大常委会其他组成人员参加了会议；区委常委、常务副区长楼旭逵，区法院院长、区检察院检察长等列席了会议。应出席本次常委会的组成人员27人，实到26人，符合法定人数。

27~28日　区何贤社会福利基金会理事长梁庆材、秘书长苏耀乾，在区委统战部及民政局有关负责人陪同下，走访慰问区20多户特困家庭，发放救助慰问金20多万元。

28日　上午，区6项惠民重点工程正式开工。省海洋与渔业局副局长屈家树，市政府副秘书长冉申德，市水务局纪委书记郑新华，区领导谭应华、骆蔚峰、刘苑珊、李鹏程、彭群、陈德俊、蒋君武，各镇街

11月28日，区六项惠民重点工程正式动工。

党（工）委书记、镇长（主任），分管农业水利工作的副镇长（副主任）及区各有关职能部门负责人共400多人参加了活动。六项惠民重点工程项目分别是：市桥河傍西雁洲水（船）闸建设工程、磨碟头水闸重建工程、新砺江水闸工程、“一村三岛”堤路结合工程、西海咀泵站扩建工程、莲花山现代渔港经济区。

△ 上午，区举行镇街食品安全检测车交付使用仪式，全区17个镇街全部配齐了集检测、宣传于一体的食品安全检测车。市政府副秘书长陈绍康，区领导谭应华、骆蔚峰、陈德俊、万志成、黎伟棠、张力仁等，市食品安全委员会办公室常务副主任、市食品药品监督管理局局长姚建明，区食品安全委员会委员及各镇街等有关部门和单位负责人出席了交付仪式。

11月28日，镇街食品安全检测车交付使用。

△ 下午，区召开了出租车行业稳定工作联席会议。副区长戴永昌在会上讲话。会议传达了广州市的有关精神，介绍了区目前出租车行业基本情况。与会人员讨论并通过了《番禺区维护出租车行业稳定工作方案》，成立出租车行业维稳工作领导小组。

29日 晚，“和谐番禺·文明旅游形象大使总决赛暨番禺新八景授牌仪式”晚会在番禺英东体育馆举行。欢乐长隆（长隆旅游度假区）、莲峰观海（莲花山旅游区及海鸥岛）、宝墨生辉（宝墨园）、夫山叠翠（大夫山森林公园）、大学新城（大学城）、余荫留光（余荫山房）、沙湾粤韵（沙湾古镇）、番禺瀚映（番禺博物馆）获授番禺新八景牌匾。市政府副秘书长陈绍康，市旅游局党委书记、局长朱力和区领导谭应华、严宗活、陈德俊、古瑞芬、邱学新、万志成、黎伟棠、龚汉坤、徐柳、周志以及原区人大主任越良钊等出席了晚会。

12 月

1日 国家人口宣传教育中心主任张汉湘、总编室主任颜泽玉、中央电视台《人口》栏目部主任刘健以及省计生委等有关部门领导在区计生局领导的陪同下，到市桥街、东环街、钟村镇等镇街的计生服务所考察。

2日 上午，区综治委召开全体委员会议。区委书记、区人大主任谭应华在会上讲话。区领导严宗活、刘苑珊、李杰才、彭群、陈德俊、邱学新等参加会议。

△ 下午，区委常委、纪委书记彭群到区卫生局调研，了解该局深入学习实践科学发展观活动开展情况和卫生工作情况。

△ 下午，召开2008年度计划生育工作领导小组会议。区领导谭应华、严宗活、龚红和区计划生育工作领导小组成员参加了会议。

△ 下午，民盟番禺区委员会召开委员扩大会议，专题学习中共十七届三中全会精神，总结研究部署参政议政工作。副区长张力仁作专题辅导。

△ 区人大副主任万志成等一行7人，到大岗中学开展捐资助学活动。

3日 上午，区召开第一批深入学习实践科学发展观活动转入分析检查阶段工作会议。区委副书记严宗活主持了会议。区委书记、区人大主任谭应华在会上讲话。区委常委、组织部部长刘苑珊总结学习实践活动调研阶段工作情况及部署分析检查阶段工作。市委指导检查组组长刘德谦，区领导楼旭逵、李鹏程、彭群、陈德俊等参加了会议。

△ 下午，省计生委副主任刘银燕到番禺调研计划生育工作。区委副书记严宗活以及区有关部门领导陪同调研。

△ 晚，区委、区政府在番禺大厦为前来参加首届星海国际合唱节的国内外嘉宾和合唱团代表举行欢迎晚宴。中国音乐家协会主席傅庚辰，省、市有关领导，区领导谭应华、徐金海、严宗活、楼旭逵、李鹏程、陈德俊，冼星海的女儿冼妮娜以及27支合唱团的团长和指挥等出席了晚宴。

12月3日，谭应华书记向参赛的合唱团赠送纪念品。

4日 上午，“中国合唱协会星海合唱艺术研究中心”揭牌仪式在番禺博物馆冼星海纪念馆举行。中国音乐家协会主席傅庚辰，冼星海女儿冼妮娜，中国合唱协会理事长田玉斌，中国合唱协会常务副理事长李培智，中国合唱协会副理事长、省合唱协会会长徐瑞祺，省文联副主席、省音乐家协会主席刘长安，区领导万志成、张力仁等出席了揭牌仪式。

12月4日，冼妮娜、田玉斌、万志成、张力仁为“中国合唱协会星海合唱艺术研究中心”揭牌后合影留念。

△ 上午，区委书记、区人大主任谭应华率区有关部门领导到番禺企业调研。谭应华书记一行先后视察了广州市珠江灯光音响有限公司、沙湾珠宝产业园，并与广州立白（番禺）有限公司、番禺万荣时装有限公司、广州协大橡胶制品有限公司、骏升科技（中国）有限公司的负责人进行了座谈。区委常委、区委办主任陈德俊，副区长黎伟棠参加了调研。△市总工会常务副主席刘小钢一行到番禺调研，与区总工会、有关镇街工会和外企、民营企业工会的负责人等进行了座谈。

4~5日 下午，由中国合唱协会，广东省合唱协会，市委宣传部，番禺区委、区政府联合主办的首届广州番禺星海国际合唱节在广州大学城星海音乐学院音乐厅举行。来自世界各地的27支合唱队伍参赛。经过角逐，广州番禺星海合唱团、丹麦沃克斯·阿洛斯男声合唱团等8支队伍夺得金奖，云南乐声女子合唱团等10支队伍获得银奖，其余参赛队获得铜奖。中国音乐家协会主席傅庚辰，市委常委、统战部部长孔少琼，市委常委、宣传部部长王晓玲，原副市长姚蓉宾，法国驻广州总领事章泰华，市委宣传部常务副部长李哲夫，冼星海女儿冼妮娜，区领导谭应华、徐金海、严宗活、莫灿章等，以及省、市有关职能部门负责人，区领导班子其他成员，区各镇、街、职能部门的负责人出席了开幕仪式。

12月 4~5 日，合唱节开幕亮灯仪式。

5日 上午，区慈善捐助超市举行启动仪式和超市牌匾揭幕，标志着番禺首家慈善捐助超市正式运营。区领导万志成、龚红、郑葆红等参加了启动仪式。

12月 5 日，慈善超市物品陈列区。

△ 上午，“首届广州番禺星海国际合唱节·星海文化广场揭牌、冼星海铜像揭幕暨《百年星海》首发仪式”在星海青少年宫广场举行。中国音乐家协会主席傅庚辰，冼星海女儿冼妮娜，区领导李鹏程、冼桂华以及区有关部门领导出席了活动。

△ 下午，首都钢铁总公司与番禺珠江钢管有限公司举行战略合作签约仪式。省政府副秘书长李春洪等，区领导陈德俊、黎伟棠及区发改委、区经贸局、石碁镇等有关部门单位领导出席了签约仪式。

12月 5 日，星海文化广场暨冼星海铜像揭幕仪式。

6日 区组团赴澳参加澳门番禺同乡会成立24周年会庆暨第十三届理监事就职典礼。澳门特别行政区行政长官何厚铧、澳门特别行政区检察院检察长何超明，中联办副部长高其兴，区领导谭应华、徐金海、严宗活、莫灿章、楼旭逵、李杰才、李鹏程、彭群、陈德俊等出席了庆典。

8日 上午，广州市城市管理综合执法局番禺分局挂牌成立。市城市管理综合执法局局长李廷贵，区领导简锡波、戴友华等参加了成立大会。

△ 下午，区组织各镇街分管食品安全工作的领导及相关职能部门的领导，收看收听全国打击违法添加非食品物质和滥用食品添加剂专项整治电视电话会议实况录像。副区长黎伟棠参加了会议并提出了具体工作要求。

△ 区委常委、宣传部部长李鹏程等一行，先后到大石街和沙湾镇调研文化设施建设的情况。

9日 上午，区 2008 年新兵入伍欢送大会在区会议中心举行。区领导谭应华、徐金海、严宗活、彭群、蒋君武、黎伟棠等参加了大会。

△ 下午，区委书记、区人大主任谭应华，副区长黎伟棠以及区卫生局、大岗镇

有关领导，到区第二人民医院属下的宝胆医疗器械科技有限公司调研，对该院在微创医学领域所取得的科研成果给予了充分的肯定。

△ 区人大副主任万志成、区政协副主席冼桂华等一行，到禺山高级中学慰问新疆班同学。区教育基金会、区关工委、社会热心人士向新疆班的学生送上慰问金。

12月9日，穿起节日盛装的新疆同学们。

上旬区委副书记、区长骆蔚峰率区经贸代表团专程赴巴西、阿根廷开展经贸考察活动。考察期间，区代表团拜访了当地几家知名产品代理商，与当地华人进出口商会的40多个会员进行座谈。中国驻阿根廷大使馆参赞杨石翟先生接见了考察团一行。

12月9月，骆蔚峰区长率区经贸代表团专程赴巴西、阿根廷开展经贸考察活动。

10日 市委常委、统战部部长孔少琼率领市委统战部、市经贸委、市工商联有关领导到番禺调研民营经济发展情况。区领导严宗活、郑葆红、林广明，区民营企业家中的省、市、区人大代表、政协委员参加了座谈会。

10~11日 省人口和计划生育科技药具工作会议在番禺召开。国家人口计生委副主任江帆，省政府副秘书长、省人口计生委主任张枫、副主任刘银燕，副市长曹鉴燎，市人口计生局局长李文耀，区领导谭应华、严宗活、龚红等出席了会议。期间，江帆视察了区人口和计划生育服务站，对区人口和计划生育服务站的规范化建设和改造给予了高度评价。

11日 上午，区召开外籍人员管理联席会议，区委常委、政法委书记简锡波在会上强调，各外籍人员管理联席会议的成员单位要明确任务，突出重点，全力提高外籍人员管理工作水平。

△ 近日，国家农业部农机监理总站副站长涂志强率国家“平安农机”示范区考评组，到番禺检查验收“平安农机”示范区创建工作。涂志强对番禺“平安农机”示范区创建活动各项工作表示满意。

△ 东涌镇通过广东省卫生镇考核鉴定。

12日 上午，“迎接亚运会创造新生活”公众教育系列活动暨广州亚运会倒计时700天活动启动仪式在石楼镇国学广场举行。市委宣传部副部长、广州亚组委宣传部部长罗京军，区委常委、宣传部部长李鹏程等以及镇、村干部群众近1000千人出席启动仪式。

△ 上午，区在钟村镇召开社区戒毒试点工作现场会。市禁毒办主任常海祥，区委常委、政法委书记简锡波及区有关部门负责人、各镇街禁毒办主任等参加了会议。

△ 区召开2008年人口和计划生育工作总结大会。区领导谭应华、骆蔚峰、徐金

海、严宗活、莫灿章、龚红等，市计生局有关领导，各镇街，齐抓共管单位、大学城十所高校的有关领导等出席了会议。

△ 香港石碁联谊会在香港举行第十五周年会庆联欢大会。区领导谭应华、陈德俊、万志成、戴永昌、黎伟棠、龚汉坤、徐柳、郑葆红等专程前往祝贺。来自家乡的区、镇、村及有关单位领导与旅港乡亲共600多人参加了联欢晚会。

13日 旅港番禺会所122周年会庆暨敬老联欢大会在香港举行，区组团赴港致贺。区领导谭应华、骆蔚峰、徐金海、严宗活、莫灿章、刘苑珊、李鹏程、彭群、陈德俊、简锡波，以及区领导班子其他成员、各镇街党（工）委书记等出席了活动。

12月13日，谭应华书记代表番禺区向旅港番禺会所赠送纪念品。

14~15 台湾中天电视台《台湾脚逛大陆》节目组到番禺采访。

15日 下午，区召开广州铁路新客运站周边地区社会管理工作座谈会。区委书记、区人大主任谭应华在会上讲话。区领导严宗活、楼旭逵、刘苑珊、李杰才、陈德俊、龚红、戴永昌、冼桂华以及区有关部门领导参加了座谈会。

△ 省安监局副局长邓卫民率领省政府督查组到番禺对安全生产百日督查“回头看”暨元旦春节前安全生产检查工作情况进行综合督查。市安监局局长梁醒虾，副区长戴友华以及区有关部门领导陪同督查。

12月15日，戴友华副区长向省、市有关部门领导汇报我区当前安全生产工作情况。

△ 区解决教师住房遗留问题工作会议在区会议中心召开。副区长张力仁在会上讲话。区有关部门领导，各教育指导中心、区属学校等单位的领导出席了会议。

16日 上午，黄埔大桥举行通车仪式，从而填补了广州东部和南部无跨江大桥的空白。

12月16日，黄埔大桥举行通车仪式。

△ 区城市管理综合执法分局在番禺广场举行“新城管、新形象——队列汇操”活动。市城市管理综合执法局局长李廷贵，区领导陈容康、戴友华、林惠兰及各镇街分管城市管理工作领导等观看了队列汇操。

△ 近日，区召开出租屋流动人员管理工作会议，由各镇街领导和流管办主任组

12月 16 日，“新城管、新形象——队列汇操”活动。

成的评委，为 15 个职能部门进行考评。区领导简锡波、林惠兰参加了会议。

△　广州市律师管理工作现场会在番禺召开。市司法局副局长黄永东，区人大副主任杨瑞泉以及各区、县级市司法局领导参加了会议。

17 日　下午，区 2008 年度无偿献血工作总结大会在区会议中心召开。区领导万志成、张力仁、冼桂华等出席了会议。会议对区无偿献血工作先进单位和先进个人进行表彰。

△　下午，市委宣传部副部长汤应武到钟村镇谢村村调研。区委组织部、宣传部、钟村镇等有关部门领导向汤应武汇报了区开展学习实践活动的工作情况。

18 日　上午，区科协召开第七次代表大会，董天海当选为科协主席。市科协党组书记、副主席黄敏，区领导严宗活、万志成、龚汉坤、林惠兰、周志，以及区有关部门领导，市属各兄弟区（市）科协的有关负责人和来自全区各部门单位的 100 多名科技工作者出席了会议。

△　上午，区委副书记、区长骆蔚峰，副区长戴友华率区有关部门及镇街领导到番禺自来水公司开展污水治理工作调研。

△　下午，区举办“党员示范在一线，科学发展建首善”共产党员示范岗经验交流会议。省教育厅党组成员、副巡视员、省委第 11 指导检查组副组长王玉学，市委组织部副部长、市委学习实践办副主任洪英平，市委组织部副巡视员、市委第一指导检查组组长刘德谦，区领导严宗活、刘苑珊、李鹏程等出席了活动。

△　区农业机械装备协会成立。

19 日　上午，广州大学城管理委员会举行揭牌仪式。省教育厅、科技厅、大学城 10 所高校负责人，市政府副秘书长冉申德，区领导谭应华、骆蔚峰、严宗活等出席活动并为大学城管委会揭牌。

△　上午，区召开社区卫生服务工作会议。副区长张力仁在会上讲话。

△　区残联被评为“广东省特级档案综合管理单位”。

12月 18 日，区科协召开第七次代表大会。

12月 19 日，楼旭逵副区长在交流会上讲话。

△　广东省数字家庭公共服务技术支持中心、香港生产力促进局和番禺区人民政府联合主办的“2008 粤港数字家庭产业合作交流会”在香港拉开序幕。区委常委、常务副区长楼旭逵，省数字家庭公共服务技术支持中心主任罗笑南教授分别进行专题演讲。交流会期间，香港无线发展中心等 6 家机构和企业签订了合作意向书。

20 日　上午，国土资源部部长徐绍史一行，在省、市领导朱小丹、林木声、张广宁和区领导谭应华、骆蔚峰、陈德俊、戴友华等陪同下，先后到南村镇樟边村、新造镇草岗村视察对违法违规用地查处整治工作情况。

△　番禺区获得在海南举办的 2008 博鳌国际旅游论坛“国际旅游名区”称号，原番禺市市委书记梁伟苏获“中国旅游发展突出贡献人物”奖。

12月 20 日，原国家旅游局巡视员李克夫向原番禺市市委书记梁伟苏颁奖。

22 日　区劳动和社会保障局召开各镇街劳动和社会保障服务中心社会保险扩面工作表彰会。副区长戴永昌出席了会议。

△　下午，区公安分局举行欢迎仪式，欢迎完成支援四川汶川灾区重建工作任务的第二批番禺特遣分队的民警凯旋归来。区委常委、区公安分局局长李杰才在欢迎仪式上充分肯定了番禺援川民警取得的成绩。

12月 22 日，光荣完成支援四川汶川灾区重建工作任务凯旋归来的番禺特遣分队民警。

23 日　下午，广州市地铁爆炸疏散演练暨番禺区应急拉动演练在地铁三号线番禺广场站举行。副市长陈国、市政府副秘书长林道平、市应急办主任邓庆彪、市地铁总公司副总经理刘光武，区领导谭应华、骆蔚峰、严宗活、李杰才、陈德俊、简锡波、蒋君武、戴永昌等现场指挥和参与了演练。

12月 23 日，广州市地铁爆炸疏散演练暨番禺区应急拉动演练现场。

△　下午，区委书记、区人大主任谭应华率番禺春节拥军慰问团前往广州军区政治部和广州军区司令部慰问。区领导严宗活、楼旭逵、陈德俊、蒋君武、陈容康、龚汉坤等参加了慰问。

△　民建广州市委在区委统战部举行番禺区总支部成立大会，选举杨志宁担任总支部主任委员。民建广州市委副主委周谦，区领导万志成、徐柳、郑葆红，区各民主党派负责人、区工商联负责人等出席了会议。

△ 市政府安全生产责任制考核组到番禺考核安全生产工作情况，对番禺安全生产工作表示满意。区领导骆蔚峰、戴友华向市有关部门领导汇报了番禺的安全生产工作情况。区安监局、区质监局、区建设局等有关部门领导参加了考核会议。

12月23日，安全生产考核会议现场。

△ 晚，由广东艺术发展中心主办，区广播电视台、番禺日报社、区语言文字工作委员会、番禺有线数字电视网络有限公司联合承办的“和谐之声”广东语言艺术新秀竞情谊颁奖暨文化新闻界新年联谊活动在广东国际大酒店举行。区委副书记、区长骆蔚峰，区政协副主席冼桂华出席了晚会。

12月23日，冠军获得者唐蔼靖在台上领奖。

24日 上午，区第十五届人大常委会召开第二十一次会议，听取和审议区政府关于2008年区本级预算外资金收支执行管理情况、区政府关于全区河涌综合整治工作情况、区政府关于办理区十五届人大四次会议代表建议情况的报告。区委书记、区人大主任谭应华在会上讲话，对番禺河涌整治前期工作进展情况表示满意，并要求区政府高度重视区人大代表议案的办理工作，下大功夫加快办理速度和质量，给区人大代表一个更满意的答复。区人大副主任欧康寿、陈容康、古瑞芬、万志成以及其他区人大常委会组成人员出席了会议；副区长戴永昌，区检察院检察长、区法院有关负责人等列席了会议。

△ 上午，区召开2008年出租屋流动人员管理工作总结大会，一批出租屋流动人员管理先进集体和先进个人受到表彰。区领导严宗活、李杰才、简锡波、林惠兰等参加了会议。

△ 区人大组织部分区人大代表对市桥城区河涌综合整治情况进行专题视察。区人大副主任欧康寿、陈容康、古瑞芬、万志成，区部分人大代表参加了视察活动。区有关部门领导应邀参加了视察。

△ 下午，区禁毒委在新造中学举行“番禺区禁毒教育基地”授牌暨禁毒教育展览揭牌仪式。市禁毒办主任常海祥，区委常委、政法委书记简锡波在仪式上讲话。区有关部门领导，各镇、街禁毒办主任，

12月24日，新造中学的学生进行禁毒签名活动。

新造镇领导，新造中学全体师生等1300多人参加了活动。

25日 上午，由南方日报出版社出版发行的《春风卅年》一书首发座谈会暨“春风卅年”番禺图片展在星海青少年宫举行。区委书记、区人大主任谭应华，区委常委、宣传部部长李鹏程，南方日报出版社总编辑周洪威，南方日报珠三角新闻中心广州工作室主任姚伟新等以及区有关部门领导参加了座谈会。

12月25日，区领导谭应华、李鹏程等在观看展览。

△ 上午，我区与大学城各高校举行产学研工作座谈会。省科技厅、市知识产权局有关领导，各高校领导和科技处有关负责人，区领导骆蔚峰、严宗活、陈德俊、万志成、龚汉坤、周志等出席了座谈会。

△ 下午，区长骆蔚峰率“番禺春节拥军慰问团”前往广东省军区和广州警备区慰问。区领导李鹏程、简锡波、蒋君武、古瑞芬、张力仁以及区有关部门领导参加了慰问活动。（番禺日报12.26）

△ 番禺区农业龙头企业协会成立。副区长戴永昌出席了成立大会并在会上讲话。

△ 副区长龚汉坤率大学城管委会、小谷围街领导和人员赴五华县双华镇开展对口帮扶工作，捐助10万元帮助双华镇推动经济社会发展。五华县委常委、组织部部长赖志侃等领导接待了帮扶团成员。

26日 上午，区举行信访局成立挂牌仪式。市委副秘书长、市信访局局长黄周海，区领导谭应华、骆蔚峰、严宗活、陈德俊、简锡波、古瑞芬、戴永昌等参加了挂牌仪式。

△ 上午，2008年番禺区档案工作会议暨《番禺年鉴（2008）》、《中国共产党番禺历史大事记》发行会议在区行政会议中心召开。区领导严宗活、陈德俊、龚红、张力仁及全区各单位、各镇街分管档案工作的领导和档案员参加了会议。市档案局副局长李涿成、副区长张力仁分别在会上讲话，并向石碁镇傍西村等5个村级建档示范点授牌。

12月26日，2008年番禺区档案工作会议暨《番禺年鉴（2008）》、《中国共产党番禺历史大事记》发行会议现场。

△ 下午，区委宣传部、区残联主办的区残疾人艺术团成立揭牌仪式暨汇报演出在区行政会议中心举行。区领导严宗活、李鹏程、简锡波、万志成、龚红、林惠兰，市残联理事长梁左宜，区有关部门领导以及各镇街残疾人代表及社会各界群众等共600多人观看了演出。

△ 区召开土地执法工作会议。区委书记、区人大主任谭应华在会议上强调要继续做好对违法用地的查处工作。区领导骆

蔚峰、严宗活、楼旭逵、李鹏程、彭群、陈德俊、简锡波、欧康寿、戴友华、徐柳以及区有关部门的负责人等参加了会议。

△ 晚，区职工纪念改革开放30周年文艺晚会在英东体育馆举行。市总工会副主席易利华，区领导严宗活、李鹏程、彭群、古瑞芬、邱学新、郑葆红、林广明，区有关职能部门负责人和职工、劳模代表等共2000多人观看了演出。

12月26日，区职工纪念改革开放30周年文艺晚会现场。

27日 市桥侨联中学举行建校25周年庆典。区领导万志成、张力仁，广州市荣誉市民张德荣，谢国庆等出席了庆典仪式。

12月27日，建校25周年庆典现场。

28日 上午，位于光明南路的番禺区文艺家活动中心落成。副区长张力仁在落成仪式上致辞。区领导李鹏程、万志成等参加了落成庆典。

△ 广东番禺中学举行建校20周年庆典活动。省、市有关部门领导，区领导谭应华、骆蔚峰、严宗活、李鹏程、彭群、陈德俊、简锡波、万志成、张力仁、冼桂华等出席了庆典仪式。

12月28日，建校20周年庆典仪式现场。

△ 晚，区在番禺广场举办第二届支持番禺经济建设外来工代表大会暨“金雁颂”文艺汇演晚会。区委书记、区人大主任谭应华亲自为获奖的外来工颁奖。区委副书记严宗活在晚会上讲话。区领导李鹏程、彭群、陈德俊、简锡波，市、区相关职能部门及各镇（街）领导，第一、二届“金雁之星”获奖人员,各镇、街外来工代表等近9000人参加了大会。

29日 上午，在前锋净水厂举行区前锋净水厂二期工程暨大石、钟村、东涌、榄核、南村、化龙等7个污水处理厂动工仪式。区领导谭应华、骆蔚峰、徐金海、严宗活等参加了动工仪式。

△ 上午，由区委、区政府主办，区档案局承办的“番禺改革开放三十年图片展览”揭幕暨《番禺改革开放三十年大事记》首发仪式在区档案馆举行。区委书记、区人大主任谭应华在仪式上讲话。区委副书记、区长骆蔚峰向区有关部门单位代表赠送了《番禺改革开放三十年大事记》。区领导徐金海、严宗活、楼旭逵、刘苑珊、彭群、陈德俊、蒋君武，原番禺市委书记梁伟苏、原番禺区人大主任越良钊等离退休原区（市、县）领导，法院院长、检察院

检察长及纪委副书记，市有关部门领导，各镇街区直局以上单位领导等参加了活动。

△ 上午，区国土房管分局第一国土资源管理所举行挂牌仪式。市纪委派驻纪检组组长、市国土房管局纪委书记韩小平，副区长戴友华，各镇街分管国土工作的领导等出席了仪式。当天下午，第二国土所（大石、洛浦）、第三国土所（沙湾、桥南）、第四国土所（新造、小谷围）、第五国土所（钟村）和南村、化龙、榄核、石碁、石楼、大岗、东涌的国土所也分别举行了挂牌仪式。

△ 下午，副区长戴永昌率领区安监、工商、公安、消防、文广、旅游等部门的30多名执法检查人员到易发商业街、银座酒店等重点场所开展消防安全检查督导。

△ 下午，区在行政会议中心召开对口帮扶五华县座谈会。区领导谭应华、骆蔚峰、严宗活、欧康寿、黎伟棠、戴友华，五华县领导黎健平、张建华、朱汉东、吴晖等参加了座谈会。2008年，全区各镇街、各部门大力支持对口帮扶工作，捐款、捐物总计达到219.5万元。

△ 春风卅年——番禺区纪念改革开放三十年书画摄影图片系列展在星海青少年宫开幕。原市人大副主任郭向阳，市直机关工委书记许鸿基、副书记吕机灵，区领导严宗活、刘苑珊、李鹏程、冼桂华出席了开幕式，并为本次展览剪彩。

12月29日，出席展览的嘉宾们驻足观看。

△ 区解决教师住房问题资金发放现场会在南村镇政府举行。区领导谭应华、骆蔚峰、张力仁，以及区有关部门领导等参加了现场会。

△ 区政协党组召开专题协商会议，就我区准备出台的《关于统筹城乡经济社会发展一体化的实施意见》进行专题协商，提出意见和建议。区领导徐金海、严宗活、陈德俊、万志成、戴永昌、黄建强、郑葆红、林惠兰、冼桂华、周志、林广明参加了会议。

30日 上午，区人大召开领导班子党员领导干部民主生活会。区领导谭应华、欧康寿、陈容康、杨瑞泉、古瑞芬、邱学新以及区人大常委会党组成员参加了会议。区人大常委会副主任万志成、区人大机关部分人大代表、党代表、政协委员、部分基层人大领导列席了会议。

△ 上午，区举办纪念检察机关恢复三十周年暨番禺检察开放日活动。市检察院副检察长廖荣辉，区领导简锡波、林惠兰等参加了活动。

12月30日，市民通过阳光检务查询系统查询相关信息。

△ 上午，区“三创”协调办召开会议，部署国家卫生城市达标检查工作。副区长张力仁和区有关部门领导参加了会议。

△ 下午，区召开2008年文化市场管理

工作总结会议。区委常委、宣传部部长李鹏程在会议上讲话。区文化市场管理工作领导小组成员、区网吧管理工作协调小组成员、各镇街“扫黄打非”办负责人等参加了会议。

△ 近日，番禺区被国家人口计生委评为“2008年创建全国计划生育优质服务先进单位”。

31日 区召开党政班子党员领导干部民主生活会。市委常委、市委秘书长凌伟宪，市委组织部副巡视员、市委学习实践活动第一指导检查组组长刘德谦，区领导谭应华、骆蔚峰、严宗活、楼旭逵、刘苑珊、李杰才、李鹏程、彭群、陈德俊、简锡波、蒋君武、龚红、戴永昌、黎伟棠、戴友华、龚汉坤、徐柳，市有关部门领导等参加了会议。凌伟宪对番禺深入学习实践科学发展观活动所取得的成效给予了充分肯定。

△ 晚，由沙湾镇委、镇政府主办的“今日关注·古韵沙湾——走进沙湾2009元旦晚会”在沙湾镇文化中心举行。广州军区总医院副院长向仕平大校，省摄影家协会专职副主席兼秘书长陈俊生，广东电视台原副台长、《今日关注》节目顾问蔡贤盛，广州边防武警支队队长董凯红以及区有关部门领导等观看了晚会。

12月31日，“今日关注·古韵沙湾——走进沙湾2009元旦晚会”在沙湾镇文化中心举行。

文献 文摘

番禺年鉴·2009

在中共广州市番禺区委十一届六次全体会议上的讲话

谭应华

同志们：

现在，我受区委常委会委托，向全会报告去年的工作，提出今年的工作意见。请予审议。

2008年工作回顾

2008年是极不平凡的一年，喜事纷至沓来，灾难意外叠加，挑战接踵而至，冲击前所未有。在市委、市政府的正确领导下，面对各种难以预料、历史罕见的重大考验，区委、区政府沉着应对，带领全区人民，高举中国特色社会主义伟大旗帜，以科学发展观统领经济社会发展全局，紧紧围绕区委十一届四次全会提出的“做实做好七篇大文章”的目标任务，解放思想、攻坚克难、扎实工作，全区呈现经济实力持续提升、民生事业不断加强、城乡面貌日益改善、社会发展更加和谐的良好局面。

2008年，全区实现生产总值727.60亿元，增长13.1%；工业总产值1420.08亿元，增长15.1%；农业总产值64.89亿元，增长5.3%；万元GDP能耗下降6%;全社会固定资产投资额205.77亿元，增长14.0%；进出口总值149.88亿美元，增长10.4%；社会消费品零售总额415.47亿元，增长25.0%；财税总收入185.5亿元，增长10.6%；财政一般预算收入43.88亿元，增长18.0%；农村居民年人均纯收入11070元，增长14.2%；城镇居民年人均可支配收入23108元，增长13.0%。实现“省双拥模范区”和“市双拥标兵区”三连冠,成功创建全国计划生育优质服务先进单位、全国农村中医工作先进区和广东省首批村务公开民主管理示范区，荣获广州市创卫工作先进集体和广州市抗震救灾先进集体荣誉称号，获评中国旅游文化示范地及2008中国最佳旅游品牌目的地。

一、思想引动，确立科学发展新理念

认真贯彻落实省委、市委的统一部署，在上半年扎实开展以“思想大解放、番禺大发展”为主题的解放思想学习讨论活动，认真完成学习宣传、讨论调研、决策部署三个阶段的工作，各级党员干部提出破解科学发展难题的意见建议1000多条，完成调研报告129份；由区领导牵头对12项重大课题开展调研，形成了丰硕的调研成果，其中《腾笼换鸟谋发展，转变模式增效益》一文获全市优秀调研成果一等奖。在下半年开展深入学习实践科学发展观活动，第一批参加学习实践活动的18个基层党委（党工委）及其下属450多个党支部、11500多名党员，紧密联系实际，创新

"一岗十佳百村千千万家"主题实践活动，扎实做好学习调研和分析检查两个阶段的工作，在学习中深化认识、在分析中查找问题、在实践中推动工作。

思想大解放带来了发展理念的大转变：经济建设更加注重调整产业结构，转变发展方式，初步实现从分散向集聚、低端向高端、粗放向集约的转变；城乡发展更加注重统筹兼顾，加快一体化进程，解决均衡发展问题；改善民生更加注重以人为本，健全社会保障，增强人民幸福感；环境整治更加注重标本兼治，紧紧结合创卫、创文和土地执法等工作，建立健全长效机制；党的建设更加注重固本强基，培养具有科学发展能力的干部队伍，促进执政水平全面提升。

二、龙头舞动，开创经济建设新局面

一是集聚经济不断壮大。引进总投资270亿元的中船项目，在大岗镇新建一个集船用低速和中速柴油机、曲轴等船舶配套产品生产基地，第一期安置区动工建设；在此基础上，规划建设面积达45平方公里的广州（番禺）大型装备产业基地。总投资68亿元的广汽集团自主品牌项目进展顺利，发动机项目厂房建设基本完成，整车项目厂房建设全面动工，汽车研究院进入实质性建设阶段，零部件项目完成选址。广药集团首批10家企业进驻生物产业园，预计2012年建成投产。广日工业园基本建成，预计今年一季度陆续投产。公有企业集团化优势和成效初步显现，国有资产质量进一步改善。现代农业加快发展，一镇一村一品工程不断推进，农业龙头企业不断壮大，市级以上龙头企业达到16家。

二是创新经济稳步提速。大力提升自主创新能力，强势打造"番禺创造"。与中山大学等10所高校签署了产学研合作框架协议，形成"政府+院校+企业"的产学研共建模式，并签约一批产学研基地和科研项目，合作打造"大学城生物医药产学研孵化基地"和"华南（广东）声像灯光设计研究院"等科技创新平台。清华科技园广州创新基地首期启动区顺利推进，大学城数字家庭和数字电视产学研孵化基地已进驻5大技术支持中心、19家研发中心和国内外42家知名企业。数字电视高清互动试点工作扎实推进，用户已突破1万户。大力发展动漫等创意产业，强势打造"番禺创意"。星力动漫游戏产业园首期投入使用，引进国内外知名动漫企业50多家。加强动漫企业与大学院校的校企合作，支持动漫游戏企业建设技术研发中心，积极引导动漫企业向"绿色、健康、品牌"方向发展。

三是服务经济日益提升。爱喜软件公司与全球最大的搜索引擎谷歌公司签订战略合作伙伴协议，在番禺建立面向华南地区中小企业的营销服务基地。沃尔玛山姆会员店广州总部签约落户我区，其旗舰店将于年内开业。五洲购物中心、新长隆酒店等商业项目顺利建成，广州国际商品展贸城、万博商业商务中心、罗家商业广场、广州五湖四海国际水产交易中心等商业项目扎实推进。亚运城实现和谐拆迁和零投诉。广州铁路新客站建设加快推进。精心打造"岭南文化、生态休闲、现代游乐、时尚购物"等四大旅游品牌，全年接待游客1208.57万人次，旅游总收入56.76亿元，分别增长4.6%和8.9%。

四是存量经济逐步优化。积极突破土地瓶颈制约，调整优化产业结构，出台《关于推进"腾笼换鸟"工作的意见》，从资金配套、规划管理、国土管理、建设监管和中介服务等方面给予扶持，加快"三旧"改造，稳步推进"双转移"工作。全区共收集"腾笼换鸟"项目441个，其中首批31个试点项目已开展规划调整，预计完成改造后每年可新增产值138亿元。“番禺制造”在北京奥运舞台上大放光彩，锐丰、珠江、朗晴、立白、博粤、秀珀、东松三雄等多家企业为奥运会提供产品和服务。

三、环境带动，打造宜业宜居新城区

一是持续改善生态环境。继续推进“惠民一号”河涌综合整治工程，市桥河雁洲水（船）闸等6项惠民重点工程同步开工建设。基本完成城乡水利防灾减灾工程建设。6个污水处理厂和前锋净水厂二期工程正式动工。关闭南村、大石两个垃圾处理场，火烧岗垃圾填埋场扩容工程完工，生活垃圾焚烧发电厂完成选址工作。圆满完成第一次全国污染源普查。加大对污染企业的查处力度，责令关停企业387家，目前已自动关停138家，强制关停47家。

二是持续改善和稳定治安环境。有效防范和处置群体性事件，加强“两会”、奥运会、残奥会等重要时期的维稳工作。健全区、镇街、村居三级排查调处网络，认真排查不稳定因素，努力把矛盾解决在基层。建立信访联动机制，认真开展党政领导大接访活动，实行领导包案负责制和信访督办制度，切实解决一批历史遗留问题。投入资金1.68亿元，建成治安视频监控点2.7万个，数量位居全市第二。全面推行小区封闭半封闭管理模式。“三创”出租屋专项考评成绩连续5次排名全市第一。全面落实安置帮教工作。积极防范和打击境内外敌对势力及邪教组织。深入开展“红棉”、“剑锋”、“飞剑”等专项行动，严厉打击违法犯罪，全年刑事立案8681宗，同比下降13.1%（其中“两抢两盗”发案下降22.3%），破案率达46.7%，群众安全感进一步增强。

三是持续改善政务环境。完成网上行政许可服务系统首期升级改造，全面实施新的“一站式”网上行政审批系统，启动企业开业登记“一表制”网上并联审批流程，推进行政审批电子监察系统建设，开通群众满意度点击评分系统。扎实开展安全生产“隐患治理年”活动，安全生产形势整体好转。

四、城乡联动，取得惠民工程新成效

坚持“富民优先、民生为重”，认真落实市“惠民66条”及“补充17条”和区“富裕和谐33条”等政策措施，确保改革发展成果人人共享。

一是推进服务共享。加快义务教育规范化学校建设，现有规范化学校159所，数量为广州各区（市）之首。全区12万名学生享受免费义务教育。高考、中考成绩保持位居广州市前列。新型城乡合作医疗工作进展顺利，“二次报销”使普通患者自付费用进一步减低。新（改）建农村卫生站17个，建成社区卫生服务机构18个，平均每3.5万人拥有1所社区卫生服务机构。有效控制局部流感和手足口病疫情，切实做好“奶粉事件”婴幼儿筛查和诊治工作。连续21年完成上级下达的人口计划，初步建立以农村部分计划生育家庭奖励制度为基础的计划生育利益导向机制。

二是推进收入共增。大力实施城乡居民充分就业和收入倍增计划，使城乡居民人均收入增长幅度不低于经济发展水平。去年农村居民收入增幅首次超过城镇居民收入增幅。认真贯彻落实《劳动合同法》，强化劳动监察执法力度，从源头上预防和减少劳资纠纷的产生，保障劳动者合法收益。全年受理各类劳动争议案件13285件，立案数同比增长5倍。

三是推进保障共惠。积极开展“农转居”人员和被征地农民参加基本养老保险工作，逐步扩大覆盖面，目前已有4.5万人参保，享受政府资助近 3 亿元。全面启动城镇居民医保，将我区未参加基本医疗保险的 36 万城镇居民纳入医保范围。不断建立健全区、镇街、村居三级劳动就业服务体系，开办农村劳动力职业技能培训班 229 期，培训后就业 5421 人；培训失业人员 1333 人，培训后就业 815 人。

四是推进安居共有。基本完成农村困难户的危破房改造任务，并安排市桥城区内人均住房面积小于 10 平方米的城镇特困户分期分批入住廉租房。在全省率先成立区级住房保障办，对 1746 户符合廉租户条件的困难家庭发放租房补贴。制定了解决教师住房问题方案，并付诸实施。在全区排查水浸现象集中的区域，有针对性地制定方案，重点整治“水浸街”问题。“平安通”呼援系统服务正式启动，“居家养老”服务全面推进。

五是推进城乡共建。进一步完善了“总体规划——专项规划——控制性详细规划——村庄规划”编制体系。全面完成 247 个行政村的村庄规划编制工作，提早一年完成上级提出的任务。继续实施“双百共建文明村”和牵手打造试点村、牵手帮扶发展缓慢村“两个牵手工程”。海鸥岛生态农业观光旅游区建设稳步推进，“一村四岛”水利工程开工建设。城乡公交一体化进程加快实施。自然村通公路和危桥改造项目全面展开。大刀沙观龙岛路桥建设节点工程前期工作全部完成，德怡大桥全面动工。中心镇建设成效显著，大岗镇成为“联合国开发计划署试点城镇”和“国家发改委全国发展改革试点小城镇”。

五、查违促动，强化土地利用新认识

采取有力措施和严厉手段，遏制和查处违法用地行为，促进土地执法形势向好的方向转变。第九次卫片区以下项目违法用地宗数和面积相对第八次卫片的 493 宗 6134.4 亩分别下降了 95.1%和 98.5%，实现了广州市政府提出的“第九次卫片土地执法检查发现的违法用地面积必须下降 80%以上”这个刚性指标的要求，顺利通过了省和国家的检查验收。

一是精心组织，严格督查。区委先后召开 3 次常委会议、7 次土地执法检查工作会议，及时分析问题，调整工作思路。落实领导联系制度，区领导班子成员包干到镇街，镇街领导班子成员包干到村、负责到案。监察、国土、城管、农业、林业等部门联合执法，督促拆除违法用地上建筑物，严把复耕复绿工作质量关。

二是明确责任，齐抓共管。落实属地管理主体责任，将违法用地的查处责任明确放在属地镇政府和街道办事处。落实部门共同责任，以签订责任书的形式明确各职能部门的责任，实现处理违法用地由“一家管”变成“大家管”，形成强大工作合力。

三是严肃查处，果断处置。实行刚性执法，对 493 宗镇村违法用地全部立案查处，查处率 100%，结案率达 92.5%。坚决依法追究土地违法当事人的责任，移送区公安机关立案处理 7 宗 12 人。保持高压态势，提前开展第九次卫片违法用地整改，掌握主动权。始终坚持宣传教育不放松，提高群众对耕地保护和土地执法监管的共识。

六、文明鼓动，形成健康向上新风尚

一是大力开展创文工作。全区上下一盘棋，部门积极协作、镇街扎实行动、群众支持参与、志愿服务踊跃，采取有力措施抓保洁、治“六乱”、管交通、查工地，城市卫生状况大为改善，市民文明意识进一步提升。不断创新宣传方式，营造浓厚的创文氛围。科学统筹，周密部署，全力做好迎“国检”工作，严格进行“自检”

和“预检”，打了一场漂亮的迎检战。

二是大力发展文体事业。深入开展向农村送戏、送培训、送书、送电影、送科技等“五送”活动。建成272间“农家书屋”、266间“绿色网园”。成功举办首届星海国际合唱节。出色举办第七届中国民间艺术节暨山花奖中国民间飘色（抬阁）艺术展演与评奖活动。组织开展番禺改革开放30年系列纪念活动。“一报两台”积极为经济社会发展鼓劲加油。石楼镇大岭村被命名为“中国历史文化名村”。区档案馆、区文化馆被评为国家一级馆，番禺博物馆通过国家二级博物馆评审。体育工作实现新突破，成功举办番禺区第五届运动会，连续5年获得“广东省体育先进突出贡献奖”，8名番禺籍运动员参加北京奥运会取得佳绩，其中陈燮霞以打破奥运会纪录的优异成绩，勇夺中国代表团首枚金牌。

三是大力弘扬慈善文化。抗雪灾期间，积极开展“送温暖、献爱心”活动，为留守番禺过年的外来人员排忧解难，调拨物资支援五华县的困难群众。在举国支援四川灾区抗震救灾行动中，积极开展捐款献血活动，广大党员踊跃交纳“特殊党费”，社会各界累计捐款总额达1.18亿元，向灾区发送救灾物资价值约1011万元，圆满完成3560套灾区急需的活动板房生产任务。“慈善超市”投入使用。“光明行”活动持续开展，为245名贫困白内障患者免费实施326例复明手术。

七、党建推动，呈现民主政治新气象

一是区二级班子配备得到优化。坚持干部选拔任用原则不动摇、条件不放松、程序不走样，全年共调整区管干部459人次。提拔正处级干部18人（其中女干部4人），提拔副处级干部37人（其中女干部11人、非中共党员干部1人）。出台《番禺区公开推荐区二级班子正职后备干部暂行办法》和《番禺区公开选拔区二级班子副职后备干部暂行办法》，构建良好的选拔干部平台。

二是干部选拔任用工作获得普遍认可。在市委组织部要求进行的“干部选拔任用工作民主评议”中，全部5个测评项目满意、基本满意率达96.5%以上。其中对干部选拔任用工作、执行《干部任用条例》及相关政策法规这2个测评项目没有不满意意见，对近年提拔干部、预防和整治用人不正之风、干部人事制度改革这3个测评项目的不满意率仅为0.69%；在对2007年以来提拔的85名处级干部的群众满意度测评中，不满意率仅为0.17%。

三是党建工作全面加强。中心组理论学习卓有成效，党校理论教育主阵地作用进一步发挥。创新视频点播、网络大学堂、番禺大学堂等培训方式，多层次党员和干部培训成绩突出。狠抓机关作风建设。继续抓好“十百千万”干部下基层驻农村工作，全面实施“三个培养”工程，开展农村党建“三级联创”活动，开通农村党员干部现代远程教育。依法依规、周密部署，比省、市要求提前一个月完成村居“两委”换届选举工作。社区党建工作得到加强，非公企业党建工作不断巩固，机关党建工作成效明显。

四是民主政治建设扎实推进。坚持和完善人民代表大会制度，保证区人大依法履行职责，实现监督权、决定权、任免权行使的科学化、民主化、规范化。坚持和完善共产党领导的多党合作和政治协商制度，充分发挥区政协在协调关系、汇聚力量、建言献策等方面的积极作用。统一战线工作不断发展，各民主党派、工商联、工青妇等人民团体作用充分发挥。双拥工作深入开展。社会主义法治理念教育不断深入，审判、检察工作取得新进展。

五是廉政建设卓有成效。农村基层党风廉政建设不断加强。打造“一二三四五”廉政文化品牌的力度不断加大，廉政文化“六进”活动示范点建设成效明显，电子监察有效推进，初步建立起有番禺特色的惩防腐败体系。坚决查处违纪违法案件，共立案查处党员干部违纪违法案件 36 件 41 人（其中处级干部 4 件 4 人），移送司法机关 4 件 4 人，受到党纪政纪处分的党员干部 37 人。

当前面临的形势

在百年一遇的国际金融危机袭击下，国际市场需求萎缩，对我国经济造成了较大的负面影响。我区也难免受到冲击，外贸出口、企业生产经营将面临更大的困难。对此，我们不能回避和退缩。既要充分认识国际经济环境的严峻性和复杂性，认识到世界经济可能将出现一段时间的低迷期，把可能遇到的困难估计得更充分一些，把各项应对措施考虑得更周密一些，防止因估计不足和准备不够而陷于被动；又要充分发挥主观能动作用，善于在复杂多变的形势下捕捉和把握难得的发展机遇，善于在逆境中发现和培育有利因素，形成共赴时艰的坚强合力，树立更大信心，谋求更大发展。

透过现象看本质，稳定人心不动摇。这次危机虽然来得急、影响广，但从大的层面来讲，去年我国经济依然保持平稳较快增长，说明对实体经济的影响有限可控，经济基本面依然良好。从小的层面来说，我区去年倒闭了一些企业，出口也受到一定影响。据不完全统计，全区注销的工业企业为 220 家，集中在服装、制鞋、手袋、塑料五金、玩具、电子电器、木业家具等行业，大多是产品技术含量偏低、资产负债率较高、抗风险能力较弱的规模以下劳动密集型企业和来料加工企业，以及出口依赖程度高、受国家出口退税政策影响大的企业，还有环保、卫生、消防不达标的企业。从数量和产值上看，关闭企业的数量与我区现有近万家工业企业相比不算多，关闭企业的产值所占比重也不大，对我区工业经济的整体影响有限，不会伤筋动骨；从优胜劣汰的角度来看，正常情况下各地每年都会有企业关闭，也有新企业开张，去年我区关闭的企业与往年差不多，而新开业的工业企业则较上年多，达 1085 家。此外，我区有着良好的区位优势、厚实的经济基础、完善的基础设施、较高的市场水平，仍然是一方难得的投资热土，而且我们还有应对亚洲金融危机的宝贵经验。所以说，应对危机，我们不缺底气，关键是要沉得住气，不要自乱阵脚。

透过危机看机遇，坚定信心度寒冬。金融危机的破坏力有可能在今年更大释放。在危机面前，信心比黄金更重要。发展如同赛车，直道较难超越，看似危险的弯道反而是决定胜败的关键，也是超越的机遇所在。当前的危机，是危中有机，是传统发展模式之危，科学发展模式之机，化危为机的根本出路就在于科学发展。放眼世界，国际社会联手应对金融危机之举前所未有；放眼国内，国家积极应对金融危机力度之大也前所未有。近期，从中央到省、市纷纷出台扩大内需、促进增长的举措，这些“组合拳”的效果也将在今年得到充分显现，当中便蕴含着无限商机。具体到我区，要看到有利的因素也不少，在出口方面，由于我区纺织服装、鞋帽等几大出口行业属于生活必需品，海外需求有一定的刚性，影响幅度有限；船舶、金属制品等新兴产业出口形势不错，所占份额在增加，成为外贸出口产品新的增长点。在招商引资方面，我区近年引进的多个生产力骨干项目正蓄势待发，一批大型龙头企业和现代工业集聚区已经动工或准备动工，将在未来几年内陆续投产；生物医药、数字家庭等新兴产业和现代服务业将成为我区吸收外资的新亮点；“腾笼换鸟”、提升产业结构的工作也在加紧进行，这些都是为“春天”的到来做准备。只要我们坚定信心，抓住机遇，坚持推进大项目带动不动摇，坚持推进“腾笼换鸟”工作不动摇，坚持扶持优质企业不动摇，全力支持和帮助企业共渡难关，在寒冬里坚持生存、积蓄能量，待春回大地之时，就能占得先机、率先发展，实现安度危机、确保增长的目标。

2009年工作部署

今年是新中国成立60周年，也是推进番禺科学发展、争当广州建设全省“首善之区”排头兵的关键年、落实年。

今年工作的总体要求是：全面贯彻党的十七大、十七届三中全会、中央经济工作会议和省委十届四次全会、市委九届六次全会精神，以科学发展观为统领，坚定信心，改革创新，坚持扩大内需为主和稳定外需相结合、保持增长速度和提高质量效益相统一，加快发展方式转变和结构调整，着力建立现代产业体系，着力建设宜居城乡，改善民生福利，维护社会稳定，加强党的建设，促进经济社会又好又快发展。经济社会发展预期目标是：全区生产总值增长11%，工业总产值增长10%，农业总产值增长5%，万元GDP能耗下降5%，全社会固定资产投资增长10%，社会消费品零售总额增长18%，地方财政收入与GDP增长同步；城镇登记失业率控制在3%以内，城镇居民人均可支配收入增长8%，农村居民人均纯收入增长9%，人口自然增长率控制在7.3‰以内。

要实现以上目标要求，必须坚持“保增长、促调整，美城乡、迎亚运，重民生、纾民困，兴文化、塑精神，护稳定、建和谐，打基础、固根本”的工作要求，实现“六个提升”。

一、保增长、促调整，提升经济运行效益

积极应对金融危机等各种挑战，把思想和行动统一到中央“保增长、扩内需、调结构”精神上来，紧紧围绕省、市委着力抓好“三促进一保持”的要求，充分利用近年来打下的坚实基础，认真谋划经济发展。

（一）坚持“两同步”过“冬”。

同步扶持“两类企业”。对于发展前景好、自主创新能力强、产业层次高、拥有核心技术和品牌的企业，进一步加大扶持力度，营造加快发展的环境及空间；对于传统产业中积极发展的企业，主动引导、大力支持，抓住机遇转型升级，在市场经济中不断增强竞争力，赢得新的发展空间。对此，各级各部门要切实采取8项措施应对金融危机：一是建立经济工作联席会议制度，准确分析国内外经济形势，及时制定并调整应对措施；二是广泛宣传近期各级出台应对金融危机的政策措施，引导企业用足用活扶持政策；三是建立重点企业联系制度，及时掌握企业运行情况，切实做好相关服务工作；四是主动为企业排压减负，对各种收费按照“能取消则取消、能减免则减免、能暂缓则暂缓”的原则进行调整；五是设立支持企业融资专项资金，为企业融资提供担保及贷款贴息；六是以超常规的紧迫感和工作力度全力推进大项

目上马，大开“绿灯”，争取早日投产、早见效益；七是加大对劳资纠纷隐患的排查调处力度，防止劳资纠纷集中爆发，切实将社会风险降到最低；八是坚持正确的舆论导向，营造鼓劲加油的社会氛围，增强企业信心。

同步开拓“两个市场”。我区出口企业较多，在当前外贸出口受困的形势下，要积极推动企业“两条腿”走路，鼓励企业国际国内市场一起开拓，进一步增强抵御外部经济风险的能力。引导企业在尽可能稳住现有欧美、日韩等市场的同时，想方设法开拓拉美、非洲等新兴国际市场。在稳定外需的同时加快扩大内需的步伐，加快培育经济增长的内生力量，鼓励、支持企业抓住国家和地方进一步扩大投资和内需的机遇，敏锐捕捉市场商机，把更多的精力投入到国内市场的开发上来。此外，提高中小企业的组织度，充分发挥行业协会和商会的作用，以整体竞争的优势抢占市场，“抱团取暖”过“冬”。

（二）坚持“三推进”迎“春”。

加快推进工业现代化。实施“一二三四”工业发展行动计划：紧紧围绕加快现代工业发展这一核心，充分发挥广汽、中船两大龙头企业的带动作用，积极构筑招商选资、科技创新、人才培育三大平台，精心打造汽车及零配件、大型装备、生物医药、数字家庭四大产业基地。其中打造“四大产业基地”是我们工作的落脚点，必须切实下大力气抓紧抓好。一要加快广汽集团自主品牌乘用车生产基地建设，确保2010年投产，并加快汽研院项目和汽车零部件首期项目建设，抓好汽车物流项目用地的征地工作，推动汽车及零部件产业集聚发展。二要全力推进中船柴油机生产基地建设，积极做好项目用地的征地拆迁工作，确保按时交地，确保安置区建设顺利推进，为大型装备产业基地建设开路。三要完善广州国家生物产业基地番禺园区基础设施建设，加快广药进驻企业的建设进度，促进早日投产。四要加快形成数字家庭产业基地，以数字家庭研发园（即大学城孵化基地）为核心，充分发挥辐射作用，加快推进大学城周边数字家庭商务园和数字家庭制造园的规划建设，全面打造一条从芯片、软件、终端到系统设备的数字家庭产业链。

全力推进服务业规模化。继续推动万博商业商务中心和现代信息服务业总部基地、星力动漫游戏产业园二期的建设和招商工作，推进中颐创意产业园、广州设计创意产业基地等创意园区建设，发展信息和动漫产业；加快推进广州国际商品展贸城、东涌综合物流园区、罗家商业广场的建设，发展商贸物流和会展业；充分发挥南番顺旅游联盟的作用，整合全区旅游资源，大力宣传推广“番禺新八景”，推进香江三期、南粤苑等项目建设，合理规划旅游线路，完善旅游景点配套设施，提升旅游景点的包装水平，发展现代旅游业。

着力推进产业高端化。全力推进“腾笼换鸟”首批试点项目的改造工作，通过技术替代、物业升级改造、重新招商等手段，提高产业层次，努力摆脱被动承接低端产业和“打工经济”的束缚。强化自主创新，推进清华科技园广州创新基地周边市政配套设施建设，力争与一期工程同期投入使用。加快节能科技园、清华科技园等多个创新中心的建设，打造一条以莲花大道为发展轴的番禺东部高新科技产业带。充分利用广州大学城的科教资源，加快完善以政府为引导、企业为主体、市场为导向、产学研相结合的技术创新体系。积极引导和扶持企业加强经营管理，加大研发投入，摆脱原始贴牌状态，促进产品升级换代。继续推进珠宝产业升级改造，加大推广“番禺珠宝内销联盟”力度，进一步拓展内销市场，努力打造世界性珠宝集散地。积极筹备第13届国际彩色宝石协会年会。以打造专业镇街为方向，努力形成一镇街一产业，促进特色产业集聚发展。

二、美城乡、迎亚运，提升宜居生活质量

亚运建设突出“三高”。以高质量、高标准、高等级为要求，认真实施《番禺区2010亚运城市行动计划纲要》，全面启动迎亚运十项工程涉及的90个大项、210个小项的工作。一是高质量建设区属亚运场馆。保质保量按时完成英东体育馆、英东体育场、大夫山森林公园3个区属亚运比赛场馆，以及仲元中学、番禺中学等10所中学14个训练场馆的改扩建工程。二是高标准整治周边环境。有计划、分步骤地对比赛及训练场馆周边的河涌、道路、建筑物立面等进行整治升级，对通往亚运城、莲花山旅游区等主要景点的主干道开展环境美化。三是高等级打造交通路网。全面开展清河路、番禺大道、汉溪大道等50多条主要交通干线和城区道路的改扩建工程，进一步完善交通路网。

生态环境力求“三化”。以净化、绿化、美化为目标，扎实推进“惠民一号”河涌综合整治工程，加快整治市桥河水系及广州铁路新客站、亚运城周边河涌，加快市桥河雁洲水闸等6项重点工程建设。加快9个污水处理项目及截污管网建设，争取早日建成运营。及早开展广州铁路新客站周边环境专项整治。加强环境执法，严厉打击恶性排污、超标排污行为。做好快速路、高速路出口和主干道绿化升级改造，进一步美化城市环境。

城乡统筹务求“三好”。以规划好、建设好、服务好为目标，大力推进城乡经济社会发展一体化。这次全会将审议《关于统筹城乡经济社会发展一体化的实施意见》，对统筹城乡发展规划、现代都市型农业发展、城乡基础设施建设、城乡公共服务、新农村建设、城乡社会管理等方面进行具体部署安排。要抓紧实施，力争用5-8年时间，基本建立起城乡经济社会发展一体化的体制机制。与此同时，以构建现代农业产业体系、增加农民收入为主要任务，推进农业设施化、集约化、科技化、标准化和品牌化建设，提高都市型现代农业发展水平；积极发展生态农业、观光农业和出口创汇农业，推进乡村旅游业和“农家乐”加速发展；发展农产品加工业，延伸现代农业链条，提高农民从事二、三产业的比例；加快发展农民专业合作社，提高农民的组织化程度和抗击风险、参与市场竞争的能力。此外，重点推进“城中村”的试点村改造工作。稳步推进“数字大城管”建设，多管齐下治理各类“城市病”。抓好安全生产工作，强化食品药品、医疗器械、保健食品和化妆品安全监管。继续加强土地执法，扎实做好“九卫”土地执法检查，确保依法用地、科学用地。

三、重民生、纾民困，提升人民幸福指数

均衡发展，学有所教，提升“民智”。启动教育现代化建设工程，力争2010年申报并通过全省区域教育现代化评估验收。加快义务教育规范化学校建设，力争年底达标率90%、2010年达100%。促进教育均衡，加大对经济相对落后地区发展教育的扶持力度，抓好城乡教师支教交流。持续提高教师福利待遇。逐步接收条件成熟的房地产小区配套学校。支持幼教事业发展，按照“优化公办、发展民办、鼓励联办”的思路，继续深化以公办幼儿园为示范、民办幼儿园为主体的发展格局。探索

引入社会资源办学，组建番禺职业教育集团，实行“职成一体”办学模式，努力构建以中等职业教育为主体、学历教育与职业技能培训并举、与番禺经济产业结构相适应的职业教育体系。

完善体系，病有所医，增强“民康”。完善新型城乡合作医疗，将筹资标准提高至每人220元。加快推进中心医院建设，确保7月1日投入使用。扎实推进农村卫生服务站和社区卫生服务机构建设，确保2010年建成比较完善的城乡社区卫生服务体系。抓好“平安通”呼援系统建设，争取上半年覆盖城镇社区。加强疾病预防控制和卫生监督，提高应对突发公共卫生事件的能力。

全面覆盖，老有所养，促进“民保”。认真落实“农转居”人员和被征地农民参加社会养老保险工作，按照广州市政府解决农村农民社会养老保险的要求，在抓好农村农民社会保险参保工作试点的基础上全面推进，努力实现全民参保。提高城乡低保标准，落实分类救济政策，确保应保尽保。大力发展慈善事业，健全临时应急救助制度。落实优抚政策。继续完善敬老院、社会福利院和“星光老年之家”的软硬件建设，力争年内实现居家养老服务全覆盖。

扩大就业，劳有所得，增加“民富”。千方百计完成8000名农村劳动力、1500名外来务工人员和2000名失业人员的培训任务。继续实施城乡居民充分就业和收入倍增计划，鼓励全民创业，逐步缩小城乡居民收入差距。构建区、镇街、村居三级劳动关系协调网络，将基层劳动关系协调组织打造成预防化解劳资纠纷的“第一道防线”，并延伸到企业，做到“小事不出厂企、大事不出镇街”。加快劳动争议派出庭建设，尽早实现就近、就地解决争议案件。

强化建设，住有所居，保障“民安”。加快完善多层次住房保障体系，进一步解决城市低收入家庭住房困难问题。在基本完成困难户危房改造的基础上，分期分批做好农村危破房改造。认真落实在职教师住房补助资金的发放工作。以推进“六好”平安和谐社区达标创建为契机，拓展社区服务，推进精品社区、特色社区建设。进一步完善市政设施，推进路灯建设，力争两年内基本解决“水浸街”问题。继续加强对民生价格问题的监管，维护群众切身利益，确保人民群众安居乐业。

四、兴文化、塑精神，提升群众文明素质

加快发展文化事业。稳步推进星海文化功能区规划建设，大力促进公益性文化设施向农村和社区延伸，力争实现基层文化室覆盖至村居，确保年底全面完成“农家书屋”、“绿色网园”建设任务。创新文化管理体制，加强文化市场管理，发展新闻事业。开展全国第三次文物普查工作，做好非物质文化遗产保护，弘扬飘色、乞巧等传统民俗文化。组织好重大节庆的群众文化活动和“文明大舞台”系列活动，坚持开展文化科技卫生“三下乡”活动。积极筹办第六届番禺星海艺术节，继续打造星海文化品牌。

全面开展体育运动。深入开展“迎亚运、讲文明、树新风、促和谐”系列活动，精心组织好“迎亚运、促和谐”第12届莲花杯、禺山杯龙舟赛。大力开展群众体育活动，进一步提高竞技体育水平，促进体育事业的发展。

努力培育社会风尚。坚持不懈开展“创文”工作。深入开展现代公民教育，进一步培育塑造以“开拓创新、开放兼容、开明豁达”为主要内容的新时期番禺人精神。坚持正确的舆论导向，营造积极健康的舆论氛围，促进社会主义核心价值体系建设。

五、护稳定、建和谐，提升依法治区水平

推进民主法治建设。坚持和完善人民代表大会制度，支持人民代表大会及其常委会依法履行职能。支持人民政协切实履行政治协商、民主监督、参政议政的职能。积极引导统一战线成员为应对金融危机、保持经济稳健增长贡献智慧和力量。支持工会、共青团、妇联、工商联等人民团体围绕区委区政府中心任务开展工作。全面贯彻落实党的民族宗教、侨务政策和对台方针，做好海内外年青一代的联谊工作。强化法治政府建设，确保法院、检察院依法独立行使审判权、检察权，促进司法公正。强化法制宣传教育，继续开展送法下乡、送法到企业、送法到社区等活动，创新贴近群众的普法方式。

健全矛盾调处机制。健全人民调解、司法调解和行政调解"三调联动"的大调解格局，强化各镇街和村居矛盾隐患排查机制，形成纵向到底、横向到边的立体拉网式排查网络。加大对劳资纠纷的调处力度，提高劳动仲裁办案效率。加强以村级为重点的基层信访和网上信访工作，真正实现关口前移、重心下移。高度重视和有效防范企业破产、逃薪欠薪、征地拆迁、土地纠纷、拆除"两违"以及涉法涉诉问题等可能引发的群体性事件。继续开展区、镇街两级党政领导接访活动，面对面、心贴心地为广大群众解决切身利益问题。

加强治安综合治理。完善严打长效机制，严厉打击"两抢两盗"、"黄赌毒"等多发性犯罪、严重暴力犯罪、黑恶势力犯罪、毒品犯罪和经济犯罪。把基层警力推上街面，保持对违法犯罪活动的高压态势，力争实现全年刑事案件下降13%以上。严防境内外敌对势力利用民族、宗教、非正式组织和现代传媒进行渗透破坏活动。坚决遏制非法传销。深化人防、技防、物防工作，充分发挥治安视频监控系统的作用，加强镇街综治工作中心建设，强化联动工作机制，抓好出租屋流动人员管理，确保出租屋安全隐患排查整改率100%。

六、打基础、固根本，提升党的执政能力

努力加强队伍建设。继续推进深入学习实践科学发展观活动，在扎实完成第一批各项任务的基础上，组织好农村和城镇基层单位参加第二批学习实践活动。通过干部主体班次、党校培训、番禺大学堂、村官大学堂等多种方式，抓好大规模干部培训。坚持"党管人才"原则，分类分级建立人才数据库。规范区二级班子后备干部选拔、培养程序，建设高素质的后备生力军。灵活组织"十百千万"干部下基层驻农村，扎实开展城乡基层党组织"一帮一"结对共建活动。继续推动农村"三个培养"工程，改善基层党员结构，提高农村党员干部的整体素质。做好党代表任期制工作，制定实施意见，使党代表在党代会闭会期间继续行使权责，推进党内民主。

切实改善机关作风。建立健全首问首办、一次性告知、限时办结等制度，提升机关效能，切实解决"公文旅行"问题。开展以"创优良作风、创优质服务、做优秀公仆"为内容的"三优"活动，坚决杜绝部门办事"推"、"拖"现象。成立由监察机关、人大代表、政协委员和特邀监察员组成的专门检查组，对机关单位及其对外服务"窗口"的岗位纪律和作风情况进行监督检查，并将检查情况在一定范围内通报。完善机关作风建设考评机制，建立健全体现科学发展观、正确政绩观要求的二级党政领导班子和领导干部考核评价体系。

坚持推行阳光政务。建立健全行政问责制，提高政府执行力和公信力。大力推动信息化在卫生、社保、水利、交通、环保、公安、流管等领域的普及应用，完善数据“一套图”系统建设。深化行政审批机制改革，加快在镇街设立“一站式”政务服务中心，建立全区统一的行政审批平台，实现“同网同管”。继续完善电子监察系统建设，推进农村财务监控系统升级改造。

扎实推进反腐倡廉。继续打造廉政文化品牌，深入推进具有番禺特色的惩治和预防腐败体系建设，实现从源头上治理腐败。以申报命名“全国村务公开民主管理示范县（区）”为契机，深化政务公开、村务公开，探索建立农村党风廉政建设信息公开平台。加强对要素市场的监管，强化对区重点工程、惠民工程建设的监督检查，深化建设工程招投标流程改革，完善政府采购制度，严格执行经营性土地和工业用地招拍挂制度。深化部门综合预算、国库集中支付、财政投资评审等改革，严格执行非税收入和“收支两条线”管理规定，强化审计监督。严厉查办各类腐败案件和严重损害群众利益的案件，确保风清气正。

同志们，“沧海横流，方显番禺本色”。站在改革开放30周年的历史节点，面对新一轮战略谋划的崭新使命，面对金融海啸的冲击，我们深感重任在肩，挑战艰巨。我们要以党的十七大精神为指引，坚定不移地贯彻落实中央和省、市委各项决策部署，继续解放思想，团结一致，坚定信心，开拓进取，真抓实干，努力争当广州市建设全省“首善之区”的排头兵。

广州市番禺区人民代表大会常务委员会工作报告

——2009年3月11日在广州市番禺区第十五届人民代表大会第五次会议上

广州市番禺区人大常委会副主任　陈容康

各位代表：

我受广州市番禺区第十五届人民代表大会常务委员会的委托，向大会报告工作，请予审议。

2008年的主要工作

2008年，区人大常委会在中共番禺区委的领导下，全面贯彻党的十七大和十七届三中全会精神，紧紧围绕推动番禺科学发展，建设全省“首善之区”大局，解放思想，深入学习实践科学发展观，积极贯彻实施《监督法》，切实履行宪法和法律赋予的职权，各方面工作取得了新的进展，为建设更加富裕和谐新番禺发挥了积极的作用。

一、服务大局，突出重点，着力增强监督实效

常委会依照《监督法》的规定，坚持围绕中心，突出重点，不断加大监督力度，增强监督实效。本年度共听取和审议了专项工作报告17项，组织常委会组成人员进行了6次视察活动，还对我区贯彻实施《安全生产法》的情况进行了检查，促进了“一府两院”依法行政和公正司法。

（一）围绕全区河涌综合整治这一重大事项加强监督。

以听取和审议专项工作报告为主要监督形式，全面监督常委会决议的落实。常委会去年继续安排听取和审议区政府提交的全区河涌综合整治专项工作报告。为了审议好这个报告，常委会相关工委走访了7个镇、街，多次与相关职能部门座谈，先后查看了5处现场，在详尽掌握情况的基础上，认真审议了全区河涌综合整治工作情况报告，提出了审议意见。要求区政府对整治工程的庞大资金投入，切实加强监管，确保用到实处，办好实事。加强对整治工程的安全和质量监督，确保河涌整治稳步推进。针对部分河涌沿岸被违法辟为砂石码头，严重影响整治工作的情况，要求有关部门加大清理力度，确保河涌综合整治工作顺利进行。常委会的审议意见得到了区政府及有关职能部门的重视，资金使用及工程质量等关键环节都有专门机构监管，加强了对砂石码头的巡查和清理，违法大量堆积和经营砂石的现象得到遏制，部分河段的砂石码头得到彻底清理。

以代表视察活动为主要监督手段，力推整治工作扎实开展。为了及时掌握主要河涌的整治情况，常委会组织部分区人大代表对市桥城区河涌综合整治情况进行了专题视察。视察活动中，代表们认真听取市民意见，到施工单位了解施工进展情况及存在的困难和问题，向政府主管部门提出了意见和建议，有力地推动了全区主要河涌综合整治工程建设的开展。常委会城建环资工委还组织部分区人大代表对镇、街污水处理厂建设起动工作进行了调研，就征地拆迁及资金安排等提出了建议。在区委、区政府的高度重视和各方面的共同努力下，全区6个镇级污水处理厂和前锋净水厂二期工程去年年底已全面动工建设，河涌综合整治工作加速推进。

工业违法排污是河涌受污染的最主要根源，也是河涌综合整治的“瓶颈”。因此，工业污染源的整治，是河涌综合整治工作的重要组成部分。为进一步加大对工业污染源整治监督的力度，支持政府切实抓好这项工作，区委书记、区人大常委会主任谭应华亲自带领常委会组成人员对我区污染企业进行了专题视察。视察前，相关工委先后5次联同区环保部门到石楼镇、石基镇、大岗镇、沙头街等镇、街，对河涌沿岸工业污染情况进行了调研，并将污染企业的分布及其对水体的污染情况向视察人员进行了汇报。视察中，常委会组成人员要求执法部门加大对污染企业的查处力度，坚决关、停污染严重的企业，确保在短期内治污工作取得新成效。上述意见受到有关执法部门的高度重视，加大了对污染企业的查处力度，并取得了较好的成绩。

（二）围绕“创文”工作加强监督。

“创文”工作是我区2008年的重点工作，常委会有针对性地进行监督，推动“创文”工作落实到位。

关注文化、教育和卫生事业的发展。常委会听取和审议了区政府关于推进文化强区工作情况的报告，督促区政府认真贯彻落实《番禺区文化强区建设规划纲要》，多渠道增加对文化强区建设资金的投入，建立和完善我区购书服务网络，同步实施生态旅游文化品牌战略和城市商贸文化品牌战略。针对目前我区教育资源城乡差距较大的问题，听取区政府关于促进教育事业均衡发展情况的报告，督促区政府对较困难的农村地区给予适当政策倾斜，均衡城区与农村学校的师资力量，促进农村教育事业的发展。常委会还高度关注我区社区（村）卫生服务机构建设工作，针对社区（村）卫生服务较薄弱问题，听取专项工作报告，要求区政府科学规划，加大投入，坚持公益性定位，建立人才培养机制，严格监督管理，促进了社区和农村卫生工作规范有序发展。

加强对安全生产工作的监督。常委会对我区贯彻实施《中华人民共和国安全生产法》的情况进行了检查。为了切实提高监督实效，检查人员采取分组检查与集中检查相结合的方法，检查了钟村镇新客运站和石楼镇亚运村等重点建设项目及部分娱乐场所、学校等重点场所的安全生产情况，针对检查中发现的突出问题，督促有关部门制定并落实整改措施，有效遏制了安全事故的发生，去年全区安全生产形势比前年有了较大幅度的好转，为创建全国文明城市作出了贡献。

推进城市管理问题的整治。市桥街富华东路一带开设了多家酒吧和娱乐场所，近年治安问题时有发生，噪音扰民屡有投诉。针对这些问题，常委会有关工委通过明查暗访，深入了解情况，提交了关于整治此处治安问题及噪音扰民问题的报告。常委会组成人员特地在夜间进行了视察，对该地段的几家酒吧及娱乐场所进行了突击检查，就进一步开展整治工作提出了具体意见，区政府随后对市桥中心城区酒吧行业的布局重新进行规划，在远离居民居住区另行选址建设新酒吧街。常委会还对市桥城区道路交通情况及罚没摩托车的管理情况进行了视察，督促有关部门加快市桥中心城区道路交通规划建设的步伐，罚没摩托车停车场也建立健全了管理制度，其管理问题得到较好的解决。

（三）围绕财政管理加强监督。

常委会根据《监督法》的规定，要求今后的年度决算必须经过常委会会议审查批准，并于去年首次审查和批准了2007年决算，从而进一步规范了财政管理，促进了区政府依法科学理财。常委会还结合当时的经济形势和财政工作面临的问题，听取和审议了多项财政工作报告，并提出了意见和建议，如面对金融风暴、举办亚运会、教师货币分房补助和提高待遇等带来的财政压力，要厉行节约，削减开支；要进一步加强预算外资金收支使用管理工作，逐步使预算外资金向预算内资金管理有序过渡等。常委会组成人员还对财政支农，如加大对种粮户的补贴，增加对重点水利工程建设的投入等提出了具体的意见和建议，促使区政府改进财政管理工作，提高财政监督水平。

（四）围绕增进民生福祉，促进社会和谐加强监督。

督促加快区中心医院工程建设。加快建设区中心医院是2003年区十四届人大一次会议的议案，由于种种原因，去年初一段时间工程进展缓慢，引起了常委会的关注，随即常委会组成人员到区中心医院建筑工地进行了视察，针对工程建设进度缓慢，装修标准偏低，室内供电、消防以及周边道路交通等配套设施建设跟不上主体工程建设进度等问题，要求区政府切实加强领导，加快建设进程，优质高效完成任务，确保中心医院如期投入使用。区政府高度重视，采取有力措施，加大推进力度，目前中心医院主体工程及周边道路等配套项目快速有序推进，第一期工程可望在今年7月1日投入使用。

推进火烧岗垃圾填埋场治理和生活垃圾焚烧厂筹建工作。近一年来，不断有市民投诉，强烈反映火烧岗垃圾填埋场臭气扰民问题。常委会高度重视，委托相关工委对垃圾填埋场的管理情况进行调研，向常委会提交报告，同时组织常委会组成人员视察火烧岗垃圾填埋场和大石生活垃圾焚烧发电厂筹建工作，要求区政府以科学发展观破解生活垃圾处理难题，强化生活垃圾处理各环节的管理，加快推进生活垃圾焚烧发电厂的建设。目前，火烧岗垃圾填埋场加强了内部管理，尤其是加强了培土覆盖垃圾工作，垃圾臭气扰民问题得到一定程度的改善，随着火烧岗垃圾填埋场扩容工程的完成以及生活垃圾焚烧发电厂的建成使用，垃圾臭气扰民问题将会得到妥善解决。

把做好信访工作作为促进社会和谐的重要监督内容。去年常委会共受理人民群众来信212件，办结194件，办复率91.5%。来访92批，共185人，大部分已办结。常委会着力推进“重信重访”问题的解决，以促和谐、护稳定为己任，依法受理涉法涉诉案件，及时跟进，加强协调，确保落实，切实为人民群众排忧解难。

（五）围绕促进司法公正加强监督。

常委会针对目前社会对渎职侵权的危害性认识不足，反渎职侵权犯罪工作机制尚未健全等问题，听取和审议了区检察院关于渎职犯罪检察监督工作情况的报告，要求检察机关加大打击渎职犯罪的力度，并把打击渎职犯罪与促进公务员队伍廉政勤政建设结合起来。常委会的审议意见，有力地支持了检察院依法惩治和预防渎职侵权犯罪的工作，维护了国家机关的公信力。

诉讼调解是运用司法资源解决社会纠纷的有效方式。为促进司法部门有力化解矛盾，减少社会不稳定因素，常委会听取和审议了区法院关于在民商事诉讼中加强调解工作情况的报告，要求区法院综合运用各种调解手段和技巧，采取多种途径和方式，全面推进民商事调解工作，为构建和谐番禺提供更有力的司法保障。

二、健全制度，规范程序，人事任免工作上新水平

常委会在坚持党管干部原则与严格依法办事统一的基础上，认真总结了常委会人事任免工作的经验，进一步完善人事任免工作制度，规范和健全人事任免工作程序，不断提高人事任免工作水平。一是建立健全制度，规范人事任免工作程序。重新修正了《广州市番禺区人大常委会实施〈广东省各级人民代表大会常务委员会人事任免办法〉的若干规定》，配套制定了《广州市番禺区人大常委会关于实施人事任命任前法律知识考试的办法》。二是编制学习用书、复习资料及考试题库。将《宪法》、《地方组织法》、《代表法》、《选举法》和《监督法》等人民代表大会制度方面的基本法律知识印成学习手册，并以此为依据建立了任前考试题库。三是规范任命工作的各个环节，包括拟任命人员任前考试、常委会会议上与常委会组成人员见面和颁发任命书的程序，提高被任命人员的责任感和接受人大常委会监督的自觉性。一年来，依法任命和决定任命国家机关工作人员41人次，免去职务34人次，接受辞职5人。

三、重视培训，改进工作，努力发挥代表作用。

（一）为代表依法履行职责创造条件。常委会深入贯彻《代表法》，进一步贯彻落实中共中央[2005] 9号文件精神，切实支持和保障代表依法履行职务，充分发挥人大代表的作用。常委会把“强素质、重能力”摆在重要位置，有针对性地对代表进行法律和业务知识培训，邀请市人大常委会的专家作专题讲座，组织全体区人大代表学习了《监督法》，举办了以“怎样做好人大代表”为主题的学习培训班。认真落实和健全代表活动制度，改进代表专题视察的方式方法，拓宽代表了解民意、沟通选民的渠道。有重点地组织代表开展执法检查、专题调研活动，对全区的改革发展和涉及广大人民群众切身利益的问题，提出建设性意见和建议，增强了人大工作的活力。进一步加强原选区选民对代表的监督，去年共有58名区人大代表向原选区选民报告履职情况，增进了代表与选民的联系。

（二）规范程序，认真监督代表建议、意见和批评的办理。区十五届人大四次会议及闭会期间，共收到代表建议、意见和批评130件，已全部答复代表，代表对答复的满意率达95%。常委会加大对《关于由政府牵头建立全民养老保险体系的建议》和《关于加快垃圾焚烧发电厂建设，尽快关闭火烧岗垃圾填埋场的建议》两件重点建议案的督办力度，通过工委调研、常委会组成人员视察等形式，扎实跟进办理情况，两件重点建议案的办理均取得明显成效，我区在全面推行城镇职工养老保险的同时，有4.5万“农转居”人员和被征地农民，享受到政府近3亿元资助的基本养老保险。同时，也完成了火烧岗垃圾填埋场扩容及生活垃圾焚烧发电厂选址工作。常委会还督促政府及职能部门积极采取有效措施，继续做好对历年未办结的议案、建议的跟踪落实工作。

（三）积极开展代表活动，提高代表活动实效。一年来，区人大各代表小组共组织视察活动23次，撰写调研报告21份。通过一系列活动的开展，加强了代表工作，丰富了代表活动，密切了代表与人民群众的联系，提高了代表履行职务的能力。受市人大常委会委托，常委会协助组织广州市人大代表番禺联组的代表开展视察、报告履职情况、专题调研和学习培训等活动，加深了市人大代表对番禺经济社会发展情况及社情民意的了解，为市人大代表对我区工作的支持和监督提供了便利。

四、探索创新，加强指导，切实提高镇（街）人大工作和代表小组工作水平

（一）继续加强与镇（街）人大（工作室）的联系，促进基层人大工作规范化建设。通过学习法律、交流经验、参观学习等形式，提高镇、街人大工作的水平。探索开展街道人大代表工作新路子，常委会领导带领机关人员分别到从化市、花都区、海珠区等地学习取经，并以小谷围街为试点，探索街道人大代表工作室规范化建设工作。坚持和完善常委会领导联系和指导镇（街）人大工作，镇（街）人大领导列席区人大常委会会议等制度，推动基层人大工作上新水平。

（二）加强对区人大各代表小组开展活动的指导。采取举办培训班、召开经验交流会等形式，对代表小组联络员进行业务指导和培训，提高他们的工作水平。指导区人大代表小组建立活动制度，适时开展视察、执法检查、专题调研等活动，充分发挥区人大代表的作用。

五、深入学习，完善制度，着力加强常委会及其机关自身建设

（一）大力加强思想建设和作风建设。按照区委的部署，上半年扎实开展“以思想大解放，促番禺大发展”为主题的解放思想学习讨论活动，从改进和加强监督工作、完善人事任免工作制度及加强机关建设等方面，提出破解制约区人大常委会科学发展难题的意见和建议，取得了很好的成效。下半年开展深入学习实践科学发展观活动，紧紧抓住带有全局性、根本性、关键性问题，深入查找在深入学习实践科学发展观方面存在的突出问题、党性党风党纪方面群众反映强烈的突出问题，剖析原因，深挖根源，注重整改。通过这些活动，达到了“解放思想上有新飞跃，提高能力上有新进步，解决问题上有新成效，创新机制上有新突破”的效果。去年，常委会党员领导干部及机关工作人员发挥人大独特优势，深入基层解决信访难题，支持政府开展工作等方面都有明显成效，在深入学习实践科学发展观“三评议”活动中获得较好的评价。

（二）着力加强制度建设。常委会依照法律法规的要求，在认真总结人大工作经验和借鉴其他地区人大制度建设经验的基础上，先后修正和完善了《区人大常委会议事规则》、《区人大常委会主任会议议事规则》、《区人大常委会实施<广东省各级人民代表大会常务委员会人事任免办法>的若干规定》等工作制度。常委会办公室和各工作委员会也相应修订了工作规则，健全了有关制度，促进了机关的规范化建设，改进了工作作风。

（三）扎实开展城乡基层党组织互帮互助活动。常委会机关在认真开展“十百千万”干部下基层、驻农村和“双百共建文明村”工作的基础上，积极响应区委号召，与桥南街陈涌村、沙湾镇福涌村党支部建立起互帮互助机制。去年，机关党总支分别到福涌村、陈涌村，与当地党员一起过组织生活，并通过进村入户、慰问探访等活动，了解村民的生产生活情况。机关党总支共拿出1.24万元慰问特困党员、帮扶困难户及困难学生，切实把互帮互助活动落到实处。

(四)进一步提高调查研究水平。常委会紧紧围绕全区工作大局和人民群众关心的热点问题，切实加强调查研究，大兴调研风气。一是开展专题调研，对我区河涌综合整治、镇街污水处理厂筹建、生活垃圾处理、街道人大代表工作室规范化建设、建立城乡居民养老体系等进行了专题调研，调研成果得到区领导的高度重视，为科学决策提供了参考依据。二是常委会机关配合常委会听取专项工作报告、开展执法检查和视察，加强事前调研，为常委会依法履行职责打下基础。

一年来，常委会各项工作都取得了新的发展和进步，但也存在一些差距与不足。比如在监督方面，如何创新监督方式，增强监督实效；如何向社会公开人大监督工作情况；如何完善讨论决定重大事项工作机制和程序，提高讨论决定重大事项水平等，都有待在今后的工作中进一步探索。

各位代表，一年来，区人大常委会在中共番禺区委的正确领导下，紧紧依靠人大代表，通过全体常委会组成人员的共同努力，圆满完成了各项工作任务。区人大常委会的工作得到了“一府两院”和各镇人大、街道人大代表工作室及社会各界的大力支持。在此，我谨代表区十五届人大常委会表示衷心的感谢！

2009年的主要任务

2009年是全面贯彻落实党的十七大和十七届三中全会精神，推动番禺科学发展，争当广州建设全省“首善之区”排头兵的关键年、落实年，人大工作各项任务繁重而艰巨。在新的一年里，区人大常委会要按照区委十一届六次全会确定的全区工作目标，切实履行宪法和法律赋予的职责，扎实做好各项工作，努力开创人大工作新局面。

一、求实效，加强和改进监督工作

深入贯彻落实《监督法》，进一步完善监督制度，积极探索行之有效的监督方式和方法，以解决影响科学发展与社会和谐的突出矛盾和问题为重点，加大监督力度，增强监督实效。

2009年，常委会将围绕区委十一届六次全会确定的目标，重点监督以下几方面的工作：一是以保增长、促调整为大局，监督和支持区政府贯彻落实《珠江三角洲地区改革发展规划纲要》和“腾龙换鸟”战略，积极应对全球金融危机，落实“三促进一保持”要求，强化对预算、国民经济和社会发展计划执行情况的监督。关注我区自主品牌、具番禺特色自主创新企业的发展情况，促进传统产业转型升级，建立现代产业体系，实现经济平稳较快增长。认真贯彻中央2009年“一号文件”精神，促进农业稳定发展，农民持续增收。二是以美城乡、迎亚运为契机，督促区政府按时保质完成各项亚运及配套工程建设，加快城乡一体化建设步伐，继续监督全区河涌综合整治工程建设，重点跟进主要河涌整治、区镇污水处理厂等建设工程推进情况。继续关注沙湾水道饮用水源保护、排污企业整治、生活垃圾焚烧发电厂建设及垃圾填埋场管理等工作。三是以重民生、纾民困为宗旨，监督我区一系列惠民政策措施的落实，促进我区教育、卫生、养老保险、创业就业等社会事业的发展。四是以护稳定、建和谐为目标，监督“一府两院”推进全区民主法治建设，健全矛盾调处机制，加强政法、维稳及社会治安综合治理等各项工作，提升依法治区水平。今年要重点推进法律援助工作，促进“大调解”格局的形成。五是以兴文化、塑精神为导向，督促区政府坚持不懈开展“创文”工作，促进我区文化、体育各项事业发展，重点关注农业生态文化旅游区建设，进一步做好文化遗产保护工作。六是以重法治、抓贯彻为根本，开展对《中华人民共和国城乡规划法》、《中华人民共和国计划生育法》两部法律的执法检查，确保法律法规在我区的正确贯彻执行。七是以立公正、树公信为依归，加强对法院创新执行机制、检察院推进“阳光检务”等工作的监督，不断提高司法机关工作的透明度和公信力。

二、重依法，切实提高讨论决定重大事项和人事任免工作水平

抓准事关改革发展稳定和人民群众普遍关注的重大问题，依法行使重大事项决定权。把是否关乎全区大局、是否有利于促进我区经济社会科学发展、是否符合人民的根本利益，作为审议和决定重大事项的根本准则，进一步明晰重大事项的界定，完善讨论决定重大事项工作机制，提高行使该项职权的水平。坚持党管干部原则与严格依法办事的统一，认真落实人事任免工作各项制度，严格依照程序做好人事任免工作。

三、谋创新，扎实开展代表工作，充分发挥代表作用

深入贯彻落实《代表法》，为代表履职创造更好条件。着力抓好四个创新：一是创新培训形式，采用集中培训、专题讲座、“走出去”、“请进来”等多种形式，努力提高代表履职水平。加强对代表，特别是常委会组成人员审议和监督预算的专业知识培训，提高对预算的监督水平。加强对代表撰写议案、建议的指导，促进代表关注国计民生大事，提高代表履职能力。二是创新视察方法，探索专业代表开展专业视察活动，发挥专业代表联系各界选民及协助政府职能部门推行工作的优势。三是创新重点建议案督办方式，建立重点建议案承办单位向主任会议报告办理情况制度和相关工委向主任会议报告督办情况制度，确保重点建议案的办理落到实处。四是创新选民监督代表形式，继续组织代表向原选区选民报告履职情况，推动代表更好地履行职责。

四、寻突破，努力促进镇、街人大工作上新台阶

继续加强对镇、街人大工作的联系和指导，通过加强对镇、街人大干部业务培训和开展经验交流活动等方式指导基层开展人大工作，力争基层人大工作的规范化建设有新的突破。大力推广小谷围街道人大代表工作室建设试点经验，制定《番禺区街道人大代表工作室职责》，督促各街道人大代表工作室落实领导机构、工作人员及办公场地和办公经费，并依法开展工作。坚持镇、街人大领导列席区人大常委会会议制度，加强区人大常委会同基层人大工作的沟通和联系。区人大常委会要加强对镇、街人大工作的指导，及时解决基层人大工作中遇到的问题及困难。

五、抓落实，大力加强常委会自身建设

继续开展深入学习实践科学发展观活动，努力转变工作作风，全力以赴抓好各项工作的落实。坚持解放思想，强化“想干事、能干事、干成事”的奋发有为的精神和勇于创新、开拓进取的锐气。进一步加强政治理论、法律法规以及经济、科技、文化、社会等知识的学习，更好地担负起宪法和法律赋予的职责。进一步健全中心组学习制度，大力弘扬学习之风。进一步改进会风，着力提高常委会会议审议质量。进一步落实常委会新修订的各项工作制度，促进人大工作的规范化建设。进一步加强人大宣传工作，大兴业务研究之风，推动人大工作创新发展。进一步加强机关管理，不断提高工作效率和质量。

各位代表，推动番禺科学发展，区人大及其常委会负有重大责任。让我们紧密团结在以胡锦涛同志为总书记的党中央周围，高举中国特色社会主义伟大旗帜，以邓小平理论和“三个代表”重要思想为指导，深入贯彻落实科学发展观，继续解放思想，振奋精神，积极探索，扎实工作，努力争当广州市建设全省“首善之区”的排头兵！

政府工作报告

——2009年3月10日在广州市番禺区第十五届人民代表大会第五次会议上

广州市番禺区人民政府代理区长 楼旭逵

各位代表：

我代表番禺区人民政府向大会作报告，请予审议，并请政协委员和其他列席人员提出意见。

一、2008年工作回顾

2008年，区政府在上级和区委的正确领导下，坚持以邓小平理论和“三个代表”重要思想为指导，认真贯彻落实科学发展观，坚定不移地以建设广州现代化新城区为目标，团结依靠全区人民，同心同德，奋力拼搏，克服困难，经济社会发展良好，人民生活持续改善，较好地完成了区十五届人大四次会议确定的目标任务。

（一）解放思想和实践科学发展观促使全区经济社会向科学发展模式转变。

按照上级和区委的统一部署，上半年全区以“思想大解放，番禺大发展”为主题，按照“四个重在”、“五个坚持”的原则，以“三学三创三优化”为载体，开展“继续解放思想，坚持改革开放，努力争当实践科学发展观的排头兵”学习讨论活动。活动中，收集到网友意见、群众来电、学者来信等共1.2万多条，汇总形成了12项专题调研报告，其中《“腾笼换鸟”谋发展转变模式增效益》一文获全市优秀调研成果一等奖。

下半年，我区围绕“致力广州建设全省‘首善之区’，构建更加富裕和谐新番禺，争当学习实践科学发展观排头兵”的主题，突出实践性要求这个根本，坚持统筹兼顾，加强分类指导，严抓“规定动作”，创新“自选动作”，有针对性地开展正面教育，解决影响改革、发展、稳定的主要问题，解决群众最关心的重点问题，力求使学习实践活动真正实现“党员干部受教育,科学发展上水平,人民群众得实惠”的总目标，使全区经济社会加快转入科学发展的新轨道。

（二）建设现代产业体系的格局初步形成，企业发展方式向龙头带动的集群型转变。

综合经济实力再上新台阶。全年实现生产总值727.60亿元，增长13.1%；三次产业比例为5.33:46.6:48.07；全社会固定资产投资额205.77亿元，增长14.0%；万元GDP能耗下降6%；农业总产值64.89亿元，增长5.3%；工业总产值1420.08亿元，增长15.1%；社会消费品零售总额415.47亿元，增长25.0%；进出口总值

149.88 亿美元，增长 10.4%；财税总收入 185.5 亿元，增长 10.6%；财政一般预算收入 43.88 亿元，增长 18.0%；农村居民年人均纯收入 11070 元，增长 14.2%；城镇居民年人均可支配收入 23108 元，增长 13.0%。成功举办“树立信心、科学发展”百亿经济项目庆典活动，为番禺可持续发展奠定良好基础。

龙头带动的战略产业链条初步形成。汽车及零配件、船舶配套、数字家庭、生物医药、灯光音响、动漫游戏、数控机床、珠宝首饰、输配变电等九大战略产业迅速发展，二产、三产联动的产业集群初步形成。在北部，广汽发动机项目厂房建成，整车项目厂房建设全面动工。广日工业园完成基建。清华科技园一期封顶。广药集团首批 10 家企业进驻生物医药产业园。在南部，专门成立广州（番禺）大型装备产业基地建设指挥部，推动总投资 270 亿元的中船柴油机等项目的建设，规划发展总面积达 50 平方公里的世界级重大装备产业基地。

因势利导的产业转型升级工作成绩初显。着力优化企业经营环境，出台《关于优化产业结构加快经济发展的若干措施》的 13 份实施细则，工商登记的经营主体数量达到 91214 户，比 2007 年增加 24.68%。着力提升产业结构，制定《关于推进“腾笼换鸟”工作的意见（试行）》，收集“腾笼换鸟”项目 441 个，首批 31 个试点项目已开展规划调整，有 5 个项目已审批实施。区属国有九大集团对于产业升级的引导和推动作用日益明显。着力提升自主创新能力，与 10 所高校签署产学研合作框架协议。大学城数字家庭孵化基地已开发 334 项国家发明专利和 2 项 PCT 国际专利。我区企业在第六届国际发明展览会上取得 2 金 1 银 4 铜的佳绩。着力加强品牌建设，“番禺珠宝内销联盟”不断扩大，锐丰、珠江灯饰、朗晴、立白、博粤、秀珀、东松三雄等多家企业成为北京奥运会供应商。着力实施标准化战略，全区企业累计主导或参与 64 项标准的制定（修订）。

功能集聚的服务业发展形势喜人。五洲购物中心、新长隆酒店和星力动漫产业园一期顺利建成，总建筑面积达 576 万平方米的广州国际商品展贸城奠基，万博商务中心、五湖四海国际水产交易中心、海印又一城等大型项目相继动工。爱喜软件与谷歌公司合作在我区建立面向华南中小企业的营销服务基地。沃尔玛山姆会员店广州总部落户我区。融“岭南文化、生态休闲、现代游乐、时尚购物”为一体的旅游产业稳步发展。全年共接待游客 1208.57 万人次，实现旅游总收入 56.76 亿元，分别增长 4.6%和 8.9%。

（三）土地执法和规划管理切实加强，城市发展方式向节约集约有序转变。

城乡建设管理的执法力度全面加强。开展我区历史上规模最大、力度最强的土地执法行动，复耕复绿 9000 多亩，拆除违法建筑物 80 多万平方米，“九卫”违法面积比“八卫”下降 98.5%，顺利通过国家和省的检查验收。落实镇街属地主体管理责任，建立土地管理共同责任制和执法监察动态巡查责任制等长效机制。下移管理重心，理顺执法关系，查处超高违建面积 3.89 万平方米。积极开展创建全国文明城市工作，对主要道路、重点地区的市容环卫进行 16 小时巡查监管。城管区长专线共受理案件 14091 宗，办结率 99.3%。

规划管理取得新进展。编制“控规”面积已占全区建设用地 90%。开展新一轮土地利用总体规划修编以及镇总体规划和综合交通、污水工程规划等专项规划编制。做好迎亚运十项工程规划。提前一年完成广州市要求的全部行政村村庄规划编制任务，村民住宅布点规划获市规划局审查同意。全年办理规划案件1.11万宗，在全市各区中实现案件受理数量最多、办结数量最多和超期案件数量最少。

重点项目征地拆迁安置的统筹力度加大。继续实行主体工程与留用地“捆绑打包”的报批方式，亚运城征地拆迁实现“零强拆”。完成武广铁路客运专线、广州铁路新客站一期等项目交地工作，东新高速公路、轨道交通2号线南延段、广南输变电工程等项目的征地拆迁扎实推进。《重点项目拆迁安置及村经济发展留用地选址规划》获市规划局原则同意。完成广州大学城二期拆迁安置区选址。

骨干路网建设加快。完成南丽路（中心医院段）、长堤东路（盛泰路——德兴路段）、市莲路（石楼段）、西线公路二期（榄核段）等道路工程。新光快速路沿线地方交通衔接工程全面展开，东二环高速公路投入使用。大刀沙——观音沙岛路桥建设节点工程前期工作全部完成，德怡大桥建设顺利推进。番禺大道改造、南二环、广明高速公路、105国道扩建进入征地拆迁阶段。

绿化美化工作卓有成效。“青山绿地”工程有序推进，南沙港快速路和京珠高速公路铁丝网内绿化工程、地铁四号线东侧林网工程、鱼塘林网工程全部完工，新增绿地面积1000多亩。十八罗汉山森林公园建设成效明显。全区已建成湿地红树林2720亩，建成区绿化覆盖面积9132公顷，建成区绿化覆盖率45.8%，人均公共绿地面积25.93平方米。

（四）惠民“一号工程”深入推进，新农村建设向城乡发展一体化转变。

环境综合整治迅速推进。9大污水处理厂全部奠基，前锋二期、大岗、中部、化龙污水厂进入土建施工。全年实现水利总投资10.24亿元，基本完成城乡水利防灾减灾工程建设任务，市桥河雁洲水（船）闸等6大工程开工。采取强化审批管理和排污超标预警等新措施，破解饮食服务业污染严重扰民及环保行政处罚难以执行的难题，关停环保违法企业185家。市桥河沿岸所有94家工业企业废水全面达标排放。圆满完成第一次全国污染源普查。狠抓机动车尾气整治，核发环保标志14万个。关闭南村、大石两个垃圾处理场。火烧岗垃圾填埋场扩容工程完工，生活垃圾焚烧发电厂完成选址。

现代农业持续发展。区财政安排“三农”发展资金25.35亿元，比上年增长61.7%。我区现有市级以上农业龙头企业16家，市级以上标准化示范区10个，申报省无公害农产品生产基地22个。农业科技水平进一步提高，农田机械化耕作率达98%，机械排灌和机械运输率均达99%以上，成为全国平安农机示范区。积极推进“一村四岛”（草河村和大刀沙岛、观音沙岛、海鸥岛、紫坭岛）规划建设，发展观光型生态农业。

新农村建设成果喜人。村“两委”换届选举顺利完成。“双百共建文明村”活动不断深化，“两个牵手”工程全面推进。新农村建设试点村增至78个，区财政投入的专项资金增至4000万元，带动相关投资1.05亿元，建设项目156个。投入自然村通公路及危桥改造工程9119万元，完成农村道路建设项目35个、危桥改造项目75个。新建、改造村级公园20个。

城乡一体化步伐不断加快。制定《关于统筹城乡经济社会发展一体化的实施意见》，实施城乡居民收入倍增计划，2008年农村居民收入增幅高于城镇居民。推行城镇职工养老保险和居民医疗保险，4.5万

“农转居”人员和被征地农民参加基本养老保险，享受政府资助近3亿元。健全三级劳动就业服务体系，培训农村劳动力11386名。农村劳动力新增就业21960人，就业形势保持平稳。建成村（居）出租屋流动人员管理服务工作站287个。制定《区内公路客运班车公交化改造方案》，加快实施城乡公交一体化。中心镇建设成效显著，大岗镇成为“联合国开发计划署试点城镇”和“国家发改委全国发展改革试点小城镇”。

（五）社会事业多项指标步入全市前列，发展路径向软件硬件统筹兼顾转变。

教学质量和教师待遇不断提高。高考、中考成绩继续稳居广州市各区前列。12所成校全部成为市级以上示范成校，被评为全国农村成人教育先进单位。全区12万名学生享受免费义务教育。出台农村教育均衡发展经费保障方案。解决房地产小区配套学校问题取得突破。159所义务教育阶段学校建设成为规范化学校，总数居全市之首。仲元中学、番禺中学成功创建为首批广东省国家级示范性普通高中。172所中小学建有校园网，教育信息化建设走在全市前列。增发教师岗位津贴1700万元，发放首批教师住房补助资金4204万元。

医疗保险和卫生机构加快发展。新型城乡合作医疗筹资水平提高到160元/人/年。推广“二次报销”，普通患者自付费用降到住院医疗费10%以下。中心医院建设加快推进。建成社区卫生服务机构18个，达到平均每3.5万人拥有1所的初步目标。建立全区居民健康档案，建档率达18.95%。成功创建全国农村中医工作先进区。有效应对“手足口病”疫情，妥善处理“问题奶粉”等公共卫生突发事件。

文化事业亮点纷呈。成功主办首届星海国际合唱节和第七届中国民间艺术节。“农家书屋”和“绿色网园”建设顺利。“一报两台”舆论导向作用不断增强。区档案馆晋升为全国首家国家一级档案馆。成功举办第五届区运会。8名番禺籍运动员参加北京奥运会取得好成绩，陈燮霞勇夺中国代表团首枚奥运金牌。

（六）民生工作更关注低收入群体，公共安全管理方式进一步向部门联动转变。

群众安居工作取得实效。17个社区通过省“六好”平安和谐社区检查验收。建成封闭、半封闭式小区262个。整治“水浸街”问题初见成效。“平安通”呼援系统正式启动。基本完成农村困难户的危破房改造任务，安排城镇特困户分期分批入住廉租房，对1746户困难家庭发放租房补贴。加强收费管理，解决民生价格热点问题。

慈善救灾行动成绩突出。积极开展“抗雪灾、送温暖、献爱心”活动和支援四川灾区抗震救灾行动。社会各界累计向四川灾区捐款1.18亿元，发送救灾物资价值约1011万元，圆满完成3560套活动板房生产任务。首家“慈善捐助超市”投入使用。建成残疾人工疗机构9个。“光明行”活动持续开展，为245名贫困白内障患者免费实施复明手术。

安全放心工程形成新机制。建立区政府总值班室和基层信息员队伍，分级分类建立《番禺区突发公共事件总体应急预案》等近300部公共危机管理应急预案。成功举办广州市规模最大的地铁应急演练。建成首个应急避险场所并投入使用。扎实推进安全生产“隐患治理年”各项工作，指导58个村成立安全生产管理办公室。不断规范市场经济秩序。做好供应奥运城市食品和“三品一械”质量安全监管工作，食品安全监督监测网络试点取得显著成效。推进基层无线电管理体制改革，基本完成全区无线电台（站）的核查。

平安和谐番禺建设上新台阶。开展“粤安08”、“夜鹰”等打击犯罪专项行动。全年刑事立案8681宗，下降13.1%，破案率达46.7%。建成社会治安监控点2.7万个，覆盖全区85%的农村和70%的社区。“三创”出租屋专项考评成绩连续5次排名全市第一。“打传进社区（村）”工作不断深化创新。强化劳动监察执法，加快劳动争议仲裁派出庭和基层劳动争议调解组织建设，健全区、镇街、村居三级排查调处网络。开展区长大接访，实行领导包案负责制和信访督查、督办专员制度，切实解决一批历史遗留问题。

计划生育等工作屡创佳绩。连续21年完成上级下达的人口计划任务，建立农村计划生育利益导向机制，启动出生缺陷干预工程，成功创建为全国计划生育优质服务先进区。实现“省双拥模范区”和“市双拥标兵区”三连冠。统计、侨务、外事、台务和民族宗教工作有新成绩。工青妇等群团组织促进社会和谐的重要作用得到进一步发挥。

（七）民主法制建设深入推进，机关建设向制度化信息化管理转变。

法治强区建设进程不断加快。认真执行区人大及其常委会决议、决定，246项区人大代表议案、建议和区政协提案全部办复，办理质量和效率进一步提高。主动接受区政协的民主监督。积极听取各民主党派、工商联和人民团体的意见。行政监督、司法监督、审计监督和舆论监督工作不断加强。区政府重大行政决策合法性审查制度逐步健全。全年办理行政复议案件315件，100%按期结案，其中通过协调和解处理结案率增长50%。清理区政府规范性文件158件。全面推行行政执法责任制。举办多种形式的普法学习班，提高基层干部群众的法律水平。

电子监察助推阳光政务建设。全面推进机关“一站式”网上行政许可服务系统平台建设应用，实施企业登记注册“一表制”网上联合审批，将进驻审批中心的21个职能部门的272项审批事项接通电子监察系统，实行“一事一评”。农村基层廉政建设不断加强，“一二三四五”廉政文化品牌影响力不断扩大，廉政文化“六进”活动示范点建设成效明显，有番禺特色的惩防腐败体系初步建立。

各位代表，过去的一年，我区经济社会发展取得的新成就，是全区人民和社会各界共同努力、大力支持的结果。在此，我代表番禺区人民政府，向全区人民和驻区部队致以崇高的敬意！向关心和支持番禺建设的港澳台同胞、海外侨胞和国际友人，表示衷心的感谢！

在充分肯定成绩的同时，我们也清醒地看到，我区经济社会发展还面临不少困难和问题，主要有：企业布局比较分散，多数处于产业低端，急需加快产业升级和园区建设的步伐；历史遗留的农村留用地和农民建房问题尚未较好解决，农村集体建设用地分布不均衡，集约发展机制有待强化；“两违”、“六乱”现象时有发生，环境污染和交通不畅问题仍然突出；医疗卫生机构和规范化学校建设任务重、时间紧，投入机制和激励约束机制有待改革；机关作风建设亟待进一步加强。我们要高度重视这些困难和问题，采取更加得力的措施加以解决。

二、2009年工作意见

2009年将是我区面临挑战较多的一年，也是蕴藏巨大发展机遇的一年。一方面，国际金融危机对我国经济造成的负面影响不容忽视，我区部分企业生产经营面临较大困难，经济社会转型的压力增大；另一方面，国际社会联手抗击金融危机和我国政府保增长各项措施纷纷出台，国家、省、市重点项目对我区发展的巨大推动作用不断强化，特别是广州市“迎亚运”工程的建设将有力提升我区城市形象，促进经济保持平稳较快发展。同时，我区扶持企业发展的一系列政策将发挥积极作用，产业转移和结构调整将为企业带来新的发展良机，并促进社会和谐稳定。

2009年区政府工作的指导思想是：深入学习实践科学发展观，认真实施《珠江三角洲地区改革发展规划纲要》，按照“三促进一保持”的要求及区委十一届六次全会的部署，坚定信心，凝聚力量，突出重点，狠抓落实，在发展中解决困难和问题，既努力保持经济平稳较快增长，又坚定不移地推动全区经济社会转入科学发展的轨道。经济社会发展的预期目标是：全区生产总值增长11%，工业总产值增长10%，农业总产值增长5%，万元GDP能耗下降5%，全社会固定资产投资增长13%，社会消费品零售总额增长18%，地方财政收入与GDP增长同步；城镇登记失业率控制在3%以内，城镇居民人均可支配收入增长8%，农村居民人均纯收入增长9%，人口自然增长率控制在7.3‰以内。

为实现上述发展目标，2009年，我们要全力以赴抓好如下工作：

（一）落实“三促进一保持”要求，实现经济平稳较快发展。

“产学研用”结合催化自主创新。发挥广州大学城、科技三项费用和区属国有资本的作用，加快形成有番禺特色的自主创新之路。按照“应用促进研发、研发产生创新、创新制定标准、标准推动产业”的路子，推动“省、市、区三级政府+中山大学+番禺信投公司”的数字家庭研发园建设，支持“市政府+华南理工大学+广汽”的汽车工程研究院建设，发展“区政府+广东药学院+莲花山公司”的生物医药孵化基地，建设“区政府+广州大学+锐丰公司”的灯光音响研发中心。并根据其它战略行业的特点，加快建设完善“政府+院校+企业”的技术创新模式。

用足用活政策促进传统产业转型升级。大力实施《关于优化产业结构加快经济发展的若干措施》和《关于推进“腾笼换鸟”工作的意见（试行）》及其一系列配套细则，优化投资环境，鼓励技术创新，促进节能降耗，培育名牌产品，提升产业竞争力。加快原有加工出口企业、高能耗企业和传统商贸企业“优二优三”或“退二进三”的步伐。加大土地储备力度，制订利益共享方案，加快盘活存量经济。积极组织参加国家级的展会和论坛，筹备第13届国际彩色宝石协会年会和第二届中国数字电视产业峰会。抓好重点能耗单位的技术改造或关停搬迁，落实节能减排目标责任制和考核制度。根据产业发展方向，加大吸引和培养高层次专业技术人才的力度。

“四位一体”建设现代产业体系。抓住实施《珠江三角洲地区改革发展规划纲要》的新机遇，按“龙头企业+创新中心+专业园区+市场营销”四位一体模式，加快发展以“两高两低一自主”为特征的主体产业群。充分发挥区属国有集团对建设现代产业体系的“抓手”作用。发挥中船、广汽、长隆、广药等龙头企业的带动作用，继续大力推动现代产业园、番禺新城和大型装备产业基地的发展。加快万博商务中心和现代信息服务业总部基地、清华科技园、星力动漫游戏产业园二期、广州国际商品展贸城、东涌综合物流园区、广州圣鑫国际商城、中颐创意产业园、广州设计创意产业基地等项目建设，推动沙溪批发市场的升级改造。整合全区旅游资源，大力宣传推广“番禺新八景”。以“园区”为主要载体加大招商选资力度，更有针对性地制订、落实不同产业的招商办法和措施，推动招商工作向产业链招商和园区招商转变。

帮扶企业实现保增长目标。通过区经济工作联席会议制度和重点企业联系制度，加大对中小企业的引导扶持力度，及时制定并调整应对金融危机的措施，努力为企业“排压减负”。积极宣传和引导企业用足用活扶持政策。设立支持企业融资的专项资金，进一步发挥银达担保和融资保险机构的作用，加快开展村镇银行试点。加大对劳资纠纷隐患的排查调处力度。坚持正确的舆论导向，营造鼓劲加油的社会氛围。

（二）落实亚运行动计划，全面提升城市形象和管理水平。

大力推动环境整治和生态文化建设。按要求、高标准完成英东体育馆（场）、大夫山森林公园等亚运比赛场馆以及14个训练场馆的改扩建工程。在“三城一站”（亚运城、大学城、中心城区、新客站）和莲花山旅游区等重点区域开展大规模环境整治。重点做好番禺大道、清河路、汉溪大道、兴业大道、市莲路、市南路的升级改造以及新光、京珠、南快等高速、快速道路的沿线环境整治。加快建设9大污水处理厂，确保前锋二期和各镇级污水厂首期在亚运会前投入使用。争取垃圾焚烧发电厂上半年动工。加快尖峰山、大象岗、翁山等森林公园和龙湾涌、滴水岩两个湿地公园的建设。积极推进“城中村”改造。

进一步建设完善骨干交通路网。继续推进广州铁路新客站、广深港客运铁路、广珠城际轨道快线、南二环、广明高速的征地拆迁。加大东新、东二环、新光等高快速公路沿线交通衔接工程推进力度。加快莲花大道、景观大道、海怡大桥、番中大桥等主干道路、桥梁建设。针对市桥东北部路网过疏的问题，力争启动德兴北路动迁工程。

加快推进综合治水惠民“一号工程”。推进雁洲水闸、西海咀泵站、砺江水闸、磨碟头水闸、“一村四岛”堤路等5大水利工程建设。对水闸群实行自动化监控，开展陇枕围河涌联合调度。加快市桥河“一河两岸”建设，开展长堤西路（西堤路——东涌路段）拆迁，建设平安公园。建设环境监控指挥中心，及时制止废水超标排放，年内完成对沙湾水道饮用水源保护区内污染源的清理。分批改造升级排水系统，从根本上解决“水浸街”问题。

强化城市发展的空间管治手段。继续抓紧建设“层次分明、专业齐全、对接无缝”的规划体系，开展城乡总体规划编制研究，力争年内实现建设用地控制性详细规划全覆盖。推进市政规划、公共服务设施规划和支路网规划的编制。继续做好重点区域的城市设计，抓好村庄规划的实施。巩固“八卫”成果，做好第九次卫片土地执法，强化“事前防范、事中监督、事后查处”相结合的土地执法联动机制。

大力推动城市管理重心下移。进一步明确镇街在城市管理中的主导作用，在整治“两违”、“六乱”、城市规划和国土管理等方面赋予镇街更多的管理权、考核权和综合协调权。继续发挥城管区长专线的积极作用。加强政府与社会力量的结合，深入推进“六好”平安和谐社区创建工作。完善“一张图”系统，建设“数字大城管”，发挥城市管理视频监控指挥中心作用。

（三）落实“中央一号文件”，加快形

成城乡一体化发展的新格局。

加快建立城乡一体化的经济发展机制。认真贯彻《中共中央国务院关于2009年促进农业稳定发展农民持续增收的若干意见》等重要文件精神，落实区委、区政府《关于统筹城乡经济社会发展一体化的实施意见》，力争用5到8年时间，基本形成城乡一体化的新格局。通过集约留用地和股份制开发等办法，加大对经济发展缓慢村的引导支持。强化对基本农田、饮用水源和生态公益林三类保护区的利益补偿机制，增加种粮直接补贴。推广“公司+基地+农户+科技”模式，鼓励农村土地承包经营权的有序流转，强化龙头企业带动作用。加大引导扶持力度，打造番禺的农产品名牌，发展“乡村游”、“农家乐”项目。推进“一村四岛”生态文化旅游区和莲花山渔港经济区建设，形成“渔港、莲花山、海鸥岛”的金三角旅游格局。

加快建立城乡一体化的环境改造机制。加快农村城市化步伐，建立促进节约集约用地鼓励机制，将宅基地逐步进行集中和置换，建设环境优美的新型农村社区。统筹各方利益，推进城乡供水一体化，到2010年实现全区水质、水价、服务“三统一”。做好再生资源回收利用“一街一镇一示范点”的改造，用3年时间完成绿色社区回收网点和“一村一回收点”的布局。在各镇兴建一个农村客（货）运站场，将停车场纳入新村规划建设。积极优化“双百共建”活动，深化“两个牵手”工程。

加快建立城乡一体化的社会发展机制。将新型城乡合作医疗筹资标准提高至220元/人/年。全面落实城镇老年居民养老保险工作。大力推进农村社会养老保险，力争在2010年4月底前基本解决35岁以上农民参保问题。加强村级民主管理，创建全国村务公开民主管理示范区。推广条块结合的广州市镇村管理系统和GIS村情系统。

（四）落实公共服务发展规划，推动社会事业持续快速发展。

探索医疗卫生机构改革发展新路子。以中心医院投入使用为契机，加快建设全区医疗卫生的龙头机构，抓紧引进优质资源，向医疗产业的高端延伸。加大对基层公共卫生的投入，推行镇村卫生机构一体化，并在市桥城区探索实施大医院与社区卫生服务机构的一体化管理。积极创建广东省有中医特色社区卫生服务示范区，开展中医“治未病”健康工程。加快医疗急救体系建设，加大传染病防控力度。

开创教育现代化发展新局面。全面启动创建全省教育现代化先进区工作。实施“岭南校园文化、区域品牌学校、名校长和名教师、质量进位争先”四大建设工程。按国家级示范性高中标准改造禺山高中、象贤中学。努力实现义务教育阶段规范化学校年内90%达标。加大城乡支教交流力度。分步推进建设、接收小区配套学校的工作。稳步提高教师待遇，按计划解决教师住房补助资金问题。加快推进中等职业教育改革，引入社会资源，组建职业教育集团，探索“职成一体”的办学模式。按照“优化公办、发展民办、鼓励联办”的思路，推进幼教事业的发展改革。

打造和谐稳定就业环境。建立健全创业促进就业长效机制，逐步形成以创业培训为基础，政策扶持和创业服务相结合的工作格局。加强职业技能培训，建立完善就业服务信息管理系统。积极完成8000名农村劳动力、1500名外来务工人员和2000名失业人员的培训任务。

以亚运为契机打造番禺文化“名片”。深入开展“迎亚运、讲文明、树新风、促和谐”系列活动，继续创建全国文明城市，全面提升市民的文明素质。制订、实施番禺志愿者亚运行动计划。精心组织星海文化艺术节和第12届莲花杯、禺山杯龙舟赛。狠抓体育培训，提高竞技水平，力争在亚运会中再创佳绩。争取年内全面完成“农家书屋”和“绿色网园”建设任务。加快建设覆盖全区村（居）的基层文化室和档案室。继续推进文化遗产保护和文博事业发展。积极开展全民健身活动和体育进社区活动。加快数字电视平移，丰富群众文化生活。

（五）落实民生工程，加快构建普惠型和谐社会。

着力提升群众生活水平。跟踪督办“66条惠民措施”、“17条补充意见”和“构建富裕和谐新番禺33条”，切实把惠民措施落到实处，多为群众办实事、办好事，努力做到保民生、促和谐。加大慈善救助力度，确保年内全面完成在册危破房改造任务。完善敬老院、社会福利院和“星光老年之家”的设施和服务，进一步扩大居家养老服务覆盖面。抓紧建设城市无障碍设施和镇街工疗机构，筹建残疾人就业展能基地。加强对出租屋流动人员的服务和管理。完善国家优生筛查重点实验室，全面铺开出生缺陷干预工程，加快对计生服务所（站）的升级改造。

继续完善公共安全管理。加快应急平台体系建设，全面推进基层应急管理，提高应对突发事件的综合能力。落实企业安全生产主体责任，推进企业安全标准化建设，突出抓好建筑施工安全生产隐患治理和重点行业安全生产专项整治。加强对无线电资源的规划管理。持续规范市场经济秩序，开展“五小”店档专项整治，实现食品安全监督监测网络全覆盖。

加大和谐番禺建设力度。健全矛盾调处机制，完善立体式维稳排查网络。加强以村级为重点的基层信访和网上信访工作，开展多种类型的领导接访活动。继续实施专业打击、联合打击，保持对违法犯罪活动的高压态势，力争实现全年刑事案件下降13%以上。发挥治安视频监控系统作用。加快镇街综治工作中心建设。推进基层劳动关系协调组织建设，力争立案、调解、仲裁工作不出镇街。进一步发挥工青妇组织的作用。继续扎实做好统计、物价、侨务、外事、台务和民族宗教等工作。

（六）落实依法治区各项工作，提高依法行政能力和公共服务水平。

加快民主法治建设步伐。自觉接受区人大及其常委会的法律监督和工作监督，虚心接受区政协民主监督。定期向区人大报告工作和向区政协通报情况。认真执行区人大及其常委会的决议和决定，及时办理人大代表建议和政协委员提案。充分发挥各民主党派、工商联、无党派人士和社会各界的参政议政作用。深入开展普法宣传教育，不断巩固和扩大基层民主，保证人民群众依法行使民主权利。

强化依法行政和公共服务。大力推进政务公开，推进决策科学化、民主化。加快推行电子政务，进一步提高行政效率。全面落实行政执法责任制，认真组织开展评议考核工作。加强对规范性文件的前置审查和清理。综合运用多种手段，强化行政复议“定纷止争，案结事了”的功能。更加注重公共服务和社会管理，维护社会公正和社会秩序，促进基本公共服务均等化。

深入开展反腐倡廉工作。加强廉政建设，进一步规范领导干部从政行为，从源头上治理腐败，加快推进具有番禺特色的惩治和预防腐败体系建设。不断深化行政监察、财政监督和审计监督工作，抓好基建投资评审，深化建设工程招投标流程改革，大力防范职务犯罪。继续深入开展治理商业贿赂专项工作。严肃查处违法违纪案件，坚决纠正损害群众利益的不正之风。深化廉政文化品牌建设，推动廉政文化“六进”活动。

（七）落实责任，改进作风，不断提升机关工作效能。

建立健全工作机制。按照上级部署，积极实施职能有机统一的大部门制改革，加快建立权责明确、行为规范、监督有效、保障有力的行政管理体制。全面推进镇（街）设立“一站式”政务服务中心工作，推广“一站式”服务、“网上办事”和“网上审批”。对重大建设项目推进、自主创新项目实施、现代产业体系建设、“双转移”、招商选资、节能减排、社会保障、民生福祉和社会稳定等重点工作，都要明确年度工作目标、责任部门和责任人，只争朝夕，狠抓落实。

勤俭办事保障民生。倡导勤俭节约，反对奢侈浪费。严格控制由财政出资主办的晚会、展览、庆典、论坛活动，争取此类活动比去年实现“四个减半”。严格控制一般性行政经费支出，公务购车和用车经费、会议经费、公务接待费用、党政机关出国（境）费用、办公经费预算实行“五个零增长”，把更多的资金用于改善民生。

立说立行落实整改。根据区委十一届六次全会的决策部署，针对《番禺区委区政府领导班子贯彻落实科学发展观情况分析检查报告》所查摆的突出问题，加强统筹，强化督查，真抓实干，攻坚克难，从调整优化产业结构、提升自主创新能力、发展文教卫事业、健全社会保障体系、加强平安番禺建设、提速新农村建设、改善宜居环境和转变机关作风这八个方面落实八大项57点的整改措施，集中力量解决突出问题，多办实事好事，使学习实践活动真正成为群众满意工程。

转变作风优化服务。建立健全行政部门绩效管理考核体系和行政过错责任追究制，坚决查处行政不作为、乱作为的行为，解决办事推托、拖拉问题。严格控制会议、文件的数量、规格和规模。完善电子监察系统，加强对公务员的教育、培训、考核、管理和监督。认真抓好机关服务年活动，以更加热诚的工作态度、更加优良的工作作风、更加高效的工作团队，服务企业、服务农村、服务基层、服务群众，促进番禺科学发展。

各位代表，新的一年是我们应对金融危机、筹办亚运会、建设现代产业体系和宜居城乡的重要一年。让我们团结拼搏，扎实工作，迎难而上，为建设更加富裕和谐新番禺而努力奋斗！

附：名词解释

1.“四个重在”：重在明确主题联系实际、重在抓好领导干部、重在破解影响科学发展的难题、重在激发科学发展的积极性。

2.“五个坚持”：坚持围绕主题、把握导向；坚持抓住重点、带动全面；坚持联系实际、分类指导；坚持循序渐进、确保质量；坚持统筹协调、科学安排。

3.“三学三创三优先”：学理论、学先进、学区情；创新思维、创新机制、创新发展；经济建设生态优先、社会建设民生优先、城市建设文化优先。

4.现代产业体系：按广东省委、省政府《关于加快建设现代产业体系的决定》（粤发[2008]7号），现代产业体系是以高科技含量、高附加值、低能耗、低污染、自主创新能力强的有机产业群为核心，以技术、人才、资本、信息等高效运转的产业辅助系统为支撑，以环境优美、基础完备、社会保障有力、市场秩序良好的产业发展环境为依托，并具有创新性、开放性、融合性、集聚性和可持续性特征的新型产业体系。

5.龙头带动的集群型：属于产业升级过程中企业发展的组织形式。是以具有控制能力的核心企业为中心，小企业多层外包、分包共同构成的，具有柔性协作能力的模块化网络。龙头带动的集群具有在产业或产品价值链中处于高价值含量核心环节的内在组织能力，能够在全球价值链分工体系中争夺高端资源，并具备了由轻工业化向适度重型工业化转移、由简单劳动密集型产业向适度资本、技术密集型产业转移的内在动力。

6.大学城数字家庭孵化基地：即数字家庭研发园，于2007年底广州市信息办代表市政府与中山大学及番禺区政府三方签署了数字家庭与数字电视产业发展项目的合作框架协议书后正式启动建设。该园区与数字家庭商务园（即万博中心现代信息服务业总部基地）和数字家庭制造园（规划在化龙、新造）一起，获市发改委批复同意建设“广州信息产业国家高技术产业基地番禺园区”，近期被国家工业与信息化部命名为“国家数字家庭应用示范产业基地”。

7.PCT国际专利：PCT即国际专利合作条约（Patent colaboration treaty）。经国际专利合作条约认可的专利，获批后将得到所有成员国的认可。

8.“八卫”和“九卫”：分别指第八次和第九次国家卫星图片土地执法检查。

9.9大污水处理厂：包括前锋净水厂二期（一期工程已投入使用，二期工程正在建设），大石、钟村、南村、大岗、榄核、化龙、东涌、中部污水处理厂。

10.“六好”平安和谐社区：“六好”指省委、省政府提出的“自治好、管理好、服务好、治安好、环境好、风尚好”。按我区规划，在2010年前，100%的社区达到城市环境管理标准，80%的社区达到“绿色社区”和文明社区标准，80%以上的社区达到“六好”平安和谐社区要求。

11.“三品一械”：药品、保健食品、化妆品、医疗器械。

12.“两违”、“六乱”：“两违”指违法建设、违法用地。“六乱”指乱搭建、乱摆卖、乱堆放、乱拉挂、乱堆挖、乱张贴涂写。

13.广州圣鑫国际商城：位于清河路与番禺大道交叉口东北方，原址为罗家广场。

14.番禺新八景：欢乐长隆（长隆旅游度假区）、莲峰观海（莲花山旅游区及海鸥岛）、宝墨生辉（宝墨园）、夫山叠翠（大夫山森林公园）、大学新城（广州大学城）、余荫留光（余荫山房）、沙湾粤韵（沙湾古镇）、番禺瀚映（番禺博物馆）。

15.尖峰山、大象岗、翁山：尖峰山位于石基，大象岗位于大石，翁山位于新造。

16.中医“治未病”：指在还未发病之前就采取防御措施，是中医保健的特色和优势，包括“未病先防”、“已病防变”、“已变防渐”等多个方面的内容。2008年，国家中医药管理局制订《“治未病”健康工程实施方案（2008-2010年）》，广东省被列为试点省之一。

17.“五小”：小商店、小农资店、小作坊、小屠宰场、小餐饮等五类小型生产经营单位。

中国人民政治协商会议
第十二届广州市番禺区委员会常务委员会工作报告

——2008年2月25日在政协第十二届广州市番禺区委员会第三次会议上

徐金海

各位委员：

我代表政协第十二届广州市番禺区委员会常务委员会，向大会报告工作，请予审议，并请列席会议的同志提出意见。

2007年工作回顾

2007年，是我区以科学发展观为指导，着力转变经济发展方式，扎实推进惠民工程，致力于构建更加富裕和谐新番禺的关键一年，也是区政协履行职能取得新进展的一年。一年来，区政协常委会在中共番禺区委的领导下，认真学习贯彻中共十六届六中全会和十七大精神，学习贯彻中央两个5号文精神，牢牢把握团结和民主两大主题，围绕区委、区政府中心工作，组织区政协各参加单位及全体委员，认真履行政治协商、民主监督、参政议政职能，为促进全区经济、政治、文化和社会的协调发展作出了积极的贡献。

一、深入学习贯彻中共十七大和中央5号文精神，开创政协工作新局面

认真学习、深刻领会中共十七大精神。本会把学习贯彻中共十七大精神作为一项重要政治任务，列入政协党组、主席会议和常委会议年度学习计划，进行专题研究部署。落实中共广州市委、区委有关精神要求，下发了区政协《关于深入学习贯彻中共十七大精神的意见》，对区政协学习十七大精神作出全面部署。通过发挥政协党组中心组的示范作用及主席会议、常委会议的带动作用，结合政协工作实际，举办专题学习座谈会、专题报告会及交流研讨会等，迅速掀起学习中共十七大精神的热潮。

全面落实中央5号文精神，营造政协工作良好氛围。2007年是学习贯彻中共中央《关于加强人民政协工作的意见》（中发[2006]5号）精神的重要一年，本会积极配合中共番禺区委迎接市委检查，协助区委分别组织召开镇街、职能部门以及各民主党派座谈会，对照检查全区政协工作，总结成功经验，查找存在问题，提出改进措施。区委下发《关于加强人民政协工作的实施意见》，进一步推进了区政协工作的

制度化建设。8月，区委召开全区政协工作会议，谭应华书记、骆蔚峰区长分别作重要讲话，充分肯定了区政协2000年以来围绕中心履行职能的各项工作，并对政协发挥优势共建更加富裕和谐新番禺提出新的要求。本会结合政协实际，研究制定了《关于贯彻<中共广州市番禺区委关于加强人民政协工作的实施意见>的具体办法》，区政协各参加单位和委员根据有关精神要求，积极探索履行职能的新形式、新方法。

二、以推动科学发展为履行职能的第一要务，促进番禺经济又好又快发展

围绕发展大局开展多层次协商。本会认真执行区委有关政治协商的各项规定，主动协助区委把政治协商纳入决策程序，不断提高协商水平。区政协主席列席中共番禺区委常委会议，政协领导参加区委、区政府有关会议，直接参与对全区重大问题的协商。主席会议围绕经济社会协调发展等进行专题协商；常委会议就区一府两院工作以及区委、区政府中心工作分解落实情况等重点协商；十二届二次全体会议重点围绕构建更加富裕和谐新番禺开展高层次协商。在大会发言和分组讨论中，委员们围绕三大产业协调发展，以信息技术改造和提升传统产业，全力打造辐射珠三角、影响国内外的番禺商圈等提出许多意见建议。本会就我区“贯彻广州市惠民66条对照情况一览表（征询意见稿）”召开专题协商座谈会，提出了完善公交线路和地铁站出口的接驳、改善残疾人和优抚对象的生活条件等数十条意见建议，使有关惠民措施更为完善。

为民营经济发展出谋划策。本会与区工商联联合举办了“探索与发展——番禺民营经济高峰论坛”，着重围绕调整产业结构带动发展方式的转变、推进总部经济和园区经济建设、发展名牌战略等进行深入探讨，区领导与知名经济学者、工商界代表人士，共同谋划民营经济如何做强做大。工商组、科技组等委员认真调研，提出了促进民营经济发展的多项建议，对于区委、区政府制定和出台《关于优化产业结构、加快经济发展的若干措施》起到十分积极的促进作用。本会领导与经济委定期走访民营企业，协助解决困难。区工商联发挥桥梁和纽带作用，就民营企业家参与新农村建设、实施《劳动合同法》遇到的新情况新问题等进行调研。工商界委员考察湛江社会主义新农村建设示范村及产业转移工业园，加强交流与合作。今年春运期间，想方设法挽留外来务工人员留穗过年，减轻春运压力，并主动捐资捐物支援抗灾救灾工作。本会工商界委员企业诚信经营，依法纳税，着力打造民族品牌。据不完全统计，委员企业创全国及省、市名牌或商标20多个，2007年创造产值200多亿元、纳税2.39亿元、为公益事业捐款1260多万元。

为新农村建设和城乡一体化发展建言。本会围绕《关于推进我区社会主义新农村建设十项工程的工作方案》开展调研视察，反映社情民意，推进富裕和谐新农村建设。调研番禺农村宅基地审批难、“建房难”以及各镇街污水治理工程的规划建设等问题，通过区内市政协委员提交集体提案，反映给市有关部门。市政府有关部门来我区调研镇村规划编制工作，决定在番禺首先试点，将农民建房审批权限下放到区。针对我区城乡用水存在的问题，主席会议视察调研自来水公司，建议政府分步整合各镇街自来水企业，加快实现全区城乡供水一体化，减轻农民用水负担。区委、区政府表示要加快整合自来水资源，组建区水务集团。各党派团体、委员小组、地方组围绕城中村改造，大力发展都市型、生

态型现代农业，实现城乡一体化等积极建言献策。工商界委员投资建设高标准的农村商贸市场，以多种形式参与新农村建设，回报社会，造福村民。

为推动科技创新献策。实现科技创新，推动经济发展模式转型是我区经济发展的主要方向。科技组就科技创新进行调研，提出要走以政府为主导、以企业为主体、以市场为导向的产学研结合之路，发挥清华科技园广州创新基地的示范带动作用。委员撰写了“从源头上促进企业技术创新”、“采取措施鼓励企业争创名牌”等提案，为提高自主创新能力建言。本会联合市政协经济委共同视察番禺节能科技园，建议继续发挥节能科技园在聚焦总部经济、聚合创新资源、聚集高端产业方面的优势和作用。区政协办配合区政府办调研全区科技发展情况，宣传总结近几年科技成就，推动完善科技创新机制。

三、以保障民生、改善民生为参政议政聚焦点，促进社会和谐发展

以建议案推进社会热点问题的解决。常委会就平安和谐园区建设进行专题调研，召开专题议政会，社会与法制委、民革番禺区总支部及有关委员作专题发言。政府采纳委员建议，实行各职能部门联动机制，大力推进农村（社区）及园区警务室建设，完善科技防控系统。主席会议组织专题调研组深入有关镇、街社区卫生服务中心和卫生站调研，提交《关于推进我区城乡医疗卫生事业改革的意见和建议》的主席会议建议案，区委主要领导批示，将城乡卫生服务机构建设作为今后一段时期的重要工作抓紧抓好。为推进建议案的办理，主席会议与各民主党派、工商联、人民团体联合视察东环、石碁、石楼等镇、街卫生服务机构，深入了解基层卫生机构的布局和运作情况，为推进公共医疗资源均衡配置提出建设性意见。

配合区中心工作，参与创建全国卫生城市。常委会议视察沙头、东环两街，配合市政协视察桥南街“创卫”工作，为改善城中村及城乡结合部的卫生状况建言。区政协领导深入联系的镇、街，指导协调“创卫”工作。本会十分重视区“惠民一号”工程河涌综合整治工作，就区《河涌综合整治工作方案》向各界委员征求意见建议。委员通过提案就垃圾分类收集、保持村容整洁、环境卫生综合治理等建言献策。医卫组、九三学社番禺基层委员会提交社情民意，建议健全“创卫”长效管理机制，加强宣传，增强市民文明卫生意识、积极参与卫生文明城市建设。

推进改善中心城区交通状况。市桥中心城区交通是群众关注的热点问题，区政协办会同民盟番禺区委进行调研，广泛收集情况，形成图文并茂的调研报告，并召开专题座谈会，区政府及职能部门领导与委员共同探讨改善办法。优先发展城市公共交通、优化原有城区道路系统和交通设施、提升城市公共交通综合管理水平、将大型停车场建设纳入便民惠民工程等建议被有关部门采纳，城区交通状况明显改善。

反映社情民意，促进民生问题不断改善。本会把社情民意工作作为反映民情、集中民智、协调关系、化解矛盾的重要手段，协助解决人民群众的切身利益问题。一年来，收集社情民意 130 多条，整理报送 103 条，编发《社情民意综合》12 期，区委书记在关于联邦工业城园区治安问题的社情民意专刊上批示：“对政协提出的一些实质性意见，区委办或政府办要将其转到有关工作部门，积极研究予以吸纳”，政府办与有关职能部门认真研究所反映问题，采纳可行性建议并提出了具体的解决方案，对条件尚不够成熟的建议给予了充

分解释。区政府及教育部门积极采纳委员意见，提高了教师待遇，完善城乡学校“结对”帮扶活动和城乡教师交流机制。政协办有针对性地召开界别委员和地方组座谈会，收集社会各界群众的意见和诉求，选择一些与群众生活息息相关的问题深入调查，促进有关问题的解决。

四、拓宽民主监督渠道，发展民主政治，促进社会公平正义

采取多种形式履行民主监督职能。本会认真落实区委《关于加强人民政协工作的实施意见》，通过情况通报会、专题座谈会、征询意见会、视察、跟踪督办建议案和提案等形式，广泛开展民主监督活动，不断规范建议案、提案、社情民意、民主评议以及委员担任特约监督员工作。区纪委领导向区政协常委会通报工作情况，听取委员意见建议，促进党风廉政建设和反腐败工作深入开展。主席会议与区检察院举行双向联系座谈会，为预防和惩治职务犯罪提出意见建议。同时，本会充分发挥委员中特约监督员和行风评议员的监督作用。科教文卫体委调研电子政务建设情况，建议区、镇（街）及职能部门网站完善“网上办事”功能，打造便民的电子政务。本会发挥委员来自社会各界的优势，对容易滋生腐败行为的重点岗位和重要环节进行监督。

充分发挥提案的监督作用。本会着眼于完善提案工作机制，贯彻落实广州市政协《关于提案办理工作的意见》，推动提案工作的制度化、规范化、程序化。组织本会各参加单位和委员围绕经济社会发展和稳定大局，深入调研，提出有情况、有分析、有具体建议的高质量提案。注重与区政府及各承办单位配合和沟通，选择关注民生、可操作性强的提案重点督办，组织提案者实地考察，与承办单位召开座谈会，共同商讨办理方法。本届政协一次会议以来，共收到提案108件，经审查立案98件，至2007年12月底已全部办理完毕，提案者对办复意见100%表示满意或基本满意。

规范民主评议工作。本会在充分调研的基础上，对区卫生局工作开展了专项民主评议，评议团认为，区卫生局切实加强公共卫生、农村和社区卫生建设，积极探索解决群众“看病难、看病贵”问题，应对突发公共卫生事件能力增强，爱卫工作扎实推进。同时建议政府部门加大投入，合理配置医疗资源，改变“以药养医、以医养院”现象，根据卫生事业发展的需要核定人员编制，解决医卫人才紧缺等问题，促进城乡卫生事业健康协调发展。同时，本会认真总结民主评议工作经验，对被评议单位的确定、主要评议内容、形式、步骤和组织领导等进一步规范，更具可操作性。

五、着力突出团结和民主两大主题，为和谐番禺建设汇聚力量

切实加强与各民主党派、工商联的联系。本会领导坚持与各民主党派、工商联负责人的双向联系制度，共同就优化城乡医疗资源配置等开展联合调研视察活动。在政协会议和各项活动中着力营造民主和谐、畅所欲言的良好氛围，帮助解决参政议政工作中遇到的困难和问题。各民主党派就区新型城乡合作医疗和卫生服务机构建设进行联合调研；农工党番禺区委跟踪关注残疾人扶助机制，牵头各民主党派开展义诊活动；民盟番禺区委、民进番禺支部就促进城乡教育及职业教育发展开展系列调研，并牵头各民主党派从资金、设备、教学资源及教师交流等方面定点扶助薄弱学校。本届一次会议以来，党派团体共提交集体提案25件，反映社情民意60多条。

港澳委员积极参加和谐社会建设。本会领导和对外联络委坚持参加港澳委员例会，通报区经济社会发展情况，为港澳委员知情问政做好服务；组织港澳委员回乡视察石碁城市广场、大学城北亭文化广场，了解亚运村建设与规划情况，把握商机，服务家乡。港澳委员积极出席政协全会，认真撰写提案，反映社情民意，参与小组讨论，围绕促进番港澳经贸文化交流、完善番禺城市规划管理、提升政府工作效能等问题与区领导面对面座谈交流。同时，以高度负责的精神，紧密团结、联系沟通港澳各界人士，为“一国两制”实施和港澳的长期繁荣稳定做了不少工作。港澳委员热心公益，为区慈善事业捐款700多万元。

广泛开展交友联谊活动。本会协助区委、区政府做好恳亲大会的各项工作，参与海外联谊会理事会换届工作，热情接待港澳、海外乡亲及友好人士。历届政协委员联谊会举办20周年纪念活动，文史委编辑出版《番禺文史资料》第20期，百越艺术研究会举办会员作品展，番禺专家学者联谊会视察沙湾珠宝产业园和电镀环保企业，组织发动委员参加市政协首届羽毛球、乒乓球联谊赛，与有关单位联合举办“庆祝香港回归十周年番港书画楹联摄影作品展”、乒乓球赛、网球赛，通过多种形式的联谊活动，增进与社会各界联谊，为番禺社会事业的发展和增强文化软实力做出了积极的贡献。

六、适应新时期新任务新要求，加强政协自身建设

积极引导委员及各界别小组参政议政。本会不断健全和落实政协委员的学习培训制度，鼓励、支持委员加强学习，提高素质，围绕中心参政议政。办公室和各专委会联系和指导各地方组、委员小组有计划地开展调研视察与学习活动；本会每年两次召开各界别委员座谈会，交流参政议政体会；邀请地方组长列席常委会议，加强对地方组参政议政的指导。文体、教育、政法、工青妇等委员小组分别调研视察旅游、职业教育、流动人口管理服务站、企业员工权益保护等情况；农业组和沙湾镇、榄核镇地方组共同调研水源保护区农民权益维护问题，钟村镇地方组提交“妥善解决城市化进程中妇女劳动就业问题”等数篇调研报告，东涌镇地方组围绕镇经济社会发展提交20多件（条）提案和社情民意。各委员小组和地方组结合界别特色及地方实际参政议政，开展调研视察活动40多次，提交调研报告20多篇。

推进政协工作制度化、规范化、程序化建设。本届政协开局之年把“三化”建设摆在重要位置。为全体委员印发《区政协规章制度汇编》，组织委员深入学习全委会议、常委会议、主席会议等规则，学习提案工作、反映社情民意工作及委员视察工作等条例，明确履行职责的基本要求。为切实加强委员学习贯彻落实中共十七大和中央两个5号文件精神，本会分别制定《关于深入学习贯彻中共十七大精神的意见》和《关于贯彻<中共广州市番禺区委关于加强人民政协工作的实施意见>的具体办法》，使区政协的各项工作更加规范有序。

打造规范高效的政协工作服务机关。以机关作风建设年活动为契机，制定和完善了机关办文、办会、办事制度，明确岗位职责，启用了办公自动化系统，制定信息化工作实施方案，努力为全委会议、常委会议、主席会议做好服务。加大为委员履行职责服务的力度，在全国及省、市、区报刊宣传委员履行职责活动的稿件60多篇，编辑《番禺政协》16期，向市政协提供信息40多条，参与举办《番禺论坛》2次，政协理论研究分会提交论文20篇。区政协向双百共建单位榄核镇万安村捐赠10万元和电脑、衣物一批，组织村两委到区文明示范村考察学习，共同探讨摆脱困难村的出路和办法。全体机关工作人员加强学习，提高素质，工作效率不断提高，服务意识明显增强。

2007年工作成绩的取得，是中共番禺区委正确领导、区政府及社会各方面大力支持的结果，是本会各参加单位和全体委员共同努力的结果。在此，我代表区政协十二届常委会向充满社会责任感、积极履行职责的全体政协委员，向所有关心、支持政协工作的各级领导和各界人士表示崇高的敬意和衷心的感谢！

对照中共十七大精神和中央两个5号文件对政协工作的新要求，我们还存在一些问题和不足：例如，把政治协商纳入决策程序，就经济社会发展中的重大问题在决策之前和决策执行过程中进行协商的机制还有待进一步健全；切实有效的民主监督形式、渠道还有待进一步拓展，知情、沟通、反馈机制有待进一步完善；履行职能的方式、方法还需要改进，政协机关服务水平还有待进一步提高，这些都需要我们加以认真研究和改进。

2008年工作意见

2008年，是全面贯彻落实中共十七大重大战略部署的第一年，也是我区经济社会发展全面转入科学发展轨道至关重要的一年。新一年，区政协要高举中国特色社会主义伟大旗帜，坚持以新一轮思想大解放推动新一轮大发展的指导思想，落实区委十一届四次会议精神，围绕中心、服务大局，牢牢把握团结和民主两大主题，关注民生民意，积极开展政治协商，完善民主监督机制，提高参政议政实效，为推动全区科学发展、促进社会和谐作出新的贡献。

（一）*继续深入学习贯彻中共十七大精神，以新一轮思想大解放推进政协工作创新*。我们要按照区委统一部署和要求，落实区政协《关于深入学习贯彻中共十七大精神的意见》，将十七大精神的学习与落实中央及省、市、区委关于加强政协工作意见精神结合起来，与区政协工作实践结合起来，组织委员开展专题研讨活动；以纪念改革开放30周年系列活动为契机，认真组织开展“继续解放思想，坚持改革开放，努力争当实践科学发展观的排头兵”学习讨论活动，把解放思想落实到政协的各项工作中去，以新一轮思想大解放推动政协工作新一轮的大发展。通过多种形式的学习研讨活动，不断增强委员的政治意识、大局意识、责任意识，把思想和行动统一到十七大精神上来，把智慧和力量凝聚到十七大确定的各项重大任务上来，在新的历史起点上，进一步开创政协事业新局面。

（二）*切实把促进科学发展贯穿于履行职能的各个方面*。坚持围绕中心、服务大局，把促进经济又好又快发展作为履行职能、发挥作用的重点。组织好本次全体会议期间各界委员就政府工作报告及全区发展大局进行协商讨论。围绕全区经济社会发展中的重大问题，组织好主席会议和常委会议的各类调研视察活动。就加强节能减排和生态环境建设、推动可持续发展开展常委会专题议政；就发展农业生态旅游、扶持农业品牌和农业龙头企业以及促进文化产业发展、推进大型文化产业园建设召开专题座谈会；就创新科技园建设、促进城乡经济社会一体化发展、扎实推进社会主义新农村建设等问题开展专题调研；以“庆奥运、迎亚运，讲文明、促和谐”为主题举办番禺论坛。

（三）积极发挥协调关系、汇聚力量、构建和谐的重要作用。进一步落实中央两个5号文件精神，密切与各党派团体及无党派人士的联系，支持他们履行职能的各项活动。就地铁口交通及各有关配套设施的完善，数字电视与数字家庭产学研孵化基地建设情况等，组织主席会议成员与各党派团体、无党派代表人士联合视察调研。有计划地走访各界别委员和无党派人士，定期召开各党派团体及无党派代表人士座谈会，听取意见和建议。发挥农业组及各地方组委员的积极性，为农村两委选举及农村稳定、农业发展献计献策。加强与港澳委员及海外社团的联系沟通，拟组织港澳委员回乡视察星海文化广场及体育公园建设情况。发挥各类联谊会的作用，广泛团结社会各界，多做协调关系、化解矛盾、理顺情绪的工作。

（四）把以人为本、关注民生作为一切工作的出发点和落脚点。全体委员要以反映社情民意为己任，进一步密切同所在界别群众的联系，将反映社情民意作为履行职责的立足点，以改善民生问题为重点，真诚倾听群众呼声，真实反映群众愿望，坚持每年提交一份提案，反映一条社情民意信息。本会将围绕困难户的住房和廉租房建设问题以及镇、村幼儿教育等问题组织视察，继续关注河涌整治、流动人口管理、城乡卫生服务机构建设等民生问题。

（五）切实加强自身建设，为全面提高政协工作水平打好基础。要按照区委加强人民政协工作意见和区政协落实意见具体办法的要求，结合政协工作实际，推进政治协商、民主监督、参政议政等有关制度的完善；加强政协委员队伍建设，认真组织委员学习人民政协理论，更好地树立责任意识、法律意识，积极履行职责；加强界别工作，定期走访界别委员，逐步建立健全有利于发挥界别作用的工作机制；按照机关干部作风建设的要求，进一步加强机关干部队伍建设，保证机关工作协调统一、高效有序地运转。

各位委员，中共十七大对全面建设小康社会提出了新的要求，区委十一届四次全体会议对我区今年工作作出了全面部署。新的一年，区政协工作面临着难得的机遇，让我们在中共番禺区委的领导下，充分发挥政协的优势和作用，解放思想、振奋精神，求真务实、开拓创新，为推动番禺科学发展、构建更加富裕和谐新番禺作出新贡献。

广州市番禺区2008年国民经济和社会发展计划执行情况与2009年计划安排草案的报告

——2009年3月10日在广州市番禺区第十五届人民代表大会第五次会议上

广州市番禺区发展和改革局局长 卢永青

各位代表：

受区人民政府委托，现就全区2008年国民经济和社会发展计划执行情况与2009年计划安排草案，向本次大会报告，请予审议。

一、2008年国民经济和社会发展计划执行情况

2008年，全区完成地区生产总值727.60亿元，增长13.1%。第一产业增加值38.77亿元，第二产业增加值339.07亿元，第三产业增加值349.76亿元，分别增长5.4%、12.8%和14.2%；三次产业结构比例为5.33:46.60:48.07。万元GDP能耗下降6%。农村居民人均纯收入11070元，增长14.2%；城镇居民人均可支配收入23108元，增长13%。区十五届人大四次会议确定的年度预期目标顺利完成。

（一）第一产业平稳增长

在耕地面积持续减少、自然灾害频发的情况下，通过政策变通、确立项目、加大投入、引进人才，加快农业结构调整，推动农业集约化生产和产业化发展，实现了农、牧、渔业生产平稳增长。2008年，实现农业总产值64.89亿元，增长5.3%。其中：种植业31.19亿元，增长6.2%；渔业（含养殖业）20.83亿元，增长5.1%。

（二）第二产业较快增长

大力推动产业集聚发展，扶持民营经济稳定发展，推进节能减排，积极引进投资大、附加值高、科技含量高的重大项目。2008年，实现工业总产值1420.08亿元，增长15.1%。其中，规模以上工业总产值1221.54亿元，增长15.1%；规模以上五大工业行业（电气机械、通用设备、金属制品、皮革毛皮、电子设备）产值624.69亿元，增长16.6%。

全区批准立项的科技计划项目165项，顺利通过国家科技部的2005~2006年度科技进步考核，荣获全国科技进步先进市（县、区）称号。全年安排科技经费12320.32万元（含区信息化建设专项资金）。全区专利申请1705件，增长7%，获专利授权1113件。新增9个广东省名牌

产品，数量占广州市 1/4。目前，全区共有中国名牌产品 9 个，省名牌产品 33 个，居全市之首。

（三）第三产业快速增长

消费市场持续兴旺，城市基础设施和配套服务设施建设扎实推进。2008 年，实现商品销售总额 627.74 亿元，增长 37.6%。社会消费品零售总额 415.47 亿元，增长 25%，其中：批发零售贸易业 322.76 亿元，增长 23.4%；住宿和餐饮业 92.72 亿元，增长 30.9%。全年共接待游客 1208.57 万人次，增长 4.6%；旅游总收入 56.76 亿元，增长 8.9%。

（四）外贸进出口持续增长

拓展外贸经济发展空间，不断优化招商引资环境，利用外资继续保持增长态势。香港、美国两大传统出口市场需求下降，拉丁美洲和非洲市场保持较高增幅。2008 年，实现外贸进出口总额 149.88 亿美元，增长 10.4%；外贸出口额 90.82 亿美元，增长 9.7%；外贸进口额 59.07 亿美元，增长 11.6%；实际利用外资 3.17 亿美元，增长 3.3%；合同利用外资 5.97 亿美元，增长 3.9%。

（五）财政收入和固定资产投资保持增长

2008 年，全区一般预算财政收入 43.88 亿元，增长 18%；一般预算财政支出 60.75 亿元，增长 14.1%。积极配合做好广州亚运城、广州铁路新客站、东新、广明、番顺高速等国家、省市重点项目建设，扎实推进生产力骨干项目和自然村通公路、危桥改造等民生工程项目建设。2008 年，实现社会固定资产投资 205.77 亿元，增长 14%。其中：基本建设 66.32 亿元，下降 1.5%；房地产开发 99.58 亿元，增长 50.6%。商品房销售面积下降 38.3%，合同金额下降 26.9%。

区属固定资产投资立项审批 224 项，总投资额 89.45 亿元，分别增长 9.80% 和下降 7.42%；社会基本建设投资登记备案 104 项，总投资额 40.93 亿元，分别下降 76.58% 和 49.75%。大力加强环境监督管理。全年共审批环境影响报告 449 个，项目总投资 123.3 亿元，环保总投资 2.4 亿元；验收项目 105 个，项目总投资 25.4 亿元，环保设施投资 5536 万元。

（六）社会各项事业持续发展

基础教育质量持续提升。2008 年，全区投入 1.82 亿元用于中小学校软硬环境建设，新扩建学校 29 所，增加面积 20635 平方米。区财政投入 1700 万元增发教师岗位津贴。学前适龄婴儿入托率 47.44%，适龄幼儿入园率 100%；小学适龄儿童入学率 100%；小学毕业生升初中率 100%；初中毕业生实际升学率 95.12%。职业教育、成人教育、社区教育取得新发展，“创强促优”工作取得新成效。

全区累计建成镇级以上文化广场 19 个、36.5 万平方米；17 个镇街文化站、文体服务中心总面积达 6.5 万平方米。建成农家书屋 272 间、农家网园 266 间，分别占应建总数的 82% 和 80%。沙湾镇和化龙镇相继荣获“中国飘色文化之乡”称号，沙湾镇获“（第二批）中国历史文化名镇”荣誉称号，石楼镇大岭村被命名为“中国历史文化名村”。

大力发展城市社区卫生和农村卫生事业，稳步推进公共卫生体系建设。2008 年，全区参加合作医疗 586104 人，其中农民 518726 人，农民参合率达 99.96%，基本实现了农民人人享有医疗保障。

奥运会参赛人数和参赛项目均排在全国区（县）级地区前列，获得金牌 1 枚，第四名 1 个，第六名 3 个和第八名 1 个。2008 年共划拨体育彩票公益金 241.3 万元，增加公共体育设施面积4.09万平方米。区体校成为广州市申报“国家高水平体育后备人才基地”命名认定工作示范单位。

城镇登记失业人员总数6738人，城镇登记失业人员就业率80%，城镇登记失业率0.5%。培训农村劳动力11386人，培训后就业率89.4%。全区参加养老保险42.7万人，增长9.4%。全区已有83条村（场）参加“农转居”养老保险，参保人数46999人。参加失业保险42.1万人、工伤保险60.7万人、生育保险23.3万人、基本医疗保险45.6万人。

连续21年完成上级下达的人口计划任务，成功创建为全国计划生育优质服务先进区。2008年人口出生率10.78‰，上升0.43‰；人口自然增长率6.15‰，上升0.2‰。全区火化率达100%。

各位代表，2008年我区经济社会取得了良好的发展成绩。同时也要清醒地认识到，我区保持平稳较快发展、全面转入科学发展新轨道仍要努力克服如下困难和问题：传统工业受外部经济形势影响，面临需求下降、汇率变动、原材料价格波动、能源、环保压力大、融资困难等状况；产业结构调整及产业升级仍需加快；对外贸易受到较大冲击，自主知识产权产品出口比重较低；服务业的结构和档次有待提升，生产性服务业的发展较为滞后；影响农业增效、农民增收的因素较多；医疗卫生、社会治安、环境污染等群众关心的热点问题仍待进一步解决。

二、2009年国民经济主要预期目标安排

2009年，受当前国际金融危机对实体经济的冲击和造成的损失将进一步扩大的影响，我区经济社会发展中的一些矛盾可能更加凸显，预计规模以上工业增速将出现回落，消费增长将趋于放慢，房地产市场进入调整期。同时，我区支持经济结构优化、保持平稳较快增长的因素将发挥积极作用，工业化和城镇化仍处于长期加速期，广州亚运城、广州铁路新客站及我区配套项目的建设，将有力拉动内需，推动投资较快增长；技术进步将明显加快，装备工业、电子通信、机电产品等高技术产业将继续保持较快增长态势。2009年，是实施国民经济和社会发展“十一五”规划的第四年，“稳中求进”是我区今年发展的指导思想。

根据区委、区政府的总体要求，结合实际，提出2009年我区经济社会发展主要预期目标如下：

1、生产总值（GDP）增长11%；

2、工业总产值增长10%；

3、农业总产值增长5%；

4、万元GDP能耗下降5%；

5、地方财政收入与GDP增长同步；

6、全社会固定资产投资增长13%；

7、社会消费品零售总额增长18%；

8、城镇居民人均可支配收入增长8%；

9、农村居民人均纯收入增长9%；

10、城镇登记失业率控制在3%以内。

三、为实现以上预期目标，着力抓好以下工作

（一）抓大扶优，确保工业经济持续增长

坚持扩投资和促消费并举，加快推进中船、广汽、广药、广日、数字家庭等大型项目的建设进度。引导和鼓励企业加大

技改和创新力度；发展总部经济，推动工业结构升级；切实有效推进“双转移”工作；树立品牌意识，提升传统产业竞争力；大力发展循环经济，扎实推进节能减排工作；加大对科研基础设施的投入，创新科研资源整合的方式方法，提高自主创新能力。

加大政策引导、扶持力度，与成长性中小企业共渡时艰。通过财政贴息、设立担保基金和投资补贴等形式，引导社会资金投向高新技术、基础设施和公益事业；按补偿投资成本加合理盈利的原则，确定收费标准，让民间投资有利可图；健全完善核准制，为民间投资项目上市融资提供平等的机会。

抓好招商选资工作，集中力量抓好重点项目的落实；加快调整优化吸引外资结构，切实提高利用外资的质量和水平。加大内销力度，巩固美欧日等传统市场，大力开拓非洲、南美、中东和俄罗斯等新兴市场。

（二）发展都市型农业，大力推进农业产业化

推进农业发展方式转变，推广农业高新技术，产出优质安全农产品；重点推进规模化经营、标准化管理和产业化经营，提高农产品产出能力和效益水平；通过搞活土地流转、集中经营，更好地推广农业技术，获得规模效益。充分利用莲花山渔港带动渔业市场和水产养殖业发展；加快建设“一村四岛”，带动发展农业生态旅游区。

在稳定粮食生产的基础上，以科技创新推进农业产业升级，进一步调整和优化农业生产结构，提高农产品市场竞争力。继续扶持、引导农业龙头企业和专业户发展，加快推进农业现代化、产业化发展。

（三）大力提升服务业水平，推动第三产业更快发展

继续推进广州国际商品展贸城、东涌综合物流园区、广州圣鑫国际商城的建设，推动工业品批发市场升级改造；加快发展有番禺特色的商贸业、物流业和会展业；全面启动万博商务中心和现代信息服务业总部基地、星力动漫游戏产业园二期的建设和招商工作，推进中颐创意产业园、广州设计创意产业基地等创意园区建设，促进现代服务业的发展。

加大宣传力度，深度挖掘番禺历史文化、生态旅游与商贸资源，不断丰富旅游内容；充分发挥南番顺旅游联盟作用，整合旅游资源，大力宣传推广“番禺新八景”。合理规划旅游线路，完善旅游景点配套设施，提升旅游景点的包装水平，发展现代旅游业。

（四）加大固定资产投资力度，有效拉动经济发展

抓紧已签约项目的工作进度，重点加快我区基础设施和产业发展等重大项目建设。认真实施《番禺区2010亚运城市行动计划纲要》，全面启动迎亚运十项工程涉及的90个大项、210个小项的工作，实现以重大项目建设带动社会投资，拉动新一轮经济发展。扎实推进市桥河水系及广州铁路新客站、亚运城周边等河涌综合整治，加快市桥河雁洲水闸等6项重点工程、9大污水处理厂及截污管网建设，提升宜居质量。

（五）继续推进体制改革，提高政府服务效能

完善投资项目备案制和核准制；降低投资门槛，放宽投资领域；规范政府投资行为，健全政府投资项目决策机制；推广实施政府投资建设项目代建制，提高政府投资效益。深化部门预算改革，完善财政国库管理制度，建立有效的监督管理机制。

加快电子政务建设，完善信息网络平台，提高政府行政效能和公共服务水平。加强国有企业投资管理，健全监管体制，确保国有资产保值增值。加强土地储备和土地市场机构建设，推进征地制度改革。健全商品质量监管机制，严厉打击流通领域制假售假、商业欺诈等违法行为；加强物价监测，规范市场经济秩序。

（六）大力发展社会各项事业，让发展成果惠及民生

实施文化强区战略，合理配置文化资源，积极引导文化产业和文化事业发展。深入开展全民“迎亚运、讲文明、树新风、促和谐”行动，培育“知荣辱、讲正气、促和谐”良好社会风尚。做好番禺志愿者亚运行动计划，积极推进志愿者的选拔、培训和组织工作。扎实推进“农家书屋”工程，全面提高我区农民群众的思想道德素质和科学文化素质。

大力推进农村社会养老保险工作。提高农村劳动力职业技能培训就业率，促进农村富余劳动力转移。加快中小学布局调整和优化，促进办学条件整体优化和均衡发展；积极推动番禺职业技术学院建设国家级示范性高职学院工作。强化突发性公共事件应急机制。完善医疗卫生监督和疾病预防控制体系；建立健全农村卫生服务和社区卫生服务网络；合理配置医疗卫生资源，提高医疗水平和病患者信任度，切实解决群众“看病难、看病贵”问题。完善对流动人口的服务管理，提高人口计划生育管理和服务水平。抓好维稳综治工作，提高小区物业管理和治安管理水平。协调经济社会发展与妇女儿童事业发展关系，维护妇女儿童权益；增加投入，促进妇女儿童事业持续发展。

各位代表，新的一年，新的开始，让我们在区委、区政府的正确领导下，以科学发展观为统领，以解放思想推进改革发展，扎实工作，服务大局，为加快建设广州现代化新城区而努力奋斗！

广州市番禺区2008年预算执行情况和2009年预算草案的报告

——2009年3月10日在广州市番禺区第十五届人民代表会第五次会议上

广州市番禺区财政局局长　袁泽新

各位代表：

受区人民政府的委托，向大会报告番禺区2008年预算执行情况和2009年预算草案，请予审议。

一、2008年预算执行情况

2008年，在区委区政府的正确领导和区人大的监督支持下，我区财政系统认真贯彻落实科学发展观，以思想大解放为契机，深入推进财政改革，实施积极的财政政策，健全公共财政管理体制，积极应对世界金融危机对我区经济造成的冲击，通过狠抓增收节支，大力调整优化支出结构，切实发挥财政职能，较好地完成了年度预算任务。区十五届人大四次会议审议通过的财政预算执行情况良好。

2008年，全区完成财税总收入1854798万元，其中一般预算收入438835万元，为年度预算任务的101.10%，比上年增收66852万元，增长17.97%。其中街道完成一般预算收入57258万元，为年度预算任务的98.22%；各镇完成一般预算收入98021万元，为年度预算任务的101.49%。

全年完成一般预算支出607530万元，为年度预算的93.41%，比上年增支74902万元，增长14.06%。其中区本级支出（含街道）完成426189万元，占支出总额的70.15%，为区本级年度预算的91.48%，比上年增支41402万元，增长10.76%；镇级支出完成181341万元，占支出总额的29.85%，为镇级年度预算的98.28%，比上年增支33500万元，增长22.66%。

按照现行财政体制，全区财政一般预算收入438835万元，加上转移性收入171300万元（中央、省返还性收入119241万元、财力转移性收入6313万元、专项转移支付收入45746万元）、动用上年结余73856万元（含专项结转72976万元），减除对市转移支付29589万元和调出资金3991万元后，全区可支配财力为650411万元。收支相抵，年终结余42881万元，减除专项结转下年度使用资金40281万元，净结余2600万元。

2008年，全区完成基金预算收入12804万元，为年度预算任务的100.37%，比上年增收2620万元，增长25.72%。增收的主要来源是墙体材料专项基金收入增收2173万元。全年完成基金预算支出197731万元，为年度预算的72.68%，比上年增支99114万元，增长100.50%，其中区本级支出完成178612万元、镇级支出完成19119万元。

按现行财政体制计算，基金预算收入12804万元，加上财力性转移支付收入39402万元（其中财力转移性收入22599万元，专项转移收入16803万元）、调入资金4783万元（城建税的15%划转水利建设基金3991万元）、上年结余215060万元，基金可支配财力为272049万元。收支相抵，基金预算年终结余74318万元，如数结转下年度使用。

2008年，为完成全年预算任务，我们重点抓好了以下工作：

（一）狠抓收入征管，确保收入任务完成

2008年，在世界金融危机的影响下，各级财税收入从下半年起增幅明显回落。为确保预算收入任务的完成，我区财税部门加强协调沟通，采取积极措施组织财政收入，确保收入预算任务的落实。

一是加强调研，认真落实收入计划。针对下半年起财政收入增幅放缓的情况，区财税部门加强调查研究，多次召开收入分析会，深入分析减收因素，有针对性地制定增收措施，广开渠道深挖税源，狠抓促收，切实落实收入计划。

二是强化税收征管，确保应收尽收。税务部门坚持大小税并重，严格依法治税，不断改进和完善征管手段，进一步强化税收征管，做到应收尽收。财政部门以提高信息化建设水平和办事效率、服务质量为突破口，强化对契税和耕地占用税的征管，全年完成契税收入44671万元，组织耕地占用税5802万元。

三是规范管理，提高加强非税收入征管质量。区财政部门认真落实收费和罚没管理规定，大力清理各项行政事业性收费和罚没项目，在坚决制止乱收费和乱罚款的同时，加大各项财政性资金的催收促收力度，强化土地出让金收入管理，积极追收财政周转金，及时收缴国有资产经营收益，全年组织行政事业性收费、罚没收入和纳入区财政专户管理的预算外资金137912万元，回收财政周转金3989万元，收缴国有资产收益13313万元。

（二）调整优化支出结构，力保民生和重点项目资金需要

按照建立公共财政的要求，区财政部门采取措施，大力调整优化财政支出结构，集中财力保障民生和区重点项目建设的资金需求，全年安排用于民生方面的支出达420000万元，占全区一般预算支出的65%。

一是严格控制一般性支出。在年度预算编制上，切实压减不必要的宣传费、培训费、会议费等不合理开支。在预算执行的过程中，严格执行年初经人大审议通过的预算，从严控制追加预算，并按照上级支援四川地震灾区建设的要求，及时筹措赈灾资金3720万元，并对区级行政事业单位和各街道的公用经费压减5%用于支持灾区重建工作。

二是认真落实惠农政策，积极支持我区新农村建设。认真落实区委区政府农村工作新“二十八条”，足额兑现各项支农惠农政策。切实加大“三农”投入，大力推进新农村建设，安排了社会主义新农村建设试点工程资金4175万元、农业现代化及产业化建设专项资金5006万元、困难村和“农村三费”（义务教育费、优抚经费、五保户供养费）补贴1552万元，并安排了3000万元专项经费用于农村基础设施建设。继续加大林业建设投入，投入7219万元对我区林相林带和城区绿化进行改造建设。支持鱼塘标准化建设，投入4366万元对1万亩鱼塘进行了整治。切实减轻渔民负担，安排渔民减负补助及转产转业专项资金317万元，并从2008年起连续三年对5项保留的涉渔收费实行“先征后补”。继续做好种粮直补和农资综合直补工作，按每亩30元的标准安排早造种粮补贴225万元，拨付农资综合直补资金186万元，及时兑付农民购置农业机械补贴190万元。支持农产品质量检测机制建设，投入149万元用于农产品检测工作。

三是大力支持社会保障制度建设，维护广大人民群众的切身利益。认真贯彻落实市委市政府“惠民66条”及“补充17条”和区委区政府“富裕和谐33条”政策措施，足额安排保障和改善民生所需资金，大力支持社会保障城乡一体化建设。积极支持就业和再就业工作，安排再就业专项资金1000万元，支持镇（街）、村（居）劳动和社会保障平台建设，为全区失业人员和农村富余劳动力提供岗前就业培训。落实提高企业退休人员生活保障水平政策，区财政及时拨付区属企业退休干部生活补贴1200万元，并安排6301万元用于提高享受社会保险企业退休人员的生活补贴。完善城乡最低生活保障制度，安排了城乡最低生活保障资金1683万元、临时一次性生活综合补贴844万元。做好农村社会救济工作，安排了农村特困人员临时生活救济504万元，重点对精神病人和麻风病人进行救济，并对伏季休渔期困难渔民和农村五保户给予生活补助。安排农村特困群体住房补助393万元和残疾特困安居房补助129万元，着力解决特困人员住房问题。积极推进被征地农民的养老保险工作，安排了被征地农民和“农转居”人员养老保险补助2200万元。大力支持城乡一体的医疗保险制度建设，安排了城乡合作医疗配套资金2460万元、城镇职工社会申办退休人员给予一次性过渡医疗保险资助1968万元，并安排医疗救助资金1087万元，建立了城乡居民和农民特困家庭医疗救助制度。加大公共卫生事业投入，投入社区公共卫生服务经费4725万元、农村卫生建设专项经费1301万元。继续做好优抚军人安置保障工作，安排了城镇退役士兵和转业士官自谋职业生活补贴及养老保险补贴278万元、参战人员生活补助452万元。

四是建立教育文化经费的保证机制。落实义务教育政策，安排农村义务教育减免书杂费补助3300万元、城镇义务教育减免书杂费2300万元、区属学校教育技术装备费500万元和高二学生教师培优补差补助612万元。积极支持职业教育，安排职业教育经费380万元，并安排中等职业学校国家助学金900万元。提高教师福利待遇，区财政在上年安排13000万元用于提高教师待遇的基础上，2008年增加安排了1670万元用于提高教师收入。积极解决教师住房历史遗留问题，及时筹措4567万元解决了70岁以上退休教师和已去世教师的住房遗留问题，并垫付资金用于镇、街解决教师货币分房遗留问题，切实维护教师队伍稳定。

五是突出重点，集中财力办大事。扎实推进“惠民一号”工程，投入水利建设专项资金95800万元，切实提高我区水利工程防灾减灾能力，力促我区水体环境的根本性好转。大力支持基础设施和事关我区经济结构调整的重点项目建设，安排了自然村通公路建设资金4622万元、中心医院建设资金3000万元、西线公路扩建经费8862万元，垫付亚运场馆配套建设资金160801万元、广汽项目建设资金（含土地储备支出）37603万元、中船项目资金

（含土地储备支出）44041 万元，确保工程项目的顺利开展。

六是加大扶持力度，支持企业发展壮大。投入 10700 万元用于公有企业增加资本金，增强公有企业对外融资能力。认真审核并拨付 583 万元外贸发展专项资金，对获得省、市资金补助的 87 家企业给予补助。加大对自主创新的投入，安排科技支出 12905 万元，大力推进产业结构调整，积极引导企业自主创新和产业转型升级。做好石油价格改革财政补贴资金的拨付发放工作，及时划拨省、市对交通行业的财政补贴资金 2171 万元。

（三）继续深化财政改革，推进制度创新

一是深化国库集中支付改革。国库集中支付制度改革，对提高资金透明度、减少中间环节、预防腐败和降低资金结转率、确保资金运行的安全和效率等方面具有十分重要的意义。在试点的基础上，从 2008 年起，我区的财政国库集中支付改革实现了区属行政事业单位全覆盖，区属 91 个部门的 360 个预算单位全部纳入国库集中支付管理，全年通过国库集中支付的财政性资金达 1091178 万元。

二是稳步推进财政支出绩效评价改革。2008 年，我区财政支出绩效评价改革迈出新步伐，完成了区属 24 个部门的 72 个财政支出项目的预评工作，涉及财政资金 455600 万元。财政支出绩效评价改革的推进，为建立绩效预算制度奠定了基础。

三是深入开展基建投资评审工作。对政府投资基本建设项目的概算、预算和竣工结算、决算实施专业评审，将有效遏制政府投资超概算、超规模等损失浪费现象，在加强政府投资监管和项目支出预算管理及节约财政资金等方面发挥了重要作用。2008年，基建投资评审工作积极支持配合我区的“惠民一号”工程、中心医院、中船、广汽、亚运村等重点项目建设，全年共接收财政投资评审任务 1411 项，评审额创历史新高的 1184795 万元，比 2007 年增加了 331.68%。全年共完成基建投资评审总额 719276 万元，为政府核减不合理工程费用支出达 86129 万元。

四是加强对政府采购的监督管理。2008 年，全区共完成政府采购项目 239 个，完成采购总额 57754 万元。区财政部门积极履行政府采购监督管理职责，在健全监督管理制度，提高政府采购服务质量和效率上下功夫，切实规范了采购行为，全年共节约采购资金 5174 万元，节约率达 8.22%。

二、2009 年预算草案

2009 年，我区持续受金融风暴影响，经济和财政收入增长将继续放缓，亚运配套项目、污水治理工作及我区经济结构调整和社会各项事业的迅猛发展，对财政资金的需求不断增加，2009 年我区财政收支矛盾将异常突出。因此，要按照与经济发展相适应的原则，积极稳妥地安排好 2009 年财政收支。

根据中央和省、市的有关要求以及区委区政府确定的工作目标，结合我区 2009 年财政经济形势，确定 2009 年预算编制的指导思想是：深入贯彻落实科学发展观，实施积极财政政策，保持经济平稳较快发展；坚持增收节支、统筹兼顾的方针，调整优化财政支出结构，严格控制一般性支出，切实保障和改善民生，合理安排公共安全、“三农”、教育、公共卫生和社会保障等重点支出，增加节能减排、环境治理投入；进一步深化财税制度改革，加快形成有利于科学发展的财政体制机制；坚持依法理财，完善预算管理制度，加强财政科学化、精细化管理，提高财政管理绩效。

根据上述指导思想，2009年财政一般预算收支计划编制的要点是：财政收入的增幅与我区经济增长同步；量入为出，收支平衡；优化支出结构，财政支出向社会主义新农村建设及均衡城乡发展倾斜，优先保障改善民生；加大对社会保障、医疗卫生、公共安全以及对我区发展具有战略意义的生态环境和重大基础设施的投入；保证教育、科技、农业、文化、卫生、计生等法定支出需要。

（一）2009年一般预算收入和可支配财力计划

根据我区经济社会发展预期目标及金融风暴对我区经济的影响等因素，经财税部门测算，预测2009年全区一般预算收入为487689万元，比上年实绩增收48854万元，增长11.13%。主要征收机关组织收入和主要税种收入情况安排如下：

1、国税部门组织收入136962万元，占一般预算收入的28.08%，比上年实绩增收7630万元，增长5.9%；地税部门组织收入266843万元，占一般预算收入的54.72%，比上年增收24919万元，增长10.3%；财政部门组织收入83884万元，占一般预算收入的17.2%，比上年增收16305万元，增长24.13%。

2、增值税收入111824万元，比上年实绩增收6066万元，增长5.74%，占一般预算收入的22.93%；营业税收入143401万元，比上年增收25659万元，增长21.79%，占一般预算收入的29.4%；企业所得税收入47340万元，比上年增收1494万元，增长3.26%，占一般预算收入的9.7%；城建税收入29400万元，比上年增收2793万元，增长10.5%，占一般预算收入的6.03%。

今年的财政税收收入既有增收因素，又有减收因素，但减收因素的影响更为突出。在增收因素方面：一是我区实施腾笼换鸟产业调整政策提升了企业的竞争能力；二是国家提高出口产品退税率，有助于提高企业利润水平；三是火车站和亚运村项目增加了税源。在减收因素方面：一是继续受全球金融危机影响，我区企业尤其是房地产企业营业税增长继续放缓；二是国务院拉动内需的十项新举措，其中增值税转型改革的实施影响我区今年国税区库收入减收约1亿元，连带影响地税部门地方教育附加减收约330万元、城建税减收约780万元；三是土地使用税及车船使用税恢复正常征收，今年将比上年入库实绩减少1亿多元；四是国家取消100项行政事业性收费及公路运输管理费，使得财政部门减收约1930万元；五是剔除去、今两年一次性因素后，通过清缴预算外历年利息4000万元，财政部门组织收入也只能与上年大体持平。

按现行财政体制计算，全区一般预算收入487689万元，加上上级转移性收入127935万元、动用上年结余39709万元，调入财政周转金68000万元，减除对市转移支付30445万元和调出资金4410万元后，全区可支配财力预计为688478万元。

（二）2009年一般预算支出计划

按照"量财办事"的原则，围绕区委区政府今年的工作任务，在确保人员经费和公用经费支出的基础上，力保各项民生支出和亚运配套项目建设等支出。今年全区安排一般预算支出688478万元（含上年度结转项目），其中，区本级支出455750万元（含人员经费110121万元，公用经费17243万元，专项支出328386万元），返还镇级支出148858万元，街道支出83870

万元。

本次报区人大审批的区级支出包含区本级支出和街道支出共539619万元，具体安排情况是：人员经费支出安排146071万元，占区级支出的27.07%；一般公用经费支出安排20094万元，占区级支出的3.72%；专项经费支出安排373454万元，占区级支出的69.21%。

区级支出按预算科目建议安排如下：

1、基本公共服务支出58733万元，占区级支出的10.88%。主要安排一般行政管理事务经费5118万元、财政投资项目评审费1000万元、税务事务经费12456万元、口岸查验单位人员生活补贴1286万元、农村计划生育奖励932万元、番禺区第二次全国土地调查经费600万元、地质灾害防治582万元、民兵经费1117万元等。

2、国防支出10813万元，占区级支出的2%。主要安排人防经费9054万元，预备役高炮射击经费50万元等。

3、公共安全支出73447万元，占区级支出的13.61%。主要安排“三警”经费1400万元、交警专项经费2888万元、消防经费2073万元、在押人员供养经费2107万元、普法经费167万元等。

4、教育支出89933万元，占区级支出的16.66%。主要安排全区义务教育减免书杂费补助5900万元、进城务工就业农民子女义务教育阶段补助140万元、增加全区学校教师收入经费9449万元等。

5、科技支出15261万元，占区级支出的2.83%。主要安排科技三项费用资金13800万元，占全区一般预算可支配财力的2%。

6、文化体育与传媒支出4279万元，占区级支出的0.79%。主要安排“番禺风采”之文明大舞台广场文化展演经费30万元、文物征集专项经费50万元、亚运协调办办公经费100万元等。

7、社会保障和就业支出54578万元，占区级支出的10.11%。主要安排行政事业单位离退休经费21672万元，享受社会保险待遇企业退休人员提高生活待遇补贴8761万元，退休人员过渡性医疗金政府资助部分1424万元、居民基本医疗保险政府资助部分2020万元、城镇居民养老保障2025万元、农村养老保险2004万元等。

8、医疗卫生支出43184万元，占区级支出的8%。主要安排中心医院建设经费10000万元、社区卫生服务经费3074万元、城乡合作医疗区配套资金3025万元、农村卫生改革经费1300万元等。

9、环境保护支出8485万元，占区级支出的1.57%。主要安排环境监测仪器设备更新和购置100万元、开展河涌综合整治相关工作经费2379万元等。

10、城乡社区事务支出45046万元，占区级支出的8.35%。主要安排专项规划及研究（旧城改造、住房建设等）450万元、“双百共建文明村”专项经费3020万元、平安和谐社区建设资金2000万元等。

11、农林水事务支出41255万元，占区级支出的7.64%。主要安排番禺区社会主义新农村建设资金和区委农村办工作经费4278万元、海鸥岛新农村建设和榄核镇顺河村新农村试点村建设配套资金636万元、农业机械购置补贴550万元，重大动物疫病扑杀补助资金200万元等。

12、交通运输支出5373万元，占区级支出的1%。主要安排违章营运车辆停放保管及拖车费140万元、亚运城市行动计划40万元、运输执法用车100万元、交通运输市场秩序管理及整治工作293万元等。

13、其他支出79048万元，占区级支出的14.65%。主要安排耕地开垦费专项支出23469万元、统筹城乡均衡发展资金

5000万元、“腾笼换鸟”项目资金3000万元、加快工业发展项目专项资金3500万元、上解支援四川灾区建设资金4388万元等。

（三）2009年基金预算收支计划

基金预算收入计划为12840万元，比上年增收36万元，增长0.28%。

按现行财政体制计算，加上财力性转移支付收入144167万元(其中预计广州市返还土地出让金120000万元)、调入资金(城建税15%）4410万元、上年专项结转62674万元，基金可支配财力为224091万元。

区级基金预算支出按资金性质建议安排212866万元如下：

1、文化事业建设费支出1866万元。主要安排番禺广场电力设备改造经费397万元、文化事业专项200万元。

2、残疾人就业保障金支出1158万元。

3、国有土地使用权出让金支出142411万元，占区级基金预算支出的66.89%。主要安排各镇街危破直管公房连片改造建设1500万元、城市建设经费57077万元（主要包括城市道路、桥梁建设)、农村基础设施建设10691万元（主要包括村村通公路、农村危桥改造、水利建设项目）、廉租房保障专项资金24676万元。

4、城市公用事业附加支出10893万元，占区级基金预算支出的5.12%。主要安排城区道路桥梁市政设施管养费1300万元、城市绿化管养及升级改造费900万元、广场公园管养费500万元、全区路灯电费3700万元、全区路灯维护和街道路灯建设费3378万元等。

5、农业土地开发资金支出3537万元。

6、新菜地开发建设基金支出263万元。

7、地方水利建设基金支出52074万元，占区级支出的24.46%。主要安排用于河涌综合整治及水利、基本农田等农村基础设施建设支出。

8、大中型水库移民后期扶持基金支出19万元。

9、养路费支出44万元，主要是去年结余资金安排用于公路桥梁维修保养支出。

10、散装水泥专项资金支出88万元。

11、新型墙体材料专项基金支出25万元。

12、基本农田建设和保护支出82万元。

13、森林植被恢复资金支出213万元。

14、彩票公益金支出193万元。

三、科学发展，化危为机，圆满完成2009年预算任务

2009年，受国内外经济形势影响，我区经济发展面临重大挑战。财政部门要坚持以科学发展观为指导，紧紧围绕区委区政府的中心工作，按照扩内需、促增长、调结构、保民生的要求，充分发挥财政的职能作用，因势利导，转危为机，扎实做好以下几方面工作：

（一）大力加强财源建设，以经济发展促收入增长

认真落实中央积极的财政政策和促进经济增长的各项政策措施，在扩大内需、加快发展方式转变和结构调整上下功夫，综合运用税费减免、政策补贴、加大投入等方法，充分发挥财政资金和政策的导向作用，促进企业发展和科技创新、升级转型，积极引导金融业搭建融资平台，大力支持中船、广汽、商品展贸城等重点项目

建设，夯实和扩大财政收入增长的经济基础，做大做强地方财源。进一步健全财税部门沟通协调机制，强化经济形势分析，及时准确掌握财政收入动态，提高税收征管质量，完善政府非税收入征缴制度，确保各项财政收入的及时足额入库，圆满完成年度收入预算任务。

（二）继续调整优化支出结构，保民生促发展

坚持勤俭办一切事业，推进服务型、节约型政府建设。在保证正常运行所需经费及完成部门职责任务必须的其他支出的基础上，严格控制行政成本，大力压减楼堂馆所及财政出资或国家机关主办的晚会、展览、庆典、论坛活动，对公务购车和用车经费、会议费、公务接待费、党政机关出国（境）费用及办公经费在预算安排上实行“零增长”。坚决贯彻中央提出的把改善民生作为保增长的出发点和落脚点的要求，全面落实市委市政府“惠民66条”及“补充17条”和区委区政府《关于构建更加富裕和谐新番禺的若干意见》，在财政压力较大的情况下，在资金安排上要按照轻重缓急的原则，统筹兼顾，优先保障基本公共服务项目。按照公共财政的支出方向，大力支持教育、科技、文化、社会保障、公共卫生等社会公共事业发展，支持省、市、区重点公共项目和城乡基础设施建设。认真贯彻落实《中共中央国务院关于2009年促进农业稳定发展农民持续增收的若干意见》，建立财政支农资金稳定增长机制，统筹城乡协调发展，推进社会主义新农村建设，促进城乡一体发展。继续安排好城乡合作医疗经费和农村卫生建设经费，解决好农民医疗保障问题。支持实施扩大就业发展战略，完善扶持创业促进就业的政策体系，安排好农村劳动力技能培训和再就业专项资金，确保完成各项就业再就业工作目标。

（三）继续深化财政改革，提高财政管理效能

进一步深化预算制度改革，细化预算编制，提高预算项目安排的科学性、合理性和准确性，加快专项支出进度，保障重点项目的资金需求。加强预算执行的监督管理，继续完善国库集中支付制度。强化政府采购监管，规范采购程序，进一步提高采购服务质量和效率。完善镇、街财政管理体制，进一步平衡各镇、街财力，更好地发挥财政体制的积极作用。加强财政监督和绩效评价工作，对预算的执行过程和完成结果实行全面的追踪问效，强化预算资金使用规范性的监督和使用效益的考核分析。加强对财政投资项目资金管理使用情况的监督检查，尤其要加强对重要项目安排、大额资金调拨、大宗物资采购以及涉及民生等重要事项的监督检查，实现预算资金由“重分配”向“重管理”转变。完善行政事业资产管理制度，规范行政事业单位资产处置行为，努力实现从资产配置、使用到处置全过程的监管。

各位代表，2009年是我区经济社会发展面临严峻考验的一年。我们要认真落实区委区政府的工作部署，坚定信心，振奋精神，扎实工作，全面完成预算和各项工作任务，为促进我区经济社会平稳较快发展作出新的贡献。

广州市番禺区人民法院工作报告

——2009年3月11日在广州市番禺区第十五届人民代表大会第五次会议上

广州市番禺区人民法院院长　莫家齐

各位代表：

现在，我代表广州市番禺区人民法院向大会报告工作，请予审议。

2008年，我院在区委的领导、区政府的支持、区人大及其常委会的监督和上级法院的指导下，深入贯彻落实科学发展观，牢牢把握“三个至上”的指导思想，全面加强审判执行工作和自身建设，取得明显成效。全年受理各类案件30846件，审(执)结各类案件28100件，全年总结案率为92.17%，结案标的金额约12.5亿元，收案量、结案量、法官人均结案数、办结案件均衡度均居全市法院第一。

在过去的一年里，我院重点抓了以下几项工作：

一、加强审判工作，切实保障社会和谐稳定

2008年，针对各类案件数量激增的状况，我院充分发挥审判职能作用，努力提高审判质量、效率，为区经济发展和社会稳定提供了坚实的司法保障。

(一) 依法打击刑事犯罪，全力维护社会稳定。我院去年共受理刑事案件2028件，比2007年增长11.92%，审结1969件，同比增长12%。2008年，我区的刑事犯罪呈现团伙犯罪增加、犯罪性质恶劣、案情复杂、被害人提起附带民事诉讼增多等特点，刑事审判难度加大。为改善我区的社会治安形势，我院着力提高办案效率，强化刑罚的预防和教育功能，确保我区的稳定与繁荣。一年来，我院配合上级法院、政法委先后召开宣判大会2次，对16案18人进行了集中宣判，有力打击了犯罪分子的嚣张气焰，收到良好的社会效果。

(二) 推进少年审判方式改革，加大对未成年人权益保护的力度。2008年，我院共受理涉及未成年人权益的刑事案件210件420人，审结207件401人；受理涉及未成年人权益的民事案件354件，审结302件；受理涉及未成年人权益的行政案件85件，审结85件。我院对未成年人刑事犯罪坚持“寓教于审，审教结合，宽严相济”的刑事政策，引入“恢复性司法”制度，积极延伸审判职能，做好判后的帮教和矫正工作，取得显著成效，被我院判处缓刑的少年犯至今无一人重新犯罪。

(三) 依法审理民商事纠纷，保障我区经济平稳较快增长。去年共受理各类民商事案件17292件，比上年同期增长

45.73%；审结16086件，同比增长45.32%；结案标的金额10亿元。通过审理债务纠纷、婚姻家庭纠纷、人身损害赔偿纠纷、医疗损害纠纷、“外嫁女”权益保护纠纷、房地产纠纷等案件，及时化解了大量人民内部矛盾和群体性纠纷。针对劳动争议案件“井喷”式增长的态势，我院推出一系列新举措，对劳动争议案件优先立案、优先排期、优先执行，加大了对劳动者的司法救助力度，很好地保护了劳动者的合法权益，维护了我区社会大局的稳定。

围绕我区构建和谐番禺的目标，我院依法加大了对金融保险、借款合同、不动产使用、物业管理等民商事纠纷案件的审理力度，平等保护了各类主体的财产、契约和信用关系。针对涉港澳台民商事案件审判周期长、案情复杂、政治敏感性强的特点，依法加强对该类案件的审判管理，去年我院共审结涉外、涉港澳台民商事案件78件，结案量居广州市十二个基层法院之首。

在民商事审判实践中，我院积极探索调解方法，灵活运用人民调解、立案调解和诉讼调解，及时化解矛盾，促进社会和谐。2008年我院通过调解成功化解了3708件民商事纠纷，调撤率达到39.47%。

（四）积极开展行政审判，促进依法治区进程。2008年共受理各类行政诉讼案件689件，同比增加127.95%，审结634件，纠纷涉及公安、国土、城建、工商、计生、卫生、环保、劳动和社会保障、外嫁女权益保护等行政管理领域。我院通过审理行政纠纷案件，保护了公民、法人或其他组织的合法权益。受理行政非诉执行案件833件，审结833件，通过对非诉行政决定的强制执行，保障了正常、正当的行政管理秩序。我院还针对行政机关在行政管理中的问题和不足，及时提出司法建议，2008年共向有关行政机关发出司法建议30件，均被采纳。在公正高效审判之余，我院积极开展行政协调和解尝试，充分利用协调和解方式化解行政纠纷，2008年通过协调和解成功化解了366件行政纠纷，占总结案数的57.82%，为行政和解制度的完善和发展打下了良好基础。

二、强化执行工作，清理执行积案，维护法律权威

2008年我院执行工作的重点是认真贯彻修改后的《民事诉讼法》关于执行工作的新规定，进一步加大执行力度，全力清理执行积案。全年共受理执行案件10355件，比2007年增长39.8%，执结9292件，同比增长37.11%，执结标的2.38亿元，结案率达到90%。

我院执行部门主要采取了以下措施解决执行难题：一是深化繁简分流改革，为简易案件的执行提速。我院设立了简易执行组，对同类案件、系列案件或群体性案件的执行事项进行统筹安排、流水作业、分工处理，进一步简化执行文书的制作，力争以最小的人力投入，换取最大的执行效益；二是强化恢复执行组，全力清理执行积案。对当事人要求恢复执行的申请集中登记、集中审查、集中立案，使一线办案人员对新案的处理更集中、更快速；三是尝试“自由人”制度。指定法官专门负责承接每年的新收执行案件，一方面为执行人员减压，避免年底新收案件积压，另一方面也有利于法官统筹安排工作，提高工作效率；四是整合执行资源，开展专项集中行动。针对不同时期的工作形势，集中优势兵力，开展全天候的执行突击和专

项执行行动。全年共开展专项集中行动20余场，集中处理执行案件300多宗，取得了很好的社会效果。

三、以科学发展观为指导，以提高综合素质为核心，全面加强队伍建设

（一）狠抓队伍的思想政治建设。2008年，我院以党的十七大精神为指引，突出强化社会主义法治理念教育和“党的事业至上、人民利益至上、宪法和法律至上”的指导思想教育，先后开展了“解放思想学习讨论活动”、“大学习、大讨论”活动和“学习实践科学发展观活动”，努力提高法院队伍的政治思想素质，不断增强干警的政治意识、大局意识、责任意识，促进党风廉政建设。通过上述活动的开展，我院干警的宗旨意识明显增强，工作作风明显改善，违法违纪行为得到有力查处。

（二）狠抓干警业务能力建设。我院从实际出发，立足于提高现有人员的整体素质和司法能力，分层次、多渠道、多形式地加大教育培训力度，狠抓业务培训教育、学历教育，努力提高司法能力和水平。另外，我院还组织干警参加番禺区干部培训课程，圆满完成了学习任务。

（三）狠抓法院廉政文化建设。2008年，我院积极开展社会主义法治理念、社会主义荣辱观教育和“建设廉政文化、树立新风正气”活动，对法官及其他工作人员进行反腐倡廉教育，通过征集廉政诗文、格言警句、举办廉政文化版报、召开干警家属助廉座谈会等形式，着力提高法院干警廉洁司法意识，筑牢思想道德防线。

四、强化内外监督，努力树立法院良好形象

2008年，我院以案件质量评查为主要手段，强化对审判工作的内部监督，着重加强对申请再审案件和上级法院发回的重审、撤销、重大改判案件的评查，继续深化审判监督制度改革，全面推行申诉再审听证，规范再审案件的审理程序，增强审判监督的透明度。对已经生效的判决和裁定发现确有错误的，依法及时改判，在确保当事人申诉权的前提下，维护生效裁判的稳定性，维护司法应有的权威。全年共受理再审案件9件，审结6件。

在强化内部监督的同时，我院认真贯彻好省法院关于办好“三件大事”的决策部署，积极构建“全方位、全覆盖、制度化、经常化”的人大代表联络机制，人大代表联络工作取得明显进展。去年，我院聘请了20名政治素质强、法律水平高、工作经验丰富、联系群众面广的区人大代表、政协委员担任我院的司法监督员，主动邀请司法监督员参加专项执行行动，自觉接受外部监督，取得了良好的效果。在主动接受人大、政协监督的同时，我院进一步推进审判公开，接受新闻媒体和社会舆论的监督，在审理“卧底农民工”黄伟木劳动争议案、大石街东联村98名村民选民资格案等纠纷过程中，主动与新闻媒体沟通，积极应对社会舆论监督，通过增加审判、执行工作的透明度，进一步树立了公正司法的形象。

五、夯实基层基础，提高法院整体司法水平

2008年，我院根据规划，步步推进基层基础建设进程，开创了基层工作的新局面。

（一）切实加强信访、维稳工作力度。我院开展了全体院领导、中层领导“大接访”活动，全年共接待群众来访146人次，处理各类来信172件，为减少、缓解、预防社会矛盾，创建“和谐番禺”做出了贡献。同时，积极开展司法救助活动，2008年共为948宗案件的当事人缓、减、免诉讼费总计142.48万元，为186名刑事案件被告人指定了辩护律师。

（二）加强人民法庭工作。2008年9月12日，我院增设的大学城人民法庭正式开始办公。按照省法院提出的“法庭队伍精英化，优秀法官下法庭”的要求，我院坚持审判力量下沉，把业务骨干充实到法庭，把有潜质的法官安排到法庭锻炼，并定期对法庭队伍进行轮换，提高法庭队伍的素质。在中心法庭硬件建设基本完成的情况下，进一步完善法庭的各项管理制度，尤其是审务管理、考评机制、审判流程管理机制、案件质量监督管理机制等制度，努力提高人民法庭规范化管理水平。去年，我院四个中心人民法庭共受理案件10081件，审结9395件，平均结案率达到93.1%，其中，石楼法庭法官每月人均结案38件，居全院各业务庭之首。

（三）优化审判资源配置。我院针对法院工作的新情况、新特点，及时调整司法资源配置，于去年五月设立了民四庭，专门负责审理涉外、涉港澳台民商事案件。民四庭2008年共审结涉外、涉港澳台民商事案件78件，居广州市十二个基层法院之首。根据审判形势的变化，我院对刑庭、执行局、民一庭、民二庭等部门干警进行调整，使审判人力、物力资源得到合理配置，审判效能得到进一步提高。

各位代表，2008年，我院的各项工作虽然都有了新的进步，但我们也清醒地认识到工作中还存在一些问题和困难，主要是：（一）存案的绝对基数较之往年同期有所上升，案多人少问题突出；（二）工作效率有待进一步提高；（三）行之有效的提高干警工作积极性的机制有待进一步探索；（四）办公场所严重不足，制约审判效率进一步提升。

2009年是新中国成立60周年，是推进“十一五”规划顺利实施、全面应对国际金融危机、实现经济社会又好又快发展的关键一年。我院今年的思路是：以党的十七大精神为指导，深入贯彻落实科学发展观，坚持“三个至上”的指导思想，紧密结合我区经济社会发展形势，全面加强审判执行工作，更加注重推动科学发展，更加注重民生保障，更加注重社会稳定。2009年，我院将重点抓好以下几项工作：

（一）坚持解放思想，促进社会经济协调发展

一方面，要积极探索切合法院工作实际的新路子。树立维护稳定的新理念，建立公正司法的新体制，完善法院工作的新机制，探索司法为民的新举措。另一方面，努力化解新时期社会矛盾纠纷。着力抓源头治理、抓排查调处、抓法治保障、抓固本强基，促进科学发展，维护社会稳定。

（二）充分发挥审判职能作用，服务我区工作大局

密切围绕党和国家关于“保发展、保民生、保稳定”的工作大局，积极开展各项审判工作，结合审执工作的新形势、新

变化，及时创新机制，调整审判资源配置，着力提高办案质量和效率，强化司法公正，努力维护社会公平与正义。

（三）关注民生，维护社会稳定

一是要在解决“执行难”上狠下功夫，在加大执行力度、创新执行机制、实现和谐执行方面力求有所作为；二是要在做好信访工作上狠下功夫，不断完善信访工作机制，切实解决信访中反映的突出问题；三是要在健全多元化纠纷解决机制上狠下功夫，进一步推进诉调对接机制的顺畅运行，落实和谐司法理念。

（四）深入开展“廉政警示教育年”活动，树立法院队伍良好形象

进一步加强廉政制度建设，强化对权力行使的监督，做到预防和惩治“两手抓、两手都要硬”；加强工作作风建设，结合深入学习实践科学发展观活动，认真查摆工作作风方面存在的问题，有针对性地制定整改措施；改革教育培训方式，提高干警认识和把握大局的能力和解决新情况新问题的能力，加强司法能力建设。

各位代表，2009 年我院的工作任务更加艰巨，面临的挑战愈加严峻，我们将大力发扬解放思想、求真务实精神，以科学发展观为指引，以机制创新为动力，以队伍建设为保障，为我区建设现代化产业体系、构建富裕和谐新番禺，提供更加有力的司法保障！

广州市番禺区人民检察院工作报告

——2009年3月11日在广州市番禺区第十五届人民代表大会第五次会议上

广州市番禺区人民检察院检察长 暨中党

各位代表：

我代表广州市番禺区人民检察院向大会作工作报告，请予审议。

2008年检察工作情况

2008年，我院在区委和上级检察机关的领导下，在区人大及其常委会的监督和区政府、区政协及社会各界的支持下，以邓小平理论和“三个代表”重要思想为指导，深入贯彻落实科学发展观，紧紧围绕“强化法律监督，维护公平正义”的检察工作主题，稳步推进“阳光检务”，不断加强队伍建设，全面履行法律监督职责，各项检察工作取得了新的进展，先后被评为广州市、广东省和全国先进基层检察院。

一、贯彻“宽严相济”刑事政策，严厉打击刑事犯罪，全力维护社会和谐稳定

全年共受理审查逮捕案件2217件3293人，批准或决定逮捕2015件2925人，受理移送审查起诉2199件3165人，决定起诉1948件2722人，移送其他检察院管辖86件149人。受理审查逮捕案件数同比上升9.6%，人均办理审查逮捕案件数居全市基层检察院第二位。受理移送审查起诉案件数同比上升12.4%，人均办理审查起诉案件数居全市基层检察院首位。面对巨大的办案压力，我院坚持立足内部挖潜，积极创新办案机制，采用捕诉衔接、简案速办、类案专办和疑难复杂案件集体讨论等有效做法，破解案多人少的难题，优质高效地完成了繁重的办案任务。

坚持把严打方针贯彻到审查逮捕、审查起诉工作中，突出打击严重危害社会治安和人民群众生命财产安全的犯罪，共批捕带黑社会性质组织犯罪、杀人、“两抢一盗”、绑架以及故意伤害等暴力性、多发性案件1330件1917人，起诉1242件1752人。积极参与整顿和规范市场经济秩序专项行动，批捕金融诈骗、制假售假等严重破坏市场经济秩序犯罪案件23件39人，起诉33件50人。及时批捕、起诉了林倡洪绑架勒索200万元、周爱丽票据诈骗240多万元、张树成等4人制造假冒注册商标碳粉400多万元等一批具有较大社会影响的案件，有力维护了社会治安稳定。

全面贯彻和执行“宽严相济”的刑事政策，对未成年人和在校学生犯罪案件、因亲属朋友之间纠纷引发的轻微刑事案件以及具有初犯、偶犯等情形的轻微犯罪案件，根据案件具体情况依法作出从宽处理，节约诉讼资源，减少社会对抗，促进社会和谐。共对23名无逮捕必要的犯罪嫌疑人不予批准逮捕，对11名具有法定或酌定从轻减轻情节的犯罪嫌疑人作出不起诉决定。对未成年人和在校学生犯罪案件不批准逮捕21人，不起诉1人。

二、坚持查办与预防并重，努力遏制职务犯罪，推进反腐倡廉工作

查办职务犯罪工作实现了新的突破。一是立案数量有新突破。全年立案侦查贪污贿赂、渎职侵权职务犯罪案件26件26人，同比上升24%。二是办案影响力有新突破。所查办的案件均为大要案。其中，查处科级干部案件9件9人，查处副处级以上干部要案5件5人。三是办案领域有新突破。首次大规模查办行政、司法领域职务犯罪案件19件19人，有力净化了我区执法环境，捍卫了国家机关公信力。四是办案地域有新突破。首次跨区查办副处级以上干部要案2件2人，有力地扩大了办案的覆盖面。我院查办职务犯罪工作引起了上级检察机关的高度重视，最高人民检察院《方圆法治》杂志主编专程来我院采访，并在高层的内参刊物上作了专题报道，广东省人民检察院郑红检察长获知情况后批示，对我院“敢碰硬”的做法高度认可，并要求推广经验。年内，所办案件的法律效果和社会效果俱佳，群众举报的有价值线索大幅增加，反贪局查办的一宗专案被评为“广东省十佳精品案件”，反渎局获全市反渎职侵权工作业务评比第二名和“全市检察机关先进集体”称号。

结合办案，开展职务犯罪个案预防、行业预防和同步预防工作。一年来，结合职务犯罪案件的查办情况，向案发单位发出《检察建议书》2份，力促其全面整改。举办职务犯罪预防专题讲座19次。其中，按照区委安排，检察长面向全区副处级以上干部作了预防职务犯罪的专题讲座，达到了以廉促建的效果。深入开展涉农专项预防工作，走访4个镇（街），促进我区新农村建设。积极探索和开展对民生重点工程的同步预防，不断扩大预防职务犯罪的覆盖面。

三、强化对诉讼活动的法律监督，维护司法公平正义

刑事立案、侦查、审判监督工作。一年来，对证据不足不予批准逮捕154件281人，追加起诉1人，改变案件定性115件221人。审查出2宗交通肇事顶罪案，防止了错（漏）案的发生。发出《说明不立案理由通知书》、《建议公安机关立案侦查函》等15份，促使公安机关主动立案2件2人。认真加强文证审查监督，分别纠正了误将轻微伤（未达到追究刑事责任标准）定为轻伤、不符合保外就医条件而定为保外就医等2宗错误法医鉴定，避免了错案的发生。

监所检察工作。首次成功侦破监狱监管人员职务犯罪案件2件2人，有力净化了监管场所的执法环境，保障了国家法律在监管场所的统一正确实施。积极开展监外执行罪犯监督工作，共核查我区监外执行罪犯375人，提出纠正意见35次。加强对监管场所服刑人员提请减刑、假释等刑罚执行的监督工作，共审理呈报减刑、假释、暂予监外执行案件2918件，发出假释案件的《检察意见书》8份，提出纠正意见17次并全部被监管场所接受。大力纠防超期羁押，核查羁押对象753人（次），保持了我区公、检、法“零超期”的目标。

民事行政检察工作。加大对民事审判活动和行政诉讼的监督力度，全年共立案审查不服法院生效裁判的民事行政申诉案件51件，建议市检察院提请抗诉10件，全部获得上级检察机关支持。积极探索在海域陆源污染案件中开展公益诉讼工作。继续推进民事执行检察监督“番禺模式”，与区法院执行局达成共识并签署《协调意见》，建立了民事行政执行监督长效机制。我院民行科荣获“全省检察机关民事行政检察工作先进集体”称号，并作为基层院代表在全省民行检察工作会议上介绍经验。

四、积极参与综合治理，服务“首善之区”建设

共受理来信来访1032件，同比上升31.6%。其中，区人大常委会、区纪委和区信访办等部门交（转）21件，均依法妥善处理，有效化解了社会矛盾纠纷。坚持和完善检察长接待日制度，认真开展“举报宣传周”和领导大接访活动。年内，正副检察长接待和及时处理群众来访共27件45人，切实为群众排忧解困。如检察长接待了受数百村民联合签名委托的9名村民代表集体来访，经深入调查，耐心做好村民解释工作，最终成功平息了该事件，维护了农村基层的安定。

开展下访、巡访和基层调研工作。根据区委和上级检察机关有关部署，专门制定了我院《关于充分发挥检察职能为建设全省“首善之区”服务的实施意见》，为番禺在建设全省“首善之区”工作中提供自觉主动、卓有成效的司法服务和保障。深入到石楼、化龙、钟村等镇开展调研，了解基层对检察工作的需求，服务亚运村、广州火车新客运站等区内重点工程建设。全年开展或参与大型法律咨询活动12次，发出《检察建议书》7份；撰写调研信息文章416篇，被区级以上采用175篇（次）。先后抽调9名干警参与了驻村、大学城拆迁等工作，积极排查化解社会不安定因素。我院服务“首善之区”建设的做法得到了区委的肯定和上级检察机关的重视，检察长应邀出席了全国检察长论坛并就此代表广东省检察系统作专题介绍，得到主办单位最高人民检察院、检察日报社的一致好评。

五、扎实推进“阳光检务”，自觉接受各方监督

“阳光检务”是检察机关主动接受社会监督的重大举措。根据省检察院决定，我院认真贯彻“阳光检务”的各项要求，让检察权在阳光下运行。

一是落实检务公开，扩大人民群众知情权。充分利用本院门户网站、电子触摸屏，率先在广州市基层检察院中设立控申、民行案件互联网查询系统，公开案件办理和重大检务活动情况，落实利民、便民、为民措施，为群众排忧解难。建成阳光检务大厅，举办“纪念检察机关恢复重建30周年暨检察开放日”活动，让人民群众走进检察机关，了解检察职能的运作。

二是加强与人大、政协的联系工作。自觉接受区人大的监督和区政协的民主监督，向区人大常委会、区政协报告工作6次，与区人大代表、区政协委员等召开座谈会11次，向区人大代表、区政协委员等发放调查问卷618份，广泛征求社会各界对加强和改进检察工作的意见和建议。区人大常委会高度关注我院“阳光检务”的做法，在肯定成效的同时，提出了进一步深化的建议。

三是主动接受社会各界监督。年内，多次邀请特约检察员、人民监督员参与我院的重大活动，按规定将6件拟作不起诉处理的职务犯罪案件交人民监督员审查监督，确保了检察权的正确行使。立足本地媒体、面向全国加大宣传力度，及时向社会发布我院的重大举措、活动和社会关注的重大案件办理情况，接受社会监督和舆论监督。与番禺日报社合办12期《检察之窗》专栏，向《检察日报》等各大新闻媒体发布宣传稿件87篇（次），最高人民检察院《法治中国》栏目组还联系我院拍摄民行检察工作专题片。

六、以提高法律监督能力为核心，锻造精英型检察队伍

坚持以人为本的发展理念，围绕提高法律监督能力狠抓队伍素质工程，培育高素质的专业化检察精英人才。

一是强化队伍的思想政治建设。深入开展思想大解放、“大学习大讨论”和学习实践科学发展观等教育活动，大力开展创建“共产党员示范岗”、“双百共建”和“城乡基层党组织互帮互助”等主题实践活动，队伍的政治素质和凝聚力不断提高。院党总支和控申科分别被评为“共产党员示范岗”单位。

二是引入人才激励机制，创建“学习型”检察院。开展中层领导干部缺位竞岗活动，首次尝试在反贪、侦监和民行部门推行主办、主诉检察官办案责任制，任命主办、主诉检察官34名，有效提高干警积极性，推动业务新发展。致力创建“学习型”检察院，继续加大教育培训力度，目前全院在编干警本科以上学历达85%。

三是规范执法行为，促进队伍廉政建设。不断完善检察业务、人事管理和财务管理等制度，坚持以信息化推动检务规范化，以全程录音录像监督办案人员的办案工作，以经常性的检务督察活动监督检察人员的办案行为，不断规范干警的言行举止，树立检察干警依法办案、公正文明的良好形象。全年没有出现干警违法违纪行为和办案事故。

一年来，我院各项检察工作取得了较好的成绩，先后荣获全国先进基层检察院、全国检察宣传先进单位等11个荣誉称号，有15个（次）科室被评为先进集体，有110人（次）分别获广东省“十佳公诉人”、广州市“百名人民满意基层政法干警”等称号，2名干警荣记全市检察机关个人三等功。

在肯定成绩的同时，我们清醒看到，我院检察工作与落实科学发展观要求相比，与区委的要求和人民群众的期盼相比，与履行法律监督职责需要相比，还存在一些不足与问题：一是检察队伍的整体素质和执法水平还不能完全适应新形势、新任务的要求，队伍的年龄层次、知识结构还不够合理；二是法律监督工作水平有待进一步提高，查办和预防职务犯罪、诉讼监督工作还存在薄弱环节，职能作用发挥还不够充分；三是工作机制有待进一步完善，执法规范化和管理科学化体系还不健全，检察机关内部运作未能很好地发挥整体合力；四是检务保障有待进一步加强，案多人少的矛盾比较突出，人手不足的问题依然存在，办公办案的环境有待进一步改善等。对以上问题，我院将高度重视，积极争取，努力解决。

2009年检察工作设想

2009年，我院将按照区委和上级检察机关的统一部署，深入学习实践科学发展观，紧紧围绕改革发展稳定大局，着力加强法律监督能力和检察队伍建设，在获评全国先进基层检察院的基础上，力争再上新台阶，以更高起点、更高目标引领检察工作全面科学发展。

一、围绕区委“六个提升”总体要求，全面推进检察工作

以科学发展观为指导，根据区委十一届六次全会提出的“六个提升”总体要求，全面加强和改进法律监督工作，推进我区民主法治建设，促进我区经济社会又快又好发展。

（一）依法打击刑事犯罪活动，努力维护社会治安稳定。从重从快打击黑恶势力犯罪、严重暴力犯罪、毒品犯罪、多发性侵财犯罪以及各种破坏市场经济秩序的犯罪，依法妥善处理流动人口犯罪以及由经济纠纷引发的暴力犯罪等“民转刑”案件。适时介入重大案件侦查活动，坚持快捕快诉，增强震慑力。探索和创新办案机制，化解案多人少的难题，确保办案质效。

（二）加大查办和预防职务犯罪的工作力度，促进廉政建设。今年至目前为止，我院已立案侦查贪污贿赂职务犯罪案件21件21人，渎职侵权职务犯罪4件4人，立案数是去年全年立案总数的96%。在此基础上，我院将继续加大查处职务犯罪的力度，开展查办危害能源资源和生态环境渎职犯罪专项工作，严肃查办民生工程、基础设施、区内重点工程等领域以及涉农职务犯罪案件。深入开展预防职务犯罪工作，重点加强重大工程建设和项目资金使用中的职务犯罪预防，扩大预防的覆盖面和影响力。

（三）强化诉讼监督，维护司法公正。加强立案、侦查、审判、刑罚执行等刑事诉讼各个环节的法律监督工作，着力解决人民群众反映强烈的执法不严、司法不公问题。积极开展环境公益诉讼，探索代表国家对破坏公共设施、资源造成国家和集体财产损失等犯罪行为提起附带民事诉讼，集中力量办理侵害社会公共利益和弱势群体的案件，切实维护社会公共利益和人民群众合法权益。

（四）积极化解社会矛盾，不断改善执法效果。继续推进下访、巡访、领导大接访等工作机制，做好释法说理、定纷止争的工作。建立健全网上受理信访、网络视频联合接访等“网络控申”工作机制，畅通信访渠道，真正解决群众最关心、最直接、最现实的问题。贯彻“宽严相济”刑事司法政策，慎用逮捕措施，严格掌握起诉条件，改进未成年人犯罪案件的办理模式，探索建立当事人达成和解的刑事案件办理机制和对一些罪行轻微的人员适当从宽处理的机制，促进社会和谐。

二、着力抓好队伍建设，打造学习型、精英型和创新型的检察队伍

以深入学习实践科学发展观为主线，以领导班子建设为龙头，狠抓队伍思想政治教育，切实加强队伍的党风廉政建设，加大业务教育培训力度，健全人才培养和竞争激励机制，激发干警工作热情，努力营造各方面优秀人才脱颖而出的良好环境。强化内部监督制约，建立以“办案责任、程序公正和办案质量”为核心的质量管理体系，完善防错纠错工作机制，确保办案安全和办案质量。

三、深入开展检察改革创新，增强检察事业科学发展的后劲

认真落实中央关于司法体制改革的意见和上级检察机关的部署要求，积极稳妥地推进各项检察改革创新。继续深化特约检察员和人民监督员工作，创新业务办案机制，致力内部挖潜，以“阳光检务”为抓手，提高检察工作的透明度和公信力。加强规范化和“两房”建设，全面推进科技强检工作，实现以规范促公正、以环境促文明、以技术促质效的目的。

新的一年，面对新形势、新要求，检察工作任务艰巨、责任重大。我们将在区委和上级检察机关的领导下，在区人大及其常委会监督下，进一步振奋精神，解放思想，开拓创新，推动我院检察工作科学发展，努力为确保我区经济平稳较快发展和社会和谐稳定作出新的贡献！

番禺改革开放经济社会发展综述
（1978～2008）

1978年，党的十一届三中全会吹响了改革开放的号角，确立了“对内搞活，对外开放”的总方针，开创了改革开放和社会主义现代化建设的新纪元。30年来，在番禺区委、区政府正确领导下，番禺人民抢抓机遇，创新思路，大胆实践，国民经济和社会发展取得了巨大的成就。改革开放30年，是番禺人民锐意开拓，奋力前行的30年，也是番禺经济社会持续快速发展的30年，更是番禺人民扬帆出海，大展宏图，人民生活走向富裕的30年。

市桥河两岸风光。

一、综合实力显著增强，产业结构明显优化

经过30年的奋斗，番禺国民经济体系已从农业主导的落后经济，转变为三大产业全面、协调、可持续发展的经济体系，经济总量实现一次又一次的跨越，综合实力显著增强，经济发展方式呈现由粗放型向集约型的重大转变。

（一）经济快速发展，实力显著增强

2008年实现地区生产总值727.60亿元，比1978年的4.82亿元增长133.2倍，年均增长17.7%①，总量翻了7番。1994年地区生产总值首次突破100亿元，同年番禺位列中国农村综合实力百强县（市）第12名，1988年地区生产总值突破200亿元，2003年、2004年、2005年分别突破400亿元、500亿元、600亿元。2005年南沙区从番禺分设②，当年番禺生产总值调整为421.27亿元，2006年、2007年，番禺生产总值再度突破500亿元、600亿元，每年上一个百亿元的台阶。2008年人均地区

1978~2008年番禺区生产总值

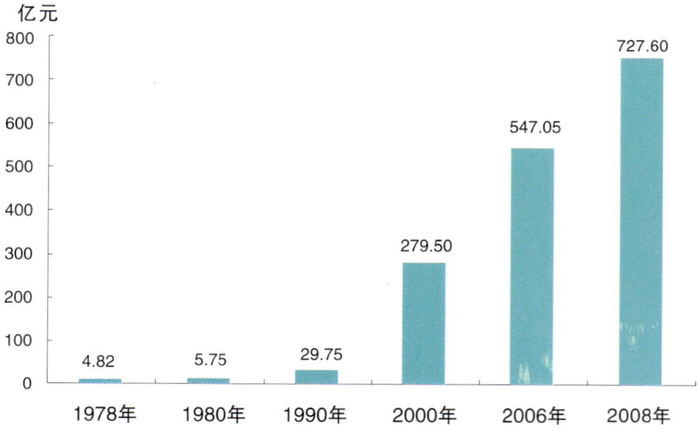

改革开放30年来番禺百倍千倍增长的部分主要指标

指标名称	2008年比1978年增长倍数	年均增长%
地区生产总值	133.2	17.7
其中：第二产业增加值	237.7	20.0
第三产业增加值	135.9	17.8
工业总产值	430.3	22.4
三资工业企业总产值(1998年比1986年)	2805.1	93.8
全社会固定资产投资额	2529.9	29.9
房地产开发投资额(2007年比1984年)	1603.3	36.0
社会消费品零售总额	363.9	21.7
外贸出口总值	1909.9	29.3
实际利用外资金额（2008年比1985年）	276.3	27.7
财政一般预算收入	280.5	20.7
城乡居民储蓄存款余额	2259.4	29.4
人均居民储蓄存款余额	1296.6	27.0
个体户户数(2004年比1978年)	522.5	27.2
个体户从业人数(2004年比1978年)	884.3	29.8
其中：住宿和餐饮业(2004年比1978年)	702.2	25.4

注①：本文如未经特别说明，增长速度等对比指标采用可比价格、可比口径进行计算。可比价格是指扣除了价格变动因素后的价格。可比口径是剔除总量指标中含有南沙的部分，以达到统计口径基本一致。在对比指标计算时，先用可比价格进行换算各类总量指标，再作口径调整。

注②：2005年4月，国务院批准调整番禺行政区划，设立南沙区，行政区划调整后，番禺区面积为786.15平方公里。

生产总值达到74083元[①]，比1978年的732元增长77.5倍，年均增长15.7%，折合10667美元[②]。

三大产业增加值迅速提高。第一产业增加值从1978年的1.74亿元，提高到2008年的38.77亿元，增长了13.7倍，年均增长9.4%；第二产业增加值从1978年的1.79亿元，提高到2008年的339.07亿元，增长了237.7倍，年均增长20.0%；第三产业增加值从1978年的1.29亿元，提高到2008年的349.76亿元，增长了135.9倍，年均增长17.8%。

（二）财政税收收入大幅提高

经济的快速发展，带来地方财政实力的显著增强。一般预算财政收入从1978年的0.67亿元，提高到2008年的43.88亿元，增长280.5倍[③]，年均增长20.7%。在1994年全国财政收入百强县（市）中，番禺名列第3位。番禺税收收入从1990年的2.33亿元，提高到2008的169.23亿元，18年间增长71.6倍，年均增长26.9%。

（三）产业结构不断调整优化

改革开放之初，番禺是个农业县，农业在国民经济中的比重较大，1978年三次产业结构为36.17：37.11：26.72，第一产业比重高于全国8.23个百分点，第二产业比重低于全国10.77个百分点。凭借改革开放先行之机，珠三角地区承接全球产业转移，逐渐成为“世界加工厂”。地处珠三角腹地的番禺，抢抓机遇，大力发展第二、三产业，着力调整产业结构，引进了一大批以制造业为代表“三资”企业。工业经济迅速发展壮大，使第二产业在国民经济中的份额大幅提高，产业结构发生显著变化，到1996年，第二产业比重上升到30年来的最高值60.[illegible]5%。进入新世纪，区委、区政府着力提升承载广州“南拓”的能力，实施“稳一产、优二

1978~2008年番禺区人均生产总值

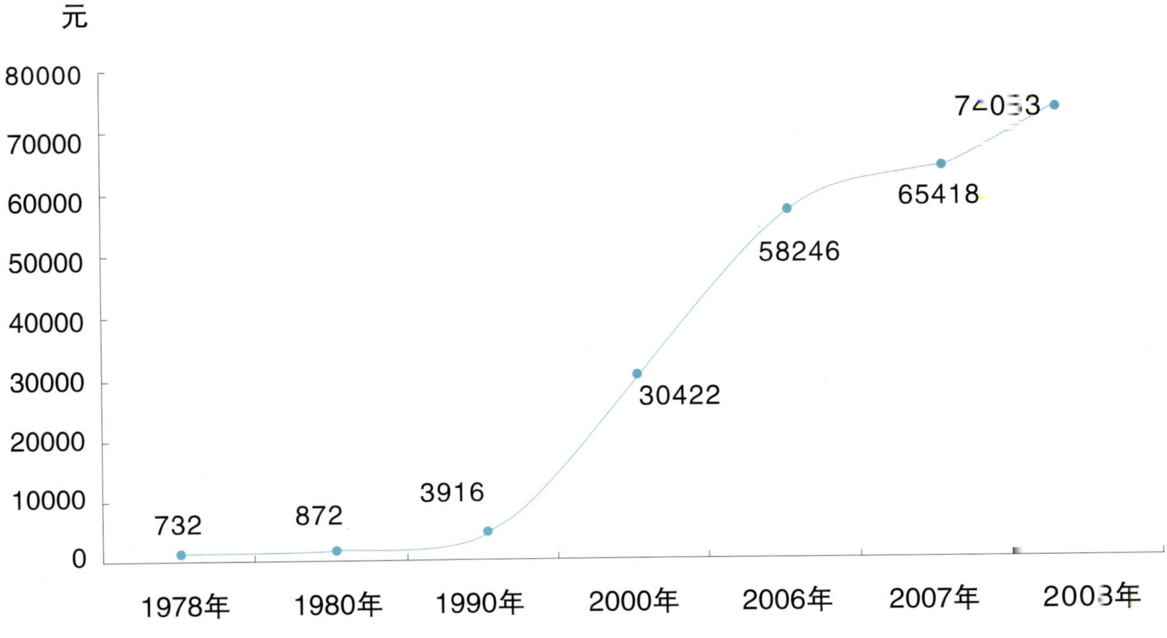

注①：按户籍人口计算。　注②：按1美元折6.9451人民币元汇率计算。　注③：按可比口径计算。

产、促三产”战略，发展都市型农业，走新型工业化道路，大力发展第三产业。第三产业发展明显加快，到2005年三次产业结构调整为5.82：54.80：39.38。同年，南沙区从番禺分设，番禺产业结构出现重大变化，三次产业调整为5.67：50.55：43.78。此后，番禺第三产业继续保持快速增长，到2008年，三次产业的结构调整为5.33：46.60：48.07，第二产业比重与第三产业比重相当。

1978年、1996年、2008年番禺区生产总值构成

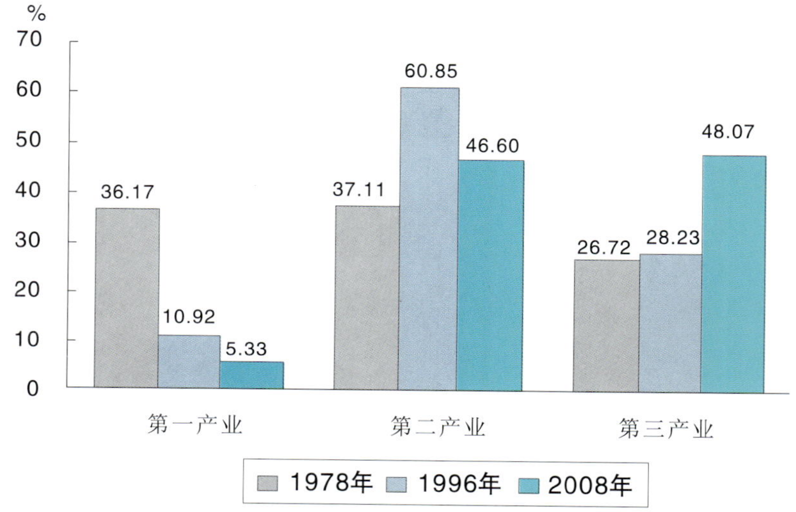

1978~2008年番禺区财政一般预算收入

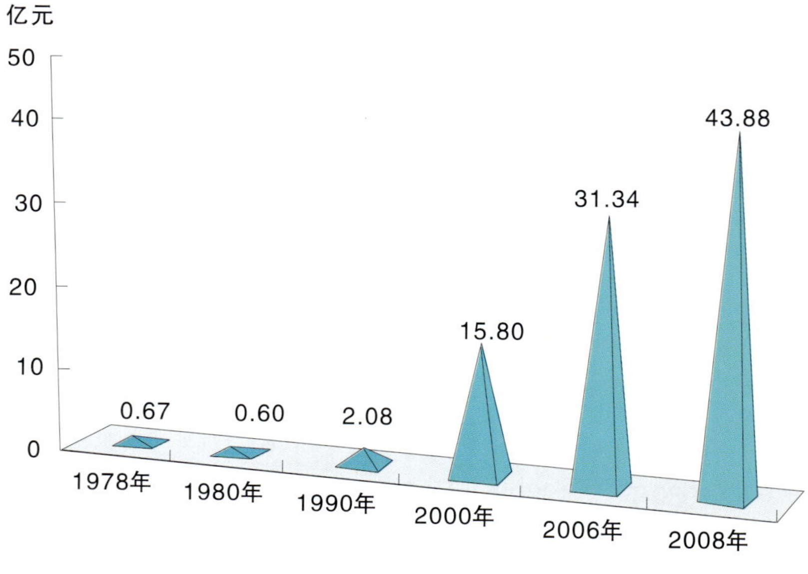

二、农业从传统农业逐步向都市型农业转型

30年，弹指一挥间，番禺农村发生了翻天覆地的变化。1978年党的十一届三中全会强调放宽农村政策，番禺结合实际进行了积极有益的探索。1982年中央正式确立家庭联产承包责任制，突破了“一大二公”、“大锅饭”的旧体制。番禺以改革农村经济体制为重点，全面落实家庭联产承包责任制，极大地调动了农民的生产积极性。此后，番禺农业生产取得长足的发展。近年来，区委、区政府把“三农”工作摆在重中之重的位置抓紧抓实抓好。2004年8月出台兴农扶农“二十八条”措施，2006年9月出台加快社会主义新农村建设的新“二十八条”措施，加大对“三农”的投入，减轻了农民的负担，提高了农民务农积极性，保障了农村大局的稳定和农业生产持续发展。到2007年底，全区基本完成标准化农田建设21.2万亩；修建各种规格机耕路5130条、1767公里；标准化鱼塘整治竣工面积超过2.7万亩。完善的农业基础设施，为农业发展打下了坚实的基础，保障农业生产平稳发展。2008年全区实现农业总产值64.72亿元，比1978年增加了53.51亿元，按可比价计算，年均增长5.4%。

水稻高产田。

花卉生产。

区农科所鸟瞰。

（一）农业结构逐渐优化，各行业协调发展

随着改革开放的深入，区委、区政府及时调整农业生产发展的思路，从过去以种养业为主，调整为“稳粮、减蔗、控蕉、增菜、扩花、优鱼、调牧”，种植业、畜牧业、渔业三行业协调发展，农业产业结构逐渐优化。种植业产值占农业总产值的比重从1978年的68.29%，下降到2008年的48.19%，平均每3年下降2个百分点，渔业产值占农业总产值的比重从1978年的4.73%，上升到

农科基地。

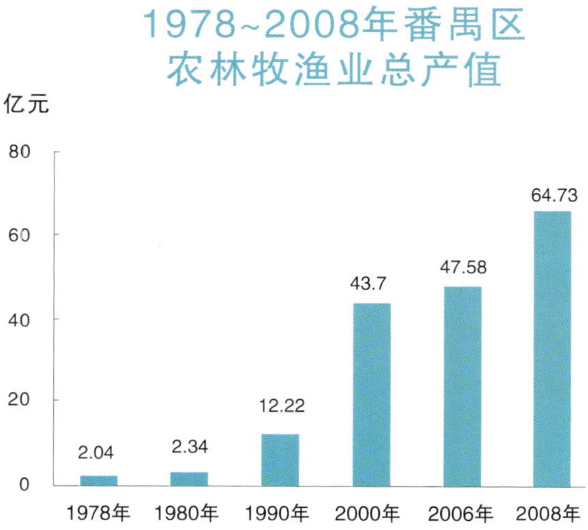

水产养殖场。

2008年的32.47%，上升了27.74个百分点，平均每年上升近1个百分点。

（二）农业经济效益明显提高

农民从过去种植稻谷、糖蔗等低值作物为主，逐渐转向种植高值作物和增加水产养殖。2008年，稻谷种植面积5.40万亩、糖蔗种植面积0.01万亩，分别比1978年减少99.04万亩、17.48万亩；蔬菜种植面积28.73万亩、水果种植面积6.94万亩，分别比1978年增加28.52万亩、6.93万亩。此外，一些高值作物，如鲜切花、盆栽、观赏苗木等种植面积和水产品产量也有了大幅的增加，农产品从过去的单一结构，逐渐转变为品种多样化。一方面，农民得到更多的收入；另一方面，通过结构的调整，在耕地面积减少的情况下，农业总产值仍逐年增加。

（三）迈出了现代都市型农业新步子

从单干的农户到农户＋公司，番禺人走出了一条农业产业化、规模化的致富新路。2007年规模以上①农业生产单位实现产值10.32亿元，比2006年增长8.7%,规模经营率②达16.7%，比2006年提高0.3个百分点。农业产业化生产经营组织(规模户)总产值27.70亿元，比2006年增长11.2%，农业产业化率③达44.7%，比2006年提高1.8个百分点。

注①：规模以上农业生产单位是指年营业收入300万元的农业生产单位。注②、注③：产值占总产值比重。

三、工业整体实力迅速增强，逐步实现产业优化升级

1978年，番禺工业总产值仅为3.24亿元，工业企业仅有801户。1984年至1992年，番禺县委、县政府①以发展乡镇企业为重点，着力推进农村工业化，积极引进外资发展“三来一补”业务，创办中外合资、合作企业，1992年工业总产值91.13亿元，工业企业3454户。1993年至2000年，番禺市委、市政府贯彻落实计划经济体制改革，建立社会主义市场经济体制，放宽政策，放开经营，加快个体和私营经济的发展，推进国有、集体企业转制，2000年工业总产值554.33亿元，工业企业5936户。2000年至现在，区委、区政府着力优化第二产业，引进规模大、技术含量高、产业链条长的企业，致力发展先进制造业和高新技术产业集群。经过30年的发展，特别是1985~1998年工业生产持续14年高速增长，到2008年工业总产值达1420.08元，比1978年增长430.3倍，年均增长22.4%；工业企业达11937户，比1978年增长14.8倍，年均增长9.6%。

鱼飞变电站。

珠江钢管车间。

广日电梯车间。

注①：1992年5月，国务院批准撤销番禺县，设立番禺市。2000年5月，国务院批准撤销番禺市，设立番禺区。

（一）“三资”企业成为工业增长的主要力量

1986年出现第一家中外合营法人企业：番禺县禺丰纺织实业有限公司，当年产值为467万元，1987年新增一家中外合营法人企业：番禺县番达染整有限公司，当年产值为537万元。此后，番禺积极发展包括同外商合资、合作经营在内的多种形式的横向经营，积极引进外资和先进技术设备，做好引进技术的消化和吸收。改革开放以来，共引进外资项目3700多个，在番禺投资的客商遍布世界各地。工业投资包括：能源、五金机械、电子、化工、钟表、玩具、珠宝首饰、食品、饲料等项目。一些项目，如金银首饰加工企业集聚成形，形成具有特色的产业。“三资”企业发展规模不断壮大，到2008年规模以上[①]“三资”工业企业总产值达883.26亿元，占番禺规模以上工业总产值的72.31％，“三资”企业成为番禺工业发展的主要力量。

（二）重工业化逐渐显现

改革开放前，番禺工业企业主要是制糖、水泥、化肥、制砖、发电等服务人民生活和农业的传统工业，轻工业占工业总产值的比重特别高，1978年轻重工业产值的比重为70.57：29.43，1978～2000年22年间，轻工业所占份额一直稳定在七成左右，进入本世纪以来，轻工业所占份额明显下降，到2003年轻工业占比重已下降到58.44％，并且继续呈逐渐下降趋势，到2008年轻重工业产值比重调整为54.66：45.34。

（三）工业企业从分散经营到工业园集聚

上世纪80、90年代，番禺发展工业的积极性空前高涨，1985～1998年14年间，工业总产值年均增长高达32.6％。经过十多年的高速发展，番禺工业面临发展中的一些问题和矛盾。进入新世纪，在区委、区政府的领导下，全区坚持走科学发展之路，番禺人开始了二次创业，制订“优二”发展战略，

1978~2008年番禺区工业总产值

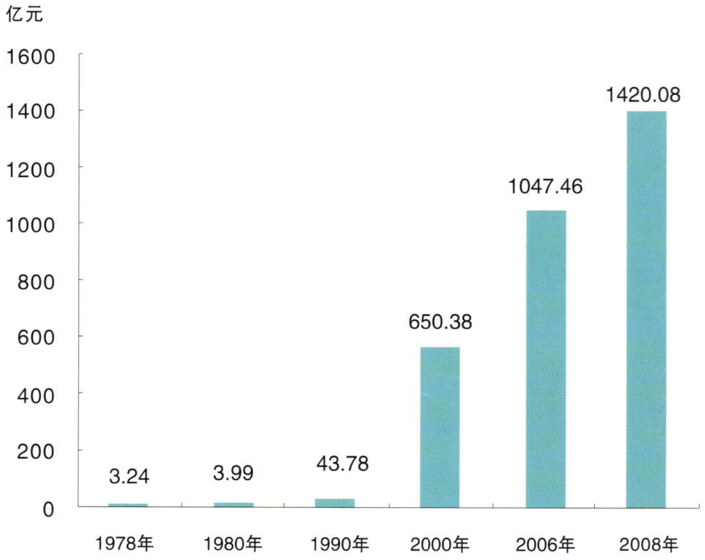

注①：规模以上工业是指全部国有工业企业和年产品销售收入500万元以上的非国有工业企业。

莲花山客运港。

实施“腾笼换鸟”等产业转移措施，着力引进技术含量高、污染低、占地少、产值高的工业企业。同时抓好工业园区规划，计划逐渐把原众多的工业园整合成三十个左右。目前，工业园区建设已初见成效，如跨国产业园发展迅猛，2007年实现工业产值21.65亿元，比2006年增长1.3倍。

（四）劳动密集型工业逐渐向技术密集型工业转变

30年改革开放之路，也是番禺工业从劳动密集型到注重科技创新之路。以服装制造、纺织印染等为代表的劳动密集型工业逐渐减少，以电气机械、通用设备、通信设备、化工等为代表的高技术含量的工业逐渐增加。先后有德国西门子、瑞士汽巴、西班牙亚古得民集团、日本的日立株式会社、松下株式会社、卡西欧计算机株式会社、奥林巴斯株式会社、美国的霸狮腾纺业集团、奥伯尼国际有限公司、泰国的正大康地集团等技术含量较高的跨国公司进驻番禺。国内知名的广州药业、广汽集团自主品牌乘用车、投资270亿元的中船船用柴油机制造等技术含量较高的项目，也相继落户番禺，番禺工业又将迎来新一轮的腾飞。2008年番禺实现高新技术产品产值235.91亿元，比2007年增长16.3%，占规模以上工业产值比重达19.3%。

四、投资力度不断加大，基础设施日臻完善

改革开放以来，番禺抢抓机遇，不断改善投资、融资和服务环境，引进外部资金，激活民间资金，建成一大批与经济社会发展有重大影响的交通、电力、水利、社会事业等设施，极大改善了经济发展的硬环境，有力地支撑经济的快速发展。全社会固定资产投资从1978年的0.16亿元，增加到2008年的205.77亿元，按可比口径计算，增长2529.9倍，年均增长29.9%。

2008年番禺区规模以上工业总产值前7位行业

单位：万元

行业名称	2008年	比上年增减%
电气机械及器材制造业	2839486	30.0
通用设备制造业	1266504	6.4
金属制品业	708443	-1.2
通信设备、计算机及其他电子设备制造业	719496	14.4
皮革、毛皮、羽毛(绒)及其制品业	712938	10.8
化学原料及化学制品制造业	560991	8.7
交通运输设备制造业	558358	41.1

1978~2008年番禺区全社会固定资产投资

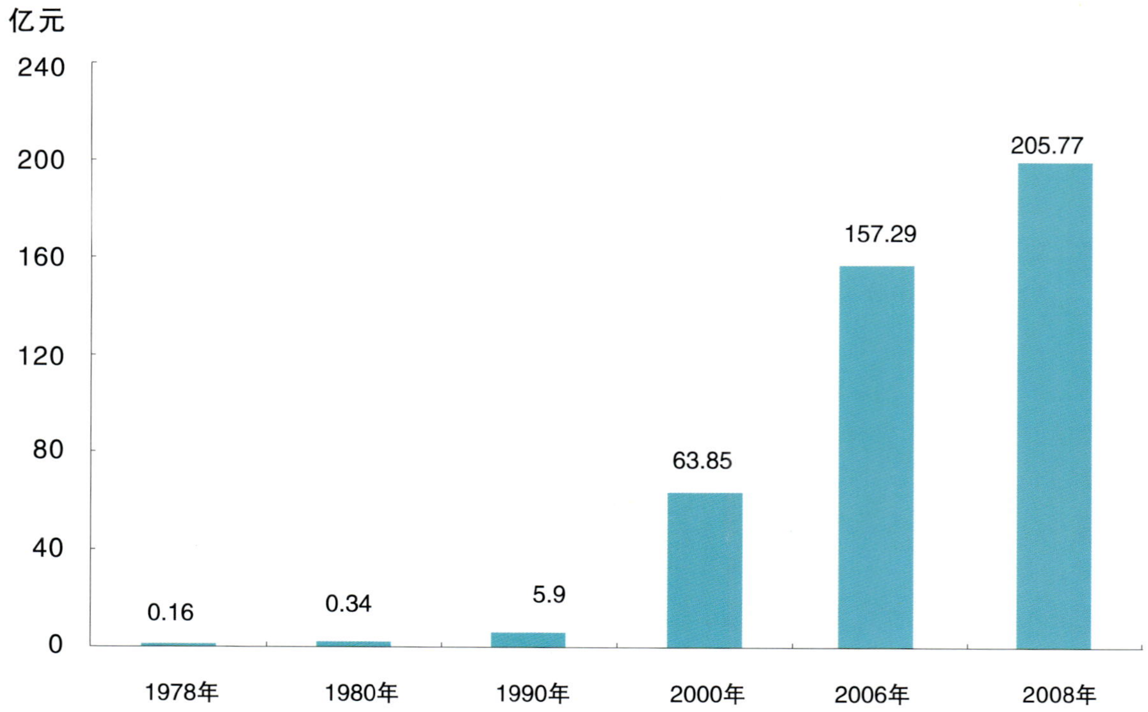

（一）房地产开发蓬勃发展

30年来，番禺房地产开发从无到有，从小规模开发到华南版块的创立，番禺房地产创造了辉煌的业绩，拥有众多明星楼盘的华南版块成为广州地区炙手可热的房地产市场。1984年番禺县房地产联合开发总公司成立，开启了番禺房地产开发的闸门。此后，番禺房地产业逐渐发展成形，房地产开发投资额从1984年的676万元，增加到2005年的67.79亿元，增长1001.8倍，年均增长87.4％。2006～2008年，受国家宏观调控政策影响，房地产开发投资增速有所放缓。2008年房地产开发投资额99.58亿元，比1978年增长1603.3倍，年均增长36.0％。房地产开发企业也伴随着行业发展逐渐增多，到2008年，在786.15平方公里的土地上，就拥有140家房地产开发企业，多家房地产企业业务范围扩张到全国各地。南国奥园、祈福集团、星河湾集团3家番禺房地产开发企业跻身“广东改革开放30年广东住宅建设30强”。

星河湾。

祈福新村。

雅居乐花园。

地铁四号线东涌站。

地铁市桥站。

（二）路通桥通促流通，交通运输大发展

番禺地处珠三角洲中心地带，河涌纵横交错，改革开放前交通以水运为主，交通出行极为不便。精明的番禺人心明“路通桥通财通”的道理，大力修路建桥，使番禺从过去的“锅底地”转变为交通枢纽。1988年建成通车的洛溪大桥是当时亚洲同类桥梁之冠，排名全球第六位，不仅拉近了番禺与广州中心城区的距离，而且对番禺经济发展发挥了积极的作用。1978～2007年，政府累计路桥建设总投资88.15亿元，平均每年投资额超过3亿元。巨资的投入，使路桥建设快速发展，公路通车里程从1978年的213公里，增加到2008年的1033公里，增长4.8倍（按可比口径计算，下同），平均每年增加33公里；桥梁从1978年的21座，增加到2008年的338座，增长18.2倍。近年来，广州市大力实施“南拓”战略，把沙湾河道以北规划为新的都会区，省市投入巨资建设的京珠高速公路广珠北段、新光快速路、南沙港快速路、地铁3号线、4号线等大型城市基础设施，以及在建的东新高速、广明高速、番顺高速、珠三环南环段高速、广州东二环高速、广珠城际、广深港客运专线铁路、武

迎宾路大石河村段。

德兴大桥。

黄埔大桥。

新光大桥。

南沙港快速路。

迎宾路洗庄立交桥。

广专线铁路、地铁2号线延长段、广州新铁路客运站等，极大地增强番禺的交通网络承载能力，加速番禺成为新的都会区。

番禺汽车客运站。

畅顺的交通，促成番禺运输业的大发展。客运量从1978年的242万人次，增加到2008年的1.98亿人次，增长81.6倍；客运周转量从1978年的0.41亿人公里，增加到2008年的28.25亿人公里，增长70.0倍；货运量从1978年的211万吨，增加到2008年的2070万吨，增长16.4倍；货运周转量从1978年的0.82亿吨公里，增到2008年的9.89亿吨公里，增长25.4倍；港口吞吐量从1978年的175万吨，增加到2008年的640万吨，增长7.7倍。

番禺大桥。

万博商业中心。

五、商贸业消费畅旺，旅游业强势崛起

改革开放以来，番禺流通领域由商品短缺、定量供应，发展到现在的各种商品琳琅满目、应有尽有，极大地丰富了群众的物质生活，消费品市场呈现繁荣活跃的景象。旅游业通过开拓市场，挖掘旅游资源，形成了自然景观与人文景观相结合的旅游服务体系。

新易发步行街。

（一）商业网点星罗棋布，大型商业项目不断进驻

30年来，番禺商业快速发展，商业网点迅速遍布全区。商业网点从1978年的1310个，增加到2004年的45785个，增长34.0倍，年均增长14.6％。其中，个体商业网点从1978年的84个，猛增到2004年的43887个，增长522.5倍，年均增长27.2％；

市桥繁华路。

五洲装饰城。

广州钻汇珠宝采购交易中心。

个体商业户从业人员从1978年的95人，增到2004年的84102人，增长884.3倍，年均增长29.8%。近年来，区委、区政府不断改善营商环境，大力提升商业品位，一批大型商业连锁店，如国美电器、苏宁电器、好又多、百佳、大参林、广百、汽车品牌4S店等，纷纷落户番禺。同时，新建或改造一批专业化市场，建成了吉盛伟邦、沙溪批发市场、百越钻汇珠宝采购博览中心等大型商贸城。全面推进广州国际商品展贸城、东涌综合物流园区、罗家商业中心、五洲商业中心、五洲四海国际水产品交易中心等大型商业项目的建设。传统商业的快速发展和大型商业项目相继建成营业，极大地繁荣了消费市场，社会消费品零售总额从1978年的1.32亿元，增加到2008年的415.47亿元，增长36[illegible].9倍，年均增长21.7%。住宿和餐饮业零售额从1978年的0.11亿元，增加到2008年的92.72亿元，增长914.1倍，年均增长25.5%。

沙溪酒店用品城。

（二）传统饮食文化得到传承和发展

区委、区政府大力推动餐饮业发展，连续几年举办番禺“美食节”，荟萃各类精品美食，举办烹饪大赛，极大地推动本土餐饮文化的发展，逐渐形成“食在广州，味在番禺”特有饮食文化。

美食节开幕式。

番禺宾馆。

（三）旅游业成绩斐然

番禺旅游业从无到有，从传统到新潮，从弱小到强大，取得了可喜的成绩。长隆欢乐世界、香江野生动物世界、莲花山景区、宝墨园等旅游景点深受游客欢迎。接待游客人数从1992年的171.95万人次，增加到2008年的1208.57万人次，增长6.8倍，年均增长13.7％。2007年，长隆欢乐世界、香江野生动物世界两景区接待游客人数均超过200万人次，莲花山旅游区、宝墨园、开心水上乐园三景区接待游客均超过100万人次。旅游总收入从1992年的4.95亿元，增加到2008的56.76亿元，增长12.2倍，年均增长17.5％。近年，番禺先后获得中国县域旅游品牌百强区、中国旅游文化示范地称号、中国最佳旅游品牌目的地称号。目前，长隆国际生态旅游度假区、番禺海洋生态旅游区等一批新建扩建项目正在密锣紧鼓开发，番禺旅游业发展前景充满希望。

莲花山渔港。

六、对外经济飞速发展

改革开放30年，是番禺对外经济展现辉煌的30年。番禺利用毗临港澳及华桥同胞众多的优势，大力做好招商引资工作，对外经济取得了骄人的成绩。出口总值从1978年的571万美元，增加到2008年的90.82亿美元，按可比口径计算，增长1909.91倍，年均增长28.6％。实际利用外资从1985年的288万美元，增加到2008年的3.17亿美元，增长276.3倍，年均增长27.7％。1985～2007年实际利用外资共计43.59亿美元（不含南沙），引进外资项目3395个（不含南沙），外资投资项目总投资达115.11亿美元（不含南沙）。

七、城市化进程不断加快，人民生活水平显著提高

1978年番禺户籍人口66.02万人，其中农业人口53.75万人，占81.41％，非农业人口12.27万人，占18.59％。随着经济社会的快速发展和城市化进程不断推进，番禺城乡逐渐融合。2008年，建成区（即城市化区域）面积达227.5平方公里，占行政区划面积的28.9％；农业人口比重下降到45.70％，比1978年下降了35.71个百分点；非农业人口比重上升到54.29％，平均每年上升超过1个百分点。

1978~2008年番禺区外贸出口总值

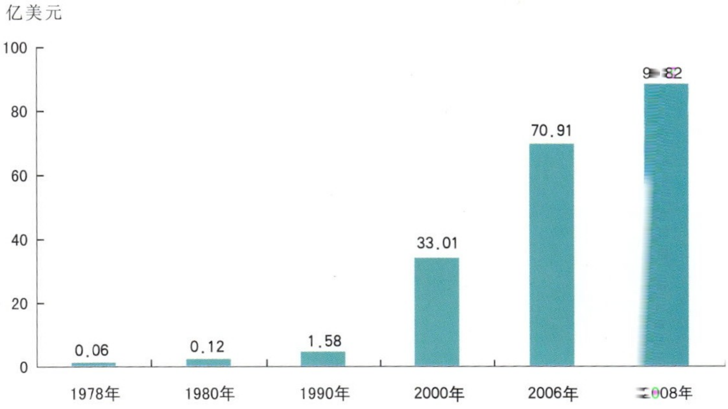

电信大厦。

星海公园。

人民生活发生了质和量的飞跃。2008年职工年平均工资31820元，比1978年增长48.8倍，年均增长13.9％；据抽样调查资料显示， 2008年城镇居民年人均可支配收入23108元，比2002年增长51.7％；2008年农村居民年人均纯收入11070元，比1978年增长70.9倍，年均增长15.3％。城乡居民储蓄存款持续增长，1978年番禺居民储蓄存款余额仅为0.34亿元，人均储蓄存款余额只有52元，到2008年，居民储蓄存款余额达717.52亿元，人均储蓄存款余额达72538元，分别比1978年增长2259.4倍和1296.6倍，年均分别增长29.4％和27.0％。城乡居民家庭现代化耐用消费品从无到有，从少到多，并逐步趋向高档化。据抽样调查资料显示，2008年末每百户城镇居民家庭拥有彩电179台、空调器229台、家用电冰箱104台、家用洗衣机104台、家用电脑99台、移动电话237部、摩托车113辆、汽车18辆、组合音响63套。2008年末每百户农村家庭拥有彩电141台、空调器129台、家用电冰箱100台、家用洗衣机95台、家用电脑70台、摩托车143辆、淋浴热水器112台、固定电话机123部、移动电话243部。

大石街的农民新居。

平康公园。

八、建立健全社会保障体系，和谐番禺建设成效显著

经济的大发展，推动了社会各项事业全面进步。番禺先后被上级政府评为省首个城市初保达标市（县）、全国特殊教育先进区、全国幼儿教育先进市、全国卫生城市、全国卫生先进市、全国初级卫生保健先进市、广东省基本消灭麻风病市、广东省市全民健身先进单位、全国文化先进市、全国计划生育先进县（市）、全国无障碍设施建设先进区。

1978~2008年番禺区城乡居民储蓄存款余额

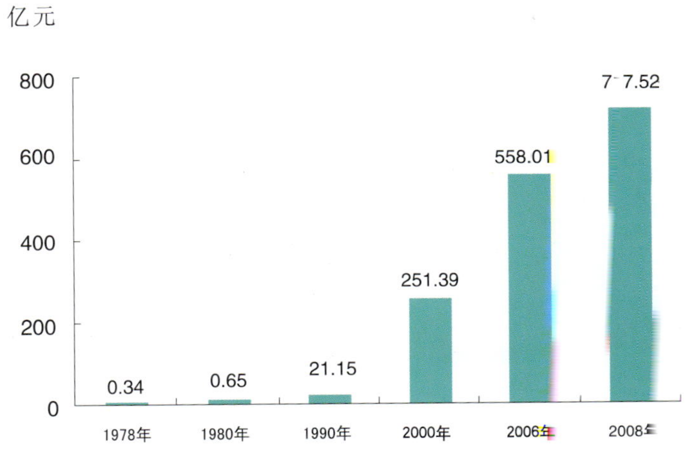

长堤西路。

（一）社会保障体系不断完善

改革开放以来，番禺社会保障体系逐步完善，社会保障覆盖面不断扩大。2008年末参加基本社会养老保险人数42.74万人，比2000年增长1.1倍，年均增长10.0%，养老金发放率达100%；2008年末城镇登记失业人数6738人；城镇登记失业率0.5%，比2000年下降2.1个百分点，失业率维持在较低水平；2008年安置失业人员5421人，失业人员就业率80%，比2007年提高2个百分点；2008年末参加城镇职工基本医疗保险人数达55.98万人，比2007年增长32.2%；2008年末参加农村合作医疗人数达58.73万人，覆盖率达99.96%，比2007年提高3.57个百分点。

市桥西区文化室。

（二）教育事业取得丰硕成果

30年来，番禺教育事业通过改革和发展，教育资源不断优化，教育基础设施不断改善和加强，师资力量逐步壮大，教育事业结出了累累硕果。1978年拥有中小学校344所，在校学生12.9万人，通过资源整合，撤并“麻雀学校”，2008年全区拥有中小学校238所，在校学生21.87万人。适龄儿童入学率和小学毕业生升学率均达100%，义务教育经费保障机制改革稳步推进，全区12万名学生享受免费义务教育。2005年，番禺被认定为省教育强区。2008年，全区10个镇全部创建为省教育强镇。仲元中学、番禺中学成功创建为第一批广东省国家级示范性普通高中；番禺职业技术学院入选国家首批示范性建设院校。2008全区报考普通高考人数9085人，其中，普通高校上线人数7494人，上线率达84.7%，录取总人数7456人，录取率达82.07%。在全市12区(县级市)中，高考上线人数、高分段考生人数、考上重点本科率连续三年高居广州市12区(县级市)之首。

晨运。

（三）医疗卫生基础设施日益雄厚

经济发展了，收入增加了，生活水平提高了，人们更关心身体健康，番禺区委、区政府大力抓好医疗卫生事业，不断加强基础设施建设，壮大卫生队伍。2008年末卫生机构床位5086张，比1978年增加3712张；CT机13台，比1995年增加8台；B超机210台，比1995年增加171台；自动生化分析仪210台，比1995年增加184台；800MA及以上X光机8台，比1995年增加6台；救护车44辆，比1995年增加22辆；计算机2751台，比1995年增加2702台。2008年末在职卫生技术人员8594人，比1978年增加7068人，全社会有职称的卫生技术人员（含不在职）达7971人，其中，高级职称700人、中级职称2064人。

区人民医院。

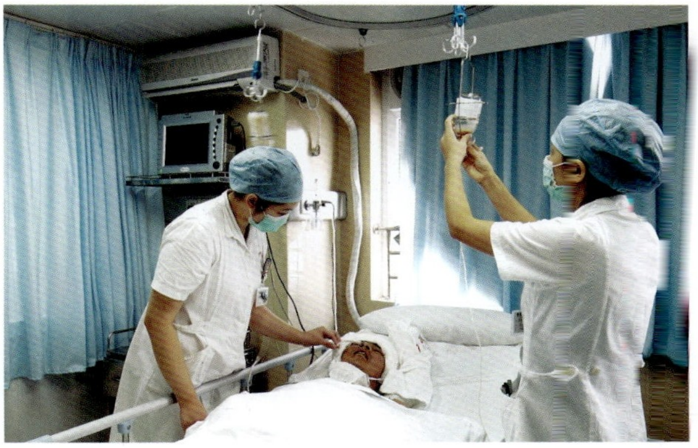

区中医院ICU病房。

何贤纪念医院。

（四）体育设施日益完备，竞技项目屡创佳绩

不断加大对体育事业的投入，兴建了大量公共体育设施，群众性体育运动和竞技性体育运动齐头并进，为国家输送了一批又一批各类体育项目优秀人才，连续多年荣获省及市竞技体育突出贡献奖和人才输送奖，番禺业余体校被国家体育总局命名为“国家高水平体育后备人才基地”。2008年，番禺籍运动员参加国际比赛获金牌4块；全国比赛获金牌17块、银牌15块、铜牌10块；省比赛获金牌19块、银牌16块、铜牌19块；市比赛获金牌140块，银牌83块、铜牌67块。2008年，番禺籍举重名将陈燮霞在北京奥运会上打破了挺举和总成绩两项奥运会记录，为中国奥运代表团摘得2008年奥运会首枚金牌，也为番禺赢得首枚奥运金牌。2010年广州市将主办第16届亚运会，主场馆落户番禺，番禺体育事业又将迎来崭新的一页。

太极拳比赛。

30年，回顾中国改革开放的历史，风雨探索，强国之路。回首番禺经济社会发展的历程，喜悦收获，启迪深刻。伴随着共和国前进的步伐，承载着百万番禺人民殷殷的重托，番禺走过坎坷，取得了一个又一个骄人的成绩，谱写了一篇又一篇感人的华章。放眼前瞻，番禺又站在了一个新的历史起点，我们相信，在番禺区委、区政府的正确领导下，全区人民深入贯彻落实科学发展观，继续坚定信心，进一步解放思想，真抓实干，番禺一定能拥有一个更加繁荣，更加和谐，更加灿烂的美好明天！

（文：区统计局）

番禺新八景
与非物质文化遗产简介

番禺年鉴·2009

番禺新八景

2008年，番禺区在全区范围内进行“番禺新八景”评选活动，历时8个多月，经过各景区（点）自荐、镇（街）和群众推荐、专家初审、群众投票、专家评审、组委会研究等环节，最终评选出“番禺新八景”。分别为：欢乐长隆（长隆旅游度假区）、莲峰观海（莲花山旅游区及海鸥岛）、宝墨生辉（宝墨园）、夫山叠翠（大夫山森林公园）、大学新城（广州大学城）、余荫留光（余荫山房)、沙湾粤韵（沙湾古镇）、番禺瀚映（番禺博物馆）。

欢乐长隆。

欢乐长隆（长隆旅游度假区）：长隆旅游度假区包括长隆欢乐世界、长隆国际大马戏、长隆香江野生动物世界、长隆水上乐园、广州鳄鱼公园、长隆酒店、香江酒店、长隆高尔夫练习中心和香江酒家等，是全国首批、广州唯一的国家5A级景区。其中，长隆欢乐世界是集乘骑游乐、特技剧场、巡游表演、生态休闲、特色餐饮、主题商店、综合服务于一体，具国际先进技术和管理水平的超大型世界顶尖主题游乐园；广州香江野生动物世界以大规模野生动物种群放养和自驾车观赏为特色，集动、植物的保护、研究、养殖、旅游观赏、科普教育为一体，被誉为中国最具国际水准的国家级野生动物园，是亚洲最大的野生动物主题公园。长隆国际大马戏拥有全球最大的专业马戏表演场，秉承“汇粹全球马戏精华”的一贯理念，不断为中外观众呈献技惊四座、场面恢宏的顶级马戏盛宴。

莲花观海。

莲峰观海（莲花山旅游区及海鸥岛）：莲花山旅游区位于珠江口狮子洋畔，1.47平方公里，集旅游观光、休闲度假为一体，融古遗址、古建筑、宗教文化于一炉，有“岭南一秀”之誉，被评为国家4A级旅游景区、广东省级风景名胜区、新世纪羊城八景之一——莲峰观海等。其莲花山古采石场遗址有两千多年历史，以“人工无意夺天工”的石景奇观闻名于世。景区还有明代建筑莲花塔、清代建筑莲花城以及目前世界最高的金箔观音立像（高40.88米）。

宝墨生辉（宝墨园）：宝墨园位于番禺西部沙湾紫坭村，清幽瑰丽，古色古香，高贵典雅。始建于清末民初，毁于上世纪五十年代。1995年重建，经过四期的建设，现在面积达168亩（约10万平方米），分为十大景区50多个景点。园中老树葱茏，百花吐艳，湖水泛碧，环境优美舒适，是一座集包公文化、岭南古建筑、岭南园艺、珠三角水乡特色、古今艺术珍品于一体的大型园林。2002年被评为国家4A级旅游景区。

宝墨园九龙桥湖。

夫山叠翠(大夫山森林公园)：大夫山森林公园是生态型自然风景区。位于广州市番禺区市桥镇西部，总面积约9000亩。公园内大小山塘星罗棋布，多个人工湖别具匠心，从而形成了峰峦起伏、湖光倒影的景象。亭台楼阁使山青水秀的环境增添不少色彩。公园分湖光花木区，田园生态观光区、大夫山揽胜区、中心风景区、草坪旷野区和森林逗趣区。

大夫山森林公园。

大学新城(广州大学城)：广州大学城位于番禺区小谷围岛及南岸地区，总体规划面积43.3平方公里，规划总人口为35～40万人。广州大学城近期建设的小谷围岛约17.9平方公里，分为五大校区组团，各组团均由教学区、生活区、资源共享区、组团公共绿地等构成，入驻中山大学、华南理工大学、华南师范大学、广东外语外贸大学、广东工业大学、广州大学、广州中医药大学、广东药学院、星海音乐学院、广州美术学院等10所高校，是华南地区高级人才培训、科学研究和交流的中心，学、研、产一体化发展的城市新区。拥有被称为广东“科技航母”的广东科学中心、体现岭南民居及民俗历史文化的岭南印象园以及数字家庭和数字电视产学研孵化基地等特色景点。

广州大学城广州美术学院。

余荫留光(余荫山房)：余荫山房位于番禺区南村镇，建于清同治六年（1867年），是广东四大名园之一。以小巧玲珑、布局精致、藏而不露、书香文雅为主要特色，成为中国古典园林建筑的典范，其独特的岭南园林建筑风格享誉海内外。余荫山房文物保护区占地面积（包括祠堂、古园林、瑜园）6.7亩，扩建的文昌苑占地4.8亩。其园林布局精巧，运用缩龙成寸的手法，把亭台楼阁、堂榭廊轩多样统一，景观丰富多彩，步移景异，充分展现其深厚的文化内涵。

余荫山房。

沙湾粤韵（沙湾古镇）：沙镇古镇始建于宋代，在800余年的发展过程中，形成和保留了独具广府乡土韵味的文化，荣膺“中国历史文化名镇”、“中国民间艺术之乡”等荣誉称号。浓厚的历史文化积淀和古老的岭南民间建筑艺术是沙湾古镇的特色。长期以来，根植于古镇的沙湾飘色、醒狮、雕塑、兰花等传统民间文化艺术长盛不衰，体现岭南建筑艺术风格的水磨青砖墙、蚝壳墙、壁画等也有大面积存留。现在的古镇区主要包括车陂街区和安宁西街区。两条古街中祠堂多达12座，有许多著名古建筑保留至今，如留耕堂、三稔厅、玉虚宫等。

沙湾紫坭村古民居群。

番禺瀚映(番禺博物馆)：番禺博物馆位于番禺区沙头街银平路龟岗东麓，馆区所占面积240亩，分为多功能主体陈列大楼、东汉古墓群景区等三部分。博物馆陈展面积8000平方米，内容丰富，形式多样，表现出鲜明的地方特色；墓葬景区规模宏大，并进行原貌展示，独具特色。番禺博物馆一楼设冼星海纪念馆，二楼、三楼设有“番禺史话”、“馆藏文物”、“番禺汉代出土文物”、“名家书画”、“尹积昌雕塑艺术”等8个展厅，陈列独具匠心，充分展示番禺灿烂的古代文明和今天的辉煌成就。

番禺博物馆。

番禺区第一批区级非物质文化遗产保护名录

序号	项目类别	项目名称	备注
1	民间美术	广州砖雕（沙湾）	省级、市级保护名录
2	传统手工技艺	广州织金彩瓷	国家级、省级、市级保护名录
3	民间舞蹈	广东醒狮（沙坑醒狮）	国家级、省级、市级保护名录
4	民间舞蹈	沙涌鳌鱼舞	省级、市级保护名录
5	民俗	沙湾飘色	市级保护名录
6	民俗	番禺水色	市级保护名录
7	民俗	亲水文化	
8	传统手工技艺	大洲龙船	
9	消费习俗（交通）	古桥文化	
10	民间音乐	沙湾广东音乐	
11	传统手工技艺（织染缝纫）	香云纱（薯良布）	
12	民俗	沙亭龙船𧊅崇拜	
13	杂技与竞技	黄啸侠拳法	
14	传统手工技艺	潭山七姐诞工艺	
15	民间音乐	榄核咸水歌	
16	民间文学	梅郎与布娘传说	
17	民间文学	神医简公佛的传说	
18	消费习俗（饮食）	沙湾姜埋奶	

广州砖雕（沙湾）

沙湾古建筑砖雕。

砖雕是指以砖为原材料进行雕刻、创作，并应用于建筑装饰的一门艺术。砖雕选用建筑用的上等青砖，根据图案所需逐块雕琢，然后按部位拼接，镶嵌于墙上而成。主要用于装饰门楣、探头和据墙等。手法有高低浮雕、透雕和线刻等，风格华美，秀丽生动，是一种色彩朴实而又高雅的墙体装饰艺术。

清代沙湾砖雕工艺以壁画大师黎文源最负盛名，他曾被慈禧太后召入京城，装饰颐和园，封为“内廷供奉”之职，其后来将技艺传给了紫坭的杨瑞石和同村的黎普生兄弟。民国时，古坝村的韩作轩亦颇有名气。民国以后，沙湾砖雕日渐式微。目前，沙湾砖雕艺人已乏善可陈，仅有自学成材的青年艺术家何世良一人在把握着砖雕的兴衰。他创作的宝墨园巨型砖雕影壁《百花吐艳百鸟和鸣》，高五米，宽二十二米，被确定为上海基尼斯大世界之最。

广州织金彩瓷

广彩螭耳瓶（穆桂英挂帅）。

广州织金彩瓷，简称广彩，在白瓷胎面满绘色彩斑斓的图案烧烘而成，是广州特有的釉上彩瓷工艺品。

广彩作为广州特有的釉上彩瓷手工艺产品，其整个生产过程主要包括以下几道工序：选瓷、设计、描线、填色、织金、封金斗彩、烧制等七项。

广东醒狮（沙坑醒狮）

醒狮跳桩。

沙坑醒狮是传统的集武术、舞蹈为一体的披戴头饰道具的民间舞蹈艺术。

沙坑醒狮的动作特点主要是在陆地或在椿阵上通过腾、挪、闪、扑、回旋、飞跃等高难动作演绎狮子喜、怒、哀、乐、动、静、惊、疑八态，来表现狮子的威猛与刚劲。

沙涌鳌鱼舞

鳌鱼舞。

石碁镇沙涌村江、幸、胡三姓世代舞鳌鱼。三姓原籍浙江省奉化县丹桂乡金鳌村，先祖于明初随南征大军来广东屯垦，后即在番禺石碁镇沙涌村落户。鱼灯舞于此时传入。沙涌世代相沿有“鳌鱼会”，九年一届，从不间断。会期在农历的三月，历时三天。

1985年重新恢复鳌鱼舞，鳌鱼会改为三年一届。现在各种节日庆典都能看到鳌鱼舞的表演，鳌鱼会不定期举行。1994年，鳌鱼舞被收入《中国民族民间舞蹈集成》广东卷。

沙湾飘色

沙湾飘色之雨打芭蕉。

沙湾飘色始自明末清初，已有三百多年历史。传统的沙湾飘色是每年农历正月初三“北帝诞”，即祭祀北帝神的活动中的艺术形式。飘色是在祭祀拜神后出街巡游中进行。“色”是指明某种动作姿态加上服饰道具来表现某一故事或事物的艺术形式。飘色，就是在色柜上“凌空而立”、“飘悬而立”的“色”。沙湾人把飘色的设计构思叫“咻（广州话）色”，飘色表演活动叫“出色”，观赏飘色活动叫“睇色”。以色柜为展示舞台，以人物造型为表现形式，以故事传说为主要内容，通过站在色梗上扮演者（称“屏”）托起一个（或两个）凌空而起的扮演者（称“飘”），表达一个完整的主题。每次巡游多有十多板或二十多板飘色一起沿街巡游为主要表演样式，是一种集材料、力学、音乐、装饰工艺为一体的一种民间艺术。

番禺水色

水色表演。

番禺水色是一种以木筏为载体、以戏剧或民间传说故事为主要内容的水上表演活动，主要流传于番禺区市桥镇、沙湾镇等地。清同治版《番禺县志》中叙述有关凤船情况时写道：“船后则彩艇络绎，缀引水色，皆用娈童扮演故事。”这是目前明确有“水色”二字记载的最早文献。

番禺水色在产生之初是作为市桥地区祭祀天后活动的辅助性表演，市桥地区的水色在番禺水色中具有代表性。

亲水文化

水中游。

古番禺人逐水而居，珠江水孕育了番禺二千多年文化。

“疍民”浮家江海，以舟为家，一叶扁舟既是居室，又是运输和生产工具。农历三月初一为水上居民“买力日”。其时妇女必向陆上行人呼喊：“一二帮快，帮快姑娘婆嫂的力都来哩”据说这样可以“借力”。水上人婚娶相当富有诗意，男女恋爱自由，以歌为媒，咸水歌的衬词多为“兄哥”、“姑妹”。迎娶、婚宴都在船上进行。出嫁前要哭三天三夜，由姐妹陪同，唱“叹命歌”，出口成章，文词生动。饮宴时把十几只小艇连成体搭起凉棚。洞房之夜，男方请来许多能歌善唱的朋友，一边“打糖梅”，一边唱歌取乐，直至深夜。形成亲水文化的特征。

大洲龙船

龙船制作工序。

大洲龙船，出土于1977年。是年春天，钟村镇大洲村的村民在距离大洲村约50米，西北距珠江的陈村水道约700米的蔗田里开挖蔗坑，发现一艘古船体，即报知广州文管会处进行挖掘。其实测结果如下：船长43.6米，宽4米，船最高处为0.62米，船底距地表为0.9米。船舷外部为彩绘龙鳞，用红黄黑三色组成。由于埋藏过浅，船板大部分腐朽，不能起出复原。经记录和拍照后，在原地用泥土覆盖，埋在地下。是县内发现的最早的龙船。

古桥文化

大岭村龙津桥。

番禺是秦始皇时期建立的古县，地处珠江出海口，境内河道纵横，村落星罗棋布，因为是水网带也给陆路交通带来不便，以往交通运输以船艇为主，陆路往来只能临水架桥，因此番禺古桥比较多。但历史悠久，又经清初“禁海移民”的危害，古桥多数已经湮圮。境内的民田区是丘陵地带，村落稠密，建的石桥较多，至今还有少数保存下来。沙田区是冲积平原，村落稀疏，多数架木为桥，随着时代的进展，现在已经很难找到较为原始的木桥了。

沙湾广东音乐

沙湾广东音乐又叫广东音乐典雅派。沙湾广东音乐在广东音乐领城中具有比较高的地位。

“典雅派”音乐特有艺术风格，是淋漓尽致地表现大自然和人内心的美，把两者融为一体，因而具有强烈的感染力量，如《雨打芭蕉》通过阵强阵弱起伏跌宕的乐句，把急风骤雨的各种变化描绘得维妙维俏，简直是“有声之画”，作曲家在对这种自然美的生动描绘中，含蓄地寄寓了自己对自然美的深刻感受。故后人称广东音乐典雅派为“意境音乐”，实不为过。广东音乐的代表人物有“何氏三杰”：何柳堂、何少霞、何与年。

何柳堂

何少霞

何与年

香云纱（薯良布）

香云纱（薯良布）制作工序。

香云纱，广东特色布料。又名“黑胶绸”“薯莨纱”。20世纪四五十年代则流行于广东各地，珠三角尤其盛行。黑胶绸的制作工序是：用广东特有的一种植物薯莨的液汁对桑蚕丝织坯绸反复多次浸染，再用富含铁质的黑色塘泥涂抹其表面，并放到烈日下曝晒。晒干后抖脱塘泥，清洗干净，丝绸面变成了黑色，油润乌亮，丝绸底则呈棕红或土黄色，故而得名。

沙亭龙船乸崇拜

装龙船仪式。

番禺地处水网之区，船曾是人们生活中必不可少的交通工具。番禺地名来由的其中一说，也与船有关。据《山海经》第十八的《海内经》云：“帝俊（舜）生下禺号，禺号的后代为淫梁，淫梁生下了番禺。番禺是制作船的祖师。”由此可见，番禺与舟的关系密切。沙亭龙船乸崇拜习俗起源于北宋，是沙亭开村先祖从湖北秭归屈原故乡带到番禺。又因其龙船头独角无须（胡子）而被称为“龙船乸”（乸即雌性，对应有胡子的是雄性）。番禺有句歇后语：“沙亭龙船乸好扒唔好打”，意为沙亭龙船虽然扒得快，但亲善，不会打架。

黄啸侠拳法

黄啸侠，别名黄豪，号逍客，别称铁臂鸳鸯手、南国五虎将。1900年6月19日出生于广东省番禺县石基镇莲塘村。终于1981年4月17日，享年81岁。

黄啸侠是中国武术界的著名武术家。又是一位正义的爱国抗日武术家。

1931～1937年抗日战争期间，黄啸侠满怀抗日救国雄心壮志，研究了日军刺刀技法，创编了专门克制日军刺刀的“抗日大刀法”。

1957年5月黄啸侠代表番禺县参加在广州市举行的“广东省武术观摩会”武术比赛，黄啸侠表演自己创编的练手练步拳，荣获一等奖。同年6月广东省体委推选黄啸侠代表广东省运动员，参加在北京第一届“全国武术观摩会”武术比赛，黄啸侠表演练步拳，荣获金牌一等奖。

弓步冲拳。

潭山七姐诞工艺

潭山七姐诞工艺。

化龙镇潭山村的乞巧工艺所塑造的每个人物的高度只有25公分，但是人物的服饰制作就非常精巧细致，每板乞巧的主题及所塑造人物的身份、地位、性格都可以从其身上所穿着的服饰中体现出来。再配以布景、人物的排位、动作的造型等，实在令人有置身其中之感。这“乞巧”工艺板式，不但在造型上惟俏惟妙、栩栩如生，而且还可以根据故事内容需要而活动。充分体现 化龙“乞巧”工艺，主题鲜明、手工灵巧、形神俱备的精湛独到之处。

榄核咸水歌

咸水歌对唱。

咸水歌可以说是一个体系的民歌，它所属有：担伞调、高棠歌、姑妹腔、东风调、大缯歌、渔歌、丰收调、叹情等。还有水鱼歌、龙舟歌、沐浴歌、蛋歌(蛮歌)等，在明末清初时期也统称为“咸水歌”。

咸水歌，富有地方特色，流行地区颇为广。歌者多数是见人唱人，见物咏物，托物寄意，即景生情随口而唱，歌词多用当地群众口头语，有浓厚的地方色彩。其曲调爽朗朴素，节奏自由，唱来上口，听来悦耳，感情真挚，形象生动，韵味浓郁，生命力强，故能世代相传。如榄核乡的传统咸水歌《膊头担伞》、《拆蔗寮》，《一岁娇》等，是一种有人物，有情节，有故事的民间叙事长诗，是一种富于情趣的说唱形式。

梅郎与布娘传说

布娘以罉塘之水沐浴，顿时焕发青春，颜容亮丽。

此传说流传于大岗潭州一带。讲述梅郎与布娘的忠贞爱情故事。大意是：生长得美丽动人而且织布手艺高超的“布娘”与种梅的“梅郎”在往来接触中萌生爱意。但同村的一个财主贪慕布娘美色，设计想将布娘纳为小妾。布娘与梅郎得知消息后出逃被财主所捉，并许诺梅郎只要在山岗种下9999棵梅树，布娘只要织下9999匹布就许他俩成婚。布娘与梅郎为实现愿望，历尽艰辛并得到仙人相助，完成了财主的任务。但财主悔诺，强行抢亲。布娘与梅郎宁死不屈，投江殉爱。财主下江寻捕，沾水即变成乌龟。布娘与梅郎被仙人搭救，从此过着幸福的生活。

神医简公佛传说

简公佛(1238～1288年)名子沃，字士明，号云巅，番禺钟村屏山村人。生于南宋，嘉熙二年(1238年)戊戌年正月十五，终于元世祖忽必烈至元25年(1288年)。

相传简公在世时与钟村一位姓陈名常的朋友交情甚笃。有一次陈常落船准备外出，简公及时赶到，叫住陈常不要坐船外出，陈从之。果然这艘船就在当天途中遇火焚烧，坐船者几乎全部遇难，陈常幸得简公佛的提醒，免此一劫。陈常感谢简公救命之恩，将简子沃奉若神灵。简公圆寂后陈常在钟村设坛供奉，此举得到乡民拥戴，将简子沃尊称为简公佛。从此，简公佛神灵美誉传遍四乡百里。每年甲子日。信众云集，香火不绝。后来简公佛真身，被请回屏山祖居（灵应堂），祖居后来修建为现存的“简公佛庙”。

沙湾姜埋奶

姜埋奶制作工艺之弄姜汁。

民国版《番禺县续志》：“本邑无大牧场，上番出牛田，乃合数十家斗而牧之，为一种特殊习惯。其实各家所养，仍以耕作为常。惟沙湾何姓有乳牛百余头，每日出乳千余斤，销流于省城及四乡，故沙湾牛乳之名特著。”

煮制姜埋奶须用新鲜水牛奶，加糖煮沸后倒在盛有姜汁的碗中，很快便成凝脂状，洁白且香、甜、润、滑，非常可口。姜埋奶用纯牛奶即煮即埋，原汁原味，为沙湾人始创，历百年以上，成为享誉远近的美食。

主 题 索 引

番禺年鉴·2009

主题索引

1. 本索引采用主题分析方法，按主题词首字笔画顺序排列。为方便检索，编制了主题词首字的《汉语拼音检字表》。

2. 本刊的“大事记”、“社会经济统计资料”和“文献文摘”等编目均未作索引。

3. 索引的主题词后面的数字表示内容所在页码，数字后面的拉丁字母（a、b）表示该页自左至右的栏别。

汉语拼音检字表

说 明

1. 本表收入主题索引中全部主题词首字，供按音查字之用。

2. 各单子按汉语拼音字母音序排列，字音相同的按阴平、阳平、上声、去声的次序排列，同声同调的按汉字起笔笔形排列。

3. 单字后的数字表示画数，例如“安6”表示首字为“安”的主题词在“六画”内查找。

笔画主题索引

二画

三画